THOMAS BERRES · DER DISKUS V

THOMAS BERRES

DER DISKUS VON PHAISTOS

GRUNDLAGEN SEINER ENTZIFFERUNG

VITTORIO KLOSTERMANN

Bibliographische Information der Deutschen Nationalbibliothek

Die Deutsche Nationalbibliothek verzeichnet diese Publikation in der
Deutschen Nationalbibliographie; detaillierte bibliographische Daten
sind im Internet über *http://dnb.dnb.de* abrufbar.

© Vittorio Klostermann GmbH · Frankfurt am Main · 2017
Umschlaggrafik: Diskus von Phaistos. Grafik von Alexander Glaser
in Anlehnung an D. Herdemerten (nach Louis Godart). CC BY-SA 3.0 de.

Alle Rechte vorbehalten, insbesondere die des Nachdrucks und der Übersetzung.
Ohne Genehmigung des Verlages ist es nicht gestattet, dieses Werk oder Teile in
einem photomechanischen oder sonstigen Reproduktionsverfahren oder unter
Verwendung elektronischer Systeme zu verarbeiten, zu vervielfältigen und zu verbreiten.
Gedruckt auf alterungsbeständigem Papier gemäß DIN ISO 9706
Druck und Bindung: Books on Demand GmbH, Norderstedt
Printed in Germany
ISBN 978-3-465-03977-8

INHALT

Einleitung	VII
Fundumstände und Datierung	1
Maße des Diskus, Herstellung des Rohlings und Brand	12
Beschriftung	20
Spirale und Punktleiste	20
Zeichengruppentrenner (Worttrenner)	28
Schriftzeichen	32
Überschneidungen der Schriftzeichen untereinander	39
Dornzeichen	42
Stempel	45
Korrekturen	57
Vorlage(n)	79
Leserichtung	81
Determinative 🗝 und ✸	85
Hypothetischer Zeichenbestand des Schriftsystems	101
I Analogie-Modell	103
II Berechnung nach Mackay und Kamm	114
Schriftsystem(e)	119
Der sogenannte Dorn	137
Morphologie	137
Funktion	142
Die bildhaften Schriftzeichen (in Auswahl)	189
⚜	192
⚘	196
👤	198
🗝 und ✸	201

Reihenfolge der Seiten A und B	208
Die Axt von Arkalochori	215
Die Sprache des Diskus	231
Kreta in homerischen Quellen (bes. Odyssee 19,172ff.)	231
Kretische Schriften bzw. Sprachen	241
Zuordnung der Diskussprache (Lin A?)	253
Prinzipien und Methoden der Entzifferung	265
Frühere Entzifferungsversuche	268
Einige Hinweise zur Entzifferung	283
Ist der Diskus eine Singularität?	292
Ist der Diskus eine Fälschung?	296
Anhang A: Pelasger auf Kreta?	304
Anhang B: Der Diskus von Vladikavkaz	307
Literaturverzeichnis	314
Register	332

EINLEITUNG

Von allen noch nicht entzifferten Schriften ist die Inschrift auf dem Diskus von Phaistos die am häufigsten abgebildete. Hinzu kommen die zahllosen Repliken, die aber – oft wenig sorgfältig, fehlerhaft und geschönt – der Forschung kaum Hilfe bieten. Im Gegenteil! So hat man vor einigen Jahren das Bruchstück eines Diskus (aus dem nordossetischen Vladikavkaz), eine unbeholfene moderne Imitation, als Vorlage für den echten Diskus ausgegeben.

Die Gründe für seine Popularität liegen vor allem in seiner ästhetischen Erscheinung und der Rätselhaftigkeit seiner bildhaften Schriftzeichen. Seine kulturhistorische und wissenschaftliche Bedeutung besteht jedoch darin, dass er nicht nur Kretas längsten zusammenhängenden Text des 2. Jahrtausends vor Chr., sondern auch eine singuläre Schriftform bietet. Während die ungefähr gleichzeitigen kretischen Linear A (Lin A)-Texte, deren eigentliche Entzifferung noch aussteht, wegen ihres geringen Umfanges – es handelt sich, von kurzen kultischen Inschriften abgesehen, meist um Verwaltungs-/Abrechnungstexte – kaum Satzstrukturen enthalten können, lässt die Länge des Diskustextes vollständige Satzgebilde erhoffen. Insbesondere darf man mit dem Vorhandensein von Verbformen rechnen, die in Lin A-Dokumenten weitgehend fehlen. Sollte die dem Diskus zugrunde liegende Sprache mit derjenigen von Lin A verwandt oder gar identisch sein, würde dies die Entzifferung von Lin A vermutlich wesentlich fördern.

Schon bald nach Auffindung des Diskus (1908) begannen die Entzifferungsversuche, die bis heute anhalten. An ihnen beteiligten sich ausgewiesene Wissenschaftler, Amateure sowie schwierige und geltungssüchtige Persönlichkeiten. (Die Namen der letzteren möchte ich mit van Hoorn „met de mantel der liefde bedekken"[1].) Die Unzahl der sich widersprechenden und einander ausschließenden Entzifferungen, die ihre Autoren zwar für gelungen halten, von denen aber höchstens nur eine einzige zutreffen kann, beweist, dass man die Schwierigkeiten weit unterschätzt hat.

Beispielhaft für fehlgeschlagene Entzifferungen sollen hier die Versuche von Aartun und Ohlenroth kurz berührt werden. Beide Gelehrten lesen den Text rechtsläufig; allerdings hält Aartun die Sprache für semitisch, Ohlenroth für griechisch. Derselbe Textabschnitt lautet in der Übersetzung bei Aartun:

<small>Sei tief hineindringend, Lüsterner! Bewege dich tief hinein, Fisch, (in) deinen Mund! Mein Gewandter sehnt sich heftig, der Tüchtige (ist) für mich glühend. Bei mir, (o) der träufeln läßt, blase! (O) von einer glühenden Leidenschaft Erfaßter, Lüsterner, mein heißes Verlangen (ist da)! Der Tüchtige (ist) für mich glühend. Bewässere das, was verschlossen (ist)! Der Tüchtige (ist) glühend. Mein von heftiger Leidenschaft Erfüllter, dringe (in den weichen Untergrund) ein! Ich will reichliche (Flüssigkeit) von mir geben, Mund, der Durchschneidende, siehe, sich</small>

---

[1] van Hoorn 1944, S. 69.

erbrechend! Und meine Liebe (ist) aufrichtig. Siehe, mein (mit mir) Vereinigter, bewässere, begieße! Dann (soll) mein Vollzug (stattfinden)! Diese (ist) meine kleine Jungfrau.[2]

und bei Ohlenroth:

In den Hain der Elaïa tritt ein: Entzünde rings geglättetes Holz: Im Kreis um den Opferrauch schlag ein auf die Erde, und wiehere jählings wie ein Pferde-Paar: ›Aió aé! hyauáx!‹[3] ...

Die unterschiedlichen Textlängen rühren hauptsächlich daher, dass Aartun eine Silbenschrift zugrunde legt, Ohlenroth eine Buchstabenschrift. Aus vielerlei Gründen, besonders dem, dass beide einen linksläufigen Text rechtsläufig zu entziffern suchen, sind ihre Deutungen falsch. Aartun sieht sein „Rezept" „für die Ausübung der Sexualriten im Palast von Phaistos" als eine „wissenschaftlich breit begründete Lösung"[4]; und für Ohlenroth war der „Entzifferungsweg ... überraschend einfach"[5]. Es hilft auch nicht, wenn Aartun im Vorwort seines Buches beteuert, es gelte „Tatsachen festzustellen, nicht die Wahrheit zu bemänteln"[6]: Es handelt sich bei Aartun, Ohlenroth und sämtlichen Autoren, deren Entzifferungsversuche mir bekannt geworden sind, um freie Erfindungen.

Ausgangspunkte solcher Phantasieprodukte sind im Allgemeinen willkürliche, oft (extrem) unwahrscheinliche Grundannahmen. Um der bereits im Anfangsstadium der eigentlichen Entzifferung auftretenden Schwierigkeiten Herr zu werden, nimmt man Zuflucht zu weiteren, immer abenteuerlicheren Hypothesen. Bei diesem Vorgehen scheint die Selbstkontrolle völlig geschwunden zu sein. Insofern sind die zahlreichen, meist vernichtenden Besprechungen (beispielsweise Fauth 1996, Gogolin 1996 [von Aartun], Hübner 1999 [von Ohlenroth]) zwar in der Sache verdienstvoll, fördern aber die Erforschung des Diskus nur wenig, da die Kritik a priori auf taube Ohren stoßen muss. Hübners abschließendes Urteil über Ohlenroths Entzifferung, sie sei „nichts anderes ... als eine reine Ausgeburt der Phantasie" trifft zwar zu, nicht aber seine Bemerkung, „Bloße Phantasiegebilde sind nie falsifizierbar"[7]. Denn misslungene Entzifferungen weisen grundsätzlich strukturbedingte Eigentümlichkeiten auf, die in ‚echten' Texten nicht auftreten können. Darüber an anderer Stelle mehr.[8]

Ich kann mich des Verdachts nicht erwehren, dass mancher Forscher deshalb so unbekümmert verfährt, weil er (heimlich) darauf vertraut, dass sein Vorschlag niemals durch eine e v i d e n t e Entzifferung widerlegt werden könne.

Zur verbreiteten Willkür in der Diskusforschung gesellt sich als ebenso großes Übel die fehlende Fähigkeit zum „Denken in Wahrscheinlichkeiten"[9]. Entzifferungen sind notwendig mit Raten (und Irrtum) verbunden. Denn es geht stets um „eine Frage, deren Antwort nicht gewiß ist (sonst müßte sie nicht

---

[2] Aartun 1992, S. 199.
[3] Ohlenroth 1996, S. 239.
[4] Aartun S. 286 und 1.
[5] Ohlenroth S. 30.
[6] Aartun S. 2.
[7] Hübner 1999, S. 487
[8] Siehe u. S. 273ff.
[9] von Randow 2003.

erraten werden)"[10]. Bei der Entzifferung des Diskus stellen sich u.a. Entscheidungsfragen zu folgenden Alternativen:

a) Schrift rechtsläufig — linksläufig?
b) Silbenschrift — Buchstabenschrift?
c) Dorn ohne Funktion — mit Funktion?
(Der sogenannte Dorn, ein Strich, tritt 16x unter einem Randzeichen einer Zeichengruppe auf.)
d) Sind 🗿 und die Zeichenverbindung ⊙🗿
nicht phonetisch — phonetisch?

Nehmen wir nun für a)-d) willkürlich eine Gleichwahrscheinlichkeit (50% : 50%) an. Da a)-d) jeweils notwendige Voraussetzungen zur Entzifferung und voneinander unabhängig sind, müssen ihre Wahrscheinlichkeiten miteinander multipliziert werden, also ½ · ½ · ½ · ½ = 6,25%. Dies bedeutet, dass eine zutreffende Entzifferung unter den gegebenen Umständen eine Wahrscheinlichkeit von 6,25% hat. Aber diese Rechnung ist zu optimistisch, da die Wahrscheinlichkeitsverhältnisse viel ungünstiger sind. Denn z.B. hat der Dorn c) auf jeden Fall eine Funktion, so dass die Wahrscheinlichkeit seiner Funktionslosigkeit bei 0% liegt. Das Produkt der Wahrscheinlichkeiten kann dann bei Forschern, die dem Dorn keinerlei Bedeutung beimessen (so Aartun: „ganz zufällige ... Striche"[11]), auch nicht größer als 0% sein. Aber selbst wenn man dem Dorn Beachtung schenkt, kommt es darauf an, welche der vielen für den Dorn vorgeschlagenen Funktionen (Schlusskonsonant, Satzzeichen usw.) man annimmt.

Noch ungünstiger wird es, wenn wir den Punkten a)-d) die Sprachen hinzufügen, die der Diskusschrift zugrunde liegen sollen:

e) baskisch – chinesisch – drawidisch – ‚frühindoiranisch' – griechisch – hebräisch – hethitisch (luwisch) – hurritisch – Lin A-Sprache (minoisch) – polynesisch – Sanskrit – semitisch – slawisch – sumerisch – westfinnisch – zweisprachig[12](!)[13]

Außerdem gibt es noch andere Faktoren, die die Wahrscheinlichkeit einer Entzifferung weiter vermindern.

Gegen diese Überlegungen würden die Entzifferer den Einwand erheben, sie gingen nicht von mehr oder weniger wahrscheinlichen Prämissen aus, sondern von gesicherten Erkenntnissen, zumindest aber von hochwahrscheinlichen Annahmen. Da nun sämtliche Entzifferungsversuche (von denen wir theoretisch einen einzigen geglückten abziehen) wesentlich unterschiedlich sind, einander ausschließen und widerlegen, somit als falsch gelten müssen, ist der Nachweis erbracht, dass allen Entzifferungen mindestens eine unrichtige Prämisse zugrunde liegt. Demnach haben alle Entzifferer, ob bewusst oder

---

[10] von Randow S. 14.
[11] Aartun 1992, S. 138.
[12] Martin 2000; Mocioi 2001, S. 26.
[13] Umfangreiche Übersicht bei Timm 2005, S. 16ff.; ergänzend dazu Duhoux 2000, S. 597.

unbewusst, de facto fehlerhafte Wahrscheinlichkeitsrechnungen angestellt. Anders ausgedrückt: Sie haben die Unwahrscheinlichkeit ihrer Annahmen nicht erkannt und nicht in ihre Überlegungen einbezogen.

Befolgt aber haben diese Forscher die psychologischen Gesetze falscher Wahrscheinlichkeitsrechnung. Ein Beispiel: Ohlenroth wählt als „Einstieg" in die Entzifferung die Zeichen 🝆 und ☉, die in „nahezu stereotyper Koppelung" mit „fester Bindung an die rechte" Seite von Zeichengruppen auftreten: ☉🝆. „Unter der Voraussetzung, der Diskos biete in einem rechtsläufigen Lautsystem einen griechischen Text, mußte sich die Identifikation dieses prägenden Junktims mit einer griechischen -ος-Endung geradezu aufdrängen". ☉ „steht in sprechender Formverwandtschaft für griech. o" und 🝆 „für σ, wobei die feldabschließend-fixe Position dieses Symbols den Eindruck erwecken mußte, es vertrete speziell ein wortabschließendes σ".[14] Zu denselben Lautwerten gelangte auch Martin (ebenso G. Matev/A. Matev[15]), indem er einen „Zugang finden" und deshalb „zunächst nach Zeichen suchen" wollte, „deren Form sich zu den späteren griechischen Buchstaben entwickelt haben könnte."[16]

Lassen wir hier von Randow zu Wort kommen, der natürlich nicht an den Diskus denkt: „Unser Alltagsverstand bewegt sich oft nicht nach den Regeln, die wir als Methode des rationalen Ratens" kennen. „Wir erkennen Muster und Zusammenhänge «mit einem Blick»".[17] „In Wahrscheinlichkeiten zu denken erscheint schwieriger, wir wählen den leichteren Weg – und denken in Ähnlichkeiten. ... Nichts ist verführerischer und täuschender als Ähnlichkeit". Denn „was wir uns leichter vorstellen können, wirkt lebendiger, wirklichkeitsnäher – und deshalb auch wahrscheinlicher".[18] Ohlenroth und Martin lassen sich von der Intuition, „einer schlechten Ratgeberin beim Denken in Wahrscheinlichkeiten"[19] leiten. Es zeigt sich, „daß unsere Denkgewohnheiten das Denken in Wahrscheinlichkeiten sogar dann durcheinanderbringen, wenn wir uns mit Energie und Verbissenheit auf ein Problem konzentrieren".[20] Ohlenroth gelangt dann „spontan" zu weiteren Lautentsprechungen;[21] und Martin „muss auch die entfernte Ähnlichkeit" heranziehen.[22] Beiden stellt sich der „Entzifferungsweg" als „überraschend einfach"[23] dar.[24] Die Einfachheit ist Folge davon, dass alle entgegenstehenden Hindernisse beiseite geräumt werden. Denn: „Pessimisti-

---

[14] Ohlenroth 1996, S. 28.
[15] 1984, S. 260. Sie lassen sich leiten von den „Ähnlichkeiten zwischen den Schriftzeichen" des Diskus „und dem altgriechischen Alphabet" (ebd.).
[16] Martin 2000, S. 6. Zusätzlich benutzt Martin das beliebte, aber untaugliche Mittel des sogenannten ‚akrophonischen Prinzips' (dazu s.u. S. 190f.).
[17] von Randow 2003, S. 169.
[18] Ebd. S. 60f.
[19] Ebd. S. 52.
[20] Ebd. S. 81.
[21] Ohlenroth S. 28.
[22] Martin S. 7.
[23] Ohlenroth S. 30.
[24] Martin macht es sich insofern sehr einfach, als er auf die Entzifferung der Rückseite des Diskus verzichtet. Denn dort ergeben die auf der Vorderseite ‚gewonnenen' Lautwerte der Zeichen keinen Sinn („Die Seite B des Diskos bleibt unverständlich." [S. 6]). Kurzerhand erklärt Martin den Diskus für eine „Bilingue" und den rückseitigen Text für Minoisch (S. 6), eine zurzeit noch rätselhafte Sprache.

sche Selbsteinschätzungen sind weniger verbreitet" (von Randow[25]). Aber: „Psychologische Studien zeigen, daß Menschen sich sehr wohl angewöhnen können, in Wahrscheinlichkeiten zu denken. Es setzt Training und Selbstbeobachtung voraus, Kritikfähigkeit und die Bereitschaft, eigene Annahmen in Frage zu stellen".[26]

Warum ist das bei der Diskusforschung so ungeheuer schwer? Weil der Text häufig keine sicheren Indizien bietet, Annahmen zu überprüfen, und Indizien ihrerseits oft genug auf problematischen Annahmen beruhen. Die enorme Komplexität der Materie kann mit der üblichen Wissenschaftsroutine nicht mehr bewältigt werden.

Daher beschäftigt sich das vorliegende Buch nicht so sehr mit eigenen Entzifferungsversuchen und ihrer Rechtfertigung, sondern vorrangig mit dem Diskus selbst. Durch Berücksichtigung möglichst vieler Aspekte, Verzicht auf vorschnelles Aussondern von Alternativen, Erwägung der Wahrscheinlichkeit einzelner und kombinierter Annahmen, und, wie der Physiker und Philosoph Ernst Mach gesagt hat, durch „Anpassung der Gedanken an die Tatsachen und die Anpassung der Gedanken aneinander"[27] sollen die bisher ungelösten grundlegenden Fragen, wie z.B. Schriftrichtung und Funktion des Dorns, sofern es die Verhältnisse zulassen, einer mehr oder weniger wahrscheinlichen Lösung zugeführt werden. Der Forschung soll damit ein Fundament gegeben werden, das genügend verlässlich ist, um die eigentliche Entzifferungsarbeit zu erleichtern, die aber auch so noch vor großen Herausforderungen stehen wird.

Auf fotografische Abbildungen wurde verzichtet, weil allein ihre Zahl den Rahmen des Buches sprengen und es zu sehr verteuern würde. Vor allem die Behandlung der vielen Korrekturen auf dem Diskus wäre auf eine Unmenge von Aufnahmen mit wechselndem Lichteinfall (besonders Streiflicht) angewiesen. Stattdessen verwende ich Umzeichnungen und weise gegebenenfalls auf besonders aussagekräftige Abbildungen in der Sekundärliteratur hin.[28]

Eine besondere Herausforderung stellt die stark angeschwollene Sekundärliteratur dar. Genügt für viele philologische Untersuchungen eine Beschränkung auf die wichtigste Literatur, so erfordert Entzifferungsarbeit meist umfassende Lektüre, da keine noch so unscheinbare Beobachtung und kein Gedanke unberücksichtigt bleiben dürfen. Denn die Geschichte der Entzifferung von Schriften hat gezeigt, dass die Chance der Entschlüsselung mit jeder zusätzlichen Entdeckung überproportional steigt. Diese fundamentale Erkenntnis wurde in der Diskusforschung meist völlig missachtet. Man begnügte sich im

---

[25] 2003, S. 74.
[26] Ebd. S. 170.
[27] Mach 1910, S. 600.
[28] Allerdings wird der Wert von Abbildungen häufig beeinträchtigt durch a) fehlerhafte Lichtregie (die vertieften Zeichen erscheinen erhaben: passim), b) editorisches Versagen (seitenverkehrte Abb.en: Godart, Der Diskus ..., 1995 S. 58f.; Timm 2005, Cover Vorder- und Rückseite), c) Verwechslung ‚identischer' Zeichengruppen: Olivier 1975, S. 12-14 [A11 mit A17 und A13 mit A16 in der Zählung von O.]), d) philologisches Unvermögen (Wegschneiden von Spirale und Worttrennern, die für die Entzifferung unverzichtbar sind: z.B. Olivier 1975; Vorder- und Rückseite werden gegeneinander verdreht: Georgiev 1976, S. 8f.; Bunner 1979, S. 21; Henke 2004, Tafel 2; Madau 2007, S. 10f.).

Seite A

Fig. 1 – nach Evans 1909, S. 280, mit einigen Korrekturen

Allgemeinen mit der Lektüre einiger willkürlich herausgegriffener Titel, mit der Folge, dass Entdeckungen ebenso wie (längst widerlegte) Irrtümer mehrmals unabhängig voneinander gemacht wurden. Eigentliche Fortschritte konnten bei einem solchen Verfahren nur selten gelingen.

Ebenso wichtig wie die speziell dem Diskus gewidmete Literatur sind die weit zahlreicheren Arbeiten zu mehr allgemeinen Themen: Schrift- und Sprachproblemen, historisch/kulturellem Hintergrund, naturwissenschaftlichen Datierungsmethoden, Entschlüsselungsstrategien usw. In dem chronologisch angelegten Literaturverzeichnis werden diese Beiträge nur dann aufgeführt, wenn sie im Buch erwähnt werden. Die dort genannten Titel zitiere ich mit Verfasserangabe und Jahreszahl.

Seite B

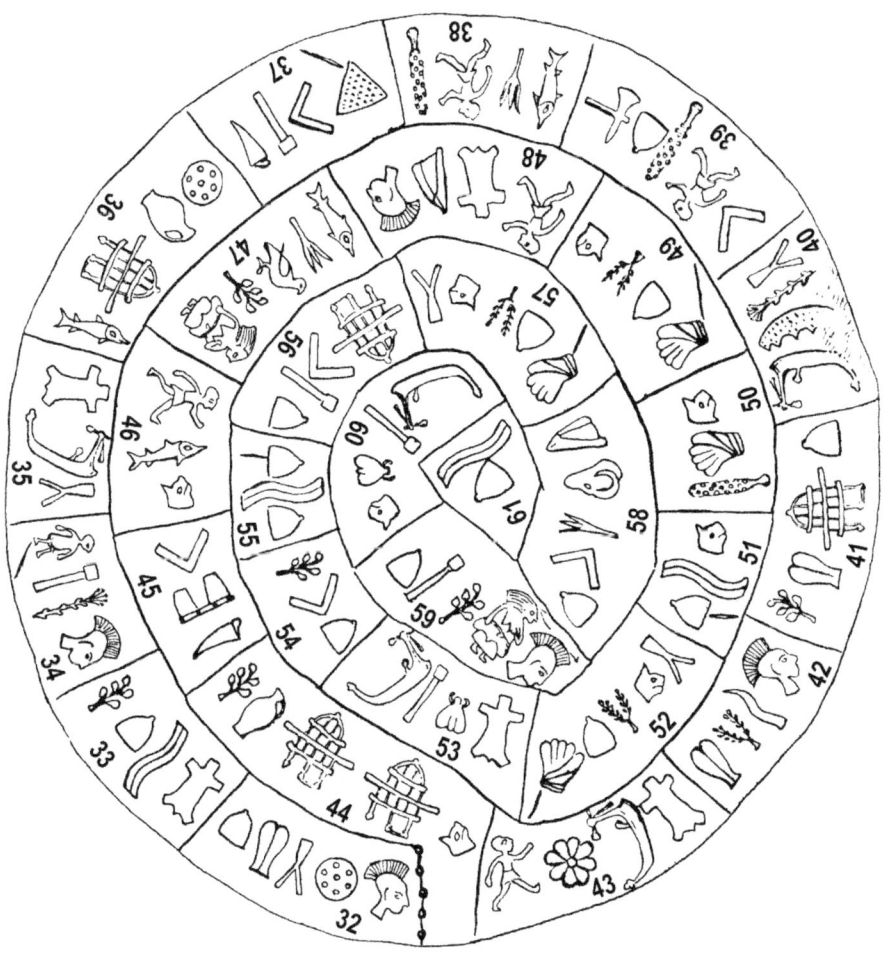

Fig. 2 – nach Evans 1909, S. 282, mit einigen Korrekturen

Die Reihenfolge der Darlegung spiegelt nicht meine persönliche Methode bei der Beschäftigung mit dem Diskus wider, sondern folgt sachlichen Gesichtspunkten und vor allem dem Bestreben, den Leser sukzessive und ohne Sprünge in die Entzifferungsproblematik einzuführen. Die Zahl der Vorverweise soll deshalb – trotz der Komplexität der Materie – auf ein Minimum reduziert werden. Das Buch beabsichtigt keine umfassende Darstellung aller Dinge, die mit dem Diskus zusammenhängen, sondern beschränkt sich auf das, was für eine Entzifferung von Bedeutung ist oder sein könnte. Um in einzelnen wichtigen Punkten ausreichende Klarheit zu gewinnen, sollen Argumente möglichst gehäuft werden. Zugleich soll der Sicherheits- bzw. Wahrscheinlichkeitsgrad des jeweiligen Arguments im Auge behalten werden.

Folgende Wörter- und Zeichenzählung findet beim Diskus Verwendung: Die Seite mit der Blütenrosette ✽ im Zentrum heißt ‚A', die andere ‚B' (s. Fig. 1 und 2). Die durch radiale Striche (Worttrenner) abgeteilten Zeichengruppen werden von außen nach innen jeweils mit der punktierten Linie (⋮) beginnend gezählt. Den 61 Feldern des Diskus (31 auf Seite A, 30 auf B) können – je nach Bedarf – die Seitenangaben A oder B hinzugefügt werden (z.B.: auf A31 folgt B32). Die Zeichen innerhalb eines Feldes werden von rechts nach links, also linksläufig gezählt und ihre Zahl an die Feldnummer angehängt:

A6,3 = △

Andere Zählweisen der Forschungsliteratur werden stets umgerechnet.

Im Laufe der langjährigen Beschäftigung mit dem Diskus habe ich unzählige Gespräche mit den unterschiedlichsten Personen geführt und manche Anregung und Hilfe empfangen. Dabei zeigte es sich, dass eine isolierte Behandlung einzelner Probleme kaum möglich ist. Schon die mir am häufigsten gestellte Frage, ob die Diskusschrift singulär sei und, wenn ja, warum, verlangt nach einer voraussetzungsreichen und komplexen Antwort. Es war daher nahezu unvermeidlich, auf die Vielzahl der Probleme im Rahmen eines Buches einzugehen.

Ich bedanke mich herzlich bei Volker Baron, Ling Yun Fang, Ulrich Grammel, Juri Hoffmann, Jürgen Knust, Lydia Konieczny, Matthias Springer, Hans Joachim Störig, Steen Olaf Welding und Manfred Zieger. Mein besonderer Dank gilt Michael Heinert, meinem Schwiegersohn Kay Hoffrichter, Ulrich Justus, Andreas Martens, Matthias Muschick und meiner Mutter, die zum Gelingen des Buches in vielfältiger Weise beigetragen haben. Ohne Alexander Glaser, der mir bei computertechnischen Problemen und zahlreichen Grafiken entscheidend geholfen hat, und ohne die Mitarbeiter der Universitätsbibliothek Braunschweig, die mich bei der bisweilen schwierigen Beschaffung der Sekundärliteratur stets unterstützt haben, wäre dieses Buch nicht zustande gekommen.

Für umfassende Korrekturen (Inhalt, Formulierung, Rechtschreibung, Layout) und vielerlei Hinweise, die die Lesbarkeit des Buches fördern sollten, bin ich meiner Tochter Cornelia zu großem Dank verpflichtet.

Schließlich gilt mein herzlicher Dank Vittorio Klostermann für die freundliche und unkomplizierte Aufnahme des Buches in sein Verlagsprogramm und Anastasia Urban für die sorgsame Begleitung der Edition.

Leverkusen, im Januar 2017   Thomas Berres

FUNDUMSTÄNDE UND DATIERUNG

Am 3. Juli 1908 wurde bei Ausgrabungen der Palastanlage von Phaistos eine runde Scheibe gefunden, auf beiden Seiten mit Zeichen bedeckt: der so genannte Diskus von Phaistos. Er war mit einer Kalkschicht überzogen[1] und von einer Feuersbrunst leicht geschwärzt.[2]
Der Palast liegt im südlichen Zentralkreta in der Messara-Ebene auf einem Hügel etwa 6 km vom Meer entfernt. Phaistos war seit dem Neolithikum besiedelt und ist es auch heute noch.[3] Seine (eigentlich: ihre[4]) Blüte fiel ins 2. Jahrtausend v. Chr. Lage und Identifikation von Phaistos sind aufgrund antiker Zeugnisse gesichert.[5] Die frühesten Belege für den Namen in Buchstabenschrift finden wir bei Homer (Ilias 2,648; Odyssee 3,296): Φαιστός. Etwa 700 Jahre zuvor, um 1400 v. Chr., begegnet uns der Name in der kretischen Linear B-Schrift (Lin B), einer frühen griechischen Silbenschrift, in defektiver Schreibung: ⌇ ⊤ ⊤ (*pa-i-to*).[6] Sogar das davon abgeleitete Adjektiv *pa-i-ti-jo* (= Φαίστιος) ist überliefert.[7] Noch früher sind die mit denselben Zeichen geschriebenen Belege in der nichtgriechischen, minoischen Linear A-Schrift (Lin A).[8] Möglicherweise findet sich der Name auch im Ägyptischen (*Bajšata/Bajštija*).[9]
Sofern der Diskus ursprünglich aus Phaistos stammen und nicht als ‚Importstück' nach Kreta gelangt sein sollte, geben Identifikation des Ortes und die Konstanz seines Namens möglicherweise wertvolle Anhaltspunkte für die Entzifferung. Hierbei muss man jedoch größte Vorsicht walten lassen und übereilte Identifizierungen einzelner Diskuswörter mit kretischen Örtlichkeiten („The contents of the disc nicely coincides with the place where it was found"[10]) tunlichst vermeiden.
Ein bemerkenswertes Beispiel liefert ein Kollektiv von fünf Autoren, das den Diskustext als luwisch (hieroglyphen-hethitisch) auffasst und sich auf eine einheitliche Entzifferung geeinigt hat – eine neue Stufe in der Entzifferungsgeschichte der Diskusforschung. Die ersten fünf Wörter (A1-5) des „Luwian Letter to Nestor" sollen bedeuten:

---

[1] Pernier 1908, S. 645.
[2] Pernier 1908/9, S. 271. Abb.en der nur wenig gereinigten Seite B ebd. Tav. XI; Duhoux, Le disque ..., 1977, S. 81, Fig. 29.
[3] Kirsten 1938, Sp. 1598ff.
[4] Phaistos ist feminin.
[5] Kirsten Sp. 1996f.
[6] Zahlreiche Belege aus Knossos (McArthur 1993, S. 270), von dem Phaistos in damaliger Zeit verwaltungsmäßig vollkommen abhängig war (Chadwick 1979, S. 74).
[7] Chadwick 1973, S. 74; McArthur 1993, S. 26 und 29.
[8] Funde aus dem Phaistos benachbarten und „durch eine steingepflasterte Straße" verbundenen (Otto 1997, S. 312) Hagia Triada (HT 97 a3; HT 120.6).
[9] Edel 1966, S. 38 unter 2. und S. 41f.; Edel/Görg 2005, S. 169-175, 191, 202, 213; Lehmann 1970, S. 353; ders. 1985, S. 10 Anm. 10; ders. 1991, S. 107f.; Haider 1988, S. 3; ablehnend Faure 1968, S. 139f.
[10] Rietfeld in: Achterberg u.a. 2004, S. 97.

„In the Mesara is Phaistos. To Nestor great (man) in Achaia"[11]

A2 ☉𝌆𝌇 sei zu lesen (von rechts nach links) als *pa-ya-tu* (= Phaistos). Später, in B36 ☉𝌆𝌇, sei dann erneut von Phaistos die Rede, wobei 𝌇 mit *wa* wiedergegeben wird. Während man wegen der unterschiedlichen Schreibweise von *pa-ya-tu* eher an zwei unterschiedliche Wörter denken könnte, ist der Name der Messara-Ebene an allen vier Stellen einheitlich geschrieben. Allerdings wird dies damit erkauft, dass das dreisilbige Wort auf nur zwei Zeichen (𝌆 = *mi*; 𝌇 = *saru* [Logogramm]) verteilt wird – eine Notmaßnahme, die sich insofern ‚aufdrängt', als beide Zeichen in A30 eine vollständige Zeichengruppe bilden. Die Stellen:

A1
A26
A30
B38

Eine der wenigen gesicherten, aber oft übersehenen oder ignorierten Erkenntnisse der Diskusforschung ist, dass der Kopf 𝌇 und der ‚Schild' ☉ Determinative sind, die die folgenden Zeichen als Personen bzw. Personennamen ausweisen.[12]

Kehren wir zum Fundort des Diskus zurück! Der Diskus befand sich in einer kleinen, rechteckigen Grube (Nr. 8), einer Art Magazin,[13] „inmitten dunkler Erde, die mit Asche, Kohlen und keramischen Bruchstücken vermischt" war.[14] Die schräg liegende Scheibe wies auf ihrer Oberseite im Zentrum eine Rosette ❋ auf: einer der Umstände, die dazu führten, diese Seite als Vorderseite aufzufassen.[15] Der Diskus lag nicht auf dem eigentlichen Fußboden; denn auch unter ihm befanden sich Keramikreste derselben Art und aus derselben Zeit.[16] Daraus schloss Pernier, der Leiter der Ausgrabungen, dass der Diskus nicht „in situ" geblieben, sondern von einem höher gelegenen Bauteil herabgefallen sei.[17] Dies muss im Zusammenhang mit der Katastrophe, die über den alten Palast von Phaistos hereingebrochen war, geschehen sein; in denselben zeitlichen Rahmen gehören auch die Beifunde.[18] Beim Wiederaufbau des Palastes wurde der Gebäudeteil, in dem der Diskus entdeckt wurde, anscheinend nicht mehr verwendet.[19]

---

[11] Achterberg u.a. 2004, S. 94.
[12] Siehe u. S. 69-71 und 85ff.
[13] Pernier 1908/9, S. 265. Diese Magazine bildeten einen Annex des Palastes. Aufnahmen der Ausgrabungsstätte bei Pernier, Tafel IX u. X. Lageplan bei Duhoux, Le disque ..., 1977, S. 70, Fig. 2 (mit Kennzeichnung der Grube 8 des Hauses 101).
[14] Pernier S. 261.
[15] Cappel 2008, S. 67.
[16] Pernier S. 261f. Aufgrund eines Missverständnisses von Perniers Grabungsberichten gelangte Jeppesen (1962/3, S. 181f.) zu einer späten Datierung des Diskus (dazu Duhoux, Le disque ..., 1977, S. 13f.).
[17] Pernier S. 262.
[18] Ebd. S. 264.
[19] Pernier 1910, S. 168 u. 172.

Leider erfolgte die Ausgrabung des Diskus-Magazins in zwei Etappen (1900 und 1908). Erst bei der zweiten kam der Diskus ans Licht.[20] Außerdem vermisst man bei Pernier genaue stratigraphische Angaben zur Lage der Funde in Grube 8.[21]

Die nicht dem heutigen Standard entsprechende Ausgrabung von Phaistos schränkt zwar die Möglichkeiten, den Diskus genauer zu datieren, ein, beseitigt sie aber keineswegs gänzlich; vor allem ist sie kein Freibrief für willkürlich frühe oder späte Ansätze.

Für die Zeitspanne, in der die Scheibe nach verbreiteter Auffassung liegen soll, nämlich die 1. Hälfte des 2. Jahrtausends v. Chr., besitzen wir nur ein einziges absolutes Datum, den Frühaufgang der Sothis (Sirius) unter Sesostris III am 17.7.1866[22]. Erst ab der 2. Hälfte können wir uns auf eine zuverlässige assyrische Chronologie stützen.[23] Obwohl zwischen Kreta und Ägypten enge Beziehungen bestanden,[24] erlaubt die Chronologie Ägyptens nur die Erstellung eines groben absoluten chronologischen Gerüsts für Kreta.[25] Denn die synchronistische Methode, archäologisches Material durch beiliegende Importstücke aus dem jeweils anderen Land zeitlich zu fixieren,[26] stößt auf mancherlei Schwierigkeiten: Unsicherheiten der ägyptischen Chronologie (so genannte ‚lange‘, ‚mittlere und ‚kurze‘ Chron.), Probleme der Geschlossenheit eines Fundkomplexes, ‚Erbstücke‘ (zeitliche Differenz zwischen Importdatum und Niederlegung), und vieles mehr.[27] Schoch gelangt nach gründlicher „Diskussion der mittelminoischen Synchronismen" zu der Erkenntnis, „daß die Möglichkeit über kretisch-ägyptischen bzw. ägyptisch-kretischen Import zu einer absoluten Chronologie Kretas zu gelangen, äußerst gering ist."[28] Auch die Synchronismen Kretas mit anderen Ländern verbessern die unbefriedigende Lage nicht.[29]

In dem unsicheren absoluten Rahmen der kretischen Chronologie entfaltet sich eine reiche relative Chronologie, die auf der Auswertung der Schichtenfolge und der stilistischen Entwicklung besonders von Keramik und Siegeln beruht. (Diese Methode hat freilich mit gestörten Schichten und auch damit zu kämpfen, dass die minoische Kunst nicht überall gleichmäßig und synchron fortschritt.) Verschiebt sich nun der absolute Rahmen, muss sich auch die darin eingebettete relative Chronologie zumindest in Teilen verschieben.

---

[20] Pernier 1908/9, S. 262.
[21] Duhoux, Le disque ..., 1977, S. 6. Zwischen 1900 und 1920 war die „Anwendung der stratigraphischen Prinzipien ... praktisch unbekannt" (Schoch 1995, S. 134). – Eine gut lesbare und informative Darstellung der Fundumstände bietet Godart (Der Diskus ..., 1995, S. 29-31). Siehe auch La Rosa 2009.
[22] von Beckerath 1997, S. 44ff.
[23] von Beckerath S. 59ff.
[24] Siehe beispielsweise Helck 1995 und Warren 1995.
[25] Synchronistische Tabellen der ägyptischen und kretischen Geschichte bei Buchholz 1987, S. 15; Helck S. 44f.; Fitton 2004, S. 6f.
[26] Helck S. 37ff.; Schoch 1995, bes. S. 53ff. und 129ff.; Schäfer 1998, S. 75ff.
[27] Dazu Schoch S. 129ff. und 215f.
[28] Schoch S. 156f.
[29] Schoch S. 158ff.

Für den zeitlichen Ansatz des Diskus bleibt außer unsicheren Kriterien (Entwicklung der kretischen Schrift und stilistische Nähe zur Inschrift auf der Bronzeaxt von Arkalochori[30]) nur die zeitliche Verknüpfung seines Herabfallens in die Grube mit der Zerstörung des alten Palastes von Phaistos. Unglücklicherweise lässt sich der Untergang des Palastes nicht genau datieren. Aber als allgemeiner Konsens scheint sich die Zeit um 1700 herausgebildet zu haben.[31] Selbst wenn wir den genauen oder auch nur ungefähren Zeitpunkt wüssten, wäre damit für den Diskus nur ein terminus ante quem gewonnen, da er ja vermutlich nicht erst unmittelbar vor seinem Herabfallen hergestellt worden ist. Wenn wir seine Entstehung in einen Rahmen von 1900-1600 einbetten, erhalten wir Spielraum für zunächst nicht absehbare chronologische Verschiebungen: selbst in dem unwahrscheinlichen Fall, dass der Palast nach 1600 unterging, könnte der Diskus sich immer noch aufgrund seiner eventuell schon länger währenden Existenz in dem genannten Zeitrahmen bewegen.

Zur Datierung des Diskus wurden u.a. folgende Vorschläge gemacht: Pernier[32] und Della Seta[33] datieren die Fundumgebung ins 18. Jh. Evans[34] hält den Diskus für nicht später als 1600. Bossert[35] spricht sich für spätestens 17. oder 16. Jh., nicht aber vor 2000, aus. Jeppesen[36] will die Deponierung des Diskus zwischen 1600 und 1100 ansetzen. Davis[37] legt ihn in die Zeit von 1700 bis 1600, Duhoux[38] in die von 1850 bis 1600 (in einer späteren Arbeit:[39] 1800-1600). Pomerance:[40] früher als 2000. Heubeck:[41] 1650-1550. Kean:[42] 2100-1900. Godart:[43] 1550 bis Ende 13. Jh. Owens[44] und Faucounau:[45] vor 1600. Hiller:[46] 1700-1550. Achterberg/Best:[47] nicht vor 1352.

Nun wäre es naiv, aus den unterschiedlichen Zeitangaben (sie reichen von 2100 bis 1100) einen Mittelwert bilden zu wollen. Denn die genannten Daten stellen nur eine subjektive Auswahl dar und unterscheiden zum Teil nicht zwischen Entstehungs- und Deponierungsdatum des Diskus. Außerdem müssten sie nach der Qualität ihrer jeweiligen Begründung gewichtet werden. Dennoch erlauben sie, lässt man die extremen Ansätze von Jeppesen, Pomerance, Kean, Godart, Achterberg/Best zunächst unberücksichtigt, die

---

[30] Zur Axt s.u. S. 215ff.
[31] Z.B. Schoch 1995, S. 97; Bartoněk 2003, S. 10.
[32] 1908/9, S. 296.
[33] 1909, S. 297.
[34] 1909, S. 28; s. auch ders. 1921, S. 667 (nicht später als Anfang 16. Jh.).
[35] Die Erfindung ..., 1937, S. 7.
[36] 1962/3, S. 161 und 182.
[37] Remarks ..., 1967, S. 114.
[38] Le disque ...,1977, S. 12.
[39] Ders. 1998, S. 11.
[40] 1976, S. 7f.
[41] 1979, S. 6 (dazu hilfsweise S. 1).
[42] 1996 (und 1985), S. 16.
[43] Der Diskus ..., 1995, S. 162.
[44] 1997, S. 50.
[45] 1999, S. 21.
[46] 2000, S. 135 (dazu hilfsweise S. 43).
[47] Achterberg u.a. 2004, S. 26 und 32.

Entstehungszeit des Diskus zuversichtlich zwischen 1900 und 1600 anzunehmen.

Trotzdem verdienen die Extremdatierungen Beachtung. Der Spätansatz von Jeppesen ist einem Übersetzungsfehler geschuldet.[48] Pomerance sieht im Diskus einen Kalender, den er aufgrund seiner Zeichen „with little hope of proof" in die Zeit vor 2000 datiert.[49] Er deutet die einzelnen Zeichen nicht phonetisch, sondern ideographisch („totalement incorrect" sagt dazu Duhoux[50]) und fasst z.B. ☸ als Zeichen für die Plejaden auf.[51] Dies diskreditiert den Autor. „Und der schottische Reiseschriftsteller Kean bemüht sich erst gar nicht, nur ein einziges Argument für seine Behauptung vorzutragen" (Balistier[52]). Godart neigt aufgrund dreier Diskuszeichen (⛵, ◯, ✿) zur Spätdatierung.[53] Während er ✿ in die Nähe des ungedeuteten Ideogramms 179 ⌂ der Lin B-Schrift rückt[54] und willkürlich in mykenische Zeit setzt,[55] vergleicht er das Schiff ⛵ mit einer Darstellung auf dem goldenen Ring von Mochlos, den er um 1450 datiert[56]. Für das Zeichen ◯, das Godart entgegen der üblichen Auffassung wohl fälschlich mit einer Tonnenschnecke identifiziert, gibt er keinerlei chronologischen Hinweis.[57] An dieser Stelle sei betont, dass man unter den 45 verschiedenen Diskuszeichen immer einige finden kann, die wegen tatsächlicher (oder nur behaupteter) Ähnlichkeit mit anderem archäologischen Material beinahe jeden (gewünschten) Datierungsansatz zu gestatten scheinen.[58] Doch „nichts ist verführerischer und täuschender als Ähnlichkeit" (s.o. S. X), besonders, wenn von ihr – unzulässigerweise – auf zeitliche Ähnlichkeit, also Gleichzeitigkeit, geschlossen wird.

Der schon oben S. 1f. erwähnte Versuch, den Diskus als einen „luwischen Brief an Nestor" zu deuten, zwingt das Autorenkollektiv (Achterberg/Best/Enzler/Rietveld/Woudhuizen) zu einer Spätdatierung. Denn dies gebieten die luwische Sprache und die historische Person Nestors, des Herrschers von Pylos auf der Peloponnes. Best hat sich dieser Aufgabe unterzogen,[59] wobei er sich auf eine frühere Arbeit stützt.[60]

Während Schutt und zahlreiche Beifunde einen moderaten Frühansatz des Diskus empfehlen, streut Best – nicht ganz zu Unrecht – Zweifel an der Beurteilung der Fundumstände durch Pernier.[61] Den „einzigen Ausweg aus dem

---

[48] Siehe o. S. 2 Anm. 16.
[49] Pomerance 1976, S. 7f.
[50] 1979 (Rez.), S. 157.
[51] Zu ☸ s.u. S. 92f. und 201ff.
[52] 2003, S. 28.
[53] Godart, Der Diskus ..., 1995, S. 162.
[54] Ebd. S. 133f.
[55] Ebd. S. 162.
[56] Ebd. S. 135.
[57] Ebd. S. 131.
[58] So könnte man z.B. versucht sein, das Zeichen ✿ aufgrund vielfach behaupteter Nähe zu lykischen Häusern in die 2. Hälfte des 1. Jahrtausends v. Chr. zu setzten. Ausführlich dazu u. S. 192ff.
[59] Achterberg u.a. 2004, S. 27ff.
[60] Best/Woudhuizen 1989, S. 71f. und 137f.
[61] Achterberg u.a. 2004, S. 27.

Dilemma" sieht er in dem Lin A-Täfelchen PH 1,[62] das nur wenige Zentimeter vom Diskus entfernt aufgefunden wurde. Allerdings sind Datierungen durch Beifunde sehr häufig problematisch; denn „Jeder einzelne Gegenstand kann an jeden Ort gelangen" (Droop[63]). „Eine einzelne Scherbe beweist nichts. Nur die Häufung von Belegen führt zum Beweis" (Carpenter[64]). Es ist deshalb ein unglücklicher Einfall Bests, sich auf das eine, wenngleich wichtige, Täfelchen zu konzentrieren. In diesem Licht muss man wohl seinen scharfen Angriff auf Duhoux's Frühdatierung des Diskus (1850-1600) sehen, die auf einer „false, pseudoarchaeological, premise of just counting sherds" beruhe.[65]

Best schließt sich mit Vorbehalt der Auffassung Perniers an, der Diskus und das Täfelchen seien „*together*" herabgefallen. Wenn dies so sei und man es datieren könne, „we would automatically have fixed the date of the Phaistos Disc as well."[66] Offenbar unterscheidet Best nicht zwischen dem Zeitpunkt des Herabfallens und der Entstehung beider Stücke.[67] Der Diskus ist aber als sehr kunstvolles und daher wertvolles Objekt nach seiner Entstehung möglicherweise längere Zeit aufbewahrt worden. Eine verlässliche Herabdatierung ist also unmöglich und damit der weiteren Argumentation Bests die Grundlage entzogen.

Auch die Lin A-Tafel PH 1 ist vielleicht älter, da sie, wie Pernier vermutet, absichtlich gebrannt worden sei,[68] während fast alle Lin A/B-Tafeln erst durch eine Feuersbrunst gebrannt wurden und somit der Nachwelt erhalten blieben.

Best versucht nun die Datierung von PH 1 mit Hilfe eines Männernamens, den PH 1 mit einer Tafel aus dem nahegelegenen Hagia Triada, HT 98, gemeinsam hat.[69] Wegen weiterer Namensübereinstimmungen zwischen Phaistos- und Hagia Triada-Tafeln und wegen eines ähnlichen Schriftduktus geht er von „contemporaneous tablets" aus.[70] Aber: Namensidentität beweist nicht zeitliche Identität,[71] sondern darf nur als schwaches Indiz gewertet werden. Ebenso wenig beweist sie Identität der Person. So gibt es z.B. eine Fülle von gleichlautenden Namen auf Lin B-Tafeln aus Knossos und dem weit entfernten Pylos in der Peloponnes.[72] Es ist deswegen auch keineswegs überraschend, dass die ca. 30 Lin A-Tafeln aus Phaistos einige gemeinsame Namen mit den 148 Tafeln aus dem benachbarten Hagia Triada aufweisen. Dies gilt natürlich auch für den Fall, dass die Tafeln beider Fundorte unterschiedlichen

---

[62] Ebd. S. 27.
[63] Bei Carpenter 1968, S. 86.
[64] Carpenter S. 86 Anm. 5.
[65] Best/Woudhuizen 1989, S. 72.
[66] Achterberg u.a. 2004, S. 27.
[67] Erst am Ende seiner Ausführungen (S. 32) korrigiert Best seinen Fehler.
[68] Pernier 1935, S. 427.
[69] Achterberg u.a. S. 29.
[70] Ebd. S. 28f.
[71] Best: „Identical personal names in Phaistos and Hagia Triada are in favour of the contemporaneity" (Best/Woudhuizen 1989, S. 71f.).
[72] Chadwick 1973, S. 102f.

Zeiten angehören sollten, handelt es sich doch um eine einheitliche Bevölkerung und Kultur, deren Kontinuität außer Frage steht.

Der Name auf PH 1 lautet: *di-ra-di-na*, aber auf HT 98: *di-re-di-na*. Darin sieht Best nur eine „Schreibvariante",[73] ohne Belege für den Wechsel *ra/re* zu suchen[74] und ohne in Erwägung zu ziehen, dass beide Namen nichts miteinander zu tun haben müssen. Die allerdings nicht auszuschließende Variante kann nicht auf einem Schreibversehen beruhen, da die Zeichen für *ra* (ᘁ) und *re* (Ƴ) kein Verwechslungspotential bieten.

Leider fehlt bei Best eine Abbildung von HT 98, so dass der Leser den behaupteten ähnlichen Schriftduktus beider Tafeln[75] nicht überprüfen kann. Aber ein Vergleich zeigt, dass sie insgesamt nur je zwei verschiedene Zeichen (für *di* und *na*) gemeinsam haben. Wie soll man da Ähnlichkeit feststellen? Zumal Lin A eine prinzipiell einfach strukturierte Schrift ist (sieht man von den Ligaturen ab) und oft sehr nachlässig (krakelig) gehandhabt wird. Darüber hinaus erschweren das Schriftmaterial, Ton und Griffel, und in vielen Fällen der schlechte Zustand der Tafeln einen genauen Schriftvergleich. Man vergleiche nur die Schreibweise von *na*:

PH 1 a.1   HT 98 a.2 und 3[76]

Derselbe Schreiber? Derselbe Stil? Daher wundert man sich nicht (?), wenn Best in seiner früheren Arbeit eingeräumt hatte: „the hand of the scribe of tablet PH 1 is not attested as such in the Hagia Triada corpus"[77]. Dennoch versucht er auf Umwegen, einzelne Zeichen von PH 1 mit HT-Tafeln zu vergleichen. So sei ᘁ (*ra*) „exactly the same as that of an occurring variant in the HT corpus".[78]

Um die Spätdatierung von PH 1 zu ermöglichen, drückt Best das Lin A-Tafelarchiv von Hagia Triada zeitlich[79] weiter nach unten, indem er sich auf Namensüberschneidungen zwischen diesem Archiv und dem riesigen Lin B-Archiv von Knossos (4085 Tontafeln) beruft.[80] Auch diese Überschneidungen

---

[73] Achterberg u.a. 2004, S. 29. 15 Jahre zuvor waren es noch „Identical personal names" (Best/Woudhuizen 1989, S. 71).
[74] Siehe jedoch Woudhuizen (2006, S. 38f.), der alternative Schreibungen innerhalb von Lin A zusammengestellt hat. So gibt es Belege für den Umschlag von *a* nach *e* (*ja-sa-sa-ra-ma-na*: *ja-sa-sa-ra-me*; *na-da-re*: *ne-da-re*; *pi-ta-ka-se*: *pi-ta-ke-si*; *qa-ra-wa*: *qe-ra-u*), aber nicht für die komplette Silbe *ra*. Siehe auch Packard 1974, Appendix A und Timm 2005, S. 159f.
[75] „All tablets mentioned [darunter PH 1 und HT 98] show the same stage and style of writing" (Best/Woudhuizen 1989, S. 29).
[76] Abb.en und Umzeichnungen bei Godart/Olivier 1976-1985, Bd. I, S. 160f. und 286f. Siehe auch Raison/Pope 1971, S. 88-91 und 172f.
[77] Best/Woudhuizen 1989, S. 71.
[78] S. 71. Eine Überprüfung der Stellenangabe von Best bei Brice (1961) kann keine Identität der Schreibformen feststellen. Der linke, gebogene Arm von ᘁ ist deutlich kürzer als in PH 1 a.1.
[79] Die Tafeln von Hagia Triada setzt man gemeinhin in die Zeit von etwa 1500-1450 (s. Finkelberg 2001, S. 88).
[80] Achterberg u.a. 2004, S. 30f. Siehe auch Woudhuizen 2009, S. 171-175.

erregen kein Erstaunen, da Phaistos und Hagia Triada in der Lin B-Zeit von Knossos aus verwaltet wurden.[81] Die methodischen Fehler von Best wiederholen sich.

Am Ende dieser höchst fragwürdigen Kettendatierung gelangt Best zu dem Ergebnis, dass PH 1 in die Zeitspanne zwischen 1400 und 1340 einzuordnen sei,[82] räumt dann aber im Widerspruch zu seiner bisherigen Zielsetzung ein, dass damit die Zeit des gemeinsamen Herabfallens von PH 1 und Diskus annähernd datiert sei, falls sie überhaupt zusammen herabgefallen seien („if they did at all").[83] Dies kommt dem Eingeständnis gleich, dass die Entstehungszeit des Diskus – im Horizont der Argumentation von Best – mit Hilfe der Lin A-Tafel PH 1 nicht bestimmt werden kann.[84] Achterberg erweckt in seiner zustimmenden Zusammenfassung von Bests Ergebnis[85] den Eindruck, Best habe das geleistet, was dieser nach eigenen Worten gar nicht geleistet hat:[86] einer der vielen traurigen Höhepunkte in der Diskusforschung.

Zur Rettung des Spätansatzes des Diskus verweist Best in der Nachfolge von Woudhuizen[87] auf die ‚Ähnlichkeit' des Diskuszeichens 🗿 mit ägyptischen Kopfdarstellungen zur Zeit des Akhenaten (= Echnaton/Amenhotep IV/Amenophis IV), der von ungefähr 1352-1336 regierte.[88] Der Diskus hat jedoch nichts mit dem Stil der Amarna-Zeit zu tun. Von (signifikanter) Ähnlichkeit kann keine Rede sein. Aber selbst diese wäre wegen ihrer Vereinzelung für die Datierung ohne jede Bedeutung.

1989 hatte Best als letztes Argument für eine Datierung um 1370 ins Feld geführt: „The decipherment of the Phaistos Disc confirms this date"[89]. Dieses Argument hätte, wenn die Entzifferung richtig wäre, entscheidendes Gewicht; denn der Brief enthält nicht zu leugnende historische Anhaltspunkte für seine zeitliche Einordnung. Dann aber ist bzw. wäre eine zusätzliche Datierung, wie sie Woudhuizen und Best versuchen, überflüssig. Die Hilflosigkeit und Widersprüchlichkeit dieser Versuche nähren den Verdacht, dass der vorgeschlagenen Entzifferung die Evidenz (Wahrscheinlichkeit) fehlt.[90]

Die hier aufgeführten Extremdatierungen sind wissenschaftlichem Unvermögen und nur schwer nachvollziehbarer Willkür zuzurechnen. Sie stützen freilich nicht im Umkehrschluss den üblichen Frühansatz, dem letzte Sicherheit weiterhin mangelt.

Gegenüber den traditionellen archäologischen Datierungsversuchen könnte man sich von naturwissenschaftlichen Methoden im Hinblick auf die frühe

---

[81] Siehe o. S. 1 Anm. 6.
[82] 1989 hatte Best noch ‚genauer' datiert: „around 1370" (S. 71).
[83] Achterberg u.a. 2004, S. 32.
[84] 1989 war Best noch nicht zu dieser Einsicht gelangt.
[85] Achterberg u.a. S. 25f.
[86] Dieselbe grob irreführende Zusammenfassung auch bei Woudhuizen 2006, S. 118.
[87] Siehe folgende Anm.
[88] Best S. 32. Ausführlichere Darlegung bei Woudhuizen (in: Best/Woudhuizen 1989, S. 137f.) mit anderer Regierungszeit des Akhenaten (1379 -1365).
[89] Best 1989, S. 72.
[90] Zum Fehlschlag der Entzifferung s.o. S. 1f. und u. S. 130-134.

kretische Geschichte allgemein und auf den Diskus im Besonderen größere Zuverlässigkeit versprechen. Der Ausbruch des Vulkans auf Thera (Santorin), einer Insel gut 100km nördlich von Mittelkreta, ist ein Datum, um dessen Festlegung heftig gerungen wird, soll doch dieses gewaltige Naturereignis gemäß einer These von Marinatos[91] verheerende Auswirkungen auf ganz Kreta gehabt haben. Nun hat aber die Forschung gezeigt, dass die Eruption weit weniger dramatische Folgen hatte und die kretische Zivilisation kaum betroffen wurde.[92] Trotz der geringen direkten historischen Bedeutung des Ereignisses ist seine Funktion als möglicher Fixpunkt für ein absolutes chronologisches Gerüst für den östlichen Mittelmeerraum nicht verloren gegangen. Hatte man mit archäologischen Methoden den Vulkanausbruch auf ca. 1500 v. Chr. datiert,[93] so weist das Radiokarbonverfahren eher auf die zweite Hälfte des 17. Jahrhunderts.[94] Aber die C14-Methode ist mit großen Unsicherheiten behaftet,[95] und auch der Versuch, durch Eichung die Fehler zu korrigieren, vermindert die Schwierigkeiten nicht wesentlich.[96] Im Falle des Vulkanausbruchs auf Thera schien jedoch Hilfe von Seiten der Dendrochronologie und der Eisschichtendatierung zu kommen. Denn man glaubte die Folgen der weltweiten Abkühlung des Klimas durch die vulkanischen Emissionen in der verminderten Dicke der Jahresringe von kalifornischen Borstenkiefern, irischen Mooreichen usw. zu erkennen (Datierung: 1628/7). Und der Schwefelausstoß schien zu erhöhten Säureablagerungen in bestimmten Schichten des Grönlandeises zu führen (Datierung: 1645 ± 20 Jahre).[97] Aber es herrscht Uneinigkeit darüber, mit welchem Grad an Wahrscheinlichkeit die Normabweichungen der Baumringe und der Eisschichten überhaupt mit dem Vulkanausbruch auf Thera in Zusammenhang zu bringen sind.[98]

Falls man sich zur Frühdatierung der Eruption (1628/7) durchringen sollte, müsste „die gesamte absolute Chronologie des minoischen Kreta verschoben werden".[99] Diese Verschiebung nach oben brächte die traditionelle Archäologie Kretas in arge Bedrängnis[100] und bedeutete für den Diskus, dass er zwar seine wenn auch unsichere Position in der relativen Chronologie Kretas behalten, aber ein höheres absolutes Alter besitzen könnte.

Will man nicht das zeitliche Umfeld des Diskus bestimmen, sondern die Entstehungszeit des Diskus selbst, bieten sich prinzipiell im Wesentlichen nur zwei naturwissenschaftliche Verfahren an: die Thermolumineszenz- (TL) und

---

[91] 1939.
[92] Siehe Pichler/Schiering 1980; Warren 1990/91; Lohmann 1998; Zangger 1998.
[93] Niemeier 1992, S. XXIII.
[94] Niemeier ebd.; Schäfer 1998, S. 88; Manning u.a. 2002.
[95] Geyh 2005, S. 70ff.
[96] Höckmann 1987; Manning 1995, S. 200ff.; Schoch 1995, S. 191f. [Korrekturzusatz: In der neueren Forschung (Manning u.a. 2006 und 2014; Friedrich 2013) findet der Frühansatz zunehmend Bestätigung.]
[97] Niemeier ebd. S. XXIV; Schoch ebd. S. 193ff.; Schäfer ebd. S. 88f.
[98] Warren ebd. S. 33; Niemeier ebd. S. XXIV; Schäfer ebd. S. 89ff.; Manning ebd. S. 214; Schoch ebd. S. 194ff.; Lohmann ebd. S. 351ff.
[99] Schoch ebd. S. 234.
[100] Siehe den tabellarischen Vergleich von alter und neuer Chronologie bei Niemeier S. XXII.

die archäomagnetische Methode. Die TL-Datierung beruht zwar auf einem einfachen Prinzip,[101] erfordert aber in der Praxis großen Aufwand und ist an eine Reihe von Voraussetzungen gebunden. Zu diesen Voraussetzungen zählen:[102] Benötigt werden sechs bis zwölf Proben (z.B. Scherben) von mindestens 10g und 6mm Dicke. Sie sollten idealerweise 30cm von einer Begrenzung (z.B. Grubenrand, Oberfläche) entfernt liegen. Außerdem sollen sie nicht gewaschen oder getrocknet und nicht längere Zeit direktem Sonnenlicht ausgesetzt, sondern mitsamt anhaftenden Erdklumpen innerhalb weniger Minuten in einem Plastikbeutel fest verschnürt werden. Dieser Beutel muss dann in einem zweiten Beutel aufbewahrt werden.

Der Finder des Diskus hat beim damaligen Stand der Ausgrabungstechnik diese Bedingungen natürlich nicht vorhersehen können.[103] Eine einigermaßen brauchbare TL-Datierung des Diskus ist daher unmöglich. Aber selbst wenn diese (und andere) Bedingungen zufällig erfüllt wären, lieferte die TL-Datierung einen Zeitansatz mit einer Schwankungsbreite von ca. ± 5% bis ± 10%. Beispielsweise würde ein so gewonnenes Datum von 1750 v. Chr. bei ± 7,5% Toleranz (bezogen auf das absolute Alter von etwa 3750 Jahren) einen Spielraum von ± 280 Jahren eröffnen. Die obere Grenze läge dann bei 2030 v. Chr., die untere bei 1470 v. Chr. Zu der viel zu hohen Ungenauigkeit des Verfahrens gesellt sich als weiterer gravierender Nachteil, dass es nur den Zeitpunkt des Brandes bestimmt und die TL-‚Uhr' bei jeder weiteren Erhitzung des Materials auf ca. 450°C wieder auf null zurückgestellt wird. Es wird also nur der letzte Brand datiert. Der Diskus aber ist sehr wahrscheinlich in mehrere Brände geraten: das erste Mal, als er in einem Töpferofen gebrannt wurde; das zweite Mal, als der alte Palast von Phaistos einer mit Feuer einhergehenden Katastrophe zum Opfer fiel;[104] vermutlich das dritte Mal, als der neue Palast zerstört wurde. Ob es danach weitere Brände gegeben hat, entzieht sich meiner Kenntnis. Gelegentlich wird von denjenigen, die die Echtheit des Diskus bezweifeln, der Ruf erhoben, das Museum von Heraklion, in dessen Besitz der Diskus ist, müsse ihn ‚nur' auf 500°C erhitzen, um eine TL-Datierung zu ermöglichen und alle Zweifel auszuräumen:[105] ein Ansinnen, das Unkenntnis mit verantwortungsloser Einstellung gegenüber einem wertvollen kulturhistorischen Denkmal verbindet.

Abschließend noch einige Bemerkungen zur archäomagnetischen Datierung[106]. Diese Methode nutzt die langsame Richtungsänderung des Erdmagnetfeldes aus. Werden magnetische bzw. magnetisierbare Partikel in einem Tonobjekt (wie dem Diskus) auf ca. 600-700°C erhitzt, geht die ursprüngliche

---

[101] Siehe z.B. Manning 1995, S. 165. Wissenschaftliche Darstellung bei Wagner 1983, S. 5ff.; Geyh 2005, S. 111ff.
[102] Die folgenden Ausführungen im Anschluss an Wagner S. 21.
[103] So wurde der Diskus nach seiner Auffindung stark gereinigt (s.o. S. 1).
[104] Siehe auch o. S. 1.
[105] Siehe u. S. 298f.
[106] Beschreibung des Verfahrens z.B. bei Geyh S. 133ff.; für den Laien leichter verständlich sind die Ausführungen bei Schoch 1995, S. 227ff.

Magnetisierung verloren. Bei der anschließenden Abkühlung wird das magnetisierbare Material nach dem aktuellen Erdmagnetfeld neu ausgerichtet. Diese Magnetisierung ist remanent und kann durch Vergleich mit einer Masterkurve, die die Veränderungen des Erdmagnetfeldes abbildet, datiert werden. Auch hier steht dem einfachen Prinzip eine sehr komplizierte Anwendung gegenüber. Unter anderem müssen – auf den Diskus bezogen – zwei Bedingungen erfüllt sein. Die genaue Position des Diskus im Brennofen muss bekannt sein. Aber über seine Ausrichtung beim Brennvorgang kann man nur spekulieren. Außerdem wird bei einer erneuten Erhitzung die bisherige remanente Magnetisierung aufgehoben und durch die aktuelle ersetzt. Wie bei der TL-Methode tritt also auch hier dasselbe unlösbare Problem auf, weil der Diskus sehr wahrscheinlich in mehrere Brände geraten ist.

Das entmutigende Fazit lautet: Mit den heutigen naturwissenschaftlichen Methoden ist die Entstehungszeit des Diskus nicht bestimmbar. Vielleicht darf man sich von der ferneren Zukunft ein zerstörungsfreies und genaues Verfahren erhoffen. Gegenwärtig bleiben der Diskusforschung nur die traditionellen archäologischen Zeitbestimmungen übrig. Da diese in hohem Maße von Willkür und Wunschvorstellungen beeinflusst werden, ist ihren Ergebnissen besondere Zurückhaltung entgegenzubringen.

MASSE DES DISKUS, HERSTELLUNG DES ROHLINGS UND BRAND

Die Tonscheibe des Diskus von Phaistos hat wegen ihrer nur annähernd runden Gestalt unterschiedliche Durchmesser. Sie reichen von 15,8 bis 16,5cm.[1] Davon stärker abweichende Maße, z.B. 10cm bei Scheck[2] und 20cm bei Störig[3], mögen sich von Abbildungen ohne Größen- bzw. Maßstabsangaben herleiten, können aber bisweilen eine Rolle spielen wie beim Diskus von Vladikavkaz.[4] Auch die Dicke des Diskus ist unterschiedlich: 1,6 bis 2,1cm.[5]

Die Ungleichmäßigkeit des Diskus verrät, dass er ohne Zuhilfenahme einer Töpferscheibe hergestellt wurde. Mit dem Beginn der Altpalastzeit um 2000 v. Chr. wurde in Kreta die drehbare Töpferscheibe eingeführt,[6] die es dem Töpfer erlaubte, regelmäßig geformte Keramikgefäße zu verfertigen. Gerade Phaistos war eine Hochburg der Töpferkunst (Kamares-Ware). Wenn auch die Töpferwerkstätten „eher in der Nähe der Lehmvorkommen und der Brennöfen als in den Palästen selbst" lagen, so wurde ihre Produktion „allem Anschein nach dennoch zum großen Teil, wenn nicht sogar vollständig vom Palast kontrolliert" (Fitton[7]). Angesichts der außergewöhnlichen Sorgfalt, mit der der Diskus beschriftet wurde, und wegen der Schönheit seiner Schriftzeichen, die noch heute die Blicke der Menschen auf sich lenkt, stellt sich unwillkürlich die Frage, warum sein Schöpfer den Rohling so wenig professionell geformt[8] und auf die Verwendung einer Töpferscheibe verzichtet hat.[9] Der Hersteller der Scheibe war kein Töpfer. Vielmehr handelte es sich um einen Schreiber, der sich in erster Linie um eine gewissenhafte Beschriftung kümmerte, von der unter anderem die zahlreichen Korrekturen zeugen, wie wir noch sehen werden. Damit steht nicht in Widerspruch, dass die beschriftete Scheibe schließlich den Weg in einen Brennofen fand.

Die kretischen Schreiber des 2. Jahrtausends v. Chr. benutzten, wenn sie auf Ton schrieben, rechtwinklige Tontafeln, die wenig sorgfältig und kunstlos hergestellt wurden. Diese primitiven Schriftträger waren ihrem Verwendungszweck völlig angemessen; denn sie enthielten fast ausschließlich Verwaltungsnotizen für den kurzfristigen Gebrauch und wurden deshalb im Allgemeinen nicht gebrannt, sondern nur in der Sonne getrocknet: „die nicht mehr

---

[1] Pernier 1908, S. 645.
[2] 1966, S. 1f.
[3] 1992, S. 44. Corsini (1986, S. 3) gibt 18cm an.
[4] Siehe Anhang B, S. 307ff.
[5] Pernier 1908, S. 645.
[6] Umfassend dazu Evely 1988.
[7] 2004, S. 117.
[8] Siehe auch McEvedy 2002, S. 42 Anm. 1: „amateurish-looking way".
[9] Diese Diskrepanz wurde von der Forschung, wie ich glaube, völlig übersehen. Immerhin ist Kuschnereit der Unterschied zwischen der Sorgfalt der Stempelgravur und der nachlässigen Formung der Tonscheibe aufgefallen (Der Diskus von ..., 1997, S. 175). Aber dieser Unterschied lässt sich leicht damit erklären, dass der Schreiber die Stempel bereits fertig vorfand, aber bei der Herstellung des Schriftträgers wenig Geschicklichkeit zeigte – einfach weil er es nicht besser konnte.

benötigten Tafeln wurden wieder befeuchtet, ihre Oberfläche geglättet und für eine neue Benutzung vorbereitet" (Bartoněk[10]). Erhalten blieben diese Tafeln nur, wenn die Gebäude, in denen sie sich gerade befanden, abbrannten. Aus all dem ergibt sich: Die Schreiber in Kreta waren nicht auf Töpferscheiben angewiesen und hätten sie auch nicht für ihre rechtwinkligen Tontafeln verwenden können.

Unter diesen Tafeln nimmt der Diskus in vielerlei Hinsicht eine Sonderstellung ein: statt einer geritzten krakeligen Schrift weist er 45 verschiedene, meist dekorative Bildzeichen auf, die in spiraliger Anordnung mit Stempeln eingedrückt wurden. Die Gleichmäßigkeit der Verteilung der Schriftzeichen auf beiden Seiten kann nur das Ergebnis mehrerer vorangegangener Versuche sein. Der Diskus war also kein ephemeres Produkt, sondern sollte als wichtig erachtetes Dokument längere Zeit aufgehoben werden. Deshalb wurde er gebrannt. Hätte man damals grundsätzlich bedeutende Texte in Ton gestempelt – manche Autoren glauben sogar, dass der Diskus in eine Reihe gleichartiger Scheiben gehöre[11] – und anschließend durch Brennen dauerhaft gemacht, wäre es in Anbetracht tausender aufgefundener Schrifttafeln, die ihre Erhaltung nur dem Zufall einer Feuersbrunst verdanken, ganz und gar unverständlich, warum die vom Diskus her bekannte Stempelschrift auf keiner anderen Platte aus Ton bewahrt worden ist.

Der Diskus muss also ein besonderes Erzeugnis gewesen sein. Zumindest ist es hochwahrscheinlich, dass in der damaligen Zeit nur wenige Tonplatten, wenn überhaupt, mit aufwendiger Schrift angefertigt wurden. Dies ist zwar ein Schluss ex silentio, er verdient aber Vertrauen. Aus dem Fehlen ähnlicher Funde zieht Muenzer jedoch den umgekehrten Schluss, dass „unendlich viel verloren gegangen sein muß oder noch nicht wieder ans Tageslicht gelangt ist."[12] Abgesehen davon, dass seine Überlegung der Logik widerspricht, fragt er nicht nach den Gründen für eine solch extreme Verlustrate, sind doch gebrannte Tonerzeugnisse äußerst dauerhaft, wenn sie auch in vielen Fällen nur als Scherben auf uns gekommen sind. Deshalb dienen Keramikprodukte häufig als ‚Leitfossilien' und geben gelegentlich einer ganzen Kultur den Namen (z.B. die Schnurkeramik einer späten Epoche der Jungsteinzeit).

Gegen die mutmaßliche Einzigartigkeit des Diskus könnte allerdings der Umstand sprechen, dass die 45 Stempel wohl nicht nur beim Diskus eingesetzt wurden. Der Aufwand für ihre Herstellung wäre zu groß gewesen. Entweder waren die Stempel bereits vorhanden oder sie wurden – was weniger wahrscheinlich ist – zwar für den Diskus geschaffen, aber dann weiter verwendet. In beiden Fällen erhebt sich die Frage, warum nicht ähnlich bestempeltes Material, mag es auch im Lauf der Zeit noch so sehr fragmentiert worden sein, gefunden wurde. Die Antwort darauf kann nur lauten: Die

---

[10] 2003, S. 81 (bezüglich der Lin B-Tafeln).
[11] Beispielsweise Cuny 1911, S. 312; Evans 1909, S. 293; ders. 1921, S. 662; Eckschmitt 1969, S. 17; Hoschek 1981, S. 91; Muenzer 1981, S. 11.
[12] Muenzer 1981, S. 11.

Stempel kamen grundsätzlich nur bei vergänglichen Schriftträgern (Papyrus, Leder usw.) zum Einsatz. Das Problem der Singularität des Diskus wird uns in diesem Buch noch mehrmals beschäftigen.

Der Ton, der dem Hersteller des Diskus zur Verfügung stand, war von großer Reinheit („argilla ... depuratissima") und so feinkörnig wie bei der minoischen sogenannten Eierschalenkeramik (Pernier[13]). Der gelegentliche Einwand, der Ton sei nichtkretischen Ursprungs,[14] kann sich nicht auf Beweise oder zuverlässige Indizien stützen.[15]

Für die Rekonstruktion der Herstellungsweise des Rohlings gibt es mehrere fundamentale Daten, über die weitgehende Einigkeit unter den Autoren herrscht:

a) Seite B ist flacher als Seite A.
b) Seite A weist an ihrem gesamten Rand eine wulstige Verdickung auf.[16]
c) Der unregelmäßige Gesamteindruck, unter anderem hervorgerufen durch die leichte Unrundheit (Tendenz zum Oval) und die schwankende Dicke.

Wegen c) ist, wie bereits gesagt, der Rohling nicht mit Hilfe einer Töpferscheibe modelliert worden. Pernier stellte sich den Vorgang etwa folgendermaßen vor:[17] Ein Tonklumpen sei auf eine flache Unterlage gelegt und mit der Hand zu einer Scheibe geformt worden. Dadurch sei die aufliegende Seite B automatisch flacher als die obere Seite A geworden. Die Randverdickung auf A sei an den Stellen entstanden, „an denen man die übermäßige Ausdehnung des Tons vermindern wollte, indem man ihn von der Peripherie her zum Zentrum hin komprimierte." (Daher rühren wohl die Fingerabdrücke, die man erkennen zu können glaubte.[18]) Auch einige sehr feine Risse seien durch das Zusammendrücken des feuchten Tons entstanden.

Perniers einleuchtende Erklärung des umlaufenden Wulstes ist vielleicht nicht hinreichend, da man nicht recht einsehen kann, warum der Wulst sich nicht nur an den Stellen bildete, wo der Ton über den angestrebten Durchmesser hinausragte, sondern am gesamten Rand. Da die Fläche der Scheibe groß genug sein musste, um sämtliche Schriftzeichen des vorgesehenen Textes aufzunehmen, deren Größe durch die vorhandenen Stempel festgelegt war, durfte der Diskus eine gewisses Maß nicht unterschreiten. Ein zusätzliches Problem tat sich dadurch auf, dass der Schreiber bemüht war, beide Seiten des Diskus vollständig, also ohne Zulassung irgendeines freien Raumes, mit

---

[13] 1908/9, S. 271.
[14] Mackenzie bei Evans 1909, S. 274; Glotz 1923, S. 434; siehe auch Doblhofer 1964, S. 259.
[15] Faucounau 1977, S. 28. – Zu naturwissenschaftlichen Herkunftsbestimmungen von Ton siehe Buchholz 1987, S. 11 mit Anm. 41.
[16] Auf den meisten Abbildungen des Diskus ist der Wulst nicht erkennbar. Nur bei extremem Seitenlicht (wie bei Duhoux, Le disque ..., 1977, vorderer Buchdeckel, und Hiller 2000, S. 136) und bei guten Repliken tritt er deutlich hervor.
[17] Pernier 1908/9, S. 271. Er verwechselt allerdings versehentlich die Seite A mit B. Godart (Der Diskus ..., 1995, S. 61) übernimmt seine Ausführungen (samt Verwechslung) teilweise wörtlich, ohne die Quelle zu nennen.
[18] Duhoux, Le disque ..., 1977, S. 18.

Zeichen zu bedecken.[19] Diese Absicht entspringt keiner vorschnellen Unterstellung, die sich von dem De-facto-Zustand des Diskus herleitet, sondern ist gut begründbar: Der Schreiber hätte sich erhebliche Mühe erspart, wenn er den Rohling deutlich größer angelegt hätte. Denn Voraussetzung für eine lückenlose Bestempelung ist eine genaue Vorlage, an deren Durchmesser sich der Schreiber orientieren konnte. Wenn er also den Tonklumpen zu einem ungefähren Rund ausgeformt hatte, stand er vor drei möglichen Situationen: entweder hatte der Durchmesser der Scheibe an fast allen Stellen zufällig – unwahrscheinlich – die richtige Größe und bedurfte nur noch geringer einzelner Korrekturen, oder er war zu klein und musste durch Verdünnung der Scheibe (oder durch andere Maßnahmen) vergrößert werden, oder er war zu groß und musste durch Einwirkung auf den Rand verkleinert werden. Dass es sich bei der Herstellung des uns erhaltenen Diskus um die dritte Variante handelt, zeigt sein umlaufender Wulst.

Der Einwand, der Schreiber hätte alle Schwierigkeiten vermeiden können, wenn er von innen nach außen gestempelt und dann den überstehenden Rand abgeschnitten hätte, bringt keine Hilfe, da sich auf diese Weise kein ausgeprägter Wulst hätte bilden können. Außerdem ist deutlich erkennbar, dass der Wulst selbst an seiner Innenseite bestempelt wurde, also primär sein muss.[20] Dies ist ein erster Nachweis dafür, dass der Diskus nach einer Vorlage geschaffen wurde.

Den bisherigen Ausführungen lag die Annahme zugrunde, dass der Diskus aus einem einzigen Tonklumpen geformt wurde und folglich nur aus einer homogenen Schicht besteht. Manche Autoren glauben jedoch, dass durch Bestempeln der zweiten Seite die bereits bestempelte erste in Mitleidenschaft gezogen worden wäre. So entwickelten sich 2- und 3-Schichtentheorien. Grumach vertritt die These, beide Seiten des Diskus seien „einzeln gestempelt und erst dann zusammengefügt" worden, „da sonst beim Stempeln der zweiten Seite die erste verdrückt worden wäre; die Nahtlinie" sei „am Rande des Diskus noch deutlich zu erkennen."[21] Auch Pomerance will die Naht gesehen haben („but is more obvious on the plaster cast"[22]). Timm[23] führt gegen die 2-Schichtentheorie Gebauer an: „Wird Tonmasse an Tonmasse gesetzt, so sind die Verbindungsstellen stets gut anzufeuchten, innigst mit den Händen zusammenzudrücken und zu verschmieren, damit sich beim Trocknen die Nahtstellen nicht wieder lösen."[24] Die 2-Schichtentheorie erzielt also nicht

---

[19] Dieses Bestreben (beruhend auf dem ‚horror vacui') erkennen wir auch unzweideutig bei der mit der Diskusschrift verwandten Schrift auf der Axt von Arkalochori, wo die drei Zeichen der rechten Kolumne stark gestreckt wurden, um den vorhandenen Raum möglichst auszufüllen (s.u. S. 217 Fig. 56). Ebenso können im Hebräischen am Ende der Zeile die sogenannten litterae dilatabiles (א, ה, ל, ם, ת) gedehnt werden, um eine festgelegte Zeilenlänge ohne Lückenbildung zu erzielen.
[20] Sehr gut erkennbar in den Feldern A6 und 7 (bei den Zeichen 𐀀 und 𐀁) auf der Teilabbildung des Diskus bei Madau 2007 (Cover Vorderseite).
[21] Grumach 1969, S. 249 Anm. 5; Ohlenroth 1996, S. 9 schließt sich ihm an.
[22] Pomerance 1976, S. 53.
[23] 2005, S. 50.
[24] Gebauer 1982, S. 44.

den ihr unterstellten Zweck. Van Meerten entwickelt zunächst eine Variante dieses Modells – erst sei e i n e Seite gestempelt u n d gebrannt, dann die andere daraufgelegt, gestempelt und zusammen mit der schon fertigen gebrannt worden –, verwirft sie aber dann, da so die beiden Schichten eine unterschiedliche Farbe angenommen hätten.[25]

Van Meerten versucht nun eine Lösung durch die Annahme von 3 Schichten: auf die beiden Seiten einer zentralen, bereits gebrannten, Trägerscheibe sei je eine dünne noch feuchte Tonschicht aufgetragen worden. Wegen der stabilen mittleren Scheibe habe man den Diskus schräg an etwas anlehnen und jede der beiden Seiten ohne Gefährdung der anderen stempeln können. Dann sei der endgültige Brand erfolgt.[26]

Dieses Verfahren ist, wie Timm gezeigt hat, nicht durchführbar. Denn während des Trocknens und Brennens verliere der Ton einen Teil seines Volumens und werde kleiner[27] (*„Trockenschwindung"*[28]). Die Beweglichkeit der Platte dürfe daher nicht durch Ankleben behindert werden, da sie sonst reiße (Gebauer[29]).

Alle Überlegungen laufen auf die 1-Schichtentheorie hinaus. Dass eine Tontafel auf beiden Seiten komplikationslos beschrieben werden kann, zeigen die beim Diskus gefundene Lin A-Tafel PH 1, die nur 6-9mm dick ist[30] (Diskus: 16-21mm), und weitere 14 Tafeln aus Phaistos sowie 52 aus Hagia Triada.

Nun mag ja bei der vielleicht nicht ganz unproblematischen zweiseitigen Stempelung des Diskus besondere Behutsamkeit gewaltet haben. Man suchte nach Spuren und fand sie auch, z.B. dass die Stempel bzw. der Griffel auf Seite B weniger tief in den Ton eingedrungen seien.[31] Man kann dies so deuten, dass der Schreiber bei der Beschriftung von Seite B Rücksicht auf die bereits gestempelte Seite A nahm, aber auch so, dass Seite B zuerst fertiggestellt und der Diskus zur Bearbeitung von A gewendet wurde, wobei die Vertiefungen der Schrift auf B ein wenig flachgedrückt wurden. Leider können auch weitere Besonderheiten des Diskus gegensätzlich interpretiert werden. In diesem Zusammenhang spielt auch die Frage eine erhebliche Rolle, wie stark der Diskus bei der Beschriftung abtrocknete und ob er erneut angefeuchtet wurde. Timm, dem wir eine ausführliche, sorgfältige und gewissenhafte Diskussion der unterschiedlichen Hypothesen verdanken,[32] neigt zu der Auffassung, B sei vor A gestempelt worden. Er beruft sich hierfür auf die Herstellung der babylonischen Keilschrifttafeln, bei denen zuerst, wie Messerschmidt dargelegt hat,[33] die flache und dann die konvexe Seite beschrieben wurde. Der Unterschied zwischen den professionell und in großer

---

[25] van Meerten, On the Start ..., 1977, S. 30.
[26] Ebd. S. 30f.
[27] Timm 2005, S. 51.
[28] Gebauer 1982, S. 84.
[29] Ebd. S. 45.
[30] Pernier 1908/9, S. 266.
[31] Duhoux, Le disque ...,1977, S. 41; Faucounau 1999, S. 34; Achterberg u.a. 2004, S. 24.
[32] Timm 2005, S. 49-63.
[33] 1906, Sp. 378.

Zahl hergestellten Keilschrifttafeln und der Einzelanfertigung des Diskus lässt diesen Analogieschluss jedoch nicht wirklich zu.

Die Frage der Reihenfolge von Seite A und B kann durch die Interpretation von Erhebungen, Abflachungen usw. auf der Scheibe nur sehr eingeschränkt beantwortet werden. Obendrein erschweren die zahlreichen Korrekturen der Beschriftung eine genaue Beurteilung ungemein.[34] Vermutlich hat der Schreiber beim Korrigieren den Diskus mehrmals gewendet und an gewissen Stellen erheblichen Druck ausüben müssen. Er konnte in dieser Hinsicht mit einiger Freiheit und Willkür verfahren, so dass man nicht aus dem fertigen Resultat die Reihenfolge der einzelnen Schritte mit Sicherheit erschließen kann. M.E. lässt sich die Abfolge von A und B leichter dadurch bestimmen, dass man eventuell Anzeichen dafür findet, dass der Schreiber bei der Beschriftung der zweiten Seite aus Fehlern der ersten gelernt hat, und durch philologische Analyse des Textes. Der Ermittlung der Reihenfolge kommt begreiflicherweise nicht geringe Bedeutung für die eigentliche Entzifferung zu, es sei denn, man bestreitet einen zusammenhängenden Text und versteht jede der beiden Seiten als abgeschlossene Einheit.[35]

Überspringen wir nun die Probleme bei der Beschriftung des Diskus und wenden uns dem abschließenden Brand zu. Nach fast einhelliger Meinung ist der Diskus in einem Töpferofen[36] gebrannt worden. Hauptargument dafür ist die aus dem großen Herstellungsaufwand abgeleitete Bedeutung der Scheibe.[37] (Wollte man aber umgekehrt aus dem absichtlichen Brand die Bedeutung des Diskus erschließen, erläge man möglicherweise einem Zirkelschluss.) Eine Ausnahme stellt Haarmanns These dar, der ungebrannte Diskus habe „lediglich als Vorlage" für eine „Scheibe aus wertvollem Metall" gedient und verdanke seine Erhaltung einer „Laune der Natur" (= Brandkatastrophe).[38] Diese Behauptung wurde von Timm mit der einfachen Überlegung entkräftet, dass die bei der Tonscheibe verwendeten Stempel für die Stempelung von Metall ungeeignet seien. „Die per Hand auf einen Metalldiskos übertragenen Zeichen hätten demnach eine andere, möglicherweise geringere Qualität aufgewiesen als die der Vorlage aus Ton."[39] Ein Beleg für solch unvollkommene Gravur sind die der Diskusschrift verwandten Zeichen auf der Bronzeaxt von Arkalochori.

Dennoch ist die naheliegende Vermutung eines nicht zufälligen Brandes nicht ganz selbstverständlich, wurden doch damals auf Kreta und auch auf dem griechischen Festland (besonders Pylos), anders als in der übrigen

---

[34] Natürlich haben einige Forscher (wie Duhoux und Timm) in diesem Zusammenhang den Korrekturen große Aufmerksamkeit geschenkt.
[35] Zu nennen sind u.a.: Pernier 1908/9, S. 274; Corsini 1986; Best/Woudhuizen 1989, S. 67 und 70; Bowden 1993, S. 331f.; Ohlenroth 1996; Sornig 1997, S. 99; Martin 2000; Mocioi 2001, S. 26. Eine solche inhaltliche Aufteilung beider Seiten erleichtert wegen des geringeren Systemzwanges eine fehlerhafte Entzifferung!
[36] Solche Öfen wurden auch in Phaistos und Hagia Triada gefunden (s. Hiesel/Matthäus 2000, S. 84).
[37] Siehe auch o. S. 13.
[38] Haarmann 1991, S. 92.
[39] Timm 2005, S. 49f.

orientalischen Welt, schriftliche Dokumente aus Ton üblicherweise nicht gebrannt. Darauf deuten ziemlich klare Indizien. Einige wenige Schrifttafeln wurden bei ihrer Entdeckung sogar durch Regen zerstört.[40] An einem Ort gefundene Lin B-Tafeln sind nicht von unterschiedlichem Alter, sondern stammen aus derselben Zeit.[41] Grund dafür muss gewesen sein, dass eine Feuersbrunst die aktuellen Tafeln ‚gerettet' hat, während ältere, ungebrannte Tafeln nicht mehr vorhanden, sondern längst zerfallen oder nach Anfeuchtung erneut beschrieben worden waren.

Die Fragmente zerbrochener Tontafeln zeigen häufig, wenn es gelingt, sie wieder zusammenzusetzen, eine unterschiedliche Färbung[42]. Dies kann man darauf zurückführen, dass bei der Zerstörung der Lagerstätte sonnengetrocknete Tafeln zerbrochen und in unterschiedliche Feuer geraten sind.[43] Aber: Verfärbungen treten auch innerhalb unzerstörter Tafeln auf.[44] Vielleicht lagen solche Tafeln während des Brandes nur mit einem Teil im Schutt, während der andere stärkerem oder geringerem Feuer ausgesetzt war.[45] Eventuell handelt es sich aber auch lediglich um Verschmutzung.

Wie dem auch sei, der Diskus weist eine ziemlich einheitliche Färbung auf.[46] „Cette régularité de coloration, jointe à l'aspect satiné du disque, qui évoque la majolique, a fait penser que le disque a été volontairement cuit" (Duhoux[47]). Allerdings spricht dieses Argument nicht zwingend für absichtlichen Brand, da natürlich auch Lin-Tafeln einheitlich gefärbt sein können.

Obwohl von der Beantwortung der Frage, ob der Diskus mit Vorsatz oder zufällig gebrannt worden ist, die Datierungsmöglichkeit und die inhaltliche Beurteilung des Textes berührt werden, hat die bisherige Forschung dieses Problem viel zu wenig beachtet. Auch ein weiteres mögliches Argument wurde nur stiefmütterlich behandelt: Trotz des vorzüglichen Erhaltungszustandes des Diskus kann das letzte Zeichen im Feld A8 wegen Zerstörung nicht mehr gelesen werden. Entscheidend ist nun die Frage: Wurde das Zeichen A8,5 absichtlich getilgt oder fiel es einer zufälligen Beschädigung zum Opfer? In beiden Fällen erfolgte die Auslöschung (Absplitterung) nach einem Brand. Bei einer Korrektur muss ein Brand im Töpferofen vorausgegangen sein; bei einer unabsichtlichen Zerstörung bleibt es offen, ob der vorauszusetzende Brand im Ofen oder während einer Feuersbrunst stattgefunden hat. Die

---

[40] Myres 1952, S. 3.
[41] Chadwick, Linear B ..., 1989, S. 33.
[42] Besonders eindrucksvolle Abbildungen bei Chadwick, Linear B ..., 1989, Cover und S. 34 (Pylos-Tafel Jn 829) und Vassilakis 1995, S. 35 (Lin A-Tafel aus Hagia Triada, HT 13). Siehe auch Chadwick 1979, S. 50 (Lin B-Tafel aus Knossos, U 4478).
[43] Siehe auch Chadwick 1979, S. 34.
[44] Ein besonders schönes Beispiel ist eine Lin A-Tafel (KH 11) aus Kastelli, Chania (Tromnau u.a. 1990, S. 56 und S. 90; Godart, Der Diskus ..., 1995, S. 49).
[45] Unterschiedliche Färbung durch „zufällige Feuerung" findet sich auch sonst, z.B. bei Tonfiguren der Gandhara-Kunst (Luczanits 2009, S. 320 mit Abb.en 5 und 6).
[46] Seine Farbe ist „grau gelblich, an einigen Stellen ins Rötliche tendierend" (Pernier 1908/9, S. 271). „bernsteingelb", bisweilen „fast braun" (Duhoux, Le disque ...,1977, S. 17). Bei vielen Abbildungen ist eine Farbverfälschung ins (attraktivere) Braun-Rot zu beobachten.
[47] Duhoux ebd.; dieser Auffassung schließt sich Achterberg (2004, S. 20) an.

Behandlung der Problematik von A8,5 bedarf allerdings vertiefter Einsichten in die Diskusschrift und wird deshalb an späterer Stelle (u. S. 72-75) erfolgen. Das Ergebnis dieser Untersuchung wird sein, dass die Gründe für vorsätzliche Tilgung (und damit auch für vorsätzlichen Brand) überwiegen.

Die bisherigen Ausführungen haben gezeigt, dass bereits die groben Details der Herstellung des Diskus in Beziehung zu seiner Beschriftung stehen. Für die Frage der Reihenfolge der Seiten A und B konnte vorerst keine befriedigende Antwort gefunden werden. Aber das Vorhandensein des ringförmigen Wulstes am Scheibenrand lässt in Verbindung mit der lückenlosen Bestempelung beider Seiten den ziemlich sicheren Schluss auf eine sorgfältig ausgearbeitete Vorlage zu. Das Problem der Vorlage wird uns noch weiterhin beschäftigen und entscheidende Voraussetzungen für eine Entzifferung liefern.

BESCHRIFTUNG

Im vorigen Kapitel sahen wir, wie der Hersteller des Diskus wenigstens in einigen Bereichen ziemlich frei schalten und walten konnte, so dass eine vollständige Rekonstruktion des Arbeitsverlaufs sehr erschwert bzw. unmöglich gemacht wird. Aber diese Freiheit ging großenteils verloren, als er oder sein(e) Auftraggeber den ungewöhnlichen Entschluss gefasst hatte(n), eine runde Scheibe vollständig mit Schriftzeichen zu bedecken. Der Schreiber geriet sehr bald in Zwänge, die seine Freiheit bei der Gestaltung stark einschränkten. Solche Zwänge, und seien es auch nur bestimmte von der Vernunft empfohlene Vorgehensweisen, haben schon bei der Entzifferung anderer Schriften (z.B. hinsichtlich der Leserichtung) eine wichtige Rolle gespielt. Die Vorgänge bei der Beschriftung des Diskus lassen sich – dank ihrer besonderen Komplexität – weitgehend nachvollziehen und geben uns so entscheidende Hilfen für die ersten Schritte bei der Entzifferung.

Spirale und Punktleiste

Wenn man eine runde Scheibe flächendeckend mit einem Text versehen will, bietet sich als einfachste Möglichkeit an, die Schriftzeichen in konzentrischen Kreisen anzuordnen (Fig. 3).[1]

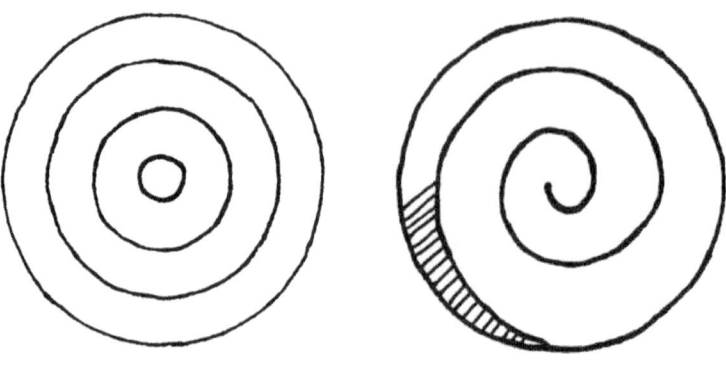

Fig. 3   Fig. 4

Mit solcher Schriftführung sind mehrere keilschriftlich-hieroglyphenhethitische Siegel erhalten.[2] Ein erheblicher Nachteil dieser Beschriftungsmethode besteht in der Schwierigkeit, den Anfang des Textes in den Kreisringen zu

---

[1] Eine nützliche Sammlung unterschiedlich beschrifteter Diskoi bei Jacobsthal 1933.
[2] Abb.en bei Friedrich, Entzifferung ..., 1966, S. 74. – In dieser Weise, wenn auch nicht vollständig beschriftete Diskoi sind aus dem griechischen Raum bekannt. Siehe Jacobsthal Abb. 17 mit S. 27; Abb. 19 mit S. 28.

finden. (Die Schriftrichtung spielt in diesem Zusammenhang keine Rolle, weil der zeitgenössische Leser sie ja kannte bzw. leicht erkennen konnte.) Außerdem muss die Frage geklärt werden, ob der Text vom inneren Kreis nach außen oder umgekehrt zu lesen ist. Beide Probleme werden vermieden, wenn man die Schrift spiralförmig[3] ausrichtet (Fig. 4). Anfang und Ende des Textes (bei bekannter Schriftrichtung) sind jetzt leicht und eindeutig erkennbar. Allerdings wird eine lückenlose Füllung des Schriftträgers dort, wo die Spirale sich dem Außenrand nähert (schraffierter Bereich in Fig. 4), erschwert oder gar unmöglich gemacht, wenn wie im Falle des Diskus von Phaistos nicht Schriftzeichen von veränderbarer Größe, sondern vorgegebene Stempel eingesetzt werden. Dem Schreiber des Diskus lag aber eine Beschriftung, die keine Lücke duldete, am Herzen.[4] Er fand einen Ausweg, indem er die äußerste Windung der Spirale kreisförmig anlegte und sie kurz vor Vollendung des Kreises abknicken und spiralförmig ins Zentrum der Scheibe führen ließ[5] (Fig. 5a und b):

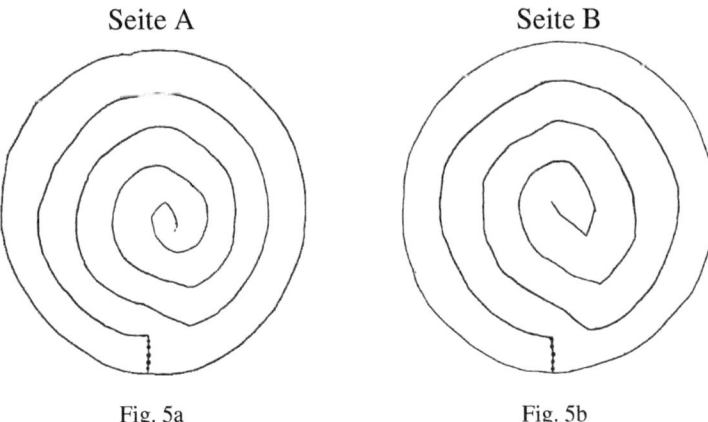

Fig. 5a　　　　　　　Fig. 5b

Der Knick setzt sich dann im Spiralinnern fort, wobei die ohnehin etwas unbeholfen ausgeführte Spirale noch mehr deformiert wird. Der Schreiber hatte wohl keine besondere Übung im Anfertigen von Spirallinien[6]. Daher ist die Annahme einer umfangreichen Produktion solcher Diskoi wenig naheliegend.

Die vom Schreiber gewählte Lösung, eine Kombination aus Kreis und Spirale, zeigt deutlich, dass es ihm nicht in erster Linie um eine Spiralschrift ging, sondern darum, eine runde Scheibe flächendeckend mit einer möglichst

---

[3] Solche Spiralschriften sind nicht selten: der mit Lin A-Text versehene Ring von Mavro Spilio (Abbildungsnachweise unten S. 292 Anm. 7); Lin A-Schrift auf der Innenseite eines Bechers aus Knossos (Abb. bei Brunner, in Hausmann 1969, Abb. 48 und bei Sakellarakis 1995, S. 41; Zeichnung bei Evans 1909, S. 29); die etruskische Bleischeibe von Magliano (Abb. und Beschreibung bei Pernier 1908/9, S. 301; Haarmann 1991, S. 93; Zeichnung bei Doblhofer 1964, S. 285); mehrere Diskoi aus dem griechischen Sprachraum (Jacobsthal Abb.en 12 und 21; s. auch 24).
[4] Siehe auch o. S. 14f.
[5] Ähnlich verfuhr der Schreiber der Bleischeibe von Magliano (s.o. Anm. 3) auf Seite A.
[6] Die Spirale ist eine der wichtigsten Zierelemente im alten Kreta (s. Schachermeyr 1979, S. 56-58)! Zum Spiralmotiv in den Beziehungen Ägypten – Ägäis siehe Helck 1995, S. 16-20.

kreisförmigen Schrift zu versehen. Deshalb sollte man die ‚Spirale' des Diskus nicht in Beziehung zu seinem Inhalt bringen.[7]

Aber auch die auf dem Diskus nunmehr verwirklichte Textanordnung hat möglicherweise einen Schwachpunkt. Wenn der Anfang des Textes nicht im Zentrum der Scheibe, sondern am Rand, in der äußeren Kreisbahn, liegen sollte, wäre er ohne zusätzliche Kennzeichnung nur schwer zu entdecken. (Nochmals sei betont, dass die Lese r i c h t u n g dem damaligen Leser natürlich bekannt war.) Eine solche Kennzeichnung könnte die punktierte Linie darstellen, von der die Spirale ihren Ausgang nimmt. Hier kann man m.E. sehen, wie die wachsenden Zwänge, in die der Schreiber bei der Durchführung seines Vorhabens geraten ist, uns Heutigen eine zunehmend verlässliche Interpretation ermöglichen.

Der Einwand, die Punktleiste markiere nicht den Anfang, sondern das Ende des Textes, der von innen nach außen zu lesen sei, ist zwar durchaus statthaft, kann sich aber nicht auf überzeugende Argumente stützen.[8] Fest steht, dass die Punktlinie bei linksläufigem Lesen fast unverzichtbar, bei rechtsläufigem nicht notwendig ist.

Vergleicht man beide Spiralen miteinander, so fällt der ähnliche Duktus in ihrer Gesamtanlage auf, abgesehen vom Zentrum, wo sie Rücksicht auf die unveränderliche Größe der Stempelzeichen nehmen müssen. Die prinzipiell übereinstimmende Linienführung ist also trotz aller Unbeholfenheit nicht Resultat eines Zufalls, sondern eines festen Plans. Die Spirallinien wurden nicht mit Hilfe einer mechanischen Vorrichtung gezogen. Die freie Hand verrät sich auch dadurch, dass sie mehrmals neu ansetzte.[9] Die wichtigste Gemeinsamkeit beider Spiralen fällt zunächst wenig auf: Die punktierten Linien, die mit den äußeren Endpunkten der Spiralen verbunden sind, liegen jeweils an derselben Stelle der Scheibe. Würde man durch eine Punktleiste ein Loch bohren, träfe man auf die Punktleiste der anderen Seite. Diese fundamentale Beziehung beider Seiten, die wahrscheinlich kein Werk des Zufalls ist, wurde

---

[7] Bossert hält es für naheliegend, „dass die beabsichtigte Spiralform der Texte [des Diskus von Phaistos und der Bleiplatte von Magliano] in engem Zusammenhang zum Inhalt steht." Dieser Inhalt sei religiös (Die Erfindung ..., 1937, S. 16). Siehe auch Grumach 1962, S. 21 und Kean 1996, S. 16.

[8] Sofern nicht reine Willkür herrscht (z.B. bei Martin 2000), nimmt man zu unbeweisbaren Behauptungen Zuflucht: „Man muß sich zwingen, bei der Betrachtung des Diskus nicht zuerst auf die Zentren zu sehen" (Grumach 1962, S. 21). Selbst wenn diese rein psychologische Annahme für heutige Betrachter gelten sollte: ein damaliger Leser ließ sich zweifellos von der ihm bekannten Leserichtung leiten. Grumach ist also einem verdeckten Zirkelschluss erlegen: ‚Weil der heutige Forscher die Schriftrichtung nicht kennt, blickt er zuerst ins Zentrum. Weil er zuerst ins Zentrum blickt, beginnt der Text im Zentrum.' – Einen ähnlichen Trugschluss verwendet Ohlenroth im Hinblick auf die punktierte Linie: „Die Punktleiste als Markierung eines Bewegungsabschlusses ist also ein starkes Argument für rechtsläufige Leserichtung" (1996, S. 22). Etwas besser argumentiert hier Grumach. Wenn man (wie ich) den Text mit den Zeichengruppen A1 und B32, die durch die Punktleisten markiert sind, beginnen lässt, müsse man diese beiden Zeichengruppen „erst mühsam im Gleichmaß der Außenzeilen suchen" (S. 21). Grumach übersieht dabei, dass eine ringförmige Inschrift grundsätzlich das Finden des Anfangs erschwert und dass die Punktleiste die Mühsal des Suchens erheblich erleichtert. Seine Beweisführung steht und fällt mit der Antwort auf die Frage nach der Schriftrichtung.

[9] Della Seta 1909, S. 304f.; A. J.-Reinach 1910, S. 10; Read 1921, S. 30; Faucounau, Le sens ..., 1975, S. 94; ders., Le sens ..., 1981, S. 248f.; ders. 1999, S. 26; Bradshaw 1977, S. 103; Duhoux, Le disque ..., 1977, S. 19-21; Ferguson 1978, S. 170; Godart, Der Diskus ...., 1995, S. 75 und 86; Timm 2005, S. 31.

meistens übersehen[10] und in ihrer Bedeutung verkannt. Davon zeugen auch gegeneinander verdrehte Abbildungen der Seiten.[11]

Der Schöpfer des Diskus wollte also den Text jeweils an derselben Stelle enden oder beginnen lassen. Sähe man in den aufeinander abgestimmten Punktleisten die Markierung des Textendes, läge eine überflüssige und sogar irreführende Spielerei vor. Denn die Punktleisten sind mit der Stellung der Zeichen im Zentrum, wo der Text beginnen soll, nicht koordiniert. Vielmehr müsste man die zwei Seiten der Scheibe, um den jeweiligen Textanfang im Zentrum der Scheibe bequem lesen zu können, unterschiedlich drehen. Dieses sinnlose Manöver entfiele, wenn man den Text an der Peripherie der Scheibe, bei der Punktleiste, beginnen ließe. Freilich ist einzuräumen, dass die koordinierte Stellung der Punktleisten als Textanfänge wenig hilfreich ist, da die Scheibe ja nach dem Lesen einer Seite gewendet werden muss.

Nach den bisherigen Ausführungen dürfen wir mit einiger Zuversicht vermuten, dass die Punktleiste den Textanfang markiert. Außerdem verhindert sie, dass man nach Lektüre des äußeren ringförmigen Schriftbandes versehentlich wieder an den Textanfang gerät, und lenkt das Auge dann ins Innere der Spirale.

Eine Reihe von Besonderheiten beider Spiralen ermöglicht eine genaue Rekonstruktion ihrer technischen Realisierung. Nicht weniger als fünf Argumente sprechen dafür, dass die Spiralen von außen nach innen gezogen wurden.

1. Schon Pernier hat gesehen, dass die Knicke der Spirale, die durch den abrupten Übergang von der Kreis- zur Spirallinie verursacht wurden, ein Indiz dafür sind, dass der Griffel von außen ins Zentrum geführt wurde. Denn hätte der Schreiber im Zentrum begonnen, hätte die Spirale ihre eigentliche Form zunächst so weit wie möglich bewahrt.[12] Wenig wahrscheinlich ist, der Schreiber habe den äußeren Knick, der von der Spirale zum Kreis überleitet, schon bei ihren inneren Windungen vorweggenommen. Die Form der Spirale wäre „bei einem Startpunkt im Zentrum nur mit geometrischen Hilfsmitteln zu erzielen gewesen" (Timm[13]).

2. Wären beide Spiralen von innen nach außen gezogen worden, so grenzte es an ein Wunder, dass sie an derselben Stelle der Scheibe enden, nämlich an den punktierten Linien, die – wie dargelegt – räumlich aufeinander abgestimmt sind. Zu der Annahme eines solchen Zufalls ist man nicht mehr gezwungen, wenn man als Ausgangspunkt die schon zuvor koordinierten Punktleisten wählt.[14]

---

[10] Ausnahmen: Pernier 1908/9, S. 274; Faucounau 1999, S. 26.
[11] Siehe o. S. XI Anm. 28.
[12] Pernier 1908/9, S. 272. Ihm folgen u.a.: Della Seta 1909, S. 304; A. J.-Reinach 1910, S. 10; Bradshaw 1977, S. 101f.; Duhoux, Le disque ..., 1977, S. 19; Otto 1989, S. 24; Faucounau S. 26f.
[13] 2005, S. 31. Ein solches Mittel will Schertel (1948, S. 335) ersonnen haben. Seine Beschreibung leidet aber unter Unklarheit. Vor allem hält Schertels Methode den folgenden Gegengründen nicht stand. – Völlig vereinzelt ist Faures Ansicht, die Spirale sei in unterschiedlichen Richtungen, je nach Drehung der Scheibe, gezogen worden (1976, S. 48).
[14] Faucounau scheint der einzige zu sein, der dieses Argument vorgebracht hat (1999, S. 26).

3.a) Nimmt man die Punktleisten als Fixpunkte zur Orientierung, erkennt man, dass die Spiralen im Innern in entgegengesetzter Richtung beginnen. Dies ist nur dann leicht verständlich, wenn der Schreiber die Spirale im Zentrum e n d e n ließ.

b) Die Anfangs- bzw. Endpunkte der Spirale im Innern liegen nicht nur nicht im eigentlichen Zentrum des Diskus, sondern sind auch gegeneinander versetzt. Hätte der Schreiber im Zentrum beginnen wollen, hätte er vermutlich einen Ausgangspunkt gewählt, der näher an dem geometrischen Zentrum gelegen hätte. Diesen Abweichungen der Spiralenden vom Zentrum entsprechen in ähnlicher Weise die Positionen des jeweils letzten Zeichens im Innern (✻ auf Seite A; ○ auf Seite B). Man mag hier einwenden, dass die zum Zentrum hin zunehmende Krümmung der Spirale es erschwerte, die Schriftzeichen unterzubringen, und infolgedessen die Spirale im inneren Bereich gewisse Deformationen aufweisen musste. Aber unbestreitbar ist die primäre Gestaltung der Spirale im Großen und Ganzen: wie wir noch sehen werden (u. S. 28ff.), sind sämtliche Ritzungen und Stempelungen mit Ausnahme der Punktleisten später als die Spiralen. Trotz der nicht zu leugnenden Interdependenz von Spiralen und Schriftzeichen müssen sich die Schriftzeichen stärker der durch die Spiralen geschaffenen Raumsituation anpassen. So befindet sich das Bootszeichen ⛵ in B60 in ‚natürlicher' Position, während es sonst (A14; 20; B35; 40; 43; 53) zwecks Raumersparnis hochkant gestellt ist: ⛵. Die ‚normale' Hochkantposition wäre wegen der geringen Höhe des Feldes B60 nicht geeignet gewesen.[15]

4. Basierten die bisherigen Argumente auf Folgerungen aus der Gesamtanlage und Positionierung der Spiralen, so spielt auch der mechanische Vorgang beim Ziehen der Spirale eine Rolle. Duhoux hat beobachtet, dass auf Seite B die Spirale dort, wo sie die Felder B34 und 45 voneinander trennt, auf ein winziges Steinchen gestoßen und nach rechts abgelenkt worden ist, um dann ihre alte Richtung wieder aufzunehmen.[16] In schematischer Darstellung:

Dieser Vorgang lässt nur die Annahme einer linksläufigen Griffelführung zu; bei Rechtsläufigkeit ergäbe sich folgendes Bild:

5. Die Spiralen sind nicht in einem Zug geritzt worden. Darin stimmen die Autoren, die sich mit dieser Frage befasst haben, weitgehend überein,[17] weisen die Spiralen doch einige Knicke und ‚geborstene' Stellen auf. Solche Neuansätze verraten, dass der Griffel ein wenig von seiner Bahn abgekommen ist

---

[15] Siehe auch u. S. 36f. und 40.
[16] Duhoux, Le disque ..., 1977, S. 19 und Fig. 32. Ihm schließt sich Faucounau 1999, S. 26 an.
[17] Siehe o. S. 22 Anm. 9.

und der Schreiber eine Korrektur vorgenommen hat, die auf eine Strichführung von außen nach innen schließen lässt.[18]

Die mehrfach durch Neuansätze unterbrochene Spirallinie ist für manche Forscher (Mit-)Indiz dafür, dass der Schreiber den Diskus etappenweise beschriftete, indem er am Rand beginnend ein Stück Spirale zog und einige Schriftzeichen stempelte unter Hinzufügung der Zeichengruppentrenner, dann die Spirale um ein weiteres Stück verlängerte und mit der Stempelung fortfuhr. Aber diese Annahme steht auf schwachen Füßen. Denn ebensogut konnte der Schreiber zuerst die Spirale vollenden, wenn auch mit mehreren Ansätzen, ehe er die nächsten Schritte unternahm.[19]

Vor der Spirale auf Seite A schuf der Schreiber die Punktleiste (erst die Linie, dann die Punkte). Anschließend zog er von der Punktleiste aus die Spirale, wie die Überschneidung der Leiste durch die Spirale beweist.[20] Die Spirale setzt aber nicht am oberen Ende der Leiste an, sondern etwas darunter, so dass ein kleines Stück der Leiste funktionslos übersteht:

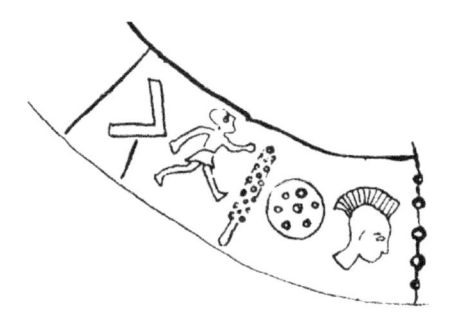

Fig. 6 – Zeichengruppe A1 mit Punktleiste

Der Grund dafür ist: Ein höherer Startpunkt der Spirale hätte bei der folgenden Windung zu Platznot geführt. Dass dieser Gesichtspunkt den Schreiber leitete, bezeugt sein weiteres Vorgehen. Denn sogleich nach dem Start der Spirale verminderte er zusätzlich den Abstand zum Diskusrand.[21]

Demgegenüber bieten auf Seite B Punktleiste und Spiralanfang ein anderes Bild:

---

[18] Faucounau 1999, S. 26. Belege im Einzelnen bei Duhoux, Le disque ..., 1977, S. 19f.
[19] Siehe Bradshaw 1977, S. 103.
[20] Beobachtet von Bradshaw 1977, S. 102. Die Überschneidung ist bei Duhoux, Le disque ..., 1977, Fig. 30 und 39 deutlich erkennbar.
[21] Den zu hohen Ansatz der Spirale hat auch Grumach beobachtet und erklärt ihn mit „einem Fehler des Kopisten" (1962, S. 20).

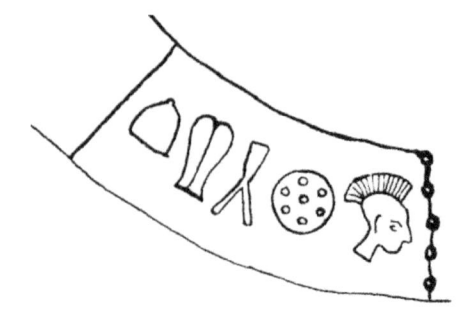

Fig. 7 – Zeichengruppe B32 mit Punktleiste

Hier ist die Punktleiste deutlich kürzer; und die Spirale beginnt an deren oberem Ende. Der Schreiber hat also die beiden Fehler von Seite A nicht wiederholt und brauchte deshalb auch nicht zu korrigieren. Dieses schwache Indiz für Priorität von A gewinnt zusätzliches Gewicht dadurch, dass die beiden ersten Stempelzeichen, von der Punktlinie aus gesehen, auf beiden Seiten des Diskus zufällig identisch sind (☉☊) und daher denselben Raum beanspruchen, der Schreiber daher unterschiedliche Zeichengrößen nicht berücksichtigen musste. (Da der Diskus nach einer sorgfältigen Vorlage gefertigt wurde,[22] standen ihm die zu stempelnden Zeichen vor Augen.) Außerdem ist zu bedenken, dass er zu Beginn der Beschriftung auf jeder der beiden Seiten – trotz Vorlage – noch relativ frei war, sich dann aber immer mehr zunehmenden Zwängen ausgesetzt sah. Gerade die nahe dem Zentrum beider Seiten auftretenden besonderen Probleme (darunter auch Korrekturen, die ein Versehen beheben sollten) schränkten seine Freiheit extrem ein, so dass im allgemeinen der Nachweis äußerst schwerfällt, ob er bei der Beschriftung der zweiten Seite aus den Fehlern der ersten gelernt hat.

Im Verlauf der Forschungsgeschichte schlich sich ein Fehler ein, der die Priorität von Seite A zu beweisen schien. Evans, der 1909 noch davon ausging, dass die beiden punktierten Linien je 5 Punkte besitzen,[23] wurde ein Opfer seines Zeichners, der die Linie auf Seite A mit nur 4 Punkten wiedergab,[24] und sprach 1921 von 4 Punkten auf Seite A gegenüber 5 auf B.[25] Was als „a slight inaccuracy in the drawing" (Read[26]) begonnen hatte, wurde sehr bald Ausgangspunkt kühner Theorien. Evans selbst äußerte die Vermutung, die unterschiedliche Zahl der Punkte könne darauf hindeuten, dass der Diskus einen bestimmten Platz in einer Serie von Diskoi einnehme.[27] Dieser Ansicht schlossen sich Kober und Davis an.[28] Zweifel aber kamen schon Dow, der den

---

[22] Siehe o. S. 15 und u. S. 79-81.
[23] Evans 1909, S. 274.
[24] Ebd. S. 280.
[25] Ders. S. 651 und 662. – Bradshaw bemerkte zwar Evans Irrtum, verwechselte aber seinerseits Seite A mit B (1977, S. 102 Anm. 6).
[26] Read 1921, S. 30 Anm. 2.
[27] Evans 1921, S. 662.
[28] Kober 1948, S. 87; Davis, The Decipherment ..., 1967, S. 88; ders., Remarks ..., 1967, S. 114.

Punktleisten die wichtige Aufgabe, den Anfang (bzw. das Ende) des Textes zu markieren, zuwies und der deshalb die Zahl der Punkte für „willkürlich und bedeutungslos" hielt.[29] Grumach wandte außerdem ein, dass „die Numerierung 4/5 nur bei einseitiger Beschriftung einer der vorhergehenden ‚Platten' möglich wäre."[30] Aber Hoschek gelang es, dieses Argument zu unterlaufen, indem er die Punktleiste als Vorverweis auf die nächste Seite betrachtete[31] (also eine Art Kustode). Die Seite A mit der vermeintlichen 4-Punkte-Linie wäre in Wirklichkeit die dritte Seite. Es hätte dann nur e i n beidseitig beschrifteter Diskus vorausgehen müssen. Sinnvoll wäre das Ganze nur, wenn die Punktleiste jeweils das Ende eines Textstückes anzeigen würde, der Text also rechtsläufig zu lesen wäre (was Hoschek auch tut). Aber diese seltsame Kustodenwirtschaft berücksichtigt nicht, dass der Diskus auf eine genaue Vorlage zurückgeht. Eine solche Vorlage wäre vollkommen überflüssig, wenn der Diskus Teil eines fortlaufenden Textes wäre. Denn einen längeren Text hätte man ohne jede Lückenbildung auf mehreren Diskoi unterbringen können: nach vollständiger Beschriftung des ersten Diskus hätte man den Text auf dem zweiten – ebenfalls flächendeckend – fortsetzen können usw. Hoscheks Bemerkung, es sei „wirklich auffallend, wenn der Text gerade dort aufgehört hätte, wo der Platz zu Ende ist",[32] empfiehlt nicht die These von mehreren Diskoi, sondern die Annahme einer (sicher erschließbaren) Vorlage.[33]

Inwiefern trägt nun die Behandlung der vermeintlichen 4/5-Punkte-Frage etwas zu den Grundlagen zur Entzifferung bei, denen allein ja dieses Buch gewidmet ist? Es hat sich gezeigt, dass selbst hochkarätige Wissenschaftler wie Arthur Evans und Alice Kober (letzterer verdanken wir die Entwicklung bzw. Erfindung des sogenannten Silbenrostes, der eine entscheidende Rolle bei der Entzifferung von Linear B spielen sollte) aufgrund einer begreiflichen Fehlbeobachtung zu einer Schlussfolgerung gelangten, die sich zwar anbot, aber nicht bis ins Letzte durchdacht war und die Komplexität der Diskusprobleme nicht genügend berücksichtigte. Fehlerhafte Schlussfolgerungen jedoch, die sich auf zutreffende Beobachtungen gründen, haben, da nur durch Argumentation widerlegbar, in der Diskusforschung ein ungeheures Ausmaß angenommen. Angesichts der Vielzahl der miteinander zusammenhängenden Probleme ist der Versuch, einzelne Fragen isoliert zu behandeln, im Allgemeinen zum Misserfolg verurteilt. Daher können über 90% der Aufsätze zu begrenzten Themen keine richtigen Ergebnisse oder wenigstens Fortschritte bringen. Es ist unter diesen Umständen eine konsequente Forderung, eine langjährige Beschäftigung mit dem Diskus in eine umfassende Gesamtdarstellung münden zu lassen.

---

[29] Dow 1954, S. 100.
[30] Grumach 1965, S. 746.
[31] Hoschek 1981, S. 91.
[32] Ebd. S. 90.
[33] Die ausführlichste Darstellung der Geschichte des Punktleisten-Problems findet sich bei Balistier 2003, S. 72-76.

Zeichengruppentrenner (Worttrenner)

Der Diskus weist insgesamt 61 Zeichengruppen (Wörter) auf, die durch radiale, also zum Zentrum hin laufende Striche voneinander getrennt werden. Diese Zeichengruppen- oder Worttrenner (WT) reichen jeweils von der unteren Spirallinie bzw. vom Diskusrand bis zur darüber liegenden Spirallinie, so dass sich jede Zeichengruppe in einem geschlossenen Feld befindet. Da die WT die Spirale stets berühren oder sogar anschneiden, ist an vielen Stellen erkennbar, wo die WT gegenüber der Spirale sekundär sind:

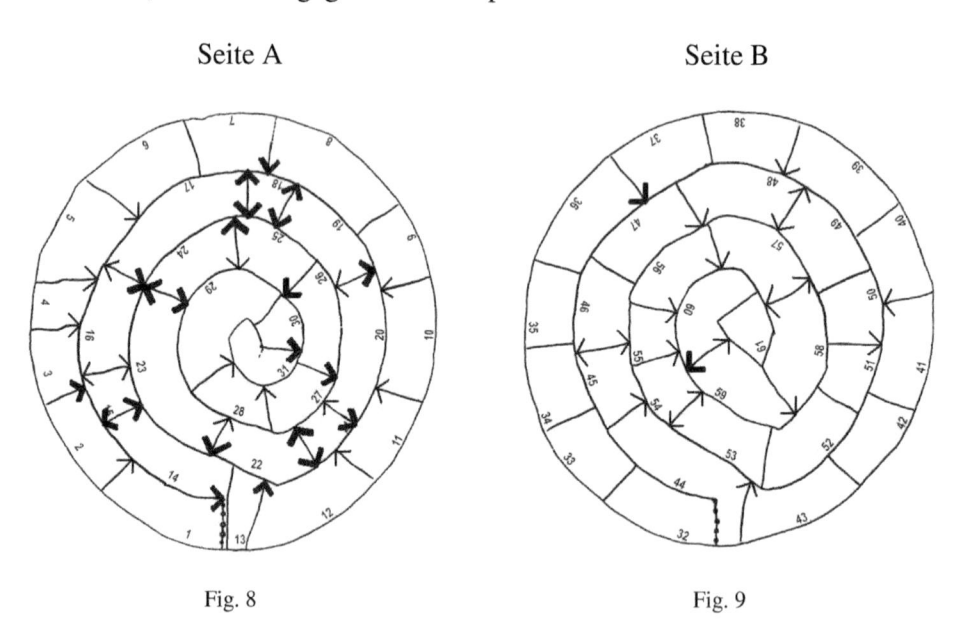

Seite A   Seite B

Fig. 8   Fig. 9

Die fetten Pfeilspitzen zeigen Anschneidungen (im folgenden ‚Überschneidungen' genannt), die Bradshaw[34] und ich für zweifelsfrei halten, während die dünnen nur meine eigenen Beobachtungen wiedergeben.[35] Es liegt in der Natur der Sache, dass die WT die Spirale überschneiden.[36] Denn hätte der Schreiber zuerst die WT gezogen, hätte ihm nahezu jede Orientierung gefehlt. Dennoch ist die Übersicht von Fig. 8 und 9 nicht überflüssig, da sie zeigt, dass die Zahl der erkennbaren sicheren Überschneidungen auf Seite A signifikant größer ist (39 auf Seite A; 21 auf B).[37]

---

[34] 1977, S. 100f.
[35] Die zahlenmäßige Diskrepanz der sicheren Überschneidungen bei Bradshaw und mir geht vermutlich auf unterschiedlich gute Abbildungen zurück. Die „Édition photographique" der Zeichengruppen durch Olivier (1975) eliminiert Spirale und WT vollständig. Fast ebenso unbrauchbar sind die Abb.en bei Godart (Der Diskus ..., 1995). Duhoux (Le disque ..., 1977) bietet gute Wiedergaben.
[36] Einzige (erkennbare) Ausnahme ist auf Seite A die Überschneidung der Punktleiste durch die Spirale (s.o. S. 25).
[37] Ein Irrtum von Bradshaw und/oder mir in dem einen oder anderen Fall ändert an dem allgemeinen Befund grundsätzlich nichts.

Bradshaw führt diese auffällige Erscheinung auf „greater care" zurück.[38] Versteht man care als ‚Sorgfalt', so ist die Erklärung unzutreffend. Denn während der Schreiber bei der Stempelung der eigentlichen Schriftzeichen darauf bedacht war, möglichst keine Überschneidungen der Zeichen untereinander zuzulassen,[39] diente die Berührung der Spiralen durch die WT, wie der Gesamtbefund zeigt, dem Ziel, für jede Zeichengruppe ein geschlossenes, eigenes Feld zu schaffen. Besser begreift man care als ‚vorsichtige Behutsamkeit'. Denn vermutlich ritzte der Schreiber die WT mit weniger Druck und geringerer Tiefe in den Ton, doch immerhin so, dass die WT die Spirale zwar berührten, aber nicht mehr so deutlich überschnitten, dass wir heute zuverlässig zwischen überschneidenden und überschnittenen Linien in jedem Fall unterscheiden können. Zweck der vorsichtigen Ritzung auf Seite B war wohl, die bereits fertiggestellte Seite A nicht einem allzu großen Druck auszusetzen. In dieser Hinsicht gewinnt die zunächst nicht eindeutig zu interpretierende Beobachtung von Duhoux, dass Stempel und Griffel auf Seite B weniger tief in den Ton eingedrungen seien,[40] ein größeres Gewicht. Während verminderte Tiefe auf geringeren Druck oder aber auf nachträgliches Flachdrücken (durch Beschriftung der Rückseite) zurückgehen kann, gestatten Überschneidungen, auch wenn sie sekundären Druck erfahren haben, eine zuverlässigere Beurteilung. Die geringere Zahl an beurteilbaren Überschneidungen bei Spirale und WT auf Seite B hat ihren Grund vermutlich im behutsameren Vorgehen des Schreibers.

Der Blick auf das Liniennetz (bestehend aus Spirale und WT) offenbart weitere Besonderheiten. Die benachbarten WT A3/4 und A4/5 sind nicht wie die übrigen WT (mit Ausnahme von A12/13 und B43/44) ungefähr auf das Zentrum des Diskus ausgerichtet, sondern verlaufen schräg – als Folge einer größeren Korrektur.[41] Außerdem fällt auf, dass die Spirale im Zentrum von Seite A eine regelmäßigere Gestalt hat als im Zentrum von B, wo die Spirale oberhalb des WT 58/59 scharf abknickt. Demgegenüber ist dem Schreiber im Zentrum von B eine lockerere Verteilung der Schriftzeichen geglückt (siehe S. XIIf. Fig. 1 und 2). Hat er aus den Schwierigkeiten von Seite A gelernt und es auf Seite B ‚besser' gemacht?

Einen besonderen Fall stellt der WT A13/14 dar, der unmittelbar rechts von der Punktleiste steht und eine ungewöhnliche Länge erreicht.[42] Dieses Ausmaß ist vonnöten, weil er – bei linksläufiger Leserichtung – die Zeichengruppe 13 abschließt, die ihrerseits sich gerade an der Stelle befindet, wo die kreisförmige Beschriftung am Diskusrand in die spiralförmige des Diskusinneren übergeht.

---

[38] Bradshaw 1977, S. 103.
[39] Siehe auch u. S. 39-42.
[40] Siehe o. S. 16.
[41] Siehe u. S. 61-63.
[42] Zu Evans (Fehl-)Deutung der langen WT A13/14 und B43/44 siehe u. S. 143 unter 4. und S. 144.

30 Beschriftung

Fig. 10[43]

Hätte der Schreiber es sich nicht durch Verlängerung der Punktleiste nach oben einfacher machen können?[44] Dann wäre für die schon jetzt gedrängt stehenden Zeichen im Feld 14 nicht mehr ausreichend Platz gewesen. Aber die vom Schreiber verwirklichte Lösung weist mindestens e i n e n Schönheitsfehler auf. Der WT 13/14 scheint das Bogenzeichen an der linken Seite leicht zu überschneiden.[45] Dies ist bemerkenswert, weil es im Regelfall (von Korrekturen abgesehen) die Schriftzeichen sind, die, wie wir im nächsten Abschnitt sehen werden, die WT und Spiralen gelegentlich überschneiden. Die einfachste Erklärung für die mögliche Überschneidung des Bogens durch den WT könnte die Annahme sein, dass der Stempler den WT zunächst vergessen – die Punktleiste stellte ja sozusagen schon einen ‚halben' WT für die Felder 13 und 14 dar – und erst nach Stempelung der Zeichen eingefügt hat.

Eine weitere, kaum beachtete Besonderheit bilden die vielen kurzen waagerechten Striche zwischen der Punktleiste und dem unteren Teil des WT. In dieser Schraffur sieht van Meerten eine Tilgung, die er mit folgender Argumentation zu erklären sucht: Bei linksläufiger Schreibrichtung (mit Startpunkt an der Punktleiste) sei es unverständlich, dass der WT 13/14 nahe der schon vorhandenen Punktleiste gezogen und dann später im Bereich eben dieser Leiste getilgt worden sei. Aber bei rechtsläufiger Schriftrichtung (mit Startpunkt im Zentrum) sei der WT v o r der Punktleiste gezogen worden. Nach Ziehen der Leiste sei dann der untere Teil des WT als funktionslos getilgt

---

[43] Zur entsprechende Stelle auf Seite B s.u. S. 58-60.
[44] Der über die Punktleiste nach oben hinausreichende kurze Strich (dazu s.o. S. 25f.) ist nicht etwa der Rest eines bis zum Spiralsegment 1/14 durchgezogenen WT, da keinerlei Tilgungsspuren erkennbar sind wie bei dem noch schwach erkennbaren alten WT in A5 über dem Schild (s.u. S. 61).
[45] Beobachtet von Della Seta 1909, S. 305; Bradshaw 1977, S. 109. Ich schließe mich mit Vorsicht an. Unentschieden ist Duhoux, Le disque ..., 1977, S. 21 Anm. 12. – Gute Abb.en finden sich bei Duhoux, Fig. 30 und 39; Olivier 1975, S. 28 Abb. 11; Godart, Der Diskus ..., 1995, S. 152.

worden.[46] Dieser Lösungsversuch stößt aber auf einige erhebliche Schwierigkeiten:

1. Liegt überhaupt eine Tilgung vor? Bejaht man diese Frage, müsste die Schraffur, so wie sie positioniert ist, auch die Punktleiste auslöschen.
2. Dem Schreiber des Diskus standen bessere Methoden zur Behebung von Irrtümern zur Verfügung. So gelang es ihm, den ursprünglichen WT in A5, der jetzt über dem Schild noch schwach erkennbar ist, fast unsichtbar zu machen. Das von van Meerten behauptete Verfahren jedoch hätte den Irrtum nicht kaschiert, sondern sogar hervorgehoben.
3. Warum wurde der Bogen durch den WT überschnitten, wo doch die WT im Allgemeinen vor der Stempelung der Schriftzeichen gezogen wurden?
4. Da das Stempeln der Zeichen nach verbreiteter (und richtiger) Auffassung linksläufig, also von außen nach innen, erfolgte, müsste der Schreiber nach dem Stempeln die WT, im Zentrum mit A31/30 anfangend, gezogen haben.
5. Das Ritzen der Spirale nahm seinen Anfang, wie wir gesehen haben (S. 25), an der Punktleiste und überschnitt sie. Van Meertens Theorie gibt aber der Spirale die Priorität.

Wenn man alle erkennbaren Gegebenheiten des Diskus berücksichtigt, bleibt meines Erachtens für die Singularität des WT 13/14 nur eine Erklärung übrig: Der Schreiber hat den WT wegen der Punktleiste, die einen Worttrenner suggerieren konnte, vergessen und nachträglich – nach Stempelung der Schriftzeichen – eingefügt. Aber zwischen Punktleiste und Bogen war nicht mehr genügend Platz, so dass sich der Schreiber entschloss, den Bogen anstatt der ihm vermutlich wichtiger erscheinenden Punktleiste leicht anzuschneiden. Der dadurch entstandene schmale Streifen zwischen Punktleiste und dem unteren Teil des WT bildete nun ein nutzloses Anhängsel des Feldes 14. Diesen ‚toten' Raum, einmalig auf dem Diskus, füllte der Schreiber mit einer Schraffur aus. Vielleicht wollte er es dem Leser damit erschweren, irrtümlich von Feld 13 wieder nach Feld 1 (dem Textanfang) zu gehen, und ihm den Sprung nach oben zu Feld 14 erleichtern. Demgegenüber gelingt auf Seite B des Diskus an entsprechender Stelle (Abknicken der Spirale nach innen)[47] der Sprung von Feld 43 nach 44 leicht, weil dort andere Verhältnisse herrschen. Denn Feld 44 ist anfänglich noch Randfeld; sein erstes Zeichen, der Katzenkopf, vermittelt den Übergang zum Rest des Wortes.

Die vorgetragene Erklärung[48] für den sonderbaren WT 13/14 halte ich für plausibel, da sie allen Beobachtungen gerecht wird und im Einzelnen begründbar ist. Sicher ist sie dennoch nicht.

---

[46] van Meerten 1975, S. 23.
[47] Siehe u. S. 59 Fig. 28.
[48] Abwegige Deutung bei Timm 2005, S. 57.

Schriftzeichen

Nachdem die genetische Reihenfolge einiger Schriftelemente ermittelt werden konnte (1. Punktleiste, 2. Spirale [Sp.], 3. Worttrenner [WT]), soll nun auch der Platz der gestempelten Schriftzeichen in dieser Abfolge bestimmt werden. Die Betrachtung der Überschneidungen liefert folgendes Bild:

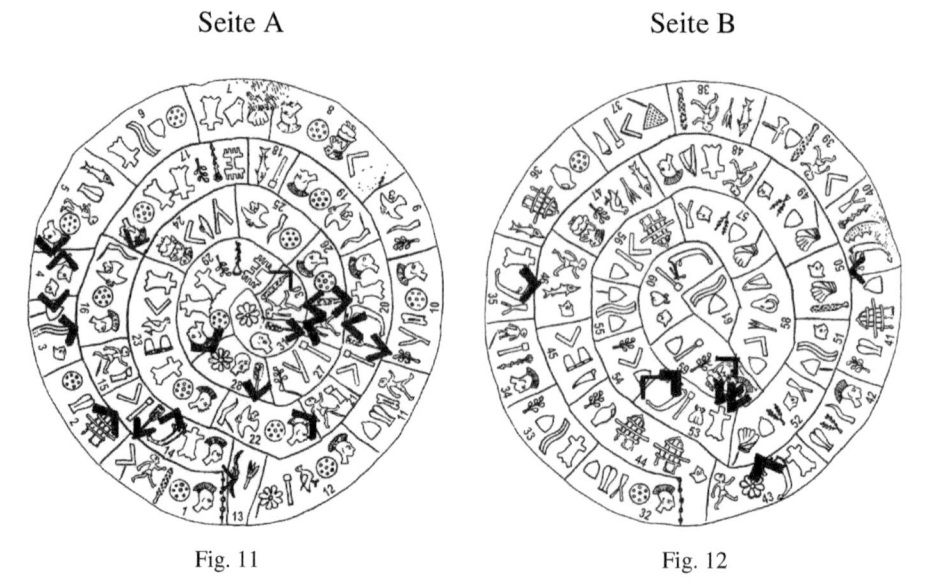

Seite A   Seite B

Fig. 11   Fig. 12

Die fetten Pfeilspitzen markieren Überschneidungen, die sowohl ich als auch mindestens einer der mit diesen Problemen befassten Autoren[49] für sicher halten. Von den 21 zweifelsfreien Überschneidungen tangiert nur der WT A3/4 das rechts von ihm stehende Zeichen ◯; sonst berühren umgekehrt die Schriftzeichen die WT und das Spiralnetz und erweisen sich somit als sekundär. Da die Ausnahme, der sekundäre WT A3/4, Bestandteil einer großen Korrektur der Felder A4-5 ist[50], hat er für die Beurteilung der Gesamtsituation keinerlei Bedeutung. Ebenso müssen die Felder A29 und B59, die Korrekturen enthalten[51], aus methodischen Gründen von der Betrachtung ausgeschlossen werden.

Die dünnen Pfeilspitzen (6) gehören zu einer Mischgruppe. 3 Überschneidungen (A17,1 > WT 16/17; A30,1 > Sp. 26/30; B40,4 > Sp. 40/50) wurden nur von mir beobachtet. Ich halte sie für sicher. Die drei restlichen Überschneidungen sind unsicher, aber nicht unwichtig.

---

[49] Della Seta 1909, S. 305; Bradshaw 1977, S. 100-104 und 106; Duhoux, Le disque ..., 1977, S. 21 und 27-29; Godart, Der Diskus ..., 1995, S. 86; Faucounau 1999, S. 132f.; Timm 2005, S. 39f.
[50] Diese Korrektur fällt schon dem flüchtigen Blick auf und ist seit langem allgemein bekannt (s.u. S. 61-63).
[51] Siehe u. S. 63-66.

Die Problematik WT 13/14 > (?) A13,2 erklärt sich am besten dadurch, dass der WT ursprünglich vergessen worden war und erst nachträglich hinzugefügt wurde.[52] Es läge dann eine Korrektur vor.

Der WT 53/54 überschneidet möglicherweise B54,1 (◌). Auch Bradshaw ist sich nicht sicher.[53] Das Zeichen ◌ wirkt leicht deformiert,[54] so dass ich den Verdacht nicht ganz fernhalten kann, dieses Zeichen, das über eine annähernd dreizählige Drehsymmetrie verfügt, sei ursprünglich um 120° nach rechts verdreht gestempelt worden (◌).[55] Auch der Raum zwischen ◌ und dem links davon liegenden 》 weist eine Störung im Ton auf.[56] Von noch größerem Gewicht ist die Beobachtung, dass der WT zu ◌ keine Distanz hat, aber großen Abstand zu dem rechts von ihm stehenden Zeichen 𝌉 wahrt. Wäre der WT gegenüber den beiden flankierenden Schriftzeichen sekundär, hätte der Schreiber den WT bequem in ihre geometrische Mitte setzen können. Während die genaue Positionierung des Griffels ganz einfach gewesen wäre, ist die Handhabung der Stempel schon wesentlich schwieriger, zumal die drei Zeichen von Feld 54 sehr gedrängt stehen. Denn die Unterseite eines Stempels hat eine größere Fläche als die eigentliche Gravur,[57] so dass der Schreiber Größe und Lage der Gravur stets nur abschätzen konnte. Berücksichtigt man all dies, ist es doch eher wahrscheinlich, dass ◌ den WT schneidet. Wer aber die umgekehrte Überschneidungsrichtung bevorzugt, sieht sich mit einem nicht recht begreiflichen Sonderfall konfrontiert. Deshalb sollte man die Verhältnisse des WT 53/54 nicht in die Debatte um die Reihenfolge der Beschriftung des Diskus einbeziehen.

Die Überschneidung des WT 58/59 durch 𝌉 ist höchst unsicher.[58] Die Beschädigung der Oberkopflinie von 𝌉 kann auch durch den WT hervorgerufen worden sein.[59] In jedem Fall hat der WT dem ursprünglichen Liniennetz des Diskus nicht angehört, da er im Zuge einer Korrektur nachträglich hinzugesetzt wurde. Von dem ein wenig links vom WT befindlichen ursprünglichen WT sind noch Spuren erhalten, die zeigen, dass 𝌉 und 𝌊 ihn überlagert haben.[60] Der alte WT bezeugt also noch die eigentlichen Verhältnisse (er war primär gegenüber den Schriftzeichen); dagegen muss der neue WT qua Korrektur aus der Diskussion ausscheiden.

---

[52] Ausführlich dazu o. S. 29-31.
[53] 1977, S. 104 mit Anm. 9 und S. 106.
[54] „liable to distortion" (Bradshaw S. 106).
[55] Für solche Überstempelung durch dasselbe Zeichen gibt es eine Parallele im Feld B35 (s.u. S. 60f.). Drehungen von Zeichen sind überhaupt häufig (u. S. 49-56).
[56] Gut sichtbar bei Godart, Der Diskus ..., 1995, S. 83 (als B XXIII gezählt) und Olivier 1975, S. 20 (als B 8).
[57] Der Stempelschaft war rechteckig (s.u. S. 53-56).
[58] Eine Überschneidung nehmen Della Seta (1909, S. 305), Godart (ebd. S. 86) und Timm (2005, S. 39) an. Unentschieden ist Bradshaw (The imprinting ..., 1976, S. 7; ders. 1977, S. 106 [Statt ‚B 23' muss es in der Zählung von Bradshaw ‚B 3' heißen]).
[59] Bradshaw (s. vorige Anm.).
[60] Bradshaw (s.o. Anm. 58) und Duhoux, Le disque ..., 1977, S. 21 und 29. Zur Korrektur des Feldes B59 s.u. S. 65f.

Im Zentrum von Seite A (30 und 31) befinden sich weitere, unklare Überschneidungen (nicht in Fig. 11 gekennzeichnet), die vermutlich mit den besonderen Verhältnissen des Spiralendes zusammenhängen.

Selbst unter Einbeziehung der Korrekturfelder ergibt sich für das Verhältnis Schriftzeichen – Spirale/WT ein fast einhelliges Bild: die Schriftzeichen sind sekundär eingestempelt worden. Dieser Befund wird zwar allgemein akzeptiert, aber unterschiedlich gedeutet. Die einfachste Erklärung besteht darin, dass man den Schreiber zuerst das komplette Liniennetz aus Spiralen und WT ziehen ließ, dessen Felder er in einem weiteren Schritt mit den Schriftzeichen ausfüllte. Möglich ist ein solches Verfahren freilich nur, wenn man eine genaue Vorlage voraussetzt.[61] Aber gegen die Annahme einer solchen Vorlage wenden sich einige Autoren, am hartnäckigsten Timm:

> Als Vorlage von hinreichender Exaktheit kommt somit allenfalls ein identisch bestempelter Diskos in Frage. Der Aufwand, zunächst einen Diskos als Vorlage herzustellen, erscheint nur für die Serienproduktion mehrerer identischer Tonscheiben gerechtfertigt. Dafür gibt es jedoch keinen archäologischen Hinweis. Geht man trotzdem von einer derartigen Vorlage aus, so würden die zahlreichen Korrekturen dafür sprechen, dass es sich beim gefundenen Diskos um eben eine solche handelte.[62]

Diese Argumentation leidet unter mehreren Schwächen. Der umlaufende Wulst auf Seite A des Diskus lässt, wie oben S. 14f. dargelegt, den Schluss zu, dass dem Schreiber eine Scheibe mit ungefähr demselben Durchmesser vorgelegen haben muss. Der genaue Durchmesser für die Vorlage war aber wegen der unveränderbaren Stempelgröße der einzelnen Schriftzeichen nur zu ermitteln, wenn die Vorlage eine ‚identische' Stempelung trug. Der angeblich zu hohe Aufwand eines getreuen Modells für einen einzigen Diskus ist eine reine Ermessensfrage. Warum sollte der Diskus, ein kühnes und damals vermutlich beispielloses Kunstwerk, nicht auf eine sorgfältige Vorstufe zurückgehen? Die Korrekturen auf dem Diskus haben zum Teil, wie wir noch sehen werden (u. S. 59ff.), mit einer zu erschließenden Vorlage zu tun und entziehen ihr nicht die Grundlage. Es ist nicht so, dass die Fehlerhaftigkeit bzw. Korrekturen eines Produktes es selbst zur bloßen Vorstufe machen würden. Und wenn der uns erhaltene Diskus nicht Endprodukt, sondern nur Vorgänger einer verloren gegangenen Scheibe sein sollte, so wären auch in diesem Fall die besondere Sorgfalt und Kunstfertigkeit des Vorprodukts zu bewundern. Aber Timm will ja einen hohen Aufwand im Zusammenhang mit dem Diskus überhaupt ausschließen. Tatsächlich aber ist der überlieferte Diskus kein erster Entwurf, wie die Korrekturen in Feld B35 zeigen:

---

[61] Grumach 1962, S. 19f.; ders. 1969, S. 249; Jeppesen 1962/3, S. 184.
[62] Timm 2005, S. 40.

Die Zeichen 𓂀 und 𓏲 sind sekundär und leicht versetzt über denselben ursprünglichen Zeichen gestempelt worden.[63] Ziel der Maßnahme war eine rein optische Verbesserung, die mit Inhalt und Orthographie des Diskus nichts zu tun hatte. Auf einer Vorlage wäre eine solch kleinliche Verbesserung überflüssig und ein Zeichen unangebrachter Pedanterie.

Wie aber stellen sich nun die Gegner eines vorab gezogenen Liniennetzes die Vorgänge bei der Stempelung vor? Schon seit Della Seta (1909) geht die Meinung um, der Schreiber habe den Diskus etappenweise gestempelt, und zwar so, dass er bei fortschreitendem Stempeln die Spirale verlängert und die jeweils aktuellen WT eingefügt habe.[64] Unterschiedliche Auffassungen bestehen im Wesentlichen nur hinsichtlich der Frage, ob die WT zeitlich vor oder nach einer Zeichengruppe gezogen wurden.

Da der Schreiber den Diskus nicht in einem Augenblick komplett beschriften konnte, sondern sein Werk irgendwo beginnen musste und erst allmählich zu Ende führen konnte, scheint die Theorie der synchronen, langsam fortschreitenden Beschriftung naheliegend und einleuchtend. Ist sie darum aber auch richtig? Timm verteidigt sie „mit Blick auf das Schriftbild" und mit „praktischen Überlegungen. Selbst beim Kopieren [einer Vorlage] wäre es einfacher gewesen, die Feldtrenner jeweils nach dem Einstempeln einer oder mehrerer Zeichenketten zu setzen."[65] Obwohl der „Blick auf das Schriftbild" durch die vielen sekundären Korrekturen getrübt wird, deren Zielrichtung oft verkannt wird und die aus methodischen Gründen zunächst weitgehend unberücksichtigt bleiben müssen, spricht das Schriftbild eine ganz andere Sprache. Wenn der Schreiber sich von Timms „praktischen Überlegungen" hätte leiten lassen, hätte er sich völlig widersprüchlich verhalten. Wenn er die Spirale stückweise, je nach dem Fortschritt beim Stempeln, gezogen hätte, hätte er die Vorteile dieses Verfahrens auch nutzen müssen. Aber dies hat er nicht getan. So hätte er die Felder A1 bis 12 ohne Spirale stempeln können, da der Diskusrand als Standlinie dienen konnte. Aber die Spirallinie über diesen Randzeichen ist teilweise zu hoch, teilweise zu niedrig gezogen. Dasselbe gilt auch für das Spiralsegment über den Randzeichen auf Seite B (32-43). Dies hätte der Schreiber leicht vermeiden können. Tatsächlich aber sind die Spirallinien, die sich oberhalb der Zeichen befinden, gegenüber den Zeichen grundsätzlich primär, wie die Überschneidungen belegen. Timm selbst räumt dies ein: „Vieles spricht somit für die Annahme, dass der Verfasser vor dem Bestempeln des Spiralkreises die Ober- und Unterlinie bereits gezogen hatte. Dass die komplette Spirallinie vor dem Einstempeln der Zeichen existiert habe, ist eine nicht auszuschließende Möglichkeit."[66]

---

[63] Dazu siehe u. S. 60f.
[64] Della Seta 1909, S. 305; Bradshaw 1977, S. 104; Godart, Der Diskus ..., 1995, S. 86; Achterberg 2004, S. 24; Timm 2005, S. 39f.
[65] Timm S. 39.
[66] Ebd.; s. auch Godart ebd. S. 86.

Und wie verhält es sich mit den WT? Das Schriftbild verrät uns, dass in einigen Feldern die einzelnen Zeichen weiter voneinander (beispielsweise in A2) oder enger beieinander (in B55) gestempelt wurden:

Mit 55 vergleiche man außerdem 51:

Der Schreiber hat also beim Stempeln der Schriftzeichen im Voraus gewusst, wie viel bzw. wie wenig Platz er für die Zeichen eines Feldes hatte. Woher besaß er dieses Wissen? Doch wohl nur daher, dass die WT bereits vorhanden waren und den zur Verfügung stehenden Raum genau anzeigten.

Wenn der Schreiber, wie Timm und einige seiner Vorgänger annehmen, den Diskus ohne genaue Vorlage sukzessiv beschriftet hätte, hätte nur ein glücklicher Zufall die lückenlose Bedeckung der Scheibe mit Schriftzeichen ermöglicht. Denn bei insgesamt 242 Zeichen[67] hätte eine Vergrößerung der Abstände zwischen ihnen um nur je 1mm den Text um ca. 24cm verlängert. Dieser Effekt wäre zwar durch eine natürliche Schwankungsbreite erheblich gemildert worden; aber schon eine Verlängerung (oder auch Verkürzung) des Textes um nur 5cm hätte jeweils am Ende einer Seite des Diskus zu auffallend unschöner Verengung (oder Zerdehnung) führen müssen. Aber schlimmer noch wirken sich die unterschiedlichen Größen der Zeichen und ihre unterschiedlichen Umrisse[68] aus, die einem ungeplanten Stempeln einen Misserfolg bescheren würden. Zusätzlich bergen absichtliche und unabsichtliche Drehungen der Zeichen (dazu s.u. den Abschnitt über die Stempel) weitere unkalkulierbare Risiken. So nimmt z.B. das Boot ⌣ in B60 aufgrund seiner natürlichen Lage wesentlich mehr Platz ein als in seiner sonst üblichen gekippten Stellung wie in A14:

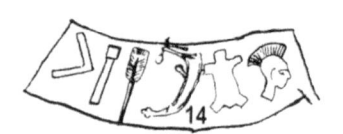

---

[67] Das zerstörte Zeichen A8,5 (s.u. S. 71-75) wird hier natürlich mitgezählt.
[68] ‚Günstige' Umrisse zweier benachbarter Zeichen erlauben eines engeres Zusammenrücken (sog. Kerning).

Die natürliche Position in B60 ist aber nicht dem Wunsch des Schreibers entsprungen, das Zentrum von Seite B lückenlos zu füllen,[69] sondern Folge davon, dass das Boot in gedrehtem Zustand nicht genügend Platz gefunden hätte.[70] Andererseits musste er die besonderen Raumverhältnisse von B60 vorhergesehen haben, sonst hätte er das Zentrum von Seite B nicht so überzeugend gestalten können.[71]

Offensichtlich hat der Schreiber die Gesamtzahl aller Zeichen des Textes durch 2 geteilt, um dann die erste Hälfte auf Seite A und die zweite auf B unterzubringen. Infolgedessen enthält der uns überlieferte Diskus auf Seite A 123 Zeichen (mit 8,5) und auf B 120 (mit 61,3). Die Zahlen müssen aber noch leicht korrigiert werden, da unter ihnen fünf Schriftzeichen sind, die erst nachträglich hinzukamen und in der Vorlage fehlten.[72] Die Vorlage wies auf beiden Seiten vermutlich je 119 Zeichen auf.[73] Ebensogut konnte der Schreiber auch die Zeichengruppen (Wörter) zählen. Angesichts ihrer ungeraden Zahl (61) entschied er sich für 31 Wörter auf Seite A und 30 auf B. Die Trennung eines Wortes am Ende der ersten Seite hat er aus begreiflichen Gründen vermieden, obwohl die etwa gleichzeitige Lin A-Schrift Worttrennung am Zeilenende kannte.

An der Hypothese einer sorgfältigen Vorlage führt kein Weg vorbei. Selbst wenn man annehmen sollte, dass die Vorlage eine Skizze gewesen sei und nur an ‚kritischen' Stellen genaue Markierungen aufgewiesen habe, so setzten solch entscheidende Markierungen ihrerseits wieder einen genauen Plan voraus.[74]

Gab es aber eine genaue Vorlage (oder Modell), stand es dem Schreiber weitgehend frei, wo er mit der Beschriftung des Diskus begann. Dass er dabei natürlich nicht willkürlich vorging, steht außer Frage.[75]

Welchen Beitrag vermag nun die erschlossene Vorlage für die Entzifferung des Diskus zu leisten? Man scheint der Vorlage nur wenig Bedeutung beigemessen zu haben und hat ihre Rekonstruktion völlig vernachlässigt. Bradshaw versteigt sich sogar zu der Behauptung: „we have enough real problems on the disc itself without struggling with those of a hypothetical archetype."[76] Aber da der erhaltene Diskus schon allein wegen seiner zahlreichen Korrekturen auf wissenschaftliche Textkritik angewiesen ist und die „Aufgabe der Textkritik" die „Herstellung eines dem Autograph (Original) möglichst nahekommenden Textes (constitutio textus)" ist (Maas[77]), darf man auf die Rekonstruktion des Archetypus nicht verzichten. Das Verhältnis von fehler-

---

[69] Wie Della Seta 1909, S. 308 annimmt, dem Godart, Der Diskus ..., 1995, S. 87f. wörtlich folgt (ohne Kennzeichnung des Zitats).
[70] Bradshaw, The imprinting ..., 1976, S. 6f.; s. auch o. S. 24.
[71] Hier stimme ich mit Godart (ebd. S. 88) überein.
[72] Siehe u. S. 61ff.
[73] Siehe u. S. 80.
[74] Gegen Bradshaw 1977, S. 104.
[75] Gogolin gibt dem Schreiber allerdings zu viel Freiheit (1987, S. 4).
[76] Bradshaw S. 106 Anm. 12; siehe auch S. 108.
[77] 1960, S. 5.

hafter Vorlage und korrigierter Abschrift gewährt entscheidende Einsichten in die Sprachstruktur des Diskus.

Aber schon das bloße Postulat einer sorgfältigen Vorlage lässt folgende entzifferungsrelevante Schlüsse zu:

1. Der überlieferte Diskus ist ein Unikat. Wenn er Teil einer Serie wäre, erübrigte sich eine genaue Vorlage (s.o. S. 27).
2. Aus 1. ergibt sich, dass der Text vollständig erhalten ist und einen auch inhaltlich bestimmten Anfang und Schluss besitzt.
3. Der Schreiber bzw. sein Auftraggeber maß dem Inhalt des Textes besondere Bedeutung zu. Demgegenüber kamen die mit Linear A/B-Zeichen bedeckten Tontafeln, die fast ausschließlich Verwaltungszwecken dienten, ohne Vorlage aus.
4. Das Spektrum der möglichen Inhalte wird wegen des geringen Textumfanges erheblich eingeschränkt. Ein Roman/Reisebericht oder ein Gesetzeswerk u.ä. scheiden aus. Eher könnte man an einen Vertrag denken.
5. Die folgende, von Grumach vorgebrachte Überlegung ist für die Entzifferer besonders unerfreulich: „Während bei einem geschriebenen Text Schrift- und Leserichtung notwendig zusammenfallen, können sie bei einem gestempelten auseinandergehen, besonders dann, wenn es sich um eine Kopie handelt. Wenn diese von einem illiteraten Handwerker stammt, lassen sich aus der Stempelrichtung keine Schlüsse ziehen".[78] Dennoch kann man aus einer bestimmten Stempelungsrichtung eine deutliche Präferenz für eine ebensolche Leserichtung ableiten. Aber die Frage, ob der Stempler Analphabet war oder ob er als Schriftkundiger beim Stempeln der gegebenen Leserichtung ganz natürlich folgte, muss mit größter Energie geklärt werden.

---

[78] Grumach 1962, S. 19; siehe auch ders. 1969, S. 250. – Im Urkundenwesen unterscheidet man zwischen dem Diktator und dem Mundator; letzterer schreibt die Vorlage ins Reine.

Überschneidungen der Schriftzeichen untereinander

Im Unterschied zu den bisher untersuchten Überschneidungen sollen jetzt die gegenseitigen Beeinflussungen zweier benachbarter Schriftzeichen, also zweier Stempel untersucht werden. Mit dem prinzipiellen Problem der Überstempelung eines Schriftzeichens durch ein anderes hat sich Haecker befasst und es auch experimentell überprüft. Bei Randüberschneidungen zweier Stempelbilder könne bei unterschiedlich starkem Prägedruck der Anschein entstehen, dass das spätere Zeichen „wie angeschnitten" wirke:

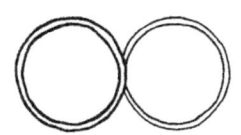

Fig. 13
(links starker, rechts schwacher Stempeldruck)

„Das später und zugleich schwächer eingestempelte Zeichen reicht dort, wo es den Rand des früher und zugleich tiefer eingestempelten Zeichens überschneidet, nicht bis zur Tonschicht hinunter, hängt also gleichsam in der Luft und kann an dieser Stelle keinen Abdruck hinterlassen. Daher bleibt es hier unvollständig und wirkt so, als sei es selbst überschnitten."[79] Ich habe diese Behauptung im Experiment bestätigt gefunden,[80] allerdings nur bei großen Druckunterschieden. Haeckers Resümee „Überschneidungen des Zeichenrandes sind also ... für die Feststellung der Schriftrichtung nicht brauchbar"[81] kann nur eingeschränkt gelten. Unter den von Haecker beigebrachten Fällen mag die eine oder andere irreführende Überschneidung sein, insgesamt aber vermag er den Eindruck linksläufiger Stempelung nicht zu entkräften. Haecker erweckt den Anschein, als ob bei Überschneidungen stets das überschneidende Zeichen das schwächer geprägte sei. Seine Argumentation dient nur dem einen Zweck, der von ihm bevorzugten rechtsläufigen Leserichtung einen schweren Stolperstein aus dem Wege zu räumen.[82]

In die folgende Übersicht sind nur diejenigen Überschneidungen aufgenommen, die ich und wenigstens ein anderer Autor (meistens drei oder mehr)[83] für erwiesen halten:

---

[79] Haecker 1986, S. 89.
[80] Bestätigung auch bei Trauth, der allerdings zu Recht auf die Begleitumstände hinweist (1990, S. 168).
[81] Haecker S. 90.
[82] Zuvor schon hatte sich Haecker zusammen mit Scheller (1971, S. 21) für Rechtsläufigkeit eingesetzt und die Überschneidungen (mit Ausnahme der Korrektur in A5) angezweifelt mit Hinweis auf die „besten der uns zur Verfügung stehenden Abbildungen, bei Marinatos" (1959, Abb. 72f.). Diese kontrastarmen Abb.en sind für Forschungszwecke kaum geeignet.
[83] Della Seta 1909, S. 309f.; A. J.-Reinach 1910, S. 11; Evans 1921, S. 649 Anm. 4; Read 1921, S. 31; Schwartz, Notes ..., 1959, S. 228; ders., The Phaistos Disk ..., 1959, S. 107; Grumach 1962, S. 14 und 18f.; Bradshaw 1977, S. 100f., 105-108, 110; Duhoux, Le disque ..., 1977, S. 26-29; Godart, Der Diskus ..., 1995, S. 88; Timm 2005, S. 31f.

Seite A   Seite B

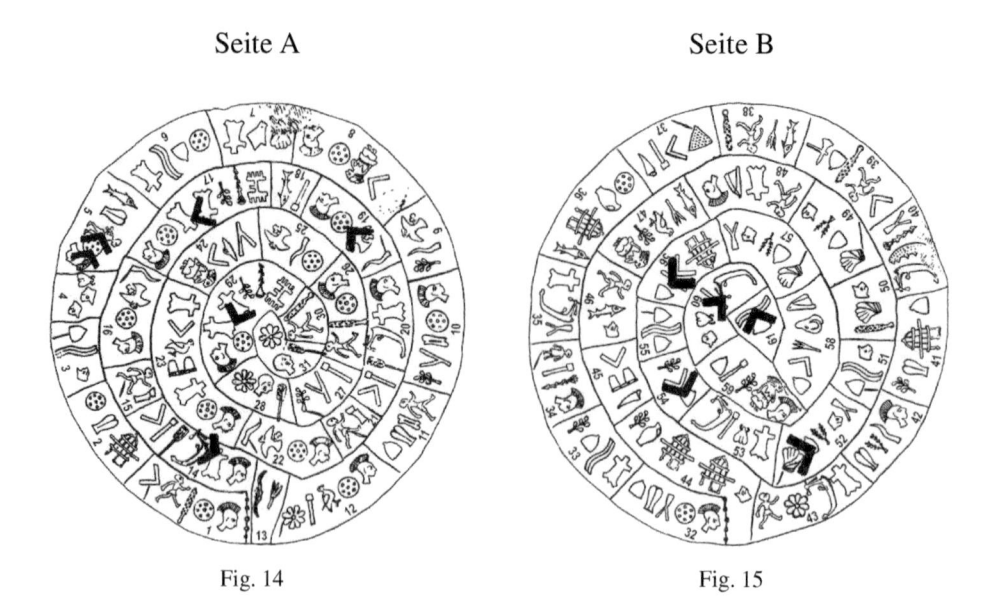

Fig. 14   Fig. 15

Allerdings ist die Zahl möglicher Überschneidungen bzw. Beeinflussungen deutlich größer. Von den insgesamt elf aufgeführten Fällen verraten acht eine rechtläufige, drei eine linksläufige Stempelungsrichtung. Diese drei befinden sich in den Feldern A5 und B60. A5 hat nach allgemeiner Auffassung eine umfangreiche Korrektur erfahren[84] und muss daher aus der Betrachtung ausscheiden. Übrig bleibt der schwierige Fall B60, wo das Boot ⌣ entgegen der Erwartung vom rechtsstehenden Zeichen ▯ überschnitten zu sein scheint:[85]

Vielleicht hängt diese Abweichung mit der Größe des Boot-Zeichens und seiner Position in einem zentrumnahen Feld zusammen. Für die ‚normale' gedrehte Stellung des Bootes ꓛ (s.o. S. 36f.) reicht der Abstand zwischen Spiralsegment 56-57/60 und WT 60/61 nicht aus, so dass sich die natürliche Lage des Bootes empfahl. Um das sperrige Schriftzeichen auf jeden Fall unterbringen zu können, stempelte es der Schreiber wohl zuerst. Anschließend musste er ▯ mit einer leichten Drehung zum Diskuszentrum hin einprägen (⌣ und ▯ haben ja nicht dieselbe imaginäre Standlinie), so dass die oberen Teile beider Zeichen einander sehr nahe kamen. Wäre ▯ etwas mehr nach rechts gesetzt worden, hätte ▯ wegen seiner Länge leicht mit Teilen des Liniennetzes

---

[84] Siehe u. S. 61-63.
[85] Nur von Timm (2005, S. 31f. und 35 Abb. 9) und mir beobachtet.

ober- und unterhalb kollidieren können. – Diese Überlegungen sind aber wenigstens teilweise Spekulation.

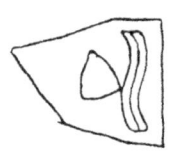

Am seltsamsten sind die Verhältnisse im zentralen Feld B61, wo ⌂ das rechte Nachbarzeichen 〖 geringfügig anschneidet:[86]

Seltsam ist nicht die Überschneidungsrichtung – sie ist die ‚normale' –, sondern der scheinbar fehlende Grund für die Überschneidung. Denn der Schreiber hatte mehr als ausreichend Platz, um ⌂ in gehöriger Distanz zu 〖 zu stempeln. Diese Diskrepanz zwischen zu engem Zeichenabstand und freiem Platz scheint bisher nicht aufgefallen zu sein. Es lassen sich aber drei mögliche Gründe finden.

1. Der Schreiber war unachtsam. Dagegen spricht, dass er in diesem Fall gegen sein Prinzip, die Scheibe gleichmäßig und vollständig mit Zeichen zu bedecken, ohne Not verstoßen hätte.[87] Sollte aber eine solche, unwahrscheinliche Ungeschicklichkeit des Stemplers vorliegen, wäre sie für die Diskusforschung ohne jede Bedeutung.
2. Von weitreichenden Folgen aber wäre die Begründung, die Bradshaw für den relativ großen Raum links von ⌂ vorträgt: dieser könne in Analogie zu den kretischen Tafeln mit Hieroglyphen- oder Linearschrift als Ende des Textes verstanden werden.[88] Das ließe den sicheren Schluss zu, dass die Leserichtung linksläufig (also von außen nach innen) und Seite B die Fortsetzung von A wäre. Aber die Deutung des freien Raumes als Markierung des Textendes erklärt nicht notwendig die Überschneidung von 〖 durch ⌂. Der Schreiber hätte ja die Überschneidung leicht vermeiden und dennoch genügend Raum freilassen können.
3. Wenn man aber nicht wie bei 1. und 2. dem Stempler eine gewisse Ungeschicklichkeit oder gar Nachlässigkeit unterstellen, sondern die enge Zeichenfolge auf Absicht zurückführen will, muss man davon ausgehen, dass er – eventuell irrigerweise? – ein drittes Zeichen in Feld 61 unterbringen wollte. Auf einigen Abbildungen[89] kann man an der leeren Stelle die schwachen Umrisse von ⌂ oder 𓁹 erkennen:

---

[86] Della Seta 1909, S. 309; Evans 1921, S. 649 Anm. 4; Bradshaw 1977, S. 101; Duhoux, Le disque ..., 1977, S. 29.
[87] Der besondere Fall in B44, wo unterhalb des Katzenkopfes zu viel Platz geblieben ist, wird bei der Behandlung der Korrekturen (u. S. 58-60) besprochen.
[88] Bradshaw S. 110.
[89] Olivier 1975, S. 19; Godart, Der Diskus ..., 1995, S. 85.

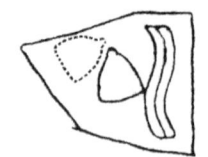

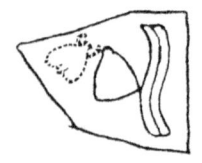

Natürlich könnte hier der Zufall seine Hand im Spiel gehabt und den Betrachter getäuscht haben.

Eine 4. Erklärung für das ‚unterbesetzte' Feld 61 scheint es nicht zu geben. Da die 1. sehr unwahrscheinlich ist, muss man wohl zwischen der 2. und 3. wählen. Vermutlich wird die 3., meine eigene, bei den Befürwortern der rechtsläufigen Leserichtung (vielleicht unberechtigten) Anklang finden, da die 2. These Linksläufigkeit beweisen würde.

Das Fazit der Untersuchung lautet: Die Überschneidungen der Schriftzeichen untereinander lassen im großen Ganzen eine linksläufige Stempelungsrichtung von außen nach innen erkennen. Nur hartnäckige Verfechter der Rechtsläufigkeit, wie Ephron (1962) und Haecker (1986) versuchen die Interpretierbarkeit der Überschneidungen grundsätzlich in Abrede zu stellen.

Aus der linksläufigen Beschriftungsrichtung kann aber nicht mit Notwendigkeit auch auf eine linksläufige Leserichtung geschlossen werden, wenn man, wie Grumach, an einen illiteraten Stempler denkt.[90]

Dornzeichen

Der sogenannte Dorn besteht aus einem Strich, der unter einigen Bildzeichen, die bei linksläufiger Leserichtung den Schluss eines Wortes bilden, angebracht ist. Er wurde nicht gestempelt, sondern wie Spirale und Worttrenner mit einem Griffel geritzt. Über die Zahl der Dorne wird gestritten. Sie reicht von 11-24.[91] Aartun findet sogar 30 Dorne. Er hat ein „unregelmäßiges Vorkommen" des Dorns, seine „verschiedenartige Gekritzel-Gestalt" und seine „völlig ungeregelte Stellung im Verhältnis zu den in den Feldern sorgfältig geordneten Bildzeichen" feststellen wollen und ihn deshalb als „zufällig" und „ohne jeden graphisch-funktionellen Belang" entstanden aufgefasst. Das „tatsächliche Vorkommen" von nicht weniger als 30 Dornen schuf er durch Hinzunahme sämtlicher Fehlstellen und Striche, die sich auf dem Diskus finden lassen.[92] Dies hinderte ihn aber nicht daran, zwischen dornlosem ◌ und ◌ zu unterscheiden.[93]

Sondert man alle zufälligen Kratzer und ähnliche Fehlstellen des Diskus aus, gelangt man zu insgesamt 16 Dornen.[94] Diese Zahl findet sich bei der

---

[90] Siehe o. S. 38 unter 5.
[91] Aufstellung bei Duhoux, Le disque ..., 1977, S. 36.
[92] Aartun 1992, S. 137f.
[93] Ebd. S. 173.
[94] A1; 3; 12; 15-16; 19; 21-22; 27; B34; 37; 49; 51-52; 55; 57.

größten Gruppe von Autoren. Aber schon 1909 wurde Evans Opfer seines Zeichners, der – aus welchen Gründen auch immer – den Dorn in A12 bei ❋ fortgelassen hatte.[95] Obwohl er später den Fehler stillschweigend korrigierte,[96] begründete die alte fehlerhafte Zeichnung eine Tradition mit nur 15 Dornen. Eine weitere Tradition mit 17 Dornen kann sich sogar auf einen gewissen Anschein berufen: Ein auf dem Originaldiskus erkennbarer Strich unter △ im Feld B61 ist vermutlich nur eine Fehlstelle/Kratzer im Ton.[97] Dieser ‚Plusdorn' ist auch in viele Zeichnungen eingedrungen.

Weitere problematische Dorne hat man in den Feldern A7-8; B39-40 vermutet. „Wegen abgeplatzter Tonstückchen", so Timm, könne hier „nicht ausgeschlossen werden, dass sich am jeweiligen Schlusszeichen ein Dorn befand."[98]

In A7 vermutet Evans mit Hinweis auf B49 und 52 einen Dorn:[99]

Wenn auch B49 und 52 beinahe übereinstimmende Wörter sind und sich ihre enge Verwandtschaft auch im Dorn unter 🐚 ausdrücken könnte, so taugen sie als Analogie zu dem ganz anderen Wort A7 nicht.

Das völlig zerstörte Zeichen A8,5 kann nur spekulativ mit einem Dorn versehen werden.[100]

Für B39 möchte Timm auf Grund von A1 einen Dorn postulieren:[101]

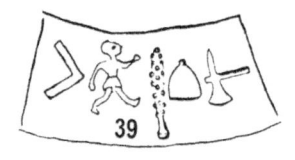

---

[95] Evans 1909, S. 280 (Zeichnung) und 288.
[96] Ders. 1921, S. 660 Anm. 2.
[97] Ders. 1909, S. 288 Anm. 10; Read 1921, S. 35; Knutzen 1973, S. 11; Bowden 1993, S. 322f. und 327 (Fig. 2). – Duhoux hält an ihm fest, räumt aber seine außerordentliche Dünne ein (Le disque ..., 1977, S. 37).
[98] Timm 2005, S. 102.
[99] Evans 1909, S. 288 Anm. 9.
[100] Außer Timm auch Bradshaw, The missing ..., 1976, S. 177; ders. 1977, S. 104 Anm. 10.
[101] Timm 2005, S. 102. Vor ihm schon Macalister 1912/13, S. 348.

Sind auch die drei letzten Zeichen beider Wörter gleich, muss vor einem Analogieschluss gewarnt werden: Steht der bis heute ungedeutete Dorn in einer notwendigen Beziehung zu seinem zugehörigen Wort? Wenn man z.B. mit Evans an ein Satzzeichen denkt,[102] ist ein solcher Zusammenhang nicht gegeben. Außerdem sind A1 und B39 unterschiedliche Wortarten, da sich hinter A1 ein Eigenname verbirgt,[103] nicht aber hinter B39.

In Feld B40 lässt eine Beschädigung zwar die Annahme eines Dorns bei 𝄢

zu. Aber Timms Argument, dass B40 ebenso wie B39 und A7-8 „in den beiden längsten Abschnitten ohne Dornmarkierung" liegen,[104] geht von einer (unwahrscheinlichen) gleichmäßigen Verteilung der Dorne aus. Die außer B40 einzigen Wörter, die auf 𝄢 enden, B53 und 60, weisen keinen Dorn auf: gewiss eine untaugliche Analogie – aber auch in den Augen von Evans und Timm?

Genauso problematisch wie die Vermehrung der Dorne durch die Annahme von nicht (sicher) lesbaren Dornen ist ihre Verminderung durch die Behauptung, die Dorne in A16; 21; B55 seien vom Schreiber irrtümlich in Analogie zu den Feldern A22; 15; B51 eingefügt worden (Cuny[105]).

Eine Veränderung der Zahl der überlieferten Dorne darf – falls überhaupt – erst dann erfolgen, wenn die Funktion des Dorns im Wesentlichen erkannt ist. Wurden die Dorne in der Literatur meist schon stiefmütterlich behandelt oder sogar gänzlich ignoriert, so haben die Überschneidungen beim Dorn offenbar nur noch Bradshaw[106] beschäftigt. Fig. 16 und 17 (S. 45) zeigen die Überschneidungen.[107] Angesichts von 16 Dornen sind 13 Überschneidungen (darunter 2x der Spiralen) relativ häufig. Der Schreiber hat bewusst den Kontakt mit den zugehörigen Schriftzeichen gesucht. Die Dorne scheinen also ‚Suffixe' im eigentlichen Wortsinn zu sein und erfüllen wohl auch – falls meine eigene Deutung (unten S. 188) zutrifft – eine entsprechende Funktion. Sie wurden prinzipiell als letzte Elemente der Beschriftung hinzugefügt, sieht man von den eventuell späteren Korrekturen ab. Eine Überschneidung aber der Dorne durch WT oder Spirale hätte die gesamte bisher dargelegte Genese der Beschriftung in Frage gestellt. Die unterschiedlichen Winkel, die die Dorne mit ihren Schriftzeichen bilden, werden unten S. 137-141 behandelt.

---

[102] Siehe u. S. 142ff.
[103] Siehe u. S. 85ff.
[104] Timm 2005, S. 102.
[105] 1911, S. 304 Anm. 2 und S. 306-8.
[106] 1977, S. 100f. und 104.
[107] Mit Bradshaw stimme ich in den meisten Fällen überein, entscheide mich aber bisweilen anders.

Beschriftung 45

Überschneidungen durch Dorne
Seite A   Seite B

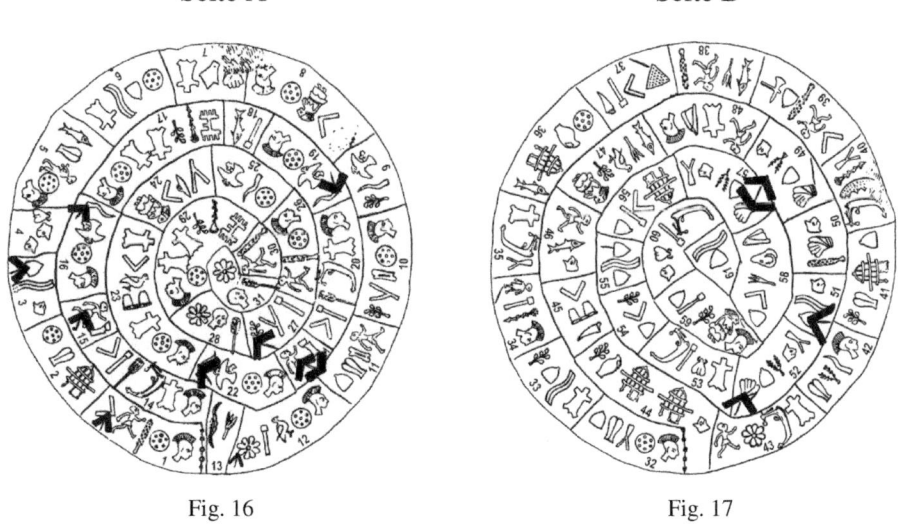

Fig. 16   Fig. 17

Stempel

Obwohl sämtliche Stempel für die 45 verschiedenen Schriftzeichen des Diskus verloren gegangen sind, ist die Beschäftigung mit den Schreibutensilien nicht unfruchtbare Spekulation, sondern ein wichtiger Teil der Textkritik, die ihrerseits die Entzifferung fördern kann.

Entgegen dem allgemeinen Konsens kommen Gardthausen und Pomerance ohne jeden Stempel aus und lassen den Diskus Abdruck zweier Matrizen sein.[108] Die Leugnung von Stempeln wird mit geringfügigen Unterschieden zwischen wiederholten Zeichen gerechtfertigt. Die Uniformität der Abdrücke auf dem Diskus führt Pomerance auf die Umzeichnungen moderner Grafiker zurück:[109] ein schwaches Argument, das überdies nicht erklären kann, warum die Dimensionen der wiederholten Zeichen stets gleich sind. Aber auch die Annahme von Matrizen scheitert an unlösbaren Problemen. Es ist wenig wahrscheinlich, dass das Liniennetz des Diskus schon auf den Matrizen als erhabene Grate vorhanden waren. Und wie soll man sich die auf dem Diskus erkennbaren Überschneidungen der Spirale durch die WT (s.o. S. 28 Fig. 8/9) vorstellen? Es steht außer Frage, dass sämtliche Linien des Diskus mit dem Griffel gezogen und nicht etwa geprägt wurden. Einer der Belege für das Ziehen ist das Verhalten des Griffels bei einer Ablenkung durch ein winziges Steinchen (o. S. 24). Jetzt kann nur noch die Annahme helfen, dass das Liniennetz n a c h der Prägung der Schriftzeichen durch eine Matrize hinzuge-

---

[108] Gardthausen 1911, S. 2-5; Pomerance 1976, S. 51-53.
[109] Pomerance S. 53.

fügt wurde. Die Schriftzeichen sind aber, wie die Überschneidungen zeigen (s.o. S. 32ff.), gegenüber Spiralen und WT im Allgemeinen sekundär. Die Verwendung von Matrizen gehört also ins Reich der Fabel.[110]

Nur wenig besser steht es mit der Auffassung, der Diskus selbst diene als Matrize.[111] Gegen eine solche für den Diskus wenig geeignete Funktion hat sich einiger Widerspruch erhoben.[112] Übrigens änderte sich bei einem Abdruck vom Diskus für die Entzifferer nicht viel, außer dass der Text in Spiegelschrift erschiene. Läse man z.B. den gespiegelten Text von außen nach innen, würde sich zwar die Leserichtung gegenüber dem Original umkehren, nicht aber die Reihenfolge der Zeichen.

Beide Annahmen – der Diskus als Abdruck von einer Matrize oder als Matrize selbst – würden dem Text eine sehr spezielle Bedeutung geben. Die Vervielfältigung des Textes schlösse einen Vertrag, Brief u.ä. aus. Übrig bliebe nur ein religiöser Inhalt, etwa ein Gebet[113] wie ein Götterhymnus, an den Evans denkt[114].

Die Bildzeichen des Diskus wurden also nicht mittels „Plattendruck" (Gardthausen) geschaffen, sondern durch Verwendung von Einzelstempeln. Dem ‚Drucker' müssen nicht nur 45 Stempel für die 45 verschiedenen Zeichen zur Hand gewesen sein, sondern einige mehr, da der Diskustext zu kurz ist, als dass sämtliche Zeichen dieser Schrift vorkommen könnten.[115] Aber obwohl bereits der Finder des Diskus, im Einklang mit seinem Zeichner E. Stefani, zum Ergebnis gelangt ist, dass wiederholte Zeichen mit jeweils demselben Stempel geprägt wurden,[116] nehmen einige Autoren für manche Zeichen mehr als einen Stempel an.[117] Als Grund dafür dienen geringe Unterschiede bei den Stempelabdrücken. Die analytische Behandlung dieser Divergenzen offenbart jedoch erhebliche Schwächen in der wissenschaftlichen Methodik. Ein Teil der Unterschiede beruht auf unzureichenden Abbildungen. Ein anderer ist durch Material (Ton), Druck und Winkel beim Stempeln, Beeinflussung durch benachbarte Zeichen usw. bedingt.[118] Statt nach minimalen Abweichungen zu suchen, die unterschiedliche Deutungen ermöglichen, hätte man viel intensiver subtile Gemeinsamkeiten aufspüren sollen, die nur durch Annahme ein und desselben Stempels erklärbar sind.[119] Ein Beispiel: Die Ab-

---

[110] Gegen die Matrizenhypothese hatte schon Pernier gute Argumente vorgebracht (1908, S. 646f.; 1908/9, S. 275; s. auch Duhoux, Le disque ..., 1977, S. 37).
[111] Pernier 1908/9, S. 277; Stawell 1911, S. 28; Schwartz, The Phaistos Disk ..., 1959, S. 107; ders. 1981, S. 785 Anm. 2; Grumach 1969, S. 249 Anm. 5.
[112] Della Seta 1909, S. 310f.; Evans 1909, S. 292; A. J.-Reinach 1910, S. 16; Duhoux, Le disque ..., 1977, S. 31; Faucounau, Le sens ..., 1981, S. 249 Anm. 3; ders. 1999, S. 34f.
[113] Stawell 1911, S. 28.
[114] Siehe u. S. 142f.
[115] Zur Gesamtzahl der Zeichen der Diskusschrift s.u. S. 101ff.
[116] Pernier 1908/9, S. 278.
[117] Ephron 1962, S. 17f.; Grumach, Zur Herkunft ..., 1968, S. 287f.; ders. 1969, S. 249 Anm. 5; Duhoux, Le disque ..., 1977, S. 38f.; Ohlenroth 1996, S. 10.
[118] Siehe Duhoux, Le disque ..., 1977, S. 38.
[119] Eine Ausnahme ist Bossert, der betont, „dass einzelne Zeichen kleine Fehler aufweisen und diese bei den selben Zeichen immer wiederkehren" (Die Erfindung ..., 1937, S. 7).

drücke des ‚Haus'-Zeichens 🏠, das insgesamt 6x auf dem Diskus erscheint, soll nach Grumach „zumindest von zwei verschiedenen Stempeln": herrühren.[120] Betrachten wir einige Details, die alle sechs Abdrücke gemeinsam haben:

Fig. 18

Die senkrechte Linie a liegt nicht völlig auf der Fluchtlinie von c, sondern eine Spur rechts davon; b läuft leicht links von d; wenn man e nach oben verlängerte, würde es das Feld zwischen c und d minimal links von der Mitte durchtrennen. Ein Stempelschneider sähe sich außerstande, zwei solch ähnliche Gravuren zu schaffen. Wenn man hilfsweise annähme, die beiden Stempel seien deshalb identisch, weil sie Abdruck von derselben Matrize seien, dürften ja die von manchen Autoren beobachteten Unterschiede nicht bestehen. Oder sollten sich die Stempel durch Gebrauch abgenutzt haben oder gar beschädigt worden sein? Hier kommt uns ein glücklicher Zufall zu Hilfe. Denn das Hauszeichen erscheint in B44 zweimal hintereinander ( ). Es ist undenkbar, dass der Schreiber beide Zeichen mit zwei Stempeln in den Ton gedrückt hätte. Aber beide zeigen sogar nicht geringe Abweichungen voneinander, vor allem an ihrer Peripherie, die ja besonders für Verformungen anfällig ist. Diese Besonderheiten zweier benachbarter gleicher Zeichen lehrt, dass mit e i n e m Stempel geprägte Zeichen verschieden ausfallen können. Bisher ist es in meinen Augen nicht gelungen, auch nur e i n e m Zeichen zwei Stempelvarianten zuzuordnen. Duhoux, der sich mit guten Gründen gegen frühere Mehrstempel-Hypothesen ausspricht, sieht sich im Falle des Handschuhs 🧤 zu einer Ausnahme genötigt. Im Feld B49 (bei Duhoux: B18 in Fig. 62) weise der Handschuh eine Besonderheit auf, die nur auf einen zweiten Stempel zurückgehen könne.[121] Vergleicht man aber Duhoux's Abb. mit besseren bei Olivier (1975, S. 22: Feld B13) und Godart (Der Diskus ..., 1995, S. 82: Feld B XVIII), erkennt man, dass Duhoux durch seine eigene unzulängliche Wiedergabe zu diesem Fehlschluss verleitet worden ist.

---

[120] Grumach, Zur Herkunft ..., 1968, S. 287f. Widerspruch bei Duhoux, Le disque ..., 1977, S. 38.
[121] Duhoux, Le disque ..., 1977, S. 38f.

Bei Annahme mehrerer Stempelsätze könnte man demnach für die Diskusschrift „auf eine weitergehende Verwendung des Druckverfahrens schließen" (Grumach[122]).

Über das Material, aus dem die Stempel gefertigt waren, wird viel spekuliert. Pernier will aus den Stempelabdrücken herauslesen, dass keine besonders wertvollen oder schwer zu bearbeitenden Materialien Verwendung fanden. Ausgeschlossen seien Metalle wie Bronze oder harter Stein. Eher kämen Hartholz oder Elfenbein in Frage.[123] In der Tat sind die Abdrücke – auch wenn sie hübsch sind – nicht von herausragender Qualität, wie wir sie von kretischen Siegelabdrücken kennen. Wenn Kober aus „the clarity of detail" auf Metallstempel schließen möchte,[124] so dürfen wir dem kein Gewicht beimessen, da ihr vermutlich nur unzureichendes Bildmaterial zur Verfügung stand.[125] Das am häufigsten genannte Material ist Holz.[126] Bossert will sogar Spuren der Holzmaserung auf dem Diskus bemerkt haben.[127] Für Holz oder ähnliche Materialien sprechen mehrere Punkte:

1. Holz war billig und leicht zu bearbeiten.
2. Die Vergänglichkeit von Holz erklärt, warum bis heute kein einziger Stempel gefunden worden ist.[128]
3. Holzstempel sind im Gegensatz zu metallenen für den Tintendruck auf Papyrus geeignet. Wie schon oben S. 13f. dargelegt, muss die Beschriftung von Ton mit Hilfe von Stempeln sehr selten gewesen sein.

Andererseits stößt die Annahme von Stempeln aus Metall (oder Ton) auf Bedenken: Metallstempel konnten, war erst einmal eine Gussform geschaffen,[129] relativ leicht in größerer Stückzahl[130] hergestellt werden. Ein Vorrat von mehreren Stempelsätzen hätte eine umfangreiche Textproduktion auf Ton ermöglicht.

Wenn eine unbestimmte, in jedem Fall aber grosse Anzahl von Abdrucken mit Typen ähnlich denen hergestellt werden sollte, die zum Druck der Diskus-Inschrift gedient haben, dann

---

[122] 1969, S. 249 Anm. 5.
[123] Pernier 1908/9, S. 278.
[124] Kober 1948, S. 87.
[125] Wie ihre Behandlung der Punktleisten offenbart (s.o. S. 26f.).
[126] Pernier ebd.; Evans 1909, S. 274; Meyer 1909, S. 1022; Hall 1915, S. 228; Bossert, Die Erfindung ..., 1937, S. 7; Grumach 1965, S. 746; Neumann 1968, S. 28; Bradshaw, The imprinting ..., 1976, S. 13 und 15; Duhoux, Le disque ..., 1977, S. 39; Kean 1996, S. 11; stark einschränkend auch Sornig 1997, S. 86.
[127] Bossert ebd. S. 7.
[128] Siehe auch Sornig: Das spurlose Verschwinden lege „die Vermutung nahe, daß sie [= Stempel] nicht im ägäischen Raum gesucht werden sollten, oder aber, daß sie aus einem vergänglichen Material gefertigt waren, z.B. aus Holz" (1997, S. 86).
[129] „metal cast in matrices of engraved steatite" (Evans 1909, S. 274). Mackay greift Evans Vorschlag auf und glaubt, die Matrizen bestünden aus Ton, in den vor dem Brand die Schriftzeichen mit einem Griffel geritzt worden seien. Für einen Griffel spreche der überwiegend lineare Charakter der Zeichen. „To cut directly a punch, which would consist of thin raised lines on a uniform background, while not beyond the technology of the times, is much more difficult than the cutting of larger raised and lowered areas. Designing in lines is characteristic of the scribe, but working in intaglio marks the punch or seal-maker" (1965, S. 16f.).
[130] Siehe Godart, Der Diskus ..., 1995, S. 114. Allerdings ist darauf hinzuweisen, dass Pini für manche kretische Siegelabdrücke metallene, wahrscheinlich goldene Siegelringe annimmt (1999, S. XXIII).

müssen nach Meinung der Experten solche Materialien wie Hartholz, Blei, Silber, Bronze, Elfenbein und – natürlich – Ton aufgrund ihrer Konsistenz von vornherein ausgeschlossen werden: das wiederholte Abdrucken auf Ton von Typen aus irgendeinem dieser Materialien hätte sofort zum Abschleifen der Stempel-Konturen geführt und die abgedruckten Bilder sehr schnell ihre charakteristische Klarheit verloren, die wir an den gedruckten Zeichen des Diskus von Phaestos bemerken (Godart, Der Diskus..., 1995, S. 114).

Aber statt nun aus dem völligen Fehlen von ähnlich hergestellten Dokumenten aus Ton den naheliegenden Schluss zu ziehen, dass die Stempel der Diskusschrift nur ausnahmsweise auf Ton, sondern meistens auf vergänglichem Papyrus oder Leder (Pergament) zum Einsatz kamen, sieht sich Godart in der Frage des Stempelmaterials vor der Alternative: „weicher Stein" oder „Gold". Die Befragung von „Experten der Gravierkunst" brachte die Entscheidung: „Gold ist aller Wahrscheinlichkeit nach der Werkstoff, aus dem die Stempel gemacht waren".[131] Das unhistorische Vorgehen Godarts – außer Graveuren hätte er vor allem zeitkundige Kulturhistoriker konsultieren müssen – führt zu einem extrem unwahrscheinlichen Resultat. Andererseits stützt er unfreiwillig die Hypothese, dass das Material der Diskusstempel (Holz?) für Tondruck nicht wirklich geeignet war. Vermutlich gehen auch die leicht unterschiedlichen Abdrücke bei identischen Zeichen teilweise auf Verschmutzung der Stempel zurück.

Die Betrachtung und Analyse der Positionierung der Stempelabdrücke liefern uns wertvolle Aufschlüsse über die Form der Stempel, die Methoden und auch Versehen des Schreibers. Das Ergebnis der Untersuchung wird die Entzifferung fördern.

Die wiederholten Zeichen 𓀀 (11x), 𓏤 (6x), 𓆓 (11x), 𓏲 (4x), 𓊖 (4x) und 𓆑 (4x) befinden sich zweifellos in ihrer natürlichen, ‚richtigen' Stellung mit ungefährer Ausrichtung zum Zentrum des Diskus hin. Der Bildinhalt dieser Zeichen kann jedenfalls so weit gedeutet werden, dass die Unterscheidung in Oben und Unten mit Sicherheit möglich ist. Andere Zeichen wie ○ (18x) und 𓊃 (11x), die nicht zuverlässig zu identifizieren sind, erscheinen stets[132] in derselben Ausrichtung; aber es gibt keinen festen Anhaltspunkt für die Ermittlung ihrer natürlichen Position.

Andererseits begegnen wir dem Fisch ⤞ (6x), der immer auf die Schwanzflosse gestellt wird: 𓆟. Der sitzende Vogel 𓅿 (3x) ist leicht nach links gekippt: 𓅬. Die Positionierung beider Zeichen dient der Raumökonomie („principio stabile, quello di occupare il minimo spazio in larghezza"[133]). Der Wille zur Platzersparnis leitete den Stempler auch bei den Zeichen, die zwar identifizierbar sind, aber keine natürliche Position besitzen wie etwa der Winkel ⟩ (12x). Die gewählte Stellung beansprucht die geringste Breite, anders als die ‚entsprechende' ägyptische Hieroglyphe ⌐ (Mauerecke).

---

[131] Godart ebd. S. 114; ders. 2009, S. 194.
[132] Eventuell wurde ○ in B54 ursprünglich verdreht (○) gestempelt (s.o. S. 33).
[133] Della Seta 1909, S. 298. Ebenso Pernier 1908/9, S. 273.

Ein drittes Prinzip ist durch die spiralförmige Anordnung des Textes gegeben. Die zum Zentrum des Diskus hin immer stärker gekrümmten Felder verhindern zunehmend, dass alle Zeichen einer Zeichengruppe auf einer einzigen imaginären geraden Standlinie stehen können. Man vergleiche nur das Randfeld B42 mit dem zentrumnahen B56:

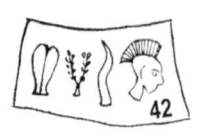

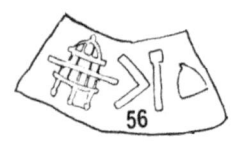

In B56 hat die Standlinie eine gekrümmte Form angenommen, und die Oberseite jedes Zeichen schaut zum Mittelpunkt der Scheibe. Gelegentlich war der Schreiber ein wenig unaufmerksam (?) und änderte vor allem am Anfang bzw. Ende eines Feldes die Ausrichtung eines Zeichens abrupt. So ist der Kopf 👤 in A22 leicht nach rechts mit dem Kinn nach unten gestempelt:

Der Kopf steht jetzt nicht mehr auf der gedachten Verlängerung der Standlinie in 21: eine offensichtlich Folge davon, dass der Schreiber an dieser Stelle die Scheibe beim Bestempeln drehte bzw. ein Stück um die festliegende Scheibe herumging und sich den Verhältnissen des neuen Feldes (22) anpasste. Ein extremes Beispiel ist der Handschuh 🧤 in B52, der die Standlinie in 53 vorwegnimmt bzw. fortführt:

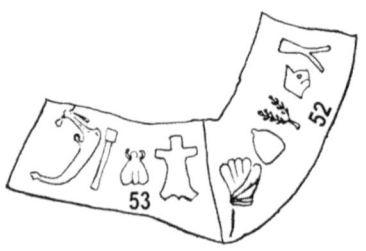

Die ‚abnorme' Stellung von 👤 in A22 (auch in 23) und von 🧤 in B52 hat dazu geführt, aus ihr Rechts- oder Linksläufigkeit der Stempelungsrichtung ablesen zu wollen.[134]

Außer den Zeichen, deren Ausrichtung einem der drei Prinzipien (natürliche Stellung, Platzersparnis, Anpassung an gekrümmte Standlinie) gehorcht,

---

[134] Haecker/Scheller 1971, S. 26 (rechtsläufig); Faucounau, Le sens ..., 1975, S. 94 (linksläufig). – Dazu siehe auch Duhoux, Le disque ..., 1977, S. 24f.

gibt es Sonderfälle in korrigierten Feldern (vor allem in A4; 5; 29; B59), die im nächsten Abschnitt behandelt werden. Eine kleine Gruppe von drei Zeichen ⌣ (7x), ◌ (11x), ◌ (5x), die sicher deutbar sind (Boot, Katzenkopf und Greifvogel mit Beute[135]) und deren natürliche Stellung bekannt ist, verdient insofern besondere Aufmerksamkeit, als sie offensichtliche Drehungen von ca. 90° aufweisen können:

Eine Erklärung dieser Drehungen ist deshalb so wichtig, weil sie nicht auf bloßem Zufall zu beruhen scheinen und gelegentlich Anlass dazu geben, die unterschiedlichen Positionen als phonetisch relevant zu deuten.[136]

Während die natürliche Lage des Bootes in B60 (⌣) wesentlich mehr Platz in der Breite einnimmt als die Normalstellung ( ), sparen die Drehungen von ◌ und ◌ keinen Raum.[137] Deshalb hat man meines Wissens die Position des Bootes in B60 stets mit Raumgründen erklärt[138] und nicht semantisch gedeutet. Aber auch ohne diese sich anbietende Begründung dürfte eine semantische Unterscheidung zwischen ⌣ und schwerfallen. Denn B60 erinnert stark an die nur wenig frühere Zeichengruppe B53. Der Ersatz von ◌ durch scheint nicht auf gänzlich verschiedene Wörter zu deuten, da beide Zeichen ‚Präfix'-Charakter zu haben scheinen. Der 11x vorkommende Katzenkopf steht 8x am Anfang (bzw. je nach Leserichtung am Ende) einer Zeichengruppe und nur 3x an zweiter Stelle. Auch das Fell (insgesamt 15x) liebt die Anfangsstellung (10x[139]).[140]

Die Drehungen von ◌ hat man schon früh mit der Form des Stempels in Verbindung gebracht.[141] Die Vermengung der Stempel- mit der Bedeutungsfrage ist zwar prinzipiell richtig, aber methodisch nicht empfehlenswert. Deshalb soll zunächst das Problem eventueller Bedeutungsvarianten bei Drehungen von ◌ und ◌ nur mit philologischen Mitteln behandelt werden.

A3 scheint trotz Drehung von ◌ mit B51 übereinzustimmen. Ebenso weisen die beiden gleichlautenden Wörter B52 und B57 dieselbe Zeichenfolge wie B49 auf, außer dass in B49 das

---

[135] Wahrscheinlich wegen der spitz zulaufenden Flügel eine Falkenart (Hinweis von A. Martens).
[136] Pernier 1908/9, S. 273f.; Read 1921, S. 34; Ohlenroth 1996, S. 168-181; ten Cate 2013 (völlig unzureichende Kenntnis des Forschungsstandes; außerdem mangelnde Vertrautheit mit dem Diskus selbst).
[137] Godart, Der Diskus ..., 1995, S. 74. Bradshaw will jedoch wegen des Umstandes, dass der Falke bei nach oben gerichtetem Kopf ein wenig mehr Raum benötigt als in den beiden anderen Positionen, Platzgründe geltend machen (The imprinting ..., 1976, S. 8f.). Aber die Ersparnis ist zu gering, als dass sie ins Gewicht fallen könnte. Die Frage aber, warum der Falke in den platzsparenden Positionen in den drei gleichlautenden Wörtern A16 = 19 = 22 einmal nach links (22) und zweimal nach rechts (16; 19) fliegt, versucht Bradshaw mit gezwungener Argumentation zu beantworten, die darauf hinausläuft, dass das „arrangement" in 22 „much neater" als in 16 und 19 sei (S. 9).
[138] Siehe o. S. 36f. - Anders Haecker/Scheller, die die Position in B60 mit einer „verzögerten Drehung des Diskos" erklären (1971, S. 26).
[139] Davon 5x zwar n a c h den stummen Personendeterminativen bzw. (s.u. S. 85ff.), aber am Anfang der phonetischen Zeichenkette.
[140] Zu den Präfixen der Diskusschrift s.u. S. 260-262.
[141] Read 1921, S. 34.

präfixartige 𓏤 fehlt.[142] Im Fall des Greifvogels sind die Verhältnisse zufällig besonders klar. Von den drei mit denselben Zeichen gestempelten Wörtern A16 = 19 = 22 erscheint A22 mit gedrehtem Falken: 𓅃𓁹𓏏. Diese Zeichengruppe ist Bestandteil einer größeren Wiederholung:

   𓅃𓁹𓏏   𓃭   𓂝𓏤𓏭𓊃
   16   15   14

   𓅃𓁹𓏏   𓃭   𓂝𓏤𓏭𓊃
   22   21   20

Warum sollte der zur Verdrehung neigende Vogel (in 9 und 25 fliegt er sogar nach oben: 𓅃) in 22 durch seine Richtungsänderung auch eine phonetisch-semantische Änderung herbeiführen, zumal die Determinative 𓏏 bzw. 𓁹𓏏, wie wir noch sehen werden, die Wörter 14 = 20 und 16 = 22 als wiederholte Eigennamen ausweisen? Beinahe zur Gewissheit wird die Bedeutungslosigkeit der Drehungen durch die Beobachtung, dass auch das 17x vorkommende Schildzeichen 𓁹 zu starken Drehungen neigt, die nur mit großer Mühe zu erkennen und folglich semantisch irrelevant sind (s.u.).

Wenn die Gründe für Richtungsänderungen mancher Schriftzeichen weder auf der sprachlichen noch künstlerischen Ebene liegen, so bleiben nur noch zwei Möglichkeiten: mangelnde Sorgfalt oder technische Schwierigkeiten bei der Beschriftung. Sorglosigkeit – anders als einzelne Versehen oder Irrtümer – kommt aus vielerlei Gründen nicht in Betracht.[143] Die Handhabung der Stempel konnte aber – abhängig von ihrer Form – gewisse Probleme bereiten.

Bradshaw macht es durch seine Vermutung, die Stempel bestünden aus einem Siegel mit einem daran schräg angesetzten Stiel, dem Schreiber leicht, die Stempelbilder in die jeweils gewünschte Position zu bringen.[144]

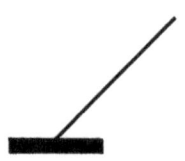

Fig. 19 – Bradshaws Stempel in Seitenansicht

Die Stempelform erkläre auch, warum ein Stempelbild nur in drei Richtungen auftrete: *„because of the extreme awkwardness of holding the handle"* in der vierten Richtung.[145] Da solche Stempel eigentlich fehlerfreie Positionierungen garantieren, muss sich Bradshaw im Hinblick auf den Katzenkopf, dessen Drehungen keinen Sinn machen und offensichtlich versehentlich geschahen,

---

[142] Zu 𓏤 s.u. S. 185.
[143] Read 1921, S. 34.
[144] Bradshaw, The imprinting ..., 1976, S. 13. Siehe auch Faucounau 1979, S. 113f.
[145] Bradshaw S. 13.

geschlagen geben.[146] Methodisch besser wäre es gewesen, die Positionen von ⟨ als Ausgangspunkt für die Rekonstruktion der Stempel zu machen.

Read hatte als erster mit dem Gedanken gespielt, dass der Katzenkopfstempel annähernd quadratisch („roughly square") gewesen sei und der Schreiber nur mit scharfer Aufmerksamkeit die richtige Position des Zeichens habe erkennen können.[147] Dasselbe gilt auch für den ⟨-Stempel,[148] da der Falke ebenso wie der Katzenkopf einem Kreis eingeschrieben werden könnte:

Fig. 20    Fig. 21

Ohne Kenntnis von Reads Aufsatz hat Faucounau, auf Bradshaw[149] aufbauend, dieselbe Ansicht vertreten.[150] Es ist nun nicht ganz müßig, der Frage nachzugehen, ob die Stempel der Diskusschrift grundsätzlich quadratisch oder in manchen Fällen nur rechteckig waren. Für ⟨ und ⟨ bietet sich eine quadratische Form an, die ja versehentlichen Drehungen um 90° Vorschub leisten konnte.

Fig. 22    Fig. 23

Für längliche Zeichen kommen aber rechteckige Stempel in Frage:

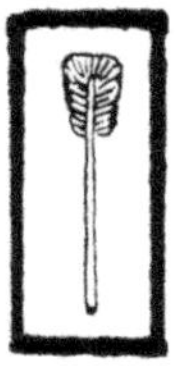

Fig. 24    Fig. 25    Fig. 26

---

[146] S. 17. Es ehrt Bradshaw, dass er die Schwäche seiner Hypothese so deutlich erkannt und nicht verschwiegen hat.
[147] Read 1921, S. 34.
[148] Godart, Der Diskus ..., 1995, S. 74f.
[149] Bradshaw zum Katzenkopf: „the head rolls, not like a wheel, but like a cylindrical die with four flat sides" (S. 10).
[150] Faucounau 1979, S. 115f.

Das nur 2x auftretende Zeichen ⌡, oft als Pferde- oder Kuhfuß aufgefasst (ein Rinderbein ist auch in den ägyptischen Hieroglyphen bekannt), wäre bei dieser Deutung irrtümlich um 180° gedreht worden, da seine richtige Stellung nicht so leicht zu erkennen ist wie bei anderen langgestreckten Zeichen (⌡, ⌡, ⌡, ⌡, ⌡, ⌡). Bei undeutbaren Zeichen wie ⌡ und ⌡, die jeweils nur 2x vorkommen, ist die Alternative: ‚richtige' oder gedrehte Stellung nicht entscheidbar.

Wie dem auch sei, ⌡ und ⌡ sind dem sonst so sorgfältigen Stempler als Versehen anzulasten, das durch die Form des Schriftzeichens/Stempels und das hohe Tempo beim Stempeln erklärbar ist. Hat nun der Schreiber aus fehlerhaften Stempelungen gelernt? Der häufige Katzenkopf (11x) erlaubt eine vorsichtige Antwort. Da durch Drehungen des Kopfes kein Platz zu gewinnen ist, kann seine richtige Stellung sicher bestimmt werden: ⌡.[151] Denn die menschlichen und tierischen Zeichen blicken – von den raumsparenden Sonderfällen ⌡, ⌡ und von ⌡[152] abgesehen – stets nach rechts. Auch der Falke ist trotz dreier verdrehter Stempelungen nach rechts orientiert, wie die Beute in seinen Fängen zeigt. Selbst der nicht sicher deutbare Pferde- oder Rinderfuß ⌡ würde nach korrigierender Drehung (⌡) zu einem Tier gehören, das nach rechts ausgerichtet ist. Alle Stellungen des Katzenkopfes außer ⌡ müssen somit als Abweichungen von der richtigen und natürlichen Position des Schriftzeichens gewertet werden.

Nachdem der Schreiber den Katzenkopf in B49 verkehrt, mit dem Gesicht nach oben, gestempelt hatte, scheint er den Fehler bemerkt zu haben. Denn in den drei folgenden Feldern B50-52 hat er den Kopf in die Normallage gebracht:[153]

```
   52        51      50      49
```

Sollte nicht der Zufall seine Hand im Spiel gehabt haben, scheint der Schreiber nach der Fehlstempelung ⌡ in B49 den Stempel um 90° gedreht und, ohne ihn aus der Hand zu nehmen, die Katzenköpfe in B50-52 gestempelt zu haben. Dies würde darauf hindeuten, dass die WT von 50-52 bereits vorhanden waren, sonst hätte der Schreiber nicht so zielsicher die richtigen Stellen für ⌡ finden können. Zu Hilfe kam ihm der Umstand, dass der Katzenkopf in 50 und 51 jeweils am Anfang und in 52 an zweiter Stelle steht. Dieses mutmaßliche Vorgehen des Schreibers spricht für die Stempelungsrichtung von rechts nach links,[154] das Ziehen der WT vor Stempelung der Schriftzeichen sowie die Existenz einer Vorlage.

---

[151] „Regulärfall" (Ohlenroth 1996, S. 171).
[152] Das Insekt ist nicht im Profil, sondern ausnahmsweise in Aufsicht wiedergegeben, wie Della Seta bemerkt (1909, S. 313).
[153] Faucounau 1979, S. 116 (mit Druckfehlern: statt „A10 + A11 + A12 + A13" muss es heißen: B10 + B11 + B12 + B13).
[154] Faucounau S. 116.

Eine zweite Serie von Katzenköpfen in A3 und 4 bestätigt scheinbar die bisherigen Beobachtungen:

Aber die Felder 4 und 5 sind korrigiert, was u.a. daran zu erkennen ist, dass von dem ursprünglichen WT zwischen 4 und 5 noch Spuren ober- und unterhalb von ⊙ sichtbar sind, der Gefangene ⚶ von ⊙ stark überschnitten wird (eine Singularität auf dem Diskus) und die Zeichen in 4 aus Platzgründen in einem Dreieck angeordnet sind. Grund für diese Auffälligkeiten ist, dass der Schreiber die Zeichen ⚶ und ⊙ erst nachträglich in den bereits bestehenden Text eingefügt hat (s.u. S. 61-63). Die Katzenköpfe in 3 und 4 sind also zu verschiedenen Zeiten gestempelt worden. Allerdings zeigt die identische Ausrichtung der beiden Köpfe in 3, dass der Schreiber sie unmittelbar nacheinander gestempelt hat, ohne den Stempel zwischendurch abgelegt zu haben.

Zwei weitere Schriftzeichen sind wegen ihrer kreisrunden Gestalt für Drehungen anfällig: ⊙ und ✲. Es ist mir nicht gelungen, mögliche Drehungen der Rosette, die 4x vorkommt, nachzuweisen. Faucounau jedoch will eine Drehung um 90° beobachtet haben.[155] Ich beschränke mich auf den viel häufigeren Schild (17x). Aufgrund einer leichten Exzentrizität des mittleren Punktes lassen sich Drehungen, wenn auch nur mit großer Mühe und Unsicherheit, einigermaßen bestimmen. Wenn man die Position des Schildes in A1 willkürlich als Ausgangsstellung (mit Orientierung zur Diskusmitte und in Bezug auf die imaginäre Standlinie der benachbarten Zeichen) festlegt (⊙), erhält man folgende Übersicht:

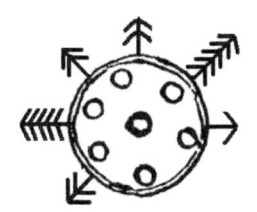

Fig. 27

Die Zahl der Pfeilspitzen gibt die jeweilige Häufigkeit gleicher oder ähnlicher Zeichenausrichtungen an. Im Einzelnen:

---

[155] S. 113. Ebenso Bradshaw, The imprinting ..., 1976, S. 11.

A1; A8   A12; B32

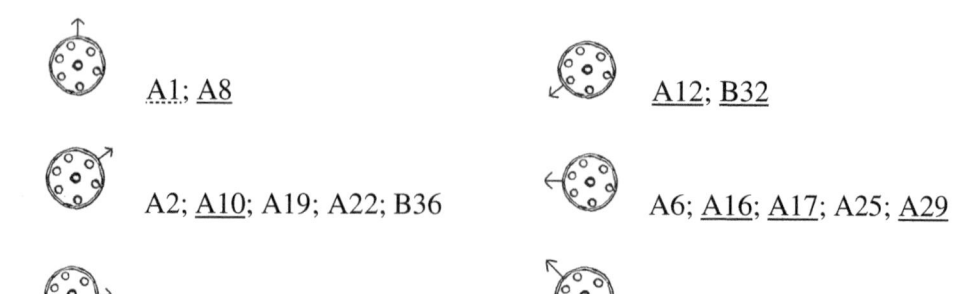

A2; A10; A19; A22; B36   A6; A16; A17; A25; A29

A23   A5; A26

(Die unterstrichenen Felder sind Korrekturfelder)

Die Verteilung der Stellungen scheint mit dem Schaubild von Bradshaw einigermaßen übereinzustimmen,[156] aber nicht mit dem von Faucounau.[157] Alle drei Übersichten lassen aber eine Tendenz zu 90°-Drehungen erkennen. Die Handhabung des Stempels war völlig gleichgültig, da trotz jeder denkbaren Drehung der Schild ein ‚korrektes' Bild bot. Die Drehungen können also nur durch die Stempel(griff)form erklärt werden: sie muss quadratisch, mindestens aber rechteckig gewesen sein. Beim Ablegen und auch Aufheben des Stempels wird er sich bisweilen um 90° gedreht haben. Vor dem eigentlichen Stempelungsvorgang musste sich der Schreiber allerdings nicht, wie bei den meisten anderen Schriftzeichen, davon überzeugen, wo oben und unten, links oder rechts ist, sondern er konnte ohne weitere Überlegung und ohne festgelegte Haltung der Hand stempeln.

Die vermutlich quadratische Form des Schild-Stempels, der ja wegen seines kreisrunden Bildes keinerlei Markierung, also auch nicht eines besonderen (quadratischen oder rechteckigen) Griffes bedurfte, führt zu der Annahme, dass nicht nur einzelne, sondern sämtliche Stempel der Diskusschrift eine quadratische oder wenigstens rechteckige Form aufwiesen. Dies erhöht auch die Wahrscheinlichkeit, dass das mutmaßliche Tierbein versehentlich um 180° gedreht wurde (s.o. S. 53, Fig. 25).

Weitere Ergebnisse dieser Untersuchung sind die Erkenntnisse, dass gedrehten Schriftzeichen keine abweichenden Bedeutungen verliehen werden können, und dass dem Schreiber m.E. eine genaue Vorlage zur Verfügung stand, da er sonst nicht in benachbarten Feldern ohne Niederlegung des Stempels hätte drucken können.

---

[156] Bradshaw, The imprinting ..., 1976, S. 11. Leider ordnet er seinen Richtungspfeilen keine Stellenangaben zu.
[157] 1979, S. 113 (fehlerhaft und unvollständig); ders. 1999, S. 39 (noch unvollständiger).

Korrekturen

Seit es Schrift gibt, gibt es Schreibfehler; und sofern diese rechtzeitig entdeckt werden, auch Korrekturen. In früheren Zeiten konnte man z.B. eine Tontafel an der zu korrigierenden Stelle aufweichen (sog. ‚Rasur') und neu beschriften.[158] Für die Diskusforschung sind die zahlreichen Korrekturen von besonderer Bedeutung. Denn: „Schreibfehler können irreführend sein, aber auch Nützliches verraten" (Chadwick[159]). Schrift steht in einem Spannungsverhältnis zur gesprochenen Sprache und kann einerseits weniger (z.B. mangelnde Differenzierung der Laute, Fehlen der Akzente), andererseits auch mehr (Worttrennung, Satzzeichen, Determinative) enthalten als gesprochene Sprache. Ein bestimmter häufiger Schreibfehler deutet im Allgemeinen auf ein Problem der Schrift hin. So bereitet im Deutschen die Groß- und Kleinschreibung der Wörter dem Anfänger Schwierigkeiten. Die Großschreibung des ersten Buchstabens determiniert ein Wort unter anderem als Substantiv, Eigenname oder erstes Wort eines Satzes. Ein Beispiel: *weg* – *Weg*. Die Schrift unterscheidet zwar nicht zwischen den beiden unterschiedlichen *e*-Lauten (ε – *e:*), kennzeichnet aber das zweite Wort durch die Majuskel *W* als Substantiv. Die Großschreibung im Deutschen ist ein echtes Determinativ (Deutezeichen), das nicht gesprochen wird.[160] Bei einem Textdiktat muss der Schreiber also das Gehörte analysieren und je nachdem ein Determinativ hinzufügen (*w* + Determinativ → *W*). Daher werden solche Determinative häufig vergessen oder an falscher Stelle gebraucht.

Bei Buchstabenschriften gibt es im Allgemeinen die Möglichkeit, eine Minuskel in eine Majuskel zu verwandeln (*w* → *W*), nicht aber bei Bilderschriften wie im Ägyptischen. In den Hieroglyphen werden die Determinative als zusätzliche Zeichen dem Wort hinzugefügt und sind deshalb auch verhältnismäßig leicht erkennbar. Es versteht sich eigentlich von selbst, dass Determinative (neben gesprochenen Ideogrammen) eine wichtige Rolle bei Entzifferungen spielen. Sie deuten nämlich – unabhängig von der zugrunde liegenden, noch unbekannten Sprache – einzelne, meist wichtige Wörter und eröffnen somit den Einstieg in eine Strukturanalyse, die häufig am Anfang der Entzifferung im engeren Sinne steht.

Obwohl die Korrekturen des Diskus Gegenstand einiger Arbeiten sind, fanden sie bei den Entzifferern meist nur geringe oder gar keine Resonanz. Fischers Behauptung „correction proves rather only the fact of correction"[161] ist ein Zirkel und bedarf keiner Widerlegung. Im seinem Geiste lehnt Aartun

---

[158] Codex Hammurabi 2009, S. 42 (§48 mit Anm. 26). Siehe auch Kober 1948, S. 92; Chadwick 1979, S. 44; W. Müller in: Pini (u.a.) 1999, S. 364f. und 379.
[159] 1959, S. 68.
[160] Siehe auch Friedrich, Geschichte ..., 1966, S. 48.
[161] Fischer 1988, S. 80 Anm. 21.

die Beschäftigung mit den möglichen Korrekturen ab und begründet seine Ansicht (pseudo-)positivistisch: „Der Text, der ... entziffert werden soll, ist mit dem auf der Tonscheibe Überlieferten identisch."[162]

Balistier glaubt zwar nicht, dass aus den Korrekturen „Schlußfolgerungen für die Lese- und Schreibrichtung gezogen werden können, weil der Prozeß des Korrigierens einer anderen Logik folgt als der des Schreibens"[163], andererseits verträgt sich damit nicht recht seine zutreffende Auffassung, dass „sich jeder Entzifferungsversuch auch daran messen lassen" müsse, „ob er die Korrekturen, soweit sie noch erkennbar sind, nach seinen eigenen sprachlichen Regeln nachvollziehen und erklären kann."[164] Dies bedeutet aber nichts anderes, als dass eine Entzifferung in falscher Leserichtung, wie sie Aartun und Ohlenroth versucht haben,[165] die Korrekturen nicht erklären kann. Korrekturen verdanken ihre Existenz nicht nur der Tätigkeit eines Korrektors, sondern auch eines Forschers, der Auffälligkeiten der Schrift sorgfältig analysiert und in einen Begründungszusammenhang einordnet. Eine Korrektur, die nicht begründet werden kann, tritt nicht als solche in Erscheinung. So bleibt z.B. die Korrektur in A4

verborgen, wenn man nicht die Gründe für die Anordnung der Zeichen in einem Dreieck durch übergreifende Beobachtung und Überlegung ermitteln kann.

Im Folgenden werden nur diejenigen Korrekturen behandelt, deren Analyse direkt oder indirekt zur Entzifferung beitragen. Die Reihenfolge richtet sich vorwiegend nach sachlichen Gesichtspunkten.

B44

Die Korrektur in B44 ist nur selten Gegenstand der Forschung geworden. Unterhalb des Katzenkopfes sind deutliche Tilgungsspuren erkennbar:

---

[162] Aartun 1992, S. 137.
[163] Balistier 2003, S. 78.
[164] Ebd. S. 79.
[165] Siehe o. S. VIIf.

Fig. 28 – Feld B44 mit originaler Korrektur

Die Abmessung der Rasur ist „nicht unvereinbar mit dem Katzenkopf" (Godart[166]), einem der kleinsten Zeichen des Diskus. Größere Zeichen finden an der Tilgungsstelle keinen Platz. Ganz geringe Spuren des ursprünglichen Zeichens lassen mich vermuten, dass der Kopf in natürlicher Position (🐱) gestempelt war. Das beseitigte Zeichen verdankte seine Existenz offensichtlich dem Umstand, dass der Schreiber es „in Verlängerung der Zeichen des vorangehenden Feldes" (B43) gestempelt hat:[167]

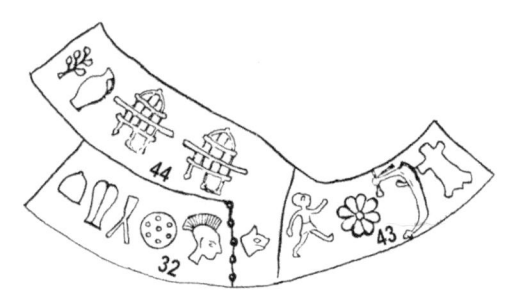

Fig. 29 – Feld B44 vor der Korrektur

Der randständige Katzenkopf hätte aber ganz unglücklich zum Feld 32 (Anfang bzw. Ende des Textes von Seite B) geführt und nicht zu den restlichen Zeichen von 44.[168] Die Umstände der Korrektur erlauben den Schluss auf eine linksläufige Stempelungsrichtung (Timm S. 33). Timm betont zu Recht, dass bei Rechtsläufigkeit der Kopf sogleich nach 🌸 an der jetzigen Stelle hätte gestempelt werden können. Es wäre absurd, hätte der Schreiber anschließend einen zweiten Kopf unterhalb des ersten geprägt und sofort wieder getilgt.

An die Korrektur in B44 lassen sich noch weitere Überlegungen anknüpfen. Die Höhersetzung des Katzenkopfes war keine eigentliche Textänderung, sondern diente nur einer verbesserten Lesbarkeit. Wenn der geringfügige

---

[166] Der Diskus ..., 1995, S. 106 in Übernahme von Olivier 1973, S. 185 („les vestiges ne sont pas incompatibles avec la « Tête de chat »"). Siehe auch Faucounau 1999, S. 144f.; Timm 2005, S. 33.
[167] Faucounau S. 145. Ebenso Timm S. 33.
[168] Vor einem ähnlichen Problem stand der Schreiber auch auf Seite A des Diskus, wo die Zeichen des Feldes A13, das von der Beschriftung auf dem Scheibenrand zur eigentlichen Spirale überleitet, nach oben, also in Richtung Zentrum, gesetzt wurden (s.o. S. 30, Fig. 10).

Fehler schon in der Vorlage vorhanden war, fragt man sich, warum in ihr rechts von ♯♯ bereits Platz für ⚓ vorgesehen war. Wies sie aber schon die jetzige Position von ⚓ auf, ergibt sich für Grumachs These vom illiteraten Stempler[169] ein neuer Aspekt. Denn wäre der Stempler Analphabet gewesen, hätte er – ganz gleich, ob er von innen nach außen oder von außen nach innen stempelte – auf eine getreue Wiedergabe der Vorlage geachtet. Er hätte zwar das eine oder andere Zeichen übersehen können, nicht aber aus eigenem Antrieb eine Verschiebung vorgenommen. Ein Schriftkundiger jedoch hätte von der Vorlage nicht einzelne Zeichen übertragen, sondern ganze Zeichengruppen, die er ja phonetisch und inhaltlich verstehen, also im Kopf behalten konnte. Dies hätte ihm erlaubt, Textpartien sozusagen auswendig zu stempeln, ohne jedes Mal auf seine Vorlage blicken zu müssen. Bei diesem Verfahren konnte ihm sehr leicht die ungeschickte Tiefstellung von ⚓ unterlaufen, die er dann sogleich korrigierte.

Zwar ist hiermit noch nicht der strikte Beweis für die Lesefähigkeit des Schreibers erbracht. Dass er aber tatsächlich aus dem Gedächtnis zu stempeln pflegte, verraten weitere Korrekturen.

B35

Die Korrekturen in B44 und 35 haben gemeinsam, dass sie keine phonetische bzw. sprachliche, sondern nur eine optische Änderung bewirkt haben. Unter den beiden rechten Zeichen von 35

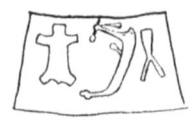

sind noch Reste derselben Zeichen deutlich zu erkennen, die jedoch etwas weiter nach rechts verlegt waren:[170]

Fig. 30 – Feld B35 vor der Korrektur

Das Boot stand zudem ein wenig steiler; ⋀ berührte beinahe den WT. Olivier und in seiner Nachfolge Godart fragen sich, ob es sich hier um eine echte Korrektur handele. Möglicherweise seien die beiden ursprünglichen Zeichen nur mit schwachem Druck[171] gestempelt worden und stellten einen Probedruck

---
[169] Siehe o. S. 38 unter 5.
[170] Der Befund steht außer Frage: Olivier 1973, S. 185; Faure 1976, S. 51; Duhoux, Le disque ..., 1977, S. 34; Godart, Der Diskus ..., 1995, S. 105.
[171] Die Druckstärke ist m.E. wegen der Tilgung nicht mehr beurteilbar.

oder eine Skizze dar. Diese Hypothese, an der die Autoren selbst erhebliche Zweifel hegen, kann allein deshalb nicht überzeugen, weil eine andere Erklärung viel näher liegt. Der Schreiber hat sich offenbar beim Stempeln des Feldes 35 raummäßig verrechnet. Er hat 𓀀 und 𓀁, als ob Platzmangel herrsche, zu dicht nebeneinander gerückt, so dass für das dritte Zeichen, das Fell 𓀂, zu viel Platz übrig war. Dadurch entstand der Eindruck räumlicher Unausgewogenheit, die er sonst fast immer vermeiden konnte.[172] Die Vermutung, der Schreiber habe eine gleichmäßige Füllung der Felder angestrebt, setzt allerdings die – schon so gut wie bewiesene – Annahme voraus, dass die individuellen Größen der Felder bereits in der Vorlage festgelegt waren.

A3-5

Die auffälligste und umfangreichste Korrektur auf dem Diskus hat schon kurz nach seiner Auffindung die Aufmerksamkeit der Forscher auf sich gezogen:

Fig. 31

Die Analyse der Korrektur und die Rekonstruktion des ursprünglichen Textes bzw. seiner Anordnung fielen ziemlich einheitlich aus.[173] Vor der Korrektur bestand Feld 5 nur aus den drei Zeichen 𓀃.[174] Denn rechts von 𓀄 ist noch der alte WT ober- und unterhalb von ⊙ erkennbar. Bei der Textänderung sollte dieser WT weitgehend getilgt und das Zeichenpaar ⊙𓀅 den drei Zeichen von Feld 5 hinzugefügt werden. Aber für diese zusätzlichen Zeichen war kein Platz mehr vorhanden. Der Schreiber tilgte deshalb zunächst den alten WT sowie die ursprünglichen Zeichen des benachbarten Feldes 4.[175] Dann zog er einen neuen WT zwischen Feld 4 und 5, den er aber entgegen seiner Gewohnheit nicht zum Zentrum der Scheibe ausrichtete, sondern schräg anlegte. Auch die Ausbeulung des WT 3/4 geschah im Zusammenhang mit der

---

[172] Siehe auch o. S. 36.
[173] Della Seta 1909, S. 309f. und 323; A. J.-Reinach 1910, S. 11 Anm. 2; Read 1921, S. 31f.; Ephron 1962, S. 15f.; Grumach 1962, S. 14f. und 22; Olivier 1973, S. 183f.; Faure 1976, S. 51; Bradshaw 1977, S. 106f.; Duhoux, Le disque ..., 1977, S. 32; Best 1988, S. 52f.; Godart, Der Diskus ..., 1995, S. 100; Faucounau 1999, S. 24f. und 132-135.
[174] Abweichend von der communis opinio hält Olivier auch den Gefangenen 𓀆 für eine sekundäre Prägung (S. 183). Darin folgt ihm Godart, der große Teile von Olivier wörtlich übernimmt (jedoch ohne Kennzeichnung des Zitats [S. 100]).
[175] Feld 4 weist starke Verformungen der Oberfläche auf.

Korrektur. Anschließend stempelte er den Schild, der das Gefangenen-Zeichen arg tangierte. Dann drehte der Schreiber das Kopf-Zeichen und setzte es etwas tiefer. Die in Feld 4 getilgten Zeichen erneuerte er nun, ordnete sie aber in einem platzsparenden Dreieck an. Die einzelnen Schritte der Korrektur lassen sich im großen Ganzen an den auftretenden Überschneidungen ablesen:

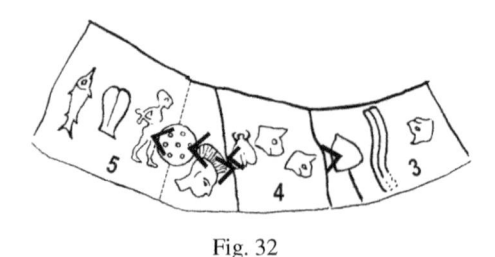

Fig. 32

Auch die ursprüngliche Textfassung lässt sich leicht rekonstruieren:

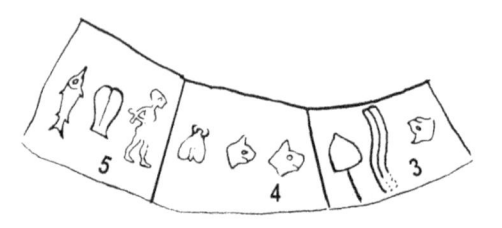

Fig. 33 – rekonstruierter ursprünglicher Text

Welche Schlüsse kann man nun aus A3-5 ziehen, wenn man ähnliche, noch zu besprechende Korrekturen außer Acht lässt? Die Zeichen ☻♟ müssen bereits in der Vorlage gefehlt haben; „denn eine Auslassung hätte er [der Schreiber] wegen der vorgezeichneten Kästchen sofort bemerken müssen" (Grumach[176]). Der Zusatz geschah nicht während des Stempelns von A5, da ja sonst die Tilgung schon gestempelter Zeichen nicht nötig gewesen wäre. Aus demselben Grund lässt sich aus der Stempelungsrichtung der neuen Zeichen kein Argument für die Schreibrichtung des Diskus insgesamt gewinnen. Die Korrektur erfolgte nur deshalb rechtsläufig, weil der alten Zeichengruppe 5 auf der r e c h t e n Seite zwei weitere Zeichen hinzugefügt wurden.

Wenn man entgegen aller Wahrscheinlichkeit eine detaillierte Vorlage für den Diskus in Abrede stellen wollte, könnte man das ursprüngliche Fehlen von ☻♟ auf dreierlei Weise erklären:

1. Der Stempler hat die Zeichen vergessen. Sonderbar ist allerdings, dass diese Vergesslichkeit zwei unmittelbar hintereinander stehende Zeichen betroffen haben soll.
2. Der Fehler geht auf eine wenig sorgfältige und fehlerhafte Vorlage zurück.

---

[176] 1962, S. 22.

3. Das Zeichenpaar ☻☝ entspringt nicht der Korrektur eines Fehlers, sondern einer absichtlichen Textänderung.

Die Analyse weiterer Korrekturen wird endgültige Klarheit bringen. Aber in einem Punkte gibt uns bereits die Korrektur in A3-5 einen wichtigen Hinweis. Der Schreiber vermeidet nach Möglichkeit Überschneidungen einzelner Schriftzeichen untereinander, indem er notfalls Zeichen dreht (☝ in 5) und den Abstand zur imaginären Standlinie verändert (☝ in 5; ☽ in 4). Abnorme Positionierungen von Schriftzeichen sind demnach ein Hilfsmittel für das Aufspüren von Korrekturen.

A29

Das Feld A29 zeugt unverkennbar von großem Platzmangel für seine sieben Schriftzeichen:[177]

Fig. 34 – Feld A29

Der Kopf ist um 90° gedreht; der Schild nicht wie sonst üblich links daneben gesetzt, sondern leicht links oberhalb des Kopfes; die beiden Felle um 180° gedreht,[178] nur um einige wenige Millimeter einzusparen. Pomerance bestreitet jedoch ein „space problem", indem er die Schriftzeichen probeweise etwas anders positioniert:[179]

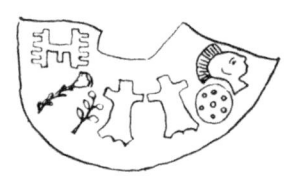

Fig. 35 – Feld A29 mit neuer Anordnung der Zeichen nach Pomerance

---

[177] Della Seta 1909, S. 307f.; A. J.-Reinach 1910, S. 11; Bradshaw, The imprinting ..., 1976, S. 4; Duhoux, Le disque ..., 1977, S. 24; Ohlenroth 1996, S. 123.
[178] Die Stellung der Felle beruht wohl nicht auf Unachtsamkeit, da ‚Oben' und ‚Unten' des Zeichens gut unterscheidbar sind (Zu den stempelbedingten Drehungen einiger Zeichen s.o. S. 49ff.). Außerdem ist das Fell an den übrigen 13 (!) Stellen ‚korrekt' gestempelt. Haecker/Scheller wollen die ‚Fehlstellung' des Fells damit erklären, dass der Schreiber im Zentrum des Diskus mit dem Stempeln begonnen und bei seinem weiteren Vorgehen vergessen habe, ihn zu drehen (1971, S. 24-26). Ausführliche Widerlegung der abwegigen These bei Bradshaw, The imprinting ..., 1976, S. 1-5.
[179] Pomerance 1976, S. 46-48.

Er orientiert sich dabei an der gleichlautenden Zeichengruppe A17:

Fig. 36 – Feld A17

Die von Pomerance angewandte extreme Form des Kernings (Zusammenschieben von Zeichen aufgrund ‚günstiger' Umrisse) ist dem Schreiber des Diskus sonst fremd und wäre ihm vermutlich auch nicht auf Anhieb gelungen. Vielmehr hat der Schreiber – ähnlich wie im Korrekturfeld A5 (Fig. 31) – den Kopf gedreht und den Schild höher gesetzt.

Auf den ersten Blick könnte man vermuten, dass die auffällige Zeichenanordnung in A29 Resultat einer Korrektur ist, die das Paar ☻☙ nachträglich, wie in A5, dem ursprünglichen Bestand hinzufügen wollte. Feld 29 hätte also zunächst so ausgesehen:

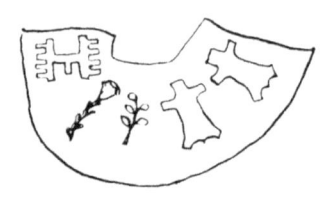

Fig. 37 – hypothetische Fassung von Feld A29

Diese hypothetische Textversion stand aber höchstwahrscheinlich niemals im Feld 29, da ☻ und ☙ auf einem völlig makellosen Untergrund gestempelt sind, der nicht die Spur einer älteren Bestempelung zeigt.[180] Auch scheinen die Überschneidungen der Zeichen, wenn man Della Setas Beobachtungen vertrauen darf,[181] auf eine ungestörte linksläufige Stempelungsrichtung zu deuten.

Aus dem widersprüchlichen Befund könnte man zu dem Schluss gelangen, dass hier „nicht nachbessernd in einen schon zuvor fixierten Text oder Zeichenzusammenhang eingegriffen worden" ist, „sondern die inschriftliche Realisierung des Textes ... sich in einem Zuge und ohne Nachbesserung den Zwängen einer verfehlten Raumplanung angepaßt zu haben" scheint (Ohlenroth[182]). Die „verfehlte Raumplanung" kann man präziser als ‚zu knappe Bemessung des benötigten Raumes' bestimmen. Dieser Fehler ist dem Schreiber bei insgesamt 61 Feldern nur dreimal unterlaufen: A5 (bereits

---

[180] Nur im oberen Bereich des linken Felles ist eine rätselhafte Verformung der Tonfläche zu beobachten (s. Olivier 1973, S. 185; Godart, Der Diskus ..., 1995, S. 104). Auffällig ist außerdem, dass die Rille des Spiralsegmentes unterhalb der beiden Felle extrem zusammengedrückt ist (gut erkennbar bei Godart S. 158). Es ist also in Feld 29 eine größere Korrektur nicht völlig ausgeschlossen, die allerdings meisterlich ausgeführt worden wäre.
[181] 1909, S. 309.
[182] S. 123.

Beschriftung

besprochen), A29 und B59 (s. den folgenden Abschnitt). Alle drei Felder beginnen (bzw. bei rechtsläufiger Leserichtung: enden) mit 🗣 bzw. ⊙🗣. Dies kann kein Zufall sein, sondern muss mit dem besonderen Charakter der Zeichen 🗣 und ⊙ zusammenhängen. Die zu geringe Abmessung der drei Felder geht auf die Vorlage zurück. In A5 hat der Stempler den Fehler der Vorlage zu spät bemerkt und sah sich, um die fehlenden Zeichen einfügen zu können, genötigt, bereits gestempelte Zeichen und einen alten WT zu tilgen. In A29 entdeckte er den Fehler zwar sofort, hatte aber schon das Liniennetz fertiggestellt (s.o. S. 25-38). Dennoch gelang es ihm durch außergewöhnliche Maßnahmen, die vergrößerte Zeichenzahl in den Grenzen des alten Feldes unterzubringen. Die rechtzeitige Entdeckung des Vorlagenfehlers in A29 erweist den Schreiber als schriftkundig. Damit ist Grumachs Annahme vom illiteraten Stempler, der den Diskus entgegen der Leserichtung bestempelt habe,[183] hinfällig geworden. Stempelungsrichtung = Leserichtung. Da die Schriftzeichen von außen nach innen gestempelt wurden (s.o. S. 42), ist der Diskus linksläufig zu lesen.

B59

In Feld B59 liegt nach fast einhelliger Meinung eine Korrektur vor;[184] in Einzelheiten und vor allem in der Erklärung gibt es jedoch auch Divergenzen.

Folgende Beobachtungen aber scheinen unstrittig: Der rechte Teil von 59 bietet nicht genug Platz für die Zeichen 🗣 und 🗣. Die Oberkanten beider Zeichen überschneiden einen ursprünglichen, nur teilweise getilgten WT. Der Kopf 🗣 ist nach rechts gedreht und überschneidet außer dem alten WT auch die untere Spirallinie B59/52-53:

---

[183] Siehe o. S. 38 unter 5.
[184] Ephron 1962, S. 13; Grumach 1962, S. 16-18; Neumann 1968, S. 40f.; Olivier 1973, S. 185; Bradshaw, The imprinting ..., 1976, S. 7; Faure 1976, S. 51; Duhoux, Le disque ..., 1977, S. 21, 25, 29 und 34f.; Best 1988, S. 52; Godart, Der Diskus ..., 1995, S. 107; Faucounau 1999, S. 145.

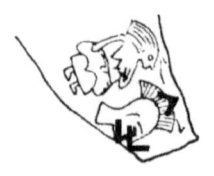

Fig. 38

Dass ein Zeichen drei Überschneidungen aufweist, ist einmalig auf der Scheibe. Seine Drehung erinnert stark an die durch Platzmangel hervorgerufenen Drehungen in den Korrekturfeldern A5 und 29. Da sich 🗨 und 🗨 in B59 auf einem Untergrund befinden, der außer dem ursprünglichen WT keine Spuren von Tilgung zeigt, sind sie nicht über anderen Zeichen gestempelt worden.

Die Korrektur bestand also nur darin, dass der alte WT zwischen B58 und 59 notdürftig getilgt und durch einen neuen, leicht nach rechts verlegten, ersetzt wurde.[185] Zu dieser Maßnahme sah sich der Schreiber gezwungen, weil er ein in der Vorlage fehlendes Zeichen zusätzlich in Feld 59 unterbringen wollte. Die Überschneidung des alten WT durch 🗨 und 🗨 zeigt, dass er den WT v o r Stempelung der Zeichen gezogen hatte, und zwar so, wie er ihn in seiner Vorlage gefunden hatte. Das fehlende Zeichen ist offensichtlich der Kopf (🗨),[186] wie dies schon die Einfügung von 🗨 und ⊙ in A5 und 29 nahelegt. Der mögliche Einwand, der mangelnde Raum für 🗨 resultiere in Wirklichkeit aus der ungünstigen Form des zentrumnahen und daher stark gekrümmten Feldes B59, verfängt nicht, weil dieses Problem schon in der Vorlage bestanden hätte und der Schreiber darauf beizeiten hätte Rücksicht nehmen können. Tatsächlich aber hat er erst das Liniennetz gezogen, ohne zu erkennen, dass für das fehlende Zeichen 🗨 kein Platz vorhanden war.

Dem Zeichen 🗨 bzw. dem Zeichenpaar ⊙🗨 wohnt also sehr wahrscheinlich die Eigenschaft inne, entweder vergessen zu werden oder eine Ergänzung darzustellen. Man könnte darüber hinaus vermuten, dass der Kopf den Schild im Schlepptau mit sich führe, der Schild also ein Annex des Kopfes sei – eine nur teilweise richtige Annahme.

A10; 16; B32 und die Determinative 🗨 und ⊙

Alle Beobachter sind sich darin einig, dass in A10 der Schild (⊙) auf einer

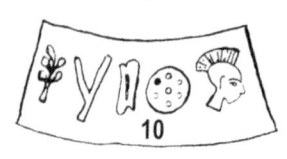

---

[185] Beim Ziehen des neuen WT blieb der oberste Teil (ein gutes Viertel der Gesamtlänge) des alten erhalten und wurde nach unten – etwas nach rechts abknickend – verlängert. Eine hervorragende Abb. bei Grumach S. 16.
[186] Faure 1976, S. 51; Duhoux, Le disque ..., 1977, S. 35; Best 1988, S. 52. Auch 🗨 soll nach Neumann (1968, S. 40) korrigierender Zusatz sein. Dafür spricht jedoch nichts. Duhoux (S. 35) hält 🗨 für original, weil sonst das Feld 59 mit einer zu großen unbeschriebenen Fläche begonnen hätte, die nur schwer erklärbar wäre.

Korrekturstelle steht.[187] Während sich 🛡, 𝑉 und 🧔 auf offensichtlich unangetastetem Untergrund befinden,[188] sind ober- und unterhalb der rechten Hälfte von ⊕ vermutlich Reste von 🛡 zu sehen; die linke Hälfte von ⊕ und die rechte Seite von 🛡 scheinen über ursprünglichem 𝑉 zu stehen.[189] Demnach sah Feld A10 zunächst so aus:

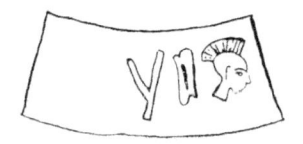

Fig. 39 – Feld A10 vor der Korrektur

Die Zeichen 𝑉 und 🛡 waren also gegenüber der revidierten Fassung um je eine Stelle nach rechts gerückt – offenbar als Folge der Auslassung von ⊕. Als der Schreiber nach dem Stempeln von 𝑉 sah, dass für das letzte Zeichen 🧔 zu viel Platz war, bemerkte er seinen Fehler und tilgte sogleich 🛡 und 𝑉 und stempelte an deren Stelle ⊕ und 🛡. Dies erklärt, warum der Schreiber anschließend die beiden restlichen Zeichen 𝑉 und 🧔 auf unkorrigiertem Grund stempeln konnte. Die für fünf Zeichen vorgesehene Abmessung von Feld 10 bezeugt unzweideutig, dass der Schreiber die Größe des Feldes, insbesondere den linken WT, bereits in der Vorlage fand und dass in ihr der Schild vorhanden war. Die Auslassung des Schildes ist also wieder auf ein Versehen bzw. Vergessen zurückzuführen. Das Versehen entspringt höchstwahrscheinlich nicht einer Verwechslung von ⊕ mit einem anderen Zeichen,[190] zumal der Schreiber auch sonst, soweit man erkennen kann, keine Zeichen miteinander verwechselt hat. Die Korrektur sollte also dem ursprünglichen Text der Vorlage nichts hinzufügen, sondern nur das vergessene Schild-Zeichen nachtragen. Bemerkenswerterweise verraten sowohl der Verfertiger der Vorlage als auch der Schreiber des uns überlieferten Diskus – wahrscheinlich ein und dieselbe Person – eine spezielle Vergesslichkeit in Bezug auf die beiden Zeichen ⊕ und 🛡, die sogar 13x gemeinsam am Wortanfang auftreten.

Aus der Korrektur von A10 geht außerdem hervor, dass die Stempelung linksläufig erfolgt sein muss. Denn bei Rechtsläufigkeit wäre die Korrektur auch bei kühnsten Annahmen nicht erklärbar.

---

[187] Grumach 1962, S. 17; Olivier 1973, S. 184; Faure 1976, S. 50f.; Duhoux, Le disque ..., 1977, S. 34; Godart, Der Diskus ..., 1995, S. 102 (mit Verwechslung zweier Zahlen: statt 35 muss es jeweils 12 heißen; danach besteht weitgehende Übereinstimmung mit Olivier.).
[188] 🧔 ist zweifellos original. Unter 🛡 und 𝑉 will Olivier noch Reste erkennen, die aber keine Hypothesen erlaubten (ebd. S. 184). Entschiedener urteilt Oliviers Epigone Godart, der „keine Spuren zu erkennen" glaubt (ebd. S. 102).
[189] Olivier S. 184; Godart S. 102. Duhoux, der die Arbeit von Olivier nicht kennt, zieht es vor, die getilgten Zeichen nicht zu identifizieren (ebd. S. 34). – Grumach jedoch will unter dem Schild „mit einiger Phantasie" „noch die mittlere Zacke des Fellzeichens erkennen" (ebd. S. 23). Aber die Spuren passen nicht zu 🐾 (Olivier S. 184 Anm. 15; Duhoux S. 34.).
[190] Eine Verwechslung möchte auch Grumach ausschließen (ebd. S. 22).

Im Feld B32 stehen ⊙ und 𐇬 über getilgten Zeichen:[191]

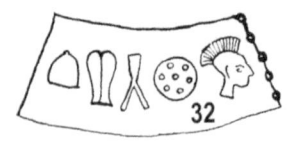

Vom ursprünglichen Zeichen unter ⊙ sind noch Reste erhalten, die nach Ansicht einiger Autoren mit 𐇥 kompatibel seien.[192] Nach den Regeln der Textkritik darf eine Rekonstruktion nur dann Geltung beanspruchen, wenn sie erklärt werden kann. Die Verwechslung von ⊙ mit 𐇥 ist schwer vorstellbar. Erst recht unverständlich ist, warum nach einer solchen Verwechslung auch das folgende Zeichen durch 𐇬 ersetzt werden musste. Nur die willkürliche Annahme einer generellen Textänderung könnte hier noch helfen. Aber die Spuren unter ⊙ passen nur scheinbar zu 𐇥. Der ‚Hammer' ist ein sehr langes Zeichen und müsste, da sein unteres Ende unterhalb des Schildes noch erkennbar ist, mit einem größeren Teil, als jetzt noch zu sehen ist, über den Schild nach oben hinausragen. Die Tilgungsstelle ist also zu klein. Natürlich darf man nicht ausschließen, dass die Beseitigung eines Zeichens bisweilen so perfekt gelingen konnte, dass auch die sekundär eingeebnete Fläche nicht mehr von der ursprünglichen, unbearbeiteten unterschieden werden kann.

Selbst wenn man an 𐇥 festhalten sollte, so wäre das Zeichen schräg statt senkrecht gestempelt worden. Die Schrägstellung in einem Randfeld, wo die geringe Krümmung der Schreibfläche noch keinerlei Raumprobleme erzeugt, ist mehr als seltsam; sie kann auch nicht mit einer generellen Textänderung in Verbindung gebracht werden. Ich schließe aus all dem mit Timm,[193] dass unter dem Schild ebenfalls 𐇬 stand. Damit erklärt sich die Schrägstellung des rechten ‚Beines'. 𐇬 ist aber eben das Zeichen, das jetzt links von ⊙ steht. Wieder liegt offensichtlich eine versehentliche Auslassung von ⊙ vor. Der Begriff der Auslassung impliziert, dass nach ihr der ursprüngliche Zeichenbestand unverändert bleibt. Demnach muss unter dem jetzt an dritter Stelle stehenden 𐇬 das folgende Zeichen, nämlich 𐇮, gestanden haben. Nach Stempelung von 𐇮 sah der Schreiber, dass für das letzte zu stempelnde Zeichen △ zu viel Platz war. Er erkannte seinen Fehler, tilgte 𐇬 und 𐇮 und stempelte an deren Stelle ⊙ und 𐇬.

Die beiden mittleren Zeichen von A16 (⊙ und 𐇽) stehen auf überarbeitetem

---

[191] Olivier 1973, S. 185; Duhoux, Le disque ..., 1977, S. 34; Godart, Der Diskus ..., 1995, S. 104; Timm 2005, S. 153. Siehe auch Faure 1976, S. 51 und Faucounau 1999, S. 140-143.
[192] Olivier S. 185; Faure S. 51; Duhoux S. 34; Godart S. 104.
[193] S. 153.

Grund.[194] Die minimalen Spuren der getilgten Zeichen lassen zwar eine Rekonstruktion nicht zu; dennoch kann ihre Identität mit hoher Wahrscheinlichkeit erschlossen werden. Wie in den bisher besprochenen Korrekturstellen A5; 10; 29; B32 und in dem noch zu behandelnden Feld A8 scheint auch hier der Schild ausgelassen und an dessen Stelle das folgende Zeichen, der Falke, gestempelt worden zu sein.

Die Wiederholungen der kompletten Zeichengruppe A16 kurz danach in 19 und 22 weisen keine Korrekturen auf. Der Schreiber hat also vermutlich aus seinem Fehler in 16 gelernt und ihn in der Folge vermieden. Auch dies ist ein wichtiges zusätzliches Indiz für die Stempelungsrichtung von außen nach innen.

An diesem Punkt der Darstellung wird nun eine Analyse der seltsamen Fehlerhäufung bezüglich ☉ und auch 🦅 notwendig. Die bisherige Forschung konnte eine solche Analyse nur unzureichend leisten, weil man zu viele Korrekturen übersehen hat (Grumach und Neumann z.B. kennen nur vier), sie teilweise falsch oder gar nicht beurteilt oder die Erklärungen einer verfehlten Zielvorstellung unterworfen hat.

Die gehäufte Auslassung von ☉ (6x) und 🦅 (3x) kann kein Zufall sein, zumal beide Zeichen 13x als Paar auftreten. Ihre Auslassung ging in drei Fällen (A5; 29; B59) auf eine fehlerhafte Vorlage zurück, in den übrigen auf ein Versehen, das als Vergesslichkeit näher bestimmt werden kann, da die Vorlage diese Zeichen bereits enthielt. Somit resultieren auch die fehlerhaften Stellen der Vorlage aus Vergesslichkeit. Der Hersteller der Vorlage ebenso wie der Hersteller des Diskus hatten mit denselben Schwierigkeiten zu kämpfen.

Die Suche nach der Funktion von ☉ und 🦅 muss von dem klar zu Tage liegenden Befund ausgehen: Beide Zeichen waren einerseits so unwichtig, dass sie im Gegensatz zu den anderen Schriftzeichen des Diskus häufig ausgelassen wurden, andererseits aber so wichtig, dass sie nachgetragen wurden – und zwar teilweise sogar um den Preis unschöner Korrekturen (A4-5; 29; B59). Diese Paradoxie lässt sich nur auflösen durch die einzig mögliche Schlussfolgerung, dass sich die Kategorien ‚wichtig' und ‚unwichtig' auf zwei unterschiedliche Bereiche beziehen, nämlich auf Schrift und (gesprochene) Sprache. Zeichensetzung, WT und Determinative (Deutezeichen) spielen in vielen Schriften eine große Rolle, aber fast keine in der Sprache: Grund für die hohe Fehleranfälligkeit beim Schreiben dieser stummen Zeichen. So sind z.B. im Deutschen trotz der Rechtschreibreform die Getrennt- und Zusammenschreibung, die Interpunktion und die determinativistische Groß- und Kleinschreibung (dazu s.o. S. 57) Quelle unzähliger Fehler und hitziger Debatten. Die Sprache wird davon nicht oder kaum berührt. Wenn

---

[194] Olivier 1973, S. 184; Faure 1976, S. 50; Duhoux, Le disque ..., 1977, S. 34; Godart, Der Diskus ..., 1995, S. 103. – Olivier und Godart schließen nicht gänzlich aus („vielleicht"), dass sich auch unter 🦅 ehemals ein anderes Zeichen befand. Ich teile diesen Verdacht nicht.

etwa Stefan George in seinen Gedichten nur die Versanfänge großschreibt und im Versinnern fast durchgehend Kleinschreibung praktiziert, wird dadurch die Lautung des Textes nicht beeinflusst. Die spezifisch schriftrelevanten Besonderheiten sind also überwiegend nichtphonetischer Natur. Eine wichtige Ausnahme ist der weitgehende Verzicht auf Schreibung der Vokale besonders in den semitischen Schriftsystemen. Aber wenn der Diskus eine (sicher auszuschließende) Konsonantenschrift aufwiese, wäre es sehr befremdlich, dass der Schreiber die angeblichen Vokale ☉ und 👤 nicht auch im Wortinnern gelegentlich hinzugesetzt hätte.[195]

Betrachten wir nun die nichtphonetischen Funktionsmöglichkeiten von ☉ und 👤.

1. Zeichensetzung. Der relativ kurze Diskustext von 61 Zeichengruppen besäße dann eine Überfülle an Zeichensetzung, wobei die häufige Kombination beider Zeichen ein kaum lösbares Problem aufgäbe. Der bildhafte Charakter von ☉ (Schild) und 👤 (Kopf) ist der Funktion einer Interpunktion wenig angemessen. So benutzt der Schreiber des Diskus für die Bezeichnung des Textanfangs die abstrakte Punktleiste ⁝ und kein bildliches Symbol.

2. Wortrenner. Die WT des Diskus sind bekannt: es sind die zur Scheibenmitte ausgerichteten feldbegrenzenden Linien zwischen den Zeichengruppen. Auch WT pflegen eine abstrakte Form zu haben (Punkte, Striche usw.) In der persischen Keilschrift ist der WT ein schräger Keil. Als WT wären ☉ und 👤 willkürlich angewandt; und ihre Kombination wäre gänzlich unverständlich.

3. Determinative. Als stumme Zeichen dienen Determinative der Deutung bzw. Klassifizierung des Wortes, an dessen Anfang oder Ende sie stehen. Ihre Schreibung ist grundsätzlich nicht vorgeschrieben oder gar notwendig. Ihr nichtphonetischer Charakter, ihre fakultative Anwendung, ihre meist bildhafte Gestaltung und ihre auf Wortanfang oder -ende festgelegte Stellung machen ☉ und 👤 zu hochwahrscheinlichen Determinativanwärtern.[196] Die Kombination zweier Determinative ist nicht ungewöhnlich. Der Determinativcharakter beider Zeichen ist schon sehr früh mit philologischen Mitteln erkannt oder wenigstens vermutet worden.[197] Die zahlreichen versehentlichen Auslassungen der Zeichen zeigen, dass der Schreiber des Diskus (wie der Vorlage) in der Verwendung dieser Determinative wenig geübt war. Offensichtlich aber legten seine Auftraggeber großen Wert

---

[195] Derselbe Einwand lässt sich auch gegen die Annahme vorbringen, beide Zeichen stellten schwach gesprochene Konsonanten dar wie etwa das *h* im Lateinischen (zum lat. *h* siehe Lindsay 1897, S. 62ff. und Leumann 1977, §178).

[196] Neumann hatte schon aufgrund von nur vier Korrekturen (A5; 8; 10; B59) vermutet, „daß der Schreiber diese Zeichen deshalb zunächst versehentlich ausgelassen hatte, weil sie als Determinativa bzw. Det.-Gruppen s t u m m sind, d.h. beim Aufsagen des Textes während des Stempelns nicht mitgesprochen wurden" (1968, S. 41). – Von den Determinativen im Babylonischen sagt Jensen (1969, S. 88): sie „sind vielleicht selber gar nicht gesprochen worden und wurden wohl darum vielfach gar nicht geschrieben, wo man sie erwarten sollte."

[197] Meyer 1909, S. 1023f.

darauf, dass ihre Namen – denn diese verbergen sich hinter den 🗝- bzw. ⊙🗝-Wörtern – als solche kenntlich gemacht wurden. Auch dies ist ein Hinweis für die Bedeutung, die dem Diskus nicht nur aus heutiger, sondern auch aus zeitgenössischer Sicht beigemessen wurde.

Im Abschnitt „Determinative" (S. 85ff.) werde ich aus philologischer Sicht nochmals auf 🗝 und ⊙ eingehen.

A8

Feld A8 weist zwei völlig verschiedenartige und nicht miteinander zusammenhängende Korrekturen auf: ein abgesplittertes Schriftzeichen vor dem linken WT und eine großflächige Tilgung unter ⊙:

Die meisten Autoren vermuten, dass unter ⊙ ursprünglich 🛡 gestempelt war.[198] Olivier bemerkt überdies zutreffend, dass die Korrektur erfolgte, bevor das jetzt an dritter Stelle von rechts stehende Zeichen 🛡 gestempelt wurde, da es den linken Rand der Korrekturzone bedeckt. Bei einer solchen Annahme habe der Schreiber zunächst den Schild „vergessen" und 🛡 „anticipativement" gestempelt.[199] Solche Vergesslichkeit bezüglich ⊙ hatten wir schon in A10; 16 und B32 beobachtet. Trotz der an diesen Stellen korrekten Vorlage machen die ‚spontanen' vier Auslassungen und ihre sofortige Korrektur die Diagnose ‚Vergesslichkeit' unausweichlich. Es handelt sich also nicht um Korrekturen, die den Inhalt des Textes gegenüber der Vorlage ändern sollten. Außerdem muss die Annahme eines illiteraten Stemplers aufgegeben werden, da es unbegreiflich ist, dass er trotz seines (unterstellten) Unvermögens, zwischen Schriftzeichen und dem Determinativ ⊙ zu unterscheiden, speziell die Determinative ausgelassen hat. Seine Vergesslichkeit hätte sich vielmehr unterschiedslos auf alle Schriftzeichen erstreckt. Ein Schriftkundiger jedoch, der auf einem offiziellen Dokument ausnahmsweise auch (stumme) Determinative verwandte, konnte beim eiligen Stempeln nichtphonetische Zeichen sehr wohl vergessen.[200]

---

[198] Della Seta 1909, S. 311 Anm. 1; Read 1921, S. 31 Anm. 1; Olivier 1973, S. 184; Faure 1976, S. 51; Godart, Der Diskus ..., 1995, S. 101; Faucounau 1999, S. 134; Timm 2005, S. 40. Übervorsichtig ist Duhoux, Le disque ..., 1977, S. 32. Grumach (1962, S. 14-17 und 23) und Ohlenroth (1996, S. 113) schlagen, von falschen Beweiszielen irregeleitet, andere Zeichen vor.
[199] Olivier S. 184; ebenso Godart S. 101 und Timm S. 40.
[200] Siehe auch o. S. 70 Anm. 196!

An allen vier Stellen, wo der Schreiber den Schild zunächst vergessen hatte, kann die Stempelungsrichtung als linksläufig bestimmt werden.

Wenden wir uns nun dem zerstörten Zeichen am linken Wortrand von A8 zu. Die Zerstörung geschah durch Absplitterung und nicht wie an den übrigen Korrekturstellen durch Einebnen des noch feuchten Tons. Im Allgemeinen scheint man davon auszugehen, dass der Schaden n a c h dem Brennen der Scheibe eingetreten ist.[201] Es erhebt sich nun die Frage, ob die Tilgung des Zeichens absichtlich – als Korrektur[202] – oder unabsichtlich – als Überlieferungsschaden[203] – geschah. Für bewusste Tilgung spricht, dass die Fehlstelle sich nicht bis zum für Beschädigungen anfälligen Diskusrand erstreckt[204] wie in A6; 7; 8 (unter 🐍); B35; 39; 40 (einzige Ausnahme: B32). Die ‚Präzision', die Duhoux hervorhebt,[205] ist freilich ein zweifelhaftes Argument, da es auf Interpretation beruht. Denn von Präzision kann man nur sprechen, wenn das zerstörte Zeichen geringfügig kleiner als die Fehlstelle wäre. Allerdings ist einzuräumen, dass das Ausmaß der beschädigten Stelle nur ein relativ kleines Schriftzeichen überdecken kann.

Wie dem auch sei, es ist nicht ohne Interesse, sich Gedanken über das verlorene Zeichen zu machen, zumal die Entzifferer sich dieser Fehlstelle in freiester und teilweise willkürlicher Weise zu bedienen pflegen. Die zerstörte Zone weist einige Strukturen auf,[206] die Duhoux genau zu beschreiben versucht hat.[207] Aber auch die anderen schadhaften Stellen besitzen Strukturen, wenn auch nicht in so ausgeprägtem Maße. Ob die Strukturen in A8 Folge der Tilgung bzw. Beschädigung oder Reste des verlorenen Zeichens sind, wage ich nicht zu entscheiden. Dennoch gibt es einige Kriterien zu seiner Eruierung:

1. Wenn ein vermutetes Zeichen nur äußerst knapp unter die Fehlstelle passt, wäre der Zufall einer so ‚präzisen' Beschädigung doch zu groß.
2. Ist das gesuchte Zeichen zu schmal, wäre der Abstand zum vorhergehenden ⟩ und zum linken Worttrenner zu üppig bemessen. Der Schreiber pflegte die Zeichenabstände in den einzelnen Feldern möglichst gleichmäßig zu gestalten. Unterstellte Drehungen eines Zeichens müssen mit der sonstigen Praxis und der rechteckigen Stempel(griff)form übereinstimmen (siehe oben S. 49ff.).

---

[201] Bisweilen verlegt man den Zeitpunkt v o r den Brand, als der Ton aber schon härter geworden war (Duhoux, Le disque ..., 1977, S. 33; Nahm 1979, S. 11; Ohlenroth 1996, S. 11; s. auch Achterberg u.a. 2004, S. 22f.). Diese Annahme empfiehlt sich nicht, weil die Fehlstelle in A8 ein ähnliches Erscheinungsbild bietet wie die anderen Fehlstellen, die durch unbeabsichtigte Beschädigungen nach dem Brand entstanden sind.
[202] Della Seta 1909, S. 298 Anm. 2 und S. 311; A. J.-Reinach 1910, S. 11 Anm. 2; Hempel 1911, S. 190; Read 1921, S. 31 Anm. 1; Duhoux S. 33; Nahm S. 5 und 11; Ohlrenroth S. 11; s. auch Achterberg u.a. S. 22f.
[203] Olivier 1973, S. 184; Godart, Der Diskus ..., 1995, S. 101; Faucounau 1999, S. 135; und einige andere Autoren, die eine zufällige Beschädigung des Diskus stillschweigend voraussetzen.
[204] Timm 2005, S. 101.
[205] S. 33.
[206] Sehr gute Detailaufnahme bei Olivier 1975, S. 31.
[207] Ebd.

3. Die allgemeine Häufigkeit des Zeichens.
4. Die bevorzugte Stellung des Zeichens in anderen Wörtern.
5. Eine eventuelle Beziehung des Zeichens zum vorangehenden ⟩.
6. Bei absichtlicher Tilgung: Erklärbarkeit des Fehlers.

Von den insgesamt 45 unterschiedlichen Diskuszeichen entfallen wegen Übergröße mindestens 25: 𓀀, 𓁐, 𓃰, 𓃱, 𓂝, 𓏏, 𓃠, ☉, 𓁹, 𓄿, 𓂓, ⟩, 𓆑, 𓆓, 𓆳, ⌒, 𓅓, 𓆼, 𓃭, 𓆰, 𓇋, 𓋴, ▽, 𓎡, 𓏤. Zu groß sind sehr wahrscheinlich auch drei weitere: 𓂋, 𓏭, 𓏲.
Unter den übrigen Zeichen[208] haben wegen allzu knapp bemessener Tilgungsfläche (1.) nur geringe Aussichten: 𓅱, 𓏤, 𓂋, 𓁹, 𓀀, 𓏭, 𓏲, 𓅃[209]. Mit den Zeichen ☙, 𓏛, 𓉐 steht es nicht viel besser.
Zu schmale Zeichen (2.) sind: 𓏏, 𓁹, 𓏭, 𓏲, 𓋴.
Zu den sehr seltenen Zeichen (3.) gehören die Unikate 𓀀, 𓁹, ☙ und die nur je zweimal vorkommenden 𓅱, 𓏏, 𓁹, 𓋴, 𓉐, wobei 𓅱 und 𓋴 in wiederholten Wörtern auftreten. Auch die Dreimal-Zeichen 𓅃 und 𓃭 sollten hier Erwähnung finden. – Die Neigung, neue Zeichen für die Diskusschrift zu erschließen bzw. zu erfinden,[210] stößt auf große Bedenken. Denn die Gesamtzahl der unterschiedlichen Zeichen läge, wenn ein genügend langer Text vorhanden wäre, nur unwesentlich über dem jetzt bekannten Stand (s.u. S. 109). Das Auftreten eines neuen Zeichens in A8 wäre, statistisch gesehen, sehr unwahrscheinlich.

Fehlende Endstellung (4.) finden wir bei 𓅱 (2x Mitte); 𓏏 (2x Anfang); 𓂋 (1x M.); 𓁹 (2x M.); 𓀀 (5x A.); 𓋴 (2x A.); ☙ (8x A.; 3x M.; außerdem wäre bei absichtlicher Tilgung die Korrekturfläche zu groß); ☙ (1x M.); 𓅃 (1x A.; 2x M.); 𓏛 (4x M.); 𓏤 (1x A.; 3x M.); 𓉐 (1x A.; 1x M.). Eventuell gehört in diese Gruppe auch 𓉐 (5x M.; aber auch 1x Ende).

Eine Beziehung zu ⟩ (5.) weisen nur drei Zeichen auf:
△: in B58 △⟩𓏛𓄿. Bei absichtlicher Tilgung in A8 wäre die Korrekturfläche etwas zu groß.
𓂋: in A24 𓂋⟩𓂋. Die Ähnlichkeit wird noch dadurch größer, dass auch in A8 dem Winkel die Frau vorausgeht. Allerdings dürfte keine echte Wortverwandtschaft bestehen, da A8 gegenüber A24 wegen der einleitenden Determinative ⊙𓅱 ein Eigenname ist. Ein Schönheitsfehler von 24 ist auch, dass 𓂋 nicht letztes Zeichen ist.
𓏛: in B54 𓏛⟩△.

Nach Anwendung der ersten 5 Auswahlkriterien für die Fehlstelle in A8 weisen acht Zeichen (𓅱, 𓏏, 𓂋, 𓁹, 𓋴, ☙, 𓅃, 𓉐) je drei Negativmerkmale auf; sechs weitere Zeichen (𓀀, 𓀀, 𓏭, 𓏲, 𓏤, 𓉐) je zwei; und vier Zeichen (𓂋, ☙, 𓃭, 𓏤) nur je ein Negativmerkmal. Ein einziges Zeichen, 𓏛, ist völlig unbelastet, erfüllt

---

[208] Zu diesen füge ich vorsichtshalber auch die wegen vermutlicher Übergröße genannten 𓂋, 𓏭, 𓏲 hinzu.
[209] Der 3x vorkommende Vogel passt nur dann einigermaßen, wenn man ihn leicht nach links kippt 𓅃 wie in A12; 23; B47. Dort aber herrscht Platzmangel, zumal er sich jeweils in der Mitte eines Wortes befindet und der Schreiber den genauen Platzbedarf noch nicht ganz sicher abschätzen konnte (Zur Raumökonomie s.o. S. 49f.). In A8 jedoch hätte er den Vogel, da er für ihn als das letzte Zeichen genügend Platz hatte, gewiss nicht gedreht, sondern in seiner natürlichen Stellung belassen.
[210] Beispielsweise Faucounau 1999, S. 136 und 146.

sogar das Positivkriterium (5.) und ist damit wahrscheinlichster Kandidat für das verlorene Zeichen in A8. Mit großem Abstand folgen (mit abnehmender Wahrscheinlichkeit): 🐚, ⚘, ⏣, ⚘, ◊, ◊, ☙, 🐚.

Nun beruht diese vorläufige Auswahlliste auf Kriterien größerer oder geringerer Wahrscheinlichkeit. Die Kriterien 3.-5. sind zudem sehr stark von statistischen Effekten abhängig. Wie will man nämlich z.B. bei den Unikaten ◊ und ☙ die Normalverteilung auf Anfang, Mitte und Ende eines Wortes ermitteln? In dem Falle jedoch, dass die Tilgung in A8 absichtlich erfolgte, ist das 6. Kriterium, die Erklärbarkeit des Fehlers, ein besonders hartes und durchschlagendes Merkmal. Denn ein Schreibversehen muss einen plausiblen Grund haben. Schreibirrtümer sind außerdem weitgehend unabhängig von der Textlänge und anderen statistischen Erscheinungen. So kann im Deutschen aus *mehrere* durch Haplographie *mehre* und durch Dittographie *mehrerere* entstehen. Auf dem Diskus scheint in A17 das linke der beiden Felle durch Haplographie ursprünglich ausgelassen worden zu sein (s.u. S. 75f.).

Die Annahme, der Schreiber habe beim letzten Zeichen von A8 nur einen Fehlgriff getan und einen falschen Stempel zur Hand genommen, ist unwahrscheinlich; ein solcher Fehler unterläuft ihm sonst nie. Denn beim eigentlichen Stempeln musste er ja auf die Ausrichtung des Zeichens achten, was nur durch die Betrachtung der Stempelunterseite möglich war, und den Stempel zu diesem Zweck umdrehen. Aus demselben Grund scheidet auch die Verwechslung zweier Schriftzeichen aus, zumal die bildhaften Zeichen der Diskusschrift – im Gegensatz zu abstrakteren Schriften wie der Buchstabenschrift – kaum Verwechslungspotential besitzen. Vielmehr muss die Fehlerquelle in der Beschaffenheit der Vorlage der Vorlage (!) zu suchen sein; denn in der unmittelbaren Vorlage für den Diskus war der Fehler bereits vorhanden, wie die Abmessung des Feldes A8 zeigt, die Raum für fünf Zeichen, also auch für das eventuell getilgte, vorsah.

Unter den 45 Diskuszeichen gibt es nur drei (🐚, ◊, ⚘), für deren irrtümliche Schreibung sich eine Erklärung finden lässt. Ihre deutliche Tendenz zur Endstellung (🐚: 1x M.; 4x E.; ◊: 1x A.; 2x M.; 3x E.; ⚘: 4x M.; 7x E.) kann das (unterstellte) Schreibversehen zwar nicht zureichend erklären, schafft aber eine günstige Voraussetzung dazu.

Betrachten wir Feld A8 im Kontext:

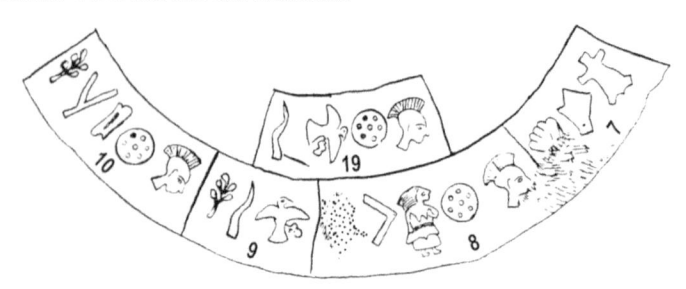

Die Endstellung von 🧤 in 7 hätte den Schreiber eventuell verleiten können, bei der Beschriftung des nächsten Feldes 8 das Zeichen nochmals ans Ende zu setzen, also ein Homöoteleuton zu schaffen. Aber ein solcher Fehler könnte ihm viel eher unterlaufen, wenn in beiden Wörtern dem Handschuh jeweils dasselbe Zeichen voranginge. Außerdem ist 8 wegen der Determinative ☉🐚 ein Eigenname, nicht aber 7. Da das Zeichen 🧤 sehr wahrscheinlich zu groß für die Korrekturstelle ist, kommt es eher nicht in Frage.

Eine mögliche Fehlstempelung des Hornes 🐚 lässt sich etwas besser begründen, wenn man dem Schreiber unterstellt, er habe beim Stempeln von 8 durch eine Art Zeilensprung den Blick auf Feld 19 gelenkt, wo sich 🐚 am Ende der Zeichengruppe findet. Einerseits ist die Annahme eines Zeilensprungs nicht so abwegig, weil beide Felder mit denselben zwei Determinativen beginnen, also Eigennamen sind, andererseits aber doch unwahrscheinlich, weil der Schreiber beim Bestempeln des Diskusrandes eine feste Blickorientierung hatte – anders als bei Wörtern im Innern der Scheibe. Die Chancen für das Horn werden noch zusätzlich durch die vermutlich zu geringe Abmessung der Fehlstelle stark vermindert.

Für den Favoriten der vorläufigen Auswahlliste, 🌿, lässt sich auch die beste Fehlererklärung finden. Denn die beiden auf Feld 8 folgenden Felder 9 und 10 enden jeweils mit 🌿.[211] Da dem Schreiber ein vollständiges Muster für den Diskus vorlag, konnte sein Blick leicht vorauseilen, zumal 10 ebenfalls Eigenname ist, und die dort erfassten Endzeichen in 8 irrtümlich antizipieren.

Da 🌿 alle Voraussetzungen für eine irrtümliche Stempelung mitbringt und die Dimension der Fehlstelle einwandfrei dazu passt, nimmt auch die Wahrscheinlichkeit zu, dass die Fehlstelle nicht ein Überlieferungsschaden, sondern eine Korrektur ist. Dies würde bedeuten, dass der Diskus absichtlich im Töpferofen gebrannt worden wäre. Bei aller verbleibenden Unsicherheit darf die Fehlstelle aber nicht als Joker für willkürliche Entzifferungen dienen.

A17

Im Feld A17 befindet sich das linke Fell auf einem bearbeiteten Grund und

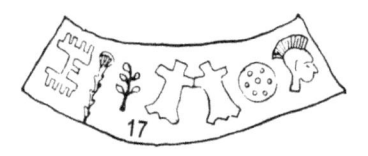

ist demnach Korrektur.[212] Die Bearbeitung verrät sich auch durch das stark zusammengedrückte Spiralsegment unter dem nachgetragenen Zeichen.

---

[211] Ein weiteres Homöoteleuton auf dem Diskus liegt in B58-59 vor: ⌂.
[212] Olivier 1973, S. 185 (dazu Tafel XXXI Nr. 4 mit guter Detailabbildung), Faure 1976, S. 52; Godart, Der Diskus ..., 1995, S. 103; Faucounau 1999, S. 138f.

Unschön ist, dass das Zeichen ein wenig gedreht wurde und dass der rechte obere Zipfel des Fells das vorangehende Fell leicht überschneidet, obwohl genügend Platz vorhanden war. Vom gelöschten Zeichen ist nichts mehr zu erkennen.[213] Am wahrscheinlichsten halte ich hier eine Auslassung von 🐾 durch Haplographie von 🐾🐾, die dem Schreiber aber sogleich zu Bewusstsein gekommen ist, da die restlichen Zeichen auf unkorrigiertem Grund stehen. Unter der Voraussetzung, dass eine Haplographie vorliegt, wäre wegen der Überschneidung des rechten Fells durch das linke die Linksläufigkeit der Schrift erwiesen.

Weitere Korrekturen und Resümee

Die Behandlung weiterer Korrekturen, die sich teils erkennen, teils nur vermuten lassen, würde keine wirklich neuen Einsichten bringen. Zur eventuell nachträglichen Einfügung des WT A13/14 siehe o. S. 29-31; zur möglicherweise verdrehten Stempelung von ○ in B54 o. S. 33; zur ganz unsicheren Annahme einer Dittographie von ○ in B61 o. S. 41f.

Aber zwei Korrekturen, die kaum Beachtung fanden, erhalten durch die bisher gewonnenen Erkenntnisse eine mittelbare Bedeutung:

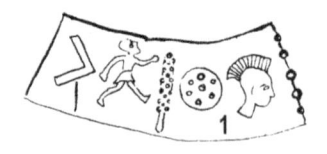

In A1 scheinen die Zeichen 🏃|☉ auf überarbeitetem Grund zu stehen.[214] Olivier und Godart wollen die Korrekturzone sogar auf 👤 ausdehnen.[215] Auch die Spirallinie weist Korrekturen auf.[216] Die ursprünglichen Zeichen sind nicht mehr erkennbar.

In A12 ist nach Ansicht von Olivier und Godart ☉ „mit Sicherheit über ein anderes, gelöschtes Zeichen gedruckt", das nicht identifiziert werden kann.[217]

---

[213] Faucounau, der insgesamt nicht weniger als sechs neue Zeichen für den Diskus ersonnen hat (1999, S. 146), will auch hier ein neues Zeichen einführen (S. 138f.).
[214] Duhoux, Le disque ..., 1977, S. 32.
[215] Olivier 1973, S. 182f.; Godart, Der Diskus ..., 1995, S. 99.
[216] Siehe auch o. S. 25.
[217] Olivier S. 184; Godart S. 102.

Wegen der mehrmaligen Auslassung von 😊 oder 🛡 oder 😊🛡 an anderen Stellen scheint auch in A1 und 12 das Vergessen von 😊 bzw. 😊🛡 Grund für die Korrektur gewesen zu sein.

Sieht man von den geringfügigen Korrekturen des Diskus und der eventuellen Tilgung des letzten Zeichens in A8 ab, entspringen die Schreibversehen der Auslassung von 😊 (A8; 10; 16; B32; vermutlich auch A1 und 12), von 🛡 (B59) und von 😊🛡 (A5; 29). Diese Fehler konnten auf Vergesslichkeit zurückgeführt werden (o. S. 69) und sind nicht etwa Ausdruck bewusster Änderungen gegenüber der Vorlage, in der diese Zeichen teilweise schon vorhanden waren. In der Vorlage fehlten nur 2x 😊🛡 (A5; 29) und 1x 🛡 (B59). Die Verbesserung erfolgte im Allgemeinen noch während der Stempelung der betroffenen Zeichengruppen (Ausnahme A3-5). Ein schriftunkundiger Stempler hätte wahllos Schriftzeichen vergessen können und seine Vergesslichkeit nicht auf zwei ganz bestimmte Zeichen ‚konzentriert'. Es wäre ihm erst recht nicht möglich gewesen, gegenüber der Vorlage eine spontane Berichtigung vorzunehmen (A29). Dadurch verliert Grumachs zwar abwegige, aber bisher nicht sicher widerlegte These vom „illiteraten Handwerker", der von außen nach innen gestempelt habe – ohne Rücksicht auf die wahre Leserichtung,[218] jegliche Grundlage.[219] Die Stempelungsrichtung folgt der linksläufigen Leserichtung. Auch innerhalb vieler Korrekturfelder (A8; 10; 29; B32; 35; 44; vermutlich auch A1; 12) lässt sich linksläufiges Stempeln nachweisen. Nur ein einziges Mal stempelte der Schreiber rechtsläufig, im Feld A5, da er hier die bereits in der Vorlage vergessenen Zeichen nicht während des Stempelns nachtrug, sondern erst nach Fertigstellung der Zeichengruppe (s.o. S. 62). Generell linksläufiges Stempeln und ebensolche Leserichtung werden auch dadurch nahegelegt, dass die Wiederholung der ursprünglich fehlerhaften Beschriftung der Zeichengruppe A16 in 19 und 22 fehlerfrei gelang, der Schreiber also aus seinem Missgeschick in 16 gelernt hatte.

Der Umstand, dass Kopf und Schild 13x als Paar 😊🛡 am Anfang einer Zeichengruppe auftreten, könnte zu der Ansicht führen, 😊 sei ein bloßes Anhängsel von 🛡, zumal 😊 niemals am Wortanfang zu finden ist. Allerdings fehlt dem Kopf in 6 Fällen (A14 = 20; B34; 42; 48; 59) der nachfolgende Schild. An diesen Stellen wurde der Schild nicht vergessen, sondern nicht benötigt. Die Sorgfalt der Korrekturen schließt weitgehend aus, dass der Schreiber aus Platzmangel oder gar Bequemlichkeit auf die Stempelung des Schildes verzichtet hätte. In den Feldern A5 und 29 griff er sogar zu optisch unschönen Methoden, um Kopf und Schild nachtragen zu können. Überhaupt legen die Korrekturen die für einige Entzifferer bittere Vermutung nahe, dass der Diskustext keine Schreibversehen mehr enthält und keiner weiteren Korrekturen mehr bedarf.

---

[218] Siehe o. S. 38 unter 5.
[219] Grumach selbst gab „gerne zu, daß die Frage nicht endgültig geklärt ist und daß neue Argumente sie auch in anderem Sinne entscheiden können" (1965, S. 746).

Kopf und Schild haben also verschiedene Bedeutungen und bilden auch nicht zwei Teile eines Ganzen, wohl aber besitzen beide zwei gemeinsame formale ‚Eigenschaften', nämlich einerseits die, vergessen zu werden, und andererseits die, wichtig genug zu sein, um nachgetragen zu werden. Wie oben S. 69-71 dargelegt wurde, muss es sich um stumme Zeichen handeln, die das folgende Wort deuten. Diese Determinativzeichen können, wie z.B. in den ägyptischen Hieroglyphen, auch als Lautzeichen gebraucht werden. Die viermalige Stellung von ⊙ am Wortende (A2; 6; 25; B36) zeigt eine solche phonetische Verwendung in der Diskusschrift.

Die linksläufige Schrift- und Leserichtung des Diskus (also von außen nach innen) sowie die Determinative ⌘ und ⊙ entziehen den meisten Entzifferungsversuchen die Grundlage. Obwohl bisher die unzähligen Entzifferungen sich gegenseitig diskreditierten, konnte doch jeder Entzifferer an der Richtigkeit seines eigenen Vorschlages festhalten, da ihm die wirklichen Gründe für das Scheitern der anderen nicht bekannt waren. Wenn z.B. Aartun den Diskustext der semitischen, Ohlenroth aber der griechischen Sprache zuweist[220] und beide zu völlig verschiedenen Übersetzungen gelangen, so können diese Gelehrten einander nicht widerlegen. Beide stimmen in der Annahme der Leserichtung (Aartun: „rechtsläufig!"[221]; Ohlenroth geht „von einer rechtsläufigen Leserichtung" „ungeachtet der Schreibrichtung" aus[222]) und in der prinzipiell phonetischen Deutung von ⌘ und ⊙ überein. Beide Entzifferungen sind demnach begründet widerlegt, wobei die Fragen, ob die Sprache semitisch oder griechisch ist, ob Silben- (Aartun) oder Buchstabenschrift (Ohlenroth) vorliegt, zunächst keine Rollen spielen. Zu den harten Kriterien – Leserichtung und Determinative –, mit denen sich objektiv und vor allem leicht ein Entzifferungsversuch überprüfen lässt, werden im Laufe der Untersuchung noch weitere hinzukommen.

Unter den Anwärtern auf das zerstörte Schriftzeichen in A8[223] nimmt ⌘ den ersten Platz ein. In weitem Abstand folgen einige wenige andere Zeichen. Außerdem hat sich gezeigt, dass die nach dem Brand des Diskus erfolgte Zerstörung eher eine bewusst herbeigeführte Korrektur als ein Überlieferungsschaden sein dürfte.

Angesichts der zahlreichen Korrekturen könnte man geneigt sein, in dem vielbewunderten Diskus in Wirklichkeit nur ein Vorprodukt, einen Entwurf für eine verloren gegangene Scheibe zu sehen. Aber gemessen an einer bloßen Skizze sind die Korrekturen zu sorgfältig ausgeführt. Besonders ins Gewicht fällt, dass die Korrektur in B35 nur einer optischen Verbesserung (gleichmäßigerer Verteilung der Zeichen im Feld) zu dienen scheint.[224]

---

[220] Zu ihren Entzifferungen s.o. S. VII-X.
[221] Aartun 1992, S. 135.
[222] Ohlenroth 1996, S. 23.
[223] Siehe o. S. 72-75.
[224] Siehe o. S. 34f. und 60f.

VORLAGE(N)

Die sehr künstliche Gestaltung des Diskus und besonders seine lückenlose Bedeckung mit Schriftzeichen ließen manche Autoren zur Ansicht gelangen, der Schreiber habe nicht ohne eine Vorlage auskommen können.[1] Allerdings entfiele dieses Argument, wenn der Diskus nur einen Teil eines längeren Textes enthielte.[2] Ein wirklich durchschlagendes Argument ist vielmehr, dass der Schreiber bei seiner Arbeit zuerst das Liniennetz zog und erst danach die Felder mit Schriftzeichen füllte.[3] Das vorgegebene Netz musste sich wegen der unveränderlichen Größe der Stempel auf einer sehr genauen, ebenfalls gestempelten Vorlage befinden.[4] Allein aus diesem Grund kann der Diskus von Vladikavkaz, der einen viel geringeren Durchmesser hat und dessen Schriftzeichen nicht gestempelt, sondern geritzt sind, nicht die zufällig erhaltene Vorlage unseres Diskus sein.[5] Schon bei der Formung der noch unbeschrifteten Phaistos-Scheibe kannte der Hersteller, wie der umlaufende Wulst als Resultat der Verkleinerung des Tonkuchens zeigt,[6] den benötigten Mindestdurchmesser.

Auch die Schreibfehler auf dem Diskus (Auslassungen von ☉ und 𓅓)[7] und ihre Berichtigung sprechen nicht gegen eine exakte Vorlage.[8] Im Gegenteil! Für die zunächst vergessenen Schilde in A8; 10; 16; B32 (wohl auch in A1 und 12) sah das von der Vorlage übernommene Liniennetz bereits den erforderlichen Platz vor. Die Fehler geschahen trotz einer in diesen Fällen korrekten Vorlage. Es liegen also keine „Revision" (Grumach[9]) oder eine Änderung der Konstruktion vor, „um damit eine inhaltliche oder formale Verbesserung zu erzielen" (Grumach[10]). Der Schild wurde deshalb so häufig vergessen, weil er als Determinativ stumm, also kein phonetisches Zeichen war.[11] Die Berichtigung dieser Fehler erfolgte jeweils noch während des Stempelns der Felder – gemäß der Vorlage. Aber auch der Hersteller der Vorlage hatte mit den Determinativen Schwierigkeiten: zweimal vergaß er das Paar ☉𓅓 (A5 und 29[12]) und einmal 𓅓 (B59[13]). Alle drei Fehler konnte der Schreiber des Diskus selbständig beheben. Es ist durchaus möglich und aus grundsätzlichen Erwägungen sogar wahrscheinlich, dass der Hersteller des

---

[1] Evans 1909, S. 287; A. J.-Reinach 1910, S. 17f.; Kober 1948, S. 87; Jeppesen 1962/63, S. 184; Grumach 1962, S. 19f.; ders. 1969, S. 249f.; Dow 1973, S. 596f.; Duhoux, Le disque ..., 1977, S. 42; Best/Woudhuizen 1989, S. 72; Otto 1989, S. 24.
[2] Siehe o. S. 27.
[3] Siehe o. S. 34.
[4] Gegen Timm (s.o. S. 34).
[5] Zum Diskus von Vladikavkaz s. Anhang B, S. 307-313.
[6] Siehe o. S. 14f.
[7] Belege o. S. 77.
[8] Faucounau 1979, S. 110 Anm. 6; ders. 1981, S. 249; ders. 1999, S. 29-33.
[9] 1969, S. 250.
[10] 1962, S. 23.
[11] Zu den Determinativen ☉ und 𓅓 s.o. S. 69-71 und u. S. 85ff.
[12] Siehe o. S. 61-65.
[13] Siehe o. S. 65f.

Diskus mit dem der Vorlage identisch war. In jedem Fall ging nicht nur die Vorlage, sondern auch die Kopie (= unser Diskus) auf einen Schriftkundigen zurück.

Wie sah nun diese Vorlage aus? Es handelte sich nicht um eine Matrize, wie die Analyse der Beschriftung und der genetischen Reihenfolge der einzelnen Schriftelemente gezeigt hat (s.o. S. 45f.). Vielmehr bot die Vorlage ein ähnliches Bild wie ihre Kopie. Nur fehlten auf ihr die Determinative ⊙𓏏 in A5; 29 und 𓏏 in B59. Das zerstörte Zeichen in A8, möglicherweise 𓉠[14], war natürlich vorhanden. Eventuell gab es in B61 ein drittes Zeichen.[15] Legt man diese Verhältnisse zugrunde, enthielt Seite A 119 und Seite B ebenfalls 119 Schriftzeichen. Vermutlich hat der Schreiber die Zeichen des gesamten Textes gezählt und durch 2 geteilt. Ebenso hätte er durch Zählen der Wörter (61) ihre Aufteilung in 2 etwa gleichgroße Blöcke zu 31 Wörtern (Seite A) und 30 (Seite B) dasselbe Resultat erzielt.[16] Sehr unwahrscheinlich ist jedoch die Vermutung von Dow, der Schreiber habe die Wörter entsprechend dem verfügbaren Raum ausgewählt oder den Text derart verfasst, dass er angemessen lang war oder gekürzt werden konnte, wenn der Raum ausgeschöpft war.[17] Die These eines kürzbaren Textes verdient natürlich wenig Vertrauen, da die Größe der Scheibe dem Textumfang angepasst werden musste (und auch wurde!) und nicht umgekehrt.

Alle diejenigen, die einen zusammenhängenden, beide Diskusseiten umfassenden Text bestreiten und jeder Seite einen in sich geschlossenen Text zuweisen,[18] müssen ihn ähnlich wie Dow nachträglich kürzen bzw. verlängern. Wieviel sinnvoller wäre es gewesen, 2 Texte auch auf 2 Diskoi zu schreiben, statt die Texte so lange zu bearbeiten, bis sie dieselbe Länge haben! Ein entscheidendes Argument gegen die Annahme zweier selbständiger Texte wäre der Nachweis, dass der Text der einen Seite auf die andere übergriffe. Dies soll mit Hilfe einer Strukturanalyse gezeigt werden (s.u. S. 208-215).

Wie schon dargelegt, ging dem Diskus eine Vorlage voraus, deren Seiten je 119 Schriftzeichen enthielten. Natürlich war die Schrift bereits längs einer Spirale geführt. Die Gleichmäßigkeit der Verteilung der Zeichen auf der Vorlage konnte nur das Ergebnis mehrerer Versuche sein. Ich stelle mir die einzelnen Schritte so vor: Zunächst wurde auf einem mehr oder weniger rechteckigen Schriftträger der vorgesehene Text verfasst und gestempelt. Durch Zählen der Schriftelemente (Schriftzeichen oder Zeichengruppen) trennte der Schreiber zwei gleichgroße Textstücke ab. Das erste übertrug er in Spiralschrift auf eine runde Scheibe (vermutlich aus Ton), deren Fläche etwas größer als nötig schien. Um nun die Seite flächendeckend, also ohne Duldung eines freien Raumes, zu beschriften, wählte er für den nächsten Versuch eine

---

[14] Siehe o. S. 72-75.
[15] Siehe o. S. 41f.
[16] Siehe o. S. 37.
[17] Dow 1973, S. 596f.
[18] Belege o. S. 17 Anm. 35.

entsprechend kleinere Scheibe. Fiel nun das Ergebnis zufriedenstellend aus, stand auch auf der Rückseite der Scheibe für das zweite Textstück der genau ausreichende Raum zur Verfügung. Damit war die Vorlage im Wesentlichen fertig. Der Herstellung des Endproduktes, unseres Diskus, lag nichts mehr im Wege. In welchem Stadium der Vorbereitung die drei Fehler der Vorlage (Auslassung von Determinativen in A5; 29; B59) entstanden sind, ist eine müßige Frage. Wahrscheinlich unterliefen dem Schreiber immer wieder solche Fehler, die er, sofern er sie bemerkte, korrigierte.

LESERICHTUNG

Die für jede Entzifferung fundamentale Frage der Leserichtung ist bis heute noch nicht sicher beantwortet. Deswegen stand es den Entzifferern frei, eine ihnen genehme Richtung zu wählen. Dies geschah entweder ohne irgendeine Begründung oder mit dem Hinweis auf die Ergebnisse einzelner Autoren oder mit dem Argument, nur die gewählte Richtung gebe Sinn und werde durch die Evidenz der Entzifferung bestätigt. Das Argument der gelungenen Textdeutung ist theoretisch richtig, in der Praxis jedoch völlig diskreditiert. Denn bisher wurden nur phantasievolle oder unsinnige Übersetzungen geboten, die sich zudem noch gegenseitig aufhoben. Es ist also eine vor jeder Entzifferung unverzichtbare Aufgabe, die Leserichtung mit allen nur möglichen Mitteln zu bestimmen. Wenn man sich einen Überblick über die gesamte Forschungslage verschafft hätte – was meines Wissens noch nicht geschehen ist – und einzelne Beobachtungen und daran anknüpfende Überlegungen gesammelt und bewertet hätte, wäre die Ermittlung der Leserichtung kein unlösbares Problem gewesen.

Unter der Vielzahl von Arbeiten, die sich mit der Leserichtung befasst haben,[1] befinden sich auch einige sehr nützliche. Ein wichtiges Argument stellte die Blickrichtung einiger Diskuszeichen dar. So blicken die menschlichen Zeichen (𓀀, 𓀁, 𓀂, 𓀃, 𓀄, 𓀅) und auch einige Tierzeichen (𓀆, 𓀇, 𓀈), soweit sie nicht verdreht gestempelt wurden,[2] nach rechts. Da in der ägyptischen Hieroglyphenschrift und im Hieroglyphen-Hethitischen vergleichbare Schriftzeichen stets zum Schriftanfang hin orientiert sind, nahm man auch für die Diskusschrift Linksläufigkeit an.[3] Dieser Analogieschluss ist aber schon deshalb nicht zwingend, weil in der meroïtischen Schrift, die von den ägyptischen Hieroglyphen abgeleitet ist, „die Köpfe der Menschen- und Tierformen ... nach dem Ende der Zeile blicken"[4], ebenso in den kretischen Schriftsystemen

---

[1] Nützliche Zusammenstellungen bei Heubeck 1979, S. 8f.; Balistier 2003, S. 88-100 (mit einer Skizze der Forschungsgeschichte); Timm 2005, S. 16-19.
[2] Siehe o. S. 49-56.
[3] So schon Meyer 1909, S. 1023; Della Seta 1909, S. 311f.
[4] Jensen 1969, S. 72; s. auch Bunner 1979, S. 1.

von Lin A und B. Die Frage wird außerdem überlagert von dem Problem, ob nicht die Bildzeichen des Diskus als seitenverkehrt gegenüber den Stempeln zu beurteilen sind.[5]

Für die Bestimmung der Leserichtung fand man noch weitere ambivalente Argumente. Beispielsweise hat man aus der räumlichen Verteilung der Schriftzeichen innerhalb der einzelnen Felder Schlüsse ziehen wollen. Entweder sei der Stempler am Anfang eines Feldes mit dem Raum sparsam und am Ende eventuell großzügiger umgegangen, oder umgekehrt: er habe die Zeichen zunächst locker gesetzt und sei dann in räumliche Bedrängnis geraten. Ein anderes Beispiel: Die gelegentlich abweichende Position eines Zeichens am Anfang bzw. Ende eines Feldes könne darauf zurückgehen, dass der Schreiber die Scheibe bisweilen drehte oder seine eigene Stellung änderte, um bequemer stempeln zu können. Tat er dies am Anfang oder Ende einer Zeichengruppe?[6]

Wenden wir uns nun Kriterien zu, die eine sichere oder wenigstens wahrscheinliche Entscheidung erlauben. Kretschmer argumentiert mit dem 13x vorkommenden Determinativpaar ☉☗, das „den Krieger mit seinem Schild darstellt. Hier ist die Reihenfolge Kopf-Schild die nächst liegende Annahme, die Folge Schild-Kopf unwahrscheinlich."[7] Damit wäre Linksläufigkeit bewiesen, wenn man unterstellen darf, dass das allgemeinere Determinativ ☗ dem einengenden ☉ vorangehen muss.

Die zwei punktierten[8] Linien (⋮) am rechten Rand von Feld A1 bzw. B32 können nur den Anfang oder das Ende des Textes bezeichnen. Eine dritte Möglichkeit ist nicht gegeben. Einer Entscheidung näher bringen uns mehr allgemeine Überlegungen. Die Worttrennung spielt bei altertümlichen wie natürlich auch neuen Schriften eine große Rolle, weil bei ihrem Fehlen die Lesbarkeit stark beeinträchtigt werden kann. Dagegen bedürfen Satz- oder Textende meist keiner besonderen Kennzeichnung, oft nicht einmal eines einfachen WT wie bei Lin A und B. Aber in einer lykisch-griechischen Bilinguis befindet sich am Ende des lykischen Textes, auf den die griechische Version ohne Lücke, also noch in derselben Zeile, folgt, ein Dreifachpunkt (•˙•).[9] Bei einer anderen Bilinguis[10] ist der griechische Teil vom lykischen deutlich abgesetzt. Daher ist es nicht verwunderlich, dass hinter dem letzten lykischen Wort keinerlei Interpunktion, also auch kein WT, steht. Ungleich wichtiger als das Satz- oder Textende ist der Textanfang – jedenfalls in den Augen des Lesers, der ja relativ leicht den Beginn des Textes finden muss. In den meisten Fällen hat der Text einen ‚natürlichen' Anfang. So beginnen Texte in Lin A und B, die beide stets rechtsläufig sind, an der linken oberen Ecke der

---

[5] G. Matev/A. Matev 1984, S. 261.
[6] Siehe o. S. 50f.
[7] Kretschmer, Die antike ..., 1951, S. 16. Zustimmend Gaya Nuño 1953, S. 12; äußerst skeptisch Duhoux, Le disque ..., 1977, S. 23.
[8] Beide weisen entgegen einer irrigen Tradition je fünf Punkte auf (s.o. S. 26f.).
[9] Friedrich, Entzifferung ..., 1966, S. 87.
[10] Ebd. S. 89.

Schrifttafel. Ganz anders sieht es bei einer Schrift aus, die nicht wie Lin A und B aufgrund einer Konvention nur **eine** Schriftrichtung kennt, sondern beide Richtungen verwendet und eventuell von Zeile zu Zeile die Richtung ändert (sogenanntes Bustrophedon: wie Ochsen den Pflug am Ende einer Furche wenden). In solchen Fällen ist eine Markierung des Textbeginns gelegentlich sehr hilfreich. Bei den kretischen Hieroglyphen, die keiner festen Richtung folgen, bezeichnet ein x oder +, wie Evans erkannt hat,[11] den Anfang des Textes oder einzelner Zeilen.

Die Punktleiste wäre, wenn man sie als Markierung des Textendes auffasst, entbehrlich, in den Augen des Schreibers vielleicht sogar überflüssig. Aber ist sie auch als Kennzeichnung des Anfangs notwendig? Bei der Beschriftung mittels einer **vollkommenen** Spirale sind Anfang und Ende leicht und eindeutig erkennbar wie beim goldenen Ring von Mavro Spilio, der eine Spiralschrift in Lin A trägt. Aber da die Diskusspiralen am Scheibenrand einen fast vollständigen Kreis bilden, ehe sie zur Spirale nach innen abknicken,[12] darf bei Textbeginn im äußeren Kreis ein Hinweis keinesfalls fehlen. Sonst könnte man beispielsweise mit der Zeichengruppe A10 oder B36 beginnen.

Wie die Analyse der einzelnen Schritte bei der Beschriftung des Diskus gezeigt hat, wurde auf Seite A zuerst die Punktleiste gezogen,[13] dann Spirale, WT, Schriftzeichen und schließlich die Dorne.[14] Sollte der Schreiber vielleicht als allererstes das Ende des noch zu stempelnden Textes und nicht den Anfang festgelegt haben? Die meist übersehene Tatsache, dass beide Punktleisten genau übereinander liegen, verrät, dass er den Text auf beiden Seiten jeweils an derselben Stelle entweder beginnen oder enden lassen wollte.[15] Eine Entscheidung dürfte leichtfallen.

Eines der gravierendsten Argumente für linksläufige Leserichtung gründet sich auf die Beobachtung, dass die Schriftzeichen, wie die Überschneidungen belegen, von außen nach innen gestempelt wurden.[16] Vereinzelter Widerspruch (Haecker/Scheller 1971; Haecker 1986)[17] fand häufig dankbare und unkritische Aufnahme. Aber selbst bei völliger Diskreditierung der Überschneidungen kann linksläufige Stempelungsrichtung anhand mehrerer Korrekturen nachgewiesen werden.[18] Besondere Aufmerksamkeit verdient jedoch die Position von Grumach, der zwar Linksläufigkeit der Stempelungsrichtung anerkennt, aber Rechtsläufigkeit der Leserichtung annimmt.[19] Die Vorlage für den Diskus sei natürlich von einem Schriftkundigen angefertigt worden, während die Abschrift von einem illiteraten Kopisten stammen könne. Diese Vermutung sei, wie Chadwick, der Mitentzifferer von Lin B, meint, höchst

---

[11] 1909, S. 250ff.
[12] Siehe o. S. 21, Fig. 5a und b.
[13] Siehe o. S. 25.
[14] Siehe o. S. 20-45.
[15] Ausführlicher o. S. 23.
[16] Siehe o. S. 39-42.
[17] Siehe o. S. 39.
[18] A8 (s.o. S. 71f.); 10 (S. 66f.); 16 (S. 68f.); 17 (S. 75f.); 29 (S. 63ff.); B32 (S. 68); 35 (S. 60f.); 44 (S. 58ff.).
[19] Siehe o. S. 38 unter 5.

unwahrscheinlich, entziehe sich aber einer direkten Widerlegung.[20] Dem ist nicht so. Gegen Grumachs These sprechen mehrere Dinge. Sie wird durch keinerlei Beobachtung oder Argument nahegelegt, ist also unnötig. Sinnvoll ist die Aufteilung auf Textverfasser und ausführenden Helfer nur dann, wenn sie irgendeinen Nutzen verspricht. Gelegentlich zeigen römische Grabsteine schwere orthographische Fehler, weil der schreibunkundige Steinmetz die korrekte Vorlage nicht lesen konnte, sondern nur als ‚Grafik' auf den Stein übertrug. Dass es nicht Aufgabe eines Steinmetzen ist, auch den Text zu verfassen, versteht sich von selbst. Hingegen hätte eine Arbeitsteilung beim Diskus nur Nachteile und keinen Zeitgewinn gebracht. Das stärkste Argument gegen Grumachs These geht davon aus, dass Schriftkundige und Analphabeten im Allgemeinen grundverschiedene Schreibfehler machen. Wir haben gesehen, dass sowohl dem Hersteller der Diskusvorlage als auch dem Stempler dieselben Fehler unterlaufen sind. Sie bestanden zumeist im versehentlichen Weglassen stummer Deutezeichen. Andererseits war der Stempler in der Lage, einen Fehler in der Vorlage (A29) spontan zu erkennen und sofort zu beheben.[21] Er war mit Sicherheit kein Analphabet. Wie hätte er sonst zwischen phonetischen und nichtphonetischen Schriftzeichen unterscheiden können?[22] Vielmehr hätte er wahllos Zeichen ausgelassen. Ihm wären auch andere Fehlertypen unterlaufen, die auf dem Diskus nicht zu finden sind: Umstellung einzelner Zeichen; Auslassung eines ganzen Wortes, wenn zwei Wörter mit denselben Zeichen beginnen;[23] Verwechslung ähnlicher Zeichen.

Es besteht nicht mehr der mindeste Zweifel, dass Stempelungs- und Leserichtung zusammenfallen und der Diskus linksläufig von außen nach innen zu lesen ist. Die für die Entzifferung wichtige, wenn auch nicht entscheidende Frage der Reihenfolge der zwei Diskusseiten wird weiter unten S. 208-215 erörtert.

---

[20] Chadwick 1963, S. 4.
[21] Siehe o. S. 63-65 und 77.
[22] Siehe o. S. 71.
[23] Dazu hätte der Stempler reichlich Gelegenheit gehabt: A3-4: ; 6-7: ; 16-17: ; 19-20: ; 22-23: ; B49-50-51: ; 54-55-56: .

DETERMINATIVE 👤 UND ⊕

Das häufig vorkommende Schriftzeichen 👤, das im Allgemeinen mit ⊕ ein Paar bildet, ist das „key word" des Diskus von Phaistos (Owens[1]). Die Ansichten über seine Bedeutung gehen aber weit auseinander. Allerdings hat man schon früh den Eindruck gewonnen, beide Zeichen seien nicht phonetischer Natur, sondern stumme Deutezeichen (Determinative [Det.]). Die Analyse der Korrekturen auf dem Diskus hat gezeigt, dass es sich tatsächlich um Det.e handelt.[2] Denn der Schreiber hat sie häufig vergessen und später mittels einer Korrektur nachgetragen. Dieses Vergessen erklärt sich am leichtesten daher, dass Kopf und Schild als Det.e nicht gesprochen wurden und der Schreiber sie beim Stempeln der anderen Zeichen innerlich ‚überhört' haben konnte.

Hier soll nun der Versuch unternommen werden, das Det.problem auf überwiegend philologischem Wege zu lösen. Zunächst empfiehlt sich ein kurzer Blick auf einige linguistische Begriffe, die wegen funktionaler Überschneidungen gern miteinander verwechselt oder unscharf gebraucht werden.

Piktogramm. „Piktographie liegt vor, wenn ein Bild nichts anderes als den Gegenstand versinnbildlichen soll, den es darstellt" (Doblhofer[3]). Das Piktogramm ist daher nicht an eine bestimmte Sprache gebunden. Eine klare Unterscheidung vom Ideogramm ist nur schwer möglich.

Ideogramm. Ein Ideogramm ist ein Wortzeichen und hat häufig piktographischen Charakter. Der Bildcharakter kann aber auch im Zuge einer Vereinfachung bzw. Abstrahierung weitgehend schwinden. Ideogramme sind sprachunabhängig. Z.B. wird in den Keilschriftsprachen dasselbe Ideogramm je nach der zugrunde liegenden Sprache unterschiedlich ausgesprochen.[4] Das Ideogramm *4* lautet im Deutschen *vier*, im Englischen *four*, im Französischen *quatre* usw. Ideographie ist grundsätzlich eine nichtphonetische Schreibweise. Dies schließt nicht aus, dass ein Ideogramm mit einem phonetischen Zeichen (z.B. mit einer Silbe) verbunden werden kann,[5] wie im Hieroglyphen-Hethitischen,[6] aber auch in modernen Sprachen. Die ideographische Kardinalzahl *4* kann im Englischen durch Anhängen des phonetischen Elements *-th* zur Ordinalzahl werden: *4th* (phonetisch: *fourth*).

Ideogramme können nicht nur ein einzelnes bestimmtes Wort bezeichnen (man spricht dann gelegentlich von einem Logogramm), sondern auch in ihrem Bedeutungsumfang erweitert und allgemeiner gebraucht werden.[7] Bisweilen werden mehrere Ideogramme miteinander kombiniert: in Lin B

---

[1] 1997, S. 86.
[2] Siehe o. S. 69-71.
[3] 1993, S. 21.
[4] Siehe Friedrich, Entzifferung ..., 1966, S. 35.
[5] Siehe Friedrich ebd. S. 35; ders., Geschichte ..., 1966, S. 47 und 54.
[6] Neumann 1992, S. 33.
[7] Siehe Friedrich, Geschichte ..., 1966, S. 45f.

bildet z.B. die Verbindung der Ideogramme für *Gold* und *Schale* den Begriff *goldene Schale*.[8] In manchen Sprache können Ideogramme neben ihrer ‚eigentlichen' Funktion auch „determinativen und phonetisch-silbischen Wert haben" (Friedrich[9]).

Determinativ. Det.e deuten oder klassifizieren das zugehörige Wort. Als Deutungshilfen bedürfen sie keiner phonetischen Ausstattung und werden daher nicht gesprochen. Überspitzt formuliert: Det.e sind s t u m m e Ideogramme. Darin liegt das große Verwechslungspotential beider Zeichengruppen.

In vielen Fällen sind Det.e verzichtbar, und ihre Verwendung ist oft dem Belieben überlassen. Die natürliche Stellung sind Anfang oder Ende eines Wortes. In den ägyptischen Hieroglyphen stehen die Det.e stets nach dem Wort, in der sumerischen und babylonischen Keilschrift und im Hieroglyphen-Hethitischen davor oder danach. Das Babylonische und die ägyptischen Hieroglyphen kennen die Kombination mehrerer Det.e. So bildet im Babylonischen die Verbindung der Det.e für *Sohn* und *Frau* den Begriff *Tochter*.[10]

Ebenso wie die Ideogramme „sind auch die Determinative in allen Keilschriftsprachen gleich", was den Entzifferern ihre Arbeit sehr erleichterte (Friedrich[11]).

In den Keilschriften (und in den ägyptischen Hieroglyphen) können dieselben Zeichen sowohl Det.e als auch Ideogramme und phonetische Elemente (wie Silben) darstellen.[12] Im Hieroglyphen-Hethitischen kann das Ideogramm für *Gott* auch Det. vor einem Götternamen sein.[13]

Zu den zu Unrecht bestrittenen Det.en in Lin B siehe u. S. 90.

Für den determinativen Charakter von 𓀀 und auch ☉ sprechen aus philologischer Sicht vor allem statistische Auffälligkeiten ihrer Position und der Längenverhältnisse der Diskuswörter. Einen wichtigen Beitrag hierzu hat Ipsen geleistet,[14] allerdings ohne durchschlagenden Erfolg.

Der ‚Irokesenkopf' 𓀀 steht 19x am Anfang einer Zeichengruppe und niemals an anderer Stelle. Dies ist eine typische Position eines Det.s, während Ideogramme häufig isoliert – als eigenständiges Wort – auftreten. Ein Ideogramm könnte zwar mit einer phonetischen Endung versehen werden, aber auf 𓀀 würden bis zu fünf phonetische Zeichen (A14: ⟩┆⌐𓃀𓀀) folgen, eine fast unmögliche Vorstellung. Auch eine Doppelschreibung mit ideographischem und phonetischem Teil ist ausgeschlossen, weil sonst das vermeintliche Ideogramm 𓀀 auf vier verschiedene Weisen geschrieben worden wäre (A14 =

---

[8] Siehe Heubeck 1966, S. 22; Hooker 1979, S. 22; Bartoněk 2003, S. 119. Beispiele für das Sumerische bei Friedrich, Geschichte ..., 1966, S. 46.
[9] Entzifferung ..., 1966, S. 37f.; ders., Geschichte ..., 1966, S. 50.
[10] Bermant/Weitzmann 1979, S.197. Zu den Determinativ-Kombinationen im Neuägyptischen siehe Erman 1933, S. 14, §26.
[11] Entzifferung ..., 1966, S. 37.
[12] Friedrich S. 37f.
[13] Friedrich S. 79.
[14] Ipsen 1929, S. 28-32.

20; B34; 42; 59) und das Zeichenpaar ⊙🌸 sogar auf zehn (A1; 5; 8; 10; 12; 16 = 19 = 22; 17; 23; 26; B32). Faucounau bestreitet jedoch den Det.charakter von 🌸 mit dem Fehlen anderer Det.e auf dem Diskus. 🌸 wäre dann ein „déterminatif isolé"; aber dieses Zeichen würde sich in nichts von den übrigen Zeichen unterscheiden. Vielmehr wäre der Dorn ein „candidat plus plausible" für ein Det., da seine Form von den übrigen Zeichen abweiche.[15] Faucounau übersieht die Tatsache, dass Det.e sehr häufig, schon wegen ihrer Deutefunktion, als Bildzeichen in Erscheinung treten und sich von anderen Schriftzeichen überhaupt nicht unterscheiden (müssen).

Read will die Anfangsposition von 🌸 nicht als eindeutiges Indiz für Det. gelten lassen und glaubt auch bei anderen Wörtern, die nicht mit 🌸 beginnen, dieselben Verhältnisse („the same laws") zu finden.[16] Als Beleg führt er zwei Wörter (A30 und B61) an, die an anderen Stellen des Textes mit ‚Präfixen' und/oder ‚Suffixen' ausgestattet zu sein schienen:

A30	🏃❘	B61	○❘
B38	🧍🌿🏃❘	A3	◊○❘
A26	🏃❘⊙🌸	B55	◊❘○
A1	◊🏃❘⊙🌸	A6	⊙○❘🌸
B39	▷🏃❘○✝	B33	★○❘🌸

Beide Wortzeichen seien „strictly parallel in construction".[17] Dies stimmt. Aber Read übersieht, dass z.B. die ‚Präfixe' ✝, ◊, ○ und 🌸 insgesamt nur sehr selten als solche vorkommen (✝: 1x; ◊: 3x; ○: 2x; 🌸: 1x), während die Zahl für 🌸 bzw. ⊙🌸 deutlich höher ist: A1 (vgl. 30); A8 (vgl. 24); A14 = 20 (vgl. B43); A16 = 19 = 22 (vgl. 9 und 25); B59 (vgl. 47). Viel wichtiger ist jedoch, dass 🌸 19x ausnahmslos nur am Anfang von Wörtern auftritt und ⊙ – von viermaliger Endstellung abgesehen – nur an zweiter Stelle, und zwar jeweils hinter 🌸. Macalister hatte aus der besonderen Stellung von 🌸 geschlossen, dass es höchst unwahrscheinlich sei, „that a frequent *phonetic* character should be thus restricted in its use".[18]

Freilich gibt es in Silbenschriften, wie auch beim Diskus anzunehmen ist,[19] bestimmte phonetische Schriftzeichen, die vorwiegend am Anfang eines Wortes stehen. Es sind dies die Zeichen für einzelne Vokale. Denn bei einem einfachen Syllabar, dessen Silben zumeist aus Konsonant und Vokal (*na, ne, ni, pa, pe* usw.) zusammengesetzt sind, werden für die Schreibung von mit Vokal anlautenden Wörtern auch reine Vokalzeichen benötigt.[20] Sonst könnte man *Meise* und *Ameise* oder *der, Ader, Eder* und *oder* nicht unterscheiden. Bisweilen werden Vokalzeichen auch im Wortinnern verwendet. So wird

---

[15] Faucounau, Le déchiffrement ..., 1975, S. 16.
[16] Read 1921, S. 36f.
[17] Read S. 36.
[18] Macalister 1912/13, S. 345.
[19] Siehe u. S. 135f.
[20] Packard 1974, S. 80f.; s. auch Schürr (1973, S. 9), der in 🌸 ein Vokalzeichen vermutet.

Phaistos in Lin A und B mit Binnen-*i* geschrieben: 𐀞𐀂𐀵 (*pa-i-to*). Gegen 👤 als Zeichen für einen bloßen Vokal spricht mehrerlei: sein völliges Fehlen im Wortinnern, seine seltsame Häufung auf Seite A des Diskus (von insgesamt 31 Wörtern würden 14 mit ein und demselben Vokal beginnen) und seine wortverlängernde Funktion (s.u.). Außerdem fällt stark ins Gewicht, dass der auf 👤 13x folgende Schild ⊙ ein Rätsel aufgeben würde: Gleichgültig, ob er ein Zeichen für reinen Vokal oder für K+V wäre, er würde zusammen mit dem vermeintlichen Vokal 👤 eine seltsame lautliche Einförmigkeit der Wortanfänge erzeugen. Ein solch auffälliger Stabreim wäre zudem im Diskustext unsystematisch angewendet.[21] Ebenso wie 👤 fungiert auch ⊙ als Wortverlängerer. Anwartschaft auf einen reinen Vokal besitzt von den Diskuszeichen am ehesten 🐾 (8x am Wortanfang; 3x an 2. Stelle; keine Wortverlängerungsfunktion).

Da Det.e als stumme Zeichen nur fakultativ gesetzt werden und ihr Fehlen den Wortlaut im Allgemeinen nicht verändert, bedeutet ihre Verwendung prinzipiell eine Wortverlängerung. Ideogramme dagegen verkürzen den Text. Denn an die Stelle eines phonetisch mit Silben oder Buchstaben geschriebenen Wortes kann ein einziges Ideogramm treten.

Schürr jedoch glaubt, dass man beim Diskus nicht zwischen phonetischen Präfixen und Det.en begründet unterscheiden könne.[22] Natürlich verlängern auch Präfixe die Wörter, denen sie vorangestellt sind. Verwendet man den Begriff ‚Präfix' nur weit genug, fallen auch die Det.e unter ihn. Bei der Analyse des Gebrauchs von 👤 bzw. ⊙👤 geht es jedoch nicht um die vielen Möglichkeiten ein Wort zu verlängern (durch Infix, Doppelschreibung, Verbindung zweier Wörter usw.), sondern um eine spezifische und eindeutig interpretierbare Form der Verlängerung.

Betrachten wir nun die unterschiedliche Länge der Diskuswörter. Sieht man zunächst von der Frage ab, ob 👤 und ⊙ überhaupt Det.e sind, und wertet beide als Schriftzeichen wie die übrigen 43, ergibt sich folgende Übersicht über die Längenverteilung der 61 Zeichengruppen (= Wörter):

Zeichenzahl innerhalb eines Wortes	Vorkommen	davon mit ⊙👤	nur 👤
2	6		
3	16		
4	22	5	3
5	12	5	1
6	2		2
7	3	3	
insgesamt:	61	13	6

---

[21] Abwegig Bossert, Die Erfindung ..., 1937, S. 18f.
[22] Schürr 1973, S. 8. Seine Begründung ist unklar und abenteuerlich. Unter anderem meint er: wenn man 👤 als Det. für einen „Krieger oder Fürsten" auffasste, dürfte die 8-förmige Wangenmarke von 👤 „demnach als Kennzeichen des Sklaven zu gelten haben." Da aber 👤 nur im Wortinnern (A28 = 31) vorkomme, könne es kein Det. sein. Also sei auch 👤 kein Det. (S. 8f.)!

Die längsten Wörter mit 6 oder 7 Zeichen beginnen ausnahmslos mit 🗿 (A14 = 20) oder mit ⊙🗿 (A17 = 29; 23). Auch die Hälfte aller 5-Zeichenwörter entfällt auf die Kopfwörter (A1; 5; 10; 12; B32; 59). Damit erweisen sich Kopf bzw. Kopf + Schild als wortverlängernde Zeichen.

Als Gegenprobe können Zeichen dienen, die besonders häufig am Anfang oder auch am Ende eines Wortes erscheinen. Obwohl der Katzenkopf 🐱 8x am Wortanfang steht, leitet er nur ein einziges Wort mit insgesamt 5 Zeichen ein (B44). Auch das Fell 🦊 befindet sich 5x am Anfang von Wörtern, die aber weniger als 5 Zeichen aufweisen. Nicht besser sieht es mit den Zeichen aus, die besonders häufig das Ende einer Zeichengruppe bilden. (Det.e kennen, wie oben gesagt, sehr wohl die Endstellung. Bei rechtsläufiger Leserichtung wären Anfang und Ende eines Wortes ohnehin vertauscht.) So schließt ◯ trotz 8-maliger Endstellung nur in drei Fällen 5-Zeichenwörter (B32; 58; 59) ab, von denen jedoch zwei (32; 59) mit 🗿 bzw. ⊙🗿 eingeleitet werden! Der laufende Mann 🏃 weist bei 7-maliger Endstellung kein einziges 5-Zeichenwort auf. 🌱, ebenfalls 7x am Ende stehend, bildet nur zwei Wörter mit 5 Zeichen (A10; B44), wobei A10 mit ⊙🗿 beginnt. Als letzter Anwärter für Wortverlängerer kommt der Winkel ⟩ in Frage, der 6x ein Wort beendet (A1; 8; 14 = 20; B39; 45). Er kann für sich in Anspruch nehmen, vier lange Wörter abzuschließen: zwei 5-Zeichenwörter (A1; B39) und zwei 6-Zeichenwörter (A14 = 20). Allerdings werden beide 6-Zeichenwörter mit 🗿 eingeleitet und eines der 5-Zeichenwörter (A1) sogar mit ⊙🗿.

Die Gegenprobe hat also die Annahme einer Sonderstellung von 🗿 bzw. ⊙🗿 nicht etwa geschwächt, sondern zur Gewissheit gemacht. Von den 45 bildhaften Schriftzeichen des Diskus können nur 🗿 und ⊙ als Wortverlängerer gelten.[23] Geradezu überdeutlich wird ihre Funktion noch dadurch, dass sie 13x als Paar auftreten. Wenn es auch unter den übrigen Zeichen eine Reihe von Paaren gibt, so doch keines, das als Wortverlängerer interpretiert werden könnte. Noch bemerkenswerter ist, dass sich unter den sechs 2-Zeichenwörtern und den 16 3-Zeichenwörtern kein Beispiel mit dem Paar ⊙🗿 befindet. Offensichtlich kann das Paar als alleiniger oder überwiegender Bestandteil kein Wort bilden. Dem stünde aber kein Hindernis im Wege, wenn 🗿 und ⊙ phonetischer Natur wären. Unter welchem Aspekt auch immer man die statistischen Besonderheiten von 🗿 und ⊙ betrachtet und analysiert, beide Zeichen können keine Laute repräsentieren. Ihre Funktion als stumme Zeichen u n d Wortverlängerer bezeugt für sie zwingend Det.charakter.

Diesem Befund stehen aber zweifelnde und ablehnende Auffassungen entgegen, meist ohne tragfähige Begründungen. So äußert Heubeck Bedenken, da „es in den kretischen und kyprischen Linearschriften wohl nie Determinative gegeben hat."[24] Der Analogieschluss hat natürlich kein Gewicht; denn

---

[23] Ebenfalls als Wortverlängerer fungiert der sogenannte Dorn, der sich aber wegen seiner ‚abstrakten' Gestalt von den übrigen Schriftzeichen prinzipiell unterscheidet.
[24] Heubeck 1979, S. 9 Anm. 81.

sonst müsste man mit Hinweis auf die Rechtsläufigkeit von Linear A und B auch für den Diskus Rechtsläufigkeit postulieren. Aber das Fehlen von Det.en in Lin B – eine mehrmals aufgestellte Behauptung[25] – entspringt vermutlich der notorischen Verwechslung von Det. und Ideogramm. So spricht Hooker von einem Lin B-Ideogramm, das als „a kind of classifier or determinative" fungiere.[26] Aber ein gesprochenes Ideogramm kann nicht zugleich ein stummes Zeichen sein. Korrekt hingegen attestiert Friedrich Lin B eine „Anzahl Wortzeichen (bzw. Determinative)"[27] Echte Det.e finden sich in Lin B allenthalben. Ein besonders eindrucksvolles Beispiel besitzen wir in der Knossostafel KN As 1516 mit einer langen Liste von silbisch geschriebenen Männernamen, denen jeweils ein Bildzeichen für ‚Mann' (⚥) und die Zahl 1 (I) folgen. Das Zeichen ⚥ darf hier nicht gesprochen werden, ist also kein Ideogramm, sondern stummes Det.[28]. Seine Aufgabe ist es, das Personenverzeichnis übersichtlich zu gestalten. Natürlich war es dem damaligen Schreiber gleichgültig, ob es sich bei ⚥ um ein Det. oder Ideogramm handelt. Von solcher Gleichgültigkeit muss sich allerdings die heutige Forschung fernhalten. – Auch in Lin A scheint es Det.e gegeben zu haben.[29]

Versuchen wir nun anhand einiger Gelehrtenmeinungen die Inhalte zu bestimmen, auf die die Det.e 𓀀 und ⊙ hindeuten. 𓀀 kennzeichne die folgenden Zeichen als Person (Ipsen[30]), Fürsten (Pernier[31]) oder Herrscher (Molčanov[32]). Es sei „a determinative for things relating to *men*" und determiniere „*a proper name*" (Macalister[33]). Die Verbindung von 𓀀 und ⊙ habe „une valeur particulière" (A. J.-Reinach[34]). ⊙ modifiziere den Kopf (Della Seta[35]). Evans sieht in dem wiederholten Auftreten von ⊙ mit dem „warrier's head in a crested helmet" einen Hinweis darauf, dass ⊙ einen Schild darstelle;[36] „the continual coupling of the helmeted head and round shield may be taken to complete the idea of a particular class of warrier."[37] Rowe meint, dass ⊙𓀀 „ideagraphic determinatives" (sic!) seien und anzeigten, dass die folgenden Schriftzeichen den Eigennamen eines „'Chief of the Shield'", eines „commander-in-chief of an army" enthielten.[38] Der Streit entzündete sich vor allem an der Frage, was ⊙ versinnbildlichen soll. So hat man u.a. auch einen κέρνος, eine Opferschale, in Erwägung gezogen.[39] Zu weiteren Vorschlägen

---

[25] Außer Heubeck noch Neumann 1992, S. 28; Bartoněk 2003, S. 98.
[26] Hooker 1979, S. 22 (s. auch S. 25).
[27] Friedrich, Geschichte ..., 1966, S. 68.
[28] Chadwick (1973, S. 92) und Hooker (1979, S. 22) sprechen hier fälschlich von einem Ideogramm.
[29] Hooker S. 25.
[30] 1929, S. 30.
[31] 1908/9, S. 283.
[32] 1977.
[33] 1912/3, S. 345.
[34] 1910, S. 14.
[35] 1909, S. 322.
[36] Evans 1909, S. 277.
[37] Ebd. S. 283.
[38] Rowe 1919, S. 147.
[39] Pernier 1908/9, S. 291f. und andere.

siehe z.B. Timm.[40] Allerdings lässt sich die genaue Bedeutung von ☻ (und auch 🯅) weniger, wie es zumeist geschieht, durch archäologisches Parallelmaterial[41] ermitteln, sondern eher durch eine textbezogene philologische Analyse. Wenn man auch zu keinem sicheren Ergebnis gelangen wird, so kann man das Bedeutungsfeld jedoch etwas eingrenzen.

Die Fülle der mit 🯅 oder ☻🯅 eingeleiteten Wörter auf Seite A des Diskus brachte Macalister zu dem Glauben, es handele sich um eine Zeugenliste, wie am Ende von assyrischen Verträgen.[42] Es liegt im Wesen einer solchen Liste, dass ein Zeuge dort nicht mehrmals aufgeführt werden darf.[43] Die Namenswiederholungen auf Seite A (A14 = 20; 16 = 19 = 22; 17 = 29; 1 = 26?) schließen eine Zeugenliste aus. Keine Hilfe bringt Macalisters zusätzliche Vermutung, der Schild bedeute „before, in presence of"[44], vielmehr führt sie zu einer überkomplizierten Struktur, die weiterer kühner Annahmen bedarf und natürlich in der altorientalischen Welt wohl einmalig wäre.

Da der Schild nicht nur als stummes, sondern 4x als phonetisches Zeichen am Ende von Wörtern fungiert,[45] ist die Versuchung groß, dem Schild auch in den Fällen, wo er zusammen mit bzw. hinter 🯅 auftritt, einen phonetischen Wert zu geben. Aber da es in alten Schriften nicht ungewöhnlich ist, dass ein nicht gesprochenes Det. in anderen Positionen als Lautzeichen gebraucht werden kann, haftet diesem Umstand nichts Besonderes an.

Timm liest ☻ an a l l e n Stellen silbisch als *qe*, obwohl er für 🯅 determinativen Charakter nicht ausschließt.[46] Es ist aber unmöglich, an ein stummes Zeichen eine phonetische Erweiterung zu hängen. (Hingegen lassen Ideogramme phonetische Fortsetzungen zu.) Der mögliche Ausweg, 🯅 sei ein Det., ☻ jedoch ein lautliches Präfix, kann nicht beschritten werden, da ☻ eine enge Verbindung zu 🯅 aufweist und nicht ohne 🯅 am Anfang einer Zeichengruppe zu finden ist. Diese Überlegungen gelten für alle möglichen Laute, die die Entzifferer für ☻ postuliert haben.

Ein wichtiger Teil wissenschaftlicher Arbeit im Allgemeinen und der Diskusforschung im Besonderen ist die Eliminierung vielfältiger Annahmen, um im Ausschlussverfahren den wirklichen Verhältnissen immer näher zu kommen. Daher empfiehlt es sich, 🯅 zunächst in einem ganz weiten Sinne auf eine Person zu beziehen und ☻ eine die Person irgendwie zusätzlich charakterisierende Funktion zuzuschreiben.

Die allgemeinste Bedeutung von 🯅 ist *Mensch*, gleichgültig ob männlich oder weiblich. Die 13 oder 14[47] v e r s c h i e d e n e n Personen des Diskus wären

---
[40] 2005, S. 98-100.
[41] Die Philisterfrage wird u. S. 202ff. erörtert.
[42] Macalister 1912/3, S. 345.
[43] Einige Zeugenlisten finden sich z.B. bei Greßmann 1926, S. 434-439.
[44] Macalister S. 345.
[45] Der lautliche Charakter von ☻ an diesen Stellen steht außer Frage, da ☻ in ähnlichen Wörtern durch 🯆 ersetzt wird (vgl. A2-B41; A6-B33; A25-A9; B36-B44). 🯆 ist nicht auf die Endstellung beschränkt, sondern befindet sich auch 4x in der Wortmitte (A17 = 29; B47; 59).
[46] Timm 2005.
[47] Je nachdem, ob man A1 mit 26 gleichsetzt oder nicht.

demnach Männer und/oder Frauen. Der seltsame Kopfputz, über den bei der Erörterung der Philisterfrage noch ausführlich gesprochen werden soll (s. u. S. 201ff.), lässt an einen Mann denken. Denn wenn das Zeichen einen kahlen Schädel darstellen sollte, würde die Haarlosigkeit zu drei anderen Diskuszeichen passen, hinter denen wohl Männer zu vermuten sind (🏹, 🗡, 🧍). Demgegenüber weist das Frauenzeichen 👩 lange Haare auf. Andererseits, wenn der Kopfschmuck von 👤 einen besonderen Haarschnitt wiedergeben sollte, würde der Irokesenkopf sich nur schlecht mit der Annahme weiblicher Haartracht vertragen. Überhaupt ist es unwahrscheinlich, dass der Diskustext von einer größeren, durch besonderen Kopfzierrat hervorgehobenen Gruppe von Frauen handeln sollte.

Das Det. ☻, das als spezifizierendes Element 13x zum Irokesenkopf tritt, erscheint aber 4x als ‚normales' Schriftzeichen[48] am Ende von Zeichengruppen. Dies verengt den Spielraum für mögliche Deutungsansätze erheblich. Denn ☻ als phonetisches Zeichen muss sich in den Bedeutungsrahmen der übrigen 43 phonetischen Zeichen einfügen lassen. Wenn auch der bildhafte Inhalt einiger Zeichen nicht oder nicht sicher gedeutet werden kann, so scheinen die durch die Schriftzeichen repräsentierten Dinge eher dem Alltagsbereich anzugehören (Eine Aufstellung aller Diskuszeichen u. S. 189). Die Interpretation von ☻ als einer speziellen Opferschale (Kernos) würde weniger ins Gesamtbild passen; dagegen würde sich ☻ als Schild zwanglos in die kriegerischen/jagdlichen/‚männlichen' Geräte (🗡, 🏹, 🛡, eventuell auch 🏹, 🗡) einreihen. Zum weiteren Bereich dieses Bedeutungsfeldes gehört auch der Gefangene (🧍). Diese Diskuszeichen erwecken den Eindruck einer militärischen, vorzugsweise männlich dominierten Zivilisation. Dass der Kopf 6x ohne ☻ auftritt, ist leicht erklärlich: 👤 allein bezeichnet vermutlich einen Angehörigen einer besonderen (Krieger-)Kaste, während 👤 + ☻ ihn als waffenfähig, zumindest aber als im waffenfähigen Alter stehend, ausweisen. Dies bedeutet keineswegs, dass wir uns Phaistos als einen spartanischen Staat vorzustellen haben, sondern nur, dass eine herausgehobene Schicht ihren Rang in militärischen Formen ausdrückte. Noch heute empfangen die meisten zivil regierten Staaten hochgestellte Gäste mit militärischen Ehren. Die Tatsache, dass der Diskus im Palast von Phaistos aufgefunden wurde, die auffällige, den Rang erhöhende Kopfzier, die besonders aufwendige und wohl singuläre Textgestaltung, all das lässt vermuten, dass uns mit 👤 bzw. ☻👤 die Herren von Phaistos entgegentreten.

Wenn nun die Köpfe aber nicht Menschen, sondern Götter bezeichnen sollten? Hat man dem Diskustext doch gern einen religiösen Inhalt (Götterhymnus) zugeschrieben.[49] Wäre 👤 ein Götterdeterminativ, müssten wegen ☻ die meisten Götter Kriegsgötter sein. Einen solchen Reigen und ein solches Übergewicht von Kriegsgöttern kann man nicht ernsthaft für eine antike

---

[48] Siehe Anm. 45.
[49] Siehe z.B. Evans 1909, S. 287 und 291-293; ders. 1921, S. 665f.; Payne 1935, S. 170; Bossert 1938, S. 7; weitere Belege bei Baffioni 1957, S. 244.

Kultur postulieren. Wenn sich im 20. Gesang der Ilias elf Götter auf Zeus' Geheiß in den Kampf begeben (V. 31-40), kann man unter ihnen nur Ares als eigentlichen Gott des Krieges erkennen und eventuell noch Athene. Die „gern lächelnde" Aphrodite (40) z.B. ist von Hause aus keine Kriegerin. Der Umstand, dass Götter auf Grund ihrer im Vergleich zum Menschengeschlecht gewaltigen Stärke eine gewisse Kriegstauglichkeit besitzen, stempelt sie noch nicht zu Kriegsgöttern. Wenn der Diskus einen Hymnus, der Götter und Göttinnen umfasst, enthielte, warum verwendete der Schreiber nicht ein neutrales Det. für Gott (wie z.B. im Hieroglyphen-Hethitischen das Zeichen ⍟)?

Es spricht also vieles dafür, dass der Kopf als Det. für hochgestellte männliche Personen gebraucht wird. Damit ist aber nicht notwendig die Annahme verbunden, die determinierten Wörter enthielten Eigennamen. Man könnte beispielsweise auch an Verwandtschaftsbezeichnungen (Vater, Bruder, Sohn u.ä.) denken. Im Diskustext fänden sich dann 19 solcher Angaben, von denen 13 bzw. 14 unterschiedlich wären: eine unerträgliche Fülle. Damit wäre jedwede Art eines Stammbaumes ausgeschlossen, da er mit wenigen Verwandtschaftsbezeichnungen auszukommen pflegt. Durch das gedrängte Auftreten der Kopfwörter auf Seite A des Diskus kämen sogar einige Bezeichnungen in direkten Kontakt miteinander, etwa: Bruder des Vaters (statt Onkel). Dies kann man veranschaulichen an dem 3x vorkommenden Kopfwort A16 = 19 = 22. Unterstellen wir dem Wort die Bedeutung ‚Bruder' und nehmen darüber hinaus an, ‚Bruder' stünde jeweils v o r dem zugehörigen Wort. Dann ergäbe sich:

Bruder (16) des Vaters/Sohnes usw. (17)
Bruder (19) des Großvaters usw. (20)
Bruder (22) des Enkels usw. (23)

Sinnvoll wäre das alles nur, wenn es sich um drei verschiedene Brüder handelte, wobei man sich natürlich darüber wundern müsste, dass diese drei Brüder in Bezug gesetzt werden zu drei unterschiedlichen Verwandtschaftsbezeichnungen. Aber selbst diese abwegige Vorstellung wird noch bedeutend erschwert durch eine weitere Überlegung. Denn die Namen der Brüder müssten jeweils vor ‚Bruder' (16 = 19 = 22) stehen: es handelt sich um die ‚kopflosen' Zweizeichenwörter 15, 18 und 21. Allerdings sind die mutmaßlichen Namen 15 und 21 identisch, so dass man folgendes Resultat erhielte:

Name I (15) [des] Bruders (16) des Vaters usw. (17)
Name II (18) [des] Bruders (19) des Großvaters usw. (20)
Name I (21) [des] Bruders (22) des Enkels usw. (23)

Demnach träten nacheinander drei Brüder auf, von denen zwei sich einen Namen teilen (15 = 21), die aber Brüder in Bezug auf drei verschiedene verwandtschaftliche Verhältnisse sind. Außerdem würde auch den Verwandtschaftsbezeichnungen 29 und 32 derselbe Name (28 = 31) vorausgehen. Noch komplizierter werden die Dinge dadurch, dass 29 eine Wiederholung von 17, also ‚Vater' usw. ist, der erst an der zweiten Stelle einen Namen erhält (28).

Überhaupt finge der Diskus mit einem Verwandtschaftswort an (A1), dessen zugehörigen Namen wir nirgends erfahren, es sei denn an der sehr späten Stelle 25, sofern das nachfolgende Kopfwort 26 mit 1 identisch sein sollte. Schließlich fragt man sich: wenn 26 𓀀|☉𓀀 eine Verwandtschaftsbezeichnung wäre, was verbirgt sich hinter dem gleichlautenden Nichtpersonenwort 30 𓀀|?

Der Identifizierung der Kopfwörter mit Verwandtschaftsbezeichnungen ist besonders abträglich, dass die Kopfwörter in zwei Gruppen zerfallen: in eine mit ☉𓀀, und in eine andere nur mit 𓀀. Der Sinn einer solchen Einteilung ist nicht ersichtlich, ebenso wenig die spezielle Funktion von ☉, sei es ein Schild oder irgendetwas sonst. Aus dieser Verlegenheit führt auch nicht die Annahme heraus, nur eine der beiden Gruppen enthielte Verwandtschaftsbezeichnungen. Um aber auch die entfernteste Möglichkeit nicht außer Acht zu lassen, wollen wir diese Annahme überprüfen:

Fall I: Nur Wörter mit Kopf u n d Schild seien Verwandtschaftsbezeichnungen. Dann fänden wir neun bis zehn verschiedene, männliche Personen betreffende Verwandtschaftsangaben vor: eine inakzeptabel hohe Zahl! Auch die Probe mit dem 3x auftretenden Wort 16 = 19 = 22 führt zu ähnlich grotesken Resultaten wie oben.

Fall II: Nur Kopfwörter o h n e Schild seien Verwandtschaftsbezeichnungen: Dann kämen wir auf fünf verschiedene (14 = 20; 34; 42; 48; 59): eine immer noch recht hohe Zahl. Auffällig ist auch, dass der Diskustext bis B32 nur e i n e Verwandtschaftsbezeichnung (14 = 20) kennen würde, obwohl bis hierher neun bzw. zehn Personen auftreten, der restliche Text (B33-61) aber vier andere Verwandtschaftsangaben aufweist, ohne dass sich hier auch nur eine einzige Person mit Kopf u n d Schild findet. Aber eigentlich sollten Verwandtschaftsangaben mit Personenbezeichnungen eng verknüpft sein.

Die wiederholte Verwandtschaftsangabe 14 = 20 erlaubt eine Überprüfung im jeweiligen Zusammenhang. Wir nehmen wie bisher an, dass die Bezeichnung v o r dem zugehörigen Wort steht. Dann ergibt sich, wenn wir 14 = 20 willkürlich die Bedeutung ‚Großvater' zulegen:

Großvater (14) des X (15)
Großvater (20) des X (21)

Da der Großvater seine verwandtschaftliche Funktion auf eine wiederholte Person (15 = 21) richtet, handelt es sich bei ihm vermutlich nicht um zwei Großväter, sondern nur um einen. Wenn der Name des Großvaters diesem vorausginge, besäße er entweder zwei unterschiedliche Namen (13 u n d 19) oder er müsste doch in zwei verschiedene Personen aufgespalten werden. Im letzteren Fall wäre von den zwei Großvätern e i n e s Enkels (15 = 21) die Rede. Da aber der Name (19) des Großvaters II (20) 3x genannt wird (19 = 16 = 22) und den Großvater gewissermaßen einrahmt (19 und 22), gerät alles durcheinander. Und es wäre seltsam, wenn dem Großvater II der Name 2x voranginge (16 und 19). 16 müsste aber als vorangehender Name eigentlich zum Personenwort 17 [Hieroglyphen] gehören! Überdies bescherte uns die Annahme, 13 [Hieroglyphe] und 19 [Hieroglyphen] seien Namen, einen Systemwiderspruch, weil 19 anders als 13 zwei Det.e für Person aufweist. All das schließt aus, dass 14 = 20 eine Verwandtschaftsangabe sein kann.

Wenn nun aber das zugehörige Namenswort, z.B. John, dem Großvater f o l g e n sollte, käme man zunächst zu einem befriedigenden Ergebnis:

Großvater (14) John (15)
Großvater (20) John (21)

Diesmal besteht Namensidentität, da 15 = 21 ist. Allerdings stellen sich bei Berücksichtigung des ganzen Diskustextes manche Schwierigkeiten ein. Warum erhält nur John eine Verwandtschaftsbezeichnung, nicht aber die übrigen neun bzw. zehn unterschiedlichen Personen von Seite A des Diskus? Bei der Annahme nachfolgender Namen müsste auch auf die mutmaßliche Verwandtschaftsangabe B59 ein Name folgen (60). Wort 60 [Hieroglyphen] aber ähnelt stark 53 [Hieroglyphen]. Der Name 60 träte also vermutlich 2x auf, beim ersten Mal (53) jedoch ohne Verwandtschaftsbezeichnung.

Es bleibt noch die Variante, dass die Verwandtschaftsbezeichnungen (sowohl Wörter mit [Hieroglyphen] als auch nur mit [Hieroglyphe]) h i n t e r dem zugehörigen Wort stehen. Abgesehen von der schon erwähnten Überfülle von 13 oder 14 verschiedenen Verwandtschaftsverhältnissen träten die Bezeichnungen gelegentlich in direkten Kontakt zueinander. So ergeben dann die unmittelbar hintereinander stehenden Kopfwörter 19 (Bruder) und 20 (Großvater) die Verbindung:

Bruders (19) Großvater (20)

Da aber 19 = 22 ist, gewinnen wir für 22 (Bruder) und 23 (Enkel) das Ergebnis:

Bruders (22) Enkel (23)

Da Bruder noch ein drittes Mal im Text erscheint (16 = 19 = 22), lesen wir die Verbindung von 16 (Bruder) und 17 (Vater) als:

Bruders (16) Vater (17)

Das verwandtschaftliche Geflecht wird noch seltsamer, wenn man berücksichtigt, dass auch 20 und 17 jeweils wiederholte Wörter sind (20 = 14; 17 = 29). Selbst wenn man statt der gewählten Verwandtschaftsbezeichnungen (Großvater, Vater, Bruder, Enkel) willkürlich andere nähme, geriete man in ebensolche Verlegenheiten.

In unserer Modellüberlegung dürfte es sich wohl um mehr als e i n e n Bruder handeln. Welchen Namen tragen die Brüder? Wie heißen Großvater, Vater und Enkel? Wir benötigen mindestens fünf Namen, für die aber zwischen den einzelnen Verwandtschaftsbezeichnungen (16-17; 19-20; 22-23) zu wenig Platz ist. Nimmt man noch die Randwörter 15 und 24 hinzu, ergibt sich folgende Reihe:

Name (15) Bruders (16) Vater (17) Name (18) Bruders (19) Großvater (20) Name (21) Bruders (22) Enkel (23) Name (24)

Es lässt sich nun beobachten, dass die Namen, ganz gleich wie man sie zuordnet, teils vorangehen teils nachfolgen. Und nur, wenn alle drei Brüder identisch wären, käme man mit den Namen soeben aus. Da die Namen 15 und 21 identisch sind, hätte der Bruder 16 denselben Namen wie der Großvater 20. Einmal stünde dann derselbe Name v o r , das andere Mal n a c h der Verwandtschaftsangabe. Viel wahrscheinlicher wäre es, wenn die gleichlautenden Namen 15 und 21 jeweils dem Bruder (16 und 22) vorausgingen. Aber dann bliebe der Großvater (20) ohne Namen. Wie man auch die Verwandtschaftsangaben mit den notwendig zugehörigen Eigennamen kombinieren will, man findet trotz aller zusätzlichen Rettungsmaßnamen keinen vernünftigen Ausweg: Die Kopfwörter sind keine Verwandtschaftsbezeichnungen.

Ebenso verhält es sich mit der Vermutung, Kopfwörter seien Amts- oder Berufsbezeichnungen. Denn auch diese sind den Verwandtschaftsangaben insofern formal gleich, als beide die besondere Funktion einer Person bezeichnen. Deshalb lässt sich die bisherige Argumentation fast unverändert auf Funktionswörter wie Verwalter, Bauer, Töpfer u.ä. übertragen.

Verbergen sich hinter den Kopfwörtern Bezeichnungen für Völkerschaften? Der Diskus stellte dann eine Art Völkertafel dar. Dies wäre nur dann wahrscheinlich, wenn er ein öffentliches Dokument wäre, das der Selbstdarstellung eines Herrschers dienen sollte: eine Siegesstele, eine Liste tributpflichtiger Völker, ein diplomatischer Brief mit Hinweis auf den eigenen Herrschaftsbereich usw. Aber die Kleinheit des Diskus, die Notwendigkeit, ihn in die Hand zu nehmen und beim Lesen fortwährend zu drehen und beim Übergang von Seite eins zu zwei auch noch umzudrehen, sowie die Unmöglichkeit, ihn so zu befestigen, dass man ihn der Öffentlichkeit beidseitig präsentieren konnte, schließen eine solche Verwendung eigentlich aus. Zu diesen allgemeinen Bedenken kommt noch das besondere, dass die Aufteilung der Völkerbezeichnungen in solche mit Kopf und Schild und solche nur mit Kopf völlig sinnlos erscheint. Wollte der Verfasser des Textes damit etwa wehrhafte von unkriegerischen Völkern unterscheiden? Störend in einem Völkerkatalog wären auch die Wiederholungen von Völkernamen, besonders die wiederholte Dreiergruppe 14-16 = 20-22.

Obwohl die Hypothese von Völkernamen wenig Vertrauen verdient, besitzt sie doch gegenüber den bisherigen Annahmen einen bemerkenswerten Vorteil: die Völkernamen gehen keine Verbindungen untereinander ein, die zu unlösbaren Komplikationen führen. Dies beruht einzig und allein auf ihrer Eigenschaft, N a m e n zu sein.

Die Untersuchung leitet nun von selbst zur letzten verbliebenen Annahme über, die Kopfwörter (sowohl mit als auch ohne Schild) stünden für Eigennamen von Personen. Konnten wir bisher aufgrund des relativ reichen Materials, das der Diskus zur Verfügung stellt, bestimmte Vermutungen überprüfen und teilweise mit mehreren unterschiedlichen Argumenten verwerfen, so erwarten wir für den Fall einer zutreffenden Annahme, dass a l l e vorgebrachten

Gegenargumente nunmehr ihre Kraft einbüßen und wenigstens gelegentlich als Stütze dienen.

Die Eigennamen müssen jetzt nicht mehr in verwirrende und absurde Beziehungen zueinander treten, da sie listenförmig aufgeführt werden können. Sie können allein stehen und sind nicht notwendig auf die Beifügung von Verwandtschafts- oder Rangangaben angewiesen. Mehrere Namen lassen sich gegebenenfalls durch eine Funktions- oder Verwandtschaftsangabe zusammenfassen, beispielsweise: die Verwalter A, B und C; die Brüder D, E und F. Die mit Eigennamen bezeichneten Personen können miteinander verwandt sein oder nicht. Die bisher stets getadelte Überfülle an Kopfwörtern stört jetzt nicht mehr. Eine solche Vielzahl ist wegen des offensichtlich privaten Charakters des Diskus (,zur Aufbewahrung in der Schublade') sehr wohl vorstellbar; man denke z.B. an einen Vertrag zwischen zwei Clans. Ab einer bestimmten Häufung von Namen ist die Verwendung rückbezüglicher Personalpronomina nicht mehr zweckmäßig oder gar unmöglich; eindeutige Bezugnahme wird dann nur noch durch Wiederholung der Namen selbst erreicht. Mehrere solcher Nennungen sind für den Diskustext denkbar (1 = 26?; 14 = 20; 16 = 19 = 22; 17 = 29).

Die Aufspaltung der Kopfwörter in Zeichengruppen mit ⊙ﾌ und ⊙ lässt sich nur bei der Annahme von Personennamen natürlich und zwanglos erklären. Es handelt sich vermutlich um zwei Personengruppen, eine schildtragende und eine nichtschildtragende. In Frage kämen verschiedene Altersstufen oder Standes- bzw. Rangunterschiede.

Gibt es nun außer ﾌ und ⊙ noch weitere Det.e auf dem Diskus? Bei dieser Untersuchung geht Neumann von der Voraussetzung aus, dass die aufzuspürenden Det.e „am Anfang von Gruppen stehen (allerdings ist ihr Auftreten hinter dem Federkopf-Det. möglich) und daß sie nicht im Wortinnern oder am Wortende vorkommen, was ja auf silbischen Wert hinweisen würde."[50] Diese Bedingungen sind weder hinreichend noch völlig richtig. Denn Det.e können am Anfang wie am Ende eines Wortes stehen. Bei nichtdeterminativer Verwendung haben diese Zeichen phonetischen Charakter. Echte Det.e erweisen sich stets als Wortverlängerer. Aufgrund seiner eigenen Prämissen vermutet Neumann als zusätzliche Det.e: ⌇, ⊢, ⋏ und ⌂. Diese Vorschläge stellen eine willkürliche Auswahl dar, weil seine Prämissen noch für vier andere, nur am Anfang stehende Zeichen zutreffen: ⌇ (A5), ⌇ (A8; 24; B47; 59), ⌇ (A9; 16 = 19 = 22; 25) und ⌇ (15 = 21).

Im Einzelnen: ⌇, von Neumann als Messer gedeutet[51], kommt nur 2x vor (B37; 45) und ist als Wortverlängerer nicht bestimmbar. Wenn man B37 ▽▷⌇ mit 56 ✦▷⌇◯ vergleicht, könnte ⌇ ein Präfix sein, wenn auch ◯ in 56 ein Präfix wäre und beide Wörter überhaupt semantisch miteinander verwandt

---

[50] Neumann 1968, S. 39.
[51] Ebd.

sein sollten. Dass das sehr unwahrscheinliche Präfix ein Det. sei, ist reine Spekulation.

Das angebliche Det. leitet B39 ein, eine Zeichengruppe, die stark an A1 erinnert. Da ein Det.paar sind, müssten auch in B39 die beiden Zeichen und ein solches Paar bilden. Dann allerdings fragt man sich mit Timm, „warum zwei durch unterschiedliche Determinativgruppen gekennzeichnete Wörter mit den gleichen Silbenzeichen geschrieben wurden."[52] Timm sieht einen möglichen Ausweg in der Annahme, in B39 sei ein Präfix: dann „ergäben die Zeichen, wie bei zwei verschiedenen Determinativa zu erwarten, ein von A I unterscheidbares Wort."[53] Bei dieser Annahme jedoch kann die Ähnlichkeit zwischen A1 und B39 nicht mehr als Argument für den Det.charakter von in Anspruch genommen werden. Dies bedeutet, dass die Interpretation von als einem Det. willkürlich ist. Da ein Unikat ist, lässt sich auch nicht abschätzen, ob es eine wortverlängernde Funktion besitzt. Bedient man sich bei der Det.suche der Willkür und Unbeweisbarkeit, gelangt man zu einer großen Zahl von Det.en, die das Schriftsystem des Diskus sprengen würde.

Etwas besser sieht es zunächst mit Neumanns drittem Det. aus (5x am Anfang einer phonetischen Zeichengruppe: B32; 35; 40; 52 = 57). Stellt man neben B52 (= 57) das sehr wahrscheinlich semantisch verwandte Wort B49 , könnte man für ein Präfix halten. Sogar eine wortverlängernde Funktion ist nicht auszuschließen. Allerdings ist damit der Det.-charakter nicht bewiesen. Vielmehr spricht B32 entschieden gegen als Det. Denn hier fände sich eine im Rahmen der Diskusschrift kaum vorstellbare Häufung von drei Det.en. Das Schriftsystem des Diskus lässt eine solch exzessive Verwendung nicht zu. Besäße beispielsweise B32 tatsächlich drei Det.e, hätte das ‚ähnliche' Wort A11 vermutlich deren zwei: und . Das Zeichen begegnet uns nur noch ein weiteres Mal auf dem Diskus im vorhergehenden Wort 10: . Auch hier hätten wir drei Det.e. Dann aber müsste in der ‚ähnlichen' Zeichengruppe A27 das erste Zeichen ( ) ein Det. sein. Man könnte mit dieser Methode so lange fortfahren, bis fast alle Diskuszeichen zu Det.en geworden sind. Bei den zweifelsfreien Det.en und ist ein solches Vorgehen mit der ganz unsicheren Ausnahme A1 (vgl. B39) nicht möglich. Sie lassen sich leicht aus dem Text herauslösen, ohne dass es zu weitreichenden Komplikationen und Widersprüchen kommt. Auch in dieser Hinsicht besitzen sie gegenüber allen anderen Diskuszeichen ein Alleinstellungsmerkmal.

Das nur zweimalige Auftreten von , von Neumann als ‚Tiara' gedeutet[54], bietet keine genügende Grundlage für statistische Überlegungen. Außerdem besäße B48 zwei Det.e: Dies ließe wiederum auf eine große Zahl von Det.en im Diskustext schließen. Die ‚Tiara' würde zudem die in sich

---

[52] Timm 2005, S. 183.
[53] Ebd.
[54] Neumann 1968, S. 39.

widersprüchliche Vermutung nahelegen, dass die in B48 genannte Person (wegen des Personendeterminativs 👤) einen besonderen Rang besitze, aber wegen des Fehlens von ⊛ offensichtlich nicht waffenfähig oder noch unmündig oder gar niederen Standes sei. Andererseits fällt auf, dass die auf Seite B auftretenden fünf Personen mit Ausnahme von B32, dem ersten Wort der Seite, das inhaltlich wahrscheinlich noch zur Seite A gehört (s.u. S. 211ff.), ohne ⊛ auskommen, also offensichtlich Personen minderen Ranges sind. Doch wir wollen uns nicht in Spekulationen verlieren.

Abschließend soll das Zeichen §, das zwar die Neumannschen Kriterien für Det. erfüllt, aber von ihm nicht als Det. in Anspruch genommen wird,[55] näher untersucht werden. § erscheint 4x, und zwar stets an der Spitze einer phonetischen Zeichengruppe:

A8   A24   B47   B59

Eine wortverlängernde Funktion ist nicht erkennbar. Rowe will in A24 und B47 ein „determinative prefix" sehen, das den Namen einer Königin oder Göttin anzeige und in B59 im Verein mit 👤 die Bedeutung „„Chief Woman'" habe.[56] Diese Annahmen halten aber nur oberflächlicher Betrachtung stand. In A8 fänden wir drei Det.e hintereinander (§⊛👤), die wegen ⊛ mit gezwungener Deutung als ‚Amazonenkönigin' verstanden werden müssten. Das Wort bestünde nur aus einem einzigen phonetischen Zeichen (⟩), was sonst nicht vorkommt.[57] Das hypothetische Det. § ließe die Wörter A8 und 24 mit ⟩ sowie B47 und 59 mit ⚘ beginnen. Aber als häufige Zeichen (⟩: 12x; ⚘: 11x) stehen sie sonst nicht am Anfang eines Wortes.

Neumann sieht sich bei der teilweise willkürlichen Auswahl seiner vier neuen Det.e 𓏺, ⊢, 𓏛 und 𓐍 durch eine zusätzliche Beobachtung bestätigt: Diese Det.e „liegen aber sämtlich auf der B-Seite, und nun ist das Verhältnis der Det.-wörter beider Seiten mit 14 : 13 ausgeglichen."[58] Die gleichmäßige Verteilung von Det.en auf dem ganzen Diskus ist Resultat der in dieser Hinsicht gezielten Auswahl von Neumann.[59] Wenn z.B. ein Vertragstext mit einer Zeugenliste schließt, die ein gehäuftes Auftreten von Personendeterminativen aufweist, darf man nicht erwarten, dass der Verfasser des Dokumentes, um Gleichmäßigkeit herzustellen, auch die übrigen Teile des Textes mit Det.en versieht. Erst wenn man den Nachweis erbracht hat, dass ein Schriftsystem durchgängig mit Det.en arbeitet, kann man von einer gleichmäßigen

---

[55] Siehe o. S. 97.
[56] Rowe 1919, S. 148f.
[57] Es sei denn, man vermutet im Hinblick auf das zerstörte letzte Zeichen von A8 einen Überlieferungsschaden und keine absichtliche Tilgung (s.o. S. 72-75).
[58] Neumann 1968, S. 39f.
[59] Aber: wie soll man diejenigen Zeichen beurteilen, die nur auf Seite A erscheinen (👤, 𓏺, 𓏤, 𓏛, ◊, 𓆑, 𓎛, 𓂝, 𓃾, 𓊖, 𓋴) und auch nach Neumann keine Det.e sind?

Verteilung ausgehen. Ebenso naiv ist es, unter Berufung auf Lücken im Verteilungsbild des Dorns weitere Dorne zu fordern.[60]

Hätte der Schreiber den Diskustext gleichmäßig mit Det.en ausgestattet, wäre es höchst unwahrscheinlich, dass er bei den verschiedenen Stadien der Textherstellung die zweifelsfreien Det.e ☉ und 🌵 öfter versehentlich ausgelassen und später nachgetragen hat (s.o. S. 79), die übrigen ‚Det.e' aber auf Anhieb fehlerfrei geschrieben habe.

Die Annahme von weiteren Det.en über ☉ und 🌵 hinaus bereitet auch auf dem Gebiet der Wortlängen Probleme. Die nach Abzug von ☉ und 🌵 verbleibende Gesamtzahl von 209 phonetischen Diskuszeichen verteilt sich auf 61 Wörter, so dass man eine durchschnittliche Wortlänge von gut 3,4 Zeichen erhält. Dies ist ein geringer Wert, der sich vermutlich durch unvollkommene (defektive) Schreibung erklären lässt. Wenn man den phonetischen Zeichenbestand um die zusätzlichen Det.e von Neumann (🍶, 🗝, 🏹, 🏠) kürzt, sinkt die durchschnittliche Zeichenzahl pro Wort zwar nur auf knapp 3,3 Zeichen. Berücksichtigt man aber konsequenterweise vier weitere Zeichen (🍶, 🗝, 🏹, 🏠), die nach Neumanns unzulänglichen Kriterien ebenfalls Det.e sein müssten,[61] kommen wir auf 3 Zeichen pro Wort. Noch problematischer ist die Zunahme ganz kurzer Wörter. Besitzt der Diskus bei Annahme der Det.e ☉ und 🌵 elf 2-Zeichenwörter, so lassen die gemäß Neumannscher Kategorien neugefundenen acht Det.e die Zahl zwar nur leicht auf zwölf steigen, führen aber zu sechs 1-Zeichenwörtern. Wer also außer den sicheren Det.en ☉ und 🌵 weitere Det.e annehmen will, muss dafür schon schwerwiegende Gründe vorbringen.

Die 19 Wörter, die durch das einleitende Det. 🌵 bzw. Det.paar ☉🌵 als Personennamen ausgewiesen werden, erlauben eine Strukturanalyse des Diskustextes. Diese Kopfwörter werden bei der Untersuchung des Schriftsystems und der 16 Dorne eine wichtige Rolle spielen.

---

[60] Siehe o. S. 44.
[61] Siehe o. S. 97.

HYPOTHETISCHER ZEICHENBESTAND DES SCHRIFTSYSTEMS

Der Diskus enthält 45 verschiedene Schriftzeichen mit Bildcharakter (s. die Zusammenstellung S. 189). Der Text ist jedoch zu kurz, als dass alle Zeichen, über die die Diskusschrift verfügt haben muss, vorkommen könnten. Die Ermittlung des Gesamtumfanges der verschiedenen Zeichen ist nicht fruchtloser Forschungseifer, sondern soll den Entzifferer in die Lage versetzen, bei Zugrundelegung einer bestimmten Sprache den ungefähren Umfang des Syllabars abzuschätzen und damit auch das Maß, in dem die Schrift unterschiedliche Laute darstellen kann. Beispielsweise soll er beurteilen können, ob die Zahl der Silbenzeichen ausreicht, um zwischen *po* und *fo* zu unterscheiden, oder ob aus Zeichenmangel eventuell *p* und *f* in eins gesetzt werden müssen. (Es versteht sich von selbst, dass solche Annahmen nur Mutmaßungen sind.) Außerdem hilft die rekonstruierte Zeichenzahl bei der Frage, mit welcher Wahrscheinlichkeit das in A8,5 zerstörte Zeichen[1] ein bisher unbekanntes ist und ob man auch an anderen Korrekturstellen mit neuen Zeichen rechnen muss.[2]

Die ohne Begründung vorgetragene Behauptung Kobers, die Gesamtzahl könne „nicht einmal vermutet werden"[3], war kontraproduktiv. Grumach kam Kober zu Hilfe mit der richtigen Überlegung, dass unter der Voraussetzung „eines ideo-phonetischen Systems" sich „der Schriftumfang nicht einmal schätzen" lässt, „da ein Text anderen Inhalts einen unberechenbaren Zuwachs an ideographischen oder determinativischen Zeichen bringen kann."[4] Eine mit Ideogrammen[5] arbeitende Schrift weist jedoch eine viel höhere Zahl unterschiedlicher Zeichen als die Diskusschrift auf.[6] Die Zahl der Determinative ist für uns zunächst ohne besonderes Interesse. Es geht nur um die Gesamtzahl aller **phonetischen** Zeichen. Gegen die verfehlten Thesen von Kober und Grumach spricht die Beobachtung, dass auf dem Diskus die Zahl der verschiedenen Zeichen bei zunehmender Textlänge zwar anwächst, der Zuwachs aber immer geringer ausfällt. Die zunächst steil ansteigende Kurve neuer Zeichen flacht also immer mehr ab. Auf Grund dieser Tatsache sah sich Ipsen berechtigt, eine Schätzung vorzunehmen: „mehr als 50, aber gewiß nicht erheblich über 60 Zeichen", um sich dann auf „etwa 60 Bildzeichen" festzulegen.[7] Grumach greift diese Berechnung an, wobei er sich sogar auf

---

[1] Siehe o. S. 71-75.
[2] Faucounau (1999, S. 146) glaubt sogar sechs neue Zeichen erkennen bzw. postulieren zu können.
[3] Kober 1948, S. 87.
[4] Grumach 1962, S. 26.
[5] Zum Begriff s.o. S. 85f.
[6] Zum Problem des Schriftsystems siehe das folgende Kapitel (S. 119ff.).
[7] Ipsen 1929, S. 7f. und 10.

Bedenken von Ipsen selbst stützen kann. Beide Seiten des Diskus enthielten „nur die in sich allerdings stark variierenden Teile einer Inschrift" und nicht zwei unterschiedliche Texte, die man miteinander vergleichen könne.[8] Es spielt aber bei der Berechnung der Zeichenzahl keinerlei Rolle, ob diese Rechnung auf unterschiedlichen Texten beruht oder nicht. Es ist nämlich das Wesen und die Aufgabe jeder phonetischen Schrift, unterschiedlichste Inhalte mit genau denselben Zeichen darzustellen. In Übereinstimmung damit befindet sich die Tatsache, dass die Kurven des Zeichenzuwachses bei unterschiedlicher Leserichtung, bei Vertauschung der Seiten A und B und bei willkürlich ausgewähltem Startpunkt des Textes (man könnte den Text – rein hypothetisch – mit A12 oder B47 usw. beginnen lassen) einander stets sehr ähnlich sind. Wenn ein durch den Inhalt bedingtes Wort mit einem sonst sehr seltenen Zeichen zufällig häufiger auftreten sollte, so entzieht ein solches Zeichen (oder gar mehrere) der Berechnung nicht die Grundlage. Wohl aber sind nichtphonetische Zeichen wie Ideogramme und Determinative an bestimmte Inhalte gebunden. Jedoch treten Ideogramme unter den Bildzeichen des Diskus wohl nicht auf;[9] und die Determinative beschränken sich auf 🌹 und ⊛.

Im Folgenden seien einige Schätzungen, die teilweise auf unterschiedlichen bzw. falschen Ausgangszahlen beruhen, genannt. Stawell:[10] ~ 80; Bossert:[11] ~ 65; Ventris:[12] kaum mehr als 60; L. Laitinen:[13] 49-63; Dow:[14] 55; Chadwick:[15] mindestens 50, oder sogar mehr als 60; Barber:[16] 100; Aura Jorro:[17] zwischen 60 und 70.

Auf diese Zahlen ist wenig Verlass, auch wenn Dow mit ~ 55 einen sehr guten Wert nennt. Besser sind mathematische Modelle (Mackay und Kamm), die nicht nur genauer, sondern auch überprüfbar sind. Bei diesen Modellen spielt die Frage, ob die 44 phonetischen Diskuszeichen Buchstaben oder Silben (mit all ihren Varianten) sind, keine Rolle.

Zuvor jedoch will ich eine Methode darlegen, die ich vor vielen Jahren – in Unkenntnis dieser Berechnungen – entwickelt habe. Sie beruht auf reiner Analogie und ist zwar umfangreich, aber auch für den Nichtmathematiker leicht nachvollziehbar.

---

[8] Grumach 1962, S. 25f.
[9] Siehe u. S. 121-134.
[10] 1931, S. 68.
[11] Die Erfindung ..., 1937, S. 6.
[12] 1940, S. 498.
[13] Bei Aalto 1945, S. 6 Anm. 1.
[14] 1973, S. 597.
[15] Linear B ..., 1989, S. 60.
[16] Bei Duhoux 2000, S. 598.
[17] 2005, S. 285.

I Analogie-Modell
(Vergleich mit anderen Schriftsystemen)

a) Vorüberlegungen

Unter der (beweisbaren) Voraussetzung, dass die Diskuszeichen einer Schrift angehören, kann man die Zunahme unterschiedlicher Zeichen (Z.) beim ‚Lesen' des Diskus mit der Zunahme bei anderen Schriftsystemen vergleichen, um daraus Schlüsse für die Zahl der noch fehlenden Z. der Diskusschrift zu ziehen. Vergleichstexte entsprechender Länge lassen sich finden, indem man zunächst den Bestand a l l e r Z. des Diskus durch die Zahl der verschiedenen Z. teilt. Die so gewonnene Verhältniszahl gibt an, wie oft ein Z. durchschnittlich vorkommt. Dieselbe Häufigkeit müssen auch die diversen (div.) Z. eines Vergleichstextes aufweisen. Dann kann man die im Vergleichstext vorhandene Zahl von div. Z. mit dem bereits bekannten Gesamtzeichenbestand des Schriftsystems ins Verhältnis setzen und mit Hilfe dieses Verhältnisses per analogiam berechnen, wie viele div. Z. die Diskusschrift, sofern ein wesentlich längerer Text überliefert wäre, besitzen müsste.

An dieser Stelle sei betont, dass bei den Vergleichsschriften Z., die extrem selten sind oder nur zur Schreibung von Fremdwörtern dienen, unberücksichtigt bleiben. Denn bei der Entzifferung des Diskus werden solch seltene Z. kaum eine Rolle spielen. Unser Ziel ist es ja, diejenige Zahl div. Z. zu ermitteln, die man in einem wesentlich längeren Text (von etwa 10-facher Länge) erwarten darf.

Die ausgewählten 16 Vergleichstexte gehören 8 Sprachen an, die alle in einer alphabetischen, nicht silbischen (wie beim Diskus: s.u. S. 119ff.) Schrift wiedergegeben sind. Grund für diese Auswahl ist, dass ich keine Sprache mit Silbenschrift beherrsche, die für einen Vergleich geeignet wäre. So ist die Devanagari-Schrift des Sanskrit prinzipiell eine Silbenschrift (1Z. = Konsonant + a);[18] aber wenn zwei oder drei Konsonanten unmittelbar aufeinander folgen sollen (also ohne ‚trennende' Vokale), werden die Z. in Ligatur geschrieben, vermehrt sich also scheinbar der Zeichenbestand. Auch das Japanische ist zum Vergleich nicht recht geeignet, da in ein und demselben Text mindestens drei Schriftsysteme (Kanji, Hiragana, Katakana) benutzt werden. Auf den ersten Blick könnte Lin B besonders verlockend erscheinen, eine Silbenschrift, mit der auf Kreta ab ca. 1400 v. Chr. frühes Griechisch geschrieben wurde. Wir kämen damit dem Diskus geographisch und auch einigermaßen zeitlich nahe. Da jedoch Lin B etwa 90 phonetische Z. aufweist und daher ein Vergleichstext recht umfangreich sein müsste, aber nur durch sehr kurze ‚Texte' (Listen, Inventare usw.) vertreten ist, lässt sich ein Textstück mit einer dem Diskus entsprechenden Länge nicht finden. Eine Zusammenstellung verschiedener Texte wäre problematisch, da durch deren Auswahl das statistische Ergebnis präjudiziert, also manipuliert werden könnte.

---

[18] Aber s. auch u. S. 123.

Für die Ermittlung der eigentlichen Zeichenzahl der Diskusschrift ist der Unterschied zwischen Alphabet- und Silbenschrift ohne jede Bedeutung. Während bei einer rein ideographischen Schrift e in Z. für e in Wort steht und demzufolge die Zahl div. Z. dem Umfang des Wortschatzes entspricht, ist bei einer alphabetischen oder silbischen Schrift, da sie die Wörter mit Hilfe immer wiederkehrender phonetischer Elemente bildet, der Zeichenbestand eng begrenzt. Das Buchstabensystem kommt aber auf Grund seines elementareren Charakters mit weniger Z. als das Silbensystem aus. Außerdem vermögen in der Regel Silben den Wortlaut weniger genau darzustellen (eklatantes Beispiel: Lin B).

Für unsere Zwecke erweist sich demnach ein Silbensystem nur als ein umfangreicheres Alphabetsystem. Dies bedeutet: es gibt in beiden Systemen eine verhältnismäßig geringe Zahl an Z., die unterschiedlich häufig wiederholt werden.

Der Diskus weist bei 45 div. bildhaften Schriftzeichen[19] insgesamt 241 Z. auf. Diese 241 Z. sind um die Determinative 𓁶 (19) und ☉ (13) zu vermindern: Die p h o n e t i s c h geschriebene Textgrundlage schrumpft also auf 209 Z., unter denen sich 44[20] div. Z. befinden. Jedes der div. Z. tritt durchschnittlich 4,75x auf.

Wie findet man nun Vergleichstexte, die dieselbe Häufigkeit (4,75x) ihrer div. Z. besitzen? Als Beispiel diene der 1. Vergleichstext (Anfang der Genesis). Zunächst werden die 22 Buchstaben des hebräischen Alphabets mit 4,75 multipliziert, woraus sich eine Textlänge von 104,5 Buchstaben ergibt.[21] (Die Stelle nach dem Komma ist eine reine Rechengröße.) Die ersten 104,5 Buchstaben der Genesis könnten theoretisch alle 22 Buchstaben enthalten; wahrscheinlich ist dies aber nicht. Tatsächlich fehlen in diesem Textabschnitt 6 Buchstaben des Alphabets. Demnach verteilen sich 16 div. Z. auf 104,5 Z., so dass jedes div. Z. durchschnittlich 6,53x vorkommt. Um aber die geforderte Frequenz von 4,75 wie beim Diskus herzustellen, muss der hebräische Text entsprechend gekürzt werden, damit diese 16 Z. durchschnittlich nur je 4,75x auftreten können: (22 − 6) • 4,75 = 76. Aber auch diese neue Textbasis von insgesamt 76 Buchstaben muss wiederum überprüft werden, ob in ihr die ‚alten' 16 Buchstaben auch wirklich noch vorhanden sind. Dies ist der Fall. Natürlich hätte beim Fehlen des einen oder anderen Buchstabens der Text erneut gekürzt werden müssen. Maßgeblich für die Textlänge ist also nicht in erster Linie der Umfang des normalen Alphabets, sondern der De-facto-Bestand an div. Z. innerhalb eines Textabschnittes. Nach derselben Methode wurde auch die Länge der übrigen 15 Vergleichstexte gefunden.

---

[19] Die 16 Dorne sowie die 2 Punktleisten und die Worttrenner werden also nicht berücksichtigt.
[20] Im Gegensatz zum Kopf 𓁶, der stets Determinativ ist, wird der Schild ☉, da er nicht nur als Determinativ, sondern auch 4x als phonetisches Z. verwendet wird, mitgerechnet.
[21] Bei einem längeren Text träten die div. Z. theoretisch u n d praktisch öfter als die geforderten 4,75 Male auf.

Dieses Verfahren hat den scheinbaren Nachteil, dass zwei Texte ein und derselben Sprache eine unterschiedliche Länge haben können. So auch bei den beiden hebräischen Texten: der Genesistext hat 76, der Jesajatext 85,5 Z. Dies fällt aber nicht sehr ins Gewicht. Schwierigkeiten könnten nur dann auftreten, wenn durch extrem unglückliche Umstände bei der Konstituierung eines Vergleichstextes immer weiter gekürzt werden müsste. Dieser Fall ist nicht eingetreten und ist auch nicht wahrscheinlich wegen der Ökonomie der Zeichenverwendung (sofern die Schrift alphabetisch oder silbisch ist).

b) Vergleichstexte

1. Hebräisch

Das ‚normale' hebräische Alphabet hat 22 Buchstaben (שׂ = שׁ; die abweichende Schreibung einiger Z. am Wortende bleibt unberücksichtigt.).

– Genesis (Anfang): Umfang 76 Z. (darunter 16 div. Z.)

בראשית ברא אלהים את השמים ואת הארץ והארץ היתה תהו ובהו וחשך על פני
תהום ורוח אלהים מרחפת על פני

– Jesaja (Anfang): Umfang 85,5 Z. (18 div. Z.)

חזון ישעיהו בן אמוץ אשר חזה על יהודה וירושלם בימי עזיהו יותם אחז יחזקיהו
מלכי יהודה שמעו שמים והאזיני ארץ

2. Griechisch

Das klassische Alphabet hat 24 Buchstaben.

– Ilias (Anfang): Umfang 99,75 Z. (21 div. Z.)

Μῆνιν ἄειδε, θεά, Πηληϊάδεω Ἀχιλῆος
οὐλομένην, ἣ μυρί' Ἀχαιοῖς ἄλγε' ἔθηκεν,
πολλὰς δ' ἰφθίμους ψυχὰς Ἄϊδι προΐαψεν
ἡρώων, αὐτ[οὺς]

– Odyssee (Anfang): Umfang 85,5 Z. (18 div. Z.)

Ἄνδρα μοι ἔννεπε, Μοῦσα, πολύτροπον, ὃς μάλα πολλὰ
πλάγχθη, ἐπεὶ Τροίης ἱερὸν πτολίεθρον ἔπερσεν.
πολλῶν δ'

3. Lateinisch

Das Alphabet hat 22 Buchstaben (ohne k; u = v; zu z siehe u. S. 111 Anm. 32)

– Vergil, Aeneis (Anfang): Umfang 80,75 Z. (17 div. Z.)

Arma virumque cano, Troiae qui primus ab oris
Italiam fato profugus Lavinaque venit
litora – multu[m]

– Tacitus, Historien I (Anfang): Umfang 80,75 Z. (17 div. Z.)

Initium mihi operis Servius Galba iterum Titus Vinius consules erunt. nam post conditam urbem oc[tingentos]

4. Spanisch

Das Alphabet hat 23 Buchstaben (ohne k, w und x; ll wird als 2x l angesehen).

– Calderon, La vida es sueño (Anfang):[22] Umfang 109,25 Z. (23 div. Z.)

Hipógrifo violento
que corriste parejas con el viento,
¿donde, rayo sin llama,
pájaro sin matiz, pez sin escama
y bruto sin instinto
nat[ural]

– L. Alas, „Clarin": El Doctor Pértinax (Anfang):[23] Umfang 95 Z. (20 div. Z.)

El sacerdote se retiraba mohíno. Mónica, la vieja impertinente y beata, quedaba sola junto al lecho de muerte. Sus ojo[s]

5. Italienisch

Das Alphabet hat 21 Buchstaben (ohne j, k, w, x, y).

– Ariost, Orlando furioso (Anfang)[24]: Umfang 85,5 Z. (18 div. Z.)

Le donne, i cavallier, l'arme, gli amori,
le cortesie, l'audaci imprese io canto,
che furo al tempo che passaro i

– Lampedusa, Il gattopardo (Anfang ohne lat. Zitat):[25] Umfang 85,5 Z. (18 div.Z.)

La recita quotidiana del Rosario era finita. Durante mezz'ora la voce pacata del Principe aveva ricorda[to]

6. Französisch

Das Alphabet hat 25 Buchstaben (ohne w).

– J. Verne, Un Billet de Loterie (Anfang):[26] Umfang 90,25 Z. (19 div. Z.)

Quelle heure est-il? demanda dame Hansen, après avoir secoué les cendres de sa pipe, dont les dernières bouffée[s]

– Fénelon, Les aventures de Télémaque (Anfang):[27] Umfang 80,75 Z. (17 div. Z.)

Calypso ne pouvait se consoler du départ d'Ulysse. Dans sa douleur, elle se trouvait malheureuse d'ê[tre]

---

[22] Zitiert nach: Bibliothek spanischer Schriftsteller, hrsg. von A. Kressner, Leipzig 1886.
[23] Narradores españoles, hrsg. u. übers. von E. Brandenberger, München 1989.
[24] Garzanti, 1990.
[25] Hrsg. von G. Lanza Tomasi, Mailand 2002.
[26] Bibliothèque d'éducation et de récréation, Paris 1886.
[27] Bruxelles 1850.

7. Englisch

Das Alphabet hat 26 Buchstaben.

– Milton, Paradise lost (VI 749ff.):[28] Umfang 95 Z. (20 div. Z.)

And the third sacred morn began to shine,
Dawning through heaven. Forth rush'd with whirlwind sound
The chariot of pa[ternal]

– S. Johnson, On the knowledge of the world (Anfang):[29] Umfang 99,75 Z. (21 div. Z.)

Nothing has so much exposed men of learning to contempt and ridicule, as their ignorance of things which are known to all b[ut]

8. Deutsch

Das Alphabet hat 29 Buchstaben (mit Umlauten; aber ß = ss).

– Goethe, Faust I, Zueignung (Anfang):[30] Umfang 104,5 Z. (22 div. Z.)

Ihr naht euch wieder, schwankende Gestalten,
Die früh sich einst dem trüben Blick gezeigt.
Versuch ich wohl, euch diesmal festzu[halten?]

– Th. Mann, Tonio Kröger (Anfang):[31] Umfang 90,25 Z. (19 div. Z.)

Die Wintersonne stand nur als armer Schein, milchig und matt hinter Wolkenschichten über der engen Stadt. Na[ss]

---

[28] In: The British Classical Authors, hrsg. von L. Herrig, Braunschweig 1872.
[29] Siehe ebd.
[30] Berliner Ausgabe, Bd. 8 (1978).
[31] Sämtliche Erzählungen, Frankfurt a.M. 1963.

Auf der Basis dieser Texte lässt sich folgende Übersicht gewinnen:

Sprache	Texte	‚Normale' Zeichenzahl	Textlänge	Zahl div. Z.
Diskus	(s.u. S. 161)	?	209	44
Hebräisch	Genesis	22	76	16
	Jesaja		85,5	18
Griechisch	Ilias	24	99,75	21
	Odyssee		85,5	18
Lateinisch	Vergil	22	80,75	17
	Tacitus		80,75	17
Spanisch	Calderon	23	109,25	23
	L. Alas		95	20
Italienisch	Ariost	21	85,5	18
	Lampedusa		85,5	18
Französisch	Verne	25	90,25	19
	Fénelon		80,75	17
Englisch	Milton	26	95	20
	S. Johnson		99,75	21
Deutsch	Goethe	29	104,5	22
	Th. Mann		90,25	19
Ø ohne Diskus		**24**	**90,25**	**19**

Tab. 1

Erläuterungen zur Tabelle:

‚Normale' Zeichenzahl: *Bestand der unterschiedlichen Zeichen des jeweiligen Schriftsystems (s. auch o. S. 103)*

Textlänge: *Gesamtzahl der Zeichen, die einen Text konstituieren. Zur Methode, mit der diese Zahl in Entsprechung zur Länge des Diskustextes gebracht wurde, s.o. S. 104f.*

Zahl div. Z.: *Zahl aller unterschiedlichen Zeichen im gegebenen Textabschnitt. Zur Zahl von 44 div. Z. des Diskus s.o. S. 104.*

Die hier verwendeten Zahlen mit oft mehreren Stellen hinter dem Komma wollen nicht sinnlose und damit irreführende Genauigkeit vortäuschen, sondern dienen nur als Rechengrundlage. Wenn man nämlich stets auf- oder abrunden würde, ergäben sich bei weiteren Rechenoperationen nicht unerhebliche Abweichungen.

c) Berechnung mit Hilfe der diversen Zeichen der 16 Vergleichstexte

Die Alphabete der zum Vergleich herangezogenen Sprachen (= 16 Texte) weisen durchschnittlich 24 div. Z. auf. Konstituiert man jedoch Textabschnitte, die jeweils dem (ganzen) Diskustext entsprechen (Die div. Z. müssen dann im Durchschnitt 4,75x vorkommen), so sinkt die Zahl von 24 auf 19 Z. Um vom De-facto-Zeichenbestand (19) zum eigentlichen Bestand (24) zu gelangen, muss man also erstere mit 24/19 multiplizieren. Mit demselben Faktor multiplizieren wir die De-facto-Zahl des Diskustextes (44) und erhalten so die gesuchte Anzahl der div. Z. seines Schriftsystems:

$$44 \cdot \frac{24}{19} = 55{,}58$$

Zu diesen 55,58 Z. gehören auch seltene, nicht aber extrem seltene Z., da letztere bei den Vergleichstexten ebenfalls nicht berücksichtigt wurden. Die von Mackay entwickelte Formel liefert auf der Basis meiner Ausgangszahlen den nur minimal größeren Wert von 55,73 (s.u. S. 115). Dennoch sollte man sich mit dem gewonnenen Ergebnis nicht vorschnell begnügen, beruht doch mein Modell auf einem einfachen Analogieschluss. Dürfen wir überhaupt die Zunahme div. Z. bei länger werdenden Texten auch für den so rätselhaften Diskustext annehmen?

d) Überprüfung des angewandten Verfahrens

Man könnte der gewählten Rechenmethode, der Extrapolation auf der Basis von Vergleichstexten, grundsätzliches Misstrauen entgegenbringen. Deshalb stellen wir diese Methode auf den Prüfstand, indem wir mit ihrer Hilfe auf der Basis reduzierter Texte den tatsächlichen phonetischen Zeichenbestand des Diskus, der ja bekannt ist (44), zu berechnen versuchen. Tab. 2 (S. 110) zeigt die Zeichenbestände bei drei unterschiedlichen Textlängen. Die prozentualen Kürzungen sind so gewählt, dass man von der kürzeren Stufe zur nächst längeren jeweils in 20%-Schritten aufsteigen kann. Ein Beispiel: Der kürzeste Text (Genesis) hat 43,98Z.: 43,98 Z. + 20% = 52,7 Z.

Reduziert man die Länge aller 16 Vergleichstexte um 16,6%, erhält man durchschnittlich 18,375 div. Z. Demgegenüber haben die ungekürzten Texte durchschnittlich 19 div. Z. (s. Tab. 1). Der entsprechende Wert des gekürzten Diskustextes (43) muss also gemäß dem Analogiemodell mit 19/18,375 multipliziert werden, um den tatsächlichen Bestand div. Z. (44) abzuschätzen.

Texte	Kürzung um 16,6% Länge	div. Z.	Kürzung um 30,5% Länge	div. Z.	Kürzung um 42,13% Länge	div. Z.
Diskus	174,16	43	145,14	42	120,95	39
Genesis	63,3	16	52,7	16	43,98	11
Jesaja	71,25	18	59,4	17	49,48	16
Ilias	83,125	20	69,27	19	57,75	18
Odyssee	71,25	17	59,4	17	49,48	17
Vergil	67,29	17	56,07	17	46,73	16
Tacitus	67,29	16	56,07	16	46,73	16
Calderon	91,04	23	75,87	21	63,22	21
L. Alas	79,16	20	65,97	20	54,98	18
Ariost	71,25	18	59,4	16	49,48	16
Lampedusa	71,25	18	59,4	18	49,48	16
Verne	75,21	17	62,67	17	52,23	17
Fénelon	67,29	15	56,07	15	46,73	15
Milton	79,16	19	65,97	18	54,98	18
S. Johnson	83,125	19	69,27	18	57,75	18
Goethe	87,08	22	72,57	20	60,47	19
Th. Mann	75,21	19	62,67	17	52,23	16
Ø ohne Disk.	**75,21**	**18,375**	**62,67**	**17,625**	**52,228**	**16,75**

Tab. 2

Für die drei Kürzungsstufen gelten folgende Gleichungen:

Bei Kürzung um 16,6%:

$$43 \cdot \frac{19}{18,375} = 44,46 \text{ Zeichen}$$

Bei Kürzung um 30,5%:

$$42 \cdot \frac{19}{17,625} = 45,27 \text{ Zeichen}$$

Bei Kürzung um 42,13%:

$$39 \cdot \frac{19}{16,75} = 44,24 \text{ Zeichen}$$

Alle drei Werte sind sehr gut und weichen nur geringfügig vom tatsächlichen Wert 44 ab. Der sich aufdrängende Einwand, dass die Extrapolation nicht sehr weit getrieben ist und sogar bei Kürzung um 42% nicht einmal auf eine verdoppelte Textlänge blickt, wohingegen bei der früheren Berechnung (o. S. 109) von dem ungekürzten Text auf eine Länge hochgerechnet wurde, die den gesamten Zeichenbestand einer Schrift enthalten sollte, wird im Folgenden entkräftet.

Ab einem gar nicht so großen Textumfang treten alle div. Z. eines Schriftsystems auf, mit Ausnahme der extrem seltenen, die aber hier grundsätzlich nicht berücksichtigt werden sollen. So enthält der zum Vergleich herangezogenen Iliastext (Länge: 100 Buchstaben) 21 von insgesamt 24 Buchstaben. Die drei fehlenden erscheinen im weiteren Textverlauf: β an 154., ξ an 160. und ζ an 686. Stelle. Im Odysseetext (85,5 Buchstaben) fehlen sogar sechs Buchstaben, die erst später auftauchen: κ an 104. Stelle, ψ an 164., φ an 227., β an 266., ζ an 927. und ξ an 1145.[32] Nimmt man den Durchschnitt beider Texte, müssten wir den zugrunde liegenden Text verzehnfachen, um alle Buchstaben des griechischen Alphabets erfassen zu können. Demgegenüber benötigen wir bei einem um 42% gekürzten Text nur den Faktor 1,72, um auf die ursprüngliche Textlänge zu kommen. Deshalb werden wir in einer neuen Berechnung Texte zugrunde legen, die erheblich stärker gekürzt sind, nämlich um 80%:

Texte	Textlänge	div. Z.
Diskus	41,8	28
Genesis	15,2	9
Jesaja	17,1	12
Ilias	19,95	10
Odyssee	17,1	11
Vergil	16,15	10
Tacitus	16,15	10
Calderon	21,85	15
L. Alas	19	11
Ariost	17,1	10
Lampedusa	17,1	12
Verne	18,05	10
Fénelon	16,15	13
Milton	19	12
S. Johnson	19,95	14
Goethe	20,9	12
Th. Mann	18,05	11
Ø ohne Diskus	**18,05**	**11,375**

Tab. 3

Obwohl die durchschnittliche Textlänge von 18,05 Z. ‚nur' mit dem Faktor 5 multipliziert werden muss, um die Ausgangslänge wieder herzustellen, würde niemand eine noch weitergehende Kürzung vorschlagen wollen. Denn

---

[32] Im Vergiltext (81 Buchstaben = knapp 2½ Verse) fehlen von 22 Buchstaben fünf. *d* begegnet uns zuerst in Vers 5, *y* in 12, *h* in 16, *x* in 22 und *z* in 119. *z* ist ein ‚Ausreißer', und ich habe sehr gezögert, den im Lat. seltenen Buchstaben ins Normalalphabet aufzunehmen. *z* findet sich des Weiteren in den Versen I 131.490; II 417.763; III 120.270; IV 223.562; V 33.40.311; VII 648 usw.; *z* tritt meistens nur in unlateinischen (griechischen) Wörtern auf.

die Textbasis wäre wegen ihrer extremen Schmalheit schwerwiegenden Zufälligkeiten ausgesetzt.

Berechnen wir nun auf der Basis der um 80% gekürzten Texte den tatsächlichen Bestand der div. Z. des ungekürzten Diskustextes (44). Da die 16 nichtreduzierten Vergleichstexte durchschnittlich 19 div. Z. besitzen, ergibt sich:

$$28 \cdot \frac{19}{11,375} = 46,77 \text{ Zeichen}$$

Die Abweichung 2,77 vom geforderten Wert 44 ist unerheblich und Folge einer viel zu knappen Textbasis. Hingegen ist das Hochrechnen von den ungekürzten Vergleichstexten (durchschnittliche Länge: 90,25 Z.) auf ihre ca. 10-fache Länge viel zuverlässiger. Das Analogiemodell hat sich also – sogar in einem extremen Fall – bewährt.

Zugleich hat sich gezeigt, dass die Diskushieroglyphen eine S c h r i f t darstellen, da der bei fortlaufender Lektüre kontinuierliche, aber immer geringer werdende Zuwachs an neuen Z. den Verhältnissen der Vergleichstexte entspricht. Außerdem hat sich die theoretische Voraussage bestätigt, dass Buchstaben- und Silbenschrift derselben Ökonomie gehorchen (s.o. S. 104).

e) Homertexte in anderem Alphabet, sowie Verlängerung der Vergleichstexte

Die Textbeispiele aus Ilias und Odyssee (s.o. S. 105) wurden in dem üblichen klassischen Alphabet von 24 Buchstaben wiedergegeben. Das von Homer selbst benutzte Alphabet sah mit Sicherheit anders aus. Aber für die statistische Verwendbarkeit eines Vergleichstextes ist der Umfang des jeweils zugrundeliegenden alphabetischen oder silbischen Zeichensystems unerheblich. Zur Probe sei deshalb ein griechisches Alphabet von nur 19 Buchstaben gewählt, das ich aus den zahlreichen unterschiedlichen Systemen des frühen Griechentums zusammengestellt habe:

Α Β Γ Δ Ε Ζ Η Θ Ι Κ Λ Μ Ν Ο Π Ρ Σ Τ Υ

Gegenüber dem klassischen Alphabet sind folgende Besonderheiten zu beachten:

hypothetisch	klassisch
Η	= ʿ (h-Laut)
ΚΗ	= Χ
ΚΣ	= Ξ
ΠΗ	= Φ
ΠΣ	= Ψ
Ε	= Ε oder Η
Ο	= Ο oder ΟΥ oder Ω

In diesem Alphabet geschrieben sehen die Homertexte so aus:

– Ilias (Anfang): Umfang 76 Z. (16 div. Z.)

ΜΕΝΙΝ ΑΕΙΔΕ ΘΕΑ ΠΕΛΕΙΑΔΕΟ ΑΚΗΙΛΕΟΣ
ΟΛΟΜΕΝΕΝ ΗΕ ΜΥΡΙ ΑΚΗΑΙΟΙΣ ΑΛΓΕ ΕΘΕΚΕΝ
ΠΟΛΛΑΣ Δ ΙΠΗΘΙΜΟ[Σ]

– Odyssee (Anfang): Umfang 80,75 Z. (17 div. Z.)

ΑΝΔΡΑ ΜΟΙ ΕΝΝΕΠΕ ΜΟΣΑ ΠΟΛΥΤΡΟΠΟΝ ΗΟΣ ΜΑΛΑ ΠΟΛΛΑ
ΠΛΑΓΚΗΘΕ ΕΠΕΙ ΤΡΟΙΕΣ ΗΙΕΡΟΝ ΠΤΟΛΙΕΘΡΟΝ ΕΠΕΡΣΕΝ

Die beiden Textlängen wurden so bemessen, dass jedes Z. – dem Diskustext entsprechend – durchschnittlich 4,75x auftritt. Verlängert oder kürzt man beide Texte, erhält man folgende durchschnittliche Frequenzen der einzelnen Buchstaben:

Texte	Ø Häufigkeit der div. Z. bei Änderung der Textlänge					
	+ 20%	unverändert	– 16,6%	– 30,5%	– 42,13%	– 80%
Ilias in 19 Buchst.	5,7	4,75	3,96	3,52	2,93	1,9
Odyssee in 19 B.	5,7	4,75	3,96	3,3	2,75	1,79
Ilias in 24 B.	5,7	4,75	4,15	3,64	3,2	1,99
Odyssee in 24 B.	5,7	4,75	4,19	3,49	2,91	1,55
Diskus	?	4,75	4,05	3,45	3,1	1,49
Ø der 16 Texte ohne Diskus	5,59	4,75	4,09	3,55	3,12	1,58

Tab. 4

Zum Vergleich sind zusätzlich aufgenommen die Werte der mit 24 Buchstaben geschriebenen Homertexte sowie die Werte des Diskus und des Durchschnitts aller 16 ursprünglichen Vergleichstexte.

Insgesamt zeigen die neugeschriebenen Homerverse auch bei verschiedenen Kürzungen Werte, die als normal gelten können. Bei dem um 80% gekürzten Iliastext tritt allerdings ein recht schlechter Wert (1,9) auf, der aber besser ist als der des ursprünglichen Textes (1,99). Da eine 80%-Kürzung eine extrem enge Textbasis darstellt und möglicherweise zu einer unausgewogenen Verteilungsstruktur führt, haben solche Werte nur geringe Aussagekraft.

Bei einer Verlängerung der neuen Homertexte um 20% bleibt die Zahl der div. Z. gleich, so dass ihre individuelle Häufigkeit entsprechend zunimmt (4,75 + 20% = 5,7). Auch die ursprünglichen 16 Vergleichstexte erfahren bei derselben Verlängerung nur einen minimalen Zeichenzuwachs. Die Texte von Jesaja, L. Alas, Fénelon, Milton, S. Johnson und Th. Mann weisen je ein zusätzliches Z. auf. Wenn man auch den Diskustext um 20% verlängern könnte, würde sich unter den hinzugekommenen 42 Z. (209 phonetische Z. + 20% = 250,8 Z.) wahrscheinlich nur ein neues Z. finden.[33] Die Diskusinschrift (ebenso wie die Vergleichstexte) verfügt also über einen Textumfang, bei dessen Erweiterung nur noch wenige neue Z. hinzukommen können. Dies bedeutet, dass das zerstörte Z. in A8[34] höchst wahrscheinlich kein neues Z. ist. Auch die zahlreichen an anderen Korrekturstellen des Diskus getilgten Z. sind wohl aus dem bereits vorhandenen Bestand bekannt.

Das vorgelegte Zahlenmaterial bestätigt die auch theoretisch begründbare Ansicht, dass die Höhe des Gesamtbestandes von div. Z. eines Alphabetes prinzipiell keinen Einfluss auf die Zuverlässigkeit des Analogiemodells hat.

II Berechnung nach Mackay und Kamm

In einem vielbeachteten Beitrag hat Mackay eine mathematische Formel für die Berechnung der Gesamtzahl der div. Z. für die Diskusschrift entwickelt.[35] Zunächst wendet er sich zu Recht gegen Kobers Behauptung, die Gesamtzeichenzahl könne nicht einmal vermutet werden.[36] Er geht davon aus, dass in einem genügend großen Schriftstück die Wahrscheinlichkeitsverteilung („probability distribution") bekannt ist und in einem kurzen Text die wahrscheinliche Zahl zufällig nicht erscheinender Z. berechnet werden kann.[37] Voraussetzung dafür sei natürlich, dass es sich nicht um ein ganz untypisches Textstück handelt wie etwa „The quick brown fox jumps over the lazy dog", das alle 26 Buchstaben des englischen Alphabets enthält.[38] Das Alphabet müsste in diesem Fall nach Mackays Formel auf 101 Buchstaben geschätzt werden.[39] Solche und ähnliche Sprachspielereien, schon seit der Spätantike bekannt,[40] sind für den Diskus natürlich auszuschließen. Eine weitere Voraussetzung sei, dass „eine Anzahl von bekannten Alphabeten und Syllabaren derselben generellen Häufigkeitsverteilung folgt".[41] Beide Voraussetzungen sieht Mackay – zu Recht – als gegeben.[42]

Seine grundsätzlichen Überlegungen ähneln den meinigen, insofern ich die Zunahme div. Z. beim ‚Lesen' des Diskus mit der Zunahme bei anderen,

---

[33] 250,8 : 5,59 = 44,86 (also ein Z. mehr als der tatsächliche Bestand von 44 Z.).
[34] Siehe o. S. 71-75.
[35] Mackay 1965. Für wertvolle Hilfe beim Verständnis von Mackays Rechnungen danke ich M. Muschick.
[36] S. 17. Zu Kobers These s.o. S. 101.
[37] Mackay S. 17.
[38] Eine kuriose Parallele ist der „1000-Zeichen-Aufsatz", den der chinesische Dichter Chou Hsing-ssu im Auftrag des Kaisers Wu-ti (502-549 n. Chr.) aus 1000 verschiedenen Zeichen ohne Wiederholung geschaffen hat (siehe: Schätze der Himmelssöhne 2003, S. 279f.). Dies war natürlich nur bei einer überwiegend ideographischen Schrift möglich.
[39] In der Arbeit von Mackay erscheint zweimal (S. 17 und 25) das falsche Ergebnis 111, vermutlich ein Schreibversehen.
[40] Belege bei Gutknecht 1998, S. 156ff.
[41] Mackay S. 17f.
[42] Ebd. S. 18.

bekannten Schriftsystemen verglichen habe.[43] Beide Methoden gehen also von der Häufigkeitsverteilung von Z. aus. Die Lösungswege sind aber grundverschieden.

Mackay gelangt über mehrere Rechenschritte, von denen er einige nicht darstellt, zu seiner Formel für die Gesamtzeichenzahl der Diskusschrift. Ich gebe sie hier mit geänderten Symbolen wieder:

$$\frac{a^2}{a-b} - a = x$$

a = Anzahl aller Z. des Textes (= Textlänge)
b = Anzahl div. Z. des Textes
x = gesuchte Anzahl sämtlicher div. Z. des Schriftsystems

Führt man für das durchschnittliche Auftreten der Z. im Text die Variable c ein, lässt sich die Formel von Mackay weiter vereinfachen, da zwischen a, b und c folgende Beziehung besteht:

$$\frac{a}{b} = c \quad \text{oder} \quad b = \frac{a}{c}$$

Setzt man nun in die Gleichung von Mackay den Ausdruck für b ein, so erhält man nach einigen Umformungen:

$$\frac{a}{c-1} = x$$

Für die Berechnung der Diskuszeichen geht Mackay jedoch von etwas anderen Zahlen aus. Er wertet die Irokesenköpfe 𓃒 (19) und die Schilde ☺, sofern sie unmittelbar auf 𓃒 folgen (13), nicht als Determinative[44], sondern als phonetische Z. Er weist aber mit Recht darauf hin, dass man ideographische [bzw. determinativische] Z. nicht mit phonetischen vermengen sollte, „as they will follow different probability distributions and the proportions of each type of symbol will vary from text to text."[45] Außerdem deutet er die Dorne, die wahrscheinlich nichtphonetisch sind (s.u. S. 142ff.), offenbar phonetisch und setzt ihre Zahl auf 15 (richtig: 16)[46] an. So gewinnt er insgesamt 256 phonetische Z. (a), darunter 46 div. (b), die durchschnittlich etwa 5,56-mal (c) vorkommen. In beiden Formeln erzielt man für x (= Gesamtzahl aller div. Z.) den Wert 56,07. Meine eigenen Ausgangszahlen (a = 209; b = 44; c = 4,75) ergeben in denselben Gleichungen den nur minimal kleineren Wert von 55,73.

---

[43] Siehe o. S. 103ff.
[44] Der Determinativcharakter beider Z. wurde o. S. 69-71, 78 und 85ff. nachgewiesen.
[45] Mackay S. 23.
[46] Zur Zahl der Dorne s.o. S. 42-44.

In meiner Analogiegleichung:

$$b \cdot \frac{24}{19} = x$$

erhalten wir mit b = 44 beinahe dasselbe Ergebnis: 55,58.[47]

Mackays Berechnungen des gesamten Zeichenbestandes der Diskusschrift ist in mehrerer Hinsicht von Bedeutung. Ich sehe meine eigene, auf reiner Analogie beruhende Schätzung bestätigt. Andererseits verwendet er bei seinen Überlegungen und Berechnungen außer Alphabeten auch Syllabare (Lin B, die kyprische Silbenschrift und das japanische Hiragana). Alphabetische und silbische Schriften unterscheiden sich – wie bereits ausgeführt[48] – statistisch gesehen in nichts. Ein besonderer Vorteil von Mackays Gleichung ist, dass sie allgemein gilt, während meine Analogieformel nur bei Texten mit der durchschnittlichen Zeichenhäufigkeit von 4,75 gilt.[49]

Mackays Formel fand nicht nur Anhänger, sondern auch Kritiker. Duhoux glaubt, dass die Anwendung dieser Gleichung auf die kyprische Silbenschrift einen zu niedrigen Wert liefere.[50] Mit dieser Schrift wurden vom 7. bis 3. Jh. v. Chr. zahlreiche, auch längere, griechische Inschriften verfasst. Sie ist mit Lin A und B verwandt bzw. von ihnen abgeleitet (daher gelegentlich auch Lin C genannt). Ihr Syllabar weist, wenn man alle Schriftdokumente zugrunde legt, 55 div. Z. (Duhoux: 56 Z.) auf, unter denen sich auch einige extrem seltene befinden. Es scheint also etwa denselben Umfang an Z. zu besitzen wie das errechnete Syllabar des Diskus (ca. 55-56 Z.). Der längste erhaltene Text, den Duhoux für seine Untersuchung heranzieht, befindet sich auf einer Bronzetafel aus Idalion[51] und umfasst insgesamt 1022 phonetische Z., fast 5-mal so viele wie der Diskus besitzt (209). Unter ihnen sind 51 div. Z.; es fehlen nur die überhaupt sehr seltenen 4 Z. für *mo*, *mu*, *yo* und *xa*. Wäre der Text doppelt so lang (das entspräche der 10-fachen Länge des Diskustextes), kämen vermutlich noch ein oder höchstens zwei Z. hinzu. Das spezielle Syllabar der Idalioninschrift hätte dann 52 bis 53 Z. Nimmt man den kompletten Idaliontext als Rechengrundlage, gewinnen wir mit Hilfe der Formel von Mackay eine Gesamtzahl von 53,68 div. Z., einen ausgezeichneten Wert. Dagegen errechnet Duhoux mit derselben Formel einen abweichenden Wert von ungefähr 51 Z. Es scheint, dass er nur einen Teil der Inschrift als Rechenbasis benutzt hat. Aufgrund der Differenz von 51 errechneten Z. und 56 (?) tatsächlichen Z. der kyprischen Silbenschrift nimmt er an, dass die von Mackay für den D i s k u s ermittelte Zahl 55 (Mackay errechnete in Wirklichkeit 56) um 5 auf 60 erhöht werden müsse.[52]

---

[47] Siehe o. S. 103ff.
[48] Siehe o. S. 104.
[49] Ändert sich dieser Frequenzwert, muss der Bruch 24/19 neu bestimmt werden.
[50] Duhoux 2000, S. 599.
[51] Umzeichnung der Tafel bei Schmidt 1876, Taf. I; Transkription bei Masson 1983, S. 236f.
[52] Duhoux ebd.

Wenn man die Idalioninschrift in Abschnitte aufteilt, in denen jeweils wie beim Diskus jedes div. Z. durchschnittlich 4,75-mal vorkommt, gewinnt man fünf Textstücke (I: 1-175,75; II: 178-381,25; III: 382-547,25; IV: 548-760,75; V: 762-955,75), deren durchschnittliche Länge 190,95 Z. beträgt und die durchschnittlich 40,2 div. Z. enthalten. Diese Zahlen führen in Mackays Formel zu 50,92, in meiner zu 50,78 div. Z. Bezogen auf einen hypothetischen Idaliontext doppelter Länge mit höchstens 53 div. Z. sind dies noch sehr gute Werte. Mackays Formel bedarf keiner prinzipiellen Korrektur. Natürlich muss man im Einzelfall mit erheblichen Schwankungen rechnen. Das für das Diskussyllabar erzielte Ergebnis von knapp 56 Z. ist aber ein guter Anhaltswert.

Nur ein Jahr nach Mackays Arbeit erschien ein Beitrag von Kamm (1966) mit einer – offensichtlich von Mackay unabhängigen – Berechnung. Angesichts des Umstandes, dass der Artikel keine spezielle Behandlung des Diskus enthält und ihn daher auch nicht im Titel nennt, und angesichts der Abneigung vieler Diskusforscher, größere Mengen an Sekundärliteratur zu lesen, blieben Kamms Ausführungen beinahe unbekannt.[53] Seine Herleitung der Formel ist von besonderer Einfachheit und Eleganz. Ich gebe seine Berechnung[54] mit teilweise geänderten Symbolen leicht verkürzt wieder.

Kamm setzt 3 Größen miteinander in Beziehung:

a = *„die jeweilig betrachtete Gesamtzahl der Zeichen"* (= *Textlänge*)
b = *„die Zahl der innerhalb der untersuchten Gesamtzeichen auftretenden verschiedenartigen"*
z = *„die Zahl der sich wiederholenden Zeichen"*

Den Zusammenhang dieser 3 Variablen beschreibt die

Gleichung I: $b = a - z$

Da die Größe von z „sowohl a wie b direkt proportional ist", also bei größer werdenden a und b auch z größer wird, besteht, wenn man den „Proportionalitätsfaktor" x einführt, folgende Beziehung:

Gleichung II: $x \cdot z = a \cdot b$

Löst man Gleichung II nach z auf und setzt den Wert von z in Gleichung I ein, erhält man:

Gleichung III: $b = a - \dfrac{a \cdot b}{x}$

Da a per definitionem nicht kleiner als b sein kann und demnach in Gleichung III die Variable b nie größer als x werden darf, weil sonst a einen negativen Wert annähme, ist x also „das b-Maximum". Folglich gibt der Proportionalitätsfaktor x „die theoretische Gesamtzahl der verschiedengestalteten Zeichen einer Schrift wieder." Löst man Gleichung III nach x auf, erhält man:

---

[53] Ausnahme: Gogolin 1987, S. 24.
[54] Kamm 1966, S. 542f.

Gleichung IV: $x = \dfrac{a \cdot b}{a - b}$

Setzt man nun in IV die Zahlenwerte des Diskus ein (a = 209; b = 44), ergibt sich für den theoretischen Gesamtbestand aller div. Z. der Wert 55,73. Die Ergebnisse von Kamm und Mackay sind also identisch. Kein Wunder, da die Gleichungen beider Forscher ineinander umgerechnet werden können:

Mackay: $x = \dfrac{a^2}{a - b} - a$

Kamm: $x = \dfrac{a \cdot b}{a - b}$

SCHRIFTSYSTEM(E)

Jeder, der den Diskus zu entziffern sucht, sieht sich unausweichlich vor die Frage gestellt, ob die Diskusschrift alphabetisch, silbisch, ideographisch (logographisch) oder irgendeine Kombination dieser drei Schriftsysteme ist. Die Antwort darauf hängt in erster Linie von der Zahl der unterschiedlichen Zeichen (Z.) ab, aber auch von der Datierung des Diskus und einigen Besonderheiten seiner Schrift (auffällige Stellung von ☻☝; Dorn). Die fehlerhafte Beurteilung von ☝ und des Zeichenpaars ☻☝ (beide Z. dienen am Wortanfang als stumme Deutezeichen[1]) verhinderte regelmäßig eine einwandfreie Identifizierung des Schriftsystems. Wer die 16 Dorne als Satzzeichen auffasst,[2] kommt an einer – wenigstens teilweise – logographischen Deutung der Schriftzeichen (ein Z. = ein Wort) nicht vorbei.

Die Entwicklung der Schriftsysteme schreitet – aus ganz grober historischer Sicht – von der logographischen zur silbischen und endlich bis zur reinen Buchstabenschrift fort. Auf diesem Wege werden zwei Prinzipien wirksam: das Prinzip der Verminderung der benötigten Schriftzeichen (Ökonomie) und das Prinzip der Verbesserung der lautlichen Darstellung einer Sprache (phonetische Adäquanz).[3] Natürlich gibt es auch zahlreiche Fälle von ‚Fehlentwicklungen', so wenn die Zahl der ägyptischen Hieroglyphen in der Spätzeit enorm ansteigt.[4]

a) Buchstabenschrift

Für eine reine Buchstabenschrift ist die Zahl der verschiedenen phonetischen Z. des Diskus (44 überlieferte bzw. etwa 56 errechnete[5]) entschieden zu hoch.[6] Weltweit besitzen die Alphabetsysteme im Allgemeinen zwischen 20 und 30 Buchstaben.[7] Höhere Zahlen sind relativ selten. Extreme Werte finden sich bei der Awesta- (48)[8] und der mongolischen Galik-Schrift (50)[9]. Letztere ist künstlich geschaffen worden „für die Übersetzung der heiligen Bücher des Buddhismus mit ihren vielen indischen und tibetischen Fremdwörtern" (Friedrich[10]). Aber beide Alphabete reichen nicht an die vermeintliche Buchstabenschrift des Diskus mit etwa 56 Z. heran.

---

[1] Siehe bes. S. 85ff.
[2] Dazu u. S. 142-148.
[3] Siehe hierzu die knappen und schönen Bemerkungen von Kamm 1966, S. 542.
[4] Siehe Thissen 1998, S. 6.
[5] Siehe das vorhergehende Kapitel.
[6] Diese Überzeugung ist weit verbreitet. Siehe z.B. Hempl 1911, S. 190; Bossert, Die Erfindung ..., 1937, S. 6; Kamm 1966, S. 545; Neumann 1968, S. 31; Faucounau, Le déchiffrement ..., 1975, S. 11; Schwartz 1981, S. 785; Godart, Der Diskus ..., 1995, S. 154f.; Hübner 1999, S. 482.
[7] Man kann sich bequem einen Überblick verschaffen durch einschlägige Sammelwerke wie Friedrich, Geschichte ..., 1966 und Haarmann 1991.
[8] Siehe Friedrich S. 122f. und Abb. 256; Haarmann S. 332-335.
[9] Friedrich S. 139f. und Abb. 339; Haarmann S. 510-512.
[10] S. 140.

Der Gleichsetzung der Diskuszeichen mit Buchstaben ist auch die Entstehungszeit des Diskus, 1. Hälfte des 2. Jahrtausend v. Chr., äußerst abträglich, da sich die frühesten Alphabete erst in der 2. Hälfte entwickelten (ugaritische Schrift und andere westsemitische Schriften).[11] Trotz dieser wohl unüberwindlichen Hindernisse haben einige die Entzifferung des Diskus auf Buchstabenbasis gewagt. Solche Entzifferungsversuche sind dennoch nicht unwichtig, weil sie als Experimente die Ausgangsbedingung bestätigen oder widerlegen können. Das ausführlichste Experiment hat Ohlenroth (1996) unternommen. Da sich die bekannten 24 Buchstaben des klassischen griechischen Alphabets auf 44 (45) div. Diskuszeichen verteilen müssen, weist Ohlenroth einigen Buchstaben mehrere Z. des Diskus zu (Allophone): sechs Allophone (⬚, ⬚, ⬚, ⬚, ⬚, ⬚) für α, sechs für ι, usw. Demgegenüber werden viele Buchstaben, darunter auch ε, nur durch je ein Z. repräsentiert.[12] Die „>Mehrfachnotierungen<"[13] einerseits und der Verzicht auf lautliche Differenzierung andererseits führen zu einem unaufhebbaren Widerspruch. Mehrfachnotierungen scheinen, wie Ohlenroth selbst eingesteht, „Freiräume für willkürliche kosmetische Maßnahmen zu eröffnen" und könnten „so zum entscheidenden Argument gegen die Seriosität der Textherstellung werden".[14] Dies kommt einer ‚Entzifferung' auf der Grundlage von Buchstaben natürlich sehr entgegen. Dass Ohlenroth diese Freiräume – unwissentlich – in Anspruch genommen hat, geht schon daraus hervor, dass er den Text entgegen der Leserichtung zu entschlüsseln versucht hat.

Die Inkompatibilität eines zur Entzifferung gewählten Alphabets samt der hohen Zahl von Diskuszeichen stellt jeden Entzifferer vor ein unlösbares Problem. Ohlenroth versucht hinsichtlich der Mehrfachnotierungen „für die Verwendung jeder einzelnen graphematischen Variante eine vertretbare Erklärung anzubieten"[15]. Hübner betont dagegen zu Recht, dass solche Erklärungen sich „beliebig konstruieren" lassen.[16] Ohlenroth aber würde diesen Einwand nicht als Widerlegung akzeptieren. Hübners resignierte Schlussbemerkung „Bloße Phantasiegebilde sind nie falsifizierbar"[17] scheint dies zu bestätigen, sie trifft aber nicht zu.[18] Denn jede verunglückte Entzifferung zeitigt unerwartete Artefakte, die in echten Texten nicht auftreten können. In dem 258 Buchstaben umfassenden Text von Ohlenroth fehlen sechs Buchstaben (β, δ, ζ, μ, τ, χ)[19], während in den o. S. 105 abgedruckten Anfängen von Ilias (Länge: 100 B.) und Odyssee (Länge: 85 B.) drei B. (β, ζ, ξ) bzw. sechs B. (β, ζ, κ, ξ, φ, ψ) fehlen. Nimmt man beide Homertexte zusammen (Gesamtlänge: 185 B.), fehlen nur noch drei B. (β, ζ, ξ). Der deutlich längere

---

[11] Siehe beispielsweise Röllig 1990, S. 87ff.
[12] Daran hat Hübner begründeten Anstoß genommen (1999, S. 482f.).
[13] Ohlenroth 1996, S. 76.
[14] Ebd.
[15] Ebd.
[16] Hübner S. 483.
[17] S. 487.
[18] Siehe auch o. S. VIII.
[19] Ohlenroth S. 133 und 183-185.

Diskustext von Ohlenroth weist also eine auffällig hohe Nichtrepräsentanz von B. auf. Dies könnte auf den ersten Blick Zufall sein. Aber während die in den Homertexten fehlenden Buchstaben β, ζ und ξ ziemlich selten sind,[20] trifft dies für die Mehrzahl der bei Ohlenroth fehlenden B. nicht zu: δ, μ, τ und χ sind relativ häufig. Einen Text von 258 B. Länge, in dem μ und τ nicht vorkommen, gibt es im Griechischen nicht, geschweige denn, wenn auch noch δ und χ fehlen sollen. Die griechische Sprache lässt dies nicht zu. Der von Ohlenroth vorgelegte bzw. konstruierte griechische Diskustext ist nie geschrieben worden. Kein Grieche, von welcher Provenienz auch immer, hätte einen solchen Text verfassen können. Das Fehlen häufiger B. in Ohlenroths Text ist die unbeabsichtigte Folge von außerordentlichen Zwängen, die bei misslungenen Entzifferungen auftreten müssen. Dazu mehr im Kapitel über frühere Entzifferungsversuche (S. 273-275).

Geben wir Ohlenroth selbst das letzte Wort! „Wenn falsche Grundannahmen zu unsinnigen Ergebnissen führen, dann müssen sich der richtige Ansatz und das richtige Verfahren im Ergebnis, d.h. in der Qualität der Texte, erweisen."[21]

Ein reines Alphabet für den Diskus ist also ausgeschlossen. Wer am Buchstabensystem prinzipiell festhalten will, sieht sich genötigt, eine Mischform zu konstruieren, indem er zusätzlich Silben- oder gar Wortzeichen in sein System aufnimmt.

b) Ganzwortschrift (Ideographie)

Wie die Zahl der Diskuszeichen für eine durchgängige Buchstabenschrift einerseits zu hoch ist, ist sie andererseits viel zu niedrig für eine rein ideographische Schrift.[22] Überdies ist eine konsequente Ganzwortschrift (ein Z. = ein Wort) äußerst selten.[23] Die im 19. Jh. von Kauder für die Micmac-Indianer entwickelte Bilderschrift umfasst 5700 Logogramme/Ideogramme.[24] Selbst wenn die Diskusschrift nur einige hundert div. Wortzeichen besitzen sollte, wäre, wie Balistier hervorhebt,[25] „die Drucktechnik mit einem eigenen Stempel für jedes Bild unökonomisch, ja geradezu umständlich und daher unsinnig." Diese Gesichtspunkte haben wohl die meisten Autoren davon abgehalten, in den Diskuszeichen ausschließlich Logogramme zu sehen. Manchem mag auch der Spott noch im Gedächtnis sein, den Athanasius Kircher für seine ‚Übersetzung' der ägyptischen Hieroglyphen geerntet hat.

---

[20] Siehe o. S. 111.
[21] Ohlenroth S. 24.
[22] Hempl 1911, S. 190; Ipsen 1929, S. 8; Kamm 1966, S. 545; Faucounau, Le déchiffrement ..., 1975, S. 11; Balistier 2003, S. 83f.
[23] Jensen 1969, S. 44.
[24] Friedrich, Geschichte ..., 1966, S. 172.
[25] 2003, S. 83; vorher schon Trauth 1990, S. 157.

Dennoch haben es einige gewagt, den Diskus auf dieser Basis zu entziffern.[26] Erleichtert wird eine solche ‚Entzifferung' besonders dadurch, dass eine Wort-Bildschrift prinzipiell unabhängig von der zugrunde liegenden Sprache ist.

Zwei kurze Beispiele mögen genügen. Delekat liest den Diskus von innen nach außen und interpretiert die Zeichengruppen

31   30   29   28

31 „Steuermanns-Taktschlagruf des in Blüte stehenden (Anthesterien-festlichen) strahlenden Himmelbäumlers (Dionysos):" 30 „Mit beiden Armen Fisch-wedelnd, ihr Lämmer-Hüter (Tyrsener), geht" 29 „nach Amyklai, zu des Hyakinthos allein geliebter, auch am Himmel strahlender Bär-Ma (Artemis)!" 28 „Steuermanns-Taktschlagruf des in Blüte stehenden strahlenden Himmelbäumlers"[27]

Dagegen liest Hausmann in umgekehrter Richtung:

28 „(Mit ihren) **Waffe**(n) (ruft er [= der Priester] zu sich die) **Krieger** (von) **überall** (her)" 29 „(Der) **Priester** (des) **Himmelsgott**(es) (will) **alles Fleisch** (die) **Vorräte** (und die) **Palmfrüchte** (aus den) **Speicher**(n)" 30 „(Er) **befiehlt** (zu) **kommen**" 31 „(mit ihren) **Waffe**(n) (den) **Krieger**(n) (von) **überall** (her)"[28]

Beide Versuche offenbaren prinzipielle Schwächen. Die Bildzeichen des Diskus werden größtenteils unterschiedlich gedeutet. Kein Wunder, lassen sich doch nur ca. 15 Z. sicher, 17 nur unzureichend und 13 gar nicht deuten. Aber selbst bei sicherer Identifizierung kann die für den Schriftgebrauch gewählte spezielle Bedeutung nicht ermittelt werden. So identifiziert Hausmann beispielsweise ☙ richtig als „Widderkopf", deutet ihn aber im Textzusammenhang als „Wolle"[29]. Dem Verfasser des Diskustextes und den Schriftkundigen der damaligen Zeit war der Bildinhalt der Z. natürlich vertraut. Insofern läge bei einer rein ideographischen Schrift des Diskus das Problem (Unmöglichkeit einer zuverlässigen Bestimmung) auf Seiten des heutigen Entzifferers, nicht des Schreibers. Aber der Raster ist so grob, das heißt: die Zahl von 45 div. Z. ist so gering, dass er einen vorgesehenen sprachlichen Inhalt nicht eindeutig wiedergeben kann. Auch damals hätte man den Text nicht lesen können. Durch die Grobheit des Rasters (jedes Z. kehrt durchschnittlich 5,35x wieder[30]) und die zahlreichen Wiederholungen von ganzen Zeichengruppen treten bei der Entzifferung auf ideographischer Basis notwendig unerträgliche und triviale Wiederholungen auf. Ob auf dem Diskus überhaupt einige Logo-/Ideogramme vorkommen, wird im folgenden Abschnitt untersucht.

---

[26] Delekat 1979; Haarmann 1990 (dazu s.u. S. 276); Kean 1996 (1985); Hausmann 2002; Richter-Ushanas 2013; mit Einschränkungen auch Madau 2007.
[27] Delekat ebd. S. 170.
[28] Hausmann ebd. S. 218.
[29] Ebd. S. 221.
[30] Unter Berücksichtigung der Dorne käme man auf eine Wiederholungsrate von 5,6.

c) Silbenschrift und Mischformen

Das Inventar von 45 verschiedenen Diskuszeichen – erst recht von errechneten 56 Zeichen der Diskusschrift[31] – schließt eine reine Alphabet- oder Ganzwortschrift aus und empfiehlt die Annahme einer Silbenschrift.[32] Im Allgemeinen haben Syllabare einen Umfang von deutlich über 40 Z. Niedrigere Werte weisen die indische Devanagari-Schrift (ca. 39) und die mit ihr verwandten Schriften auf, deren besonderes Merkmal ist, dass ihre Z. einen Konsonanten + *a* wiedergeben und häufig als Alphabete angesehen werden.[33]

Der Zeichenbestand der Diskusschrift entspricht ziemlich genau dem der kyprischen Silbenschrift.[34] Letztere besitzt 55-56 Silbenzeichen und keine Logogramme. Aber dies bedeutet natürlich nicht, dass auch im Diskussyllabar keine Wortzeichen auftreten dürfen. Zu Unrecht schließt Kamm aus der Zahl der div. Z. des Diskus auf das Fehlen von Logogrammen und Det.en.[35] Es konnte nämlich nachgewiesen werden, dass der Kopf 🗣 19x und der Schild ☉ 13x als Det.e gebraucht werden (o. S. 85ff.). Diese lassen sich problemlos aus dem Diskustext ‚herauslösen'. Außer 🗣 und ☉ gibt es keine weiteren Det.e auf dem Diskus.[36] Aber damit ist nicht die Frage beantwortet, ob wir nicht auch mit Logo-/Ideogrammen rechnen müssen.[37]

Für die Existenz von Ideogrammen im Diskustext glaubt Trauth ein Argument gefunden zu haben: Während Silbenzeichen keine Verbindung zum Inhalt des Textes haben und daher einer „Standardverteilung" unterlägen, zeigten die Z. des Diskus teilweise eine „extremely heterogenous frequency of the distribution". Von den 45 Bildzeichen des Diskus erschienen genau 21 auf nur **einer** Seite.[38] Daraus schließt Trauth auf „an essentially ideographic writing" und sieht wegen der Ununterscheidbarkeit von ideographischen und phonetischen Z. die Entzifferung noch weiter erschwert. Überdies betrachtet er angesichts der Kombination beider Zeichentypen die Berechnung des eigentlichen Zeichenbestandes der Diskusschrift als „unscientific speculation".[39] Hat Trauth recht?

Rumpel wendet ein, dass die Normalverteilung von Z. und deren Unabhängigkeit vom Textinhalt nur für Texte mit unbegrenzter Länge, nicht aber für

---

[31] Siehe o. S. 101ff.
[32] Meyer 1909, S. 1023; Hempl 1911, S. 190; Ipsen 1929, S. 8; Bossert, Die Erfindung ..., 1937, S. 6; Kamm 1966, S. 545; Neumann 1968, S. 31; Faucounau, Le déchiffrement ..., 1975, S. 11f.; Schwartz 1981, S. 785; Rumpel 1994, S. 158f.; Godart, Der Diskus ..., 1995, S. 155.
[33] Siehe Friedrich, Geschichte ..., 1966, S. 125-137 („Die silbischen Ableger der semitischen Schrift in den indischen Alphabeten").
[34] Zur kyprischen Silbenschrift s.o. S. 116.
[35] Kamm 1966, S. 545.
[36] Siehe o. S. 97-100.
[37] So besitzt die mittelelamische Keilschrift (13./12. Jh. v. Chr.) neben Silbenzeichen auch Logogramme und Determinative.
[38] Trauth 1990, S. 159.
[39] S. 164f.

begrenzte („finite") Texte gelte.[40] Dieser Einwand trifft nur teilweise zu. Denn Ideogramme (und auch Det.e) können auch in sehr langen Texten an bestimmten Stellen gehäuft auftreten.

Trauths Statistik aber steht auf tönernen Füßen. Besondere Ungleichgewichte stellt er für ☉ (Seite A: 15; B: 2) und 🗝 (A: 14; B: 5) fest. Die Unterschiede sind freilich nicht eigentlich signifikant, aber doch bemerkenswert. Beide Z. sind Det.e, mit der Einschränkung, dass ☉ an vier Stellen (A2; 6; 25; B36) als Lautzeichen gebraucht wird.[41] Trauth hat also ein schwaches Argument für den besonderen Charakter von ☉ und 🗝 gefunden. Die vier phonetischen Verwendungen von ☉ (A: 3; B: 1) zeigen keine auffällige Verteilung.

△ findet sich nur 3x auf Seite A, aber 15x auf B. Dies ist zwar auffällig, aber leicht erklärbar. In den 15 auf Seite A vorhandenen, mit 🗝 bzw. ☉🗝 determinierten Personennamen tritt △ keinmal auf. Dies liegt aber nicht an einer ‚Aversion' dieser Namen gegenüber △ (auf Seite B besitzen nämlich von den fünf Personennamen zwei dieses Zeichen), sondern resultiert zu einem erheblichen Teil aus der Tatsache, dass einige Namen auf Seite A mehrmals aufgeführt werden: 14 = 20; 16 = 19 = 22; 17 = 29. Wir haben es also nur mit zehn verschiedenen Namen zu tun. Wenn △ z.B. ein beliebter Bestandteil von Verbformen sein sollte, wird man es weniger in dem Namenskatalog von Seite A, sondern auf Seite B finden. Die relativ hohe Zahl von △ auf B erklärt sich teilweise durch Wiederholungen von Zeichengruppen: 49 ~ 52 (= 57); 51 ~ 55 ~ 61. Eine rein mechanisch angewandte Statistik ist also weitgehend wertlos.

Hier nun Trauths Aufstellung der 21 nur auf **einer** Diskusseite vorhandenen Z.:

Zeichen	Seite	Anzahl	Zeichen	Seite	Anzahl	Zeichen	Seite	Anzahl
	A	2		B	2		B	1
	A	1		A	1		A	5
	B	1		A	3		B	4
	B	2		B	2		A	2
	A	4		A	2		B	1
	A	1		B	5		B	1
	B	1		A	2		A	1

Tab. 5

Entgegen seinem Beweisziel von unausgewogener Verteilung erkennt man, dass beide Seiten zu fast gleichen Teilen je ‚eigene' Z. besitzen (A: 11; B: 10). Der Gesamtbestand dieser Z. beträgt auf Seite A 24 Z., auf Seite B 20 Z. Die angebliche Ungleichmäßigkeit ist also sehr gleichmäßig auf beide Seiten verteilt. Die 21 div. Z. von A und B treten insgesamt 44x auf, also

---

[40] Rumpel 1994, S. 164. Trauth selbst räumt ein, dass der Diskustext zu kurz sei, um zu „verlässlichen statistischen Feststellungen zu gelangen" (1990, S. 160).
[41] Zum phonetischen Charakter von ☉ an den Zeichengruppenschlüssen s.o. S. 91 Anm. 45.

durchschnittlich 2,1x. Die übrigen 24 div. Z. des Diskus verteilen sich auf 197 Z., kommen also durchschnittlich 8,2x vor. Es sind also ausgesprochen seltene Z., die Trauth in seiner Tabelle versammelt hat und deren Seltenheit ‚Unausgewogenheit' fast zwingend erwarten lässt.

Prüfen wir die Z. im Einzelnen. Unter den 21 div. Z. befinden sich nicht weniger als neun Unikate, die per definitionem nur auf einer Seite erscheinen können und daher in der Tab. nicht aufgeführt werden dürfen.[42] Die Unikate verteilen sich übrigens gleichmäßig auf beide Seiten (A: 4; B: 5).

Von den 2x vorkommenden sieben div. Z. finden sich drei in wiederholten Zeichengruppen (⊕: A28 = 31; ⟐: 17 = 29 [Personenname]; ⟡: 15 = 21). ⟐ tritt in zwei ähnlichen Wörtern auf (B36 ⊕⟐⟡⟢; 44 ⟢⟐⟡⟡⟐[43]).

Die 4x-Zeichen ⟐ und ⟡ kommen fast nur in wiederholten Wörtern vor (⟐: A14 = 20 [Personenname]; 28 = 31; ⟡: B42; 52 = 57 ~ 49). Ähnlich sieht es mit den 5x-Zeichen ⟐ und ⟡ aus (⟐: B32; 35; 40; 52 = 57; ⟡: A9 ~ 25[44]; 16 = 19 = 22 [Personenname]).

Die in Tab. 5 aufgelisteten Z. bieten bei Berücksichtigung der Wortwiederholungen und nach Aussonderung der zu Unrecht genannten neun Unikate ein völlig unauffälliges Bild. Nur die leicht unausgewogene Verteilung von ⟐ und ⊕ geben einigen Anlass, ihnen eine besondere Funktion zu verleihen. Es sind, wie bereits lange bekannt, Det.e.

Obwohl man einen positiven Nachweis für Ideogramme auf dem Diskus nicht erbringen kann, muss man dennoch der Frage nachgehen, ob Ideogramme überhaupt möglich sind. Während Evans, Grumach und Trauth mit überwiegend ideographischem Charakter der Diskuszeichen rechnen,[45] lässt Neumann den Anteil der Ideogramme völlig offen.[46] Evans vermutet Ideographie zuversichtlich („a strong presumption") für etwa 17 Z., die allein 123 Z. des Textes repräsentieren.[47]

Eine Prüfung dieser Annahmen geht von den 61 Zeichengruppentrennern aus (s.o. S. 28, Fig. 8 und 9). Diese Trennstriche teilen, wenn man Buchstaben- oder Silbenschrift annimmt, einzelne Wörter voneinander ab, aber bei ideographischer Schrift einzelne Wörter oder Wortgruppen bzw. syntaktische Einheiten oder ganze Sätze. Aufgrund der Zeichenzahl zwischen zwei Trennern – sie reicht von zwei bis sieben (s. Aufstellung S. 88) – bieten sich in erster Linie einzelne Wörter an. Nun beginnen nicht weniger als 19

---

[42] Andernfalls müsste man für die kyprische Silbenschrift zahlreiche Ideogramme postulieren, die sie aber nachweislich nicht hat. Denn die o. S. 116f. aufgeführten fünf Textabschnitte, deren Länge und Struktur dem Diskus entsprechen, besitzen ebenfalls Unikate (I: 9; II: 10; III: 8; IV: 11; V: 6). Durchschnittlich treten also 8,8 Unikate auf, beim Diskus sind es 9!
[43] ⊕ und ⟢ sind in der Diskusschrift austauschbar (s.o. S. 91 Anm. 45).
[44] Siehe vorige Anm.
[45] Evans 1921, S. 659f.; Grumach 1969, S. 266f.; Trauth 1990, S. 164. Siehe auch Hooker 1979, S. 18 („a mixture of ideographic and syllabic elements").
[46] Es wäre „überraschend, wenn der Diskos nur Silbenzeichen und keine Träger von Wortbedeutungen gekannt haben sollte" (Neumann 1968, S. 32).
[47] Evans 1921, S. 659(f.).

Zeichengruppen mit 🗝 (davon 13 mit ☉🗝), einem Det. für Personen/-namen. Aber warum diese strikte Anfangsstellung von 🗝? Leitet 🗝 jeweils einen ganzen Satz ein? Wohl kaum. Denn viele der Kopfzeichengruppen sind zu kurz. Sollte 🗝 bzw. ☉🗝 in einem Feld mit nur einigen Wörtern stehen, fragt man sich nach dem Grund bzw. der Notwendigkeit der Anfangsposition. Warum findet sich auf dem Diskus statt 🖼𐂷🜚🗆☉🗝 (A17) nicht auch einmal 🖼☉🗝𐂷🜚🗆? Mit 🜚 kann sehr wohl eine Zeichengruppe beginnen (A6; 7; B33; 43; 53); und 🗝 vor 𐂷 ist belegt: 🜡𐂷🗝 (B34). Oder könnte man statt 🦌🜚△ (B48) nicht auch 🦌🜚🜚△ schreiben? △ kann am Anfang stehen (B58) und 🗝 vor 🜚 (A14 = 20). Die Antwort auf diese Fragen ist: Das Det. 🗝 bzw. Det.paar ☉🗝 regiert nicht einen Teil, sondern die ganze Zeichengruppe. Det.e bestimmen nur enggefasste Einheiten; Namensdeterminative wie 🗝 determinieren nur Namen, wie auch immer sie aussehen mögen.

Ebenso wie die Zeichengruppentrenner vermögen auch die 16 Dorne einen wichtigen Hinweis zu geben. Die Dorne sind ausnahmslos am letzten Z. einer Zeichengruppe befestigt und bilden daher – unabhängig von ihrer noch unbekannten Funktion – wie die Zeichengruppentrenner das Ende einer Gruppe und damit auch das Ende eines Wortes. Da gemäß der Ideographie-Hypothese eine Gruppe aus mehreren Wörtern bestehen kann, markiert der Dorn also stets das letzte Wort einer solchen Gruppe. Als Wortabschließer müsste der Dorn aber auch das Ende eines Wortes, das i n n e r h a l b einer Gruppe steht, anzeigen können. Er tut dies nicht, weil offenbar jede Gruppe aus nur e i n e m Wort besteht. Als einziger Ausweg bliebe nur noch die völlige Loslösung des Dorns vom einzelnen Wort. Dies wäre der Fall, wenn der Dorn ein Satzzeichen wäre.[48] Aber die vor allem von Evans nachdrücklich vertretene Ansicht einer Interpunktionsfunktion scheitert bereits daran, dass die Zeichengruppe A16 (ebenso wie die gleichlautende 22) von zwei Dornen ‚eingerahmt' wird:

$$\text{𐂷☉🗝 \quad 🦌𐂷}$$
$$\text{16 \quad 15}$$

A16 kann kein vollständiger Satz sein, da er nur aus dem Det.paar ☉🗝 für einen Personennamen und aus zwei weiteren Z. besteht, die im ‚günstigsten' Fall Ideogramme für zwei Personen darstellen. Ein Satz, der von nur zwei Personennamen gebildet wird, ist nicht denkbar.

Ein weiteres, kaum überwindbares Problem für die Annahme einer wesentlich ideographischen Schrift ist der Befund, dass das 19x auftretende Det. 🗝 Ideogramme bestimmen müsste. Aber grundsätzlich sind Ideogramme per se nicht auf Det.e angewiesen.[49] Man darf also davon ausgehen, dass in den mit 🗝 eingeleiteten Zeichengruppen keine Ideogramme vorhanden sind.

---

[48] Siehe hierzu und zu weiteren ‚Möglichkeiten' u. S. 142ff.
[49] Wie z.B. in den ägyptischen Hieroglyphen. Siehe Ockinga 1998, S. 5 §10 a): „das Logogramm erübrigt Determinative".

Insgesamt finden sich in den 🐚-Gruppen 28 div. Z., die sich auf 195 Z. des Diskus verteilen. Klammert man die als Det. gebrauchten 🐚 und ☉ aus, gibt es unter den 209 Diskuszeichen nicht weniger als 163, die von den 🐚-Gruppen her bekannt sind. Von den Nicht-🐚-Gruppen bestehen acht vollständig (A9; 11; 18; 27; 30; B35; 43; 54) und 17 überwiegend (A24; 28 = 31; B33; 38-41; 45-47; 52 = 57; 53; 55; 56; 58) aus den Z. der 🐚-Gruppen. Nur zwei Zeichengruppen (A4 ⟨⟩; 13 ⟨⟩) haben kein Z. mit den 🐚-Gruppen gemeinsam. Allein dies könnte zunächst die Annahme nahelegen, dass der Diskustext überhaupt keine Ideogramme aufweist.

Der Einwand, dass die in den 🐚-Gruppen phonetisch gebrauchten Z. anderswo als Ideogramme fungieren könnten, ist prinzipiell berechtigt, stößt aber auf fast unüberwindliche Hürden. Denn nicht wenige Zeichenpaare aus den 🐚-Gruppen kehren in anderen Gruppen wieder:

🐚-Gruppen	andere Gruppen
A1 ⟨⟩; A26 ⟨⟩	A30 ⟨⟩; B38 ⟨⟩; B39 ⟨⟩
A8 ⟨⟩	A24 ⟨⟩
A10 ⟨⟩	A27 ⟨⟩
A14 = 20 ⟨⟩	B37 ⟨⟩; B56 ⟨⟩; B43 ⟨⟩
A16 = 19 = 22 ⟨⟩	A9 ⟨⟩; A25 ⟨⟩
B59 ⟨⟩	B47 ⟨⟩

Tab. 6

Die Vorstellung, alle Zeichenpaare (in A1 und B39 sogar eine Dreiergruppe) seien in 🐚-Gruppen phonetische Z. (Silben oder Buchstaben), in den anderen Gruppen aber Ganzwortzeichen, ist abwegig. Es wäre ein unglaublicher Zufall, wenn auch die R e i h e n f o l g e der phonetischen Z. bei Umwidmung in Logogramme erhalten bliebe. Solche Zufälle könnten nur in sehr viel längeren Texten auftreten. Wiederholungen von phonetischen Zeichengruppen in kurzen Texten sind jedoch an der Tagesordnung.[50] Auch innerhalb der Nicht-🐚-Gruppen werden Zeichenpaare wiederholt:

B36 ⟨⟩	B44 ⟨⟩
B37 ⟨⟩	B56 ⟨⟩
B38 ⟨⟩	A30 ⟨⟩; B39 ⟨⟩; B47 ⟨⟩
B61 ⟨⟩	A3 ⟨⟩; B33 ⟨⟩; B55 ⟨⟩

Tab. 7

Man könnte nun entgegen aller Wahrscheinlichkeit an der Annahme festhalten, in den 🐚-Gruppen träten vielleicht doch Ideogramme auf. Überprüfen

---

[50] Siehe z.B. die Wiederholungen von Buchstabenkombinationen (ohne wiederholte Wörter) im Goethetext (s.o. S. 107): Ihr naht euch wieder, schwankende Gestalten,/die früh sich einst dem trüben Blick gezeigt./Versuch ich wohl, euch diesmal festzu[halten?]. *ch, ie, de, st, en* je 3x; *er, ge, est, die, ei* je 2x.

wir diese Annahme an einem Beispiel. Die Zeichengruppe A14 (= 20) ⟩|⟩☼☢ weist, wie Tab. 6 zeigt, zwei Zeichenpaare (⟩☼ und ⟩|) auf, die auch in anderen Gruppen (B37; 43; 56) vorkommen. Das Auftreten von vier Ideogrammen in A14 überfordert jede Vorstellungskraft. Vollziehen wir den (willkürlichen) Schritt und messen nur ☼ ideographischen Charakter zu. Das Fell müsste wegen des vorhergehenden Det.s ☢ eine Person darstellen, vielleicht einen Hirten oder Gerber. Aber wie erklärt sich die Verdoppelung von ☼ in A17 (= 29): ⟩|☼☼☯☢? Sind es nun zwei Hirten/Gerber (Dual)? Handelt es sich wegen des zusätzlichen Det.s ☯ um schildtragende Personen? Diesen Überlegungen schiebt A23 ☼⟩⟨☼☯☢ mit zwei an verschiedenen Stellen platzierten Fellen einen Riegel vor. ☼ ist ein häufiges Diskuszeichen und erscheint 10x am Anfang, 3x in der Mitte und 2x am Ende einer (phonetischen) Zeichengruppe. Es ist ein Silbenzeichen.

Vielleicht finden sich auf dem Diskus Ideogramme mit dem sogenannten phonetischen Komplement? In den ägyptischen Hieroglyphen werden Mehrkonsonantenzeichen häufig durch phonetische Schreibung eines oder einiger ihrer Laute erweitert.[51] Die Gründe dafür sind vielfältig und Resultat der außerordentlich komplizierten Schrift der Ägypter. Zuweilen dient das phonetische Komplement der optischen Verbesserung des Schriftbildes.

Nehmen wir für den Diskus einmal die einfachste Form des Komplements an, bei der der letzte phonetische Laut des vorangehenden Ideogramms als phonetisches Z. hinzugesetzt wird. So könnte ✤ am Anfang von A2 ☯⟨✤ ein Ideogramm sein, dem das Komplement ⟨ folgt. Dasselbe Komplement erscheint auch in B41 ⟨✤△, wo ✤ jedoch an zweiter Stelle steht. In B36 und 44 wird ✤ mit einem anderen Z., ○, komplementiert. Und in B56 fehlt sogar das Komplement, weil ✤ am Ende steht. Die widersinnigste Verwendung von ✤ – bei Annahme eines Ideogramms – liegt in B44 ⟨○✤○ vor. Denn hier tritt ✤ zweimal auf, zuerst als Ideogramm ohne Komplement, dann mit Komplement ○. Oder sollte das zweite ✤ ein Komplement für das vorangehende ✤ sein?

Ein anderes Beispiel: Der 11x vorkommende Katzenkopf ○, der 8x eine Zeichengruppe einleitet, wäre mit nicht weniger als sechs verschiedenen phonetischen Komplementen verbunden. In A4 ○○○ tritt er sogar doppelt auf, woraus sich ähnliche Probleme wie bei doppeltem ✤ in B44 ergeben.

Ein drittes Beispiel. Eines der häufigsten Zeichen (15x), ☼, wäre mit sieben div. Komplementen ausgestattet. In A23 und B35 muss ☼ als letztes Z. ohne Komplement auskommen. In A17 (= 29) wird ☼ verdoppelt. Das häufige Auftreten von ☼ in ☢-Gruppen (A14 = 20; 17 = 29; 23; B48) senkt die Wahrscheinlichkeit eines Ideogramms auf nahezu Null.

Mit dieser Methode der Einzelfallprüfung könnte man fast jedes Z. vom Verdacht, Ideogramm bzw. phonetisches Komplement zu sein, befreien. Aber liegt nicht der Fehler darin, dass wir nur häufige Z. zur Überprüfung

---

[51] Dieselbe Erscheinung findet sich auch in der babylonischen Keilschrift.

ausgesucht haben? Die neun Unikate des Diskus bieten natürlich eine geringere Angriffsfläche und eröffnen somit der Spekulation Tür und Tor. Dennoch ist eine Prüfung nicht hoffnungslos. Zwei Unikate (⚹ und ⚹) befinden sich in 🐟-Gruppen (A5; B34) und können keine Ideogramme sein. Wie ⚹ stehen auch ⚹ (A13) und ⚹ (B37) am Ende einer Zeichengruppe und wären daher ohne phonetisches Komplement. ⚹ und ⚹ sind aber vermutlich nicht selbst phonetisches Komplement, da die ihnen vorangehenden ‚Ideogramme' ⚹ und ⚹ sonst mit anderen Komplementen auftreten (⚹ mit ⚹ oder ⚹; ⚹ mit ⚹, ⚹, ⚹, ⚹ oder ⚹). Und so könnte man weiter fortfahren. Den besten Anspruch auf Ideogramm besitzt ⚹ in B39 ⚹⚹⚹⚹. Aber diese Gruppe steht A1 ⚹⚹⚹⚹⚹ sehr nahe,[52] so dass man schon daran gedacht hat, in ⚹ nach dem ‚Vorbild' von ⚹⚹ ein Det. zu sehen.[53]

Gegen die Annahme von Ideogrammen mit phonetischem Komplement fällt nun weiter ins Gewicht, dass sich eine solch komplizierte Schrift nicht im Schriftbild des Diskus zu spiegeln scheint und dass sie ganz unsystematisch angewandt worden wäre. Wenn ein Z. an der einen Stelle phonetisch, an der anderen ideographisch verwendet worden wäre, hätte dies der Schreiber irgendwie deutlich machen müssen. „Die beiden Funktionen auseinanderzuhalten, dürfte in den meisten Situationen schriftlicher Kommunikation im Interesse aller Beteiligten liegen" (Fr. Kammerzell[54]). Die Schreiber der ägyptischen Hieroglyphen fügen bei ideographischem Gebrauch eines Z.s einen senkrechten Strich („Ideogrammstrich") hinzu.[55]

Hingegen lässt die Diskusschrift den Leser, sowohl den heutigen als auch den damaligen, im Ungewissen, ob ein bestimmtes Z. an einer Stelle entweder ein Ideogramm oder Lautzeichen ist – im Unterschied zu den Det.en 🐟 und ⚹, die durch ihre besondere Stellung identifizierbar sind: 🐟 steht immer am Anfang einer Zeichengruppe. ⚹ ist nur dann Det., wenn es (als zusätzliches spezifizierendes Element) unmittelbar auf 🐟 folgt; sonst ist es ein phonetisches Z.

Es gibt also nicht den geringsten Hinweis auf das Vorhandensein von Ideogrammen im Diskustext. Da ein Ideogramm allein stehen kann und der Diskustext Zeichengruppentrenner kennt, dürfte man erwarten, dass gelegentlich zwischen zwei Trennstrichen nur e i n Z., nämlich ein Ideogramm, steht. Dies ist aber nicht der Fall. Nur scheinbar würde hier die Annahme von phonetischen Komplementen (oder auch angehängten Endungen) helfen, weil solche Erweiterungen an anderen Stellen zu nicht mehr recht beherrschbaren Schwierigkeiten führen würden. Die Befürworter von Ideogrammen haben stets eine Einzelfallprüfung unterlassen oder ihre Zuflucht zu allgemeinen Behauptungen genommen. Die Überprüfung eines jeden Z.s des Diskus hätte die gegenteilige Vermutung nahegelegt. Natürlich kann nicht mit letzter

---

[52] Siehe auch o. S. 127, Tab. 6.
[53] Siehe o. S. 98.
[54] In: Großes Handwörterbuch Ägyptisch – Deutsch 1997, S. XXXII.
[55] Kammerzell (s. vorige Anm.) ebd.

Sicherheit ausgeschlossen werden, dass sich nicht doch ein oder zwei Ideogramme auf dem Diskus verbergen. Aber für die eigentliche Entzifferung würden sie zunächst keine bedeutende Rolle spielen. Wohl aber bieten sich fiktive Ideogramme für fragwürdige Entzifferungsversuche an. So nimmt das Autorenkollektiv Achterberg u.a. neun Ideogramme an, darunter das 11x auftretende Z. 🏃.[56] Das Entzifferungsergebnis (= unsinnige Wiederholungen) entspricht der gewählten ‚Methode'.

Eine Mischung aus Silben und Ideogrammen empfiehlt sich für den Diskus in keiner Weise. Noch weniger darf man an eine kombinierte Buchstaben/Ideogrammschrift denken. In dieser frühen Zeit ist mit Buchstaben kaum zu rechnen.[57] Außerdem gibt es meines Wissens kein historisches Beispiel für eine solch gemischte Schrift, sieht man von Spezialideogrammen wie Zahlen u.ä. ab, die natürlich auch in Buchstabenschriften Verwendung finden. Teilte man die 45 Diskuszeichen auf 30 Buchstaben (vermutlich obere Grenze) und 15 Ideogramme auf, hätten wir es mit einem Text zu tun, der sich aus sehr lästigen Wiederholungen zusammensetzte. Die Zahl der Stempel würde dramatisch in die Höhe schnellen und das zunächst ökonomische Stempelverfahren in sein unvorteilhaftes Gegenteil verkehren.[58] Ändert man jedoch das Mischungsverhältnis, bleibt die Summe der Probleme ungefähr gleich.

Schriften mit Silben und Buchstaben sind relativ selten und wesentlich später als der Diskus zu datieren. Im Fall des Diskus träten außerdem zu kurze Wörter auf.

Abschließend sollen anhand eines Entzifferungsversuchs die Schwierigkeiten eines für den Diskus ungeeigneten Schriftsystems nochmals vor Augen geführt werden. Die Autoren um Achterberg wollen 24 Silbenzeichen, neun Logogrammen, zwei Abkürzungen für Logogramme, und zwei Det.e identifiziert haben. Die Sprache sei luwisch und die Schrift der luwischen (Hieroglyphen-Hethitisch) ähnlich.[59] Bei oberflächlicher Betrachtung scheint das luwische Schriftsystem mit seinen drei Hauptvokalen *a*, *i* und *u* gut an die hypothetischen Verhältnisse des Diskus adaptiert zu sein. Das Syllabar bestünde aus den Silben:

a, i, u, as, du, ha, har (2), *hi, ku, ma, mi* (2), *na* (2), *pa, ra, ri, sa* (4), *saru, su, ta, ti* (5), *tu, wa* (2), *wi, ya* (2)

Die in Klammern gesetzten Zahlen zeigen ‚Mehrfachnotierungen' an, also die Zahl der Z., die ‚denselben' Lautwert besitzen. Solche Mehrfachnotierungen können, wie Ohlenroth betont, einer willkürlichen und unseriösen Entzifferung Vorschub leisten.[60] Aber die luwischen Hieroglyphen kennen Mehrfachnotierungen. Dennoch fällt auf, dass sie in dem relativ kurzen Diskustext

---

[56] Achterberg u.a. 2004, S. 94f. (s. auch o. S. 1f.).
[57] Siehe o. S. 120.
[58] Siehe o. S. 121.
[59] Achterberg u.a. ebd. S. 33ff. Siehe auch Marangozis 2003, S. 46ff.
[60] Siehe o. S. 120.

sehr stark vertreten sind. Dagegen fehlen einige nicht so seltene Silbenzeichen für *ka, ki, la, li, mu, ni, nu, za, zi*. Dieser leicht reduzierte Code mag auf die besonderen Verhältnisse des Diskustextes zurückgehen. Aber dramatisch trübt sich das Bild vom luwischen Diskussyllabar ein, wenn wir die Häufigkeit der einzelnen Z. mit der Frequenz in anderen luwischen Texten vergleichen. Viel zu häufig erscheinen auf dem Diskus *a, mi, na, su, u, ya*. Extreme Überrepräsentanz findet sich bei *ku, sa, ti, tu*. Der luwische Diskustext, auf den sich das Autorenkollektiv geeinigt hat, ist kein Luwisch. Der „luwische Brief an Nestor" ist niemals von jemandem, der die luwische Sprache und Schrift beherrschte, geschrieben worden. Davon legt auch der unsägliche Inhalt des (erfundenen) Textes beredtes Zeugnis ab. Jetzt erweisen sich das zu knappe ‚luwische' Diskussyllabar und die üppigen Mehrfachnotierungen[61] sowie die – gemessen an echten luwischen Texten – völlig unausgewogene Häufigkeitsverteilung der Silben als (notwendige) Folgen eines verkehrten Entzifferungsansatzes.

Die inakzeptable Anzahl von *a* (🜚: 19x) und *tu* (☉: 17x) geht auf eine Fehldeutung der beiden Diskuszeichen zurück. Sie sind in Wirklichkeit stumme Det.e.[62] Da sie einen Anteil von gut 13% am Gesamtbestand der Bildzeichen des Diskus und als Det.e eine stark strukturierende Funktion besitzen, beseitigt ein solcher Irrtum die Voraussetzungen für eine erfolgreiche Entzifferung. Die 16 Dorne, von den fünf Autoren um weitere drei vermehrt,[63] sollen die Lautung *ti* haben; *ti* ist aber im Luwischen sehr viel seltener.

Die von den Autoren angenommenen neun bzw. elf Ideogramme (🜚, 🜚, 🜚, 🜚, 🜚, 🜚, 🜚, 🜚, 🜚; Abkürzungen für Ideogramme seien: 🜚, 🜚) beschränken sich mit Ausnahme von 🜚 (11x) – vernünftigerweise – auf weniger häufige Z. und Unikate. Damit ist leider die Überprüfbarkeit stark eingeschränkt. Das gemeinhin als Bogen gedeutete Z. 🜚 soll die aus dem Luwischen bekannte „geflügelte Sonnenscheibe" sein:[64] eine indiskutable Fehldeutung.[65] Zusammen mit dem vermeintlichen Ideogramm 🜚 bildet 🜚 eine komplette Zeichengruppe (A13: 🜚), eine Annahme, die wenig Vertrauen verdient.[66] 🜚 geht aber auch mit einem weiteren Ideogramm, 🜚, eine Verbindung ein (B38: 🜚). Die Autoren entschärfen das Problem, indem sie hier 🜚 den Lautwert *ha* und 🜚 den Lautwert *saru* geben. Dass Ideogramme an anderen Stellen als Lautwerte fungieren können, ist zwar eine normale Erscheinung; diese Möglichkeit wird aber von den Autoren mit größter Freiheit (= Willkür) gehandhabt. In A15 = 21 stoßen erneut zwei Ideogramme aufeinander: 🜚. 🜚 bedeute *König*; und 🜚

---

[61] Beide Phänomene treten auch bei der Entzifferung durch Ohlenroth auf, nur diesmal aufs Griechische bezogen (s.o. S. 120f. und u. S. 273ff.).
[62] Mit Ausnahme von ☉ in A2; 6; 25 und B36. Siehe o. S. 91 Anm. 45.
[63] A7; B39; 61. Dazu s.o. S. 43f.
[64] Achterberg u.a. 2004, S. 9. Siehe auch S. 41 („with flower leaves embellished sun between wings").
[65] Dazu s.u. S. 190.
[66] Es sei denn, zwei Ideogramme bilden einen Begriff (ein Beispiel o. S. 86).

sei eine „Abkürzung von hethitisch *lingai-* ‚oath'".[67] Nun will es der Zufall, dass auf dem Diskus nach Ansicht der Autoren auch ⟦⟧ dieselbe Funktion wie ⟦⟧ erhält:[68] eine Doppelnotierung für ein abgekürztes Ideogramm[69] im Rahmen eines relativ kurzen Textes! Auch ⟦⟧ trifft in B45 auf ein weiteres Ideogramm (⟦⟧): ⟦⟧. B45 lautet in Übersetzung: „Of the oath (bound) territory".[70] Das zweite Vorkommen von ⟦⟧ finden wir in A23 ⟦⟧: „in what territory of yours, what"[71]. Nun enthält dieses Wort nach Ausweis der Personendeterminative ⟦⟧ und ⟦⟧ einen Eigennamen. Die Übersetzung ist also falsch. Sie könnte auch nicht durch die Annahme gerettet werden, hinter dem ersten ⟦⟧ verberge sich ein einsilbiger Eigenname. Denn ⟦⟧ wäre dann auch Eigenname in ganz anders strukturierten Kopfwörtern (A14 = 20; 17 = 29; B48).

Nicht besser verhält es sich mit dem ‚Ideogramm' ⟦⟧, angeblich SARU „König"[72]. Aber immer, wenn ⟦⟧ hinter ⟦⟧ stehe (A1, 26; 30; B38; 39), sei es ein komplexes Silbenzeichen (*saru*). ⟦⟧ müsse als *mi-saru* gelesen werden und bezeichne die Messara-Ebene, in der Phaistos liegt. Aber A1 und 26 sind Kopfwörter, also Eigennamen von Personen. Durch die falsche Lesung von ⟦⟧ gerät auch der Anfang des „luwischen Briefes an Nestor" aus den Fugen: „In the Mesara is Phaistos. To Nestor great (man) in Achaia."[73] Offensichtlich darf man einem antiken Autor einen solch missglückten Briefanfang unterstellen. Die Prüfung der übrigen Ideogramme erspare ich dem Leser.

Nach Auffassung der Autorengruppe verfügt der Diskus über zwei Det.e: ⟦⟧ und ⟦⟧. ⟦⟧ fungiere zweimal als Det. für die Zahl ‚Zwei' (A17 = 29: in einem Kopfwort vor dem ‚Ideogramm' ⟦⟧!) und zweimal als Silbenzeichen *du*[74] (B34 und 40; in 34 zur Schreibung von *Haddu* [„phönizischer Sturmgott"[75]] und in 40 zur Schreibung von *Idomeneus*).

Das Det. ⟦⟧ tritt nur einmal auf (A3) und bestimmt Nestor, den Empfänger des Briefes, als eine Person:

zu lesen als: *u*-Det+*na-sa-ti* „to Nestor". *u* sei „einleitende Partikel" und *na-sa-ti* Dativ von *Nestor*.[76] Die übrigen fünf Erwähnungen von *Nestor* entbehren eines Det.s, offenbar weil der Schreiber dachte, der Leser werde schon von selbst die folgenden Nennungen des Namens richtig auffassen.

---

[67] Achterberg u.a. 2004, S. 51.
[68] Ebd. S. 45.
[69] Beide Ideogramme bezeichnen die Autoren fälschlich als Det.e. Immerhin werden auf S. 65 den 2 Z. „"identical sound values" zugeschrieben, was (stumme) Det.e ausschließt.
[70] Ebd. S. 94.
[71] Ebd.
[72] Ebd. S. 34.
[73] Ebd. S. 94.
[74] Ebd. S. 56.
[75] Ebd. S. 90.
[76] Ebd. S. 85.

Aber wir wissen, dass der Schreiber insgesamt 19 Personennamen mit Det.en – auch im Fall von Wiederholungen (A14 = 20; 16 = 19 = 22; 17 = 29) – ausgestattet hat und sie in sieben Fällen sogar nachgetragen hat, bisweilen unter Hinnahme einer Verschlechterung des Schriftbildes.[77] Und wie soll man begreifen, dass von den Autoren gelesene fünf weitere, je nur einmal vorkommende Namen (B34: *Haddu*; 40: *Idomeneus*; 43: *Kuneus*; 46: *Uwas*; 48: *Acharkis*) ohne Det. auskommen müssen? Seltsam auch, dass das Namensdeterminativ für *Nestor* nicht wie ̊ am Anfang, sondern im Innern einer Zeichengruppe steht.

Sehen wir uns die sechs angeblichen Nennungen von *Nestor* an:

A3	*u 'na-sa-ti*	„To Nestor"
A6	*ku na-sa-tu*	„What Nestor (has)"
B33	*ku na-sa-ta*	„what Nestor (has)"
B51	*u na-sa-ti*	„for Nestor"
B55	*sa na-sa-ti*	„of it for Nestor"
B61	(richtig:) *na-sa-ti*	„for Nestor"

Zunächst fällt auf, dass A6 und B33 trotz gleichlautender Übersetzung einen leicht unterschiedlichen Zeichenbestand haben. Der Hinweis auf A9 und 25 [78] ist natürlich keine Hilfe. Die Lesung von *Nestor* in B61 beruht auf einem verbreiteten Irrtum, weil der als *ti* gelesene Dorn vermutlich eine Fehlstelle des Diskus ist.[79] Dagegen ist die Entdeckung eines Namensdeterminativs in A3 eine Sonderleistung der Autoren. Der Strich ∕ ist eine hässliche Fehlstelle bzw. Beschädigung, eine Auffassung, die Achterberg und Best nicht fremd ist („considered to be a damage"[80]). Dennoch verschließen sie sich dieser Einsicht, weil sie auf einer modernen Imitation des Diskus, einem unbeholfenen Machwerk aus Vladikavkaz, einen ähnlichen Strich an etwa derselben Stelle gefunden haben. Dieser Diskus aber sei die Vorlage für den Diskus von Phaistos! Zur leicht nachweisbaren Unechtheit des Diskus aus Nordossetien siehe den Anhang B (S. 307-313).

Die Überprüfung des Entzifferungsversuchs von Achterberg u.a. lieferte aufschlussreiche, wenn auch vorhersehbare Erkenntnisse, die über diesen Einzelfall hinaus allgemeinere Geltung beanspruchen dürfen. Wenn man dem Diskustext ein ungeeignetes Schriftsystem oktroyiert, stellen sich mehrere Schwierigkeiten ein: Das gewählte System verträgt sich weder mit den Gegebenheiten des zu entschlüsselnden Textes noch mit denen der unterstellten Sprache (hier: des Luwischen), da die ‚Dekodierung' des Textes auf das Schriftsystem zurückwirkt (Störung der Normalverteilung der Schriftzeichen, Mehrfachnotierungen usw.). Ja, es kollidiert mit sich selbst. So tritt das angebliche Namensdeterminativ für *Nestor* (∕) nur bei dessen erster

---

[77] Siehe o. S. 77.
[78] Achterberg u.a. 2004, S. 85 Anm. 346.
[79] Siehe o. S. 43.
[80] Achterberg ebd. S. 139 und auch 22.

Erwähnung auf. Überhaupt fehlt es dort, wo es unbedingt nötig gewesen wäre: bei den fünf übrigen Personennamen des Textes. Die drei verschiedenen Schreibungen von *Nestor* erwecken kein Vertrauen. Tatsächliche oder auch nur vermeintliche (!) Det.e und Ideogramme, besonders wenn sie Personen betreffen, entfalten eine stark textstrukturierende Wirkung. Dies liegt daran, dass jede Schrift, in Verbindung mit der ihr zugrunde liegenden Sprache, ein ungemein beziehungsreiches Geflecht darstellt. Ein solcher Komplex ist gegen systemwidrige Deutungen/Eingriffe äußerst empfindlich. Die meisten Entzifferer sind vermutlich der Meinung, eine noch unentzifferte Schrift sei eine tabula rasa, auf der man mit (uneingestandener) Willkür arbeiten dürfe. Im Allgemeinen treten fast unmittelbar nach den ersten verfehlten Entzifferungsschritten Schwierigkeiten auf, die nur durch höchst zweifelhafte Maßnahmen notdürftig beherrschbar sind. Der Blick aufs Ganze geht verloren, ja er darf nicht einmal riskiert werden, da die nur partielle Aushilfe keine allgemeine Gültigkeit beanspruchen kann. Deshalb lassen sich so viele Entzifferungen durch eine einfache Berücksichtigung des Kontextes widerlegen.

Der Diskustext scheint neben den zwei Det.en ⌇ und ⊕ nur Silbenzeichen zu kennen. Die Annahme weiterer Det.e oder auch Ideogramme stößt ausnahmslos auf große Hindernisse. Allein in dem Dorn vermute ich als Ergebnis einer sehr umfangreichen Strukturanalyse ein spezielles Ideogramm (s.u. S. 137ff.).

d) Struktur des Diskussyllabars

Bevor wir die Grundstruktur des Silbensystems des Diskus zu ermitteln versuchen, muss geklärt werden, ob sich unter einigen Diskuszeichen Ligaturen verbergen. Ligaturen sind graphische Verbindungen von zwei oder auch drei Schriftzeichen[81] hauptsächlich zum Zweck der Platz- und Zeitersparnis. Solche Verbindungen können auf vielerlei Weise hergstellt werden, durch enges Zusammenrücken zweier Z. unter Ausnutzung ‚gemeinsamer' Bestandteile ($A + E \rightarrow \mathit{Æ}$) oder durch Projektion (In das Lin B-Ideogramm ⌸ für *Gewebe* wird das Silbenzeichen ǂ für *pa*, vermutliche Abkürzung für *pa-wo* [defektive Schreibung für *pharwos*] = φᾶρος „Gewand", eingefügt: ⌸ [82]) oder andere Methoden[83]. Für Ligaturen sind natürlich besonders Schriftzeichen geeignet, die einen höheren Grad an Abstraktion und Einfachheit der Linienführung aufweisen. So verfügen die kretischen Linearschriften über zahlreiche Zeichenverbindungen.[84] Ebenso finden wir bei den im Allgemeinen recht

---

[81] Reiches Material bei Faulmann 1990.
[82] Siehe Heubeck 1966, S. 21.
[83] Häufig gibt es innerhalb eines Schriftsystems Regeln, nach denen die Bildung normalerweise erfolgt. So z.B. bei der Devanagari-Schrift des Sanskrit (Morgenroth 1989, S. 31ff.).
[84] Für Lin A siehe Godart/Olivier 1976-1985, Bd. V, S. XXIVff., Raison/Pope 1971, S. 294ff. und Chadwick 1973, S. 34; für Lin B siehe Chadwick S. 49ff.

einfachen hethitischen Hieroglyphen zahlreiche Ligaturen.[85] Aber auch bei den ägyptischen Hieroglyphen gelingen häufig enge Verknüpfungen, besonders bei Mehrfachschreibungen von Vogelzeichen.[86]

Die Bildzeichen des Diskus erweisen sich als nicht zusammengesetzt. Auch bei Doppelschreibung eines Zeichens (A4: ⊕⊕; 17 = 29: ⊕⊕; B44: ⊕⊕) wird keine Ligatur angestrebt, obwohl in A29 durch die nachträgliche Einfügung von ⊕ und ⊕ großer Platzmangel herrscht:[87]

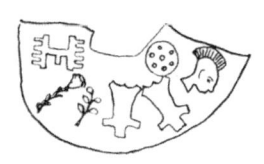

Der Verwendung von Ligaturen steht natürlich die Tatsache entgegen, dass die Diskuszeichen Stempelabdrücke darstellen. Ligaturen würden die Zahl der benötigten Stempel ansteigen lassen.

Nur ein Zeichen zeigt ausnahmsweise eine Verknüpfung zweier Bildinhalte: der Falke ⊕, der in seinen Fängen ein kleines Tier (Schlange?) trägt. Offensichtlich soll die nur angedeutete Beute den Vogel als Greifvogel charakterisieren, nicht aber ein zusätzliches Silbenzeichen generieren. Man müsste sonst erwarten, dass die zwei Zeichen der ‚Ligatur' auch einmal getrennt auf dem Diskus erschienen.

Welcher Art sind nun die Silben, aus denen das Zeicheninventar des Diskus vermutlich besteht? Prinzipiell vier Haupttypen bieten sich an: Konsonant (K) + Vokal (V) KV, VK, KVK und nur V. All diese Typen finden sich in der babylonischen Keilschrift. Aber wegen der hohen Zeichenzahl dieser Schrift muss für den Diskus ein ähnlich komplexes System außer Betracht bleiben. Die relativ geringe Zahl der phonetischen Zeichen der Diskusschrift bedeutet für den Entzifferer einen besonderen Glücksfall. Denn es kommen praktisch nur noch die Silbenarten KV (offene Silben) und V in Frage.[88] Dies lässt sich gut mit der kyprischen Silbenschrift, die als Modell dienen soll, illustrieren. Beide Schriftsysteme verfügen nämlich über beinahe dieselbe Zahl an phonetischen Z. (Diskus: ~ 56; kypr.: 55-56). Die kyprische Silbenschrift kennt nur offene Silben. Besäße sie auch ebenso viele geschlossene (VK), würde sich ihr Zeichenbestand natürlich verdoppeln, da beide Silbentypen häufig nicht füreinander eintreten können. Aber auch, wenn man im kyprischen Syllabar nur einige wenige KV- durch VK-Silben ersetzen würde, könnte man die zugrunde liegende griechische Sprache kaum mehr schreiben. Denn die kyprische Schrift kann wegen ihres geringen Zeichenbestandes nicht zwischen den Gutturalen (*k*, *g*, *ch*), Labialen (*p*, *b*, *ph*) und Dentalen

---

[85] Siehe Laroche 1960.
[86] Siehe Großes Handwörterbuch Ägyptisch – Deutsch 1997, S. 1108 und 1142ff.
[87] Siehe o. S. 63-65.
[88] Siehe z.B. Kamm 1966, S. 545; Faucounau 1975, S. 11f.; Schwartz 1981, S. 785; Fischer 1988, S. 25.

(*t, d, th*) unterscheiden und verwendet jeweils nur ein Silbenzeichen. Beispielsweise tritt für Ἀφροδίτᾳ die Schreibung *a-po-ro-ti-ta-i* ein. Nun liegt dem Diskus gewiss kein Griechisch zugrunde,[89] und insofern könnte sein Syllabar vielleicht auf das eine oder andere Zeichen für offene Silben ‚verzichten' und durch geschlossene ‚ersetzen'. Aber wahrscheinlich ist dies nicht – vor allem nicht, wenn man seine Schrift mit der minoischen Sprache von Lin A in Verbindung bringen sollte.

Es versteht sich von selbst, dass komplexe Silbenzeichen vom Typ KVK erst recht nicht im engen Rahmen des Diskussyllabars Platz finden können. Auch der Nebentyp KKV dürfte, wenn überhaupt, nur äußerst spärlich vertreten sein.[90]

Könnte man aber nicht ein fast reines KV-Syllabar durch ein VK-Syllabar ersetzen. „Schriften, die nur Silben vom Typ VK hätten, scheint es nicht zu geben, obwohl es theoretisch durchaus denkbar ist" (Pope[91]). Vielleicht aber lassen sich für dieses Phänomen sprach- bzw. sprechtechnische Gründe finden. Im Bereich der Konsonanten gibt es außer den Dauerlauten wie *l, m, s* Augenblickslaute/Verschlusslaute wie *b, d, g*, deren ‚korrekte' Aussprache am (Silben- oder) Wortende kaum möglich ist und die daher entweder verändert werden (z.B. durch Verhärtung) oder eines nachfolgenden Vokals bedürfen oder wie im klassischen Griechisch einfach wegfallen oder in besonderen Fällen mit dem folgenden Wortanfang eine enge Verbindung eingehen. Vereinfacht ausgedrückt: Nur einige Konsonanten lassen den Silbentyp VK zu, alle aber den Typ KV. Dies stimmt zu Coserius Bemerkung, dass es einerseits Sprachen gebe, „in denen nur offene, aber keine geschlossenen Silben vorkommen," andererseits „allem Anschein nach keine Sprache ohne offene Silben" existiere.[92]

Die konkrete Ausformung des Diskussyllabars mit dem Silbentyp KV hängt in erheblichem Maße von der Sprache ab, die man für den Diskus postuliert.

---

[89] Siehe u. S. 253-255.
[90] In Lin B sind KKV-Silben (s. Heubeck 1966, S. 19, Abb. 2a) ohnehin selten und können durch KV + KV ersetzt werden (s. Chadwick 1973, S. 45f.).
[91] 1990, S. 209.
[92] Coseriu 1988, S. 47. Den Hinweis auf diese Stelle verdanke ich M. Springer. Coseriu kann das Phänomen nicht erklären und behauptet: „Wir könnten uns sogar eine Sprache ausdenken oder erfinden, die einzig geschlossene Silben aufwiese" (S. 48). Diese theoretische Annahme übersieht, dass Sprache notwendig sprechphysikalischen Gesetzen gehorcht. Daher fehlt seinen weitergehenden Überlegungen das Fundament.

DER SOGENANNTE DORN

Die 16 auf dem Diskus überlieferten ‚Dorne'[1] stellen Striche dar, die unter dem letzten Zeichen einiger Wörter angebracht sind. Die Dorne wurden nicht gestempelt, sondern wie Spirale, Worttrenner (WT) und Punktleiste mit dem Griffel geritzt. Da sie die phonetischen Zeichen in elf Fällen über- bzw. anschneiden,[2] selbst aber nirgends überschnitten werden, muss der Schreiber sie nach Stempelung der Zeichen eingefügt haben. Obwohl der Dorn in direkter Verbindung mit den bildhaften Schriftzeichen steht, fällt er durch seinen hohen Abstraktionsgrad aus dem Rahmen.[3] Insofern stellt er neben Spirale, WT, Punktleiste und Bildzeichen ein besonderes fünftes Schriftelement dar. In gewisser Weise bilden die Determinative 🌿 und ☉ aufgrund ihrer Sonderstellung ein sechstes Element. Die Forschungsgeschichte lehrt, dass die Wahrscheinlichkeit der Entzifferung einer unbekannten Schrift mit der Zahl der unterschiedlichen Elemente wächst.[4] Dennoch findet der Dorn häufig nicht die gebührende Aufmerksamkeit. Die Skala reicht von offener Missachtung über stillschweigendes Ignorieren bis zur gelegentlich sorgsamen Analyse.

Morphologie

Ohlenroth hat sich intensiv mit den Erscheinungsformen des Dorns befasst und den von ihm beobachteten vier verschiedenen „Neigungswinkeln" eine je leicht unterschiedliche Funktion zugeordnet.[5]

Allen Dornen ist gemeinsam, dass sie mit dem unteren Teil eines Schriftzeichens verbunden sind. In elf Fällen führt der Dorn deutlich nach rechts unten, einmal nach links unten (B52) und viermal ziemlich steil bis senkrecht nach unten (A1; 3; 12; B55). Statistisch gesehen könnte also die ‚Normalform' des Dorns einen nach rechts absteigenden Verlauf zeigen. Doch das Bild trügt, da die jeweilige Gestaltung des Dorns weitestgehend von dem zur Verfügung stehenden Raum abhängig ist. Besonders deutlich sieht man dies an dem ‚ausnahmsweise' scheinbar nach links laufenden Dorn in B52:

---

[1] Zur Anzahl s.o. S. 42-44.
[2] Siehe o. S. 44f.
[3] Siehe Ipsen 1929, S. 9 („das einzige unbildliche Zeichen").
[4] Bezogen auf den Diskus bedeutet dies, dass wir beispielsweise ohne die Hilfe der WT große Schwierigkeiten hätten, die einzelnen Zeichengruppen des Textes voneinander abzugrenzen.
[5] Ohlenroth 1996, besonders S. 150-155.

Hier gewähren die Spiralstandlinie und der linke WT genügend Platz für den Dorn. Außerdem weist die Spirale an dieser Stelle einen Knick auf, der daher rührt, dass sie in B43 ihre zunächst randparallele kreisförmige Gestalt aufgibt und nun plötzlich in echter Spiralform bis ins Zentrum des Diskus führt.[6] Der Knick hatte den Schreiber bereits beim Stempeln der Schriftzeichen veranlasst, die Scheibe etwas zu drehen, so dass er das letzte Zeichen in 52, den Handschuh, nicht mehr wie die vier vorhergehenden Zeichen ausrichtete, sondern stark nach rechts drehte. Betrachtet man den Handschuh isoliert, also unabhängig von seiner Position auf der Scheibe, erkennt man, dass der Dorn von der Unterkante fast senkrecht nach unten verläuft. Demgegenüber führt der Dorn in Feld 57, das mit 52 identisch ist, nach rechts, ebenso in 49, das mit 52 eng verwandt ist:

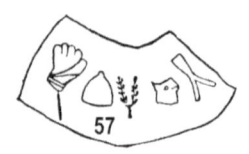

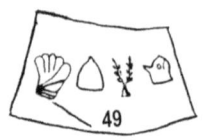

Die ‚fehlende' Linksorientierung der Dorne resultiert daraus, dass der jeweils folgende linke WT den Raum auf der linken Seite des letzten Zeichens mehr oder weniger einengt. Der Grad der Abweichung des Dorns von der Senkrechten nach unten rechts ist abhängig von dem Abstand des zugehörigen Schriftzeichens zur darunter verlaufenden Spirallinie und von der räumlichen Ausdehnung und Positionierung des rechts von ihm stehenden Zeichens. Hier nun die Prüfung im Einzelnen:

Das Horn, ein relativ hohes Zeichen mit entsprechend wenig freiem Raum unter sich, tritt 3x am Ende eines wiederholten Wortes (A16 = 19 = 22) zusammen mit dem Dorn auf:

Der rechts vom Horn befindliche Falke, ein nicht sehr hohes Zeichen, ist in 16 und 19 korrekt gestempelt, in 22 aber versehentlich um 180° gedreht worden.[7] Durch den geringen Abstand des Horns von der unteren Spirallinie war der Schreiber in allen drei Fällen gezwungen, den Dorn fast waagerecht nach rechts zu ziehen. In 22 stand jedoch dieser Möglichkeit der verdrehte Falke ein wenig im Wege, so dass der Schreiber den Ausweg beschritt, den Dorn.

---

[6] Siehe o. S. 21 und 28 (Fig. 9).
[7] Zur Verdrehung einiger Schriftzeichen s.o. S. 51-56.

durch leichte Krümmung bzw. leichten Knick nach unten auf die richtige Länge zu bringen.

Die beinahe gleichlautenden Wörter B49 und 57 (Abbildungen vorige Seite) tragen unter ihrem Schlusszeichen, dem Handschuh, einen Dorn. Da der Handschuh in 49 etwas tief gesetzt ist, muss der Dorn stark nach rechts ausweichen. Dagegen ist unter 🖐 in 57 mehr Platz, so dass der Dorn steiler verlaufen kann.

Die drei ähnlichen bzw. identischen Wörter A3 = B51 ~ 55 enden mit Helm + Dorn:

Das kleine Helmzeichen bietet dem Dorn so viel Platz unter sich, dass er in 3 und 55 eine fast senkrechte Position einnehmen kann. In 51 zeigt er nur schwach nach rechts. Daraus ergibt sich der vorläufige Schluss, dass der Schreiber, wenn es ihm aus Platzgründen möglich war, den Dorn als senkrechten Strich auszuführen versuchte.

Recht steile Dorne finden wir noch in zwei weiteren Fällen (A1 und 12). In 1 geht der Dorn nicht von der untersten Kante des Winkels aus, sondern etwas höher, von der Mitte des unteren Schenkels: ⟨. Genauso ist auch in 12 der Dorn seitlich von der Rosette angebracht: ⟨. Durch die etwas nach oben verlegte Dornbasis gewann der Schreiber mehr Raum, um den Dorn in seiner ursprünglich wohl senkrechten Ausrichtung in den Ton einritzen zu können. Hierbei spielt möglicherweise der Umstand eine Rolle, dass von den vier Zeichen mit steilem Dorn allein drei (A1; 3; 12) sich im äußersten Spiralband des Diskus befinden. Daher konnte der Schreiber relativ leicht eine ziemlich steile Linie in Richtung des Diskusrandes ziehen, ohne befürchten zu müssen, versehentlich in ein darunterliegendes bereits gestempeltes Spiral-/Schriftfeld zu geraten.

Auch an sechs weiteren Stellen (A15; 16; 19; 21; 22; B37) lässt der Schreiber den Dorn nicht exakt am unteren Rande eines Schriftzeichens beginnen. Im Fall des Horns (16 = 19 = 22: Abbildungen o. S. 138) empfahl die Längsausdehnung des Zeichens und infolgedessen der geringe Raum darunter ein solches Vorgehen. Bei dem Dreieck ▽ (37) mag der leicht nach oben verlegte Ansatz eine gewisse Willkür verraten. In den zwei restlichen Fällen des laufenden Mannes (15 = 21):

stand der Schreiber vor einem besonderen Dilemma, da er sich für eines der beiden Beine als Ansatzpunkt entscheiden musste. Während er in 15 das linke Bein wählte, nahm er in 21 – weniger glücklich – das andere. Er konnte nämlich am rechten Bein den Dorn nicht schräg genug abgehen lassen, so dass er sich mit einer leichten Krümmung des Dorns behalf und ihn die untere Spirale anschneiden ließ[8].

Die Anbringung des Dorns am laufenden Mann führt nun von selbst zu der Frage, ob der Dorn eine bestimmte Ansatzstelle an der Unterseite der Schriftzeichen bevorzugt: eine mittige, oder eine links oder rechts von der Mitte. Auch dieses Detail hängt überwiegend von der Beschaffenheit des zugehörigen Zeichens sowie von der räumlichen Situation in der Umgebung ab.

Eine ausgeprägte waagerechte Basis besitzt der Helm △, mit dem der Dorn dreimal verbunden ist (A3 = B51 ~ 55). Er setzt stets in der ungefähren Mitte der Basis an. Demgegenüber verfügt der laufende Mann 𓀀 an seiner Basis über keine wirkliche, sondern nur gedachte Mitte. Daher konnte der Schreiber einmal das linke (A15) und einmal das rechte Bein (A21) wählen. Das Horn 𓃻 hat eine sehr schmale Basis und an allen drei Stellen, wo es mit einem Dorn versehen ist (A16 = 19 = 22: Abb.en o. S. 138), auf der linken Seite zu wenig Platz, so dass der Schreiber den Dorn nach rechts verlaufen ließ. Um die Schräge etwas abzumildern, brachte er ihn etwas höher an. Auch die Rosette ✱ besitzt keine eigentliche Basis, hat aber in A12 ungewöhnlicherweise auf der linken Seite etwas mehr Platz als auf der rechten. Der Dorn geht deshalb zweckmäßigerweise auf der linken Seite in halber Höhe des Zeichen ab. Das auf seiner Spitze stehende punktierte Dreieck ▽ (B37) besitzt als ‚Basis' nur einen Punkt, von dem aus der Dorn seinen Anfang nehmen könnte wie im Fall von 𓏥 (A27). Der Schreiber aber hat den Dorn entweder unabsichtlich oder zur Vermeidung einer allzu schrägen Lage eine Spur höher gesetzt: ▽. Obwohl der Handschuh 𓋳 über eine deutliche Basis verfügt, hat der Schreiber einmal die linke (B52) und zweimal die rechte Ecke (B49 = 57) gewählt (Abb. o. S. 137f.), in Anpassung an die jeweiligen räumlichen Verhältnisse. Eine (erklärbare) Sonderstellung nimmt die Kombination Winkel + Dorn in A1 ein:

Hätte der Schreiber den Dorn am Ende des unteren Schenkels angebracht, hätte er ihn sehr schräg ausführen müssen. Wenn er ihn jedoch am Scheitel hätte beginnen lassen (〉), hätte er ihn mit Leichtigkeit senkrecht nach unten ausrichten können, zugleich aber seinem Streben zuwidergehandelt, ihn

---

[8] Ein weiterer Fall einer Überschneidung der Spirale durch einen Dorn befindet sich in B57.

möglichst unter der Mitte eines Zeichens anzubringen. Deshalb schloss er einen Kompromiss.

In der Rückschau gewinnen wir folgendes Idealbild von Form und Position des Dorns: Er setzt mittig an der Basis eines Schriftzeichens an, verläuft senkrecht nach unten und ist gerade; er benötigt für die Wahrnehmung ausreichende Länge.

Nur selten kann ein Dorn eine solche Form uneingeschränkt annehmen (A3; B55). Als Hindernisse treten auf: fehlende reale Basis des zugehörigen Schriftzeichens (𓀠, 𓋴, 𓏲, 𓆭) und vor allem Platzmangel. Dieser entsteht durch

1. die Höhe des Schriftzeichens,
2. die Positionierung (Hoch-, Mittel- und Tiefstellung) des Stempelabdrucks des zugehörigen oder auch vorletzten Zeichens in einem Feld (= Abstand zur unteren Spirallinie),
3. den links stehenden WT,
4. den Platzbedarf des rechts vorangehenden Schriftzeichens.

Diese negativen Voraussetzungen führen zu einer mehr oder weniger schrägen Ausrichtung des Dorns nach rechts, gelegentlich zur Krümmung, zur Anbringung an der rechten oder linken Ecke der Basis und zum Ansatz oberhalb der Basis.

Die Vorgehensweise bei der konkreten Gestaltung des Dorns beruht nicht auf einem komplizierten Regelwerk, sondern ist eine natürliche Folge davon, dass der Schreiber sich bei der Ausführung den jeweiligen räumlichen Gegebenheiten pragmatisch, wenn auch recht sorgfältig, angepasst hat. Gelegentlich hatte er auch Wahlfreiheit wie bei 𓀠.

Durch die Analyse der Morphologie des Dorns gewinnen wir für die eigentliche Entzifferung des Diskus einige wichtige Erkenntnisse. Die Dorne besitzen weder – wie Aartun behauptet – eine „durchgehend verschiedenartige Gekritzel-Gestalt" und können daher nicht „als ganz zufällige ... Striche"[9] ignoriert werden, noch zeigen sie – wie Ohlenroth glaubt – durch ihre unterschiedliche Ausrichtung verschiedene Funktionen an[10]. Die beliebte Gleichsetzung des Dorns mit dem Virama (Zeichen für Vokallosigkeit) der Devanagari-Schrift (s.u. S. 148-151) verliert eine wichtige Stütze, weil der Virama-Strich stets schräg, der Diskus-Dorn aber prinzipiell senkrecht verläuft. Die Versuche, weitere Dorne auf dem Diskus zu entdecken, werden sowohl erleichtert als auch erschwert, weil durch die räumlichen Verhältnisse die individuelle Gestalt eines Dorns in erheblichem Maße festgelegt wird und damit in gewissem Grade vorhersagbar ist bzw. wäre.

In den folgenden Abschnitten werden drei verbreitete Deutungen des Dorns (Satzzeichen, Virama, silbenschließender Konsonant) genauer untersucht.

---

[9] Aartun 1992, S. 138.
[10] Ohlenroth 1996, S. 150-155.

Funktion

a) Interpunktion

Schon bald nach Auffindung des Diskus im Jahr 1908 kam der Gedanke auf, der Dorn könne ein Satzzeichen, Versabteiler o.ä. sein.[11] Evans ist wohl der erste, der diese These aufgestellt und ausführlich dargelegt hat.[12]

Evans, der 1909 noch den Diskus irrigerweise von innen nach außen las, fasste den Dorn als Zeichen für den Anfang eines Satzes oder Abschnittes auf.[13] Durch die Betrachtung der so ermittelten Satzlängen und der Satzverteilung gewann er den Eindruck, dass beide Seiten des Diskus in „a certain parallelism" miteinander korrespondierten.[14] Ja, er ging sogar so weit, dass er für die Wiederholung A14-16 = 20-22[15] die Frage nach „a kind of refrain" aufwarf und an einen Ausruf oder „religious cry" dachte.[16] (In Wirklichkeit handelt es sich bei den wiederholten Wörtern 14, 16, 20 und 22 um Eigennamen männlicher, nicht-göttlicher Personen.[17]) All dies und die Interpretation einiger Schriftzeichen als Hinweise auf die anatolische Magna Mater ließen Evans zu dem Schluss gelangen, dass die Inschrift des Diskus „offensichtlich zwei aufeinander folgende Strophen gleicher Länge bildet, denen ein abschließendes Wort wie ‚Hallelujah' folgt";[18] kaum zweifelhaft gehorche der Text „den Regeln einer primitiven Musik" und sei „möglicherweise ein religiöser Hymnus zu Ehren der anatolischen Großen Mutter".[19]

Evans hat mit seiner Theorie, die hier verkürzt wiedergegeben wurde, großen Anklang gefunden, wenigstens in wesentlichen Punkten. Aber die von ihm behauptete parallele, metrisch gegliederte Struktur des Diskustextes ergibt sich durch die Interpretation des Dorns als Interpunktion nicht von selbst, sondern beruht zusätzlich auf falschen Annahmen bzw. Irrtümern. Die hauptsächlichen sind:

1. Rechtsläufige Leserichtung. Später (1921) hat Evans diese Richtung unter dem Druck der Argumente von Della Seta (1909) aufgegeben[20] (s.u.).
2. Seite B des Diskus als Seite 1 und somit Anfang des gesamten Textes.[21] 1921 ändert er diese Reihenfolge und lässt den Text mit Seite A beginnen.

---

[11] Evans 1909, S. 287ff.; ders. 1921, S. 660ff.; A. J.-Reinach 1910, S. 12; Stawell 1911, S. 33; dies. 1931, S. 68; Duhoux, La fonction ..., 1977, S. 95f.; ders., La langue ..., 1979, S. 373ff.; Haecker 1986, S. 92ff.; Trauth 1990, S. 170; Godart, Der Diskus ..., 1995, S. 89; Owens 1997, S. 75f.
[12] Siehe vorige Anm.
[13] Evans 1909, S. 288.
[14] Ebd. S. 289.
[15] Siehe o. S. 52.
[16] Evans S. 290.
[17] Siehe o. S. 90ff.
[18] Evans S. 293.
[19] Ebd. S. 291.
[20] Ders. 1921, S. 649ff.
[21] Ders. 1909, S. 288. Zur Reihenfolge der Diskusseiten s.u. S. 208-215.

3. Abtrennung der Zeichengruppe A1 (mit Dorn), die er als isoliertes Schlusswort[22] mit der Bedeutung ‚Hallelujah' o.ä. versteht.[23] 1921 wird dann bei Evans aus dem abschließenden Halleluja „a kind of exordium".[24] In jedem Fall gewinnt Evans durch die Absonderung von A1 eine gleichmäßige Verteilung von je 30 Zeichengruppen auf beiden Diskusseiten.
4. Der lange Zeichengruppentrenner nach A13 und B43[25] wird von Evans missverstanden als „another distinct break"[26]. Tatsächlich aber ist (musste) der Strich gegenüber den anderen Zeichengruppentrennern verlängert (werden), weil er vom peripheren kreisförmigen Schriftband zum eigentlichen Spiralband im Innern des Diskus überleitet.[27] 1921 hat Evans die Fehldeutung des Trenners nach 13 aufgegeben, sie aber bei 43 beibehalten.[28]
5. Das ‚Fehlen' des Dorns in A31 und B61, also den Zeichengruppen, mit denen der Text bei rechtsläufiger Leserichtung auf beiden Seiten anheben würde, begründet Evans damit, dass der Textbeginn „klar angezeigt" sei.[29] Offenbar glaubt er, dass die Stellung von 31 und 61 jeweils im Zentrum der beiden Diskusseiten dem Leser einen unmissverständlichen Hinweis auf den Textbeginn gebe.
6. Evans hat den Dorn in A12 übersehen,[30] ihn aber 1921 stillschweigend den übrigen Dornen hinzugefügt.[31]
7. Evans geht davon aus, dass der im unteren Teil beschädigte Handschuh ✍ von A7 ursprünglich wohl einen Dorn getragen habe.[32] Dies ist reine Spekulation.[33] 1921 lässt er dieses Problem wenigstens offen[34] und verwendet diesen konjizierten Dorn in 7 bei der Strukturanalyse des Diskus nicht mehr.[35]

Auch in seinem zweiten Kretabuch (1921) bleibt Evans trotz prinzipiell neuer Einsichten seiner These treu, der Dorn trenne Sätze voneinander und die Parallelstruktur beider Diskusseiten bilde eine „metrische Komposition", „a chaunt of Victory"[36] zu Ehren der anatolischen Muttergottheit.[37] Vermutlich ließ er sich von der Vorstellung leiten, die Umkehrung der Leserichtung

---

[22] Ebd. S. 287f.
[23] Ebd. S. 293.
[24] 1921, S. 661.
[25] Siehe o. S. 28, Fig. 8 und 9.
[26] 1909, S. 289.
[27] Zur hybriden Kreis- und Spiralform des Diskustextes s.o. S. 20f. und zum WT A13/14 S. 29-31.
[28] Wie aus 1921, S. 661 Anm. 3 indirekt hervorgeht.
[29] 1909, S. 288.
[30] Ebd. S. 288.
[31] 1921, S. 660 Anm. 2.
[32] 1909, S. 288 Anm. 9.
[33] Siehe o. S. 43f.
[34] 1921, S. 660 Anm. 2.
[35] Was aus 1921, S. 661 Anm. 3 hervorgeht.
[36] 1921, S. 661.
[37] Ebd. S. 665f.

beeinträchtige nicht notwendig die Satzzeichenfunktion des Dorns. Jetzt ist der Dorn nicht mehr Anfangs-, sondern Endzeichen für einen Satz.[38] Wenn auch Evans 1921 (anders als 1909, S. 289) kein Schema seiner Gliederung des Diskustextes bietet, so lässt dieses sich doch aus seinen Hinweisen (1921, S. 661) eindeutig rekonstruieren:

	Seite A	Seite B
I	1 („exordium")	32,33,34
	|	|
II	2,3	35,36,37
	|	|
III	4,5,6,7,8,9,10,11,12	38,39,40,41,42,43, 44,45,46,47,48,49
	|	|
IV	13,14,15	50,51
	|	|
V	16	52
	|	|
VI	17,18,19	53,54,55
	|	|
VII	20,21	56,57
	|	|
VIII	22	58,59,60,61
	|	
IX	23,24,25,26,27	
	|	
X	28,29,30,31	

(Die römischen Zahlen geben die Wortgruppe an, die arabischen die einzelnen Wörter, und die senkrechten Striche den Dorn.)

Nur in e i n e m Punkt weicht diese Gliederung von Evans ab, der den langen WT nach B43 als Interpunktion belassen hat, während er ihn nach A13 – anders als 1909 – zu Recht nur noch als einfachen WT auffasste. Mit dieser tadelnswerten Willkür konnte er aus BIII zwei Gruppen zu je sechs Elementen (38-43; 44-49) gewinnen (im Folgenden BIIIa und BIIIb genannt) und in AIV die Aufspaltung einer 3er-Gruppe in eine 1er-Gruppe (13) und 2er-Gruppe (14,15) vermeiden. Außerdem betrachtete er A31 als „terminal", obwohl dort der Dorn fehle (angeblich aus Platzmangel).[39] Schließlich sonderte er Gruppe AI, die nur aus 1 („exordium" im Sinne von „Hallelujah")

---

[38] 1921, S. 661 Anm. 2. – In der Nachfolge von Evans (1909) will auch Cuny die Aufgabe des Dorns im „*délimiter les sections*" sehen (1911, S. 309). Bei seinen (Zahlen-)Spielen sieht sich Cuny u.a. dazu gezwungen, die Dorne in A16, 21 und B55 sowie das ganze Wort A19 samt Dorn als irrtümlich zu entfernen (S. 304 Anm. 2 und S. 306). Obwohl seine ‚Methode' eine entfernte Ähnlichkeit mit der von Evans hat, möchte ihm dieser dann doch nicht folgen (1921, S. 661 Anm. 4).
[39] Evans 1921, S. 661 Anm. 3.

besteht, scharf vom übrigen Text ab und schuf damit die Voraussetzung für eine (vermeintlich) parallele bzw. symmetrische Struktur der beiden Diskusseiten: neun Gruppen auf Seite A (II-X) und neun auf B (I-VIII, wobei III als IIIa und IIIb doppelt zählt).[40] Unter den insgesamt 19 Gruppen überwiegen, wie Evans meint,[41] Gruppen von drei Elementen oder ihrem mehrfachen (AIII, IV, VI; BI, II, IIIa und b, VI). Diesen acht 3er-Gruppen stehen – von Evans übersehen? – ebenso viele 2er-Gruppen gegenüber (AII, VII, X; BIIIa und b, IV, VII, VIII).

Macht man aber die ungerechtfertigten Manipulationen (Aufteilung von BIII und Abtrennung von AI[42]) rückgängig und strukturiert den Text wie oben im Schema, so ist Seite A in zehn und Seite B in acht Gruppen gegliedert und keine Parallelität oder Symmetrie erkennbar.

Die Verteilung der Dorne (und der wiederholten Wörter) erlaubt keinerlei begründete Vermutung hinsichtlich einer parallel/symmetrischen, strophischen oder rhythmisch/metrischen Struktur des Textes.[43] Wenn man jedoch den Dorn weitgehend ignoriert und sich bei der strukturellen Gliederung keine Zügel anlegt, kann man, wie Bossert, einen „Reim in fortgeschrittener Verwendung" finden.[44] Noch einen Schritt weiter geht Reads, indem er Evans These von einem Hymnus durch die Annahme übersteigert, „that the Disk gives us, not words to be sung to music, but music itself!"[45] „The oldest music in the world?"[46] verdankt ihre Existenz nur dem höchst manipulativen Umgang mit dem Diskustext, über den zusätzlich ein spekulativer Überbau errichtet wurde. Dabei wird die Tatsache verkannt, dass die Verteilung der einzelnen Bildzeichen auf dem Diskus der Verteilung von Buchstaben oder Silben entspricht.

Wenn auch die These von Evans und seinen unkritischen Epigonen zusammengebrochen ist, so bleibt die Vermutung, ob eine mit Fehlern weniger belastete Analyse nicht doch den Dorn als Zeichen für das Ende eines Satzes oder Satzabschnittes erweisen kann. Aber es erheben sich mehrere Bedenken:

---

[40] Ebd. S. 661.
[41] Ebd.
[42] Evans Auffassung von AI (= Zeichengruppe A1) als isoliertem Anfang oder Einleitung („Hallelujah") eines Hymnus stößt auf schwerwiegende Bedenken: a) A1 wird 26 fast wörtlich wiederholt, ohne dass 26 als Interjektion erkennbar wäre (Ähnliches gilt für B39!); b) Außer Gruppe AI bestehen auch AV (= A16), VIII (= A22) und BV (= B52) aus jeweils e i n e m Wort. 16 wird 19 und 22 wiederholt und kann schon deshalb nicht – nach Evans eigenen Maßstäben – Interjektion sein. Auch 52 wird in 57 (in der 2er-Gruppe BVII) wiederholt und erscheint zusätzlich nur leicht abgewandelt in 49 (in der 3er-Gruppe BIII). c) 1 ist wegen der Determinative 🐟 und ☉ in Wirklichkeit ein Eigenname (s.o. S. 85ff.).
[43] Haecker, ein Verfechter der rechtsläufigen Leserichtung (s. Haecker/Scheller 1971; siehe auch o. S. 39 mit Anm. 82), hält an dem Dorn als „Gliederungszeichen" für den Zeilenanfang fest und will einen kunstvollen Aufbau des Textes erkennen (1986, S. 94f.). Er missachtet den Dorn in A12 (S. 91).
[44] Bossert 1938, S. 8. Er konstruiert ein „zweistrophiges Gedicht von je zehn Versen" (S. 7); „die Haupteinschnitte werden schon durch die vier Spiralwindungen vorgezeichnet" (S. 8). Ein spiralförmig angeordneter Text muss jedoch – unabhängig von der Textsorte – per definitionem immer mit der für die Textlänge erforderlichen Zahl an Windungen aufgezeichnet werden.
[45] Reads 1921, S. 44.
[46] Ebd. S. 29.

Gegen den Dorn als Interpunktion spricht entschieden, dass er dann 4x einen Einwortsatz (A1; 16; 22; B52) und ebenso oft einen Zweiwortsatz (A2-3; 20-21; B50-51; 56-57) bilden würde.[47] Für Evans stellten diese Kurzsätze aus ein oder zwei Zeichengruppen kein unüberwindliches Hindernis dar, weil er die Diskusschrift für eine ziemlich primitive, überwiegend ideographische Schrift hielt, bei der wenigstens einige Zeichen „for entire concepts rather than single words" stünden.[48] Aber dieser Ausweg ist versperrt, weil die Diskuszeichen Silben darstellen[49] (mit Ausnahme der Determinative 🌳 und ☉).

Nur drei von 18 Sätzen hätten mehr als vier Wörter (AIII, IX, BIII: s.o. S. 144). Analysieren wir zuerst die vier Einwortsätze (A1; 16 = 22; B52). Allein drei von ihnen (1; 16 = 22) bestehen aus Kopfwörtern, also Eigennamen. Dadurch wird Evans' Annahme, 1 bilde ein Exordium im Sinne eines „Hallelujah", nahezu unmöglich.[50] Als Rettungsanker könnte der Gedanke dienen, die Einwortsätze seien Interjektionen, und zwar Vokative (Anredeformen).[51] In diesem Fall hätte der Dorn nicht nur die Satzzeichenfunktion eines Punktes (als Satzende oder -anfang), sondern auch die eines Kommas. In einigen Schriften trennt man den Vokativ deutlich vom übrigen Satz ab, weil er – anders als Subjekt, Prädikat, Objekt usw. – kein Satzglied ist und satzbautechnisch verzichtbar, semantisch aber oftmals unentbehrlich ist. Diese hochtheoretische Einsicht in Sprache dürfte sich noch nicht bei einem Schreiber des 2. Jahrtausends v. Chr. in fortgeschrittener Zeichensetzung niedergeschlagen haben. Im Einwortsatz B52 liegt wegen des fehlenden Determinativs 🌳 keine Personenbezeichnung vor und demzufolge auch kein Vokativ der angeredeten Person. Wäre dennoch hier von einem Vokativ auszugehen, müsste die Wiederholung von 52 in 57, das zum Zweiwortsatz 56-57 gehört, wohl ebenfalls einen Vokativ darstellen mit einem mutmaßlichen Attribut 56. Das wiederholte Wort 52 = 57 taucht, nur um sein erstes Zeichen 𓏤 gekürzt, in 49 wieder auf, das den Abschluss eines Zwölfwortsatzes (38-49) bildet. Soll nun auch 49 ein Vokativ sein, obwohl ihm kein Komma/Dorn vorausgeht? Ist aber 49 kein Vokativ, so wundert man sich, dass in einem Komplex von nur neun Wörtern (49-57) dasselbe Wort zweimal im Vokativ und einmal in einem anderen Kasus auftritt.

Nicht besser steht es mit den Einwortsätzen A16 und 22. Die beiden identischen Kopfwörter 𓏤𓏤☉🌳 sind Eigennamen, die natürlich Vokative sein könnten, wäre da nicht der missliche Umstand, dass dieser Eigenname noch ein drittes Mal (19) erscheint, diesmal aber als letztes Wort eines Dreiwortsatzes (17-19):

---

[47] Darauf hatte schon Della Seta hingewiesen (1909, S. 314f.).
[48] Evans 1921, S. 660. Dennoch kamen ihm leichte Bedenken: „though occasionally these [= Dorne] embrace only a single sign-group" (S. 661).
[49] Siehe o. S. 119ff.
[50] Siehe o. S. 145 Anm. 42. – Einzuräumen ist, dass *Hallelujah* den Gottesnamen *Jahwe* enthält und *Lobt Jahwe!* bedeutet. Aber dann müsste in A1 ausschließlich der Winkel ⟩ (vgl. 26!) eine an den Eigennamen angehängte Lobpreisung o.ä. sein. Aber der häufig vorkommende Winkel verbietet eine solche Deutung.
[51] Diese Vermutung hat Haecker geäußert (1986, S. 95).

Der sogenannte Dorn　　　　　　　　　　　　147

[hieroglyphs]
19　18　17

Nun könnte man auch hier die **beiden** Eigennamen 17 und 19 konsequenterweise als Vokative auffassen – ein anderes Verständnis (z.B. *Kain tötet Abel*) wäre abwegig. Aber der Eigenname 17 wird in 29 innerhalb eines Vierwortsatzes (28-31) wiederholt und dort nicht durch einen Dorn als Vokativ ausgewiesen. Damit ist der Vermutung, der Dorn sei ein Trennzeichen für den Vokativ, die Grundlage entzogen.

Ebenso wie der Dreiwortsatz 17-19 besteht auch der Dreiwortsatz B32-34 aus zwei Eigennamen, die ein anderes Wort einrahmen:

[hieroglyphs]
34　33　32

Beide Wortkomplexe verraten sich deutlich als nichtsatzartige Gebilde. Der Sequenz 32-34 fehlt sogar der vorangehende Dorn (in A31)[52]. Die dornlose Zeichengruppe 31, die im Zentrum der Diskussseite A steht, bildet – nach Evans – das Ende des Viertwortsatzes 28-31:

[hieroglyphs]
31　30　29　28

Diese Wortreihe beginnt und schließt mit demselben Wort (28 = 31) und ist deshalb vermutlich kein Satz. Die Gunst der Umstände erlaubt hier eine begründete Verlängerung der Wortreihe. Denn wie auf 28 das Kopfwort 29 folgt, so kann man auf 31 (= 28) das Kopfwort 32 ([hier.]) folgen lassen. Darüber hinaus darf man wohl noch 33 ([hier.]) hinzufügen, das eine nur in der Endung veränderte Variante von A6 ([hier.])[53] darstellt, dem ebenfalls das Kopfwort 5 ([hier.]) vorausgeht. Offensichtlich gehören der Viertwortsatz 28-31 und der Dreiwortsatz 32-34 zu demselben Komplex, sind also nicht zwei voneinander getrennte Sätze. Zugleich bedeutet dies, dass der Text der Seite A auf Seite B übergreift und damit allen Versuchen, beide Seiten als symmetrisch komponierte Untereinheiten **eines** Textes oder sogar als zwei völlig unabhängige Texte aufzufassen, ein Ende bereitet.[54]

Zum Abschluss sei darauf hingewiesen, dass die Gestaltung des Dorns ihn nicht als Satzzeichen prädestiniert. Denn der Dorn müsste als Zeichen für Satzanfang bzw. Satzende rangmäßig zwischen WT und Textanfangs- bzw. Textendzeichen ⁞ angesiedelt werden. Man würde also z.B. eine senkrechte Linie mit zwei oder drei Punkten (⁞ oder ⁝), vielleicht auch einen doppelten WT (‖) erwarten. Die Erweiterung von Interpunktionen zu höherrangigen kennen wir auch aus anderen Schriften: In einer lykischen Inschrift werden die einzelne Wörter mit ⁞ abgetrennt und ein Satz mit •॰• beendet.[55] Ähnlich

---

[52] Siehe o. S. 144.
[53] Siehe o. S. 91 Anm. 45.
[54] Siehe auch u. S. 208ff.
[55] Siehe Friedrich, Entzifferung ..., 1966, S. 87. Siehe auch o. S. 82.

werden in einer etruskischen Inschrift auf dem Boden eines Tongefäßes[56] die Wörter mit ⁝ abgeteilt, während hinter dem letzten Wort ⁝ steht. In der Devanagari-Schrift des Sanskrit finden wir | als kleinen und ‖ als größeren Einschnitt. Der Dorn der Diskusschrift ist hingegen so unauffällig, dass der eine oder andere in der Forschung übersehen wurde – ganz im Gegensatz zu den Zeichengruppentrennern.

Die strukturanalytische Betrachtung des Dorns sowie sein äußeres Erscheinungsbild schließen die Annahme aus, es könne sich bei ihm um eine Interpunktion handeln.

b) Zeichen für Vokallosigkeit ('Virama')

Aussichtsreicher sind die Versuche, den Dorn in eine engere Beziehung zum zugehörigen Schriftzeichen zu bringen. Schon 1909 nahm Meyer an, der Dorn bezeichne wie der „gleichartige" Virama des Sanskrit die Vokallosigkeit eines Silbenzeichens.[57] Bei einer Silbenschrift vom Typ K(onsonant) + V(okal) nämlich kann ein auslautender, also ein Wort schließender K eigentlich nicht geschrieben werden. Von einigen Auswegen unterschiedlicher Qualität seien folgende genannt:

1. Man lässt zwar in der Schrift ein Wort mit dem Silbenzeichen K+V enden, ignoriert aber – als Kenner der zugrunde liegenden Sprache – bei der Aussprache den Vokal. So wird im Japanischen ein geschriebenes *tabemasu* ausgesprochen als *tabemas*. Ähnliches finden wir auch in der kyprischen Silbenschrift: *ke-ti-o-ne → ketion* (= Kition).
2. Weglassen des auslautenden K wie in Lin B: *ko-no-so → knossos*.
3. Bildung neuer Silbenzeichen von Typ
    a) K+V+K. Dieser aus dem Altakkadischen bekannte Typ hat sich nicht recht durchgesetzt und wurde abgelöst durch Typ
    b) V+K, der zusammen mit Typ K+V beispielsweise für den akkadischen König Rimuš die Schreibung *ri-mu-uš* erlaubt.[58]
4. Verwendung einiger Zeichen, die einen bloßen K bezeichnen können, wie im Hieroglyphen-Hethitischen ⌒ *sa* auch als Nominativendung *s* dienen kann. Dies Verfahren lässt sich allerdings nicht klar von dem unter 1. genannten scheiden.
5. Zusammenschreibung von Wörtern. Endet ein Wort auf K und beginnt das folgende mit V, so ergibt sich bei Verbindung beider Wörter ein 'normales' Silbenzeichen vom Typ KV. So wird in der kyprischen Silbenschrift das End-*n* (v) des Artikels im Allgemeinen nicht geschrieben, es sei denn, das folgende Wort beginnt mit Vokal. Auf der Bronzetafel von Idalion lesen

---

[56] Abb. bei Pfiffig 1998, S. 226.
[57] Meyer 1909, S. 1024.
[58] Siehe Hrouda 2003, S. 279.

wir z.B.: *to-na-ra-ku-ro-ne* (Zeile 13 u. 25) → τὸν ἄργυρον; *ta-na-ta-na-ne* (Zeile 27) → τὰν Ἀθάναν.[59]

6. Sonderzeichen für Vokallosigkeit, z.B. der Virama. In der Devanagari-Schrift nimmt der Virama einem am Wortende stehenden Zeichen (stets K+*a*)[60] den Vokal. Der Virama erscheint unterhalb des Zeichens als ein schräg nach rechts unten gerichteter Strich. Ein Beispiel: म *ma* wird am Wortende durch Setzung des Virama zu *m*: दवम् *devam*; ohne ihn müsste man *devama* lesen.

Meyer ist nicht der einzige, der dem Diskusdorn die Funktion eines Virama zuweisen will.[61] Kretschmer, dem Meyers Deutung einleuchtet, „weil sich schwer eine andere Erklärung geben lässt"(!), findet Übereinstimmungen „1. in der Gestalt, 2. in der Funktion, 3. in der Verwendung nur am Wortende."[62] Virama und Dorn besitzen jedoch nur scheinbar dieselbe Gestalt, da wegen der unterschiedlichen Schriftrichtungen von Sanskrit und Diskus der Dorn eigentlich nach links unten führen müsste. Allerdings hat die graphische Analyse der Dorne gezeigt, dass der idealtypische Dorn senkrecht nach unten verläuft, sofern ihn nicht die räumlichen Verhältnisse mehr oder weniger von seinem Wege abbringen.[63] Die äußere Ähnlichkeit[64] ist in Wirklichkeit nicht so groß und nur zufälliger Natur. Es ist überhaupt ein kühnes Unterfangen, ein graphisch so uncharakteristisches und undifferenziertes Zeichen wie einen Strich einem Vergleich zu unterwerfen. Kretschmers Hinweis auf die funktionale Übereinstimmung offenbart einen Zirkelschluss, da ja die Funktion des Dorns erst aus einem Vergleich mit dem Virama erschlossen wurde.

Nur dem Argument Kretschmers (und anderer), dass sowohl Dorn als auch Virama sich stets am Wortende befinden, kommt einiges Gewicht zu. Die Funktion des Virama in der Devanagari-Schrift ist genau bekannt. Soll ein Wort auf Konsonant enden und somit das letzte Silbenzeichen seinen Vokal verlieren, werden, wenn das nächste Wort mit Konsonant beginnt, beide Konsonanten in Ligatur geschrieben, so dass beide Wörter zu einer graphischen Einheit verschmelzen. Diese Schreibregel führt dazu, dass der Virama fast nur am Satzende auftritt, weil das letzte Wort eines Satzes nicht mit dem ersten Wort des folgenden Satzes durch Ligatur verbunden werden darf. Der Diskusdorn müsste sich demnach, wenn er – wie Kretschmer darzulegen versucht – mit dem Virama verwandt wäre,[65] vorwiegend am Satzende befinden und

---

[59] Zitiert nach Masson 1983, S. 236f.
[60] Zur Frage, ob die Devanagari-Schrift eine Silben- oder nicht doch eher eine Buchstabenschrift ist, siehe Friedrich, Geschichte ..., 1966, S. 125f.
[61] Hempl 1911, S. 189; Macalister 1912-1913, S. 348f.; Rowe 1919, S. 150; Schertel 1948, S. 364 (unentschieden, ob Virama oder Spiritus asper [= *h* vor Vokal]); Kretschmer, Die antike ..., 1951, S. 17; Chadwick, Linear B ..., 1989, S. 60. Gegen die Virama-These sprechen sich aus: Cuny 1912, S. 96 (ohne Begründung); Read 1921, S. 35f.; Trauth 1990, S. 169; Timm 2005, S. 105f.
[62] Kretschmer S. 17.
[63] Siehe o. S. 137ff.
[64] Zu den Gefahren des Denkens in Ähnlichkeiten s.o. S. X.
[65] Kretschmer erschließt aus dem altindischen Virama ein ebensolches Zeichen für das phönizische Alphabet. Die Phönizier ihrerseits hätten es von der Diskusschrift übernommen (Die antike ..., 1951, S. 23). Die

damit sehr häufig zugleich die Rolle eines Zeichens für Satzschluss übernommen haben. Eine solche Funktion konnten wir o. S. 142ff. ausschließen. Außerdem tritt der Virama normalerweise nicht so gehäuft wie der Dorn auf und verbindet sich im Allgemeinen mit nur einigen Schriftzeichen, besonders häufig mit ㅋ (ㅋ̣). Schließlich fehlen auf dem Diskus Ligaturen[66] und die vom Sanskrit her bekannten Verbindungen mehrerer Wörter zu einem Gebilde.

Wenn der Dorn auch schriftgeschichtlich – entgegen Kretschmers These – keinerlei Verwandtschaft mit dem Virama aufweist, so könnte er dennoch unabhängig von diesem zufällig dieselbe Funktion ausüben. Sollte er einer Endsilbe den Vokal nehmen, erwartete man ihn auch im Wortinnern,[67] wo, jedenfalls in den meisten Sprachen, Konsonantenverbindungen ohne dazwischen liegende Vokale auftreten können. In der Devanagari-Schrift werden solche Verbindungen natürlich auch innerhalb eines Wortes durch Ligatur dargestellt. Bisweilen wird aber aus drucktechnischen Gründen statt einer komplizierten oder seltenen Ligatur der Virama gesetzt, der nun ausnahmsweise nicht am Wortende steht. Die Tamil-Schrift verzichtet auf Ligaturen und drückt stattdessen die Vokallosigkeit durch einen oberhalb des Schriftzeichens angebrachten Punkt aus, auch im Wortinnern.[68] Ähnlich diente wohl ein neben ein Schriftzeichen gesetzter Punkt in der altetruskischen Silbenschrift als Virama.[69]

Read, ein Gegner der Viramathese, wundert sich zu Recht, dass in der Diskusschrift Vokale nur am Wortende elidiert sein sollten. Er hält es zwar für möglich, wenn auch für sehr unwahrscheinlich, dass diese Schrift einige Zeichen nur für Konsonant hat als Ergänzung zu silbischen Zeichen, die denselben Konsonanten mit anhängendem Vokal aufweisen.[70] Ich füge hinzu, dass für die Annahme einer solch gemischten Schrift die Zahl der verschiedenen Diskuszeichen nicht ausreicht.

Wer dennoch aus (scheinbarem) Mangel an anderen Erklärungsmöglichkeiten an der Viramafunktion des Dorns festhalten möchte, muss sich auf die Suche nach reinen Konsonantenzeichen machen, die vorwiegend am Anfang oder im Innern eines Zeichengruppe stehen sollten. Die neun verschiedenen mit ‚Virama' auftretenden Zeichen (𓀀, 𓀁, ○, 𓀂, ⟩, ⟩, ✱, ❋, ▽) können von Hause aus keine bloßen Konsonanten sein. Der ‚Virama' engt das Feld möglicher Kandidaten für einen Konsonanten weiter ein. So kann in 𓀀𓀁 (A15 = 21) 𓀁 nicht reiner Konsonant sein, weil das Wort sonst vokallos wäre. Aus demselben Grund muss der Vogel in |𓀀⊙𓀁 (A16 = 19 = 22; ⊙𓀁 sind ein stummes Zeichenpaar) eine Silbe sein. Zahlreiche andere Überlegungen

---

Diskusschrift sei wohl karischen Ursprungs (S. 22) und „Karien hatte zu Phönizien gerade im Schriftgebrauch Beziehungen, die freilich einer etwas jüngeren Zeit angehören" (S. 23). Niemand wird diesen Spekulationen in jedem Punkt folgen wollen.
[66] Siehe o. S. 134f.
[67] So Read 1921, S. 36; Trauth 1990, S. 169.
[68] Siehe Friedrich, Geschichte ..., 1966, S. 136; Schriftprobe bei Haarmann 1991, S. 546.
[69] Siehe Pfiffig 1998, S. 23-25.
[70] Read ebd. S. 36.

schließen weitere Zeichen als Konsonanten aus. Beispielsweise legt Verdoppelung eines Zeichens am Wortanfang (⚵ in A4; ⚷ in 17 = 29) oder im Wortinnern (⚹ in B44) silbischen Charakter nahe. Eine weitere Methode arbeitet mit Alternativen. So können in den kurzen Wörtern ⚶ (A13) und ⚸ (A18) nicht jeweils beide Schriftzeichen reine Konsonanten sein. Ein besonderer Fall liegt bei auslautendem ⊙ (A2; 6; 25; B36) vor, weil ⊙ mit ⚶ in ähnlichen Wörtern (B41; 33; A9; B44) alterniert und sehr wahrscheinlich den Konsonanten gemeinsam hat, aber nicht den Vokal. Für die Anhänger der Viramathese muss ⚶ wegen A27, wo ⚶ mit Dorn ausgestattet ist, ohnehin eine Silbe darstellen.

Nach einem schwierigen Puzzle bleiben folgende elf Zeichen als mögliche Anwärter für reine Konsonanten übrig:

⚶	A28 = 31
⚶	A13
⚶	A1 ~ 26 ~ B39 ≈ A30 ≈ B38; 50
⚶	A23; B45
⚶	A24
⚶	B36 ≈ 44
⚶	A17 = 29
⚶	B58
⚶	A4; B53 ~ 60
⚶	B42; 49 ~ 52 = 57
⚶	B40

Darunter sind vier Unikate und zwei Zeichen, die nur je 2x in wiederholten Wörtern vorkommen. Auch die übrigen Zeichen sind selten und befinden sich überwiegend in gleichlautenden oder wenigstens ähnlichen Wörtern. Eine gewisse Ausnahme stellt ⚶ dar, weil ⚶ 5x vor ⚶ (gemäß der Viramatheorie wegen A15 = 21 ein Silbenzeichen) steht. Alle diese elf Zeichen besitzen die Eigenschaft der Unüberprüfbarkeit. Bemerkenswerterweise befinden sich keine zwei dieser Zeichen in ein und demselben Wort. Die Vermutung sei gewagt, dass ein Vorkommen mehrerer dieser Zeichen in e i n e m Wort die Überprüfbarkeit erleichtert und silbischen Charakter nahegelegt hätte.

c) Silbenschließender Konsonant

Mit der Annahme, der Dorn könne ebenso wie der Virama der Devanagari-Schrift die Vokallosigkeit eines Silbenzeichens anzeigen, ist die Meinung verwandt, er stelle einen bloßen Konsonanten dar.[71] „Eine entfernte typologische Parallele" sieht Nahm in der japanischen Silbenschrift, die als einzige

---

[71] Gleye 1912, S. 3 (*k*); Schertel 1948, S. 364 (Virama oder *h* vor Vokal); Schwartz, The Phaistos Disk ..., 1959, S. 224-226 (*s*); Nahm 1969, S. 114; Georgiev 1976, S. 11 und 1979, S. 390 (*r*); Bunner 1979, S. 8 (vor allem *s*).

Ausnahme vom Silbenprinzip ein silbenschließendes *n* kennt.[72] Dass dieses *n* auch im Innern japanischer Wörter, wie er einräumt, vorkommt, empfiehlt seine „Deutung des Dorns als Einkonsonantenzeichen" keineswegs. Deshalb schließt er nicht aus, dass der fehlende Dorn innerhalb eines Wortes „einfach ein graphisches Phänomen" sein könne. Der durch den Dorn repräsentierte Konsonant werde „vielleicht im Wortinnern an den folgenden Konsonanten assimiliert". Aber es gibt nicht den geringsten Grund, warum der Dorn als angebliches Einkonsonantenzeichen sich nicht mit einem Zeichen im Wortinnern verbinden sollte. Technisch wie optisch wäre eine solche Verwendung tadellos möglich. Auch der Hinweis einiger Autoren auf den ‚Dorn' im Hieroglyphen-Hethitischen[73] ist wenig hilfreich, da er nicht nur am Wortende steht.[74]

Wenn sich hinter dem Diskusdorn ein bestimmter Konsonant (oder gar ein Silbenzeichen[75]) verbergen sollte, wäre der Dorn das zweithäufigste phonetische Zeichen (16x) nach ⌂ (18x). Dann aber würde man nicht begreifen, warum die Diskusschrift diesen Konsonanten nicht wie die anderen Phoneme mit einem Bildzeichen, sondern mit einem abstrakten Zeichen wiedergibt. In den japanischen Silbenschriften (Hiragana und Katakana) fällt das einzige Einkonsonantenzeichen (für *n*) graphisch nicht aus dem Rahmen der übrigen Zeichen. Auch könnte sich das Verständnis des Dorns nicht auf das akrophonische Prinzip[76] stützen, sondern wäre auf eine vorausgehende Vereinbarung über seine phonetische Qualität angewiesen. Wenn jedoch der Dorn wie z.B. der Virama eine allgemeine Aufgabe erfüllen sollte, wäre seine nicht bildmäßige Gestaltung gerechtfertigt.

d) Determinativ

Ein Determinativ (Deutezeichen) wird im Gegensatz zum Ideogramm nicht gesprochen, sondern ist eine nähere Bestimmung des zugehörigen Wortes, besonders wenn dieses mehrdeutig sein sollte.[77] So besitzt die Zeichengruppe A26 des Diskus 𓏤|☉𓏤 zwei Det.e 𓏤 und ☉, die die folgenden phonetischen Zeichen als männliche Person (genauer: als Eigenname einer männlichen Person) bestimmen.[78] Ohne diese Det.e gewinnt das Wort eine andere Bedeutung (siehe A30: 𓏤|). Da beim Diskus die bildhaften Det.e am Anfang der Wörter stehen, wäre die Endstellung des Dorns, sofern er ein Det. wäre, sehr ungewöhnlich. Wir fänden dann sechs Eigennamen, die sowohl am Anfang

---

[72] Nahm 1969, S. 114 (hier auch die weiteren Zitate).
[73] Gleye 1912, S. 3; Bossert 1932, S. 15; Georgiev 1979, S. 390; Best/Woudhuizen 1988, S. 46; Marangozis 2003, S. 50; Achterberg u.a. 2004, S. 61f.
[74] Wie Enzler zugibt (in: Achterberg u.a. ebd.).
[75] Beispielsweise *ti* bei Achterberg u.a. 2004.
[76] Siehe u. S. 190f.
[77] Nähere Erläuterungen zu Determinativ und Ideogramm o. S. 85f.
[78] Siehe o. S. 85ff.

als auch am Ende Det.e besäßen (A1; 12; 16 = 19 = 22; B34).[79] Doch aus methodischen Gründen sei dies einmal zugestanden.

Welche Bedeutung/Funktion könnte man dem Dorn als Det. geben? Nicht in Frage kommen alle Funktionen, die dem zugehörigen Wort einen besonders hohen Rang verleihen wie *Gott, Göttersohn, König, Herrscher* und ähnlich ehrenvolle Titel. Denn es wäre dem Zweck einer solchen Titulatur abträglich, wenn das Det. nicht bildmäßig ausgeführt, sondern zu einem Strich reduziert wäre, zumal die Diskusschrift für weniger wichtige Det.e Bilder (🯅 und 🯆) verwendet. Auch die Auffassung des Dorns als Bezeichnung für ein Verwandtschaftsverhältnis (*Vater, Mutter, Sohn, Tochter* usw.) vertrüge sich nicht recht mit einem strichartigen Gebilde. Aber wie dem auch sei, es ist nicht vorstellbar, dass im Diskustext mit seinen nur 61 Zeichengruppen 16x auf Vaterschaft oder 16x auf Mutterschaft hingewiesen worden wäre. Hieraus folgt, dass sich die Auswahl von geeigneten Det.-Funktionen auf einen mehr allgemeinen Bereich beschränken muss. Da der Dorn 6x in Verbindung mit Eigennamen auftritt, wird dieser Bereich noch weiter eingeengt, so dass nur noch die Wahl zwischen Numerus-[80] und Genuszeichen übrigbleibt. Für beides gibt es in anderen Schriftsystemen recht gute Parallelen. So kann man in den ägyptischen Hieroglyphen zur Bezeichnung des Plurals drei Striche (| | |) setzen. Wenn nun der Dorn ein Pluraldeterminativ wäre, müsste man sich damit abfinden, dass der Diskustext an der Stelle A10-23 eine bunte Abfolge von singularischen und pluralischen Wörtern bietet. Bei der folgenden schematischen Übersicht gelten folgende Abkürzungen:

KW = Kopfwort, also mit 🯅 oder 🯆🯅
NKW = Nicht-Kopfwort
Sg = Singular (wegen fehlenden Dorns)
Pl = Plural (wegen vorhandenen Dorns)
? = Numerus unentscheidbar bzw. keine anwendbare Kategorie

A10 (KW) **Sg** – 11 (NKW) **?** – 12 (KW) **Pl** – 13 (NKW) **?** – 14 (KW) **Sg** – 15 (NKW) **Pl** – 16 (KW) **Pl** – 17 (KW) **Sg** – 18 (NKW) **?** – 19 (KW) **Pl** – 20 (KW) **Sg** – 21 (NKW) **Pl** – 22 (KW) **Pl** – 23 (KW) **Sg**

Der häufige Numeruswechsel auf so engem Raum ist wenig vertrauenerweckend und nur möglich, wenn man sich auf weitere unwahrscheinliche Spekulationen einlässt. Berücksichtigt man nur die Kopfwörter, kann man für A1-23 folgende Reihe aufstellen:

A1 **Pl** – 5 **Sg** – 8 **Sg** – 10 **Sg** – 12 **Pl** – 14 **Sg** – 16 **Pl** – 17 **Sg** – 19 **Pl** – 20 **Sg** – 22 **Pl** – 23 **Sg**

---

[79] Corsini (1986) sieht in den Dornen – bei rechtsläufiger Leserichtung – Det.e für Personen- und Götternamen.
[80] Kaulins (1980, S. 74) interpretiert den Dorn als Zeichen für Dual/Plural.

Entschieden wird die Frage, ob der Dorn den Plural[81] bezeichnen kann, durch den oben (S. 92ff.) geführten Nachweis, dass die Kopfwörter ausnahmslos männliche Eigennamen und daher nur unter ungewöhnlichen Umständen zur Pluralbildung fähig sind.[82]

Wenden wir uns nun der anderen Möglichkeit zu: der Dorn als Det. für das Genus. In Linear B werden Ideogramme – der Unterschied zwischen Ideogramm und Det. kann hier vernachlässigt werden – in bestimmten Fällen durch zusätzliche Striche qualifiziert. So wird das Zeichen für Schaf ⊤ mittels zweier Querstriche zum Zeichen für Widder ⊤.[83] Könnte in ähnlicher Weise nicht auch der Diskusdorn das männliche Geschlecht anzeigen? Dies setzt zweierlei voraus: 1. die phonetische (silbische) Schreibweise des Diskus könnte das Genus im Allgemeinen nicht ausdrücken. 2. Wenigstens einige Personennamen wären geschlechtlich indifferent (wie z.B. im Französischen *Camille*, *Dominique* und im Englischen *Ashley*, *Leslie*) und bedürften daher einer genauen Bestimmung. Ob die 1. Voraussetzung erfüllt ist, kann wegen der noch unbekannten Sprache des Diskus nicht beurteilt werden. Hingegen lässt die 2. Bedingung eine Überprüfung zu. Man könnte das Kopfwort B34 wegen des Dorns als männliche Form eines ansonsten geschlechtsneutralen Namens auffassen. Ähnlich könnte man *Dominique*♂ schreiben, um den Träger des Namens als männlich zu kennzeichnen.

In einer Analyse, die unabhängig vom Dornproblem geführt wurde, habe ich zu zeigen versucht, dass der Irokesenkopf vermutlich als Mann zu verstehen ist und als Det. eine männliche Person bezeichnet (o. S. 90ff.). Dann aber wäre der Dorn bei sechs Kopfwörtern (A1; 12; 16 = 19 = 22; B34) ein überflüssiger Zusatz oder bei den übrigen 13 Kopfwörtern einfach vergessen worden. Ein solches Verfahren ist, besonders angesichts der Sorgfalt, die der Diskusschreiber allenthalben walten lässt, nahezu unmöglich. Selbst wenn man den Kopf als geschlechtsneutrales Det. ansehen wollte und nur dem Schild ☉, der 13x als zusätzliches Det. nach erscheint, die Funktion eines männlichen Det.s geben wollte, so scheitert dies daran, dass fünf Kopfwörter mit Schild (A1; 12; 16 = 19 = 22) den Dorn ‚zu Unrecht' trügen. Diese fünf

---

[81] Für den Dorn als Dual-Det. gilt das bisher Gesagte in gleicher Weise; nur findet sich der Dual allgemein wesentlich seltener als der Plural, und sein 16-maliges Auftreten auf dem Diskus ist völlig ausgeschlossen. – Zum Dual bei Personennamen siehe die folgende Anm.

[82] Das entwickelte Namenssystem der Römer bestand im Allgemeinen aus *praenomen*, *nomen gentile* und *cognomen* und ließ beim Gentilnamen natürlich die Pluralbildung zu. So gehört *Marcus Licinius Crassus* zum Geschlecht der *Licinii*. Auch das Cognomen konnte, da es in vielen Fällen als fester Bestandteil des Namens vererbt wurde und auch der Unterscheidung verschiedener Familienzweige dienen konnte, einen Plural bilden. Beispielsweise lesen wir bei Cicero von den *Scipiones* (de re publica 1,1). Demgegenüber kannten die Griechen im Wesentlichen nur den Individualnamen, der gelegentlich zur Unterscheidung um den Vatersnamen erweitert wurde. Der Individualname widersetzt sich seiner Natur nach einer Pluralbildung. Dennoch gibt es begründete Ausnahmen. In der Ilias treten zwei Helden auf, die denselben Namen tragen, aber nicht miteinander verwandt sind: Aias, Sohn des Telamon, und Aias, Sohn des Oïleus. Da beide eine Kampfgemeinschaft bilden, findet sich ihr Namen bisweilen im Plural (Αἴαντες) oder Dual (Αἴαντε). Ein doppelter Zufall, ihre Namensgleichheit und ihre Waffenbrüderschaft, ist also für diese außerordentliche Mehrzahlbildung verantwortlich. – Anzumerken ist, dass man das göttliche Zwillingspaar *Castor* und *Pollux* im Römischen zusammenfassend manchmal als *Castores* bezeichnete.

[83] Das Zeichen für ein weibliches Schaf ist ⊤.

Wörter schließen es auch aus, dass der Dorn seinem zugehörigen Wort ein weibliches Geschlecht zuweist.

Wenn man dem Dorn als Det. andere Funktionen geben wollte, müsste man immer speziellere Funktionen wählen:

Volksgruppenangehöriger – Fremder
frei – unfrei
Palastbewohner – Landbewohner
begütert – arm
abgabenfrei – abgabenpflichtig
junior – senior
verheiratet – ledig
erbberechtigt – nicht erbberechtigt
usw.

Mit dem Grad an Spezialisierung wird es einerseits immer leichter, solche Vorschläge begründet abzuweisen, und andererseits immer schwerer, die einfache, auf eine allgemeine und Grundfunktion hindeutende Gestalt des Dorns zu erklären.

e) Beziehung zum zugehörigen Zeichen und Wort

Bei der bisherigen Prüfung der vier vorgeschlagenen Dornfunktionen (Satzzeichen, Virama, silbenschließender Konsonant, Determinativ) hat sich gezeigt, dass man auf die Untersuchung der Frage, in welcher Beziehung der Dorn zu seinem zugehörigen Zeichen und Wort möglicherweise steht, fast völlig verzichtet hat. Aber der kreativen Spekulation muss immer die Beobachtung vorausgehen; zumindest sollte sie an ihrem Gängelband geführt werden.

Da der Dorn stets mit dem letzten Zeichen eines Wortes verbunden ist, wollen wir uns zunächst nur mit den am Wortende vorkommenden Zeichen befassen. Am Ende der insgesamt 61 Diskuswörter finden sich 21 verschiedene Zeichen (s. S. 156, Tab. 8). Diese Zeichen treten in unterschiedlicher Zahl, bis zu 8x, auf. Daher sollte man vermuten, dass bei häufigen Zeichen auch der Dorn häufiger und bei seltenen seltener vorkommt. Eine solche Korrelation besteht aber nur eingeschränkt. Natürlich ist das noch unaufbereitete statistische Material für einigermaßen verlässliche Aussagen zu gering. Allerdings fällt auf, dass von den drei Unikaten am Wortende (Der Diskus verfügt über insgesamt neun) immerhin zwei einen Dorn tragen. Und während die vier ☺ keinen Dorn aufweisen, haben drei von vier 🪶 und die drei ↷ jeweils einen Dorn. Die starken Schwankungen der Statistik lassen sich glätten, wenn man die Wortwiederholungen bzw. ähnlich lautende Wörter ins Kalkül zieht.

Zeichen am Wortende	Anzahl der Z.	Anzahl der Dorne	Bemerkungen
	7	2	Dorntragende Wörter: A15 = 21
	1	1	Unikat
	8	3	Dorntragende Wörter: A3 = B51 ~ 55
	4	3	Dorntragende Wörter: B52 = 57 ~ 49
	1		Unikat
	4		
	1		
	6	1	
	1		
	2		
	1		
	1		
	3		
	3	3	Dorntragende Wörter: A16 = 19 = 22
	2		
	3		
	1		
	7	1	
	3	1	
	1		
	1	1	Unikat
Summe: 21	61	16	

Tab. 8

In Tab. 9 (S. 157) werden deshalb gleich- oder ähnlich lautende Wörter nur als einmal vorkommend gewertet. Ein Beispiel: sieben Wörter enden mit , von denen zwei gleich sind (A15 = 21) und einen Dorn tragen. Nach der neuen Berechnung gehen wir nur noch von sechs mit endenden Wörtern mit insgesamt einem Dorn aus. Dass in dieser ‚gereinigten' Übersicht alle neun diversen Zeichen je nur einmal einen Dorn aufweisen, mag zwar ein wenig zufällig und der Kürze des Textes zu verdanken sein, zeigt aber andererseits, dass der Dorn nicht mit bestimmten Zeichen in einer festen Korrelation steht. Der Dorn scheint bei Bedarf einfach an das Ende eines Wortes, genauer: an dessen Endzeichen, angehängt zu sein – ohne Rücksicht auf die besondere Natur oder Häufigkeit dieses Zeichens. Sehr wahrscheinlich würden bei einem längeren Text weitere Zeichen einen Dorn erhalten. Dies mag für manche Entzifferer eine unangenehme Erkenntnis sein, da sich aus ihr – scheinbar – keine Regel für den Dorngebrauch ableiten lässt. In Wirklichkeit ist dieses Ergebnis fundamental!

Der sogenannte Dorn 157

Zeichen am Wortende	Anzahl der Z.	Anzahl der Dorne
🏃	6	1
👤	1	1
◠	6	1
🐚	2	1
〉	5	1
）	1	1
🌿	7	1
✿	2	1
▽	1	1

Tab. 9

Dagegen könnte man aus der Beobachtung, dass wiederholte Wörter an allen Stellen einen Dorn tragen (Tab. 8 unter Spalte ‚Bemerkungen'), folgern, dass bestimmte Wörter für ihre Schreibung grundsätzlich einen Dorn benötigen. Wenn der Dorn ein fester Bestandteil von Wörtern sein sollte, ließe er sich beispielsweise als Schluss-*s* oder Schlusssilbe auffassen. Aber diese Möglichkeit wurde schon o. S. 151f. verworfen.

Obwohl sich auf dem Diskus kein Wort befindet, das einmal mit Dorn, das andere Mal ohne Dorn geschrieben ist, gibt es doch gelinde Zweifel, ob dieser Befund uneingeschränkt Geltung beanspruchen darf. Folgende vier Fälle sollten Beachtung finden:

1. Zu den wiederholten Dornwörtern A3 = B51 gesellen sich die mutmaßlichen Varianten B55 und 61:

$$\quad 3 \qquad 51 \qquad 55 \qquad 61$$

Während 55 einen Dorn trägt, ist 61 dornlos.[84]

2. Man vergleiche A1 mit B39:

$$\quad 1 \qquad\qquad 39$$

Unabhängig von der Frage, ob in 39 und ◠ Determinative sind,[85] oder ob 39 nur zufällig in seinen letzten drei Zeichen mit dem phonetischen Gesamtbestand von 1 (und ☉ werden ja als Determinative nicht gesprochen) übereinstimmt, ist es bemerkenswert, dass bei 39 der Dorn ‚fehlt', sofern man den Dorn für ein unverzichtbares Merkmal mancher Wörter halten wollte.

---

[84] Zum vermeintlichen Dorn unter ◠ in 61 siehe o. S. 43.
[85] Siehe o. S. 98.

3. Wenn man die Kopfwörter (= Eigennamen) A1 und 26

auf dieselbe Person bezöge, müsste ⟩ in 1 eine Endung oder ein Suffix sein. Dann aber sollte ⟩ am Ende von drei weiteren Kopfwörtern (A8;[86] 14 = 20) und zwei Nichtkopfwörtern (B45 und besonders 39 [~ A1 ~ 26!]) als mögliche Endung oder Suffix ebenfalls einen Dorn tragen.

4. Zeichengruppe A10 schließt mit , das eine Endung sein könnte, weil es an vier weiteren Stellen im Wechsel mit erscheint (vgl. A9 mit 25; B44 mit 36; 33 mit A6; B41 mit A2). Die beiden letzten Zeichen von 10 tauchen auch am Ende von 27 auf,[87] wo allerdings einen Dorn aufweist. Sollte überhaupt ein Zusammenhang zwischen 10 und 27 bestehen, wäre das Fehlen des Dorns in 10 seltsam.

Die vier aufgeführten Belege sind mit teilweise erheblichen Unsicherheiten belastet, legen aber in ihrer Gesamtheit wenigstens die Vermutung nahe, dass die zweifellos vorhandene enge Affinität des Dorns mit bestimmten wiederholten Wörtern nicht notwendiger Natur ist. In jedem Fall muss die Aufmerksamkeit auf die wiederholten Wörter und ihre Einbeziehung in den Kontext gelenkt werden.

f) Strukturanalyse des Dorns

Lage und Streuung der Dorne können unten S. 161 am vollständig wiedergegebenen Diskustext abgelesen werden. Die Verteilung der 16 Dorne auf die 61 Zeichengruppen bzw. Wörter des Diskus – durchschnittlich kommt also ein Dorn auf knapp vier Wörter – ist nicht ganz gleichmäßig. Zwar unterscheidet sich die Zahl auf Seite A (9) nicht wesentlich von der auf Seite B (7), aber im Einzelnen fallen doch größere Abweichungen von einer ‚normalen' Verteilung auf. So beträgt der Abstand zwischen zwei Wörtern mit Dorn null bis elf Wörter. Die Abstände im Detail zeigt Tabelle 10 (S. 159).

Die Dorne weisen, wie die Abstände 0 bis 2 zeigen, örtliche Häufungen auf. Es lässt sich sogar ein größerer Komplex mit besonders vielen Dornen finden: die Wörter A12-27 verfügen über insgesamt sieben Dorne. Dagegen hat die viel längere Wortreihe A28-B48 nur zwei Dorne. Im ersten Komplex (12-27) gibt es fünf dorntragende Wortwiederholungen (15 = 21; 16 = 19 = 22), im zweiten (28-48) keine einzige! Auch in der dornreichen, sehr kurzen Wortreihe B49-57 treten die insgesamt fünf Dorne nur an wiederholten und ähnlichen Wörtern (49 ~ 52 = 57; 51 ~ 55) auf. Es leidet keinen Zweifel, dass der Dorn eine deutliche Beziehung zu wiederholten/ähnlichen Wörtern hat.

---

[86] Sofern das letzte Zeichen von 8 nach dem Brand des Diskus a b s i c h t l i c h vom Schreiber zerstört worden ist (s.o. S. 71-75).
[87] In 10 und 27 könnte theoretisch Suffix sein, weil ein Wort mit enden kann (A24).

Die Wiederholungen befinden sich überwiegend auf engem Raum, so dass der Dorn eine entsprechende Häufung erfährt.

Abstände zwischen zwei dorntragenden Wörtern

Abstand in Worten gemessen	Stellen	Summe der Stellen
0	15/16 21/22 51/52	3
1	1/3 19/21 49/51 55/57	4
2	12/15 16/19 34/37 52/55	4
4	22/27	1
6	27/34	1
8	3/12	1
11	37/49	1

Tab. 10

Die Dichte des Dornbesatzes korreliert mit der Dichte wiederholter bzw. ähnlicher Wörter. Dies erlaubt zwei Schlussfolgerungen: Einerseits scheinen die Dorne eng zu bestimmten Wörtern zu gehören, andererseits teilen sie auch die Textstruktur, die durch wiederholte Wörter gegeben ist.

Versuchen wir nun, diese Struktur(en) näher zu untersuchen. Eine auffällige Erscheinung ist die Wortgruppe A14-16:

16   15   14

die unverändert in A20-22 wiederholt wird.[88] Trotz des identischen Wortlautes und folglich der identischen Struktur bleibt die Frage nach der Art dieser Struktur offen, so dass die Rolle des Dorns in 16 bzw. 22 nicht eindeutig bestimmt werden kann. Weil das Wort 16 = 22 sogar ein drittes Mal, außerhalb der Dreiwortwiederholung, mit Dorn in 19 auftritt, bekommt jedoch die Annahme, der Dorn sei fester Bestandteil eines Wortes, zusätzliches Gewicht. Aber auch 19 steht wie seine Wiederholungen (16 und 22) in einer mehrmals auftretenden Struktur:

17   16

20   19

23   22

An allen drei Stellen befindet sich das wiederholte Kopfwort 16 = 19 = 22 unmittelbar vor einem jeweils anderen Kopfwort. Diese Besonderheit tritt unter den insgesamt 19 Kopfwörtern des Diskus nur hier auf. Sie ist für die Beurteilung des Dorns aus zwei Gründen viel wichtiger als die Wiederholung

---

[88] Siehe auch o. S. 52.

14-16 = 20-22, obwohl letztere über ein Wort mehr verfügt: 1. ein dreimaliges Auftreten derselben Struktur legt ein verlässlicheres Fundament als ein zweimaliges. 2. Eine g e n a u e Wiederholung mit identischem Wortlaut erlaubt nur die Betrachtung der Oberfläche einer Struktur, aber kein analytisches Eindringen. Dagegen geben das Aufspüren von Differenzen und das Aufbrechen der Struktur den Blick auf die einzelnen Elemente und deren Funktionen frei.

Nun wissen wir, dass die Kopfwörter Eigennamen von Personen sind. Wenn zwischen dem Namen 𓇋𓏏𓊨𓆓 (16 = 19 = 22) und den jeweils drei folgenden (17; 20; 23) keinerlei Verbindung bestehen sollte, kämen für den Dorn nur die folgenden Funktionen in Frage:

1. Zeichen für Satzende bzw. Satzanfang. Diese Möglichkeit wurde bereits (o. S. 142ff.) generell ausgeschlossen.
2. Komma, z.B. für die Abtrennung eines Vokativs. Auch diese These ist nicht haltbar (o. S. 146f.).
3. Die benachbarten Eigennamen stellen unterschiedliche Satzglieder in ein und demselben Satz dar. Dann könnten dorntragende Wörter Subjekt, dornfreie aber Objekt sein (oder umgekehrt). Man müsste dann drei kurze Sätze annehmen, etwa des Inhalts:

    Person 16 zeugt (18) Person 17.
    Person 19 (= 16!) bestraft (21) Person 20.
    Person 22 (= 16 = 19!) belohnt (24) Person 23.

    Dieser schwer vorstellbare Inhalt wird schon durch die Wortwiederholung 15 = 21 („bestraft") gänzlich unwahrscheinlich. Denn dann muss auch Person 12 Person 14 bestrafen (15); Person 14 ist aber identisch mit 20. Zu allem Überfluss tragen die wiederholten Wörter 15 und 21 einen Dorn und können gemäß unserer Hypothese nur Subjekte, aber keine Prädikate sein.
    Hält man jedoch die Dornwörter für Objekte, werden die Schwierigkeiten noch viel größer. 13-16 könnte man dann übersetzen:

    Es tötet (13) Person 14 das Schaf 15 [und] Person 16.

    Der mit 14-16 gleichlautende Wortkomplex 20-22 besäße aber kein Prädikat. Denn der Person 20 (Subjekt) geht die Person 19 (Objekt; außerdem identisch mit 16) voraus; und auf die Person 22 (Objekt; außerdem identisch mit 16 = 19) folgt Person 23 (Subjekt).
4. Modifikation des Schlusslauts.[89] Dies ist natürlich zunächst denkbar. Bei dieser Annahme sind die Nachbarpositionen von 16/17 und 19/20 und 22/23 nicht erklärbar. Aber irgendeine Verbindung m u s s zwischen den benachbarten Personennamen bestehen.

---

[89] Bereits Della Seta erwog vorsichtig eine „phonetische Modifikation" (1909, S. 315).

Der sogenannte Dorn

Seite A

Seite B

Die Pfeile (←) geben die Leserichtung an. Die Dorne werden zusätzlich durch senkrechte Striche (|) unterhalb der dorntragenden Schriftzeichen hervorgehoben.

g) Ideogramm

Vom Determinativ, das nicht gesprochen wird, also keine phonetische Entsprechung hat und nur dazu dient, die Bedeutung des zugehörigen Wortes in einer bestimmten Hinsicht festzulegen, ist das Ideogramm (Id.) – wenigstens theoretisch – streng zu unterscheiden. Das Id. steht für sich selbst und hat phonetischen Charakter, obwohl es nicht phonetisch (alphabetisch oder silbisch) geschrieben wird. Id.e haben gegenüber der phonetischen Schreibweise den Vorzug, weniger Platz zu benötigen und, sofern sie Dinge des täglichen Lebens abbilden (Sachideogramme), leicht verständlich zu sein. Solche Sachideogramme versagen jedoch sehr bald bei weniger anschaulichen Begriffen wie bei *jung* und *alt*. In solchen Fällen hilft, wenn man auf Kürze bedacht ist, eine unvollständige phonetische Schreibung, die in vielen Varianten auftreten kann. In Lin B kann man statt des ganzen Wortes nur die erste Silbe schreiben (*ne* = *ne-wo* „jung"; *pa* = *pa-ra-jo* „alt"). Im Deutschen beschränkt man sich häufig auf den ersten Buchstaben (*u.* = *und*; *z.B.* = *zum Beispiel*), manchmal auch auf den ersten und letzten (*Hr.* = *Herr*). Solche Abkürzungen, die auch „unechte Ideogramme" genannt werden,[90] haben mit den Id.en gemeinsam, dass sie nur von Sprachkundigen phonetisch korrekt gesprochen werden können. Außerdem unterliegen sie bisweilen der Tendenz zur graphischen Umgestaltung. So können Abkürzungen ihren phonetischen Restcharakter verlieren und eine pseudopiktographische Gestalt annehmen, also zum Id. werden.

In diesen Zusammenhang gehört auch die Stenographie, die ein platzsparendes (daher ihr Name ‚Engschrift') und vor allem schnelles (daher auch Tachygraphie ‚Schnellschrift' genannt) Schreiben ermöglicht. Es gibt im Wesentlichen zwei Quellen für stenographische Systeme: das eine, graphische, leitet seine Zeichen aus der zugrunde liegenden phonetischen Schrift ab und verändert sie, das andere, geometrische, geht von einfachen, willkürlich gewählten geometrischen Elementen aus. Insofern sind Stenographien phonetische Schriftsysteme und nicht ideographischer Natur. Allerdings neigen Kurzschriften dazu, noch stärker abzukürzen, und schaffen zu diesem Zweck für besonders häufige Wörter die sogenannten Siglen. Diese Siglen lassen sich oft nicht mehr durch die Kenntnis der elementaren Kurzschriftzeichen entschlüsseln, sondern müssen erlernt werden. So wird z.B. in den Tironischen Noten[91] *H* durch ꟾ dargestellt. Die Sigle für *HODIE* verwendet den ersten Buchstaben und einen seitlich angebrachten Punkt: ꟾ·, und die Sigle für *HOMO* ist ꟾ. Da diese und ähnliche Siglen nur teilweise phonetisch geschrieben sind und als Ganzes dem Gedächtnis eingeprägt werden müssen, gewinnen sie ideographischen Charakter.

---

[90] Bartoněk 2003, S. 121ff.
[91] Lateinische Kurzschrift, die nach Marcus Tullius Tiro, einem Freigelassenen von Cicero, benannt ist.

Der Diskusdorn ist vermutlich ein solches ideographisches Kürzel, das in nichtphonetischer Schreibweise ein ganzes Wort repräsentiert. Natürlich hat der Dorn nicht dieselbe Entstehungsgeschichte wie stenographische Siglen.

Voraussetzungen und Forderungen

Die bisherigen Untersuchungen haben zumeist gezeigt, was das Dornzeichen n i c h t ist. Der Dorn

– ist n i c h t zufällig und funktionslos.
– besitzt trotz seiner unterschiedlichen Ausrichtungen k e i n e unterschiedlichen Funktionen.
– steht n i c h t mit den zugehörigen Schriftzeichen in Korrelation.
– ist wahrscheinlich n i c h t notwendiger Bestandteil bestimmter Wörter.
– stellt k e i n e Interpunktion dar, auch k e i n e n Zeilen- oder Verstrenner.
– elidiert n i c h t wie der Virama den Vokal einer offenen Schlusssilbe.
– repräsentiert k e i n e n silbenschließenden Konsonanten.
– ist k e i n Determinativ.

Dem Ausschlussverfahren wird aber immerhin die Erkenntnis verdankt, dass der Dorn sehr wahrscheinlich ein Id. ist. Für die genauere inhaltliche Eingrenzung des Dorn-Id.s sind folgende Voraussetzungen und Forderungen zu berücksichtigen:

1. Das gesuchte Wort muss von Natur aus sehr häufig sein können und in den Augen des Schreibers unverzichtbar sein. Allerdings hängt die Häufigkeit bzw. das Vorkommen bestimmter Wörter von der Textart (Katalog, Erzählung, Hymnus usw.) und von der zugrunde liegenden Sprache ab. Während z.B. das Aramäische einen nachgestellten Artikel kennt, der dem Dorn theoretisch entsprechen könnte, findet sich im homerischen Griechisch noch kein eigentlicher Artikel, erst recht nicht in Lin B.
2. Der Dorn könnte augenscheinlich auf Grund seiner Stellung ein Enklitikon sein. Enklitische Wörter (dies sind Wörter, die an ein anderes Wort angehängt werden und häufig unbetont sind) finden wir in vielen Sprachen. Am bekanntesten ist das indogermanische -q^we „und", das im Sanskrit als -ca, im Griechischen als te und im Lateinischen als -que weiterlebte. Allerdings muss der Dorn keineswegs ein Enklitikon sein, weil seine Endstellung nur scheinbar sein könnte. Denn wenn er ein selbständiges, nicht enklitisches Wort darstellen sollte, konnte er nach Stempelung der Wörter nur vor oder nach dem jeweiligen WT positioniert werden. Er könnte auch proklitisch sein, sich also an das folgende Wort anlehnen. Auch die Proklisis ist eine weit verbreitete Erscheinung. In Lin B beispielsweise wird die Negation o-u gern mit dem folgenden Wort verbunden,[92] ebenso das hebräische we- („und") und das

---

[92] Bartoněk 2003, S. 128.

lykische *se-*⁹³ („und"). Der Einwand, dass der Dorn als Proklitikon sich graphisch leicht an das folgende Wort hätte anfügen lassen können, ist berechtigt, aber nicht zwingend. Denn eine solche Verbindung hätte bedeutet, dass er 5x (A16; 17; 20; 22; 23) an den Anfang eines Wortes geraten wäre, das mit einem Determinativ (🐦) bzw. Determinativpaar (☉🐦) beginnt. Es wäre dann ein unschönes Gebilde entstanden:

phonet. Id. (= Dorn) + nichtphon. Det. (= 🐦 und ☉) + phon. Silbenzeichen

Aus all dem ergibt sich, dass der Dorn Enklitikon, Proklitikon oder ein eigenständiges Wort sein kann.
3. Der Dorn muss irgendwie mit der Stellung der Wörter im Text zusammenhängen. Diese Forderung hilft zwar nur wenig beim Aufspüren der genauen Bedeutung des Dorns, liefert aber ein nicht zu unterschätzendes Kontrollmittel für einen Bedeutungsvorschlag.
4. Der Dorn stellt eine Art von Verbindung her. Obwohl die Zahl von Verbindungswörtern recht groß ist, lässt sich der größte Teil schnell und sicher ausschließen.
5. Hinter dem Dorn verbirgt sich vermutlich ein Wort, das nur schwer oder überhaupt nicht mit einer bildhaften Darstellung wiedergegeben werden kann. Denn sonst wäre es kaum verständlich, warum die Diskusschrift Determinative durch Bildzeichen (🐦 und ☉) darstellt, ein gesprochenes Id. (Dorn) aber nur durch einen abstrakten Strich symbolisiert. Die Forderung, im Dorn ein nicht anschauliches Wort zu suchen, wird durch die unter 4. aufgestellte Bedingung erfüllt, der Dorn müsse ein Verbindungswort sein.
6. Das Dorn-Id. muss von ‚unterschiedlicher' Wichtigkeit sein: unwichtig im Hinblick darauf, was das von ihm vertretene Wort für sich selbst bedeutet (also kein Zeichen für *Gott, Himmel, Herrschaft* usw.: es wäre schöner gestaltet), aber wichtig in Bezug auf seine Funktion, schon allein wegen seiner bloßen Existenz und seiner Häufigkeit. In ähnlicher Weise bedeuten die 59 Worttrenner des Diskus für sich selbst nichts, erfüllen aber für Leserlichkeit und Verständlichkeit des Textes eine wichtige Aufgabe. Der Dorn gehört als Id. daher wohl zu den Funktionswörtern, unter denen auch die Verbindungswörter (s. unter 4.) zu finden sind.
7. Das gesuchte Wort muss sich an seinen 16 Stellen zwanglos in den Text einfügen lassen. Schon eine einzige Stelle, an der das vermutete Wort nicht passen will, wäre ein Gegenindiz.
8. Die gefundene Wortbedeutung darf sich in Wirklichkeit nicht hinter einer anderen Zeichengruppe oder einem anderen Zeichen verbergen.

Diese acht Forderungen sind keineswegs weit hergeholt, sondern liegen auf der Hand. In ihrer Gesamtheit lassen sie die einigermaßen sichere Ermittlung der Wortbedeutung des Dorn-Id.s erwarten.

---

[93] *setideimi*: „und Sohn". Siehe Friedrich, Entzifferung ..., 1966, S. 87f.; ders. 1932, S. 83 Nr. 117.

Ausschluss von Nomina, Verben, Adverbien und Partikeln

Bei der weiteren Suche nach der Bedeutung des Dorn-Id.s soll die Einteilung der Wörter in Wortarten (Nomina, Verben usw.) als Orientierungshilfe dienen. Es geht hierbei nicht um eine einwandfreie Abgrenzung der Wortarten voneinander – bei der noch unbekannten Sprache des Diskus ein ohnehin aussichtsloses Unterfangen[94] –, sondern darum, sämtliche Wortarten zu berücksichtigen.

1. Nomina

Zu den Nomina gehören Substantive, Adjektive, Partizipien, Pronomina, Artikel und eventuell einige Numeralia.

Substantive

Eigennamen von Personen sind auszuschließen, da sie auf dem Diskus grundsätzlich mit dem Determinativ 𓀀 oder Determinativpaar ☺𓀀 eingeleitet werden (eklatanter Verstoß gegen Forderung 8.). Die Bezeichnung eines Namens (auch von Ländern usw.) nur durch einen Strich läuft dem Rang eines solchen Wortes zuwider (Verstoß gegen 6.). Auch ist es höchst unwahrscheinlich, dass derselbe Name 16x auf dem Diskus erscheint (Verstoß gegen 1.). Verwandtschafts-, Amtsbezeichnungen und Titel kommen ebenfalls nicht in Frage. Dass 16x die Vaterschaft oder das Aufsehertum usw. genannt werden sollte, ist abwegig. In derselben Weise sind alle übrigen Substantive, seien es konkrete Dinge wie Haus, Schiff, Kopf, seien es mehr abstrakte wie Hunger, Treue usw., als Füllung für den Dorn ungeeignet. Sofern Substantive in der Diskussprache dekliniert werden und morphologische Veränderungen erfahren sollten, wäre ihre Darstellung mittels eines immer gleichbleibenden Strichs eine wenig glückliche Lösung, es sei denn, das gesuchte Substantiv träte überall im selben Kasus und Numerus auf.

Adjektive und Partizipien

Wenn man wie den Substantiven auch den Adjektiven und Partizipien eine veränderliche Form (Deklinierbarkeit o.ä.) unterstellen darf, erhebt sich erneut die Frage nach der Zweckmäßigkeit des Dorns. Darüber hinaus ist es unbegreiflich, dass man in einem Schriftsystem, das noch keine Massenproduktion kennt, die Konvention geschaffen haben sollte, ein relativ häufiges Adjektiv oder Partizip mit einem Strich zu symbolisieren. Warum sollte beispielsweise das Adjektiv *edel* oder das Partizip *geliebt* graphisch fast

---

[94] Es lässt sich z.B. nicht vorhersagen, ob ein Relativpronomen der Diskussprache deklinierbar ist, also ein Nomen ist oder nicht.

bis zur Unsichtbarkeit herabgedrückt sein? Für eine solch nichtphonetische Schreibweise fehlte jeder Grund. – Verstoß gegen 4.

Pronomina

Zur umfangreichen Klasse der Pronomina gehören einige Mitglieder, deren relative Seltenheit mit den 16 Vorkommen des Dorns unvereinbar sind (Verstoß gegen 1.). Hierzu zählen u.a. Personal-, Reflexiv-, Possessiv- und Interrogativpronomina. Zumindest das Personalpronomen der 1. Person *ich* verträgt sich an einigen Stellen bedeutungsmäßig nicht mit seiner Umgebung. Denn dann müssten vier verschiedene Personen(namen), die einen Dorn tragen (A1; 12; 16 = 19 = 22; B34), von sich in der 1. Person sprechen, was jeden denkbaren Textzusammenhang sprengen würde (Verstoß gegen 7.). Ebenso auszuschließen ist auch die Deutung des Dorns als eines Possessivpronomens (*mein, dein* usw.). Wenn der Dorn sich syntaktisch auf das Wort, an das er angefügt ist, beziehen sollte, würde A1 bedeuten: *mein, dein ...* ‚Rhadamanthys'; A12: *mein ...* ‚Idomeneus'; A16: *mein ...* ‚Minos'. Verbände man aber den Dorn syntaktisch mit dem jeweils folgenden Wort – dies wäre denkbar in Übereinstimmung mit Forderung 2. –, so käme man in einigen Fällen zu befriedigenden Resultaten, beispielsweise A1-3: ‚Rhadamanthys', *dein* ‚Herr' oder ‚Rhadamanthys' ‚befiehlt' seinem ‚Knecht' usw. Aber an drei Stellen, wo der Dorn unmittelbar zwischen zwei Eigennamen steht (A16-17; 19-20; 22-23), scheitert unsere Annahme. A16-17: ‚Minos', *mein* ‚Merioneus', oder 19-20: ‚Minos', *mein* ‚Deukalion' (Verstoß gegen 7.).

Auch die Fragepronomina kommen für den Dorn nicht in Betracht. Sie stünden mancherorts so gedrängt (jeweils drei Dorne in A12-16; 19-22 und B49-52), dass ihnen das nötige Umfeld fehlte. Dasselbe gilt für Relativpronomina: Einige Relativsätze bestünden dann nur aus einem einzigen Wort (A16 = 22; B52) oder zwei Wörtern (A2-3; 20-21; B50-51; 56-57) oder drei (A13-15; 17-19; B35-37; 53-55). Im Fall der Einwortsätze 16 und 22 finden wir statt eines Prädikats nur einen Eigennamen. – Verstoß gegen 7.

Abschließend ein Blick auf die restlichen Pronomina: Artikel (bestimmt und unbestimmt), Demonstrativ- und Indefinitpronomina.[95] Der Artikel ist grundsätzlich kein besonders wichtiger Bestandteil eines frühen Sprachsystems – im Gegensatz zu den Demonstrativpronomina, aus denen sich z.B. im Griechischen und in den romanischen Sprachen der Artikel entwickelt hat. Wenn überhaupt, so erwartet man den Artikel weniger bei Eigennamen als bei anderen Substantiven. Von den 19 Eigennamen des Diskus besitzen sechs einen Dorn, hätten also einen Artikel, eine deutlich zu hohe Zahl. Besonders befremdlich wäre, dass gerade das erste Wort des Diskus, ein Personenname, mit einem Dorn versehen ist. Der bestimmte Artikel (der unbestimmte ist hier ganz unmöglich) müsste hier darauf hinweisen, dass der Name bereits

---

[95] Seltene Spezialpronomina wie das Reziprokpronomen bleiben selbstverständlich außer Betracht.

bekannt bzw. vorher im Text genannt worden wäre. Ebenso wäre auch die verallgemeinernde Funktion des Artikels fehl am Platz. – Verstoß gegen 7.

Die mit dem bestimmten Artikel sprachgeschichtlich teilweise verwandten Demonstrativpronomina können attributiv-adjektivisch (*dies Unglück*) oder substantivisch (*Ich sage dies*) gebraucht werden. Gegen das attributive Pronomen sprechen dieselben Argumente wie gegen den bestimmten Artikel. Das substantivische verstößt gegen 1., 4. und 7.

Die Indefinitpronomina bilden eine sehr große Gruppe (*jemand, niemand, alle, mancher, kein, nichts, etwas, sämtlich* usw.). Ein erheblicher Teil scheidet aus semantischen Gründen (Unverträglichkeit mit Eigennamen) aus; andere sind nicht häufig genug, um 16x im Diskustext erscheinen zu können.

Bei den meisten Pronomina darf man erwarten, dass sie deklinabel sind und das Geschlecht anzeigen. Ein Strich, der Dorn, aber vermag keine Flexion auszudrücken. Die verschiedenen Richtungen und Ansatzstellen des Dorns gehen, wie o. S. 137ff. dargelegt, nur auf schreibtechnische Ursachen zurück.

Alle Pronomina mit Ausnahme des Relativpronomens verstoßen gegen Forderung 4., nach der dem Dorn die Funktion einer noch nicht näher bestimmten Verbindung zukommt.

Numeralia

Die Zahlwörter gehören im Allgemeinen zu den Nomina (Substantiven und vor allem Adjektiven) oder zu den Adverbien. Wäre der Dorn ein Numerale, könnte man seine Häufung nur verstehen, wenn der Diskus einen mathematischen, geometrischen, astronomischen Text oder eine Abrechnung enthielte. Dies ist aber nicht der Fall.[96]

Verben

Verben haben unter anderem die Aufgabe, mehrere Satzglieder miteinander zu verbinden (*Cicero schreibt Atticus einen Brief*). Insofern erfüllen Verben die bedeutsame 4. Forderung. Aber die Flexionsfreudigkeit bzw. Variabilität der Verben lässt sich mit der Einförmigkeit des Dorns nur schwer in Einklang bringen. Und als wichtige Bedeutungsträger verstoßen sie gegen die 6. Forderung nach geringer Eigenbedeutung. Eine Ausnahme bildet die Kopula *ist/sind/war* usw. Die Kopula („verknüpfendes Band") verbindet normalerweise Subjekt und Prädikatsnomen (*Cicero ist ein Redner*). Da ihre Verwendung oft nicht notwendig ist, lassen viele Sprachen sie gelegentlich einfach aus. Sie ist nicht häufig genug, um auf dem Diskus 16x erscheinen zu können (Verstoß gegen 1.). Die Einsetzprobe zeigt überdies, dass an drei Stellen, wo zwei Eigennamen durch Dorn miteinander verbunden werden, die Funktion

---

[96] Zu den möglichen Inhalten siehe u. S. 278-282.

der Kopula zu unsinnigen Resultaten führen würde: ‚*Minos*' ist ‚*Merioneus*' (A16-17); ‚*Minos*' ist ‚*Deukalion*' (19-20); ‚*Minos*' ist ‚*Epimenides*' (22-23).

Nun erlaubt in manchen Sprachen eine freiere Wortstellung unterschiedliche Positionen der Kopula im Satz. So gibt es im Lateinischen mehrere Stellungen (z.B.: *Cicero est orator* und *Cicero orator est*). Wenn der Dorn als Kopula jeweils an das Prädikatsnomen angehängt sein sollte, ergäben sich neue Schwierigkeiten. Gleich das erste Wort des Diskus wäre wegen seines anhaftenden Dorns ein Prädikatsnomen, das Subjekt aber würde fehlen. Außerdem ließe sich die Wortfolge A14-16

(□□□□□) □□□ □□ □□□□ (□ □□□□)
  17   16   15   14   13   12

nicht mehr übersetzen: ‚*Deukalion*' (14) ist ‚*edel*' (15) ist ‚*Minos*' (16). Da unmittelbar nach 16 der nächste Eigenname 17 folgt, müsste hinter 16 Satzende sein. Das 14 vorausgehende Wort 13 gehört entweder zum Eigennamen 14 oder Eigennamen 12. Da 12 wegen des Dorns Prädikatsnomen ist, muss nach 12, spätestens aber nach 13, Satzende sein. Daraus ergibt sich, dass der zwei Dorne (15/16) enthaltende Satz höchstens von 13 bis 16 reicht, also semantisch und syntaktisch widersinnig ist. Hinzu kommt, dass das Prädikatsnomen in Form eines Eigennamens (‚*Minos*', 16) äußerst ungewöhnlich ist.[97] Besonders abträglich für den ‚Satz' 13-16 bzw. 14-16 ist, dass 14-16 wörtlich in 20-22 wiederholt wird.[98] Selbst wenn man wechselnde oder unsystematische Stellungen der Kopula annimmt, scheitert man in jedem Fall bei den Wortfolgen 12-17 und 19-23, da hier die Häufung von Eigennamen und Dornen eine Überprüfung mit stets negativem Ergebnis zulässt.

Der Dorn kann keine Kopula und wegen seiner Häufigkeit auch kein Hilfs- oder Modalverb sein.

Adverbien

Sämtliche Vertreter des Adverbs sind indeklinabel und insofern als Kandidaten für den einförmigen Dorn geeignet. Andererseits verfügen sie nicht über eine nur annähernd ausreichende Frequenz. Weil die Dorne sich mehrmals zwischen zwei Eigennamen befinden, ist ihr Bedeutungshorizont stark eingeschränkt. Übrig bleiben nur Adverbien wie *dann*, die unten im Zusammenhang mit den Partikeln (nebenordnenden Konjunktionen) behandelt werden.

---

[97] Natürlich gibt es solche Fälle, wo der Eigenname für einen allerdings anderen Begriff steht. Bei Vergil lesen wir in Ecloge 3,104: *et eris mihi magnus Apollo* „und du wirst mir ein großer Apoll (= Wahrsager) sein". Auch kann man einen reichen Mann einen *Krösus* und einen großzügigen Förderer einen *Mäzen* nennen. Derartige Fälle von Allusio sind aber für die Zeit des Diskus kaum denkbar.
[98] An der zweiten Stelle kann der ‚Satz' nur aus den Wörtern 20-22 bestehen, da einerseits das vorangehende Wort 19 ein Eigenname mit Dorn ist und insofern Satzende implizieren müsste und da andererseits nach 22 ein weiterer Eigenname folgt, der nur der Anfang eines neuen Satzes sein kann.

Partikeln

Als nicht flektierende Wörter besitzen die Partikeln eine gewisse Anwartschaft auf den Dorn. Allerdings ist diese sehr heterogene Gruppe äußerst umfangreich. Fast allen ist gemeinsam, dass sie nur geringe oder gar keine Eigenbedeutung haben. Viele von ihnen gehen (fast) völlig in der Funktion auf, innerhalb eines Satzes oder zwischen zwei Sätzen syntaktische oder semantische Beziehungen zu schaffen (Erfüllung der Forderungen 5. und 6.).

1. Präpositionen und Postpositionen

Präpositionen und ihre nachgestellten Entsprechungen, die Postpositionen, können sich nicht hinter dem Dorn verbergen, da dieser nicht ein Bündel verschiedener Verhältniswörter, sondern nur ein einziges bezeichnen kann. Keine Präposition tritt aber in einem Text von der Länge der Diskusinschrift so häufig wie der Dorn auf (Verstoß gegen Forderung 1.). Freilich verbinden bisweilen Präpositionen zwei Substantive miteinander (*Heimkehr ins Vaterland*; *statua ex marmore*). Eine solche Verbindung in Bezug auf Eigennamen (Diskus A16/17; 19/20; 22/23) scheint jedoch generell nicht zu existieren.

2. Modal- oder Abtönungspartikeln

Die Abtönungspartikeln „erfüllen in der gesprochenen Sprache eine wichtige Aufgabe, insofern sie ausdrücken können, wie ein Sprecher seine Äußerung verstanden haben will bzw. wie er seinen Gesprächspartner einschätzt. Im Gegensatz zu ihrer geringen lexikalischen Bedeutung steht ihre kommentierende und modifizierende Funktion: *doch, eben, etwas, aber, auch, bloß, denn, ja, vielleicht. Fahr doch mit meinem Auto. Fahr ja vorsichtig!*"[99] Es ist schwer vorstellbar, dass der an Eigennamen reiche Diskus einen dialogischen Text enthalten sollte. Aber auch dann besäße keine einzige Abtönungspartikel die Aussicht auf 16-malige Wiederholung (Verstoß gegen Forderung 1.).

3. Interjektionen

Für Interjektionen (*ach, oh, pst* usw.) gilt im Wesentlichen dasselbe wie für die Modal- oder Abtönungspartikeln. Auch sie könnten allenfalls nur in sehr geringer Zahl auf dem Diskus erscheinen.

4. Konjunktionen

Die Konjunktionen zerfallen in zwei Gruppen, in die unter- und die nebenordnenden. Die unterordnenden Bindewörter (*nachdem, weil* usw.) dienen der Verknüpfung zweier im Rang ungleicher Sätze. Wollte man im Dorn ein

---
[99] Homberger 2003, s.v. Abtönungspartikel.

solches Funktionswort sehen, käme es wegen seiner Häufung zu einer Kaskade von Nebensätzen, die teilweise nur aus einem Wort bestünden. Zum Relativpronomen siehe o. S. 166.

Da von allen bisher behandelten Wortarten nur noch die nebenordnenden Konjunktionen übriggeblieben sind, muss sich unter diesen das vom Dorn repräsentierte Wort befinden. Im Deutschen ist die Zahl der koordinierenden Konjunktionen laut Duden „klein".[100] Die wichtigsten sind: *und, (so)wie, sowohl – als auch, entweder – oder, aber, sondern, (je)doch, denn*. Auch bei anderen Sprachen darf man davon ausgehen, dass nebenordnende Partikeln, die nur eine Funktion, aber keine Eigenbedeutung (mehr) haben, nicht besonders häufig sind.

Die ganz allgemein anreihende Funktion dieser Partikeln besteht darin, gleiche Satzglieder oder gleichrangige Sätze miteinander zu verbinden. Wegen des vermehrten Auftretens des Dorns in der Nähe von bzw. zwischen Eigennamen fallen Konjunktionen, die nur Sätze verknüpfen können, weg. Die meisten anderen Konjunktionen genügen nicht dem Kriterium großer Häufigkeit (Forderung 1.). Übrig bleibt nur die Konjunktion *und*.[101]

Im Folgenden sollen die oben S. 163f. aufgestellten acht Forderungen für die Bestimmung des Dorns auf die kopulative Partikel schlechthin (*und, et,* καί ...) bezogen und überprüft werden.

1. Forderung: Große Häufigkeit und Unverzichtbarkeit.

Das generell sehr häufige Wörtchen *und* (bzw. seine Entsprechungen in den Sprachen dieser Welt) tritt nicht in gleichmäßiger Verteilung in Texten auf. Sie ist nämlich abhängig von der Sprache, der Textsorte und dem individuellen Stil des Autors.

Da wir den Verfasser des Diskustextes nicht kennen, können wir über seinen individuellen Stil keine Aussage machen.

Die Epoche aber lässt sich als frührarchaische bestimmen, die sich in der Entwicklung der meisten Sprachen findet und durch besondere Merkmale auffällt, insbesondere durch die nebenordnende (parataktische) Reihung von Sätzen.[102] Unterordnende (hypotaktische) Strukturen sind in dieser frühen Kulturphase noch selten; und echter Periodenbau liegt noch außerhalb der sprachlichen Möglichkeiten. Die mutmaßlich parataktische Struktur des Diskustextes bietet eine gute Voraussetzung für das parataktische *und*.

---

[100] 1984, S. 373.
[101] Ähnlich wie *und* dient *auch* der Verknüpfung, z.B.: *Cicero war ein Redner; auch Caesar war ein Redner.* Die kopulative Kraft von *auch* und seine enge semantische Verwandtschaft mit *und* werden deutlicher, wenn man beide Sätze zusammenzieht: *Cicero und Caesar waren Redner.* Daher ist es nicht verwunderlich, wenn im Lateinischen und Griechischen *auch* häufig mit dem Wort für *und* (*et* bzw. καί) wiedergegeben wird. Unsere Beispielsätze würden lateinisch etwa so lauten: *Cicero orator fuit; et Caesar orator fuit. Cicero et Caesar oratores fuerunt.* Hieraus folgt, dass in anderen Sprachen die reine Kopulativpartikel einen etwas weiteren (unter Umständen auch engeren) Umfang besitzen kann als im Deutschen. – Außer Betracht bleiben hier die unterschiedlichen Nuancen von deutschem *und* und *auch*, da sie für die Entzifferung des Diskus unerheblich sind.
[102] Für den griechischen Sprachraum hat das schon Aristoteles beobachtet (Rhetorik 1409 a). Zu diesem Thema generell verweise ich auf Berres 2000.

Den Zusammenhang zwischen der Häufigkeit von *und* und der Textsorte kann man mit unzähligen Texten belegen. Ich wähle die früheste erhaltene attische Prosaschrift, die pseudoxenophontische Schrift über die ‚Verfassung der Athener' (2. Hälfte des 5. Jh.s v. Chr.). Der einleitende Abschnitt (I 1, 1-7)[103] enthält insgesamt 56 Wörter, darunter nur e i n *und* (καί). Im anschließenden Abschnitt (I 2, 8-14) mit einem Umfang von 73 Wörtern tritt καί 11x auf.[104] Außerdem findet sich hier nicht weniger als 19x der bestimmte Artikel, mit dem wir beim Diskus nicht, keinesfalls aber in solchem Maße, rechnen dürfen.[105] Wenn wir den Text um diese 19 Artikel kürzen würden, erhielten wir einen Bestand von 54 Wörtern. Jedes 5. Wort wäre dann καί. Die Frequenz der Konjunktion wäre fast dieselbe wie beim Dorn (61 Wörter + 16 Dorne = 77 Wörter insgesamt; 77 : 16 = 4,8).

Woher rührt nun die Diskrepanz zwischen den beiden Abschnitten? Im ersten bringt der Autor sein (persönlich gefärbtes) Anliegen vor, während er im zweiten auf Gruppen und Stände in Athen eingeht. Er führt elf verschiedene auf (Arme, einfaches Volk, Adlige, Reiche usw.), von denen zwei jeweils 2x genannt werden (δῆμος und γενναῖοι). Die meisten Nennungen erfolgen im Nominativ, nur zwei im Genitiv, und stellen vorwiegend Subjekte oder Prädikatsnomina dar. Deshalb bietet sich καί als parataktische Konjunktion zwischen gleichen Satzgliedern geradezu an. Ganz ähnlich liegen die Verhältnisse beim Diskus: 19 Eigennamen, darunter 14 verschiedene, eignen sich zur nebenordnenden Verknüpfung durch *und*. Denn es ist davon auszugehen, dass die mit 🜚 eingeleiteten Wörter des Diskus – seien sie nun Eigennamen, Rang- oder Verwandtschaftsbezeichnungen – überwiegend gleiche Satzglieder darstellen.[106] Natürlich ist die Verwendung des Dorns nicht nur auf die Verbindung von Eigennamen beschränkt; der Dorn kann auch andere gleichartige Satzglieder wie Objekte, Attribute, Prädikate usw. verbinden.

Wie verhält es sich nun mit dem zweiten Teil von Forderung 1., der Unverzichtbarkeit? Viele Sprachen können, besonders bei Aufzählungen, auf die nebenordnende Konjunktion *und* verzichten. Ob auch die Sprache, die dem Diskus zugrunde liegt, dies gelegentlich tut, wissen wir nicht. Außerdem handelt es sich nicht um eine reine Aufzählung von Eigennamen: nur 3x stehen zwei Eigennamen unmittelbar hintereinander (A16/17; 19/20; 22/23). Darüber hinaus darf man die gliedernde Funktion von *und* nicht unterschätzen. So kann *und* Wörter einer Reihe paarweise verknüpfen oder vor dem letzten Glied einer ansonsten unverbundenen Reihe stehen und auf diese Weise ihr Ende bezeichnen. *und* dient gelegentlich der Satzeinleitung (wie z.B. im Hebräischen: *und es sprach Gott ...*). Des Weiteren ist denkbar, dass bei einer freieren Wortstellung die Partikel *und* zur syntaktischen und somit auch inhaltlichen Verdeutlichung beiträgt.

---

[103] Xenophontis opera omnia, ed. E.C. Marchant, V, Oxford 1961.
[104] Ich halte an dem καί vor οἱ πένητες gegen Kirchhoff fest.
[105] Siehe auch o. S. 166f.
[106] Siehe auch den Vergleich mit einem Platontext (u. S. 173).

Aus all dem ergibt sich im Hinblick auf den Diskus, dass der Ausfall der Partikel *und* nicht sehr wahrscheinlich ist und ihre Unverzichtbarkeit durchaus gegeben sein kann.

2. Forderung: Sie ist eigentlich keine echte Bedingung, weil sie es offenlässt, ob der Dorn enklitisch, proklitisch oder ein eigenständiges Wort ist. (Trotz der enklitischen S c h r e i b w e i s e des Dorns – er ist an das letzte Zeichen eines Wortes angefügt – muss er nicht in syntaktischem Sinne enklitisch sein.) Diese drei Varianten lassen sich auch für die Partikel *und* belegen: enklitisch: lat. *-que*; proklitisch: hebr. *we-*; eigenständig: engl. *and*.

Nehmen wir das aus dem Indogermanischen stammende enklitische *-que* als Modell und überprüfen es am Diskustext! *-que* verbindet zwei Wörter, indem es sich an das zweite anhängt: *Cicero Caesarque = Cicero et Caesar*. Wollte man den Dorn mit diesem *-que* gleichsetzen, träten an mindestens vier Stellen ernsthafte Probleme auf. Schon das erste Wort müsste mit *und Rhadamanthys* übersetzt werden. Dies wäre nur dann denkbar, wenn dem Diskus ein anderer vorausgegangen wäre – eine unwahrscheinliche Annahme,[107] oder wenn der Dorn wie das hebräische, allerdings proklitische *we-* einen Satz einleiten könnte. Außerdem wären die durch den Dorn ‚getrennten' Eigennamenpaare A16/17; 19/20 und 22/23 ohne Verbindung. Das heißt: zwei Eigennamen stünden jeweils unverbunden nebeneinander. Man könnte sich zunächst mit der Annahme helfen, nach 16, 19 und 22 sei jedes Mal Satzende. Aber diese Sätze wären zu kurz. Ein wenig aussichtsreicher wäre die Vermutung, zwei solch unverbundene Eigennamen stünden in verschiedenen Kasus und seien daher verschiedene Satzglieder, die nicht mit *und* verknüpft werden dürfen. Doch ein modellhafter Übersetzungsversuch scheitert:

und ‚Minos' (16) zu ‚Merioneus' (17) ‚spricht' (18) und ‚Minos' (19) den ‚Deukalion' (20) und [!] ‚schenkt' (21) und [!] ‚Minos' (22) den ‚Epimenides' (23) ...

Man beachte auch, dass die für eine solche Übersetzung kaum entbehrlichen Verbformen (18 und 21) wegen ihrer Kürze (nur zwei Silben) wenig vertrauenerweckend sind.

Dagegen treten bei der Verwendung des Dorns im Sinne eines proklitischen oder eigenständigen *und* keine erkennbaren Schwierigkeiten auf.

3. und 4. Forderung: Die 4. Bedingung, der Dorn müsse eine Art von Verbindung sein, hängt teilweise von der 3. ab, er solle mit der Stellung der Wörter im Text in Zusammenhang stehen. Die 4. Bedingung würde durch die *und*-Funktion des Dorns natürlich vollkommen erfüllt, aber auch die 3.?

Der Konnektor *und* steht, sofern er proklitisch oder selbständig ist, zwar regelmäßig z w i s c h e n den beiden Elementen, die er verbindet, aber nicht notwendig in unmittelbarem Kontakt zu ihnen. In dem Beispiel *Cicero und sein politischer Gegner Caesar* verbindet *und* zunächst nur *Cicero* und

---

[107] Siehe o. S. 26f.

Caesar, nicht aber *Cicero* und *sein*. Oder *Cicero eilte in den Senat und hielt dort eine flammende Rede*: *und* verbindet hier *eilte* und *hielt* und nicht etwa die ihm benachbarten Wörter *Senat* und *hielt*. Der Konnektor *und* kann nämlich nur Gleiches miteinander verknüpfen (gleiche Satzglieder, Teilsätze oder Sätze). Gleichheit ist jedoch nicht die einzige Bedingung für die Setzung von *und*, sondern auch der semantische Zusammenhang darf dem nicht im Wege stehen. Dafür ein Beispiel: *Cicero begrüßte Caesar und führte ihn in sein Haus*. Obwohl *Caesar* und *ihn* Akkusativobjekte, also gleiche Satzglieder sind und zwischen sich ein *und* haben, widerspricht die Semantik entschieden, da *Caesar* und *ihn* dieselbe Person sind. Vielmehr verbindet hier *und* die Prädikate *begrüßte* und *führte*.

Wie aber soll man bei der unentzifferten Diskusschrift syntaktische oder sogar semantische Verhältnisse erkennen und mit dem Dorn in Beziehung bringen können? Durch glückliche Umstände ist dies in rudimentärer Form möglich. Da sich unter den 61 Diskuswörtern (zusammen mit den Dornzeichen sind es 77) allein 19 Eigennamen (= mit 🌹 eingeleitete Wörter) befinden, verfügen wir über eine erhebliche Menge gleicher Wortarten, die zudem noch von überragender inhaltlicher Bedeutung sein müssen. Gleiche Wortarten zeigen zwar nicht notwendigerweise gleich Satzglieder an, aber gerade Eigennamen weisen nicht so viel Variabilität wie andere Nomina oder gar Verben auf. Da unter den ersten 34 Wörtern (mit Dorn: 44) – dies ist etwas mehr als die Hälfte des Textes – 16 Eigennamen sind, liegt kein ausgeprägtes Handlungsgeflecht mit unterschiedlichen Kasus vor, sondern unverkennbar eine Art Aufzählung. Dadurch wird die theoretische Vielfalt der Satzgliedfunktionen noch weiter eingeschränkt.

Nehmen wir zum Vergleich einen Abschnitt aus Platons ‚Phaidon' (59 b5-c2), wo Echekrates Phaidon fragt, wer bei Sokrates' Tod zugegen war: In diesem Text von 66 Wörtern (ohne Artikel: 60) finden sich 17 Eigennamen von Personen, darüber hinaus der namentlich nicht genannte Vater des Kritobulos und andere ungenannte Personen (ἄλλοι τινές). Nur eine der mit Namen aufgeführten Personen erscheint nicht im Nominativ, sondern im Vokativ (ὦ Φαίδων)[108]. Entsprechend häufig ist καί (13x). Der Einwand, Diskus und Platontext stammten aus zwei verschiedenen Kulturkreisen mit zwei verschiedenen Sprachen, hilft nicht, weil die räumliche Nähe der Namen keine andere Möglichkeit als eine Aufzählung zulässt, gleichgültig in welchem Kasus sie erfolgt. Eine Genealogie aber, die weitgehend auf *und* verzichten könnte, kommt nicht in Frage, weil der jeweils gezeugte Sohn als Erzeuger der nächsten Generation wiederholt werden muss (Modell: A zeugte den B; B zeugte den C; C ...).

Eine weitere Hilfe zur syntaktischen Einordnung der Dorne ergibt sich aus einer bemerkenswerten Beobachtung. Denn auf dem Diskus befinden sich

---

[108] Phaidon fällt insofern aus dem Rahmen, als er der Berichterstatter ist.

insgesamt sechs Wörter mit nur je zwei Silbenzeichen,[109] davon fünf auf Seite A und eines auf B.[110] Dies ist kein Zufall, stehen doch fünf von ihnen (A13; 15 = 21; 18; 30) direkt neben Eigennamen, die auf Seite A ja gehäuft auftreten. Diese Beziehung wird noch dadurch verstärkt, dass vier Zweisilbler (13; 15 = 21; 18) unmittelbar zwischen zwei Eigennamen stehen. Der Zweisilbler A30 folgt direkt auf den Eigennamen 29 und wird nur durch 31 vom Eigennamen B32 getrennt. Schließlich befindet sich auch das zweisilbige B61 in wenn auch nicht unmittelbarer Nähe des Eigennamens 59. Allerdings nimmt 61 als letztes Wort des Diskus eine Sonderstellung ein.[111] Durch die extrem enge Bindung der zweisilbigen Zeichengruppen an Eigennamen wird die Zahl der möglichen Wortarten bzw. Satzgliedfunktionen erheblich eingeschränkt. Zu denken ist vor allem an Attribute im weitesten Sinne: Adjektive, Appositionen, Titel, Verwandtschaftsbezeichnungen u.ä., weniger aber an Verben, für die die Zweisilbler vermutlich zu kurz sind. Bei A30 wird die Annahme eines ehrenden Beiwortes dadurch nahegelegt, dass es gleichlautend mit dem Eigennamen 26 ist. 26 dürfte demnach ein ‚sprechender' Name sein.[112] Aus der Überfülle von ähnlichen Beispielen in anderen Sprachen greife ich nur das griechische Wort *kleitos* heraus, das sowohl eine Person selbst bezeichnen (Ilias 15,445) als auch schmückendes Epitheton („berühmt") für Personen sein kann (Ilias 3,451).

Die attributive Eigenschaft der Zweisilbler erlaubt an drei Stellen (A12-14; 14-16 = 20-22), den Dorn als Verbindung von zwei Eigennamen zu verstehen, obwohl er keinen unmittelbaren Kontakt zu beiden Eigennamen oder nur zu einem hat. Betrachten wir beispielsweise A12-14:

Wenn 13 als Attribut zu 14 gehört, verbindet der Dorn vermutlich die Eigennamen 12 und 14. Folgende fiktive Übersetzungen wären z.B. möglich:

a) ‚*Idomeneus*' (12) *und* (Dorn) *der* ‚*edle*' (13) ‚*Deukalion*' (14)
b) ‚*Idomeneus*' (12) *und* (Dorn) *sein* ‚*Sohn*' (13) ‚*Deukalion*' (14)
c) ‚*Idomeneus*' (12) *und* (Dorn) *der* ‚*Prinz*' (13) ‚*Deukalion*' (14)

---

[109] Von den zweisilbigen Kopfzeichen (A8; 16 = 19 = 22; 26) sehe ich hier ab. Ihre längere Schreibweise erklärt sich daher, dass sie mit den nichtgesprochenen Determinativen und eingeleitet werden.
[110] Eine Übersicht über die Wortlängen o. S. 88.
[111] Die Endstellung von 61 sorgt per se dafür, dass es nicht vor einem anderen Wort, also auch nicht vor einem Eigennamen stehen kann. Seine mögliche Verwandtschaft mit den dreisilbigen Wörtern A3 = B51 und B55 wirft einige Fragen auf. Die drei Dreisilbler tragen jeweils einen Dorn. Da aber nach meiner Auffassung der Dorn *und* bedeutet, kann er natürlich nicht an B61, das Textende, angehängt werden, obwohl zweisilbige Wörter prinzipiell einen Dorn aufweisen können (A15 = 21). Zur wohl irrtümlichen Annahme eines Dorns in 61 s.o. S. 43. Sollten die drei Dreisilbler mit 61 verwandt sein, gehörten sie vermutlich jeweils zu den v o r a u s g e h e n d e n Wörtern. Dies wäre für die eigentliche Entzifferung eine wichtige Erkenntnis.
[112] Man vergleiche auch den Eigennamen A1 mit B39 , falls in 39 ein Doppelpräfix vorliegen sollte. Vielleicht stehen sich auch die Wörter A16 und 9 bzw. 25 nahe, wenn in 9 und 25 bzw. als Suffixe verstanden werden müssten.

Der sogenannte Dorn   175

Denkbar wäre auch Satzende nach 13. Die Übersetzung könnte dann so lauten:

‚*Idomeneus*' (12) *und* (Dorn) ‚*sein*' ‚*Sohn*' (13). ‚*Deukalion*' (14) ...

Es folgt nun eine Übersicht über Wortverbindungen, die durch den Dorn hergestellt werden (könnten).

A Gleichanlautende bzw. mit gleichen Zeichen beginnende Wörter

   I Eigennamen

      1. direkte Verbindung

         a) [17] [16]

         b) [20] [19]

         c) [23] [22]

      2. indirekte Verbindung

         d) [14] [13] [12]

         e) [16] [15] [14]

         f) [22] [21] [20]

         g) [29] [28] [27] [26]

   II Nicht-Eigennamen

      h) [4] [3]

      i) [50] [49]

      j) [52] [51]

         In 52 ist ⱡ *vermutlich ‚Präfix'; vgl. 49, wo nur* ⱡ *fehlt.*

      k) [56] [55] ([54])

B Nicht gleichanlautende bzw. nicht gleichbeginnende Wörter

l) [Zeichen] [Zeichen]
   2   1

m) [Zeichen] [Zeichen]
   35   34

n) [Zeichen] [Zeichen]
   38   37

o) [Zeichen] [Zeichen]
   53   52

Hier liegt ein besonderer Fall vor: beide Wörter können auf gleichanlautende Wörter zurückgeführt werden. Denn [Zeichen] am Anfang von 53 ist wahrscheinlich eine Präfixvariante zu [Zeichen] wegen 60 [Zeichen]; und in 52 ist [Zeichen] vermutlich Präfix wegen 49 [Zeichen].

p) [Zeichen] [Zeichen]
   58   57

Die Korrelation von Wörtern, die mit denselben Zeichen beginnen, mit den zwischen ihnen befindlichen Dornen ist so deutlich, dass ein Zufall ausgeschlossen scheint. Allerdings trübt sich dieses klare Bild zunächst stark ein, wenn wir als Gegenprobe diejenigen Wortgruppen betrachten, die gleichbeginnende Wörter aufweisen, aber k e i n e n Dorn als Verbindungsglied:

– Zweiergruppen

   α) [Zeichen] [Zeichen]
      7   6

   β) [Zeichen] [Zeichen]
      51   50

   γ) [Zeichen] [Zeichen]
      55   54

– Dreiergruppen

   δ) [Zeichen] [Zeichen] [Zeichen]
      10   9   8

   ε) [Zeichen] [Zeichen] [Zeichen]
      12   11   10

   ζ) [Zeichen] [Zeichen] [Zeichen]
      19   18   17

   η) [Zeichen] [Zeichen] [Zeichen]
      34   33   32

   θ) [Zeichen] [Zeichen] [Zeichen]
      46   45   44

Der sogenannte Dorn 177

– Vierergruppen

ι) ⟨glyphs⟩
    8   7   6   5

κ) ⟨glyphs⟩
    26   25   24   23

λ) ⟨glyphs⟩
    31   30   29   28

μ) ⟨glyphs⟩
    49   48   47   46

Die Aufstellung bedarf einiger Bemerkungen.

zu α) Es ist nicht sicher auszuschließen, dass das beschädigte Schlusszeichen von A7 (⟨glyph⟩) ursprünglich einen Dorn besaß.[113] Zu A6 siehe zu η)!

zu β) Wenn B50 einen Dorn besäße, ergäbe sich eine Reihe von vier aufeinander folgenden Wörtern mit Dorn (49-52): eine sonst auf dem Diskus nicht belegbare Häufung. Ein Dorn bei 50 wäre ein starkes Argument gegen seine Deutung als Konnektor.

zu γ) Für das ‚Fehlen' des Dorns bei B54 gibt es vielleicht eine elegante Erklärung. Wenn 55 eng (eventuell als Attribut) zu 54 gehören sollte, könnte in Wirklichkeit 54 durch den Dorn bei 55 mit 56 verbunden sein:

⟨glyphs⟩
56   55   54

zu δ) Das zerstörte Endzeichen von A8

⟨glyph image⟩

kann wegen zu geringer Dimension der Fehlstelle wohl keinen Dorn getragen haben.[114] Der ‚fehlende' Dorn könnte also nur bei 9 vermutet werden. Zeichengruppe 9 ⟨glyph⟩ wird wie ihre Variante 25 ⟨glyph⟩[115] von zwei Eigennamen eingerahmt: 9 durch 8 und 10; 25 zusammen mit 24 durch 23 und 26. Die leicht variierten Wörter 9 und 25 stehen also zweifellos in enger Beziehung zu Eigennamen männlicher Personen. Sollten sie irgendwelche Attribute sein, so deutet die unterschiedliche Endung vermutlich auf zwei verschiedene Kasus.[116] Eine Entscheidung darüber, ob unter diesen Umständen ein Dorn vonnöten ist oder nicht, lässt sich

---

[113] Siehe o. S. 43.
[114] Zum zerstörten Zeichen s.o. S. 71-75.
[115] Zum Wechsel von ⟨glyph⟩ und ⟨glyph⟩ s.o. S. 91 Anm. 45.
[116] Ein Numeruswechsel ist dagegen ganz unwahrscheinlich, da die Eigennamen des Diskus nur im Singular auftreten (s.o. S. 153f.).

zur Zeit nicht treffen. Eher handelt es sich bei 9 und 25 um zwei verschiedene Verbformen (eventuell Sg. und Pl.). Die Notwendigkeit eines Dorns wäre dann weniger wahrscheinlich, vor allem im Wortkomplex 8-10.

zu ζ) Wenn die Personennamen A17 und 19 durch einen Dorn bei 17 oder 18 verknüpft wären, gerieten wir in größte Bedrängnis, da zu dem Komplex 17-19 auch der dorntragende Eigenname 16 gehört:

      19   18   17   16

Die Namen 16 und 19 sind aber identisch und dürfen daher nicht im selben Wortkomplex (Satz?) stehen und auch nicht mit *und* (nach 17 oder 18) verbunden werden. Einziger Ausweg wäre die Annahme von einem Satzende nach 18.

zu η) Mit den Wortvarianten B33 und A6 vgl. den analogen Fall von 9 ~ 25 (siehe zu δ!).

zu ι) Zum eventuellen Dorn unter dem beschädigten Zeichen in A7 siehe zu α). Zu A6 siehe zu δ).

zu κ) Zu A25 siehe das zu 9 Gesagte (zu δ).

zu λ) Im Komplex A28-31 sind die beiden Randwörter 28 und 31 identisch und dürfen daher nicht durch *und* verbunden werden.

Diese Bemerkungen zu den einzelnen Elementen nehmen der Gegenprobe viel an Gewicht. Nur drei Wortkomplexe der Gegenprobe (ε, θ, μ) sind relevant, sechs (α, γ, δ, η, ι, κ) sind nicht eindeutige oder nur schwache Gegenindizien, und drei (β, ζ, λ) zeigen sogar, dass hier ein Dorn mit der Bedeutung *und* unerwünscht wäre.

Probe und Gegenprobe sind jedoch an einigen Stellen durch einen Zirkelschluss miteinander verbunden: Wenn der Dorn *und* bedeutet, bestätigen einige Wortgruppen der Gegenprobe (s. bes. zu ζ und λ) diese Annahme. Wenn aber der Dorn ≠ *und* ist, beweist die Gegenprobe vorerst nichts, weder in der einen noch in der anderen Richtung. Es ist also entscheidend, ob die Aufstellung der durch Dorn verbundenen Komplexe von gleichanlautenden Wörtern (a-k; eventuell auch o) die Annahme ‚Dorn = *und*' nahelegt. Für diese Vermutung sind die Wortpaare a-c, also der dreimal auftretende Eigenname 16 = 19 = 22 vor einem jeweils anderen Namen (17 ≠ 20 ≠ 23), die stärkste Stütze. Vergleichbare Beispiele in der Gegenprobe fehlen. Überhaupt fällt auf, dass die Wortkomplexe der Gegenprobe im Durchschnitt deutlich länger sind. Gestaltet man solche Komplexe nur umfangreich genug, findet man leicht gleichanlautende Wörter am Anfang und Ende. In dieser Hinsicht zeigt die Gegenprobe eine bemerkenswerte Schwäche.

5. Forderung: Der Dorn muss ein Wort sein, das eine bildliche Darstellung nicht oder nicht leicht zulässt. Der Dorn als *und* erfüllt diese Bedingung.[117] Da die Partikel *und* als Funktionswort keine Eigenbedeutung hat und vollständig in ihrer Funktion für den Textzusammenhang aufgeht, widersetzt sie sich einer einfachen piktographischen Gestaltung. Man müsste seine Zuflucht schon zu einer komplexen Darstellung nehmen, etwa der geschlechtlichen Vereinigung zweier Lebewesen. Aber ein solches Zeichen würde zunächst als Symbol für *Zeugung*, *Liebe*, *Eltern* u.ä. aufgefasst. Außerdem wäre diese Schreibweise wesentlich aufwendiger als eine phonetische Schreibung von *und*.

6. Forderung: Das gesuchte Wort muss von ‚unterschiedlicher' Wichtigkeit sein. Der Partikel *und* fehlt einerseits eine auf sich selbst bezogene Bedeutung, andererseits eignet ihr die wichtige Funktion, syntaktisch Gleichwertiges miteinander zu verbinden. Auch Evans' Annahme, der Dorn stelle ein Satzzeichen dar, erfüllt in ähnlicher Weise die 6. Forderung, kann aber in anderer Hinsicht einer Nachprüfung nicht standhalten.[118]

7. Forderung: Überprüfbarkeit im Textzusammenhang. An allen 16 Stellen lässt der Dorn die Bedeutung *und* zu und legt sie in manchen Fällen sogar sehr nahe.

8. Forderung: Die vermutete Bedeutung darf nicht durch andere Zeichen oder Zeichengruppen wiedergegeben werden. Die folgende Untersuchung, mit der alle Alternativvorschläge für *und* ausgeschlossen werden, ist sehr umfangreich. Dem Leser sei es überlassen, sich mit Stichproben zufrieden zu geben.

Zunächst sollen alle Wörter, d.h. komplette Zeichengruppen, die für *und* in Frage kommen, untersucht werden. Sie sollten eine möglichst hohe Wiederholungsrate haben; aber wir finden außer dem Eigennamen A16 = 19 = 22 kein einziges Wort, das uns öfter als 2x begegnet. 2x treten auf: A3 = B51; A15 = 21; 28 = 31; B52 = 57. Allein diese niedrige Frequenz schließt die Bedeutung *und* sehr wahrscheinlich aus. Auch im Einzelnen lassen sich Einwände vorbringen. Wort 52 = 57 ist lang und besitzt eine gekürzte Variante in 49. Ebenso liegt für 3 = 51 eine Variante in 55 und vielleicht sogar in 61 vor. Wort 15 = 21 ist Bestandteil eines wiederholten Textstückes (14-16 = 20-22):

16 15 14

Zwar würde hier wegen der Stellung von 15 zwischen zwei Eigennamen die Bedeutung *und* ausgezeichnet passen, aber dann erhöbe sich die Frage, warum

---

[117] „Zu vielen Wörtern gibt es kein Wirklichkeitskorrelat, z.B. *keineswegs, etwa, und, oder*" (Collinder 1978, S. 173).
[118] Siehe o. S. 142-148.

einige andere Eigennamen (wie z.B. 16/17; 19/20; 22/23) nicht durch 🏃 verbunden sind.

Unter diesen Umständen ist es sinnvoller, sich mit auslautenden Zeichen zu befassen, die als *und*-Suffixe angesehen werden könnten. Ephron sieht in der häufigen Zeichenkombination ⊛🛡 ein Enklitikon für *und*.[119] Diese Annahme setzt die falsche Leserichtung (Rechtsläufigkeit) und Verkennung von ⊛🛡 bzw. 🛡 als Determinative für Personennamen voraus. Faucounau, der richtig von rechts nach links liest, erwägt für das Zeichenpaar (nunmehr eine Art Präfix) ebenfalls die Bedeutung *und*.[120]

Doch bleiben wir bei den Suffixen und sortieren sie nach ansteigender Häufigkeit, wobei die nur einmal am Ende eines Wortes stehenden Zeichen nicht berücksichtigt werden:

2x 🦓, 🧍
3x 🐚, ↑, ↑, ❋
4x 🐚, ⊛
6x ⟩
7x 🏃, 🔱
8x △

🦓 kommt insgesamt nur 2x vor, am Ende eines wiederholten Eigennamens (A17 = 29). Vermutlich ist es also ein fester Bestandteil des Wortes. Wäre es ein enklitisches *und* wie lat. *-que*, würde man es auch am Ende von B32 erwarten, wie folgende Textpassage nahelegt:

△🧍🏛⊛🛡 ❋🛡🔱 🏃🔱 🦓🔱↑↑⊛🛡 ❋🛡🔱
  32   31   30   29   28

Denn hier wären 28 und 29 durch 🦓 miteinander verbunden. Da aber 28 = 31 ist, müssten auch 31 und 32 durch enklitisches 🦓 (am Ende von 32) verbunden sein. Wenn aber 🦓 ein eigenständiges, also nichtenklitisches *und* sein sollte, wäre sein Fehlen am Ende vieler anderer Wörter, besonders der Eigennamen, unverständlich.

Obwohl das Fell 🧍 das zweithäufigste phonetische Zeichen des Diskus ist (15x), befindet es sich nur 2x am Ende eines Wortes (A23 [Eigenname] und B35). Es ist daher wohl kein Suffix und als Zeichen für *und* viel zu selten.

Das Horn ↑, insgesamt 5x vorkommend, steht 3x am Endes des wiederholten Eigennamens A16 = 19 = 22 ↑⊛🛡. Ohne ↑ bestünde das Wort nur aus einer Silbe, da ⊛🛡 stumme Zeichen sind. Einsilbige Wörter finden sich auf dem Diskus sonst nicht[121] – ein starkes, aber natürlich nicht zwingendes Argument[122] gegen die Annahme von ↑ = *und*. Allerdings besitzen alle drei

---

[119] Ephron 1962, S. 29f.
[120] Faucounau, Le déchiffrement ..., 1975, S. 17.
[121] Aufstellung der Wortlängen der Diskuswörter o. S. 88.
[122] Risch (bei Chadwick 1973, S. 48) vermutet für Linear B, dass die Schrift eine Antipathie gegen Wörter mit nur einer Silbe habe, da sie als Ideogramme aufgefasst werden könnten.

Hörner einen Dorn, so dass sich die Vermutung aufdrängt, die dem Horn unterstellte Bedeutung *und* sei in Wirklichkeit dem Dorn zuzuschreiben.

Die Rosette ✺ steht 3x am Ende eines Wortes (A12; 28 = 31). 28 und 31 gehören offensichtlich zu den Eigennamen 29 bzw. B32 (s.o. S. 180). Deshalb ist es verwunderlich, dass sich die Rosette als *und* nicht auch sonst in der Nähe von Eigennamen befindet. Die Schlussrosette im Eigennamen 12 ✺𝄖𓆸☉𓆱 besitzt einen Dorn und kann folglich nicht *und* bedeuten.

Fisch 𓆛 und Boot ⛵ beenden je 3x ein Wort (A5; B38; 47;[123] bzw. 40; 53 ~ 60[124]). Da der Fisch den Eigennamen 5 abschließt, sollte er als *und* häufiger an Eigennamen angehängt sein. Das Boot erscheint als S u f f i x nur auf Seite B des Diskus,[125] obwohl *und* auf Seite A wegen der zahlreichen Eigennamen viel dringender benötigt würde.

Schild ☉ und Handschuh 𓃀 weisen je 4x eine Endstellung auf, so dass wenigstens unter dem Gesichtspunkt der Häufigkeit die Bedeutung *und* denkbar ist. Der Schild, sofern er nicht in Verbindung mit 𓆱 Determinativ ist, steht stets nur am Wortende und kann dort durch 𓆸 ausgetauscht werden.[126] Vermutlich haben beide Zeichen denselben Konsonanten gemeinsam, aber einen unterschiedlichen Vokal. Es handelt sich also wohl nicht um Suffixe im eigentlichen Sinne, sondern um Flexionsausgänge.[127] Zu 𓆸 siehe unten S. 182f.

Mit dem Handschuh 𓃀 lauten vier Wörter aus (darunter drei ähnliche bzw. wiederholte: B49 ~ 52 = 57). Er könnte also unverzichtbarer Bestandteil von 49, 52 und 57 sein. Bei allen vier Wörtern jedoch ist 𓃀 als *und* nicht unpassend, wenn es auch seltsam ist, dass Seite A mit einer Fülle von Personen nur ein *und*, Seite B aber auf engem Raum, in einem Abschnitt von nur neun Wörtern (49-57), sogar drei *und* aufweist. Noch ungünstiger für die Gleichsetzung von 𓃀 mit *und* ist, dass 𓃀 wenigstens an drei Stellen (49; 52; 57) einen Dorn hat,[128] das vermutliche Zeichen für *und* also doch nur der Dorn selbst ist. Wenn der Dorn nämlich, was aber bereits ausgeschlossen wurde, ein silbenschließender Konsonant (S. 152), Determinativ (S. 152ff.) oder Ideogramm für Nomina (S. 165ff.), Verben (S. 167f.), Adverbien (S. 168) und für die meisten Partikeln (S. 169f.) wäre, stünde das zugehörige, also dorntragende Zeichen an der falschen Stelle. Nur zwei Funktionen des Dorns würden keine Hindernisse darstellen: der Dorn als Interpunktion oder Elisionszeichen (,Virama'). Beides aber kann für den Dorn nicht zutreffen (S. 142ff. bzw. 148ff.). Nun könnte man gegen alle Wahrscheinlichkeit an der elidierenden Funktion des Dorns festhalten und ihn mit den Verhältnissen bei der griechischen enklitischen Partikel τε (*und*) in Beziehung bringen, die vor

---

[123] In B38 und 47 tritt 𓆛 in Verbindung mit 𝄖 auf, so dass 𓆛 wohl eher kein Suffix ist.
[124] Auch bei den Wörtern B53 und 60, die sich nur durch ihre ,Präfixe' unterscheiden, könnte ⛵ zum Wortstamm gehören.
[125] Im Wortinnern findet sich das Boot bei A14 = 20; B35 und 43.
[126] Siehe o. S. 91 Anm. 45.
[127] Auch bei anderen Erklärungsversuchen (z.B. angehängte Personalpronomina) entfiele die Annahme *und*.
[128] Zum fragliche Dorn in A7 s.o. S.43f.

einem Wort mit anlautendem Vokal ihren eigenen Vokal einbüßt. Beispielsweise lesen wir bei Hesiod (um 700 v. Chr.) in seiner Theogonie (229f.):

Νείκεά τε Ψεύδεά τε Λόγους τ' Ἀμφιλλογίας τε
Δυσνομίην τ' Ἄτην τε, συνήθεας ἀλλήλῃσιν

wo das ε von τε vor Vokal elidiert wird (τ'). Auf den Diskus bezogen müsste der Dorn dann stets vor einem vokalisch beginnenden Wort stehen. Die zehn verschiedenen, auf den Dorn folgenden Zeichen (△, ◬, ❘, ❙, ⚐, ✱, ⚵, ⚶, ⚸, Ψ) wären dann reine Vokale, eine viel zu hohe Zahl. Außerdem ist das angebliche Vokalzeichen △ selber ein Dornträger und würde durch den Dorn phonetisch vollständig getilgt, also stumm werden. Zwei weitere dorntragende Zeichen (✱, ⟩) besitzen an anderer Stellen keinen Dorn, obwohl ein ‚Vokal' (⚐, ⚵, ⚶) folgt.

Der Winkel ⟩ beendet vier Eigennamen (A1; 8; 14 = 20) und zwei andere Wörter (B39; 45), besitzt demnach in dieser Hinsicht die Eignung zu *und*. Andererseits treten erhebliche Probleme auf. Wenn das Endzeichen in A8 ⚸⟩✱⚶ nach dem Brennen absichtlich als überflüssig getilgt und nicht eine unglückliche Beschädigung sein sollte,[129] bestünde 8 nach Wegnahme des *und* (⟩) nur noch aus einem einzigen phonetischen Zeichen (✱). Dies wäre für den Diskus einmalig.[130] Der Winkel von 1 ⟩⚐✱⚶ trägt ausnahmsweise einen Dorn und kann an dieser Stelle nicht *und* bedeuten (Begründung wie bei ✱). Darüber hinaus zeigt 1 eine erstaunliche Ähnlichkeit mit B39 ⟩⚐❘△⚵. Es fällt schwer zu glauben, in beiden Wörtern habe ⟩ eine unterschiedliche Bedeutung. Aber wie dem auch sei, es blieben auf Seite A des Diskus nur zwei (wiederholte) Eigennamen (14 = 20), deren Schlusswinkel ein *und* darstellen könnten – zu wenig für die vielen Eigennamen auf dieser Seite.

Auch das 7x auftretende ‚Suffix' ❘ ist kein Anwärter für *und*. In A27 ❘Ψ❙ trägt der Zweig einen Dorn und kann daher weder hier noch anderswo ein *und* sein. Mit 27 ist 10 ❘Ψ✱⚶ zu vergleichen, wo die Kombination aus Ψ und ❘ nochmals erscheint. 10 ist der einzige Eigenname mit abschließendem ❘. Im Reigen der zahlreichen Eigennamen ist nur e i n mit ❘ (= *und*) suffigiertes Wort nicht ausreichend.

Da aber *und* nicht in unmittelbarem Kontakt mit den zu verbindenden Satzgliedern stehen muss,[131] könnten auch Nicht-Eigennamen die notwendigen Verbindungspartikeln tragen. Ein besonders schönes Beispiel wäre

❘Ψ✱⚶ ❘⚵ ⟩✱⚶
10   9   8

Hier würde der Zweig am Ende von A9 die Eigennamen 8 und 10 miteinander verknüpfen. In Wirklichkeit ist ❘ in 9 (außerdem in B33; 41; 44) eine Endung,

---

[129] Zu diesem Problem siehe o. S. 72-75.
[130] Siehe allerdings o. S. 180 Anm. 122.
[131] Siehe o. S. 172f.

die durch ⊙ ersetzt werden kann (s.o. S. 91 Anm. 45). Nur zwei Belege von 🗲, am Ende des Namens 10 und des Nicht-Namens 54, kämen für *und* in Frage.

Von den sieben Vorkommen von 🝛 am Wortende müssen zunächst zwei (A15 = 21) gestrichen werden, da sie mit Dorn versehen sind. (Dieser Umstand nimmt auch den übrigen fünf die Möglichkeit, *und* zu sein.) Beide Wörter bestünden nach Abspaltung von 🝛 nur aus einer Silbe. Dasselbe gilt für die vermutlich gleichlautenden Wörter 26 🝛|⊙🝛 und 30 🝛|. Außerdem ist es denkbar, dass 26 eine um die Endung gekürzte Form von 1 ⟩🝛|⊙🝛 ist, so dass 🝛 zum Wortstamm gehören müsste. 🝛 kann nur bei B43, 46 und 48 als Kandidat für *und* in Anspruch genommen werden. Die räumliche Zusammendrängung dieser vermeintlichen drei *und*-Suffixe und ihr völliges Fehlen auf Seite A, wo sie viel dringender benötigt würden, schließen die Bedeutung *und* aus.

Das häufigste phonetische Zeichen des Diskus überhaupt, der Helm △, steht 4x am Anfang, 6x im Innern und 8x am Ende eines Wortes. Die relativ ausgewogene Verteilung verleiht dem Schlusshelm nicht von vornherein eine auffällige Position, an die sich der Verdacht eines besonderen Suffixes heften müsste. Von den acht Wörtern mit Schlusshelm entfallen 3 (A3 = B51 ~ 55) wegen des Dorns, wodurch generell die Möglichkeit von *und* abgeschnitten ist. Diese drei Wörter haben als Kern △𝕃, der sogar in ‚reiner' Form am Ende des Textes als eigenständiges Wort (61) auftritt.[132] Wollte man 61 noch den Helm (*und*) rauben, bliebe als Wortrest nur 𝕃 übrig. Außerdem müsste △ in 61 ein enklitisches *und* wie lat. -*que* darstellen. Nur die Helme in A11, B32, 58 und 59 könnten *und* sein. Dies würde bedeuten, dass sich auf Seite A lediglich ein einziges *und* (11[133]) befindet, während auf Seite B in 58 und 59 zwei *und* sogar direkt aufeinander folgen.

Nun vermutet Neumann, dass der Helm in B58 und 59 eine „angehängte kopulative Partikel (wie lat. -*que*)" sei:[134] In der Wortfolge 57-59

△|🝛⊙🝛   △⟩🝛🝛   🝛⊙🝛🝛
   59   58   57

befänden sich wohl drei verschiedene Personen, wie man an ihren Determinativen (🝛, 🝛, 🝛) erkennen könne. Wenn diese drei Personen zu **einem** Satz gehörten, könne △ kopulative Partikel sein.[135] Diese Vermutung hätte Neumann durch die Beobachtung, dass dann an anderen Stellen verschiedene Personen unverbunden nebeneinander stünden, leicht selbst entkräften können. Aber auch seine Voraussetzungen sind äußerst zweifelhaft. Allein die irrige Identifizierung von 🝛 als Determinativ führt in der Zeichengruppe B32 △𝕃⊙🝛 zu einer Häufung von drei Determinativen (🝛, ⊙, 🝛), wobei das letzte Zeichen △ nach Neumann eigentlich *und* bedeuten müsste. Der phonetische

---
[132] Siehe auch o. S. 157.
[133] Zu beachten ist, dass die Wörter A11 und B32 an ihrem Ende dieselbe Silbenkombination aufweisen: △𝕃.
[134] Neumann 1968, S. 42.
[135] S. 41f.

Kern des Eigennamens 32 bestünde somit nur aus e i n e m Silbenzeichen (𒀭).
Zu Neumanns ‚Determinativen' siehe o. S. 97-100. Es bleibt bei dem Verdikt:
◯ ist nicht *und*.

Nach den ‚Suffixen' sollen abschließend auch die ‚Präfixe' auf ihre Tauglichkeit für *und* überprüft werden. Es sind dies, unter Ausschluss der nur einmal am Wortanfang stehenden Zeichen, nach zunehmender Häufigkeit sortiert:

2x   △, ⌈, ⌈, ⌈, ⌇
4x   ⌇, ◯, ⌇
5x   ⌇, ⌇
8x   ⌇
10x   ⌇

Von diesen Zeichen kommen als ‚Präfixe' nur auf Seite B des Diskus vor: ◯ (41; 54; 55; 56), △ (48; 58), ⌈ (37; 45) und ⌇ (32; 35; 40; 52 = 57). Die einseitige Verteilung schließt in allen Fällen die Bedeutung *und* weitgehend aus, weil *und* in erster Linie auf Seite A mit ihren vielen Personen benötigt würde.

Auf Seite A sind beschränkt: ⌈ (28 = 31), ⌈ (15 = 21), ⌇ (9 ~ 25; 16 = 19 = 22). Hier handelt es sich zumeist um Wiederholungen, so dass der Eindruck entsteht, die ‚Präfixe' gehörten in Wirklichkeit zum Wortstamm. Dies wird besonders deutlich bei 15 = 21 und 16 = 19 = 22, wo durch Wegnahme des ‚Präfixes' Wörter mit nur noch e i n e m phonetischen Zeichen übrig bleiben. Auch die geringe Frequenz von ⌈ und ⌈ legt die Bedeutung *und* keineswegs nahe.

Alle übrigen ‚Präfixe' verteilen sich auf beide Diskusseiten. Der Fisch ⌇, der an allen Stellen eines Wortes stehen kann, tritt als Anlaut nur 2x (A18; B36) auf. 18 ⌈⌇ würde nach Wegfall von ⌇ einsilbig. ⌇ ≠ *und*.

Anders als ⌇ behauptet ⌇ stets den Anfang einer phonetischen Zeichengruppe (A8; 24; B47; 59). Hier sollte man eher an ein Determinativ denken, was aber nicht möglich ist (s.o. S. 99), oder einen reinen Vokal.[136] ⌇ als *und* würde an zu vielen Stellen der Seite A fehlen.

⌈ kann alle Positionen im Wort einnehmen und steht 4x am Anfang (A1; 26; 30; B38). Dass sogleich das erste Wort des Diskus mit *und* eingeleitet sein sollte, scheint nicht recht glücklich. Die Wörter 26 und 30 werden nach Abzug von *und* einsilbig. Das insgesamt 6x vorkommende ⌈ befindet sich 5x unmittelbar vor ⌇ (A1; 26; 30; B38; 39), so dass ⌇⌈ eine feste Verbindung zu sein scheint. Auch bildet diese Zeichenkombination den phonetischen Gesamtbestand von 26 ⌇⌈◯⌇ und 30 ⌇⌈. Außerdem müsste man sich fragen, warum ⌈ als *und*-Präfix speziell vor vier mit ⌇ beginnenden Wörtern steht. Das heißt dem Zufall zu viel Raum zu gewähren, zumal das häufige ⌇ (insgesamt 11x) nur 1x (A11) zweifelsfrei den phonetischen Wortanfang bildet.

Der Katzenkopf ⌇ findet sich im Ganzen 11x, davon allein 8x am Wortanfang. Dies nährt den Verdacht, dass er ein (abtrennbares) Präfix ist. Bemer-

---

[136] Siehe u. S. 288 mit Anm. 20 und S. 187 Anm. 145.

kenswerterweise tritt er in den 19 Eigennamen des Diskus keinmal auf,[137] als ob er sich mit ihnen nicht vertrüge.[138] Es könnte sich prinzipiell also um ein Präfix handeln, das nicht mit einem Namen verbunden werden kann, wie

- Alpha privativum[139] (Negationspartikel)
  - griech. ἀ (ἀν): αἴτιος – ἀναίτιος
  - lat. *in*: *noxius – innoxius*
  - deutsch *un*: *schuldig – unschuldig*
  - engl. *un*: *able – unable*
  - Sanskrit *a*: *sveda* („Schweiß") – *asveda* („nicht schwitzend")
- Augment (Vergangenheitspartikel)
  - griech. ε
  - Sanskrit *a*
- diverse Vorsilben, z.B.
  - deutsch *ge*: *führt – geführt*

Nur an drei Stellen findet sich ⟨?⟩ in zweiter Position (A4; B52 = 57). Mit dem wiederholten Wort ist B49 verwandt:

52 = 57   49

In 49 fehlt nur 𝄞, das auch sonst ausnahmslos am Anfang der phonetischen Zeichen eines Wortes steht (B32; 35; 40). 𝄞 hat also vermutlich präfixartigen Charakter;[140] daher verliert ⟨?⟩ durch vorangehendes 𝄞 nicht automatisch seinen Status als Präfix. So tritt z.B. im Griechischen das Augment ε zwischen die präfigierte Präposition ἐξ und den Verbstamm φυγ: ἐξέφυγον („ich entkam"). Ebenso ist das Verfahren im Sanskrit. Vgl. auch deutsch *vor-ge-führt*.

Eine interessante Ausnahme stellt A4 dar. Die Hochstellung des Katzenkopfes in der Wortmitte ist Folge einer Korrektur und semantisch ohne Bedeutung.[141] Die Korrektur beweist, dass er nicht versehentlich doppelt gestempelt wurde. Die Doppelung verbietet überdies die Annahme eines Ideogramms oder Determinativs. ⟨?⟩ ist ein echtes Silben-/Vokalzeichen. In 4

---

[137] Der Zeichenbestand der Eigennamen unterscheidet sich im Allgemeinen nicht prinzipiell von dem der übrigen Wörter. Eigennamen: insgesamt 95 Zeichen (Ohne die Determinative ⟨?⟩ und ⟨?⟩: 63). Unter den 63 phonetischen Zeichen sind 26 verschiedene. Nur in Eigennamen kommen vor (außer ⟨?⟩ und ⟨?⟩): ⟨?⟩ (A5), ⟨?⟩ (B34), ⟨?⟩ (A17 = 29). Zahlreiche Zeichenkombinationen haben die Eigennamen mit den übrigen Wörtern gemeinsam: ⟨?⟩ (A1 : B39), ⟨?⟩ (A1 und 26 : 30 und B38f.), ⟨?⟩ (A8 : 24), ⟨?⟩ (A10 : 27), ⟨?⟩ (A14 = 20 : B43), ⟨?⟩ (A14 = 20 : B37 und 56), ⟨?⟩ (A16 = 19 = 22 : 9 und 25), ⟨?⟩ (B32 : A11), ⟨?⟩ (B59 : 47).
Die Nicht-Personenwörter weisen insgesamt 146 Zeichen, darunter 41 verschiedene (davon wiederum sieben Unikate) auf.
[138] Auch in dieser Hinsicht nehmen die mit ⟨?⟩ bzw. ⟨?⟩ eingeleiteten Eigennamen eine Sonderstellung ein.
[139] Aus indogermanischem ṇ (s. Szemerényi 1970, S. 44). Gelegentlich können auch Namen mit α privativum beginnen, z.B. Admetos („unbezwungen, unbezwingbar").
[140] Siehe auch u. S. 261 (und 186).
[141] Siehe o. S. 55 und 61-63.

fungiert der erste Katzenkopf wahrscheinlich als Präfix, während der zweite zum Wortstamm gehört.

Die präfixartige Eigenschaft von 🐱 zeigt sich auch in seinem Verhältnis zu anlautendem △.[142] Der Katzenkopf der identischen Wörter A3 = B51 △🐱 wird in B55 gegen △ ausgetauscht. Der hypothetische Wortstamm △𓂀 erscheint in 61 sogar als eigenes Wort. Auch in B41 𓆑𓂀△ könnte △ Präfix sein, wie der Vergleich mit A2 ☉𓂀𓏤 lehrt, wo △ ‚fehlt'. Der Wechsel von End-☉ mit 𓏤 kann auch bei anderen Wörtern beobachtet werden (vgl. A6 mit B33; A25 mit 9; B36 mit 44). Hinzuzufügen ist, dass keiner der 19 Eigennamen als erstes phonetisches Zeichen den Helm aufweist. Betrachtet man also die drei Zeichen 🐱, 𓂀 und △ in ihrem Verhältnis zueinander, können die Beobachtungen am wahrscheinlichsten mit der Präfixhypothese erklärt werden. Diese Zeichen bilden den Einstieg für die eigentliche Entzifferung des Diskus.[143]

Doch zurück zum Katzenkopf. Seine Stellung in B52 = 57 hinter dem mutmaßlichen Präfix 𓂀 empfiehlt nicht die Bedeutung *und*. Außerdem schließt sein Fehlen in der Textpartie A5-B43 (= 39 Wörter!) mit ihren 16 Eigennamen, die wenigstens in einigen Fällen auf einen Konnektor angewiesen sind, eine solche Funktion aus.

Das Fell 𓏏, zweithäufigstes Silbenzeichen des Diskus (15x), steht nur 2x am Ende (A23; B35), 3x im Innern (A17 = 29; B48), aber 10x am Anfang eines Wortes (A6; 7; 14 = 20; 17 = 29; 23; B33; 43; 53). Die Bevorzugung der Anfangsposition sowie der Umstand, dass nach Abzug von anlautendem 𓏏 nirgends ein einsilbiges Wort entsteht, könnten auf Präfix hinweisen.

Aber bei Prüfung einzelner Wörter wollen Zweifel nicht verstummen. In sechs Eigennamen befinden sich insgesamt neun Felle (davon fünf anlautend); die übrigen sechs Felle verteilen sich auf sechs Nicht-Eigennamen. Wenn man bedenkt, dass unter den 61 Diskuswörtern 19 Eigennamen sind, muss man für diese eine deutliche Vorliebe für 𓏏 konstatieren. Allerdings sind von den fünf Eigennamen mit einleitendem 𓏏 zwei wiederholte (A14 = 20; 17 = 29). Wenn hier auch der Zufall sein Spiel treiben mag, so kann man doch auch daran denken, dass die gleichlautenden Namensanfänge ihren Grund in der Verwandtschaft der fünf bzw. drei Namensträger hat, zumal sich diese fünf Eigennamen in einem Abschnitt von nur 16 Wörtern Länge (A14-29) drängen. 𓏏 könnte also Bestandteil von Namen sein. Aber selbst wenn man anlautendes 𓏏 grundsätzlich als Präfix ansehen wollte,[144] wiese der wiederholte Name 17 = 29 𓆑𓂀𓏏☉𓏤 wegen des Doppelfells immer noch ein anlautendes, vom Wort nicht abtrennbares Fell auf. Warum sollte dann das Fell nicht auch in 14 = 20 und 23 fest zum Namen gehören?

Der sichere Nachweis für 𓏏 als Präfix kann also nicht erbracht werden. 𓏏 ist eher an keiner Stelle Präfix als an allen, am wahrscheinlichsten jedoch

---

[142] Bemerkenswert ist auch der Wechsel von 𓏏 zu 🐱 bei den verwandten Wörtern B53 𓆑𓂀𓏏 und 60 𓂝𓆑𓂀△.
[143] Siehe vorige Anm.
[144] In B53 könnte 𓏏 mit einiger Wahrscheinlichkeit tatsächlich Präfix sein (s. Anm. 142).

nur bei einigen Wörtern. Da wir die Sprache des Diskus nicht kennen, sind auch andere Möglichkeiten für 🌵 wie etwa ein Vokal[145] denkbar.

Auch wenn wir die Frage, ob 🌵 aus formalen Gründen ein Präfix sein kann, bejahen sollten, bleibt noch die Überprüfung der inhaltlich/funktionalen Seite (*und* ?). Aufgrund von Wortwiederholungen, die etwas von der Struktur des Textes verraten, lässt sich ein sicheres Ergebnis gewinnen. Auf den ersten Blick könnten die Wörter B52 und 53

durch 🌵 miteinander verknüpft sein. Nun wird 52 einige Worte später (57) wiederholt, ohne dass 🌵 am Anfang des folgenden Wortes auftaucht:

Natürlich könnte *und* auch an späterer Stelle stehen:[146] aber das ist nicht der Fall, obwohl das mit 🌵 eingeleitete Wort 53 nochmals (60) erscheint, nur diesmal statt 🌵 mit 🐚 am Anfang.

Noch klarer liegen die Dinge bei der Wortsequenz A28-B32:

Wenn 28 und 29 durch das erste Fell von 29 verbunden wären, ist es unverständlich, warum nicht auch zwischen 31 (= 28!) und 32 ein kopulatives Fell auftritt. Wenn aber das anlautende Fell von 29 kein *und* ist, kann es auch nicht in 17 (= 29!) die Wörter 16 und 17

miteinander verbinden. Dies müsste man aber erwarten angesichts von

und

In Wirklichkeit tritt in den drei Wortpaaren nicht das Fell, sondern der Dorn als Verbindung auf.

Als Ergebnis lässt sich festhalten, dass sich auf dem Diskus weder Zeichengruppen noch Zeichen befinden, die *und* bedeuten könnten. Nur für den Dorn besteht diese Möglichkeit.

---

[145] Fast jede Silbenschrift muss auch einige reine Vokalzeichen besitzen, um beispielsweise anlautende Vokale ausdrücken zu können. Bevorzugter Platz für Vokalzeichen ist der Wortanfang, da Vokale im Innern meist den zweiten Bestandteil einer Silbe bilden (s. Packard 1974, S. 80f.). Doppelvokal am Anfang ist nicht so selten, im Griechischen ist sogar dreifaches α belegt: ἄατον (Ilias 14,271).
[146] Zur variablen Position von *und* siehe o. S. 172f.

Hiermit sind wir zum Abschluss der Prüfung gelangt, ob die dem Dorn unterstellte Bedeutung *und* den oben S. 163f. genannten acht Forderungen genügen kann. Die Erfüllung sämtlicher Bedingungen ist ein fast sicheres Indiz für die Richtigkeit der Annahme. Keine andere Alternative konnte dieser Prüfung standhalten. Aber nicht verschwiegen sei, dass sich gegen meine Dornhypothese (*und*) auch einige Einwände erheben lassen. Es könnte eine weitere Möglichkeit der Dorndeutung übersehen worden sein. Außerdem gewährt die relative Kürze des Textes dem Zufall eine vielleicht verhängnisvolle Rolle. Am meisten fällt in meinen Augen ins Gewicht, dass sogleich das erste Wort des Diskus (A1), ein Eigenname, mit angehängtem *und* ausgestattet wäre und nicht mit einem schmückenden Beiwort.[147]

Wenn die vorgeschlagene Gleichsetzung von Dorn mit *und* sich in der künftigen Forschung bewähren sollte, würde der entschlüsselte Dorn die weitere Entzifferungsarbeit erleichtern. Natürlich wäre der Dorn als Ideogramm für *und* kein p h o n e t i s c h geschriebenes Wort. Sein unbekannter Lautwert könnte nichts zur lautlichen Lesung des übrigen Textes beitragen. Dennoch würde der Dorn die Strukturanalyse fördern. Er gäbe Hinweise auf die strukturelle (und insofern gelegentlich auch semantische) Beziehung einzelner Wörter oder Wortgruppen. Die prinzipiell stark gliedernde Funktion von *und* wird aber durch die Variabilität seiner Stellung (s.o. S. 172f.) stark eingeschränkt. Immerhin dürfte der Dorn bei der mehr oder weniger sicheren Aufspürung gleicher Satzglieder, die häufig auch gleiche Wortarten sein können, helfen.

Bei aller gebotenen Vorsicht lässt sich aber schon jetzt zuversichtlich sagen, dass der Dorn, unabhängig von seiner Bedeutung, eine enge Affinität zu den mit 𓏺 bzw. ⊙𓏺 eingeleiteten Wörtern (= Eigennamen) besitzt.

---

[147] Zum angeblichen Dorn in der Inschrift auf der Axt von Arkalochori s.u. S. 225f.

DIE BILDHAFTEN SCHRIFTZEICHEN (IN AUSWAHL)

Die 45 bildhaften Schriftzeichen des Diskus wurden von Evans selbst gezeichnet, nummeriert und nach Themen geordnet in einer Tabelle vereinigt.

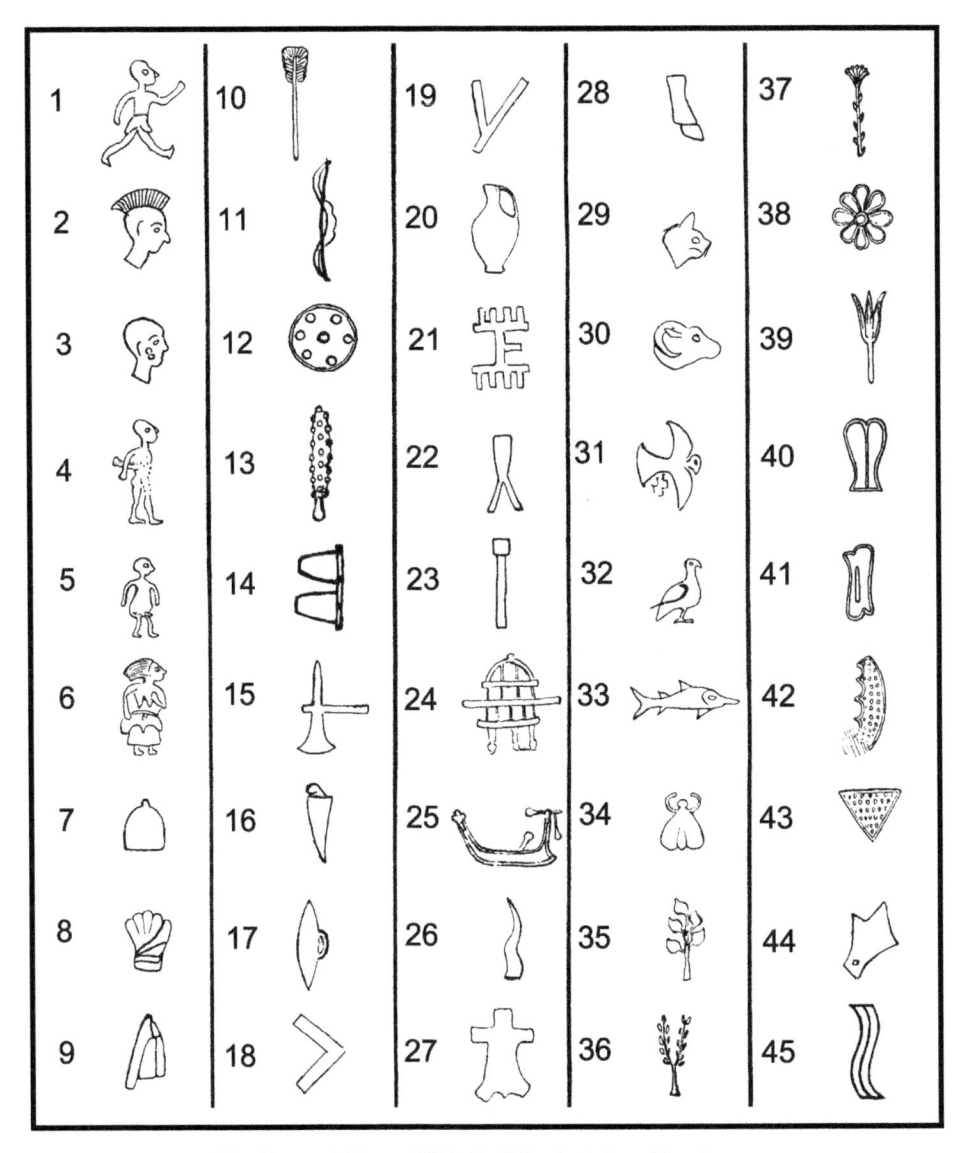

Fig. 40 – nach Evans 1909, S. 276, mit einigen Korrekturen

Die meisten Autoren haben seine Zeichnung und Zählung übernommen. Er sortierte die Zeichen nach folgenden Themenkomplexen:

1-9   der menschliche Körper und seine Teile
         (einschließlich Kleidungsartikel)
10-23   Waffen, Werkzeuge und Utensilien
24   ein Gebäude
25   ein Schiff
26-34   Tiere und ihre Teile
35-39   Pflanzen und Bäume
40-45   nicht bestimmbare Gegenstände[1]

Wenn auch die zahlreichen Arbeiten zur Deutung der Bildinhalte der Schriftzeichen[2] in vielen Fällen zu keinem gesicherten Resultat geführt haben, verdanken wir der Übersicht von Evans und anderen doch grundsätzliche Einsichten. So wird man Pernier nicht widersprechen können, der „un'arte naturalistica" der Zeichen hervorhebt.[3] Dieser Stil, mag er nun kretisch (minoisch) sein oder nicht, verhindert z.B. die Annahme, das allgemein als Kompositbogen gedeutete Zeichen 11 {[4] sei die aus dem Luwischen bekannte „geflügelte Sonnenscheibe"[5]. Für diese Interpretation müsste Zeichen 11 um 90° gedreht werden, was allerdings kein Einwand ist, da auch andere Zeichen aus Raumgründen bzw. aus Versehen verdreht sind.[6] Entscheidend ist zunächst, dass die geflügelte Sonnenscheibe der hethitischen Hieroglyphenschrift[7] wegen ihrer gekünstelten Gestaltung mit dem Stil der Diskusschrift inkompatibel ist. Schlimm aber ist, dass das Autorenteam Achterberg u.a. eine leicht entstellte Grafik von { als Arbeitsgrundlage verwendet hat.[8] Natürlich sind der Phantasie keine Grenzen gesetzt.[9]

Das meist recht unfruchtbare Ringen um die Bildinhalte dient vorwiegend dem doppelten Zweck: das sogenannte akrophonische Prinzip bei der Entzifferung anwenden und die Herkunft des Diskus bestimmen zu können.

Gemäß dem akrophonischen Prinzip repräsentieren viele bildliche Schriftzeichen den Laut, mit dem die sprachliche Lautung des zugehörigen Bildinhaltes beginnt. Wenn man z.B. dem Diskus einen griechischen Dialekt unterstellt und { als Bogen auffasst, könnte man mit Stawell[10] dem Zeichen den

---

[1] Evans 1909, S. 275 (in enger Anlehnung an Pernier 1908/9, S. 280ff.).
[2] Eine kleine Auswahl: Evans ebd. S. 275ff.; ders. 1921, S. 651ff.; A. J.-Reinach 1910, S. 4ff.; Stawell 1931, S. 58ff.; Faucounau, Les signes ..., 1981; Aartun 1992, S. 127ff.; Godart, Der Diskus ..., 1995, S. 117ff.; Ohlenroth 1996, S. 325ff.; Börker-Klähn 1999, S. 62ff.; Muenzer 1999; Balistier 2003, S. 50ff.; Enzler in: Achterberg u.a. 2004, S. 33ff.; Timm 2005, S. 81ff.
[3] Pernier 1908/9, S. 299.
[4] Pernier ebd. S. 290; Evans 1909, S. 277; ders. 1921, S. 655f.; Reinach S. 35f.; Stawell S. 59; Godart S. 128; Faucounau 1999, S. 75; Muenzer S. 53-62 (umfassend); zum Kompositbogen-Zeichen in den ägyptischen Hieroglyphen siehe Betrò 2003, S. 225. – Gegen die Deutung als Kompositbogen spricht sich Wachsmann 1987, S. 88 aus.
[5] Enzler in: Achterberg u.a. 2004, S. 41f.; ebenso Woudhuizen ebd. S. 9; ders. 1988, S. 56; s. auch oben S. 131.
[6] Siehe o. S. 49-56.
[7] Siehe Laroche 1960, Zeichen Nr. 190f. und S. 255.
[8] Achterberg u.a. 2004, S. 41; eine korrekte und sehr gute Wiedergabe bei Olivier 1975, S. 28 Abb. 11.
[9] So z.B. bei Kean 1996. Eine Sammlung von kuriosen „Fehldeutungen" einiger Zeichen bei Muenzer S. 4f.
[10] 1931, S. 59.

Lautwert *to* geben (wegen τόξον „Bogen"). Dieses prinzipiell sehr einfache Verfahren zur Ermittlung der Lautwerte ist bei den Entzifferern natürlich höchst beliebt, stößt aber in der Praxis auf unüberwindliche Schwierigkeiten.[11]

Die erste Schwierigkeit besteht darin, die richtige Sprache zu finden. Mit einer anderen Sprache ändert sich auch die Lautung. ⌂, vermutlich ein Haus, könnte im griechischen Sprachraum *do* (wegen δόμος)[12], im semitischen *bi* (wegen *bitu*)[13] und im Luwischen *pa* (wegen *parna*)[14] usw. lauten. Aber selbst wenn Einvernehmen über die Sprache bestünde, kann die Bezeichnung der Inhalte stark variieren. So besitzt das Griechische für *Haus* zwei hauptsächliche Bezeichnungen: δόμος und οἶκος (οἰκία). Der Bogen kann τόξον oder βιός lauten.[15] Noch ungünstiger sind die Verhältnisse, wenn das Schriftzeichen nicht den Gegenstand (z.B. *Beine*), sondern dessen Funktion (*gehen*) angibt. Aber all dem geht die fundamentale Schwierigkeit der „gesicherte(n) Identifizierung des Abgebildeten" (Aartun[16]) voraus. Hiermit haben allerdings die meisten Autoren, die dem akrophonischen Prinzip huldigen (darunter auch Aartun), keinerlei Probleme. Die Schwierigkeiten aber sind objektiver Natur, wie die unterschiedlichen Bestimmungen beweisen. Ist ⌂ nun ein Haus, Bienenkorb, eine Kopfbedeckung oder Sänfte? ⌐ wird von Aartun gar als „Eidechse" identifiziert.[17]

Woher rührt nun die irrationale Zuversicht, die Bildinhalte präzise erkennen zu können? Weil sonst das akrophonische Prinzip bei der Entzifferung jegliche Bedeutung verlöre. Aber dieses Prinzip, seine Eignung vorausgesetzt, wäre das einfachste Mittel zur Lautbestimmung eines Schriftsystems mit Bildzeichen. Übrig bleibt nur das höchste Anforderungen stellende Instrument des Kombinierens, wie im Falle der Entzifferung der Keilschrift durch Grotefend oder von Lin B durch Ventris.

Die Zuordnung der Bildinhalte zu einer bestimmten Kultur hat wenig ermutigende Ergebnisse hervorgebracht. Das liegt u.a. daran, dass viele Zeichen keine begründbare Deutung erlauben (besonders ⌂, ⌐, ⌐, ⌐, ▽, ⌐), andere mehrdeutig sind (○, ⌐,) und einige zwar immerhin einem Begriffsfeld zugewiesen werden können, ohne dass eine genaue Bestimmung möglich ist (⌂, ⌐, ⌐). Dennoch lassen sich mit großer Vorsicht einige nützliche Beobachtungen machen.

---

[11] Siehe die ausgezeichnete Analyse von Neumann 1968, S. 33f.; s. auch Duhoux 1989, S. 95.
[12] Stawell 1931, S. 58.
[13] Aartun 1992, S. 170.
[14] Woudhuizen 1988, S. 59.
[15] Stawell entscheidet sich für τόξον (S. 59), Faucounau für βιός (Les signes ..., 1981, S. 198).
[16] Ebd. S. 139.
[17] Ebd. S. 175 und 191.

In der Forschung spielt das Hauszeichen 🏠 eine herausragende Rolle. Evans hat es als erster mit einer lykischen Hausform in Verbindung gebracht:[18]

Fig. 41 – Diskuszeichen

Fig. 42 – Fassade eines Felsengrabes in Myra, nach Evans 1921, S. 658

Weitere Abbildungen solcher lykischen Fassaden und auch ganzer Steinsarkophage finden sich in verschiedenen Publikationen.[19] Da Evans zu 🏠 keine kretischen Parallelen finden kann, misst er der Ähnlichkeit mit lykischen Grabmälern große Bedeutung bei, mit weitreichenden Folgen. „Nichts ist verführerischer und täuschender als Ähnlichkeit" (von Randow[20]). Es ist äußerst problematisch, von optischer Ähnlichkeit auf strukturelle zu schließen. Aber auch die ins Auge fallende Ähnlichkeit ist nur oberflächlich.[21] „Die Strukturen sind nicht identisch", meint Aartun.[22] Ein Vergleich gestaltet sich schon deshalb schwierig, weil das lykische Haus im Gegensatz zum stark vereinfachten Diskushaus feine Details zeigt. Für die folgende (beurteilende) Beschreibung beider Haustypen habe ich mir Rat geholt bei dem Dipl.-Ing. und Architekten Ulrich Grammel.

Nach allgemeiner Auffassung geht der lykische Grabbau auf eine ursprünglich hölzerne Konstruktion zurück, oder genauer gesagt, auf eine Mischkonstruktion aus Stein und Holz. Vor allem das bogig geführte Satteldach, aus mehreren Lagen von Dachsparren und Dachlatten bestehend (wohl zur

---

[18] Evans 1909, S. 26f.; ders. 1921, S. 657f.
[19] Meringer 1906, S. 411 und 415f.; Bossert, Die Erfindung ..., 1937, S. 11; Mellink 1964, Fig. 8; Zahle 1979; Godart, Der Diskus ..., 1995, S. 133f.; Muenzer 1999, S. 103.
[20] Siehe o. S. X.
[21] Macalister 1921, S. 144; Godart ebd. S. 133.
[22] 1992, S. 11.

Abdichtung gegen Wetterunbilden), lässt auf hölzernes Material schließen. Dafür dass die gekrümmten Dachelemente sich oben nicht wieder aufbiegen können, sorgt ein auf den First gelegtes Widerlager. Dieses erscheint in Fig. 42 als zwei miteinander verbundene Kreise; möglicherweise sind es zwei Baumstämme, die über die gesamte Länge des Firstes gelegt sind. Dem zentralen Widerlager entsprechen die beiden seitlich auf dem dreilagigen Geison angebrachten halbkreisförmigen Widerlager, die dem unteren Teil des gebogenen Daches festen Halt und Stabilität verleihen sollen. Der im Giebel befindliche waagerechte Balken (Kehlbalken) dient eventuell auch dem Ziel, dem Dach eine bogige Form zu geben.

Das ganze Gebäude macht einen prächtigen Eindruck. Die konstruktiven Teile wirken als Zierrat, bzw. der Schmuck übernimmt konstruktive Funktionen. Die Hausfront ist wohlproportioniert. Der Blick wird von den drei Widerlagern des Daches und von der geschwungenen Türschwelle gefangen genommen. Das Haus ist streng symmetrisch um eine Mittelachse errichtet. Der rechten Tür korrespondiert links eine ‚Scheintür'; das Bauelement zwischen den Türen setzt sich nach oben im Giebelfeld fort.

Im Gegensatz zu dem gediegenen und massiven Eindruck, den der lykische Grabbau hinterlässt, zeigt das Diskushaus[23] eine lockerere Bauweise. Das Rahmenwerk scheint, wie Evans[24] und andere annehmen, aus Holz zu sein. Seine symmetrische Ausrichtung ist weniger streng. Die Symmetrie wird vor allem gestört durch die ‚fehlende' Türschwelle unten links. Zu den Versuchen, hier Abhilfe zu schaffen, siehe weiter unten.

Der halbkreisförmige Giebel, anders als die spitzbogige Konstruktion des lykischen Daches, gibt Rätsel auf: handelt es sich um ein Tonnen- oder ein Kuppeldach? Evans neigt zu ersterem, da die beiden senkrechten Streben im Giebel parallel verlaufen und nicht, wie bei einer Kuppel zu erwarten, auf den zentralen Scheitelpunkt zulaufen.[25] Dennoch bleibt ein Rest an Unsicherheit, da wir die Fähigkeit des Stempelschneiders, eine Kuppel ‚richtig' wiederzugeben, nicht verlässlich abschätzen können. Grammel schließt ein Kuppeldach nicht völlig aus.

Der kleine Knauf auf der Dachspitze mag der Firstbohle des lykischen Hauses entsprechen und ebenfalls als Widerlager dienen. Aber die beiden seitlichen Widerlager fehlen. Auch fehlen das mächtige Gebälk (aus Architrav, ‚Eierstab' und Geison bestehend) und der Kehlbalken im Giebel. Die senkrechten Streben der einzelnen Geschosse sind nicht gefluchtet, sondern gegeneinander versetzt.

Das Diskushaus weist keinerlei Zierelemente auf. Entweder waren sie nicht integrale Bestandteile des wiedergegebenen Gebäudes oder sie fielen einer vereinfachenden Darstellung zum Opfer. Merkwürdig ist der weit ausladende Querbalken, dessen Funktion zwar unklar ist, der aber an zwei Henkel

---

[23] Gute Abb. bei Olivier 1975, S. 29.
[24] Evans 1909, S. 26.
[25] Ebd.; ebenso, mit erweiterter Argumentation, Muenzer 1999, S. 98f.

erinnert. Das Gebäude besitzt keine ausgeprägt vertikale Struktur, sondern verjüngt sich oberhalb des Erdgeschosses. Der Gedanke an ein Bienenhaus wäre gar nicht so abwegig, wäre da nicht die große Eingangstür (Grammel).

Der Vergleich beider Häuser offenbart erhebliche konstruktive und ästhetische Unterschiede. Als einzige Übereinstimmung mag man den Firstbalken ansehen. Alle übrigen Details sind divergierend. Hätte der Hersteller des Diskuszeichens ein Gebäude lykischen Typs wiedergeben wollen, so wäre ihm dies weitgehend misslungen: er hätte auf fast alle Charakteristika seiner Vorlage verzichtet und einen neuen Haustyp erfunden.

Zu den Strukturunterschieden gesellt sich noch erschwerend die zeitliche Diskrepanz. Die lykischen Grabbauten treten erst mit dem 6. Jh. v. Chr. auf, sind also von der Diskuszeit durch etwa ein Jahrtausend getrennt. Den hölzernen Vorlagen bzw. Vorgängern könne „man eine unendlich lange Tradition nachsagen, wenngleich nicht nachweisen" (Börker-Klähn[26]). Und so haben Evans und Bossert das Problem heruntergespielt.[27] Immerhin hat Mellink einen solchen Nachweis zu führen versucht, indem sie Zeichnungen auf einem lykischen Grabkrug (2. Hälfte des 3. Jahrt.s v. Chr.) mit den lykischen Steinbauten und dem Diskushaus in Verbindung brachte:[28]

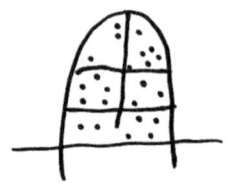

Fig. 43

Mellink deutet diese Skizze als tragbare hölzerne Hütte.[29] Damit würde auch der verlängerte Querbalken des Diskushauses eine Erklärung als Tragstange finden. Aber Grumach bestreitet mit ernst zu nehmenden Argumenten diese Annahme.[30] Bei der Beurteilung der lykischen Grabbauten sollte man weniger Gewicht auf zweifelhafte Vorläufer legen als auf den Einfluss, den die griechische Tempelarchitektur auf die lykische Baukunst ausgeübt hat. Sogar spitzbogige Tempeldächer waren den Griechen nicht ganz unbekannt.[31]

Um das Diskuszeichen etwas symmetrischer und für andere Interpretationen geeigneter zu machen – gelegentlich aber nur aus Versehen –, ließ man bei Umzeichnungen den unteren Querstrich („Türschwelle') zwischen dem mittleren und rechten Pfosten entweder einfach fort[32] oder führte ihn auf

---

[26] 1999, S. 63.
[27] Evans 1909, S. 26; Bossert, Die Erfindung ..., 1937, S. 10-12.
[28] Mellink 1964 (Abb.en 5-7).
[29] Ebd. S. 3.
[30] Grumach, Zur Herkunft ..., 1968, S. 287.
[31] Siehe das Tempelmodell aus dem Heraion von Perachora bei Korinth (Simon 1985, S. 39, Abb. 26).
[32] Chapouthier 1938, S. 108; Chadwick, Linear B ..., 1989, S. 59; Godart, Der Diskus ..., 1995; Börker-Klähn 1999, S. 71, Abb. f3.

mangelnde Ausarbeitung des Stempels zurück[33]. Gegen einen Stempelfehler wendet Grumach ein, dass „alle anderen Stempel des Diskus fehlerlos geschnitten sind und die Konturen der Objekte klar erkennen lassen."[34] Mellink deutet die ‚Türschwelle' als stabilisierendes Element.[35] Warum fehlt dann aber der Strich auf der linken Seite?

Das Weglassen bzw. die Fehldeutung des rechten Strichs ermöglicht aber die Auffassung, das Gebilde stehe auf Beinen. In Verbindung mit dem ‚Tragbalken' könnte man an ein transportables, auf Beinen ruhendes Gestell denken (Vogelkäfig,[36] Bienenstock,[37] Sänfte,[38] Sarg[39]). Gegen die Annahme einer Sänfte – im minoischen Kreta bekannt – haben sich Grumach und Muenzer ausgesprochen.[40]

Mit jedem weiteren Deutungsvorschlag sinken die ohnehin geringen Chancen, das Diskushaus als lykisch deuten zu können. Wer unbedingt an nichtkretischer Herkunft des Diskuszeichens und damit des ganzen Diskus festhalten will, kann im kyprischen Silbenzeichen ⛫ (*si*) eine Parallele erblicken[41] oder gar Haniwa-Häuser aus Japan (2.-3. Jh. n. Chr.)[42], Vorläufer der Shinto-Schreine[43], zum Vergleich heranziehen.

Evans stützte seine lykische Hypothese darauf, dass das Diskushaus keine Entsprechung zu den bisher bekannten minoischen Hausformen habe.[44] Aber Schlüsse ex silentio führen häufig in die Irre. Es ist allerdings unbestritten, dass das sogenannte Stadtmosaik aus Knossos, das einige Dutzend Fayenceplättchen umfasst[45] und dem Diskus zeitlich nahesteht, Hausfassaden mit Flachdächern (häufig mit einem kleinen rechteckigen Aufsatz) zeigt. Eine gewisse Ähnlichkeit mit 🏠 haben aber Hausdarstellungen auf einem aus dem kretischen Ort Zakro stammenden Siegelabdruck,[46] auf den Grumach hinweist.[47] Besondere Aufmerksamkeit verdienen mutmaßliche Hauszeichen anderer kretischer Schriftsysteme:[48]

---

[33] Jeppesen 1962/3, S. 190 Anm. 13.
[34] Grumach ebd. 287; sein zusätzliches Argument, dass die insgesamt sechs Stempelabdrücke von 🏠 „zumindest von zwei verschiedenen Stempeln" stammten und derselbe Fehler also gleich zweimal aufgetreten sein müsse (S. 287f.), kann nicht gelten, da die Verwendung zweier Stempel mit Sicherheit auszuschließen ist (s.o. S. 46f.).
[35] Mellink 1964, S. 7.
[36] Sundwall 1920, S. 7f.; s. auch Godart, Der Diskus ..., 1995, S. 134.
[37] Godart ebd.
[38] Spann-Reinsch bei Schachermeyr 1979, S. 245f.; Mackay 1965, S. 25 Anm. 1; Börker-Klähn 1999, S. 63; Abb. einer Sänfte in: Siebenmorgen 2000, S. 82.
[39] Börker-Klähn ebd.
[40] Grumach S. 287; Muenzer 1999, S. 101.
[41] Rowe 1919, S. 145f.
[42] Abb. von Hausmodellen in: Hammitzsch 1990, S. 715; Violet 1984, S. 25.
[43] Nicht von ungefähr bemerkt Evans zu 🏠: „The projecting platform or verandah takes us indeed still further East, and suggests comparisons with the pagoda" (1909, S. 27).
[44] Evans 1909, S. 27; später (1921, S. 657) wiederholte er seine Ansicht, allerdings geringfügig abgeschwächt (Anm. 6).
[45] Abb.en bei Evans 1921, S. 304ff.; Andronicos 1976, S. 240; Sakellarakis 1995, S. 25; Siebenmorgen 2000, S. 99.
[46] Abb. bei Evans 1921, S. 308 Fig. 227a; bessere Wiedergabe bei Grumach ΠΙΝΑΞ ΞϚ Abb. 1.
[47] S. 288f.
[48] Chapouthier 1938, S. 105 und 108; Godart, Der Diskus ..., 1995, S. 133f.; Timm 2005, S. 131.

Fig. 44 – Kretische Hieroglyphe[49]   Fig. 45 – Lin A/B[50]

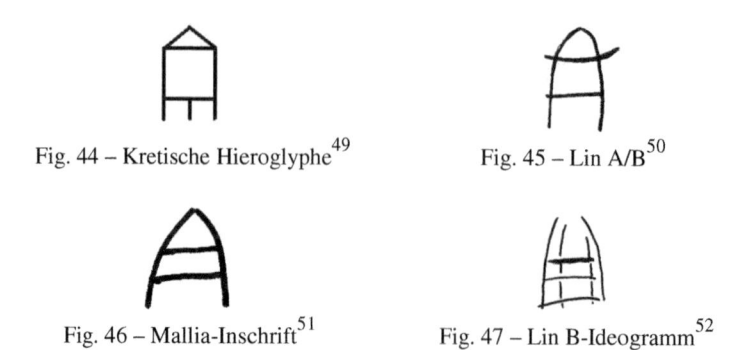

Fig. 46 – Mallia-Inschrift[51]   Fig. 47 – Lin B-Ideogramm[52]

Als Ergebnis der gesamten Untersuchung bleibt festzuhalten: Das Hauszeichen des Diskus ⌂ kann weder als kretisch noch als nichtkretisch erwiesen werden. Eine Beziehung zu lykischen Grabbauten besteht nicht. Denn die äußerliche Ähnlichkeit beruht nicht auf einer gemeinsamen oder auch nur ähnlichen Struktur. Die lykisch-kleinasiatische Hypothese verfügt also über keinerlei Anhaltspunkte. Es ist darüber hinaus nicht einmal sicher, ob ⌂ überhaupt ein (normales) Gebäude darstellt.

Im Gegensatz zum Hauszeichen ⌂, das nur wenige grundverschiedene Deutungen zulässt, eröffnet ≣ ungeahnte Spielräume für Identifizierungen: Hacke, Harke, Hirschgeweih, Doppel-/Weberkamm, Labyrinth, Mauerzinnen, Ochsengespann mit Pflug, Ortshieroglyphe, Palastgrundriss, Rechen, Schaufel, Schlüssel, Vogel, Zaun. Einige dieser Vorschläge sind leicht widerlegbar, wie etwa Woudhuizens „team of oxen pulling a plow"[53], in Aufsicht dargestellt, wobei die Beine der Ochsen nach außen geklappt seien. Seine herbeigezogenen Parallelen aus Schweden (!)[54] stützen seine Ansicht nicht. Die hochstilisierte Darstellungsweise stünde im Widerspruch zu allen übrigen Diskuszeichen.[55] Am verbreitetsten ist die Interpretation *Kamm* u.ä.[56] Die Vielzahl der Deutungen ist aber nicht nur der überschäumenden Phantasie der Forscher geschuldet, sondern hat ihren tiefsten Grund in der Rätselhaftigkeit des Zeichens. Pernier zählt es mit Recht zu den „simboli incerti"[57]. Wie wenig man mit dem Zeichen anzufangen wusste, geht schon daraus hervor, dass man

---

[49] Olivier/Godart/Poursat 1996, S. 17.
[50] Raison/Pope 1994, S. 22.
[51] Olivier/Godart/Poursat 1996 S. 314f.; s. auch u. S. 227f.
[52] Godart, Der Diskus ..., 1995, S. 133.
[53] Woudhuizen 1992, S. 39; in seinem Schlepptau K. Enzler in: Achterberg u.a. 2004, S. 47.
[54] S. 40 Fig. 11a-c.
[55] Siehe o. S. 190.
[56] So schon bei Evans 1909, S. 278 („A curious double comb or rake").
[57] Pernier 1908/9, S. 291.

wegen eines Versehens von Evans[58] das Zeichen bis auf den heutigen Tag häufig seitenverkehrt reproduziert.

Trotz der fehlenden Identifikationsmöglichkeit müsste das ‚Kamm'-Zeichen eine zentrale Rolle in der Diskusforschung spielen. Denn es besitzt eine archäologische Entsprechung. 1955 stieß D. Levi im alten Palast von Phaistos „unter dem Fußboden von Raum 25 (sog. Megaron der Männer, unmittelbar an der Westseite des Zentralhofes gelegen)" auf einen großen „geschlossenen Fundkomplex" von Tonklumpen, die zum Teil Siegelabdrücke tragen.[59] Darunter fand sich ein Abdruck mit dem ‚Kamm'-Motiv von ungefähr gleicher Größe (13 x 7 mm) wie das Diskuszeichen.[60] Der Abdruck ist zwar an mehreren Stellen beschädigt, kann aber wegen seiner erkennbar symmetrischen Gestalt rekonstruiert werden:[61]

Fig. 48

„Der einzige Unterschied zwischen beiden Zeichen besteht darin, daß die kammartigen Motive auf dem Abdruck fünf Zinken, diejenigen auf dem Diskos dagegen nur vier aufweisen."[62] „Für den Nachweis der minoischen Provenienz des Diskos ist dieses Zeichen eine weiteres wichtiges Beweisstück."[63]

Faucounau aber vermutet für den Siegelabdruck ausländische Herkunft („un objet susceptible d'avoir été importé"). Der Tonklumpen sei „aller Wahrscheinlichkeit nach das Siegel einer Amphore oder eines Kruges."[64] Faucounau verweist auf die Seevölker[65], die solche Dinge, darunter auch den Diskus, als Geschenke nach Kreta gebracht hätten.[66] Ihn kümmert nicht, dass die zusammen mit dem Siegel gefundenen sehr zahlreichen anderen gesiegelten Tonstücke zweifelsfrei minoisch sind. Neben dem Kammmotiv befinden sich auf dem Tonklumpen noch drei weitere Siegelabdrücke, zu denen auch eine S-Spirale gehört.[67] Eine ähnliche Spirale sehen wir auf dem Siegelabdruck mit der Inv. Nr. 742.[68]

---

[58] 1909, S. 276.
[59] I. Pini, Corpus ..., 1970, S. IX.
[60] Ebd. S. 208 (und 154) mit Abb. (Inv. Nr. 992 des Museums von Iraklion). Größere Abb. bei Pini, Zum Diskos ..., 1970, S. 92.
[61] Zeichnung nur der vorhandenen Teile des Zeichens bei Pini, Zum Diskos ..., S. 92.
[62] Pini, Zum Diskos ..., S. 93. Das Diskuszeichen hat in der missglückten Grafik von Godart (1995, Der Diskus ..., S. 131) mehr als 4 Zinken. Gute photographische Wiedergabe des Zeichens bei Olivier 1975, S. 29.
[63] Pini, Corpus ..., 1970 S. XIV. Ebenso Godart ebd. S. 132; Muenzer 1999, S. 91; Balistier 2003, S. 58; Achterberg u.a. 2004, S. 19; Timm 2005, S. 89.
[64] Faucounau 1977, S. 31f.
[65] Zu den Seevölkern s.u. S. 203-205.
[66] Faucounau ebd. S. 32 und 37.
[67] Siehe Pini, Corpus ..., 1970, S. 154; ders., Zum Diskos ..., 1970, S. 93.
[68] Abb. bei Pini ebd. S. 155.

Aus all dem ergibt sich, dass das Diskuszeichen höchstwahrscheinlich minoisch ist. Das Vergleichsstück aus dem Fundkomplex, , vermutlich weltweit einzigartig, wurde wie im Palast von Phaistos gefunden und stammt aus der Zeit des Diskus. Die Diskusschrift bediente sich also eines minoischen Motivs, das vor der Entdeckung des Diskus im Jahr 1908 noch nicht bekannt war. Erst 47 Jahre später tauchte das Motiv wieder auf. Wäre der Diskus das Werk eines modernen Fälschers, hätte dieser mit seherischen Fähigkeiten ein neues rätselhaftes minoisches Zeichen erfunden, das sich später als tatsächlich existierend herausstellte.[69]

Außer dem Kammmotiv enthielt derselbe Fund einen Tonklumpen mit dem Abdruck einer achtblättrigen Rosette,[70] die dem Diskuszeichen extrem nahekommt. Obwohl das Rosettenmotiv wegen seiner Ableitung aus natürlichen Blüten kulturunabhängig ist und sich überall, so auch im minoischen Kreta, herausgebildet hat,[71] besitzt dieses Belegstück, von der Forschung meines Wissens völlig übersehen, besondere Bedeutung: die große räumliche und zeitliche Nähe zum Diskus, die Tatsache, dass es sich wie beim Diskus um einen Stempel-/Siegelabdruck von ungefähr gleicher Größe handelt, und vor allem der Fundzusammenhang mit dem Kammmotiv.

Zu den wenigen Zeichen, von denen man Klärung der geographisch/kulturellen Herkunft des Diskus erhoffte, gehören auch das Schiffs- und das Frauenzeichen (,). Während das Schiff trotz einiger Details seine kulturelle Identität nicht preisgibt – schon die häufige Verwechslung von Bug und Heck offenbart die ganze Ratlosigkeit[72] –, hängt über der Diskusfrau das Verdikt von Evans, sie sei, von den bloßen Brüsten abgesehen, „in almost every detail" unminoisch.[73] Gegen die Ansicht dieses bedeutenden Gelehrten, der die minoische Kultur entdeckt und ihr den Namen gegeben hatte, erhob sich vielfältiger Widerspruch.

Muenzer verdanken wir die Beobachtung, dass der Stempelschneider den Kopf aus der Körperachse nach rechts verlegt hat (Fig. 49):

---

[69] Muenzer 1999, S. 91.
[70] Inv. Nr. 886 (s. Pini, Corpus ..., 1970, S. 112); vgl. ähnliche Rosetten auf Inv. Nr. 964 und 883 (Pini S. 108).
[71] Eine begrenzte Übersicht schon bei Pernier 1908/9, S. 287. Eine besonders schöne Tonrosette mit acht Blütenblättern ist in Mallia gefunden worden (Abb. bei Poursat 1980, S. 131, Fig. 184.).
[72] Siehe bes. Muenzer 1999, S. 106 und Balistier 2003, S. 59f.
[73] Evans 1909, S. 25.

Fig. 49   Fig. 50

Um die fehlerhafte Asymmetrie auszugleichen, habe er die Haare „viel zu lang" gemacht.[74] Diese Erklärung, die die auffällige Haartracht nicht auf Stilisierung realer Gegebenheiten, sondern auf eine rein künstlerische Korrektur zurückführt, leuchtet nicht ein. Kopf und Füße der Figur sind im Profil, der übrige Körper en face dargestellt. Wäre auch der Kopf frontal wiedergegeben, wäre seine Positionierung über der Rumpfmitte kein Problem gewesen; aber die Darstellung der langen, nach hinten gekämmten Haare, die in die Bildtiefe gereicht hätten, wäre auf große Schwierigkeiten gestoßen. Um die Haare im Profil zeigen zu können, ohne den kompakten rechteckigen Rahmen des Zeichens zu sprengen,[75] versetzte der Künstler absichtlich den Kopf leicht nach rechts, um Platz für die besondere Haartracht zu gewinnen. Im Gegensatz zu ⌘ sitzt der im Profil gesehene Kopf des Kinderzeichens (s. Fig. 50) einigermaßen mittig auf dem frontal dargestellten Rumpf. Eine Verschiebung des Kopfes aus der Symmetrieachse war nicht notwendig, da eine ausladende Frisur oder Kopfbedeckung fehlt. Aus diesen Beobachtungen und Überlegungen ergibt sich, dass es dem Stempelschneider so sehr auf die Wiedergabe der langen Haare ankam, dass er den Kopf ‚realitätswidrig' ein wenig nach rechts rückte. Die langen Haare waren also ein besonders wichtiges und charakteristisches Merkmal des darzustellenden Frauentyps. Über dieses Merkmal verfügt auch die Wiedergabe einer Frau auf einem bei Knossos gefundenen Siegel (Halbzylinderform):

Fig. 51 – nach Evans 1921, S. 197, Fig. 145

Evans sieht in dieser Frauengestalt „direct Oriental influence"[76], vielleicht zu Recht. Hier sei nur darauf hingewiesen, dass das ganze minoische Siegelwesen überhaupt orientalischen Einfluss verrät, ohne aber seinen minoischen

---
[74] Muenzer 1999, S. 33.
[75] Fast alle Diskuszeichen lassen sich in einen rechteckigen/quadratischen, dreieckigen oder runden Rahmen einschreiben – eine wichtige Voraussetzung für raumsparende Verwendung der Schriftzeichen.
[76] Evans 1921, S. 197.

Charakter zu verleugnen. Für langes Haar zieht Godart zwei aus dem alten Palast von Phaistos stammende tönerne Frauenfigürchen heran.[77] Natürlich ist einzuräumen, dass die ‚normale' minoische Frau sich einer kunstvollen und geschmückten Haartracht erfreute.

Wie Kleidung und Frisur der Minoerinnen nach dem Ausweis bildlicher Zeugnisse aussahen, lesen wir bei Schachermeyr.[78] Es wäre allerdings naiv, die Diskusfigur an dieser Beschreibung zu messen, da ihre genaue ideographische Bedeutung unbekannt ist.[79] So zeigen beispielsweise die zwei Kopfzeichen des Diskus (☝ und ☝) nicht den Männerkopf schlechthin, sondern zwei stark unterschiedliche Varianten. Der Diskuszeichenschatz will uns Heutigen nicht einen knappen Überblick über die damalige Kultur in ihrer typischen Ausprägung geben, sondern richtet sich allein nach dem Bedürfnis, für die Silben der zugrunde liegenden Sprache geeignete Silbenzeichen zu finden. Dabei mag das akrophonische Prinzip[80] eine überragende Rolle gespielt haben. Für die Auswahl und Darstellungsart der Bildinhalte waren außerdem von Bedeutung: leichte Erkennbarkeit, technisch einfache Herstellung der Stempel, platzsparender Umriss zum Zwecke ökonomischer Raumausnutzung und Vermeidung sich ähnelnder Zeichen (Verwechslungsgefahr).

Vor allem nahm Evans Anstoß an der ‚fehlenden' Wespentaille des Diskuszeichens, die ein besonderes Charakteristikum minoischer Frauendarstellungen ist. Daher pflegen die Fälscher altkretischer Kunst diese Besonderheit genau zu berücksichtigen.[81] Aber die enge Taille ist kein zwingendes und streng vorgeschriebenes Merkmal. „Die Mode erfuhr eine gründliche Änderung anscheinend erst am Beginn der Jüngeren Paläste, als in M.Min. III die künstlich eingeengte Wespentaille eingeführt wurde" (Schachermeyr[82]). Die Frauenfigur auf dem Halbzylindersiegel (Fig. 51) zeigt nicht einmal die Andeutung einer Taille. Auch zwei mykenische Goldbrakteen (s. Anm. 77) stellen Frauen mit normaler Taille dar.

Die unverhüllten Brüste der Diskusfrau sind hingegen allgemeinminoisch, aber ihre leicht hängende und spitz zulaufende Form ist abweichend. Dennoch sehen wir eine solche Brustform, worauf Godart hinweist,[83] bei Frauenfiguren aus Mallia und Phaistos.[84] Sie zeigen außerdem dieselbe stark fliehende Stirn.

---

[77] Godart, Der Diskus ..., 1995, S. 125f. mit Abb. – „The same unadorned shock of hair" vermutet Hall auch bei zwei kleinen Goldbrakteen in Frauengestalt (aus dem dritten Schachtgrab von Mykene), deren Kopf allerdings nicht im Profil, sondern frontal dargestellt ist (1911, S. 119 mit Fig. 2; Abb. beider Plättchen in: Marinatos 1986, Tafel 227). Evans wehrt sich gegen die nicht zu leugnende Ähnlichkeit der Diskus- und mykenischen Frauengestalten (1921, S. 655 Anm. 1). Grumach hält Evans' Argumente für „nicht zwingend" (Zur Herkunft ...,1968, S. 289f.). Aartun (1992, S. 12) schließt sich Hall an.
[78] 1979, S. 124.
[79] Siehe Grumach ebd. S. 290.
[80] Zum Begriff s.o. S. 190f.
[81] Zu möglichen Fälschungen von Siegeln s. Biesantz 1954, S. 100-122 und Tafelheft Abb.en 51-61.
[82] 1979, S. 124. „M.Min. III" = Mittel-Minoicum III. Solche Bezeichnungen dienen der Kretologie als Zeiteinteilung für das 2. Jahrtausend v. Chr. Die damit verbundenen Zeitspannen differieren leider fast stets.
[83] Der Diskus ...,1995, S. 125f.
[84] Abb.en auch bei Poursat 1980, S. 119 und bei Levi 1976, S. 560 und 609 (falsche Seitenzahl bei Godart).

Evans' Kritik an der angeblich unminoischen Kleidung von 👤 scheint gegenstandslos zu sein.[85]

Die Diskusfrau führt ihre linke Hand zur Brust.[86] Ob dies zur Gestik einer Klagefrau[87] oder einer Adorantin[88] gehört, kann ich nicht beurteilen. Letzten Endes ist es gleichgültig, welche soziale Stellung oder Funktion man der Diskusfrau zuschreiben will. Eine in sämtlichen Einzelheiten übereinstimmende Paralleldarstellung lässt sich weder auf Kreta (oder im minoischen Kulturraum) noch außerhalb Kretas finden. Aber manches Detail bzw. die Kombination einzelner Züge weist eher nach Kreta als in eine andere Richtung.

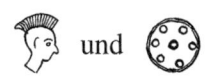

👤 und ⊙

Von allen Diskuszeichen hat der ‚Irokesenkopf' die größte Aufmerksamkeit auf sich gezogen. Trotz der Unklarheit über die Bildinhalte der meist gemeinsam auftretenden Zeichen 👤 und ⊙ wissen wir von ihnen im Hinblick auf ihre Funktion als Schriftzeichen Wesentliches. 👤 erscheint auf dem Diskus nur als Determinativ für männliche Eigennamen,[89] hat also in der Diskusschrift wohl keinen phonetischen Charakter, während ⊙ nicht nur eine determinativische Funktion (jeweils in Verbindung mit dem übergeordneten Determinativ 👤), sondern auch viermal als Schlusszeichen von phonetischen Zeichengruppen silbische Qualität besitzt[90]. Die Kombination von 👤 und ⊙ ist demnach stets nichtphonetischer Natur. Als (deutenden) Determinativen kommt ihrem Bildinhalt entscheidendes Gewicht zu. Der damalige Leser wusste also, welche Art von Personen sich hinter 👤 verbarg und was ⊙ darstellte. Da uns heutzutage die kretisch-minoische Kultur nur unzureichend bekannt ist, geben beide Zeichen schwere Rätsel auf.

Die sehr enge Verknüpfung beider Deutezeichen ist nicht zufällig, sondern durch inhaltliche Nähe ihrer Bildinhalte begründet.[91] Das eine Zeichen erläutert in gewisser Weise das andere. Wenn z.B. ⊙ eine Opferscheibe/-schale (griech. κέρνος)[92] darstellen sollte, könnte die Verbindung von ⊙ und 👤 auf einen Opferpriester deuten. Wenn aber 👤 einen Krieger symbolisieren sollte, könnte ⊙ dessen Rundschild darstellen, die beiden Zeichen zusammen also „a particular class of warrier" (Evans[93]) bezeichnen. Ich schließe mich mit

---

[85] Siehe Efi Sakellarakis bei Grumach, Zur Herkunft ..., 1968, S. 290 Anm. 1.
[86] Vgl. die minoische Figur bei Bossert, Altkreta 1937, Abb.en 314f.; Achterberg u.a. 2004, S. 69, Fig. 18b.
[87] Börker-Klähn 1999, S. 63f.
[88] Achterberg u.a. ebd. S. 38.
[89] Siehe o. S. 85ff.
[90] Siehe o. S. 91 mit Anm. 45.
[91] Anders liegen die Verhältnisse bei der Kombination phonetischer Zeichen, wie z.B. bei dem 6x auftretenden ⌂ (s.o. S. 133). Solche Verbindungen erklären sich durch rein sprachliche Phänomene, wie Wortwiederholungen und Abwandlungen eines Wortes durch Suffixe bzw. Endungen, Präfixe usw.
[92] Abb. eines großen steinernen minoischen Kernos aus dem Mallia-Palast bei Marinatos 1986, Tafel 56.
[93] Siehe o. S. 90.

Vorsicht Evans' Meinung an und halte den Kopf, wenn er ohne Schild erscheint, für das Mitglied einer Herrscherkaste,[94] aber in Verbindung mit dem Schild für einen waffenfähigen Angehörigen eben dieser Kaste.[95] Die inhaltliche Interdependenz beider Zeichen, deren jeweilige Deutung nicht zweifelsfrei feststeht, mahnt jedoch zu besonderer Vorsicht.

Der seltsame Kopfschmuck von 👤, unabhängig von der Frage, woraus er denn besteht, erhöht, wie im Tierreich aufgestellte Kopffedern oder Gehörn, den „Darstellungswert der Gestalt" (Portmann[96]). Die Kopftracht verleiht ihrem Träger einen hohen Rang. Dagegen entbehrt der kahle Kopf des Diskuszeichens 👤 einer solchen Zier; andererseits besitzt er als Charakteristikum ein 8-förmiges Merkmal (Tätowierung?).

Die Beschaffenheit des Kopfputzes von 👤 ist stark umstritten. Die einen halten ihn für eine Haartracht,[97] die anderen für Federn, die an einem Helm, Band oder einer Kappe befestigt seien.[98] Einige sind unentschieden.[99] Von einem Helm oder Band oder Kappe ist freilich nichts zu sehen.[100] Vielmehr läuft die seltsame Kopfzier über die Scheitellinie und lässt einen sonst kahlen Kopf erkennen. Um dennoch die Annahme einer Federkrone zu rechtfertigen, schob man das Fehlen jeglicher Halterung für die Federn auf unvollkommene Ausführung des Stempels,[101] Ungeschicklichkeit oder Vereinfachung der Zeichnung.[102] Alle drei Erklärungen können nicht überzeugen. Die Unterstellung des bloßen Weglassens eines wichtigen Details ist an sich schon problematisch genug. Aber über diese Reduktion hinaus hätte der Stempelschneider den Federschmuck an der falschen Stelle angebracht, nämlich oben auf dem Kopf (Scheitel), statt ihn tiefer zu setzen und um den Kopf herumzuführen (vgl. Fig. 52). Eine Vereinfachung und/oder Stilisierung dient nicht dem Zweck, das Darzustellende zu entstellen, sondern die Charakteristika des Gegenstandes durch Verzicht auf Überflüssiges besonders deutlich hervortreten zu lassen. Soweit wir die Bildzeichen des Diskus richtig deuten können, sind dem Künstler anderswo keine schwerwiegenden Fehler unterlaufen.

Wer mit der Diskusforschung noch nicht vertraut ist, mag sich über die Hinzuerfindungen von Band/Haarreif, Kappe oder Helm verwundern. Aber diese aus dem Kopfzeichen selbst nicht erschließbaren Details spielen bei dem Vergleich mit nichtkretischem archäologischen Material eine große Rolle. Vor allem rückte man den Diskuskopf in die Nähe von ägyptischen

---

[94] Pernier denkt an einen „Fürsten" (1908/9, S. 283); s. auch Rowe 1919, S. 146.
[95] Siehe auch o. S. 92.
[96] 1956, S. 23.
[97] Dussaud 1914, S. 298; Herbig 1940, S. 81 Anm. 1; Galling 1969, S. 262; Grumach 1969, S. 250; Haider 1988, S. 96.
[98] Pernier 1908/9, S. 282f.; Meyer 1909, S. 1025; A. J.-Reinach 1910, S. 25; Hall 1911, S. 119f.; Rowe 1919, S. 146f.; Evans 1921, S. 655; Kretschmer, Die antike ..., 1951, S. 18-20; Schachermeyr 1969, S. 457.
[99] Davaras 1967, S. 104f.; Timm 2005, S. 82. Nach Muenzer handelt es sich entweder um eigene Haare oder einen Helm aus Rosshaaren (1999, S. 19).
[100] Grumach, Zur Herkunft ..., 1968, S. 293.
[101] Meyer 1909, S. 1025.
[102] A. J.-Reinach 1910, S. 25. – Auch Herbig hatte ursprünglich nach eigenem Bekunden an eine „abkürzende Art" der Wiedergabe gedacht (1940, S. 81 mit Anm. 1).

Philisterdarstellungen und glaubte im Diskus ein philistäisches Produkt sehen zu dürfen.[103]

Fig. 52 – Philisterkopf aus Medinet Habu (nach Hall 1911, S. 120)

Fig. 53 – Diskuszeichen Nr. 2 (nach Evans[104])

Die große Ähnlichkeit beider Köpfe wird noch bemerkenswerter dadurch, dass auch die Philister den Rundschild (wenn auch ohne Buckel) gebrauchten. Der Philisterkopf (Fig. 52) stammt aus dem Tempel von Medinet Habu im westlichen Theben. Dort befindet sich „die bebilderte Siegesinschrift, die Ramses III. zum Gedenken an jene im 8. Jahre seiner Regierung durchgefochtene See- und Landschlacht gegen eine Koalition fremder Eindringlinge setzen ließ. Als ‚Völker von den Inseln des Meeres' werden jene Gewalthaufen, die unter Führung der Philister standen, bezeichnet" (Kimmig[105]). Diese Reliefs[106] sind das wichtigste Dokument für die Seevölker, die damals das ganze östliche Mittelmeergebiet verheerten. Die Schlacht fand wohl im Jahr 1176 oder 1175 v. Chr. statt.[107]

Da die Philister in Medinet Habu einen helmartigen, mit einem umlaufenden Band befestigten Kopfputz mit Nackenschutz trugen, der in einigen Fällen einen Kinnriemen sehen lässt,[108] der Diskuskopf aber offensichtlich weder Helm noch Kappe oder dergleichen aufweist, ist die Kopftracht beider Vergleichsobjekte trotz scheinbarer Ähnlichkeit strukturell völlig verschieden. Die hahnenkammähnliche Frisur (‚Irokesenschnitt') des Diskuszeichens – dies ist jedenfalls der visuelle Eindruck – findet keine Parallele in der Philistertracht, die sich über die ganze Breite des Kopfes hinzog, wie gelegentlich einige frontal wiedergegebene Köpfe[109] zeigen.

Ein Problem für sich ist die Frage nach der Beschaffenheit des Kopfputzes der Philister von Medinet Habu. War das (Stirn-)Band aus Leder oder Metall?

---

[103] Meyer 1909, S. 1025-1027; Pernier 1908/9, S. 283; Hall 1911, S. 120; vorsichtig Dussaud 1914, S. 297f.; usw.
[104] Siehe o. S. 189.
[105] 1964, S. 220. Übersetzung der Inschrift bei Lehmann 1985, S. 70. Hinweise auf weitere Übersetzungen bei Kimmig S. 221 Anm. 5.
[106] Besonders hervorzuheben sind die Abb.en bei Wachsmann 1998, S. 165-171; Dothan 1995, S. 25f., 28f. und 114, Taf. 3.
[107] Nach Beckerath (1997, S. 190) regierte Ramses III. von 1183/2 bis 1152/1.
[108] So z.B. auf der Detailabbildung bei Herbig 1940, S. 86, Abb. 27.
[109] Galling 1969, S. 250, Abb. 1 und bes. Dothan 1995, S. 114, Taf. 3.

Sind die darin eingesteckten nach oben strebenden Elemente Federn[110] oder Schilfblätter[111]? Oder handelt es sich in Wirklichkeit um „hochgestelltes Haupthaar", das durch ein Band zusammengehalten wird?[112] Wie aber kann man den Diskuskopf mit einem ägyptischen Philisterkopf identifizieren, wenn die Zierrate beider Köpfe strukturell verschieden sind und über ihren jeweiligen genauen Aufbau und ihr Material keine Klarheit zu gewinnen ist? Erschwerend kommt hinzu, dass der Diskus und die Reliefs von Medinet Habu durch ca. 500 Jahre getrennt sind.[113]

Aber selbst wenn man das Diskuszeichen 𓀀 mit den ägyptischen Philisterdarstellungen in Verbindung bringt, stehen wir vor der unbestrittenen Tatsache, dass einige Verbündete der Philister, die Tjekker und die Danu,[114] denselben Kopfzierrat trugen.[115] Auch der Rundschild war nicht auf die Philister beschränkt.[116] Man kann also höchstens einräumen, dass möglicherweise der Diskuskopf „etwas mit dem Gebiet zu tun hat, aus dem die Denyen, Peleset und Tjekker gekommen waren" (Godart[117]). Aber über die Herkunftsländer der Seevölker ist viel spekuliert worden[118] – ohne rechten Erfolg. „So scheint bei der Verwertung der ägyptischen Seevölker-Abbildungen immerzu höchste Vorsicht geboten zu sein, insbesondere dann, wenn die Frage nach ihrer ursprünglichen Heimat gestellt wird" (Schachermeyr[119]).

Greifen wir aus den Seevölkern nur die Philister heraus. Nach der Schlacht im Nildelta siedelten sie sich in Palästina („Philisterland") an. Ihre Hauptstädte waren: Gaza, Aschdod, Aschkelon, Gat und Ekron. Dagegen ist das Herkunftsland der Philister nicht sicher bestimmbar. Wahrscheinlich kamen sie aus dem ägäischen Raum. Wenn man dem Alten Testament glauben darf, saßen sie auf Kreta;[120] aber es bleibt fraglich, ob sie auch zur Diskuszeit dort ansässig waren. Stark umstritten ist auch die Gleichsetzung der Philister mit den Pelasgern.[121] Durch diese Identifizierung wäre jedoch nur wenig

---

[110] Nach Schachermeyr trugen die Philister „tatsächlich Federkronen" (1969, S. 456). Dagegen beschließt Galling seinen Aufsatz über die philistäische Kopfzier mit dem Verdikt: „Der «Federkrone» der Philister sollte man fortan den Abschied geben" (1969, S. 265).
[111] Herbig 1940, S. 84.
[112] Galling S. 258.
[113] Auch Grumach (Zur Herkunft ...,1968, S. 292) und Galling (S. 262) äußern Bedenken.
[114] Die Namensformen dieser Völker variieren in der Forschungsliteratur stark, allein schon deshalb, weil die ägyptische Hieroglyphenschrift in der Regel die Vokale unbezeichnet lässt. Die Prst (s. Kimmig 1964, S. 223), Pwrśt, Pwrꜣsꜣtj wurden zuerst von Champollion mit den Philistern gleichgesetzt. Die ‚Lautungen': *Palasat, Palastu, Peleset, Pélésheta, Pelesta, Pelset, Poulousati, Pulasati, Pulesatha, Pulsata, Pursta*. Die Tkr, Tkkr, Tkrw, Tꜣkꜣꜣr ‚lauten': *Siqqar, Takkara* (s. Kretschmer, Die antike ..., 1951, S. 18 Anm. 4), *Tchakara, T(j)ek(k)er, Theker, Tsakkara, Zakara, Zakkala, Zakkari, Zakkarou, Zeker*. Die D.nu.n, Dꜣjn.jw (s. Haider 1988, S. 54 Anm. 186): *Danana, Danona, Danu, Danun, Danuna, Denen, Denj(y)en*.
[115] Pernier 1908/9, S. 282; Meyer 1909, S. 1025; A. J.-Reinach 1910, S. 25f.; Dussaud 1914, S. 298 mit Anm. 2; Macalister 1921, S. 142; Kretschmer, Die antike ..., 1951, S. 18; Galling 1969, S. 249 Anm. 6; Schachermeyr 1969, S. 456; Lehmann 1985, S. 43; ders. 1991, S. 110; Haider 1988, S. 64; Dothan 1995, S. 230; Godart, Der Diskus ..., 1995, S. 121; Helck 1995, S. 114.
[116] Kimmig 1964, S. 226; Dothan 1965, S. 231.
[117] Der Diskus ...,1995, S. 122.
[118] Siehe z.B. Haider 1988, S. 71ff.; Helck 1995, S. 110ff.
[119] 1969, S. 459.
[120] Stellensammlung aus dem AT bei Bossert, Altkreta, 1937, S. 70f.
[121] Siehe z.B. Lochner-Hüttenbach 1960, S. 141-143; Haider ebd. S. 78-80; s. auch u. S. 235f. und Anhang A.

gewonnen, weil die Pelasger nicht mehr recht fassbar sind und ihr Name später zu einer Sammelbezeichnung geworden ist. Sollten die Philister tatsächlich mit Kreta in Verbindung stehen, kämen mehrere Denkmodelle in Betracht:
1. Philister und Minoer sind identisch.
2. Die Philister sind eines von mehreren kretischen Völkern (eventuell mit eigener Sprache).
3. Die Philister waren vorübergehende Eindringlinge (oder Söldner) und haben
   a) den Minoern kulturelle Errungenschaften gebracht.
   b) von den Minoern ebensolche empfangen.

Aber selbst wenn Schrift und Sprache des Diskus philistäisch wären (er könnte ja auch Importgut sein), wäre angesichts unserer völligen Unkenntnis der Philistersprache und des Fehlens anderweitiger Schriftzeugnisse für den Diskus fast nichts gewonnen. Außer einigen wenigen Namen ist nur ein einziges Philisterwort aus dem Alten Testament überliefert: *serānīm* (Plural)[122] mit der Bedeutung *Fürsten*.[123] Der erschließbare Singular ist wohl *seren* oder *seran*.

Die Erörterung der Philisterfrage habe ich nach dem Vorbild des Sophisten Gorgias geführt, der eine These widerlegte, sie dann aber doch hypothetisch gelten ließ, um zur nächsten zu widerlegenden These überzugehen, usw. Der Annahme eines philistäischen Ursprungs des Diskus fehlt sehr wahrscheinlich das Fundament. Und die heutigen Kenntnisse der Siedlungsgebiete und Kultur der Philister reichen nicht aus, um bei der Entzifferung des Diskus helfen zu können.

Neben dem Diskuskopf 🗿 zog man auch andere Diskuszeichen heran, um kretische oder nichtkretische Herkunft der Scheibe zu ermitteln. Auf die Fülle von Vorschlägen[124] möchte ich hier nicht eingehen, da man die Schriftzeichen mit oft nur scheinbar ähnlichem archäologischen Material in Verbindung brachte und dann mit Hilfe von Zirkelschlüssen Identität behauptete. Die Identität bewies dann die Ähnlichkeit, die am Anfang der Überlegungen stand. Wie aber kann man diesem Zirkel entgehen? In gewisser Weise nicht. Aber durch Häufung übereinstimmender Merkmale lässt sich größere Sicherheit gewinnen. Zusätzlich müssen alle entgegenstehenden Beobachtungen wirklich ernst genommen werden.

1934/5 fand man in Arkalochori, ungefähr 45 km von Phaistos entfernt, eine Bronzeaxt mit einer Inschrift von insgesamt 15 Schriftzeichen, darunter zehn verschiedene (ausführliche Behandlung der Axt im übernächsten Kapitel, S. 215ff. mit einer Abbildung der Inschrift). Die Ansichten über die Verwandtschaft dieser Schriftzeichen mit denen des Diskus gehen weit

---

[122] Eigentlich nur im Status constructus überliefert.
[123] van den Born/Weippert, in: Haag 1982, Sp. 1381.
[124] Siehe z.B. die Aufstellung bei Baffioni 1957, S. 243f. und Balistier 2003, S. 31-36.

auseinander. Sie reichen von „aufs engste verwandt" (Davaras[125]) bis zur entschiedenen Leugnung (Godart[126]). Bei solch divergierenden Urteilen spielt häufig ein bestimmtes Beweisziel eine große Rolle. Immerhin lassen sich folgende Gemeinsamkeiten der beiden Schriftzeugen finden:

1. Geographische Nähe der Fundorte.
2. Zeitliche Nähe: Die Axt ist vermutlich nur ein wenig jünger.
3. **Beide** Vergleichsobjekte stellen eine **Schrift** dar.
4. Obwohl die Axtinschrift wegen ihrer Kürze nur zehn diverse Zeichen aufweist, zeigen einige von ihnen Ähnlichkeit mit den 45 Diskuszeichen.
5. Der Irokesenkopf des Diskus 🗿 und der entsprechende Kopf der Axt 🗿 sind (Personen-)Determinative und befinden sich jeweils am Anfang des zugehörigen Wortes.
6. Axt und Diskus stehen in einem engen Fundzusammenhang mit Lin A-Dokumenten: Aus Arkalochori stammen zwei weitere Äxte mit einer ganz kurzen Lin A-Inschrift. Wenige Zentimeter vom Diskus entfernt wurde ein Lin A-Täfelchen gefunden,[127] was natürlich auf einem bloßen Zufall beruhen kann. Außerdem zeigt die Axtinschrift zwei Lin A-Zeichen: ⌐ und ⊤.

Die aufgeführten sechs ähnlichen bzw. übereinstimmenden Merkmale sind natürlich von unterschiedlichem Gewicht, führen aber in ihrer Gesamtheit zu der Vermutung, dass beide Schriften miteinander verwandt sind und daher kretisch-minoisch sein können. Außerdem erlaubt das Bündel von Gemeinsamkeiten die Parallelisierung der Personendeterminative 🗿 (Diskus) und 🗿 (Axt). Die etwas grobschlächtige Ausführung des Kopfes auf der Axt ist u.a. dem Umstand geschuldet, dass die Schriftzeichen nicht von sorgfältig hergestellten Stempeln stammen, sondern mit wenig geübter Hand[128] in das harte Material geritzt wurden. Statt nun aus dem Vergleich beider Köpfe[129] Schlüsse auf die Beschaffenheit des Kopfputzes zu ziehen, begnüge ich mich mit der Feststellung, dass der Diskuskopf wahrscheinlich minoisch ist.

Auf der Grundlage dieses Ergebnisses dürfen nun auch weitere archäologische Zeugnisse aus Kreta mit dem Diskuskopf in Verbindung gebracht werden. Neben dem schon länger bekannten Porträtkopf eines Siegels aus Knossos[130] ist auf drei mit einem Zackenkamm ausgestattete Tonköpfe hinzuweisen, die Davaras nördlich von Zakros in dem Höhenheiligtum Traostalos gefunden hat.[131] Im Hinblick auf die Kopfdarstellungen steht nach seiner Ansicht „die Arkalochori-Inschrift in der Mitte zwischen den Köpfen von Traostalos und dem Kopf des Diskos."[132]

---

[125] 1967, S. 104.
[126] Der Diskus ..., 1995, S. 149.
[127] Siehe o. S. 6-8.
[128] Etwas anders Davaras (1967, S. 104): „ohne Sorgfalt".
[129] Ein Vergleich bei Grumach, Zur Herkunft ..., 1968, S. 294f.
[130] Siehe Evans 1921, S. 271f. mit Fig. 201a. Dazu s. auch Grumach ebd. S. 294 Anm. 2.
[131] Davaras 1967.
[132] Ebd. S. 104.

Zusammenfassend können wir sagen: Für die kretisch-minoische Herkunft des Diskuszeichens 🗿 spricht die mit dem Diskus wohl verwandte Schrift der Arkalochori-Axt. Dagegen führt die Philisterthese, die sich überwiegend auf unbewiesene Behauptungen stützt, auf einen für die Entzifferung des Diskus unfruchtbaren Weg.

REIHENFOLGE DER SEITEN A UND B

Traditionell wird diejenige Seite des Diskus, deren Zentrum die Rosette ✣ bildet, als Seite A bezeichnet. Damit ist aber nicht automatisch die Reihenfolge festgelegt, in der beide Seiten zu lesen sind. Wenn auch diese Frage von vergleichsweise geringer Bedeutung zu sein scheint,[1] besitzt sie jedoch angesichts der vielen ungelösten Rätsel des Diskus großes Gewicht. Vor allem wirft ihre Behandlung Licht auf zahlreiche Entzifferungsversuche. Denn statt diesem allerdings schwierigen Problem nachzugehen, begann man häufig sogleich mit der eigentlichen, scheinbar leichteren, Entzifferungsarbeit. Da der relativ lange Diskustext einer schon im Ansatz verfehlten Entzifferung stets sehr bald unüberwindliche Hindernisse, die aus Systemzwängen herrühren, in den Weg legt, hat man seine Zuflucht darin gesucht, jeder der beiden Seiten einen eigenen, mehr oder weniger selbständigen Text zuzuordnen.[2] Noch leichter haben es sich diejenigen gemacht, die den Diskus für zweisprachig halten.[3] Dass die Seiten A und B e i n e n zusammenhängenden Text aufweisen, geht allein daraus hervor, dass unter den 31 Wörtern von A sich 14 Personennamen befinden. Eine solche Personenfülle kann keinen selbständigen Text generieren. Ein Stammbaum scheidet aus, da dessen Struktur nicht zu der von A passt.[4] Ebenso wenig in Frage kommt eine Zeugenliste (am Ende von Verträgen), die niemals völlige Eigenständigkeit erlangen kann; in solchen Listen dürfen natürlich nicht, wie auf dem Diskus, Personen mehrmals aufgeführt werden.[5] Auch die besondere Schwierigkeit, zwei exakt gleichlange Texte – die noch unkorrigierte Vorlage des Diskus hatte auf jeder Seite genau 119 Schriftzeichen[6] – herzustellen, deutet auf einen zusammenhängenden Text.[7]

Der dornigen Aufgabe, die erste Seite zu ermitteln, haben sich nur wenige unterzogen. Eine Lösung glaubte man zu finden durch eine Antwort auf die Frage, welche Seite zuerst beschriftet wurde. Dabei spielten u.a. folgende Gesichtspunkte eine wichtige Rolle:

– Feuchtigkeitsgrad des Tons bei der Bestempelung der Rückseite
– Verformungen der Scheibe
– Größerer oder geringerer Druck bei der Beschriftung der Rückseite (Rücksicht auf die bereits gestempelte Vorderseite?)

Leider lassen sich fast alle darauf beruhenden Argumente umkehren.[8] So kommen die besonders sorgfältigen und gewissenhaften Autoren Duhoux und

---

[1] „far less important" (Read 1921, S. 32).
[2] Siehe o. S. 17 Anm. 35.
[3] Martin 2000 (dazu o. S. X Anm. 24) und Mocioi 2001, S. 26.
[4] Siehe o. S. 173.
[5] Siehe o. S. 91.
[6] Siehe o. S. 37 und 80.
[7] Siehe o. S. 80.
[8] Siehe o. S. 16f.

Timm zu entgegengesetzten Ergebnissen.[9] Es gibt nur wenige eindeutige Indizien. So ist der ringförmig verlaufende Wulst am Rande von Seite A dadurch entstanden, dass die unbeschriftete Scheibe auf Seite B lag und der noch weiche Ton vom Rand her mit den Händen so lange zusammengedrückt wurde, bis der für die Beschriftung passende Durchmesser erreicht war.[10] Aber musste deshalb die Seite A als erste bestempelt werden?

Ein heikles Problem stellt der verminderte Druck bei der Beschriftung von Seite B dar. Wollte der Schreiber die bereits fertig gestellte Seite A schonen?[11] Oder wurde die schon gestempelte Seite B bei der Beschriftung von A flachgedrückt? Aus diesem Dilemma scheint die Beobachtung zu führen, dass die Worttrenner auf B die Spirallinien weniger deutlich überschneiden.[12] Dies kann nur die Folge von größerer Behutsamkeit beim Ritzen der Tonfläche sein und nicht Ergebnis von nachträglichem Flachdrücken. Aber auch in diesem Fall kann man sich fragen, ob nicht der Schreiber nach Fertigstellung von B seine Geduld verlor und nun auf A etwas unbekümmerter und energischer zu Werke ging – ohne besondere Rücksicht auf das bereits Gestempelte. Wie dem auch sei, die Ermittlung der zuerst beschriebenen Seite würde nicht zwingend beweisen, dass auf dieser auch der Textanfang zu finden ist,[13] lieferte aber ein Präjudiz.

Eine höhere Ebene der technisch orientierten Argumentation wird betreten, wenn man von der Auffassung ausgeht, dass der Schreiber bei seiner Arbeit zunehmend Erfahrungen gesammelt und aus seinen Fehlern gelernt hat.[14] Seite B „sieht viel gleichmäßiger und besser gestempelt aus" (Gogolin[15]), sie wirke „auf den ersten Blick ... tatsächlich ruhiger und gleichförmiger" (Kuschnereit[16]). Der optisch bessere Eindruck von B rührt aber hauptsächlich daher, dass sie weniger auffällige Korrekturen und eine geschicktere Gestaltung des Spiralendes im Zentrum aufweist.

Auf A finden wir mindestens zwei unschöne Korrekturen. In die Felder A5 und 29 wurde jeweils das Determinativpaar ☉☝ nachträglich eingefügt,[17] das schon in der Vorlage gefehlt hatte[18] und für das kein Platz vorgesehen war. Die Einfügung in 5 zog außerdem die Felder 3 und 4 in Mitleidenschaft. Demgegenüber wurde auf B nur ein einziges Zeichen, der in der Vorlage vergessene Determinativkopf ☝, im Feld 59 nachgetragen.[19] Die unterschiedliche Zahl der ursprünglich fehlenden Personaldeterminative ☝ und ☉ resultiert nun

---

[9] Duhoux (Le disque ..., 1977, S. 40f.): Seite A sei erste Seite. Umgekehrt Timm (2005, S. 53-63); zu Timm s.o. S. 16f.
[10] Siehe o. S. 14f.
[11] In diesem Sinn äußert sich z.B. Godart, Der Diskus ..., 1995, S. 87.
[12] Siehe o. S. 28f.
[13] So auch Kuschnereit, Zum Diskos ..., 1997, S. 176.
[14] van Meerten, On the start ..., 1977, S. 31.
[15] 1987, S. 6.
[16] S. 176. Kuschnereit führt diesen Eindruck darauf zurück, dass Seite B „wesentlich weniger Unebenheiten aufweist".
[17] Siehe o. S. 61-65.
[18] Siehe o. S. 69-71 und 79-81.
[19] Siehe o. S. 65f.

nicht aus einem Lerneffekt des Schreibers, sondern allein daraus, dass auf A nicht weniger als 14 Personennamen und auf B lediglich fünf auftreten.

Die Spiralenden im Zentrum von A und B sind etwas unterschiedlich:

Fig. 54 – Seite A Zentrum　　　　　　Fig. 55 – Seite B Zentrum

Die individuelle Gestaltung der Spiralen hatte Rücksicht auf die unveränderliche Größe der jeweiligen Schriftzeichen zu nehmen. Im Zentrum von B ist dies dem Schreiber etwas besser geglückt als auf A, wo die Spirale allerdings etwas regelmäßiger ins Zentrum führt. Außerdem kann man nicht recht entscheiden, ob der Strich, der sich zwischen Feld B60 und 61 befindet, ein Worttrenner oder das Ende der Spirale ist. Denkbar wäre es, dass der Schreiber tatsächlich die Nachteile der regelmäßigeren Linienführung auf A erkannt hatte und auf der Rückseite ein wenig freier verfuhr, aber mit mehr Rücksicht auf den Platzbedarf der Schriftzeichen. Der Einwand, dass beide Lösungen der Gestaltung des Zentrums bereits in der Vorlage vorgesehen gewesen seien, verschiebt die Überlegung nur nach vorn. Denn auch bei der Erstellung der Vorlage muss theoretisch ein Lerneffekt angenommen werden.

Ein schwaches Indiz für die Priorität von A liefert der Vergleich der beiden punktierten Linien ( ), die der Schreiber als allererstes Element der Beschriftung gezogen hat. Auf A geriet ihm die Linie zu lang, so dass er die Spirale nicht an ihrem oberen Ende, sondern ein wenig tiefer ansetzte. Auf B erhielt sie sogleich die richtige Länge.[20]

Ob die etwas größere Geschicklichkeit, die der Schreiber auf B an den Tag legte, nun tatsächlich den Erfahrungen zu verdanken war, die er zuvor auf A gesammelt hatte, kann nicht mit Sicherheit beurteilt werden. Insgesamt aber sprechen die schreibtechnischen Argumente für Priorität von A.

Ein Indiz für den Beginn des gesamten Textes auf A sieht Bradshaw vermutungsweise im zentralen (= letzten) Feld 61 von B, wo links von ◌ noch etwas Platz ist:

---

[20] Siehe o. S. 25f.

In Analogie zu kretischen Tafeln mit Hieroglyphen- oder Linearschrift könne diese freie Stelle als Ende des Textes aufgefasst werden.[21] Aber es sind auch andere Erklärungen möglich, die o. S. 41f. diskutiert wurden.

Der Königsweg zur Bestimmung der Seitenreihenfolge ist eine Strukturanalyse des Textes. Der Begriff *Text* (lat. *textus: Gewebe, Geflecht*) impliziert notwendig einen mehr oder weniger engen Zusammenhang, der sich teilweise auch in der Textstruktur niederschlägt. An der Aufhellung der Struktur der Diskusinschrift sind bisher sämtliche Entzifferungsversuche – wie ihre Misserfolge belegen – gescheitert. Eine erfolgreiche Analyse muss mehrere Grundvoraussetzungen berücksichtigen. Merkwürdigerweise wird bei falscher Leserichtung die Struktur nicht zerstört, sondern nur gespiegelt, mit der Einschränkung, dass beim Übergang von A zu B bzw. B zu A der wahrscheinlich vorhandene Zusammenhang der beiden Seiten an dieser Stelle zerrissen wird. Zur Veranschaulichung: Unter der Voraussetzung, dass die Schrift des Diskus linksläufig (also von außen nach innen) zu lesen ist und Seite A auch die erste des Textes darstellt, leiten die letzten Worte von A zu den ersten von B über, also: ... A29 – 30 – 31 → B32 – 33 – 34 ... . Ändert man nun die Leserichtung, sähe der Übergang so aus: ... A3 – 2 – 1 → B61 – 60 – 59 ... .

Bei einer Strukturanalyse können sich auch Anfang und Ende eines Textes als neuralgische Punkte erweisen. Da beide häufig unterschiedlich strukturiert sind, führt die Umkehrung der Leserichtung möglicherweise zu Problemen. Wer die Seiten A und B jeweils als selbständige Texteinheiten auffasst, sieht sich sogar mit jeweils zwei möglichen Anfängen und Schlüssen konfrontiert.

Einen Einstieg in die Strukturanalyse des Diskus gewährt die ungleichmäßige Verteilung der Personennamen auf beide Seiten. Während A 14 Personen (also fast jedes zweite Wort) aufweist, finden wir auf B nur fünf. Für A konnte eine Zeugenliste, die am Ende von Verträgen zu stehen pflegt, ausgeschlossen werden.[22] Und es ist wahrscheinlicher, dass die an einem Vertrag beteiligten Personen v o r den einzelnen Bestimmungen aufgeführt werden als umgekehrt.

Von den 14 Personennamen (darunter zehn verschiedene) auf A haben nur zwei, die wiederholten Namen A14 = 20, das einfache Determinativ , während die übrigen das Determinativpaar besitzen und daher vermutlich einen höheren Rang[23] anzeigen. Unter den insgesamt zehn verschiedenen Personen von A befindet sich demnach nur eine niederrangige Person. B verzeichnet dagegen vier niederrangige Personen und nur eine höherrangige. Vermutlich wurden zuerst die ‚Honoratioren‘ und dann erst die ‚einfacheren‘

---

[21] Bradshaw 1977, S. 110.
[22] Siehe o. S. 208 und 91.
[23] Siehe o. S. 201f.

Personen genannt. Noch deutlicher wird das Bild, wenn man berücksichtigt, dass die einzige Person auf B mit Doppeldeterminativ, B32, bei korrekter linksläufiger Leserichtung den genauen Anfang von B darstellt (B32 folgt auf A31!). B32 gehört also wahrscheinlich noch zur Namensaufstellung von A. Die Zweiteilung des Diskustextes im Hinblick auf Personen mit Doppel- oder Einfachdeterminativ fällt daher nicht völlig mit der Einteilung in Seite A und B zusammen. Unabhängig von der Reihenfolge der Seiten greift vermutlich die eine auf die andere über.

Dieses Übergreifen findet auch auf einem anderen Wege eine Stütze. Es hat der Diskusforschung sehr geschadet, dass man die beiden Seiten – notwendigerweise – nur getrennt abbilden konnte, ohne Rücksicht auf einen eventuellen inhaltlichen Zusammenhang. Ebenso orientierten sich auch die die Spiralform aufgebenden Umzeichnungen an der vorgegebenen äußeren Zweiteilung. Wäre der gesamte Text auf nur e i n e r Seite einer Schrifttafel niedergelegt, wäre niemand auf den Gedanken gekommen, einen inhaltlichen Einschnitt zwischen A31 und B32 anzunehmen. Der Diskus aber hat mit seiner Form eine der wichtigsten Textstrukturen verdeckt und den Augen der Betrachter weitgehend entzogen.

Richten wir unser Augenmerk auf die letzten Zeichengruppen von A und den daran unmittelbar anschließenden Anfang von B:

Sollte der Text auf A mit 31, wie viele annehmen, syntaktisch und inhaltlich enden, würde die Wortwiederholung 28 = 31 befremden.[24] Sie wäre zwar möglich, aber nicht wahrscheinlich, es sei denn, man wiese die wiederholten Wörter zwei verschiedenen Sätzen zu. Der Schlusssatz von A bestünde dann aus nur drei Wörtern (29-31) – gewiss keine verlockende Alternative. Betrachtet man aber die Wiederholung in einem die Seitengrenze überschreitenden Zusammenhang, erkennt man, dass die wiederholten Wörter jeweils unmittelbar vor einem Personennamen (A29 bzw. B32) stehen. Dem Namen B32 schließt sich die Zeichengruppe 33 an, die in leicht modifizierter Form auch auf A einem Namen folgt:

Die Varianten A6 und B33 unterscheiden sich nur im Schlusszeichen. ☉ und ❀ werden auch am Ende anderer Wörter gegeneinander ausgetauscht, so in A9 und 25. Auch diese beiden Wörter stehen mit Personennamen in unmittelbarem Kontakt:

---

[24] Diejenigen, die in der Rosette ❀ im Zentrum von A einen ästhetischen Kunstgriff des Schreibers vermuten und sich von ihr, als angeblichem Textbeginn, magisch angezogen fühlen, pflegen diese Wiederholung zu ignorieren.

[glyphs]
10 9 8

[glyphs]
26 25

Aus diesen Beobachtungen[25] ergibt sich zwanglos, dass die Wörter A28 = 31 und A6 ~ B33 eine enge Affinität zu Personennamen aufweisen. Das erste Wort von B, ein Personenname, wird von diesen beiden Wörtern eingerahmt, wobei das erste noch das Ende von A bildet. Demnach gehört B32 offensichtlich noch zum Text von A.

Dasselbe Ergebnis wird auch durch eine Untersuchung nahegelegt, die sich mit der Länge der den Personennamen unmittelbar benachbarten Wörter befasst:

Seite A			Seite B		
Zeichenzahl des folgenden Wortes	Personennamen (durch ⊙ oder ⊙⊙ eingeleitet)	Zeichenzahl des vorhergehenden Wortes	Zeichenzahl des folgenden Wortes	Personennamen (durch ⊙ oder ⊙⊙ eingeleitet)	Zeichenzahl des vorhergehenden Wortes
3	A1 (⊙⊙)	/	4	B32 (⊙⊙)	3
4	A5 (⊙⊙)	3	3	B34 (⊙)	4
3	A8 (⊙⊙)	3	4	B42 (⊙)	4
4	A10 (⊙⊙)	3	4	B48 (⊙)	5
2	A12 (⊙⊙)	4	4	B59 (⊙)	5
2	A14 (⊙)	2			
[Pers.name]	A16 (⊙⊙)	2			
2	A17 (⊙⊙)	[Pers.name]			
[Pers.name]	A19 (⊙⊙)	2			
2	A20 (⊙)	[Pers.name]			
[Pers.name]	A22 (⊙⊙)	2			
4	A23 (⊙⊙)	[Pers.name]			
3	A26 (⊙⊙)	3			
2	A29 (⊙⊙)	3			

Tab. 11

Die letzten drei Personennamen von B (42; 48; 59) zeigen eine Tendenz zu längeren Begleitwörtern. Drei- oder gar zweisilbige Wörter, wie häufig auf A, fehlen ganz, während fünfsilbige Begleitwörter auf A fehlen. Aber die ersten beiden Namen von B (32; 34) besitzen keine verlängerten Nachbarwörter, könnten also noch zur Personengruppe von A gehören. Auffällig ist auch, dass die mit längeren Begleitwörtern ausgestatteten Namen (B42; 48; 59)

---

[25] Schon von Ipsen (1929, S. 34) gemacht. Ipsen, dem wir die gründlichste Strukturanalyse verdanken, hat aber durch zu weitgehende Spekulationen und Schlüsse seinem viel beachteten Aufsatz geschadet.

relativ große Abstände voneinander haben (fünf bzw. zehn Zwischenwörter). B42 ist vom vorangehenden Namen B34 durch sieben Wörter getrennt. Im Vergleich dazu beträgt die größte Zahl der Zwischenwörter von A nur einmal drei (zwischen den Namen A1 und 5), sonst nur zwei oder weniger. Daraus kann man den formalen Schluss ziehen, dass die drei letzten Namen von B eine andere Funktion als die Namen von A (samt den anhängenden zwei Namen B32 und 34) erfüllen bzw. in einem funktional anderen Kontext stehen. Als Denkmodell könnte man beispielsweise einen Vertrag zugrunde legen, in dem zuerst die vertragschließenden Personen listenförmig aufgeführt werden (bis mindestens B32, wahrscheinlich aber bis 34) und dann der eigentliche Vertragstext folgt, wobei vereinzelt Personen als Eigentümer von Land o.ä. auftreten. Bei der Annahme einer listen- oder katalogartigen Nennung von Personen (A1 bis B34) könnte man einen Teil der relativ kurzen Begleitwörter als Verwandtschafts- oder Amtsbezeichnungen oder als ehrende Titel deuten. Es soll hier allerdings darauf hingewiesen werden, dass es sich nicht um eine r e i n e Liste handeln kann, da mehrere Namen wiederholt werden.

Prüfen wir das gewonnene Ergebnis, Priorität von A, mit einer Gegenprobe. Wenn man bei linksläufiger Leserichtung – die umgekehrte Richtung kann mit Sicherheit ausgeschlossen[26] und soll nicht zur Grundlage einer Untersuchung gemacht werden[27] – B als erste Seite des Textes nehmen will, bietet der Übergang von B zu A folgendes Bild:

Ich habe den Textausschnitt etwas größer gewählt, um den Vorwurf einer Manipulation zu vermeiden. Außer den wiederholten Wörtern B52 = 57 und den wohl verwandten Wörtern B55 ~ 61 ~ A3 ist keine Struktur zu erkennen, erst recht nicht in Bezug auf die Personennamen B59 und A1 und 5. Eine einzige Ausnahme könnte sein, dass nun vor dem Namen A1 das Zweizeichenwort B61 steht. Zweizeichenwörter haben eine deutlich erkennbare Affinität zu Namen (s.o. Tab. 11). Aber B61 verbindet sich nur hier in einem künstlich hergestellten Zusammenhang mit einem Namen, während sonst seine allerdings dreisilbigen Varianten A3 = B51 ~ 55 sich in keiner direkten Beziehung zu Namen befinden. Insgesamt kann man sagen, dass der Name B59 von ‚untypischen' Wörtern umgeben ist, er also offenbar nicht Teil der auf A stehenden Namensliste ist.

Der Annahme, B stelle den Anfang des Textes dar, steht auch das dann wenig befriedigende Ende von A mit der unschönen Wiederholung 28 = 31 entgegen.

---

[26] Siehe o. S. 81-84.
[27] Die Struktur des Textes würde nur gespiegelt, ohne dass man zu neuen Einsichten gelangte.

Alle Indizien, soweit sie nicht umkehrbar sind, weisen darauf hin, dass A wohl nicht nur vor B beschriftet worden ist, sondern beide Seiten auch in dieser Reihenfolge gelesen werden sollten.

DIE AXT VON ARKALOCHORI

Jede umfassende Untersuchung zum Diskus von Phaistos kommt nicht umhin, sich auch mit der beschrifteten Bronzeaxt von Arkalochori zu beschäftigen. So hat denn mancher neben dem Diskustext auch noch die Axtinschrift mitentziffert. Stets fehlten den Spekulationen tragfähige Begründungen.

Die Axt wurde in der Höhle von Arkalochori, einem Dorf in Zentralkreta südsüdöstlich von Heraklion, während der Ausgrabungssaison 1934/35 entdeckt. Der Fund hat eine Vorgeschichte.[1] Gegen Ende des 19. Jahrhunderts, noch zur Zeit der türkischen Besatzung, fanden die Einwohner des Dorfes archäologische Gegenstände aus Bronze und verkauften sie an die Kupferschmiede in Heraklion. J. Hazzidakis, ein gebildeter Kreter und Amateurarchäologe, veranlasste daraufhin eine Grabung, die indes nicht gründlich war. Im Jahr 1934 fanden Kinder beim Spiel an der alten Ausgrabungsstätte bronzene und goldene Doppeläxte, was Plünderungen durch die Bauern nach sich zog. Davon erfuhr der Direktor des Museums in Heraklion, Marinatos; er gebot den Raubgrabungen Einhalt und jagte überdies den Bauern etwa 20 Goldäxte wieder ab. Wie Marinatos vermutete, entgingen aber drei bis vier goldene Äxte der Beschlagnahmung. Die anschließenden systematischen Ausgrabungen unter seiner und Platons Leitung stießen außerdem auf eine noch unentdeckte und ungestörte Fundschicht und erbrachten weitere reiche Funde. Zu nennen sind u.a. hunderte bronzene Doppeläxte, 26 goldene (darunter die den Bauern abgenommenen) und sechs silberne, sowie Messer- und Schwertklingen. Die meisten Geräte waren für den täglichen Gebrauch ungeeignet, da sie sehr dünn und sehr klein waren. Sie dienten ganz offensichtlich als Opfergaben. Zu den bedeutsamsten Funden zählen eine mittelgroße Bronzeaxt mit einer längeren Inschrift und Bruchstücke einer silbernen Miniaturaxt mit vier Lin A-Zeichen. Dieselben vier Zeichen befinden sich auch auf einer Miniaturaxt aus Gold, die vom Bostoner Museum of Fine Arts erworben wurde. Diese Axt könnte jedoch eine Fälschung sein.[2]

---

[1] Im Folgenden stütze ich mich auf die Darstellungen bei Marinatos 1935, S. 248f.; ders. 1962, S. 87f.; Boufides 1953/4, S. 61; Vermeule 1959, S. 5f.; Rutkowski 1972, S. 139f.; Godart, Der Diskus ..., 1995, S. 145f.
[2] Abb. der Inschrift bei Godart/Olivier 1976-1985, IV, S. 142; Vermeule S. 4; Pope 1964, S. 13; Detail-Abb. bei Young 1959, S. 18f. Größte Verdachtsmomente dürften die Provenienz aus dem Pariser Kunsthandel und der Umstand sein, dass „der Stiel der Bostoner Axt gelötet ist, was für die anderen Arkalochori-Äxte nicht zutrifft" (Marinatos 1962, S. 88 Anm. 3). Marinatos weist darauf hin, „daß eine beschriftete Goldaxt schon Mitte der 30er Jahre im Alexandrinischen Kunsthandel aufgetaucht und dem Museum von Herakleion ange-

Schon aus den archäologischen Befunden lassen sich mehrere Erkenntnisse gewinnen:

1. Trotz der durch Plünderungen beeinträchtigten Ausgrabungen gehört die beschriftete Bronzeaxt zu einem geschlossenen Fundkomplex, der eindeutig minoisch ist (allgemein um 1600 v. Chr. datiert). Ihre minoische Herkunft ist ein unüberwindliches Hindernis für diejenigen, die die Inschrift mit dem Diskus in Verbindung bringen und für letzteren nichtminoischen Ursprung postulieren wollen.
2. Die beiden beschrifteten Äxte (aus Bronze bzw. Silber) dienten nicht als Werkzeuge, sondern waren Opfergaben.
3. Unter den Hunderten von Weihegaben befanden sich nur zwei (mit der goldenen Bostoner Axt: drei) mit einer Inschrift. Beschriftungen waren also fast gänzlich unüblich. Gründe dafür liegen möglicherweise im Analphabetentum der Auftraggeber und/oder darin, dass die Identität der göttlichen Adressaten – man neigt zur Annahme einer weiblichen Gottheit – sich von selbst verstand. Die gestifteten Gegenstände besitzen überwiegend militärischen Charakter und weisen auf eine Gottheit mit kriegerischen Zügen hin.
4. Die kurze Lin A-Inschrift auf der Silberaxt (zu lesen als *i-da-ma-te*) mag den Namen des bedachten Gottes oder des Stifters angeben. Denkbar ist auch eine religiöse Formel.[3] Der längere Text der Bronzeaxt eröffnet einen etwas größeren Interpretationsspielraum. Aber auch hier bieten sich Namen von menschlichen und/oder göttlichen Personen an.
5. Möglicherweise liegt der Lin A-Schrift der silbernen Axt und den Hieroglyphen der bronzenen dieselbe Sprache, die minoische, zugrunde.

Wenn auch die Inschrift auf der Stielhülse der Bronzeaxt wegen ihrer Kürze und ihres teilweise schlechten Erhaltungszustandes sehr viel schwerer als der Diskustext zu entziffern sein dürfte, gewährt sie doch einige wichtige Einblicke. Der Text ist in drei senkrechten Kolumnen angeordnet. Die Umzeichnung[4] hat A. Glaser angefertigt:

---

boten worden ist. Ob diese mit dem Bostoner Stück identisch ist, läßt sich nicht mehr ermitteln." Allerdings scheinen einige wenige Goldäxte bei den Plünderungen abhanden gekommen zu sein. Angeblich soll sich unter diesen ein beschriftetes Exemplar befunden haben; aber das Gerücht sei erst aufgekommen, als die Inschrift auf der Bronzeaxt entdeckt wurde (Marinatos ebd. S. 88). Wenn auch die gleichlautenden Inschriften auf der Gold- und der Silberaxt (Abb. der letzteren bei Godart/Olivier S. 143 und 162, Vermeule S. 10 und Schachermeyr 1979, S. 257; Umzeichnung bei Boufides S. 64) offensichtlich verschiedene Hände verraten (so auch Duhoux 1993/4, S. 289 Anm. 2), so spricht dies nicht für eine Fälschung, sondern eher für Echtheit. Allerdings sind spätestens seit den Ausgrabungen von Evans in Knossos minoische Erzeugnisse in den Fokus von Fälschern geraten. Darüber berichtet Buchholz (1970, S. 115). Wir kennen sogar den Namen eines Fälschers: Georgios Antoniou (aus Heraklion, ein Mitarbeiter von Evans). Von seiner Hand stammen Fälschungen auch in den Museen von Heraklion und Boston. – Eine technische, sowie qualitative und quantitative Analyse der Bostoner Axt verdanken wir Young. Buchholz hat deren Werte (82% Gold, 12% Silber, 3% Kupfer, 3% Eisen, Spuren von Iridium) in seine Aufstellung diverser früher Golderzeugnisse übernommen (S. 127) und im Einklang mit den Werten gesehen, die im 2. Jahrtausend v. Chr. üblich waren (S. 126).
[3] Der archäologische Kontext mache „a votive text" hochwahrscheinlich (Duhoux 1998, S. 15), eine verbreitete Auffassung.
[4] Die Inschrift entzieht sich weitgehend einer befriedigenden fotografischen Wiedergabe. Relativ gute Abb.en bei Hausmann 1969, Tafelanhang Abb. 45; Duhoux, Le disque ..., 1977, S. 80, Fig. 26); Godart, Der

Fig. 56   Fig. 57

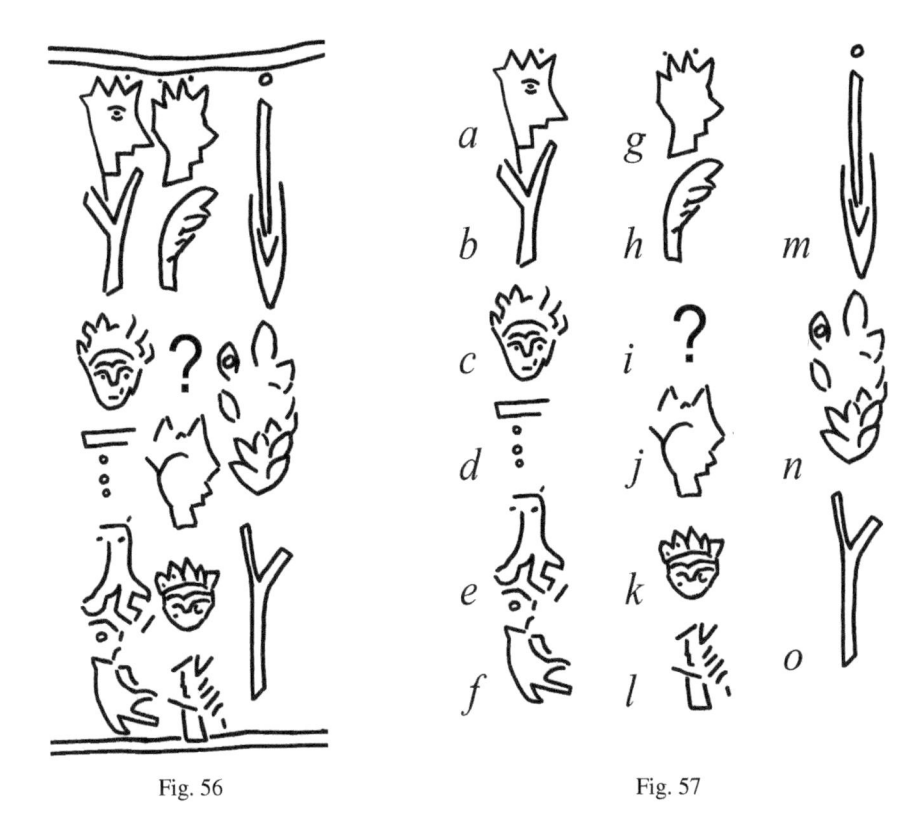

Vom Zeichen *i* sind nur noch geringe Reste vorhanden.[5] Auch die Zeichen *f, l* und *n* sind nur teilweise erhalten und nicht recht deutbar.

Während die linke und mittlere Kolumne je sechs Bildzeichen aufweisen, besteht die rechte nur aus drei, die eine ausgeprägte Längung zeigen. Daher ist es ausgeschlossen, den Text waagerecht zu lesen, wie Egert vorschlägt.[6] Die Ursache für die Streckung der Zeichen *m, n* und *o* liegt darin, dass dem Schreiber mehr Raum zur Verfügung stand und er ihn aus ästhetischen Gründen nicht teilweise ungenutzt lassen wollte.[7] Die Bemühung um gleichmäßige Bedeckung eines Schriftträgers ist Schreibern zu allen Zeiten nicht fremd gewesen.[8] Der Diskus bietet hierfür ein Paradebeispiel: Wieviel leichter wäre

---

Diskus ..., 1995, S. 144. Zeichnungen, auch einzelner Schriftzeichen, bei: Marinatos 1935, Sp. 254; Gaya 1953, S. 78; Boufides 1953/54, S. 62 und 65-68; Vermeule 1959, S. 10; Davis, The Decipherment ..., 1967, S. 85; Schachermeyr 1979, S. 247 (weitgehend identisch mit Heubeck 1979, S. 8 und Egert 1989, S. 29); Molčanov 1980, S. 83; Best/Woudhuizen 1989, S. 73f.; Aartun 1992, S. 165-168 und 287; Godart ebd. S. 146; Faucounau 1999, S. 20; Achterberg u.a. 2004, S. 135 (= Woudhuizen 2006, S. 124f.).

[5] Deshalb verzichten einige Autoren auf jedwede grafische Rekonstruktion (Vermeule S. 10; Schachermeyr S. 247; Heubeck S. 8; Egert S. 29). Andere wollen ⊤ (= *d*) erkennen (Marinatos Sp. 254; Gaya S. 78; Aartun S. 287; Faucounau S. 20; s. auch Boufides S. 66; Davis S. 85; Molčanov S. 83) oder die Variante ⊥ (Godart ebd. S. 146).

[6] S. 30f. Außerdem liest sie von rechts nach links. Ihrer Ansicht nach dienen die Hieroglyphen *m* und *n* als Anfangszeichen für je zwei Zeilen.

[7] Siehe Godart ebd. S. 146.

[8] Siehe z.B. Schubart 1962, S. 60.

die Beschriftung gewesen, wenn der Schreiber die Tonscheibe größer gewählt und am Ende des Textes einen freien Raum hingenommen hätte!⁹ Für die gedehnten Axtzeichen erwägt Timm jedoch „eine Art Überschrift" und möchte daher den Text mit der rechten Kolumne beginnen lassen.¹⁰ Abgesehen davon, dass er keine ähnlichen Belege solch gestalteter Überschriften für die frühhistorische Zeit bringt, fragt man sich nach dem Inhalt einer nur aus drei Silben bestehenden Überschrift, die trotz ihrer Kürze im Vergleich zum übrigen Text zu lang ist.

Der Anfang der Inschrift ist also bei der linken Kolumne zu suchen. Entweder liegt er bei *a* (Leserichtung von oben nach unten) oder bei *f* (von unten nach oben). Für letztere Möglichkeit hat sich Ohlenroth entschieden.¹¹ Sie ist aber weltweit äußerst selten.¹² Hätte der Schreiber mit den unteren Zeichen *f*, *l* und *o* begonnen, so hätte er beim Ritzen der letzten (rechten) Kolumne an der unteren waagerechten Begrenzungslinie angesetzt und nicht etwas höher. In Wirklichkeit stellt sich der Beschriftungsvorgang so dar: Nachdem der Schreiber die linke und mittlere Kolumne von oben nach unten in die Bronze geritzt hatte, ließ er auch die rechte direkt unter der oberen horizontalen Begrenzungslinie beginnen. Da er aber statt sechs Zeichen diesmal nur drei unterbringen musste, längte er sie, so gut er eben konnte. Um auch den Raum bis zur unteren Horizontallinie vollständig ausfüllen zu können, hätte er das letzte Zeichen *o* noch weiter dehnen müssen. Das Prinzip, am Ende (und nicht am Anfang) freien Raum hinzunehmen, ist weltweit verbreitet und findet sich natürlich auch auf den Lin A- und B-Tafeln.

Bestätigt wird die Leserichtung von oben nach unten auch durch die Verhältnisse der mittleren Kolumne. Ihr unterstes Zeichen (*l*) kollidiert mit der waagerechten Linie.¹³ Die Kollision ist Folge des Platzmangels, der grundsätzlich nicht zu Beginn des Schreibens auftritt. Möglicherweise ist das zweitunterste Zeichen ⚘ (*k*) bereits vorsorglich gestaucht worden, wie der Vergleich mit dem wiederholten Kopf ⚘ (*c*) zeigt.¹⁴

Zur falschen Leserichtung verleitete Ohlenroth unter anderem die vorsichtige Identifizierung des Profilkopfes der Axt, ⚘ (*a* = *g* = *j*), mit dem entsprechenden des Diskus, ⚘.¹⁵ Beide Köpfe sind die jeweils häufigsten Hieroglyphen der Texte. Außerdem steht der Diskuskopf immer am Beginn einer Zeichengruppe. In ähnlicher Weise zeigt der Profilkopf der Axt eine Tendenz zur Anfangsstellung. Die erste Zeichengruppe *a*, *b*, *c* ... (ihre Länge ist wegen der möglicherweise fehlenden Worttrennung nicht sicher bestimmbar) wird

---

⁹ Siehe auch o. S. 14f. mit Anm. 19.
¹⁰ Timm 2005, S. 47 und 138f.
¹¹ 1996, S. 442.
¹² Friedrich kennt sie nur bei der numidischen und tagalischen Schrift (Geschichte ...., 1966, S. 94 und 135 sowie Abb.en 169a/b und 317).
¹³ Siehe auch Ohlenroth 1996, S. 446.
¹⁴ Auch Ohlenroth (ebd. S. 441) hat die Stauchung beobachtet.
¹⁵ Ohlenroth ebd.

durch den Profilkopf (*a*) eingeleitet.[16] Auch die mittlere Kolumne, mit der eventuell ein neues Wort anhebt, beginnt mit ihm (*g*). Ob er beim dritten Mal (*j*), in der Mitte dieser Kolumne, am Wortanfang steht, bleibt vorerst Spekulation. Weil nun Ohlenroth den Diskus rechtsläufig liest und den Profilkopf 🗣 daher jeweils an das Ende einer Zeichengruppe rückt, muss er die Axtinschrift konsequenterweise von unten nach oben lesen. Ebenso beruft sich Aartun, der wie Ohlenroth Rechtsläufigkeit des Diskus annimmt,[17] auf analogische Folgerichtigkeit und schreibt: „Wie der Diskos-Text verläuft auch diese Inschrift, die von oben nach unten zu lesen ist, von links nach rechts."[18] Diese Feststellung ist umso erstaunlicher, als Aartun wie auch Ohlenroth 🗣 mit 🗣 gleichsetzt (bei Aartun erhalten beide Köpfe den Lautwert *ka*, bei Ohlenroth σ). Während nach Auffassung von Aartun der Diskuskopf 🗣 stets am Ende eines Wortes steht, befindet sich der Axtkopf 🗣, zumindest bei seinem ersten Erscheinen (*a*), am Anfang eines Wortes. Wollte Aartun die Inschriften auf Diskus und Axt in derselben Richtung lesen, müsste er den Diskus linksläufig lesen. Zugespitzt kann man sagen: Ohlenroth ist konsequent – unter Missachtung der Realität (die Leserichtung der Axtinschrift ist anders als die des Diskustextes leicht erkennbar), Aartun dagegen erkennt die Realität an und verzichtet auf jegliche Konsequenz.

Der Kopf des Diskus, 🗣, besitzt nun allerdings keinen Lautwert, sondern dient als stummes Deutezeichen für einen nachfolgenden Personennamen.[19] Dieselbe Funktion könnte auch der Profilkopf der Axt, 🗣, haben.[20] Das Vorkommen von Namen in der Axtinschrift ist ohnehin nicht unwahrscheinlich, zumal der/die Stifter besonderen Wert auf eine sonst völlig unübliche Aufschrift legte/n – möglicherweise ein Indiz für eine gewisse Eitelkeit. Ein weiterer Umstand erhärtet den Verdacht. Die drei Profilköpfe und die zwei en face-Köpfe der Axt:

    a   *g*   *j*   *c*   *k*

stellen eigentlich denselben Kopftyp dar, nur um 90° gegeneinander gedreht.[21] Bei genauer Betrachtung könnte man aber zu dem Schluss gelangen, dass der Zackenkamm von 🗣 längs, derjenige von 🗣 dagegen quer über den Kopf verläuft. Allerdings kann dieser eventuelle Unterschied auf der

---

[16] Siehe auch Neumann 1968, S. 30.
[17] Siehe o. S. VIIf.
[18] Aartun S. 287.
[19] Siehe o. S. 69-71 und 85-97.
[20] Molčanov 1980, S. 89. Auch Gaya (1953, S. 58f.) erwägt diese Möglichkeit.
[21] Dieser Ansicht scheint auch Davaras zu sein, da er den beiden Kopftypen „im Grunde" „die gleiche Frisur" zuschreibt wie dem Diskuskopf 🗣 (1967, S. 104).

Schwierigkeit beruhen, denselben Kopf einmal frontal, das andere Mal seitlich wiederzugeben. Diese gestalterische Unzulänglichkeit zieht sich wie ein roter Faden durch die frühe Kunstgeschichte und ist genügend bekannt. Auf der anderen Seite scheint der damalige Rezipient keinen Anstoß an der nach heutigen Maßstäben unzureichenden Darstellungskunst genommen zu haben. Auch der Diskus gewährt Anschauungsmaterial:

Kopf und Füße der Frau und des Kindes sind im Profil, der übrige Körper frontal wiedergegeben. Den Falken sehen wir in Aufsicht, aber seinen Kopf und seine Fänge mit Beute im Profil. Wer den Irokesenkopf des Diskus mit den ägyptischen Philisterdarstellungen in Beziehung bringen will,[22] muss notgedrungen den Irokesenschnitt als ‚missglücktes' Resultat einer Profildarstellung betrachten, da die Haartracht der ägyptischen Philister, wie einige Frontalansichten zeigen, sich über die ganze Breite des Kopfes erstreckt. Erst recht lassen die groben Köpfe auf der Axt jede feine Differenzierung vermissen und erwecken daher den Eindruck, dass es sich um denselben Kopf handelt, nur jeweils aus einer anderen Perspektive dargestellt.

Dieses Ergebnis gerät nun in einen scheinbar unversöhnlichen Widerspruch zu einem akrophonischen Schriftsystem[23]. Wenn die Axt-Sprache Deutsch wäre und daher den Lautwert *ko* (Anfang von *Kopf*) besäße, welchen Lautwert könnte man dann dem um 90° gedrehten Kopf geben? Etwa *ge* (von *Gesicht*)[24] oder *se* (von *sehen*)? Statt einer so willkürlichen Zuordnung zweier verschiedener Silben zu zwei Erscheinungsformen ein und desselben Bildzeichens[25] hätte eine pragmatische Schrift ein besonderes Zeichen wählen können: einen *Ge*fangenen (wie auf dem Diskus:) für *ge*, bzw. eine *Se*nse (vgl. die Werkzeuge des Diskussyllabars) für *se*. Beide Köpfe würden also auf

---

[22] Siehe o. S. 202-204.
[23] Zum akrophonischen Prinzip s. auch o. S. 190f.
[24] Aber siehe die folgende Anm.!
[25] Wenn in Schriftsystemen ein Grundzeichen mit unterschiedlicher Ausstattung erscheint, machen sogar kleine Unterschiede die genaue Bedeutung bzw. Funktion unmissverständlich klar. Hierfür sind die ägyptischen Hieroglyphen eine wahre Fundgrube. Allerdings gibt es einige wenige Zeichen, deren Drehungen (abgesehen natürlich von der Drehung um 180° bei geänderter Schriftrichtung) unterschiedliche Bedeutungen anzeigen, z.B. ⋀ *gehen*, ⋀ *zurückgehen*. Besonders bemerkenswert ist die 90°-Drehung eines Kopfes, dessen Profilansicht Ideogramm für *Kopf*, dessen Frontaldarstellung aber Ideogramm für *Gesicht* ist. „Dies ist eine der wenigen tatsächlich direkt von vorn gesehenen Hieroglyphen" (Betrò 2003, S. 53). Es wäre eine schlagende Parallele für die beiden Axtköpfe, wenn man den Unterschied zwischen dem extrem umfangreichen und ausdifferenzierten Schriftsystem des Ägyptischen und dem vermutlich groben Raster der Axtschrift außer Acht lassen und einen äußerst seltenen Fall zum Maßstab machen wollte. – Das Hieroglyphen-Hethitische scheint etwa 16 Zeichen mit Menschendarstellungen und Profilköpfen, aber nicht mit frontal wiedergegebenen Köpfen zu kennen (s. Laroche 1960, S. 1-10). Eine scheinbare Ausnahme ist der Eselskopf, von dem eine V a r i a n t e (also ohne Bedeutungsunterschied) eine ungefähre Frontalansicht zeigt (ebd. S. 62). – Zu den gespiegelten Zeichen (*b*) und (*o*) auf der Axt s.u. S. 227.

der phonetischen Ebene in Konflikt geraten und gehören somit wahrscheinlich zwei verschiedenen Schriftebenen an.

Welcher der Köpfe ist nun nichtphonetischer Natur? Nichtphonetisch wäre ein Schriftzeichen, das als Worttrenner, Satzzeichen, Akzent, Ideogramm oder Determinativ dienen würde. Vernünftigerweise stehen nur (gesprochenes) Ideogramm oder (stummes) Determinativ zur Wahl. Vor allem geben sich Determinative durch ihre Stellung, am Anfang oder Ende eines Wortes, zu erkennen. Für ⌘ als Determinativ spricht die Tatsache, dass der gesamte Text mit diesem Zeichen beginnt (*a*). Außerdem erscheint ⌘ an der Spitze (*g*) der mittleren Kolumne. Das dritte Vorkommen von ⌘ in der Mitte (*j*) dieser Kolumne sieht wie eine unschöne Ausnahme aus. Hätte aber der Schreiber auch diesmal eine Anfangsposition erstrebt, hätte er den Text wie folgt gestalten müssen:

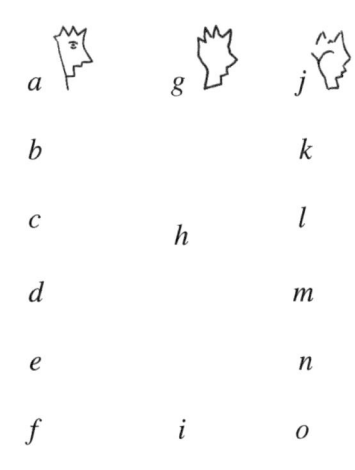

$$
\begin{array}{ccc}
a & g & j \\
b & & k \\
c & h & l \\
d & & m \\
e & & n \\
f & i & o \\
\end{array}
$$

Fig. 58 – hypothetische Anordnung der Zeichen

In diesem Fall hätte er nicht die Zeichen des Textendes (*m, n, o*), sondern die der mittleren Kolumne (*g, h, i*) längen müssen – ein ganz ungewöhnlicher Vorgang.

An diesem Punkt der Untersuchung kommt nun die Frage einer Vorlage für die Axtinschrift ins Spiel. Der außergewöhnliche Wunsch einer Beschriftung der Weihegabe impliziert seine ordentliche Ausführung, zumal ein verunglückter Text die ganze Axt verdorben hätte. Daher empfahl sich für den Schreiber die Anfertigung einer Vorlage oder Skizze. Außerdem ist die Länge von Personennamen ziemlich unveränderlich und kann nicht an besondere Raumverhältnisse ohne weiteres angepasst werden. Aber gegen eine Vorlage scheint die Streckung der letzten drei Zeichen (*m, n, o*) zu sprechen. Denn der gesamte Text besteht aus 15 Zeichen, die bei einer Planung leicht in drei Kolumnen zu je fünf Zeichen hätten untergebracht werden können (Fig. 59):

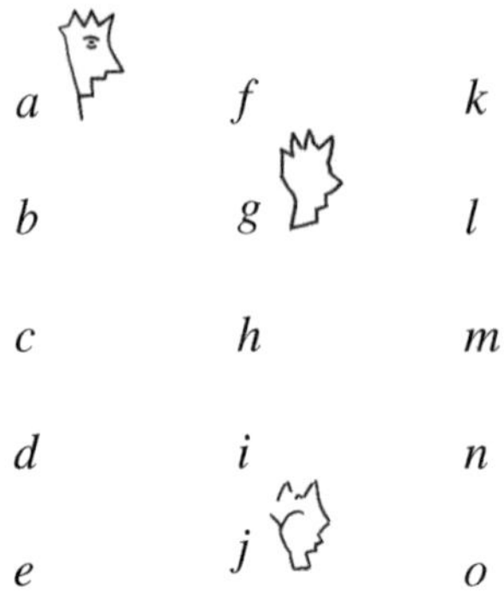

222   Axt von Arkalochori

a 🜨   f   k   a 🜨   b   c
b   g 🜨   l   d   e   f
c   h   m   g 🜨   h   i
d   i   n   j 🜨   k   l
e   j 🜨   o   m   n   o

Fig. 59 – hypothetische Anordnung   Fig. 60 – hypothetische waagerechte
der Zeichen   Anordnung der Zeichen

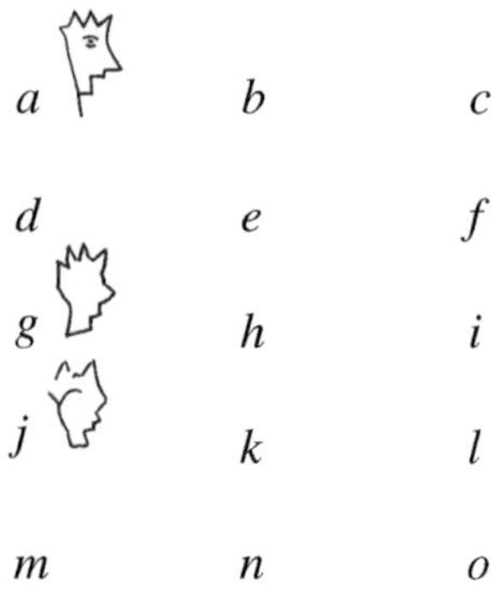

Dieses Textarrangement hätte aber das zweite Vorkommen von 🜨 (g) seiner Anfangsstellung beraubt und das dritte (j) vom zugehörigen Wort (k, l, ...) abgeschnitten. Unter der Voraussetzung, dass 🜨 ein Personendeterminativ ist, ist die vom Schreiber gefundene Lösung (s. Fig. 56) die beste, es sei denn, er hätte die Zeilen waagerecht angeordnet (Fig. 60). In diesem Fall wäre das Determinativ 🜨 jedes Mal an den Anfang einer Zeile geraten – auf Kosten einer unvorteilhaften Aufteilung des Textes insgesamt. Denn nur bei Annahme von fünf Wörtern, also von je einem Wort pro Zeile, wäre diese Textgestaltung sinnvoll. Aber wir wissen nur bei dem Wort g-i, dass es ein vollständiges Wort darstellt, da mit j (🜨) ein neues Wort beginnen muss. Die zwei übrigen mit 🜨 beginnenden Wörter (a, b, ... und j, k, ...) dürften wohl durch das Zeilenende eine Trennung erfahren haben. Denn das Auftreten von insgesamt drei Namen mit je zwei phonetischen Zeichen wäre unwahrscheinlich.

Die Länge des Textes und der einzelnen Wörter sowie die Größe und Form der zur Verfügung stehenden Schreibfläche sind nicht unabhängig voneinander, vor allem, wenn ein Text von der Kürze der Axtinschrift weniger ,Manövriermasse' für seine Gestaltung besitzt. In dem prinzipiell berechtigten Streben, die Wortlängen mit der Aufteilung der Schriftzeichen auf die drei Kolumnen in Übereinstimmung zu bringen, geht Molčanov aber zu weit. Denn er lässt jede Kolumne aus nur einem Wort bestehen. Die Köpfe a (🜨) und g (🜨) fasst er als Namensdeterminative auf, wobei g einem Patronymikon [vom Vater abgeleiteter Name, z.B. Jakobson = Sohn des Jakob] voranstehe.[26] Die drei Hieroglyphen der dritten Kolumne bezeichneten möglicherweise den Adressaten.[27] Molčanovs radikales Vorgehen ist aber teuer erkauft. Denn auch der Profilkopf j (🜨) müsste einen Namen und damit ein neues Wort einleiten. Molčanov aber hilft sich, indem er diesen Kopf j als neues Zeichen

---

[26] Molčanov 1980, S. 89.
[27] Ebd. S. 90.

interpretiert und mit dem Diskuskopf identifiziert.[28] Mit dieser Umdeutung des zwar beschädigten, aber noch klar erkennbaren Zeichens *j* steht er allein.

Der von Molčanov vermutete Empfänger der Gabe in *m-o* müsste, da es sich nur um eine Gottheit handeln kann, wie die menschlichen Namen mit einem Determinativ eingeleitet sein. Es ist daher nur konsequent, wenn Molčanov *m* ( ), wenn auch mit größten Bedenken („??"), als Determinativ auffasst.[29] Aber im Vergleich zum Determinativkopf , der als pars pro toto einen Menschen anschaulich symbolisieren kann, ließe sich der Pfeil nur dann auf eine Gottheit beziehen, wenn er ihr typisches Attribut oder ihre Funktion darstellte. Das ist nicht unmöglich, aber unwahrscheinlich. Viel eher ist ein phonetisches Zeichen, das vielleicht noch zum mit *j* beginnenden dritten Namen gehört.

Wenn *m* jedoch keine Person, sondern eine Waffe (Pfeil, Speer u.ä.) determinieren sollte, würde man eher eine Doppelaxt als Determinativ für die beschriftete Axt selbst erwarten, in dem Sinne: „Die Personen x und y ... haben diese Axt gestiftet."

Als vorläufiges Ergebnis mag gelten: Für den Profilkopf als Namensdeterminativ sprechen sein Bildinhalt (Kopf einer Person), seine Position und Häufigkeit sowie die Textgestalt insgesamt. Auch der Charakter einer Widmungsinschrift macht die Nennung von Namen (menschlicher Stifter und/oder göttlicher Empfänger) wahrscheinlich. Da die Axt aber wohl kaum mehreren Göttern geweiht ist, müssen die vermutlichen Namensdeterminative auf Menschen, also die Geber des Geschenks, bezogen werden. Sieht man von den (stummen) Determinativen (*a* = *g* = *j*) ab, bleiben für die Schreibung der drei Namen im Ganzen nur zwölf phonetische Zeichen. Der Schluss liegt nahe, dass die Inschrift außer den Namen vermutlich sonst nichts enthielt. Ob sich unter den Namen ein Patronymikon befindet, ist reine Spekulation.

Für die (falsche) Leserichtung von unten nach oben führt Ohlenroth als zweites Argument an, dass sich oberhalb jeder Kolumne ein Punkt befindet[30] (s. S. 217, Fig. 56). Wie beim Diskus die beiden Punktleisten, so würden die Punkte der Axt auf „einen (auch relativen) Abschluß" hinweisen.[31] Lässt man diese Gleichsetzung gelten, müsste die Inschrift – entgegen Ohlenroths Ansicht – von oben nach unten gelesen werden, weil die punktierten Linien des Diskus zweifelsfrei den Text a n f a n g bezeichnen.[32] Aber eine eindeutige Funktionsgleichheit beider Punktsysteme ist nicht ohne weiteres gegeben. Denn im Hinblick auf die Punkte der Axt sind insgesamt folgende drei Möglichkeiten vorstellbar:

---

[28] Molčanov ebd. S. 87.
[29] Ebd. S. 89.
[30] Ohlenroth 1996, S. 438. Meines Wissens ist Duhoux als erster auf diese Punkte aufmerksam geworden und hat sie mit den Punktleisten des Diskus in Verbindung gebracht (Le disque ..., 1977, S. 16).
[31] Ohlenroth ebd. S. 442.
[32] Siehe o. S. 82f.

1. Keine Funktion in Bezug auf den Text.
2. Worttrenner[33]
3. Angabe der Leserichtung

Zu 1. – Funktionslosigkeit könnte dann vorliegen, wenn man außer den drei deutlich sichtbaren Punkten über der genauen Mitte der Zeichen *a*, *g* und *m* noch einen vierten leicht links über *g* ( ) annimmt. Auch in diesem Fall könnten die vier Punkte, die nun nicht mehr eindeutig mit den jeweils obersten Schriftzeichen korrelieren, die grundsätzliche Leserichtung angeben. Sollten die drei (vier) Punkte jedoch völlig unabhängig von der Schrift sein, wäre eine technische (?) oder schmückende Funktion denkbar. Immerhin weisen „fast alle" der Hunderte von Äxten aus Arkalochori eine „gravierte oder ziselierte Verzierung, meist einfache Linienmuster" auf (Marinatos[34]). Gegen eine künstlerische Absicht spricht jedoch, dass man aus Symmetriegründen entsprechende Punkte auch u n t e r den Kolumnen erwarten sollte.

Zu 2. – Die Annahme einer worttrennenden Funktion wäre für die Entzifferung von großer Bedeutung, setzt aber voraus, dass der 4. Punkt (links über *g*) irregulär bzw. zufällig entstanden ist und dass sich über *j* ( ) ursprünglich ein weiterer Punkt befand. Das darüber liegende Zeichen *i* ist nicht mehr sicher erkennbar; vielleicht ist es (= *d*), wie einige annehmen.[35] Dann wäre ein worttrennender Punkt nur schwer von dem untersten Punkt von zu unterscheiden. Sollten die Punkte auf der Axt tatsächlich Worttrenner sein, würde die dritte Kolumne nicht den mit *j* beginnenden Namen fortsetzen, sondern ein eigenes Wort bilden.

Ein auffälliger Schönheitsfehler der Worttrennungstheorie ist die Tatsache, dass dann der Punkt über der ersten Kolumne überflüssig wäre. So befinden sich die Worttrenner von Lin A und B grundsätzlich am Wortende.

Zu 3. – Die Punkte über den drei Kolumnen lassen sich meines Erachtens leicht erklären, wenn man die Schriftrichtung der sogenannten kretischen Hieroglyphen bedenkt. Die Schreibung dieser Hieroglyphen erfolgt entweder links- oder rechtsläufig; aber auch die Kombination beider Richtungen (,Bustrophedon') kommt vor.[36] Häufig gibt das vorangestellte „initial 'x'" (Evans[37]) Aufschluss über die Leserichtung. Sollte die Axtinschrift, die wegen ihrer senkrechten Zeichenanordnung nicht preisgibt, ob sie rechts- oder linksläufig ist, einer Schrift mit variabler Richtung angehören, könnten die Punkte angeben, dass die Kolumnen jeweils von oben nach unten zu lesen sind und nicht etwa bustrophedon, also beispielsweise Kolumne eins abwärts, zwei aufwärts und drei wieder abwärts. Obwohl diese Deutung der drei (vier)

---

[33] Diese Funktion wird auch von Timm 2005, S. 139 erwogen.
[34] 1935, Sp. 251.
[35] Siehe o. S. 217 Anm. 5.
[36] Siehe o. S. 83 und Evans 1909, S. 250-256; Kober 1948, S. 85 mit Anm. 17; Grumach 1969, S. 237f. Auch die Lin A-Schrift scheint gelegentlich diesen Wechsel der Schreibrichtung zu kennen (s. Karetsou u.a. 1985, S. 127).
[37] Ebd. S. 251.

Punkte die einfachste und befriedigendste ist, kann sie von allen Möglichkeiten wegen des dürftigen Materials nur die größte Wahrscheinlichkeit beanspruchen.

Duhoux ist bei genauer Betrachtung der Axtinschrift auf ein Detail gestoßen, das er mit dem Diskusdorn identifiziert.[38] Es handelt sich um den kurzen Strich, der die Nackenlinie des Profilkopfs *a* nach unten verlängert:

Den Strich hätte man wahrscheinlich nicht weiter beachtet, wäre man nicht durch die Dorne der vermutlich verwandten Diskusschrift sensibilisiert gewesen. Die Identifizierung mit dem Diskusdorn ist aber nicht unproblematisch, weil er nicht wie auf dem Diskus unter dem letzten Bildzeichen eines Wortes steht, sondern unter dem ersten. Diese Schwierigkeit glaubt Ohlenroth, der den Diskus rechtsläufig – mit dem Dorn jeweils am Wortanfang – und die Axt von unten nach oben liest, überwinden zu können. Der Axtdorn sei „um eine Position vorverlegt" worden,[39] da er eigentlich unter *l* hätte stehen müssen, wo aber die untere Begrenzungslinie keinen Platz mehr gelassen habe.[40] Diese Erklärung ist, abgesehen von der vorausgesetzten falschen Leserichtung, freilich nicht recht stichhaltig, weil der Schreiber bei einer Schriftrichtung von unten nach oben unter *l* genügend Platz hätte lassen können.[41]

Ein einfaches Gleichheitszeichen zwischen Axt- und Diskusdorn ist also schon wegen der unterschiedlichen Positionen nicht möglich. Wenn man mit mir den Diskusdorn als Ideogramm für *und*[42] auffassen wollte, müsste der Dorn auf der Axt eine andere Bedeutung haben. Zur Beurteilung der möglichen Verwandtschaft beider Dorne eignet sich eher ein Vergleich der grafischen Gestaltung. Die Analyse der Morphologie der 16 Diskusdorne (s.o. S. 137-141) hatte ergeben, dass die Ausführung des Dorns sich nach den jeweiligen Platzverhältnissen richtet und er im Idealfall mittig an der Basis des zugehörigen Schriftzeichens ansetzt und senkrecht nach unten verläuft. Außerdem besitzt er eine Länge, die ihn deutlich wahrnehmbar macht. Diese Bedingungen erfüllt der Axtdorn im Wesentlichen nicht. Hätte der Schreiber den Standard der Diskusdorne eingehalten, hätte er den Dorn mittig unter gesetzt und dadurch auch etwas länger ziehen können:

---

[38] Duhoux, Le disque ..., 1977, S. 15f. Ihm folgen einige wenige: Best/Woudhuizen 1989, S. 74 und 98; Ohlenroth 1996, S. 445f.; Woudhuizen 2006, S. 114.
[39] Gemäß Ohlenroths Leserichtung folgt ja *l* unmittelbar auf *a*, das ‚letzte' Zeichen der ersten Kolumne.
[40] Ohlenroth ebd. S. 446.
[41] Siehe auch o. S. 218.
[42] Siehe o. S. 170-188.

Fig. 61 – Original   Fig. 62 – mit ‚optimiertem' Dorn

Durch seine ‚Ungeschicklichkeit' hat er außerdem bewirkt, dass der Dorn als Verlängerung der Nackenlinie erscheint und insofern kaum auffällt. Das alles spricht vielmehr für die Vermutung, dass dem Schreiber die Nackenlinie versehentlich zu lang geraten ist. Der Vorgang ist wohl so zu erklären: Der Schreiber hat beim Profilkopf (*a*), mit dem der ganze Text beginnt, zunächst das einfachste Element, die Nackenlinie, geritzt, sozusagen als Basis für die weitere Ausführung des Zeichens. Die benötigte Länge konnte er nicht von vornherein genau abschätzen; vielleicht ist ihm auch das Schreibgerät abgerutscht.[43] Erst als er die Gesichtskontur fertiggestellt hatte, bemerkte er seinen Fehler, den er nur durch einen übermäßig langen Hals hätte unkenntlich machen können. Der vermeintliche Dorn ist also wahrscheinlich keine absichtliche Schöpfung, sondern ein versehentliches Nebenprodukt. Dies kann man zwar nicht strikt beweisen; aber die Anhänger der Dornhypothese müssen sich die Frage gefallen lassen, warum der Dorn – unabhängig von seiner Bedeutung – in jeder Hinsicht misslungen ist.

Bevor wir die Axtschrift mit den anderen kretischen Schriften vergleichen, wollen wir den Umfang des Schriftsystems abschätzen, das uns ja nur in einem engen Ausschnitt vorliegt. Duhoux errechnet mit der Formel von Mackay[44] insgesamt ca. 30 Schriftzeichen (ohne diakritische Zeichen).[45] Welche Zahlen er in die Formel eingesetzt hat, sagt er nicht.[46] Sein (durch Fehler bedingtes) Ergebnis von 30 Zeichen hält er für „very strange", da die Zahl 30 zwar „perfectly" zu einem Alphabet, nicht aber zu einem anzunehmenden Syllabar passe.[47] Wenn wir aber in Mackays Gleichung die korrekten Zahlen einsetzen (Textlänge: zwölf Zeichen, also ohne die drei Determinative *a* = *g* = *j*;[48] unterschiedliche Zeichen: zehn[49]), erhalten wir 60 Z. Dies würde mit dem errechneten Diskusinventar von etwa 56 Z. übereinstimmen. Leider aber bietet die Textgrundlage der Axt eine viel zu schmale Basis für eine einigermaßen verlässliche Berechnung. Da aber eine Buchstabenschrift aus

---

[43] Die Linie scheint in e i n e m Zug entstanden zu sein. Zu lang geratene Striche treten in der Kursivschrift der kretischen Hieroglyphen (= Protolinear: s.u. S. 247f.) in Hülle und Fülle auf.
[44] Zu Mackay s.o. S. 114-117. Dieselbe Formel hat auch Kamm, wenn auch auf anderem Wege, gefunden (o. S. 117f.).
[45] Duhoux 1998, S. 15.
[46] Die Zahlen von Duhoux lassen sich jedoch rekonstruieren: 15 Bildzeichen (mit Determinativen!) als Textlänge und zehn unterschiedliche Bildzeichen. Die erste Zahl ist falsch, die zweite nur zufällig richtig.
[47] Ebd.
[48] Determinative oder Ideogramme haben hier nichts zu suchen (s. Mackay selbst: o. S. 115).
[49] Diese Zahl gilt nur, wenn man auf Spekulationen verzichtet. Ich zähle das nicht erkennbare Zeichen *i* als eigenes Zeichen und identifiziere (*b*) mit seinem gespiegelten Gegenstück (*o*).

mehreren Gründen ausscheidet (Zeit;[50] der zweite mit Determinativ eingeleitete Name *g-i* bestünde nur aus zwei Buchstaben; Verwandtschaft mit den übrigen kretischen Syllabaren) ebenso wie eine Ganzwortschrift, ist die Annahme einer überwiegend silbisch strukturierten Schrift unvermeidlich. Syllabare besitzen normalerweise deutlich mehr als 40 Zeichen.[51] Insofern dürfte die Axtschrift mindestens den Umfang der Diskusschrift aufweisen.

Die spiegelverkehrten Zeichen Y (*b*) und Y (*o*) sind nach verbreiteter Ansicht „identisch" (Godart[52]), während die ‚Entzifferer' der Axt – aus begreiflichen Gründen – dazu neigen, in ihnen zwei unterschiedliche Z. zu sehen. So beruft sich Ohlenroth unter anderem darauf, dass beide Z. von unterschiedlichen Händen herrühren könnten[53] – eine a priori höchst unwahrscheinliche Annahme. Spiegelungen ein und desselben Z.s sind in alten Schriften keine Seltenheit, wie auch in Lin A.[54]

Einige Z. der Axt zeigen eine gewisse Ähnlichkeit mit den kretischen Hieroglyphen. Wegen des schlechten Erhaltungszustandes mancher Axtzeichen und wegen der Beobachtung, dass in frühen Schriften dieselben Zeichen in unterschiedlichen Varianten auftreten, gestaltet sich ein Vergleich schwierig. Immerhin lassen sich zu den Axtzeichen *h* und *m* Parallelen finden.[55] Wenn das arg beschädigte Zeichen *f* einen Tierkopf mit heraushängender Zunge darstellten sollte,[56] käme ein ähnlicher Tierkopf in den Hieroglyphen in Frage.[57] Auch *n*, das vermutlich eine Pflanze wiedergibt, besitzt vielleicht eine hieroglyphische Parallele.[58] Wenn man wenigstens zwei Übereinstimmungen einräumt, errechnet sich für den Fall, dass das Schriftsystem der Axt insgesamt 57 verschiedene Zeichen (also ebenso viele wie die Diskusschrift)[59] aufweisen sollte, eine hypothetische Zahl von zehn bis elf Zeichenentsprechungen.

Die mit den kretischen Hieroglyphen sehr nah verwandte Inschrift auf einem 1937 gefundenen Steinblock aus Mallia:[60]

---

[50] Siehe auch o. S. 120.
[51] Siehe o. S. 123.
[52] Diskus ..., 1995, S. 146.
[53] Ohlenroth 1996, S. 438 und 440.
[54] Siehe die Zeichenaufstellung bei Raison/Pope 1994, S. 22 Nr. 53 a/b, Nr. 58, S. 23 Nr. 77 a/d-e. Zu einem Fall in Lin B s. Chadwick, Linear B ..., 1989, S. 16.
[55] Mit *h* vgl. Hieroglyphe Nr. 26 (Zählung nach Olivier/Poursat 1996, S. 17) mit Varianten bei Evans 1909, S. 218, und *m* mit Nr. 50.
[56] Wie z.B. Best/Woudhuizen 1989, S. 75 annehmen.
[57] Nr. 18 (s. auch Evans ebd. S. 209).
[58] Siehe Nr. 23 (Varianten bei Evans S. 213) oder Nr. 31 (Varianten bei Evans S. 215).
[59] Jeweils unter Einbeziehung der Determinative und .
[60] Es finden sich sechs ziemlich sichere Parallelen (Übersicht bei Best/Woudhuizen 1989, S. 77; s. auch Chapouthier 1938, S. 106) bei einer Textlänge von nur 15 (evtl. 16) Z., darunter 12 (bzw. 13) verschiedene. Nach Mackays Formel gewinnen wir für die Malliaschrift einen Gesamtbestand von 60 (69) diversen Z. Setzen wir einen Mindestbestand von 57 Z. voraus, erhalten wir durch Extrapolation 28/29 (26) übereinstimmende Z.; also etwa die Hälfte des Malliasyllabars würde in den kretischen Hieroglyphen wiederkehren.

Fig. 63 – Altarstein von Mallia (Grafik: A. Glaser)

scheint mit der Axtschrift nur ein Z. zu teilen, den Pfeil/Speer (*m*). Da aber beide Schriftsysteme auf Grund der Kürze der Texte nur zu ungefähr einem Fünftel bekannt sind, errechnen wir durch Extrapolieren eine Anzahl von 22 bis 25 verwandten/übereinstimmenden Z.! Gegen diese erstaunliche Zahl ließe sich einwenden: 1. Der Zufall könnte seine Hand im Spiel gehabt haben; die gefundene Zahl wäre dann entweder (viel) zu hoch oder zu niedrig. Aber die Verwandtschaft beider Schriften wäre auch im ungünstigsten Fall unzweifelhaft. 2. Es ist durchaus denkbar, dass zwischen dem Pfeil der Malliaschrift ↑ und dem Pfeil/Speer | (*m*) der Axt keine echte Verbindung besteht; beide Z. können vom Bildinhalt und der grafischen Gestaltung her nicht als charakteristisch und unverwechselbar gelten. Dann aber gäbe es keine e r k e n n b a r direkte Beziehung,[61] wohl aber immer noch eine indirekte. Denn die Mallia- und die Axtschrift berühren sich mit den kretischen Hieroglyphen und mit Lin A[62], das wiederum den Hieroglyphen nahesteht.[63] Wenn wir zusätzlich die Diskusschrift mit ins Spiel bringen, nimmt der Grad der Vernetzung noch weiter zu. Generell gilt, dass sämtliche kretische Schriftsysteme des 2. Jahrtausends v. Chr. (kretische Hieroglyphen, Diskus, Axt, Mallia, Lin A und B) miteinander zusammenhängen. Das Ausmaß der Beziehung wurde oft als zu gering eingeschätzt, da die überlieferten Zeichensysteme von Diskus-, Axt- und Mallia-Inschrift unvollständig sind und der Umfang der Verwandtschaft auf der Grundlage der extrapolierten, d.h. errechneten Gesamtzeicheninventare ermittelt werden muss.

Es bleibt noch die Frage nach den Parallelen zwischen Axt und Lin A. Neben drei unsicheren Entsprechungen[64] gibt es drei besonders bemerkenswerte,[65] darunter die wichtigste: Axt = Lin A 26 f oder h.[66] Dieses Z. weist die Besonderheit auf, dass es – anscheinend – keinen Gegenstand der Natur oder ein menschliches Artefakt abbildet und daher nicht leicht in fremden Schriftsystemen unvermittelt und zufällig auftauchen kann. Seine abstrakte Gestaltung verleiht ihm Individualität.[67] Dies steht nicht im Widerspruch dazu, dass dieses Z. in Lin A in nicht weniger als 15 Varianten auftritt.[68]

---

[61] Allerdings weist auch die Malliainschrift einen Profilkopf auf; aber seine stark vereinfachte Ausführung erlaubt keine Aussage über die Beziehung zum Profilkopf der Axt.
[62] Mit der Schrift von Mallia vgl. die Lin A-Zeichen 1, 44, 59 b, 60, 66 und 67 (Nummerierung nach Raison/Pope 1994, S. 21ff.).
[63] Siehe die Aufstellungen z.B. bei Evans 1921, S. 643, Chadwick 1973, S. 33 und Hiller 2000, S. 130.
[64] Vgl. Axt *f* (?) mit Lin A 180 (Nummerierung nach Raison/Pope), *m* mit 67 und *n* mit 54 d.
[65] Vgl. Axt *d* mit Lin A 26 f oder h, *h* mit 89 (samt Varianten [s. auch Evans 1909, S. 218]) und *o* mit 30.
[66] Über diese Gleichsetzung herrscht Einmütigkeit: siehe z.B. Marinatos 1935, Sp. 253; Gaya 1953, S. 59; Grumach 1969, S. 251 Anm. 9; Godart, Der Diskus ..., 1995, S. 147.
[67] Ein solcher Gedanke schwebte vermutlich auch Godart vor (ebd. S. 147).
[68] Siehe Raison/Pope S. 21.

Aus heutiger Sicht stellt ⊤̈ eine Art Leitfossil zur Bestimmung der Lin A-Verwandtschaft dar. Timm erwägt freilich, ob es sich bei dem aus Strich(en) und Punkten zusammengesetzten Z. nicht um von den kretischen Hieroglyphen her bekannte Zahlzeichen handelt.[69] Dort steht ein Punkt für 10 und ein Strich für 100.[70] Mit subtiler Begründung hält er diese Annahme für „eher unwahrscheinlich". Sie ist aber ganz und gar unmöglich, da Zahlen – in unserem Fall 130 – bei Personennamen wenig Sinn geben.

Zweifellos steht die Axtschrift der Lin A-Schrift nahe, besonders wenn man bedenkt, dass uns nur ein Bruchteil der Zeichen von ersterer bekannt ist, also die Zahl der Übereinstimmungen weit größer sein dürfte. In diesem Zusammenhang soll nicht unerwähnt bleiben, dass das Axtzeichen Ỵ (b) bzw. Ỵ (o) sich nicht nur auf dem Diskus wiederzufinden scheint Ƴ, sondern auch in der vier Zeichen umfassenden Lin A-Inschrift auf der Silberaxt (und auf der möglicherweise echten Bostoner Goldaxt): ⌐ (⊦). Da die phonetischen Werte dieser Schriftzeichen bekannt sind, ist zu lesen: *i-da-ma-te*. Der glückliche Fund (1993) eines sakralen Gegenstandes in einem minoischen Gipfelheiligtum auf der Insel Kythera hilft unserem Verständnis; das Objekt trägt die kurze Lin A-Inschrift: *da-ma-te*. Daher muss *da-ma-te* ein kultisches Wort sein, wahrscheinlich der Name einer Gottheit, und das vorgesetzte *i* ein Präfix mit nicht sicher bestimmbarer Bedeutung.[71] Ob diese Gottheit in irgendeiner Beziehung zur griechischen Göttin Demeter steht, ist eine schwierige Frage, die aber an diesem Punkt der Untersuchung weniger interessiert. Viel wichtiger ist, ob *da-ma-te* auch Bestandteil der Inschrift auf der Bronzeaxt ist. Wenn das Lin A-Zeichen ⌐(*da*) tatsächlich mit dem Axtzeichen Ỵ bzw. Ỵ identisch sein sollte, könnte man versucht sein, den Anfang der Inschrift:

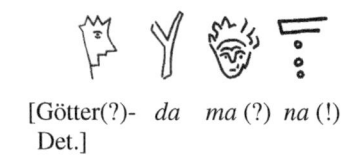

[Götter(?)-   *da*   *ma* (?)   *na* (!)
Det.]

auf diese Gottheit zu beziehen. Allerdings schließt die dritte Silbe *na* diese Annahme wohl aus. Außerdem müsste wegen der drei übereinstimmenden Determinative (*a = g = j*) auf der Axt von drei Gottheiten die Rede sein.[72] Dann sollte man jedoch wesentlich mehr Inschriften auf den in der Grotte gefundenen Weihegaben erwarten, da mancher Stifter nicht alle drei Gottheiten, sondern nur einzelne unter ihnen beschenken wollte. Die silberne Axt

---

[69] Timm 2005, S. 47f.
[70] Zum hieroglyphischen Zahlensystem s. Evans 1909, S. 256ff.
[71] Siehe Duhoux 1993/94; Sakellarakis/Olivier 1994. Die alte Auffassung von *i-da-ma-te* als *ida • mate* „Mutter vom [Berg] Ida" dürfte nicht mehr haltbar sein (s. allerdings Owens 1996; ders. 2000, S. 249f.).
[72] Auch Ohlenroth will „nicht zu der komplizierten Annahme Zuflucht nehmen, in der Grotte von Arkalochori seien verschiedene Gottheiten nebeneinander verehrt worden" (1996, S. 447).

(eventuell auch die Bostoner Goldaxt) wäre dafür ein schlagender Beleg. Es bleibt also bei der Vermutung, dass die drei Namen der Axtinschrift Menschen, also die Stifter, bezeichnen.[73]

Über die Lautung dieser Namen kann zum jetzigen Zeitpunkt nur spekuliert werden, da nicht einmal sicher ist, ob mit anderen Schriften übereinstimmende Zeichen auch denselben Lautwert haben. Ebenso ist die Länge der Namen nicht zuverlässig abzuschätzen mit Ausnahme von *g-i* (= zwei phonetische Z.). Die beiden übrigen Namen *a* ... und *j* ... lassen, es sei denn man nimmt an, der Text enthalte ausschließlich Namen, eine Länge von zwei bis fünf phonetischen Z. zu. Dieselbe Schwankungsbreite finden wir übrigens auch bei den Namen des Diskus.

Nicht nur der archäologische Befund (s.o. S. 215f.), sondern auch die philologische Betrachtung rückt zumindest die S c h r i f t der Bronzeaxt in die Nähe von Lin A und der übrigen kretischen Schriftsysteme (darunter die Diskusschrift, allerdings ohne Lin B). Sie alle bilden vermutlich eine einzige Familie mit einer – wie im folgenden Kapitel dargelegt – gemeinsamen Sprache.

---

[73] Siehe o. S. 223. – Ohlenroth (1996, S. 446), der den Text von unten nach oben liest, will in der linken Kolumne (*f → a*) den Namen der griechischen Δημήτηρ entdecken, allerdings als Kurzform Δηώ im Genitiv Δηοῦς, wobei er, um für jedes der sechs Axtzeichen einen Buchstaben zu finden, „unter Verzicht auf eine bündige sprachhistorische Rechtfertigung" ein ι einschiebt: Δηιους.

DIE SPRACHE DES DISKUS

Der Bestimmung der Sprache, die mit der Diskusschrift wiedergegeben wurde, kommt natürlich größte Bedeutung zu. Der Weg, sämtliche bisher vorgeschlagene und eventuell auch weitere Sprachen[1] auf ihre Tauglichkeit zu überprüfen, ist kaum gangbar und dürfte jeden Forscher überfordern. Die Entzifferer verlassen sich hinsichtlich der gewählten Sprache im Allgemeinen auf die in ihren eigenen Augen evidente Entschlüsselung des Textes. Daher verfolgen die weiteren Ausführungen einen pragmatischen Ansatz.

Kreta in homerischen Quellen (bes. Odyssee 19,172ff.)

Die früheste europäische Beschreibung Kretas und seiner Bewohner finden wir im 19. Buch der Odyssee (172ff.):

> Kreta ist ein Land mitten in dem weinfarbenen Meer,
> ein schönes und fettes, ringsumflossen. Darauf sind Menschen
> viele, unendliche, und neunzig Städte,
> und die Sprache der einen diese, der anderen jene, gemischt. Darauf sind Achaier   175
> und darauf die großherzigen Urkreter, und darauf Kydonen
> und die dreistämmigen Dorier und die göttlichen Pelasger.
> Und unter den Städten darauf ist Knossos, die große Stadt, wo Minos
> als König geherrscht hat, der sich in jedem neunten Jahre vertraut mit dem großen Zeus besprach:
> meines Vaters Vater, des hochgemuten Deukalion.   180
> Deukalion aber erzeugte mich und Idomeneus, den Herrscher.
> Doch der ging in den geschweiften Schiffen ins Ilische,
> zusammen mit den Atreus-Söhnen, mir aber ist der berühmte Name Aithon.
>
>   (Übersetzung von W. Schadewaldt)

Diese Worte legt der Odysseedichter (um 680 v. Chr.)[2] seinem Helden Odysseus in den Mund, als er, unerkannt in seine Heimat zurückgekehrt, die Frage seiner Gattin Penelope nach seiner Herkunft mit einer fiktiven Erzählung beantwortet. (Es ist nicht die einzige Lügengeschichte des Odysseus.[3]) Freilich darf man seine Äußerungen nicht als völlig aus der Luft gegriffen auffassen, bemerkt doch der Dichter selbst, dass Odysseus „viele Lügen" erzähle, die „dem Wahren ähnlich" seien (203). Natürlich sind die persönlichen Verhältnisse des Helden erfunden, wenn sie auch mit kretischen Personen verknüpft werden. Aber der geographisch/ethnographische Kontext, der als Unterbau dient, muss plausibel sein, also dem damaligen Kenntnisstand genügen.[4] Nur darf man der Erzählung des Odysseus nicht einfach Informationen entnehmen, ohne ihre literarische Gestaltung und die Quellenlage

---
[1] Siehe o. S. IX.
[2] Der uns unbekannte Verfasser der Odyssee ist streng zu unterscheiden von Homer, dem Schöpfer der Ilias (in der 2. Hälfte des 8. Jh.s vor Chr.).
[3] 13,256ff. und 14,199ff. An allen Stellen gibt sich Odysseus als Kreter aus.
[4] Ähnlich Myres 1952, S. 66 und Hölscher 1990, S. 210 (Zitat unten S. 240).

zu berücksichtigen. Schachermeyr bringt das Versmaß ins Spiel, das die Reihenfolge der Völkernamen wohl mit verantwortet habe.[5]

Nach einer längeren Einleitung (165-171), in der Odysseus endlich seine Bereitschaft erklärt, Penelope Auskunft über sein Geschlecht zu geben, setzt er mit der Darstellung Kretas ein wenig unvermittelt bzw. exkursartig ein (172ff.). Seine Schilderung geht vom äußeren Erscheinungsbild zum Inneren und immer Spezielleren über: Land, vom Meer umflossen (= Insel), Qualität des Landes: schön und fruchtbar, Menschen, Städte, Sprachen, Völker, dann Rückgriff auf die Städte, von denen er als einzige Knossos hervorhebt, deren Herrscher Minos sein Großvater war. Der leicht belehrende Ton verrät, dass Odysseus bei seinem Gegenüber keine soliden Grundkenntnisse voraussetzen darf, liegt doch Kreta, wie er in einer anderen Trugrede mitteilt, „fernab über dem Meer" (13,257). Seine Wahl ist wohl deshalb auf Kreta als seine fiktive Heimat gefallen, weil diese Insel am Rande der griechischen Welt lag und sich als weniger bekanntes Land für erfundene Personalien, die kaum überprüft werden konnten, besonders eignete.

Auffällig ist eine scheinbar geringfügige Wiederholung: Kreta sei „ringsumflossen" (περίρρυτος). Schon im vorangehenden Vers hatten wir erfahren, dass es mitten im Meere liege. Aber der Erzähler wollte nicht auf περίρρυτος verzichten, da dies Wort die Insellage nochmals betont.[6] Denn trotz des Inselcharakters, so müssen wir verstehen[7], wohnen auf Kreta „viele Menschen", wobei *viele* im Enjambement am Anfang des nächsten Verses betont nachgetragen wird. Mit leichter Korrektur wird es noch überboten durch das anschließende *unermessliche*. Diese Übertreibung findet ihre Begründung durch den Hinweis auf die „neunzig Städte". Aber – der folgende Zwischengedanke muss aus dem Zusammenhang ergänzt werden[8] – nicht nur eine riesige Bevölkerung ist auf Kreta beheimatet, sondern auch eine Vielzahl von Sprachen: „die Sprache der einen diese, der anderen jene, gemischt". Unter *gemischt* dürfen wir natürlich nicht eine Mischsprache wie die Kreolsprachen verstehen.[9] Chadwick übersetzt etwas salopp, aber zutreffend: „eine Sprache schubst (jostles) die andere".[10] Odysseus begründet die Sprachenvielfalt mit der Aufzählung einiger kretischer Völkerschaften. Anschließend kommt er auf eine der 90 Städte, nämlich Knossos, die Heimat seines Großvaters Minos, zu sprechen.

Den behandelten Versen lässt sich die Tendenz entnehmen, Kreta als eine ungewöhnlich große und bevölkerungsreiche Insel hinzustellen. Aber die

---

[5] Schachermeyr 1979, S. 229; s. auch Duhoux 1982, S. 9.
[6] Sonst gebraucht der Odysseedichter das bedeutungsgleiche ἀμφίρυτος, das in 19,173 metrisch nicht verwendbar war, zur Bezeichnung einer Insel (1,50; 11,325; 12,283).
[7] Logische Verknüpfungen werden von archaischen Dichtern häufig nicht ausgedrückt. Umfassend dazu Berres 2000.
[8] Siehe vorige Anm.
[9] Dies geht aus den verwandten Iliasstellen 4,437f. und 2,803f. hervor (s. auch u. S. 239). Gegen Kretschmers Annahme einer Sprachenmischung (Die ältesten ..., 1951, S. 6ff.; ders. schon 1946, S. 87) wenden sich Lochner-Hüttenbach (1960, S. 100) und Duhoux (1982, S. 218f.).
[10] Chadwick 1973, S. 4.

aufgeführten fünf Völker wollen nicht recht zur Vorstellung von „vielen unendlichen Menschen" passen. Indem der Dichter sich der naheliegenden Katalogform bedient,[11] erzeugt er den Eindruck von Fülle. Als Völker werden genannt: Achaier, Eteokreter, Kydonen, Dorier und Pelasger.

Zu den Namen im Einzelnen. Die Achaier bezeichnen in den homerischen Epen die Griechen ganz allgemein; es handelt sich also um einen echten Namen. Als Oberbegriff müsste er auch die nur hier in der Odyssee genannten Dorier einschließen. Selbst wenn man von mehreren Einwanderungswellen nach Kreta ausgeht und der Dichter zwischen Achaiern (die Achaier im engeren Sinne saßen in der nordpeloponnesischen Landschaft Achaia und in einem Teil von Thessalien) und Doriern unterschieden haben sollte,[12] so sprechen doch beide Stämme griechisch. Kreta war in historischer Zeit dorisch.[13] Das den Doriern beigefügte τριχάϊκες, von Schadewaldt mit *dreistämmigen* übersetzt, würde zur übertreibenden Tendenz der Stelle passen, ist in Wirklichkeit aber ungedeutet.

Nach den Achaiern kommen die Eteokreter („Echte Kreter"), eine Bezeichnung, die kein eigentlicher Name ist. Er tritt in der griechischen Literatur zuerst hier in der Odyssee auf. Gehen spätere Erwähnungen direkt oder indirekt auf die Odyssee zurück? Der Dichter kannte also offensichtlich nicht den Namen der kretischen Urbevölkerung und behalf sich mit dem Notnamen Ἐτεόκρητες[14], den er möglicherweise selbst gebildet hat.[15] Nimmt man diese Bezeichnung ernst, so kann sie nur im Gegensatz zu eingewanderten Völkern entstanden sein.[16] Dann aber ist zu vermuten, dass diese Ureinwohner eine nichtgriechische Sprache besaßen. Hiermit stimmt die Nachricht bei Herodot (1,173,1) überein, dass ganz Kreta ehemals von Barbaren bewohnt wurde. Als Barbaren bezeichnen die Griechen aus ihrer Sicht (interpretatio graeca) alle diejenigen, die nicht griechisch sprechen. So legt der Iliasdichter den kleinasiatischen Karern das Attribut *barbarophon* bei (2,867).

Im Anschluss an die Eteokreter werden die Kydonen genannt. Mit den odysseischen Kydonen kann Karo „nichts anfangen".[17] Aber nach Ansicht

---

[11] Man vergleiche nur ἐν μὲν ..., ἐν δ' ..., ἐν δὲ ..., ... τε ... τε (Od. 19,175-177) mit
ἐν μὲν ..., ἐν δ' ..., ἐν δὲ ..., ... τ' ... τε (Il. 18,483f.).
[12] Beloch, der die ganze Lügengeschichte des Odysseus (Od. 19,165-202) für eine spätere Zutat und die Verse über die verschiedenen Sprachen und Völker (175-177) sogar für eine „Einlage in die Umdichtung" hält (1926, S. 47; s. auch Wilamowitz 1988, S. 41 Anm. 1), will aber auch in dem Fall, dass die ganze Passage doch alt sei, „noch lange nicht folgern, daß es damals oder je zuvor Pelasger auf Kreta gegeben hat; denn auch die Achaeer werden hier ja bloß darum nach Kreta gesetzt, weil Idomeneus und Meriones in der Ilias als Achaeer erscheinen" (S. 48).
[13] Siehe z.B. Karo 1922, Sp. 1794; Ernst Meyer in: Der Kleine Pauly 1964-1975, Bd. 3, Sp. 339.
[14] Vgl. z.B. den bekannten Namen Ἐτεοκλῆς („echt berühmt"). Siehe Frisk 1973-1991, Bd. I, s.v. ἐτεός.
[15] Evans führt den Namen auf dorische Kolonisten zurück (1894, S. 354). Zu Etymologie und Namensgebung sowie zu den eventuellen politischen Verhältnissen, die zur Bezeichnung *Eteokreter* führte, s. Duhoux 1982, S. 16-21. Seine Ausführungen sind kenntnisreich, wägen Alternativen ab und bleiben auf Grund vieler Spekulationen leider ohne greifbares Ergebnis.
[16] Siehe Faesi zur Stelle. Faesi will allerdings auch die Kydonen als Ureinwohner ansehen. Ebenso hält A. J.-Reinach beide Völker für „indigen" (1910, S. 61). Faesi und Reinach könnten sich auf Strabo (10,4,6) berufen.
[17] Karo 1922, Sp. 1794.

einiger Autoren repräsentieren die Eteokreter und die Kydonen indigene Elemente auf Kreta.[18] Dann aber müssten die Kydonen eine Untergruppe der Eteokreter bilden. Aber welche Vorstellungen verbindet der Odysseedichter selbst mit den Kydonen? An der einzigen weiteren Stelle, an der er sie erwähnt (Od. 3,291f.; der Iliasdichter nennt sie nirgendwo), lässt er sie an beiden Ufern des Jardanos wohnen. Diesen Fluss kennt auch Homer (Il. 7,135). Beide Dichter gebrauchen dieselben Worte: Ἰαρδάνου ἀμφὶ ῥέεθρα. Nur liegt der iliadische Jardanos nicht in Kreta, sondern in der Peloponnes! Der Versschluss ἀμφὶ ῥέεθρα kommt in der Ilias insgesamt 3x (2,461; 2,533; 7,135) jeweils mit vorangehendem Genitiv eines Flussnamens vor, in der Odyssee nur an unserer Stelle. Das gibt der Ilias eine leichte Priorität. Der Odysseedichter bringt nun die Kydonen nicht nur mit dem rätselhaften Jardanos in Verbindung, sondern auch mit der Stadt Gortys (3,294). Gortys aber liegt im mittleren Teil Kretas in der Messara-Ebene, wo sich auch das vom Dichter genannte Phaistos (3,296) befindet. Schwierigkeiten bereitet die Tatsache, dass die Kydonen nicht mit dieser geographischen Angabe in Beziehung gebracht werden können, da sie nachweislich ihre Wohnsitze in Westkreta, in der Gegend des heutigen Chania, hatten.[19] Gortys und Phaistos begegnen wir auch im Schiffskatalog der Ilias im Abschnitt über die von Idomeneus befehligten Kreter (Il. 2,645-652). Wie der Odysseedichter zu seinen falschen Angaben über den Siedlungsraum der Kydonen kam, ist leicht zu erklären. Er verwechselte das in Arkadien liegende Gortys mit der gleichnamigen Stadt in der kretischen Messara-Ebene und konnte nun – aufgrund der ihm vorliegenden Ilias und seiner vorzüglichen Homerkenntnisse – den aus Homer bekannten peloponnesischen Fluss Jardanos in die Wohnsitze der Kydonen verlegen. Voraussetzung für dieses Manöver war, dass er keinerlei Vorstellung davon hatte, in welchem Teil Kretas die Kydonen zu suchen waren. Zugleich enthüllt diese Manipulation, wie oberflächlich und bedenkenlos er geographische Details aus seinen, teilweise literarischen, Quellen kompilierte oder konstruierte. – Überhaupt ist es kein Geheimnis, dass er Geographica oft recht genau beschreibt, ohne dass man sie identifizieren kann. So auch im Falle von Ithaka, der ‚wirklichen' Heimat des Odysseus. Die Unmöglichkeit, das odysseische Ithaka zu lokalisieren, geht auf „die Widersprüche zwischen den Beschreibungen im Epos und der geographischen und archäologischen Realität" (Guggisberg[20]) zurück. Die Antike ‚bestätigte' durch nachträgliche Einrichtungen von Heroenkulten (im modernen Ithaka fand sich in der Polis-Höhle ein Kult für den Heros Odysseus) die epischen Angaben, die dadurch

---

[18] Evans 1894, S. 356; A. J.-Reinach 1910, S. 61; Schachermeyr 1979, S. 229 mit Anm. 1.
[19] Kydonia wird in den Lin B-Texten genannt: *ku-do-ni-ja* (s. Lehmann 1970, S. 353; Chadwick 1973, S. 557; McArthur 1993; auch Burkert 2001, S. 90 mit Anm. 15), vielleicht aber auch schon in Lin A: *ku-do-ni* (HT 13.4 und 85 a.4) und ebenso wohl im Ägyptischen: *ku-tw-n* ꜣ *-jj* (s. Lehmann ebd.; Haider 1988, S. 4; Edel/Görg 2005, S. 175-177, 191, 204, 213). Gegen kritische Stimmen, die einen Spätansatz der Stadtgründung befürworten, wendet sich zu Recht Lehmann (S. 352f.). Der Name *Kydonia* ist „ein sekundäres Ethnikon": „Stadt der Kydonen" (A. Chaniotis in: Burkert ebd. S. 103).
[20] 2008, S. 90.

Glaubwürdigkeit und Historizität gewannen.[21] Wenn der Odysseedichter schon mit den scheinbar fälschungssicheren Geographica so frei umgehen konnte, wie leicht war es ihm da, Ethnographica unbekümmert zu behandeln!

Als letzte Völkerschaft führt der Dichter die Pelasger auf. Dies ist der früheste Beleg für ihre Anwesenheit auf Kreta. Er wurde Ausgangspunkt für die unglückliche Identifizierung der Pelasger mit den Philistern.[22] In der vorodysseischen Ilias werden die Pelasger mit Thessalien (2,681-685)[23], Kleinasien (2,840-843) und mit dem Zeus von Dodona in Epirus (16,233) in Verbindung gebracht.

Die für uns interessanteste Stelle befindet sich im 10. Buch der Ilias, der sogenannten Dolonie. Dieses Buch wurde im Hinblick auf die bereits vorliegende Ilias Homers geschaffen,[24] ist also nachiliadisch und steht zeitlich der Odyssee wohl nahe. Ilias- und Odysseedichter sind durch etwa eine Generation voneinander getrennt. In die Zwischenzeit fallen die Werke Hesiods.[25]

In der Dolonie verrät Dolon die Lagerplätze einiger Verbündeter der Trojaner und nennt zehn Völker (10,428ff.), von denen der Dichter neun dem iliadischen Katalog der troischen Hilfsvölker (2,819ff.) entnehmen konnte.[26] Allerdings werden nur die Myser, Phryger und Maionen in der Reihenfolge des Kataloges aufgezählt. Die Nennung der Pelasger geschieht mit denselben Worten wie an unserer Odysseestelle: δῖοί τε Πελασγοί (Il. 10,429; Od. 19,177). Das schmückende Beiwort δῖος *göttlich* ist in den homerischen Epen extrem häufig, seine Anwendung jedoch streng reglementiert. Es tritt zu geographischen Begriffen und zu einzelnen Personen, grundsätzlich aber nicht zu Völkernamen. Ausnahmen sind nur die Achaier, die insgesamt 7x durch δῖοι ausgezeichnet werden,[27] und 2x die Pelasger.[28] Wenn man bedenkt, dass auf die ca. 670 Nennungen der Achaier nur 7 δῖοι entfallen, aber auf die insgesamt nur 3 Erwähnungen der Pelasger[29] 2, erkennt man die völlig exzeptionelle Verbindung von δῖοι mit Πελασγοί. Die beiden gleichlautenden Stellen sind nicht voneinander unabhängig. Während aber die „göttlichen Pelasger" in Il. 10,429 (aus dem Hilfsvölkerkatalog Il. 2,840-843 übernommen) in Kleinasien siedeln, erscheinen sie in der Odyssee (19,177) als Bewohner Kretas. Es ist der früheste ‚Beleg' für die Existenz kretischer Pelasger. Aus ihm geht aber nicht hervor, dass die Pelasger „sicher bezeugt für Kreta" (Gschnitzer[30])

---

[21] Guggisberg 2008, S. 91f.
[22] Siehe o. S. 204f.
[23] Eine Landschaft in Thessalien heißt Pelasgiotis.
[24] Siehe z.B. Schadewaldt 1966, S. 142 Anm. 4 und Lesky 1967, Sp. 105f.
[25] Siehe dazu Berres 1975 (beide Artikel) und 1981.
[26] Die Kaukonen sind im ‚Plusvers' 2,855a überliefert.
[27] Il. 5,451; 11,455 und 504; 18,241; 20,354; Od. 3,116; 19,199.
[28] Il. 10,429; Od. 19,177.
[29] Il. 2,840; 10,429; Od. 19,177.
[30] In: Der Neue Pauly 1996ff., Bd. 9, Sp. 490. Beachte die generelle Warnung von Bernheim (1970, S. 377f.), „Schilderungen oder einzelne Angaben in Dichtwerken ohne weiteres als Zeugnisse entsprechender wirklicher Tatsachen" aufzunehmen, „anstatt die Möglichkeit poetischer Fiktion oder Entstellung in Rechnung zu ziehen".

seien. Vielmehr gewinnt der Name *Pelasger* in der griechischen Literatur sehr bald halbmythischen Charakter:

> „An der Historizität dieses Stammes ist grundsätzlich nicht zu zweifeln, aber schon die ältesten griech. Autoren haben nur noch vage Vorstellungen von ihm; im Laufe der Zeit wird das angebliche Verbreitungsgebiet der P. immer ausgedehnter ... Allmählich wird P. zum Sammelnamen für die vorgriech. Bevölkerung in vielen Gegenden von Hellas, sowie der Troas und der Inseln ..." (Neumann[31]).

Dazu passt, dass Herodot mit aller gebotenen Vorsicht für die Pelasger eine „Barbarensprache" vermutet (1,57,2). Insofern reihen sich die Pelasger in Od. 19,177 sinnvoll in die vielsprachige Völkergemeinschaft Kretas ein. Meines Erachtens hat der Odysseedichter die Anwesenheit der Pelasger auf der Insel erfunden. Die späteren Quellen für die kretischen Pelasger sind kümmerlich und auffällig substanzlos.[32] In welcher Beziehung standen die pelasgischen Ureinwohner Kretas, sofern sie überhaupt existierten, zu den Eteokretern? Gab es zwei Urbevölkerungen auf der Insel, oder sogar drei, wenn man den Kydonen eine eigene Sprache zubilligen darf?

Die Angaben des Dichters über Kreta sind also mit großer Zurückhaltung aufzunehmen. Da aber Völker wandern und Namen von Geographika der alten Heimat in die neue mitnehmen können, bleiben bei ethnographischen Untersuchungen häufig erhebliche Unsicherheiten bestehen. Festeren Boden betreten wir mit der Nachricht von 90 Städten auf Kreta (Od. 19,174). Woher hat der Dichter diese Zahl?

Im Kreterabschnitt des Schiffskataloges der Ilias bezeichnet Homer Kreta als *hundertstädtig* (Κρήτην ἑκατόμπολιν, Il. 2,649). Der Odysseedichter als Homerepigone hat diese wie auch andere mit Kreta zusammenhängende Stellen gekannt. Er erwähnt von den sieben Städten, die Homer aufzählt (Il. 2,646-648), nur drei (Knossos, Od. 19,178; Gortys, 3,294; Phaistos, 3,296). Über den Iliasdichter hinaus nennt er noch Amnisos (19,188), den Hafenplatz von Knossos. Er verwechselt das kretische Gortys mit dem arkadischen.[33] Warum aber reduziert er die iliadische Zahl von 100 Städten auf 90, wo doch seine Tendenz klar erkennbar ist, die Insel als besonders bevölkerungsreich darzustellen?[34] Hatte er eine bessere Quelle als die Ilias oder war er gar ortskundig? Beides wohl nicht. Wollte er die Zahl 100 korrigieren und durch eine realistischere ersetzen, um mehr Glaubwürdigkeit zu gewinnen?[35] Dieser abwegige Gedanke setzt überdies voraus, dass die Hörer (eventuell auch Leser) der Odyssee den Unterschied überhaupt bemerkten.

---

[31] In: Der Kleine Pauly 1964-1975, Bd. 4, Sp. 594f.
[32] Siehe Anhang A (S. 304-306).
[33] Siehe o. S. 234.
[34] Siehe o. S. 232f.
[35] Burkert hält 90 für „sicher übertrieben, aber doch reduziert gegenüber den '100 Städten'" der Ilias (2001, S. 91). Widerspruch bei Chaniotis: „keine Übertreibung" (in: Burkert S. 103). „Tatsächlich gab es in klass. Zeit knapp 60 selbständige Gemeinwesen" (Niehoff in: Der Neue Pauly 1996ff., Bd. 6, Sp. 829; dieselbe Zahl auch bei Chaniotis).

Der Iliasdichter will mit der Angabe *hundertstädtig* (ἑκατόμπολις) keine genau nachzählbare, sondern eine große, nur schwer überschaubare Menge bezeichnen. In ähnlicher Weise nennt er auch das ägyptische Theben *hunderttorig* (ἑκατόμπυλος, Il. 9,383) im Zusammenhang mit der gewaltigen Wiedergutmachung, die Agamemnon dem schwer gekränkten Achill anbietet. Doch Achill lehnt ab:

> Und wollte er mir auch zehnmal und zwanzigmal soviel geben,
> soviel er jetzt hat, und wenn noch von irgendwo anderes hinzukäme,   380
> oder soviel in Orchomenos eingeht oder soviel in Theben,
> dem ägyptischen, wo in den Häusern der meiste Besitz liegt –
> hunderttorig ist es, und zweihundert können durch jedes
> Männer herausziehen mit Pferden und Wagen –
> und wollte er mir soviel geben, wie da Sand und Staub ist: 385
> auch so würde er nicht mehr meinen Mut bereden ...
>
>   (Übersetzung von W. Schadewaldt)

Zu der gewaltigen Rüstung, die Athene anlegt, gehört ein Helm „golden, mit Schwerbewaffneten von hundert Städten versehen [= verziert]" (Il. 5,744). Und der Scheiterhaufen für Patroklos' Leichnam beträgt „hundert Fuß" (ἑκατόμπεδος) in Länge und Breite (Il. 23,164).

Von diesem Gebrauch der Zahl *hundert* sind zu unterscheiden die Zahlen im Schiffskatalog, die die Größe der einzelnen Kontingente gegeneinander abstufen und die jeweilige Bedeutung des militärischen Aufgebotes und seiner Führer anzeigen sollen. Hier die Zahlen der Schiffe in aufsteigender Folge (ohne Nennung von mehrmaligem Vorkommen ein und derselben Zahl) samt ihren Anführern:

Nireus	3	Schiffe	(Il. 2,671)
Philoktet	7		(719)
Tlepolemos	9		(654)
vier Führer der Epeier, jeweils	10		(618f.)
Eumelos	11		(713)
Odysseus	12		(637)
Guneus	22	(2+20)	(748)
Pheidippos und Antiphos	30		(680)
Meges	40		(630)
Achill	50		(685)
Agapenor	60		(610)
Diomedes	80		(568)
Nestor	90		(602)
Agamemnon	100		(576)

Dass diese unterschiedlichen Zahlen eine hierarchisierende Funktion haben, macht Homer selbst deutlich durch kommentierende Bemerkungen zum Anführer des größten und des kleinsten Kontingents: Agamemnon war unter den Helden der edelste (ἄριστος) und gebot über die weitaus meisten Mannen (πολὺ δὲ πλείστους ἄγε λαούς, 580). Demgegenüber war Nireus zwar der schönste Mann vor Troja – nach Achill, „aber er war schwach, und wenig Volk folgte ihm" (675).

Es fällt auf, dass die Zehnerreihe vollständig ist bis auf die 70. Das griechische Wort für 70, ἑβδομήκοντα, kann in einem Hexameter aus metrischen Gründen nicht verwendet werden. Eigentlich gilt dies auch für 80. Die klassische Form ὀγδοήκοντα wurde aber durch regelrechte Kontraktion der Vokale ο und η zu ω verstauglich gemacht: ὀγδώκοντα.[36]

Der Odysseedichter konnte das zusammengesetzte Adjektiv ἑκατόμπολις Homers nicht übernehmen, weil es sich syntaktisch auf *Kreta* oder ein Ersatzwort wie *Land* (αἶα, γαῖα, γῆ) oder *Insel* (νῆσος) beziehen müsste. Aber eine Wiederaufnahme von *Kreta* in 19,174 wäre poetisch äußerst unglücklich gewesen. Die einfache Kardinalzahl ἑκατόν ist zwar prinzipiell metrisch geeignet,

| statt: | καὶ ἐννήκοντα πόληες |
| etwa: | *ἑκατόν τε πόληες[37] |

aber die neue zweite Vershälfte hätte mit keinem Mittel an den Versbeginn von 19,174

πολλοί, ἀπειρέσιοι

metrisch zufriedenstellend angeschlossen werden können. Diesen Versanfang hätte der Dichter wohl nicht opfern wollen, trägt er doch in einem schweren Enjambement die ungeheure Bevölkerungszahl von Kreta nach. Die Zahl 100 war also an dieser Stelle nicht verwendbar, und so begnügte er sich mit der nächst niedrigeren 90. Aber auch die übliche Form von 90, ἐνενήκοντα, die der Iliasdichter im Katalog beim Schiffskontingent des Nestor gebraucht (Il. 2,602) – eine Stelle, die der Odysseedichter nachweislich kannte,[38] ist in Vers 19,174 metrisch nicht unterzubringen.[39] Deshalb wagte er die Neubildung ἐννήκοντα durch Auslassung des 2. ε (Synkope) in Analogie zu ἐννέα *neun*.[40]

Diese Beobachtungen zum Zahlengebrauch unter dem Gesichtspunkt des Versmaßes erlauben einige wichtige Schlüsse. Der Dichter sah sich vor der Schwierigkeit, die homerische Angabe von 100 Städten auf Kreta aus metrischen Gründen nicht oder nur sehr schwer übernehmen zu können. Er entschloss sich daher, die nächst niedrigere runde Zahl, 90, zu verwenden, die er

---

[36] Bei diesem Vorgang könnte zusätzlich eine „Kreuzung mit ὀκτώ" *acht* eine Rolle gespielt haben (Frisk 1973-1991, Bd. II, s.v. ὀκτώ).
[37] Vgl. Il. 5,744 ἑκατὸν πολίων und 8,233 ἑκατόν τε.
[38] Wenn die 90 Schiffe des pylischen Nestor (sein Reich umfasste 9 Städte, die Homer im Katalog aufzählt, 2,591-594) mit den üblichen 50 Mann besetzt waren, kommt man auf eine Gesamtzahl von 4500 Gefolgsleuten. Und eben so viele Pylier (9 x 500) finden wir auch am Beginn des 3. Buches der Odyssee (3,7). Siehe Ameis-Hentze zu Il. 2,602. – Burkerts apodiktische Behauptung „Der Odysseedichter benutzt den Schiffskatalog nicht" (2001, S. 90) trifft nicht zu.
[39] Dies wäre nur möglich, wenn der Schlussvokal von ἐνενήκοντα irrational gedehnt würde:
  * πολλοί, ἀπειρέσιοι, ἐνενήκοντᾱ τε πόληες.
[40] Siehe Frisk 1973-1991, Bd. I, s.v. ἐνενήκοντα.

allerdings für seinen Vers sprachlich abänderte. Hätte er den Iliasdichter korrigieren wollen, hätte er dies deutlicher tun müssen. Als metrische Äquivalente von ἐννήκοντα (90) hätten ihm die (auch im Schiffskatalog vorkommenden) Zahlwörter ἑξήκοντα (60), πεντήκοντα (50), τριήκοντα (30) oder auch ὀγδώκοντα (80) zur Verfügung gestanden. Vielmehr wollte er die riesige Städtezahl der Ilias möglichst ungeschmälert übernehmen, um die unermesslich (ἀπειρέσιοι) große Bevölkerung Kretas zu veranschaulichen. Ihm war die iliadische Zahl von 100 Städten Ausgangspunkt für seine Vorstellung und dichterische Gestaltung der Beschreibung Kretas. Während aber Homer zunächst die Kämpfer von sieben namentlich genannten Städten aufführt, denen er die übrigen (ἄλλοι) anfügt, die das „hundertstädtige Kreta rings bewohnten", verzichtet der Odysseedichter auf die Nennung einzelner Städte (mit Ausnahme von Knossos, der Heimatstadt von Odysseus' angeblichem Großvater Minos), wohl um keine Dublette zum Iliasabschnitt zu schaffen. Stattdessen behauptet er eine Vielzahl von Sprachen und zählt als Beleg die Namen kretischer Völkerschaften auf. Woher er diese Namen hat, liegt im Dunkeln.

Unentschieden bleibt, ob der Verfasser der Odyssee die Zahl 100 der Ilias als präzise und historisch verbürgte Größe oder aber, wie Homer, als runde Zahl zum Ausdruck für eine riesige und kaum überschaubare Menge aufgefasst hat. In beiden Fällen aber verrät seine Änderung von 100 in 90, dass er keine historisch/ethnographisch korrekte Zahl liefern wollte, sondern von einer poetischen Quelle, die in diesem Punkte stark übertrieb, inspiriert wurde. Auch über die von ihm angeführten fünf Völker weiß er nicht viel. Zu den Eteokretern, Kydonen und Pelasgern siehe die Bemerkungen oben S. 233-236. Den Namen der Eteokreter und die Existenz der Pelasger auf Kreta könnte er sogar erfunden haben. Die Reihenfolge, in der die fünf Völkernamen erscheinen, orientiert sich weder an den geographischen Verhältnissen, noch an den historischen (Chronologie der Einwanderung), quantitativen (Bevölkerungszahl) und sprachlichen.[41] Vielmehr findet sich eine bunte, unsystematische Mischung. Allerdings können metrische Gründe Einfluss genommen haben. Denn in Vers 19,175,

ἄλλη δ' ἄλλων γλῶσσα μεμιγμένη·[42] ἐν μὲν Ἀχαιοί

dessen erste Hälfte sich stilistisch eng an zwei Verse Homers anlehnt und sie kombiniert:

ἄλλη δ' ἄλλων γλῶσσα ... (Il. 2,804)[43]
ἀλλὰ γλῶσσ' ἐμέμικτο ... (Il. 4,438)

---

[41] Auch für Duhoux ist die Reihenfolge „undurchschaubar" (1982, S. 9).
[42] Eine ähnliche Form von μείγνυμι in einem nicht unähnlichen Zusammenhang in der nachiliadischen Dolonie: μεμιγμένοι (Il. 10,424). Wenig später folgt die ‚Quelle' für die odysseischen Pelasger: δῖοί τε Πελασγοί (Il. 10,429)!
[43] Am Anfang des vorhergehenden Verses in Ilias u n d (!) Odyssee steht das prononcierte πολλοί.

bleibt nur noch Raum für die Achaier (ohne Attribut), nicht aber für einen der übrigen Namen. Die als letzte genannten Pelasger – sie könnten mit den metrisch gleichwertigen Kydonen den Platz tauschen – verdanken vielleicht ihre Existenz und zusätzliche Nennung dem Streben des Dichters, möglichst viele fremdsprachige Völkerschaften anzuführen. Die in griechischen Augen sehr bald ubiquitär werdenden Pelasger als Ureinwohner Griechenlands oder doch frühe Einwanderer boten sich ideal als Erweiterung an. Es wäre nicht einmal eine Fälschung der historischen Tatsachen. Denn dass es Ureinwohner und vorgriechische Einwanderer auf Kreta gab, ist zweifelsfrei und wegen des Inselcharakters von Kreta ohnehin zwingend gegeben. Hölschers Resümee zur Odysseestelle:

> Kreta wird sachkundig-zeitgenössisch beschrieben, mit seinen neunzig Städten, fünf verschiedenen Völkern und der gemischten Sprache – so kennt es der Dichter und sein Publikum.[44]

muss dahingehend abgewandelt werden, dass es dem Dichter nicht in erster Linie um eine sachliche und historisch zuverlässige Darstellung Kretas ging, sondern um eine – gerade im Zusammenhang mit Odysseus' Lügengeschichte – in den Augen der Zeitgenossen p l a u s i b l e Schilderung. Seine Freiheiten und Ungenauigkeiten dürfen ihm keineswegs vorgeworfen werden, da sein Metier nicht geographisch/historische Forschung war. Wohl aber darf man der modernen Wissenschaft den Vorwurf nicht ersparen, aus Mangel an frühen Quellen den locus classicus der Odyssee überbewertet und unkritisch ausgewertet zu haben.[45]

Die Nennung der Dorier beruht auf einem Anachronismus,[46] setzte doch die dorische Wanderung frühestens um 1200 v. Chr. ein,[47] zu einer Zeit, als der trojanische Krieg nach Auffassung der Griechen stattgefunden haben soll. Im Entstehungszeitraum des Diskus (sehr weitgefasst: 2000 – 1500 v. Chr.) gab es außerdem noch keine Griechen auf Kreta, so dass von den in der Odyssee genannten kretischen Völkern nur noch die Eteokreter, Kydonen und Pelasger in Frage kommen. An der Existenz der Eteokreter ist kein Zweifel erlaubt, da sie – wie ihr Notname *Echte Kreter* verrät – die vorgriechische Bevölkerung repräsentieren. In welchem Verhältnis aber standen die Pelasger als notorische Ureinwohner und Prähellenen zu den Eteokretern? Und die Kydonen? Der Verfasser der Odyssee kennt ihr genaues Siedlungsgebiet nicht und bringt sie irrtümlich mit dem (peloponnesischen) Fluss Jardanos in Verbindung.[48] Zwar sind die Kydonen durch vorodysseische Dokumente für die 2. Hälfte des 2. Jahrtausends bezeugt,[49] aber in Kydonia, dem heutigen Chania, wurde die zweitgrößte Zahl von Tontafeln mit Lin A-Beschriftung (93; nur Hagia

---

[44] Hölscher 1990, S. 210.
[45] Ein Höhepunkt der Naivität bei Billigmeier (1981, S. 760): „There were doubtless many languages spoken in Bronze Age Crete, for as Homer tells us" (mit anschließendem Zitat von Od. 19,172-177).
[46] Siehe beispielsweise Eder in: Der Neue Pauly 1996ff., Bd. 3, Sp. 788; Schachermeyr ebd., Bd. 2, Sp. 145.
[47] Schachermeyr ebd. Sp. 145-147.
[48] Siehe o. S. 234.
[49] Siehe o. S. 234 Anm. 19.

Triada, in unmittelbarer Nähe von Phaistos, weist eine höhere Zahl auf: 148[50]) gefunden. Möglicherweise war Kydonia ein bedeutendes Verwaltungszentrum; und in historischer Zeit gehörte es mit Knossos und Gortys zu den größten Städten Kretas (Strabo 10,4,7). Die den Lin A-Texten zugrunde liegende Sprache ist die „der vorgriechischen minoischen Kreter" (Bartoněk[51]). Offensichtlich besaßen also die Kydonen und die Eteokreter dieselbe Sprache. Ebendies könnte auch von den odysseischen Pelasgern gelten, die, sofern sie auf Kreta überhaupt existierten, eine nichtgriechische Sprache gesprochen haben müssten.

Bei dem Versuch, die vom Odysseedichter behauptete Sprachenvielfalt bzw. ihre Sprecher auf die Zeit des Diskus zu beziehen, gewinnen wir im günstigsten, aber unwahrscheinlichen Fall drei Sprachen (eteokretisch, kydonisch und pelasgisch[52]), im ungünstigsten, aber wahrscheinlichen nur eine Sprache (eteokretisch = kydonisch = pelasgisch).

Kretische Schriften bzw. Sprachen

a) Eteokretisch

Statt auf die ganz unsichere Basis der Odyssee zu bauen, sollte man zur Bestimmung der Diskussprache sich mehr auf archäologische Befunde stützen. Zwei Tatsachen sind gegeben: Zur Diskuszeit existierte auf Kreta die noch unentzifferte, nichtgriechische Lin A-Schrift. Und aus dem 7. bis 6. Jh. v. Chr. stammen ostkretische Inschriften in griechischer Buchstabenschrift, aber unverständlicher Sprache, dem sogenannten Eteokretischen.[53] Umstritten ist dagegen die Frage, ob Lin A und das Eteokretische zusammenhängen. Chadwick bezweifelt auf Grund zu weniger Vokale im Eteokretischen eine Beziehung.[54] Sein Argument scheint aber einer gründlichen Nachprüfung nicht standzuhalten.[55] Mit Identität rechnen einige Autoren.[56] Bei einem Vergleich gilt es mancherlei zu bedenken: Beide Schriften können zwar wenigstens teilweise phonetisch gelesen werden, sind aber unverständlich. Der zeitliche Unterschied beträgt fast 1000 Jahre.[57] Während Lin A eine (defektive[58]) Silbenschrift aufweist, verfügt das sehr viel spätere Eteokretische über die hochentwickelte Buchstabenschrift der Griechen. Die Textzeugen

---

[50] Siehe die Übersicht bei Bartoněk 2003, S. 19.
[51] S. 26; ders. 1986, S. 707; s. auch Schachermeyr 1979, S. 229.
[52] So bei Duhoux (1982, S. 15), der den odysseischen Angaben fast kritiklos folgt. Allerdings räumt er ein, dass sich von der kydonischen und pelasgischen Sprache nichts erhalten hat (ebd.).
[53] Umfassende und gründliche Edition durch Duhoux 1982.
[54] Chadwick 1975, S. 145f.; vorsichtig Hiller (1978, Sp. 28) in der Besprechung zu Chadwicks Aufsatz.
[55] Siehe Bartoněk 1986, S. 706f.
[56] Z.B. Friedrich 1932, S. 145; Schachermeyr 1979, S. 229; Bartoněk 1986, S. 706f.; Owens 1997, S. 25-32.
[57] Duhoux (1982, S. 251): 800 Jahre zwischen dem Ende von Lin A und dem Anfang des Eteokretischen.
[58] Siehe Schachermeyr 1979, S. 253; s. auch Duhoux, Une analyse ..., 1978, S. 69.

sind in einem oft jämmerlichen Zustand. Die eteokretischen Reste umfassen insgesamt nur ca. 422 Buchstaben.[59] Außerdem fehlt ihnen die Worttrennung.

Ein weiteres Problem stellt die Nomenklatur dar. Die von dem Odysseedichter verwendete (vielleicht sogar erfundene) Bezeichnung *Eteokreter* für die Ureinwohner ist, wie bereits bemerkt, nur ein Notname bzw. in inhaltlicher Hinsicht eine negative Benennung im Sinne von ‚keine späteren Zuwanderer'. Aber auch die odysseischen Pelasger und vielleicht auch die Kydonen sind Ureinwohner oder frühe Einwanderer, deren Verhältnis zu den Eteokretern offen bleiben muss. Man könnte also das späte sogenannte Eteokretische auch pelasgisch nennen. Interessanterweise haben sich in ganz Griechenland keine pelasgischen Schriftdenkmäler erhalten, sieht man von den Ergebnissen der problematischen Namensforschung ab. Aus all dem sollte man die Konsequenz ziehen, nicht von Eteokretern, sondern von Lin A-Leuten zu reden. Diese Bezeichnung hat den Vorzug, dass sie die Frage nach der Volkszugehörigkeit der Lin A-Sprecher ausklammert.

b) Kulturelle Homogenität auf Kreta

Wer sich mit der Kultur des frühen, minoischen Kreta befasst, stößt auf eine große Einheitlichkeit. Als Merkmale zu nennen sind hier vor allem:

1. Die architektonischen Eigentümlichkeiten der über ganz Kreta verteilten Paläste,[60] die u.a. als Verwaltungszentren dienten.
2. Die verbreiteten Gipfel-/Höhenheiligtümer,[61] darunter auch ein außerhalb Kretas befindliches auf Kythera.[62]
3. Dutzende von Kulthöhlen.[63]
4. Darstellungen von typischen Tieren und Geräten, die im Kult eine Rolle spielten: Stiere, Hörner, Doppeläxte usw.[64]
5. Kleidertracht (u.a. die ‚Wespentaille').[65]
6. Das Siegelwesen diente der Bürokratie und zeigt die Verflochtenheit der kretischen Wirtschaft.[66]

Diese Liste ließe sich leicht verlängern. Besonders aufschlussreich sind die engen Beziehungen der Paläste zu den Höhenheiligtümern und zum Siegelwesen usw. Aus all diesen archäologischen Zeugnissen entsteht das Bild einer wirtschaftlichen, kulturellen und religiösen Homogenität.[67] Ganz Kreta besaß

---

[59] Duhoux 1998, S. 16.
[60] Siehe z.B. Schachermeyr 1979, S. 119ff.
[61] Siehe z.B. Schachermeyr S. 72f. und 158f.; Otto 1997, S. 188ff.; Fitton 2004, S. 51f. und 88.
[62] Dieser Kultplatz war wohl der Gottheit *da-ma-te* geweiht, die auch in der Höhle von Arkalochori verehrt wurde (durch Lin A-Inschriften belegt: s.o. S. 229).
[63] Schachermeyr S. 159; Fitton S. 88.
[64] Siehe z.B. Schachermeyr S. 161ff.
[65] Dazu s.o. S. 198-200.
[66] Siehe beispielsweise Weingarten 1991.
[67] So z.B. Godart 1976, S. 35ff.; Karetsu/Godart/Olivier 1985, S. 144 („*koinè* culturelle et religieuse").

also eine allen Bewohnern gemeinsame Zivilisation, die den Gedanken an eine Völker- und Sprachenvielfalt nicht eben wahrscheinlich macht.

Noch geschlossener wird das Bild, wenn wir auch die sprachlichen Reste, zunächst Lin A, ins Kalkül ziehen. Lin A-Dokumente wurden an ungefähr 30 Stellen Kretas gefunden[68] und scheinen – obwohl weitgehend unverständlich – ganz offensichtlich nur eine einzige Sprache zu repräsentieren.[69] Die Lin A-Sprache könnte demgemäß eine Art Lingua franca gewesen sein, die als Geschäfts- oder Verkehrssprache ähnlich wie beispielsweise das Aramäische[70] gedient, aber Regionalsprachen unterschiedlicher Völker zugelassen hätte. Dem steht die Beobachtung entgegen, dass wegen „der Existenz der vielen Linear-A-Archive ... die Verwaltung der Insel in minoischer Zeit dezentralisiert war" (Chadwick[71]). Warum sollten die einzelnen Palastverwaltungen nicht wenigstens intern ihre jeweils eigene Sprache (oder gar Schrift) verwendet haben? Es drängt sich immer mehr die Vermutung auf, dass es auf Kreta zunächst nur eine einzige Sprache gab, sofern sie von einiger Bedeutung war, nämlich die von Lin A. Deshalb darf sie mit Fug und Recht die minoische genannt werden.

c) Schriftformen, Schriftträger und Erhaltungshäufigkeit/-wahrscheinlichkeit

Gegen die Annahme einer einheitlichen Sprache (Lin A) auf ganz Kreta scheint die Tatsache mehrerer unterschiedlicher Schriftformen (sog. kretische Hieroglyphen, Diskus, Lin A, Bronzeaxt von Arkalochori, Mallia-Stein) zu sprechen. Erschwerend kommt hinzu, dass diese Schriften, die bisher nicht entziffert wurden (Lin A kann aber wenigstens teilweise phonetisch gelesen werden), sich zeitlich überschneiden. Während die kretischen Hieroglyphen und Lin A auf Kreta verbreitet sind, stellen die übrigen Schriftzeugnisse isolierte Einzelfunde dar. Wegen des kommunikativen Charakters von Schrift ist es undenkbar, dass diese singulären Schriftformen auch in damaliger Zeit singulär waren und fast niemand außer den jeweiligen Schreibern sie lesen konnte. Eine Weiheinschrift wie die auf der Axt von Arkalochori oder dem Mallia-Stein musste einer größeren Leserschaft verständlich sein. Warum aber haben sich dann nicht mehr Reste dieser Schriften erhalten? Hatte hier der Zufall seine Hand im Spiel? Oder anders gefragt: Gibt es einen Grund dafür, dass die singulären Schriftzeugnisse überhaupt erhalten blieben?

Unter der wahrscheinlichen Voraussetzung, dass es sich um gebräuchliche Schriftsysteme handelte, kommt nur eine einzige Antwort in Betracht: Die Schriftträger waren aus vergänglichem Material und konnten die Zeitläufte nicht überstehen:

---

[68] Übersicht bei Bartoněk 2003, S. 19; s. auch Buchholz 1987, S. 25; Raison/Pope 1994, S. 18; auch Heubeck 1979, S. 11f.
[69] Chadwick, Linear B ..., 1989, S. 45; Hiller 2000, S. 135. – Zu dem wiederholt in kultischen Inschriften auftretenden Wort *a-sa-sa-ra-me* samt Varianten s.u. S. 287ff.
[70] Siehe Friedrich, Geschichte ..., 1966, S. 83; Haarmann 1991, S. 299.
[71] 1979, S. 82.

Die „uns erhaltenen Dokumente aus Ton und Stein" stellen nur „einen winzigen Ausschnitt des wirklichen Schrifttums" dar. „Der sichere Beweis dafür" seien „die Spuren von dünnen Fäden auf der Rückseite von Siegelabdrücken, die einmal Papyrusdokumente gesichert haben müssen, und der von MARINATOS[72] beobachtete Umstand, daß von ihm in Slavokampos gefundene Siegeabdrücke von gleichen Siegeln stammen wie Siegelabdrücke aus H. Triada, Gournia und Zakro, ein Zeichen für den Austausch von Papyrusurkunden, die sich nicht mehr erhalten haben" (Grumach[73]).

Wegen der enormen Bedeutung der Schriftträger für die Beurteilung der frühen kretischen Schriftformen und Textzeugnisse sind hier grundsätzliche, aber auch detaillierte Überlegungen vonnöten.

Die Inschriften auf dem Diskus von Phaistos, auf der Axt von Arkalochori und dem Mallia-Stein sind, wie bemerkt, jeweils die einzigen Zeugnisse einer Schrift. Ihre Auffindung ist einer Mischung aus Zufall und systematischer Grabung zu verdanken. Sie haben die vielen Jahrhunderte vor allem deshalb überdauert, weil die drei Schriftträger (gebrannter Ton, Bronze und Stein) widerstandsfähig gegen klimatische und andere Beeinträchtigungen sind. Selbst bei schweren Beschädigungen wären noch Fragmente auf uns gekommen. Wenn im minoischen Kreta dauerhafte Materialien (von den Siegeln abgesehen) in großer Zahl beschriftet worden wären, hätte sich wesentlich mehr erhalten müssen. Dies ist ein sicherer Schluss ex silentio. Dafür gibt es auch positive Indizien: Unter den hunderten metallenen, meist bronzenen Kultgegenständen in der Höhle von Arkalochori fand man nur zwei, höchstens aber drei beschriftete.[74] Die Tontafeln mit kretischen Hieroglyphen, Lin A und B wären sehr bald zerfallen und für immer verloren gewesen, hätten nicht Feuersbrünste und gelegentliches, aber seltenes Brennen die Tafeln dauerhaft gemacht.[75] Das letztgenannte Indiz könnte aber zu der Vermutung Anlass geben, dass die kretischen Schriften zwar überwiegend auf weichem und unbeständigem Material Verwendung fanden, dieses Material aber stets Ton war, den man nicht zu brennen pflegte. Diese Hypothese steht auf äußerst schwachen Füßen, wie die folgenden Beobachtungen und Überlegungen zeigen.

Die Lin B-Tafeln aus Kreta und Pylos enthalten keine jahrgangsübergreifenden Informationen, wie etwa Angaben über Schulden aus dem Vorjahr, Jahresbilanzen u.ä. Man hat daraus den ziemlich sicheren Schluss gezogen, dass Aufzeichnungen von längerfristiger Bedeutung am Jahresende in ‚Hauptbücher' übertragen wurden. Anschließend warf man die Tontafeln fort oder verwendete sie erneut.[76] Die zufälligen Brandkatastrophen haben daher nicht Tafeln mehrerer aufeinander folgender Jahre, sondern nur einer Saison dauerhaft gemacht. Die Hauptbücher, die vermutlich aus Leder, Papyrus oder anderem organischen Material bestanden, fielen natürlich solchen Bränden zum Opfer.[77] Ohnehin konnten sich diese Stoffe unter den klimatischen

---

[72] Siehe Marinatos 1951, S. 40.
[73] 1965, S. 744.
[74] Siehe o. S. 125.
[75] Siehe o. S. 12f.
[76] Siehe o. S. 12f.
[77] Siehe auch Godart, Una iscrizione ..., 1995, S. 447.

Bedingungen des Ägäisraumes nicht auf Dauer halten. So kam es, dass der billige Ton mit seinen provisorischen Notizen, sofern er das ‚Glück' hatte, in ein Feuer zu geraten, die Zeiten überstand, während der kostspielige Schreibstoff der Hauptbücher und anderer wichtiger Dokumente stets zugrunde ging. Für die Tontafeln mit kretischen Hieroglyphen oder Lin A, die zwar nicht entziffert sind, aber unter anderem wegen der lesbaren Zahlenangaben offensichtlich Verwaltungszwecken dienten, gilt wohl dasselbe.[78]

Weiterhin: Der Text auf dem Diskus wurde mit einem Satz von über 45 verschiedenen Stempeln erstellt.[79] Die Tatsache eines solchen Satzes und die sorgfältige Gestaltung der einzelnen Stempel schließen eine nur einmalige oder nur sehr seltene Verwendung nahezu aus. Wären damals viele Tonscheiben mit diesen oder ähnlichen Stempeln beschriftet worden, hätte sich mehr erhalten müssen. „Die Stempel eigneten sich aber nicht nur zum Eindruck in Ton, sondern zweifellos auch zum Aufdruck von Farbe auf Blätter, Leder oder Leinen.[[80]] Vieles also spricht dafür, daß es auf Kreta noch andere, lokale, Hieroglyphenschriften gab, von denen der Diskus von Phaistos sich als vereinzelter Zeuge erhalten hat" (Eckschmitt[81]).

Von einem weichen, biegsamen Schriftträger scheinen auch unzählige Tonplomben (cretulae) zu künden, die auf ihrer Unterseite, mit der sie auf dem zu versiegelnden Objekt saßen, Abdrücke von dünnen Schnüren oder Fäden zeigen. Marinatos vertrat die Ansicht, solche Objekte seien „zweifellos Briefe oder andere Dokumente auf Papyrus." Da einige Plomben Siegelabdrücke aufweisen, die auch an anderen Stellen Kretas gefunden wurden, glaubte er an einen großräumigen schriftlichen Verkehr.[82] Diese These rief ein unterschiedliches Echo hervor. Die Plomben zeigen auf ihrer Unterseite jedoch keinerlei Abdrücke von Papyrus, sondern vermutlich von Leder/Lederriemen.[83] Der Beziehung dieser äußeren Verpackung zum Inhalt hat Weingarten eine scharfsinnige und schwierige Untersuchung gewidmet.[84] Es spricht einiges dafür, dass sich in den Päckchen schriftliche Dokumente auf vergänglichem Material, wohl Pergament, befanden. Betts' Hinweis, die dünnen Schnüre könnten auch schwerere Objekte zusammengebunden haben,[85] ist kein besonders starkes Gegenargument. Die Päckchen waren sehr klein.[86] Ihr Inhalt war gefaltet und wies mehrere Lagen auf.[87] Zwischen den „dicht aufeinanderliegenden Lagen" können keine großen Gegenstände gewesen sein, es sei

---

[78] Zu diesem Themenkomplex siehe z.B. Heubeck 1966, S. 10; ders. 1979, S. 46; Hiller/Panagl 1976, S. 62f.; Hiller 2000, S. 140f.; Helck 1995, S. 5.
[79] Siehe o. S. 46.
[80] Siehe auch Schachermeyr 1979, S. 245, dem Ohlenroth 1996, S. 157 Anm. 267 folgt.
[81] 1969, S. 17.
[82] Marinatos 1951, S. 40.
[83] Pini 1983, S. 560/562; Weingarten 1983, S. 11.
[84] Weingarten S. 11-13.
[85] Betts 1967, S. 23. Dagegen W. Müller (in: Pini 1999, S. 353): „Die dünnen oft weniger als 0,5 mm messenden, leicht in sich gedrehten Fäden waren nur geeignet, das zierliche ‚Päckchen' zusammenzuhalten".
[86] Siehe Pini 1983, S. 562; s. auch Müller (in: Pini 1999, S. 352).
[87] Pini 1983, S. 562; Müller S. 352.

denn „Puder oder etwas Ähnliches" (Pini[88]). Die Auffindung der Päckchenplomben in Archiven legt natürlich schriftliche Dokumente nahe.[89]

Betts hat nun die Behauptung von Marinatos, identische Siegelabdrücke auf Plomben in verschiedenen Teilen Kretas bezeugten Schriftverkehr, mit dem Hinweis darauf erschüttert, dass die Beschaffenheit des Tons jeweils mit dem örtlichen Ton übereinstimme.[90] Kurz zusammengefasst lautet seine These: Nicht die Päckchen mit den Tonplomben wanderten, sondern die Siegel bzw. ihre Replikate. Verwaltungszentrale von Kreta sei Knossos gewesen. Aber auch diese These kann, wie Pini gezeigt hat,[91] nicht uneingeschränkt gelten.

Wie dem auch sei, der Inhalt dieser unzähligen Päckchen, deren Plomben uns erhalten sind, konnte nur aus schriftlichen Dokumenten aus vergänglichem Material bestanden haben. Als Schriftträger kommen vor allem in Frage: Leder, Papyrus[92] und vielleicht Palmblätter.[93] In jedem Fall musste man mit Farbe, also vermutlich Tinte, die Schrift auftragen.

Die Tinte teilte das Schicksal dieser Schriftträger und ging mit ihnen zugrunde. Dennoch haben sich Tinteninschriften auf zwei Tonschalen erhalten.[94] Die Beschriftung erfolgte vor dem Brennen der Gefäße.[95] Tinte aber wurde nicht dazu erfunden, um damit auf Ton zu schreiben.[96] Vielmehr setzt ihre Verwendung weiches und daher vergängliches Material voraus. Wenn aber Tinte – aus welchen Gründen auch immer – oft oder vorwiegend für harte und beständige Stoffe benutzt worden wäre, hätten angesichts der riesigen Menge von erhaltenen Tongefäßen, Tonplomben und Tonscherben

---

[88] 1983, S. 562.
[89] Pope 1960, S. 201.
[90] Betts 1967, S. 24-27.
[91] 1999, S. XXV-XXVII.
[92] Da Papyrus gegen Feuchtigkeit sehr empfindlich ist und sich daher im Ägäisraum nicht auf Dauer erhalten kann, ist sein Nachweis nur indirekt möglich. Fest steht, dass Papyrus als Schreibmaterial in Ägypten aufgekommen ist, wie eine, wenn auch unbeschriebene, Papyrusrolle aus der 1. Dynastie (ca. 3000-2800 v. Chr.) zeigt (s. Helck 1995, S. 4). Ägypten exportierte diesen Schreibstoff in andere Länder. Der früheste Beleg dafür findet sich leider erst um 1050 v. Chr. in einem Bericht von Wenamun über die Einfuhr von Papyrus nach Byblos (s. Brunner 1969, S. 314; Heubeck 1979, S. 155; Helck S. 106; Markoe 2003, S. 26-28). Dass man die Papyrusstaude in Kreta kannte, scheinen einheimische Abb.en zu beweisen; vielleicht wuchs sie damals noch im Raum der Ägäis (s. Haider 1988, S. 112). Dow (1954, S. 110f.) bestreitet jedoch das Vorhandensein von Schreibmaterial aus Papyrus in Kreta. Seine Argumentation scheint ihn selbst nicht zu überzeugen: seine Schlussfolgerung sei vielleicht „too-easy, over-simple".
[93] Plinius nat. hist. XIII 69 hat zwar von Palmblättern als Schreibstoff berichtet, aber dies – entgegen einer verbreiteten Auffassung – nicht für Kreta behauptet. Ebenso wenig kann man dem Lexikon des Photios (Φοινικήϊα γράμματα· Λυδοὶ καὶ Ἴωνες τὰ γράμματα ἀπὸ Φοίνικος τοῦ Ἀγήνορος τοῦ εὑρόντος· τούτοις δὲ ἀντιλέγουσι Κρῆτες ὡς εὑρέθη ἀπὸ τοῦ γράφειν ἐν φοινίκων πετάλοις. [zitiert nach der Ausgabe von Naber 1965]) entnehmen, dass Palmblätter auf K r e t a Verwendung fanden. Die ganz unsichere Bezeugung solcher Schriftträger geht vermutlich auf eine naheliegende Konfusion zurück: Die griechische Buchstabenschrift stammt zweifellos von der phönizischen ab. Da nun das griechische Wort *Phoinix* sowohl *Phönizier* als auch *Palme* bedeutet, konnte man φοινικήϊα γράμματα (s. Herodot 5,58,2) als *phönizische Buchstaben* oder auch *Palm-Buchstaben* verstehen. Die Palmblatthypothese verdankt ihre Entstehung also doch wohl einer falschen Erklärung der ‚phönizischen' Buchstaben. In ähnlicher Weise äußert sich auch Weingarten 1983, S. 9 Anm. 9.
[94] Abb.en oder (Um)Zeichnungen bei Evans 1909, S. 29, und 1921, S. 614f.; Brice 1961, Pl. XXII und XXIIa; Brunner 1969, Abb. 48; Gallas 1987, Abb. 35; Sakellarakis 1995, S. 41 (in Farbe).
[95] Evans 1909, S. 29.
[96] Larsfeld 1914, S. 196; Glotz 1925, S. 374; Kober 1948, S. 92; Dow 1954, S. 110; Brunner 1969, S. 311; Hooker 1979, S. 34f.

wesentlich mehr Reste von Tinteninschriften gefunden werden müssen. Aus dem Fund von nur zwei solchen Erzeugnissen geht fast zwingend hervor, dass das Aufbringen von Tinte auf Ton lediglich eine äußerst seltene Ausnahme darstellte. Man darf also für Kreta einen deutlich größeren Schriftumfang postulieren, als die überlieferten Textzeugen zunächst vermuten lassen.[97]

Die Schlüsse, die man aus den Abdrücken auf der Unterseite der Tonplomben ziehen kann, sowie die unbestrittene Existenz von Tinte(nschrift) ergänzen einander: Es gab im minoischen Kreta Texte, die mit Tinte auf vergängliches Material wie Leder, Papyrus u.ä. geschrieben waren.

Das Problem der Schriftträger führt von selbst zur Frage: Besteht zwischen ihnen und den Schriftformen ein Zusammenhang? „Weiches Papier, Wachs, Palmblätter laden geradezu ein zu gerundeteren, mit allerhand unnötigem Zierrat versehenen Formen, während hartes Material wie Stein, Holz, Metall die Entstehung oder Bewahrung einfacher, gradliniger, schmuckloser Buchstabenformen begünstigt" (Jensen[98]). Ein klassisches Beispiel liefert die Keilschrift, die sich im Zusammenspiel mit Ton entwickelt hat. Das Ziehen von Strichen oder gar gekrümmten Linien in Ton kann naturgemäß nicht sauber gelingen. Die der eigentlichen Keilschrift vorausgehende Bilderschrift wurde stilisiert und vereinfacht und schließlich als Keile schreibbar.[99] Diese Keile wurden durch schräges Eindrücken des Griffels erzeugt. Die Zeichen mussten also nicht mehr gezogen, sondern konnten gewissermaßen gestempelt werden. Dieses Verfahren ermöglichte außerdem die sogenannte Mikrokeilschrift.[100] Die Interdependenz von Schriftträger und Schriftform lässt sich auch an der Entwicklung der chinesischen Schrifttypen ablesen. So zeigen die Orakelknocheninschriften (seit dem 15./14. Jh. v. Chr.) materialbedingt eine Abneigung gegen alles Runde.[101]

Auf dem Gebiet der kretischen Schriften finden wir ähnliche Verhältnisse. Die Axt von Arkalochori scheint von ungelenker Hand beschriftet;[102] aber eher wohl hat die harte Bronze eine einwandfreie Ausführung der Bildzeichen sehr erschwert, zumal man keine Übung bei der Beschriftung von Bronzegegenständen hatte.

Die kretischen Hieroglyphen zeigen eine bemerkenswerte Entwicklung bzw. Zweiteilung. Während die Inschriften auf den Siegeln (bzw. Abdrücken)

---

[97] Siehe beispielsweise Evans 1921, S. 638; Glotz 1925, S. 374; Pendlebury 1939, S. 168; Marinatos 1951, S. 39f.; Eckschmitt 1969, S. 18; Grumach 1969, S. 236f.
[98] 1969, S. 576.
[99] Brunner (1969, S. 309): „Mit einem einseitig geschnittenen Rohrgriffel, wie er in ältester Zeit verwendet wurde, ließen sich die geraden Linien der Bilder in den feuchten Ton eindrücken, die gebogenen wurden geritzt. Bald aber verwendete man ein dickes, dreikantiges Rohrstück, mit dem man nicht mehr ritzte, weil dabei kleine Tonpartikel mitgerissen wurden und die Schrift verunklärten, sondern nur noch drückte. So ergaben sich kleine keilförmige Eindrücke; gebogene Linien wurden in kleine Keile zerlegt – der Bildcharakter der Zeichen ging verloren." Siehe auch Jensen 1969, S. 80 und Friedrich, Geschichte ..., 1966, S. 42f.
[100] Brunner 1969, S. 310.
[101] Siehe Spektrum der Wissenschaft 2001, S. 73; Schätze der Himmelssöhne 2003, S. 80-82; Robinson 2004, S. 183.
[102] Siehe o. S. 217, Fig. 56.

„plastisch" und sorgfältig ausgeführt sind, gibt es auf Ton mit dem Griffel geritzte Zeichen, die eine „einfachere, abgekürzte Liniengebung" besitzen und natürlich weniger sorgfältig gestaltet sind.[103] Obwohl der Zeichenbestand beider Schriften sich nicht völlig deckt,[104] dürfte ihnen dieselbe Sprache zugrunde liegen.[105] Die Inschriften auf Ton zeigen wegen ihrer Linearisierung „eine frühe Form der Kursivschrift", die Grumach „protolinear" genannt hat.[106] Es ist eine ansprechende Vermutung, wenn er diese Schrift wegen der „gerundeten Formen einiger Zeichen" primär für eine „mit Pinsel oder Feder auf weichen Schreibmaterialien entwickelt(e)" hält.[107] Lin A ist von den kretischen Hieroglyphen abgeleitet,[108] wobei das Protolinear als „Übergangsstufe" „vermittelt".[109] Gelegentlich besteht zwischen Protolinear und Lin A Verwechslungsgefahr.[110] Für Lin A ist Tintenschrift durch Funde bezeugt.

Ob diese drei eng verwandten Schriften dieselbe Sprache repräsentieren, kann wegen der fehlenden Entzifferung nicht mit letzter Sicherheit geklärt werden. Aber es gibt einige äußere Umstände, die für weitgehende Übereinstimmung sprechen. Im alten Palast von Phaistos wurden in einem Raum Textzeugen für kretische Hieroglyphen, Protolinear und Lin A gefunden;[111] im zweiten Palast von Mallia entdeckte man Hieroglyphen und Lin A.[112] Sollte es sich hierbei – überspitzt formuliert – um Fremdsprachenbüros oder nur um höchst unglückliche Zufälle handeln? Die drei Schriftformen überschneiden sich zeitlich, wobei Lin A das Protolinear verdrängt, „während die hieroglyphischen Siegeltexte noch weiterleben."[113] Bei Annahme von Sprachverschiedenheit käme man zu dem Ergebnis, dass die kretische Bevölkerung in mindestens zwei Sprachgruppen zerfiele, von denen die eine ihre Sprache nur durch Siegel dokumentiert, die andere nur durch Lin A im Zusammenhang mit Verwaltungstexten. Diese seltsame Aufgabenverteilung (Lin A fehlt auf Siegelsteinen) verlangt nach einer besseren Erklärung. „Die beiden Schriften könnten durchaus parallel für die gleiche Sprache eingesetzt worden sein,[[114]] wobei die Wahl der Schrift teils regional bedingt, teils durch den Verwendungszweck bestimmt sein könnte" (Fitton[115]). Auch ist eine

---

[103] Grumach 1969, S. 236; Eckschmitt 1969, S. 16. – Die kretischen Hieroglyphen sind bequem zugänglich in: Olivier u.a. 1996.
[104] Siehe die nicht mehr aktuelle Tabelle bei Evans 1921, S. 282 (übernommen von Schachermeyr 1979, S. 240f.).
[105] Siehe Evans 1921, S. 279, Fig. 210; Grumach 1965, S. 744; ders. 1969, S. 236ff; und andere.
[106] Grumach 1965, S. 744; ders. 1969, S. 236; Hiller/Panagl 1976, S. 22; Schachermeyr 1979, S. 247; Aartun 1992, S. 41.
[107] Grumach 1965, S. 744.
[108] Siehe schon die Aufstellung bei Evans 1921, S. 643 (Fig. 477); Hiller 2000, S. 130.
[109] Hiller/Panagl 1976, S. 22. Nicht wenige Zeichen von Lin A haben direkte Vorläufer in den Hieroglyphen (s. ebd. S. 23, Tab. I [übernommen aus Chadwick 1973, S. 23]; erneut abgedruckt bei Bartoněk 2003, S. 34).
[110] Siehe Olivier u.a. 1996, S. 18.
[111] Godart 1976, S. 30f.
[112] Godart ebd. S. 30; Olivier u.a. 1996, S. 18.
[113] Heubeck 1979, S. 4.
[114] Dies vermutet auch Hiller 2000, S. 123f.
[115] 2004, S. 77.

strukturelle Entwicklung, z.B. im Hinblick auf eine phonetisch verbesserte Schreibweise, denkbar.

Zu diesen drei Schriftformen kommen noch drei weitere, im Charakter hieroglyphische, hinzu: Diskus-, Bronzeaxt- und Malliaschrift, die ebenfalls in der Nähe anderer Schriftarten gefunden wurden. Besonders bemerkenswert ist, dass die hieroglyphenartige Axtinschrift demselben Fundkomplex angehört wie eine silberne Axt mit Lin A-Zeichen.[116] Sehr wahrscheinlich haben die Inschriften auf der Bronzeaxt und dem Mallia-Stein sakrale Funktion. Ob dies auch für den Diskus gilt, wissen wir nicht. Auf jeden Fall sind alle drei Texte – zumindest in den Augen ihrer Auftraggeber – bedeutsam. Aus der Koexistenz dieser unterschiedlich stark differierenden Schriften, die vermutlich dieselbe Sprache betreffen, hat man den fälligen Schluss gezogen, dass es sich hier um eine „Gebrauchs- und eine Kunstschrift, Alltags- und Sonntagsschrift" handelt (Otto[117]). Die Inschriften auf Diskus, Axt und Mallia-Stein seien wegen ihrer sakralen Inhalte in „archaic script" geschrieben (Marinatos[118]). Die Siegelhieroglyphen hätten einen „Zug zu ausgesprochenem Konservativismus" (Eckschmitt[119]). Sie seien „im Wesentlichen ein kalligraphisches System, das besser geeignet (adapted) sei für offizielle Siegel als für alltägliche Zwecke" (Evans[120]). Es sei der „wohlbekannte Konservatismus auf dem Gebiet der Religion" (van Hoorn[121]). Die „zeitintensiv(e)" Beschriftung des Diskus dürfte der „Gewichtigkeit von ausfertigender Kanzlei, Inhalt und Empfänger geschuldet sein" (Börker-Klähn[122]). Neumann erwägt sogar die Möglichkeit, dass es sich bei Diskus-, Axt- und Malliaschrift um eine „künstliche ‚Stilisierung zurück ins Piktographische'" handele, „die der Schrift durch Betonung des Bildlichen einen stärker dekorativen Charakter geben oder auch ihren kultischen Rang erhöhen sollte."[123]

Der Gebrauch unterschiedlicher Schriftarten ist seit frühesten Zeiten ein bekanntes Phänomen. Als Beispiel seien die Schriftverhältnisse im alten Ägypten angeführt (nach Jensen[124]). Schon in der 1. Dynastie entwickelte sich aus den Hieroglyphen eine „vereinfachte, kursive Hieroglyphenschrift", die noch über das Neue Reich hinaus angewandt wurde. Man findet sie „auf Särgen, in Totenbüchern (Papyri) u.a." Aus ihr wiederum entstand sehr bald ein „weit abgeschliffener Duktus" für profane Zwecke, die sogenannte hieratische Schrift. Noch abgeschliffener ist dann die demotische Schrift. Endpunkt ist ein Wechsel der Schrift, als man griechische Buchstaben einführte (koptische Schrift) und daher auch Vokale besser bezeichnen konnte.

---

[116] Siehe o. S. 215f. und 229.
[117] 1989, S. 11.
[118] 1951, S. 40.
[119] 1969, S. 15.
[120] 1921, S. 641.
[121] 1944, S. 66.
[122] 1999, S. 66.
[123] 1968, S. 30.
[124] 1969, S. 62-65.

(Kultur- und schriftgeschichtlich besitzt das Koptische im sogenannten Eteokretischen[125] also eine bemerkenswerte Parallele.) Niemand würde heute das teilweise langwährende Nebeneinander verschiedener ägyptischer Schriften als Indiz für verschiedene Sprachen werten. – Ein zweites Beispiel: Die hethitischen Hieroglyphen stellen eine Denkmal- und Siegelschrift dar, während die hethitische Keilschrift eine „Schrift des täglichen Lebens" (Friedrich) ist und „nur als Gebrauchsschrift auf Tontafeln" (Brunner) auftritt.[126]

Betrachtet man die sechs frühen kretischen Schriften (also mit Ausnahme von Lin B) unter sämtlichen schriftformrelevanten Gesichtspunkten, gewinnt man den Eindruck einer gemeinsamen Sprache, die sich in verschiedenen Schriften manifestiert. Die einzelnen Schriftformen sind vor allem bedingt durch

- *Verwendungszweck*
  - *offizielle und sakrale Texte* (hieroglyphische Siegelschrift, Diskus, Bronzeaxt, Mallia-Stein, einige Inschriften in Lin A auf Stein und Metall)
  - *Verwaltungs-/Wirtschaftstexte* (kursive Hieroglyphen [= Protolinear], Lin A)
- *Schriftträger*
  - *Stein* (Hieroglyphen, Mallia-Stein, einige sakrale Lin A-Texte)
  - *Ton*
    - *mit Griffel geritzt* (kursive Hieroglyphen [= Protolinear], Lin A, Spiralnetze und Dorne auf dem Diskus)
    - *gestempelt* (Hieroglyphen, Diskus)
    - *mit Tinte beschriftet* (Lin A)
  - *Metall*
    - *Gold und Silber* (Lin A)
    - *Bronze* (Bronzeaxt)
  - *weiche, biegsame Materialien wie Leder, Papyrus oder eventuell auch Palmblätter* (wenigstens für Lin A sicher erschließbar)
- *Entwicklung der Sprache/Schrift über einen Zeitraum von mindestens 600 Jahren (ca. 2000 – 1400 v. Chr.)*

Diese Übersicht ist aber ohne Interpretation wenig aufschlussreich. Immerhin lässt sich erkennen, dass Lin A die weitestgefächerte Verwendung fand, wohl deshalb, weil es die am wenigsten hieroglyphische und insofern die ‚modernste' Schrift war. Aussagekräftiger wird die Aufstellung, wenn wir die ökonomischen Aspekte der Schriftträger und deren Erhaltungshäufigkeit bzw. -wahrscheinlichkeit einbeziehen. Ton war leicht verfügbar und äußerst billig, vor allem, wenn man ihn nach der Beschriftung nicht brannte. Er wurde also zumeist für ephemere Zwecke, für kurzfristige Verwaltungs- und Abrechnungstexte verwendet (Protolinear, Lin A und im größten Umfang Lin B). Obwohl ungebrannte Tonerzeugnisse wenig dauerhaft sind, haben sie sich in relativ großer Zahl erhalten, weil sie zufällig in Feuersbrünste geraten waren.

---

[125] Siehe o. S. 241.
[126] Friedrich, Geschichte ..., 1966, S. 61; Brunner 1969, S. 305; Haarmann 1991, S. 236.

Trotz der Fülle von Funden besitzen wir heute nur einen verschwindend kleinen Teil der damaligen Produktion.

Der Diskus stellt eine äußerst bemerkenswerte Ausnahme dar. Der Schriftträger Ton kostete fast nichts, seine Beschriftung geschah jedoch nicht nur mit bei der Anschaffung sehr teuren Stempeln, sondern auch mit höchster Sorgfalt und einigem Zeitaufwand. Diese scheinbar paradoxen Verhältnisse geben nur Sinn, wenn von vornherein die Absicht bestand, die Scheibe im Töpferofen zu brennen. Ein Diskus aus Metall hätte nicht bestempelt werden können, wohl aber, wenn er aus Leder oder Papyrus oder ähnlichen Stoffen gewesen wäre. Aber warum hat der Schreiber dann nicht solche Materialien gewählt, zumal der bereits vorhandene Stempelsatz vermutlich für sie gedacht war, nicht aber in erster Linie für Ton?[127] Da der Diskus als Einzelstück konzipiert und nicht Teil einer Serie war,[128] wäre bei der Wahl von Leder oder Papyrus ein sehr dünnes Objekt entstanden, das leicht hätte verloren gehen können. Angesichts der Bedeutung des Dokumentes hätte man zur Aufbewahrung eine Schatulle oder einen Kasten anfertigen müssen. Bei einer Metallscheibe wäre man genötigt gewesen, die vielen Zeichen per Hand mit unendlicher Mühe zu ritzen. Wie unschön das Ergebnis ausgefallen wäre, kann man an der Beschriftung der Bronzeaxt ablesen.[129] Hätte man trotz allem für den Diskus irgendein Metall (für Ritzung) oder auch ein weiches, biegsames Material (für Tinte) verwendet, wären die zahlreichen Korrekturen kaum möglich gewesen. Allein der weiche Ton erleichterte Korrekturen erheblich. Da der Scheibe mehrere Entwürfe vorausgingen,[130] in denen dem Schreiber wiederholt Fehler unterliefen, lag die Entscheidung für Ton und gegen alle anderen Materialien nahe.

Wie sich durch Berücksichtigung der Umstände die singuläre Wahl des Schriftträgers für den Diskus erklären lässt, so auch die Besonderheit der hieroglyphischen Beschriftung der Bronzeaxt von Arkalochori.[131] Während hunderte andere Bronzeäxte in der Kulthöhle ohne Beschriftung geweiht wurden, trug nur e i n e Axt, wohl auf Wunsch des/der Auftraggeber(s), eine Inschrift. Als Schrift wählte man die vornehmen Hieroglyphen, obwohl sie sich nur schwer in das harte Metall einritzen ließen. Ausnahmsweise war hier also Bronze als eigentlich wenig geeigneter Schriftträger aus kultischen Gründen vorgegeben.

Gold oder Silber war natürlich als Schreibstoff viel zu kostbar. Aber wenn diese Metalle als Schmuck oder aus sakralen Gründen gewählt wurden, konnten sie eine Beschriftung erhalten: So tragen der Goldring von Mavro Spilio[132] und die silberne Miniaturaxt von Arkalochori[133] Lin A-Inschriften. Vielleicht verzichtete man hier auf die hieroglyphische Schrift, weil die Objekte sehr

---

[127] Siehe o. S. 13f. und 49.
[128] Siehe o. S. 26f.
[129] Siehe o. S. 217.
[130] Siehe o. S. 34f. und 79-81.
[131] Zu dieser Axt s.o. S. 215-230.
[132] Dazu s.u. S. 292f.
[133] Siehe o. S. 215f. und 229. Eventuell gehört hierher auch die Bostoner Goldaxt (s.o. S. 215 mit Anm. 2).

klein waren. Die Seltenheit von Inschriften auf Edelmetall mag auch durch das Einschmelzen solcher Gegenstände verursacht worden sein.

Stein war zwar nicht teuer und auch relativ leicht zu beschaffen, aber der Aufwand für seine Beschriftung kostete sehr viel Zeit. Wenn aber wie im Falle der Siegel ein vielmaliger Gebrauch vorgesehen war, lohnte sich eine aufwendige Beschriftung mit den kretischen Hieroglyphen. Dieselbe häufige Verwendung darf man auch bei den Stempeln der Diskusschrift voraussetzen. Dagegen wählte man für jeweils neu zu verfassende Verwaltungstexte (bes. Abrechnungen u.ä.) die leichter zu handhabenden kursiven Hieroglyphen (Protolinear) auf weichem Ton.

Die Lin A-Inschriften auf Stein (sogenannte Libationsformeln[134]) und die hieroglyphische Inschrift auf dem Altarstein von Mallia weisen aus kultischen Gründen einen schwer zu bearbeitenden Schriftträger auf. – Monumentalschriften fehlen im 2. Jahrt. v. Chr. auf Kreta ganz.

Ziehen wir das Fazit: Die unterschiedliche Erhaltungshäufigkeit der sechs frühkretischen Schriftformen reflektiert nicht den tatsächlichen Umfang der Verwendung. Die singulären Schriftarten von Diskus, Bronzeaxt und Mallia-Stein sind nicht etwa Zeugen für im damaligen Kreta höchst seltene Schriften, sondern verdanken ihre Existenz vor allem dem Umstand, dass sie aus besonderen Gründen auf ein ungewöhnliches, aber dafür dauerhaftes Material aufgetragen wurden. Der übliche Schriftträger für Alltagszwecke, der weiche Ton, war zwar vergänglich, wurde aber durch Feuersbrünste der Nachwelt in relativ großer Zahl erhalten. Auch die Schriftformen ‚beeinflussten' die Erhaltungswahrscheinlichkeit. Die fünf hieroglyphischen Schriften waren eigentlich nicht für harte Materialien prädestiniert. Nur wenn besondere ökonomische oder sakrale Gründe vorlagen, beschriftete man Metall oder Stein. Allein die am wenigsten hieroglyphische Schrift, Lin A, erlaubte im Prinzip eine leichtere Verwendung auf allen damals zur Verfügung stehenden Materialien. Allerdings bevorzugte diese Universalschrift Ton und, wie zwei Tinteninschriften nahelegen, Leder oder Papyrus. Tintenschrift auf Ton war dagegen zweifellos nur ein sehr selten geübtes Verfahren.[135] Der Umfang aller sechs Schriftformen auf weichem und vergänglichem Stoff dürfte erheblich gewesen sein.

Sollen wir nun annehmen, dass jeder einzelnen Schriftform eine eigene Sprache zugeordnet werden müsse? Dies ist a priori extrem unwahrscheinlich. Hieroglyphen, kursive Hieroglyphen (= Protolinear) und deren Abkömmling Lin A scheinen sich auf dieselbe Sprache zu beziehen.[136] Auch die Malliaschrift zeigt enge Verwandtschaft mit den Hieroglyphen.[137] Die Inschrift auf der Bronzeaxt hat zwar ausgeprägt hieroglyphischen Charakter, aber der Umfang der Zeichen, die mit den kretischen Hieroglyphen einigermaßen

---

[134] Siehe u. S. 287ff.
[135] Siehe o. S. 246f.
[136] Siehe o. S. 247f.
[137] Siehe o. S. 227 Anm. 59.

übereinstimmen, ist nur schwer abschätzbar.[138] Hingegen weist die Axt ein sicheres Lin A-Zeichen auf (𐀴).[139] Das Nebeneinander von hieroglyphisch beschrifteter Bronzeaxt und Lin A-beschrifteter Silberaxt legt die Vermutung nahe, dass hier dieselbe Sprache in zwei Schriftvarianten vorliegt, die der stark unterschiedlichen Größe beider Objekte geschuldet sind.

Zuordnung der Diskussprache (Lin A?)

Die alles entscheidende Frage, ob auch die Diskusschrift nur eine Variante für die pankretische minoische Sprache ist, wird vor allem von den ‚Entzifferern' ganz verschieden beantwortet. Außerkretische Sprachen scheiden von vornherein aus, da der Diskus in Kreta selbst entstanden ist.[140] Wer also z.B. die hethitische/luwische Sprache zugrunde legen will,[141] muss zunächst die Existenz dieser Sprache auf Kreta wahrscheinlich machen. Besonders großer Beliebtheit erfreut sich bei den Entzifferern die griechische Sprache. Timm zählt allein 15 Autoren auf.[142] Dies geht im Wesentlichen auf zwei Umstände zurück: Die Entziffer neigen verständlicherweise zur Wahl einer Sprache, die sie selbst beherrschen.[143] Zum anderen gehört ja Kreta in klassischer Zeit zum griechischen (dorischen) Sprachraum; und seit der Entzifferung von Lin B wissen wir, dass schon etwa 1400 (1450?) v. Chr. Griechen auf Kreta saßen. Aber warum, so könnte man fragen, sollten sie dort nicht schon vorher, also zur Zeit des Diskus, gesiedelt haben? Aus verschiedenen Gründen steht fest, dass die pankretische Sprache der Lin A-Leute nicht griechisch war. Da Lin A einen großen Teil seiner Zeichen mit Lin B teilt,[144] vor allem die häufigeren, kann man etwa 90% der normalen Zeichengruppen von Lin A phonetisch lesen (Pope[145]), aber leider nicht recht verstehen. Diese eingeschränkte Lektüre lässt den ungriechischen Charakter der Sprache leicht erkennen.[146] Der prinzipiell berechtigte Zweifel, ob die in Lin A und B übereinstimmenden Zeichen auch denselben bzw. ähnlichen Lautwert besitzen, konnte mit einer Reihe verschiedener Argumente vollständig ausgeräumt werden.[147]

---

[138] Siehe o. S. 227.
[139] Siehe o. S. 228f.
[140] Siehe o. S. 196-198 und auch 205-207.
[141] Zum misslungenen Versuch von Achterberg u.a. (2004) s.o. S. 1f., 5-8, 130-134, 190.
[142] 2005, S. 16-18. Der Liste kann man beispielsweise noch Bekštrem (1911), Gwynn/Kolyvannos (1977); Muenzer (1980); Corsini (1986); Poligiannaki (1996); Madau (2007) und Bornefeld (2011) hinzufügen.
[143] Siehe Sornig 1997, S. 89.
[144] Siehe die Aufstellungen bei Kober 1948, S. 94 (Zu den Lin A und B je eigentümlichen Zeichen: S. 95; zu Lin B-Zeichen, die in A nicht vorkommen: Finkelberg 1990/1, S. 45f.); Chadwick 1973, S. 33 (erneut abgedruckt bei Schachermeyr 1979, S. 243 und Bartoněk 2003, S. 34); Godart 1976, S. 45; Hiller 2000, S. 133.
[145] 1964, S. 5.
[146] Siehe beispielsweise Heubeck 1979, S. 22: „die Deutung A-linearer Wörter als griechisch" sei „nur mit den größten sprachlichen Gewaltsamkeiten möglich". – Schon v o r der Entzifferung von Lin B konnte Kober mit guten Gründen zeigen, dass Lin A und B unterschiedliche Sprachen darstellen (1948, S. 101f.).
[147] Einen guten Überblick geben Duhoux 1989, S. 66f. und Timm 2005, S. 158ff. Folgende Beobachtungen und Argumente sprechen für lautliche Übereinstimmung: Einige der kyprischen Silbenschrift und Lin B

Die Lin B-Schrift scheint sich nicht allmählich aus Lin A entwickelt zu haben, sondern in einem „ziemlich revolutionäre(n)" Akt (Bartoněk[148]). Ob diese „eventuelle tiefgreifende Reform" auf Kreta oder dem griechischen Festland geschah, ist umstritten.[149] Auf jeden Fall ist Lin B ein Abkömmling vom kretischen Lin A.[150] Verwendung fand die neue Schrift auf Kreta ab ca. 1400 v. Chr.,[151] als griechische Invasoren die Herrschaft auf der Insel errungen hatten. Lin B war, im Gegensatz zu Lin A, nicht weit verbreitet, sondern zeigt eine „Beschränkung auf die Palastadministration" (bes. auf Knossos und Chania)[152] und erweist sich damit eindeutig als Schrift der neuen Machthaber. Dieser Machtwechsel spiegelt sich wahrscheinlich auch in der Darstellung kretischer Gesandter auf Wandmalereien in Gräbern hoher ägyptischer Beamter wider. Im Grab des ‚Wesirs' Rechmere wurde die Kleidertracht minoischer Geschenkebringer korrigiert/übermalt und an die der mykenischen Griechen angeglichen. Diese Änderungen können einigermaßen genau auf die Zeit zwischen 1460 und 1450 v. Chr. datiert werden. Allgemein nimmt man einen Regimewechsel auf Kreta um 1450 an.[153] Die neue Führungselite schuf

---

(beide aus Lin A entwickelt) gemeinsame Zeichen besitzen gleichen Lautwert (Chadwick 1975, S. 146; Duhoux 1989, S. 71f.). Übereinstimmende Wörter, bes. (ungriechische) Namen in Lin A und B (Heubeck 1966, S. 29; Chadwick S. 146; Packard 1974, S. 72, 90-92, 139ff. [Appendix B]; Pope/Raison 1978, S. 21f.; Hiller 1978/9, S. 223; ders. 2000, S. 135; Duhoux S. 68ff.; Finkelberg 1990/1, S. 43f.; Woudhuizen 2006, S. 37f.). Für Ϝ (Lin A = B) konnte der durch Kombination ermittelte Lautwert *ni* bestätigt werden. Ϝ dient nämlich auch als Lin A- und B-Ideogramm für *Feige, Feigenbaum*. Das kretische, aber ungriechische Wort für *Feige* lautet νικύλεον. Der Lautwert *ni* für Ϝ wurde also mit Hilfe des akrophonischen Prinzips gewonnen (Diese Entdeckung gelang Neumann 1957; s. auch Heubeck 1979, S. 19f. und Bartoněk 2003, S. 117). In Silbenschriften stehen reine Vokalzeichen systembedingt überdurchschnittlich häufig am Wortanfang (s.o. S. 187 Anm. 145): Diese Tendenz lässt sich mit Einschränkungen (s. den Schluss der Anm.) bei denjenigen Lin A-Zeichen beobachten, die mit den Vokalzeichen von Lin B übereinstimmen (s. Duhoux S. 66). Schreibvarianten innerhalb von Lin A (beispielsweise: *a-sa-ra-me/ja-sa-sa-ra-me*) bestätigen prinzipiell eine geglückte phonetische Deutung (Packard S. 71 und 123ff. [Appendix A]; Duhoux S. 67f.; Pope/Raison 1978, S. 19; Finkelberg 2001, S. 81f.; Woudhuizen 38f.). Einige Schrifteigentümlichkeiten in Lin B: So fehlt die für die griechische Sprache wichtige Unterscheidung von /r/ und /l/, offenbar ein Erbe von Lin A. Vermutlich haben sich die Griechen bei der Übernahme der Lin A-Schrift gelegentlich zu eng an ihr Vorbild gehalten (s. auch Heubeck 1966, S. 14). Statistische Analysen (Kamm 1965). Das Einsetzen der phonetischen Werte von Lin B in Lin A führt zu Besonderheiten, die kaum zufällig sein können. So tritt der Vokal *e* nur selten (meist am Wortende), *o* aber noch seltener auf (Packard S. 112f.; Duhoux S. 72 und 116; Timm S. 162). Gewisse Eigentümlichkeiten neugebildeter Zeichen von Lin B lassen vermuten, dass bei der Übernahme der graphischen Gestalt der übrigen Schriftzeichen auch der Lautwert übernommen wurde (Finkelberg 1990/1, S. 45f.).

[148] 2003, S. 38; s. auch bes. Heubeck 1979, S. 34f.

[149] Bartoněk ebd.; Hiller 2000, S. 137f.

[150] Denkbar ist auch eine Beeinflussung durch die kretischen Hieroglyphen (siehe z.B. Heubeck 1966, S. 13; ders. 1979, S. 35; Packard 1974, S. 21).

[151] Ob Lin B auf dem griechischen Festland schon vor 1400 existierte, ist in meinen Augen fraglich. Godart (Una iscrizione ..., 1995) präsentiert als frühesten Beleg eine von Frau X. Arapogianni drei km von Olympia entfernt gefundene Inschrift auf einem Kieselstein. Sie stamme aus dem 17. Jh. Dieser „angeblich" (Bartoněk 2003, S. 30) frühe Zeitansatz beweise die Entstehung von Lin B auf dem Festland. Obwohl die Datierung von fundamentaler Bedeutung ist, erfahren wir von Godart nur wenig über die genauen Fundumstände. Von den acht Schriftzeichen gehörten drei nur zu Lin B, die restlichen fünf seien näher mit Lin B als mit A verwandt. Siehe auch Finkelberg 1998, S. 269f.

[152] Bartoněk S. 36f.

[153] Zu diesem ganzen Komplex s. Schachermeyr 1960, S. 47ff.; ders. 1979, S. 112-115 (gekürzte Wiederholung); Lehmann 1985, S. 9; Wachsmann 1987, S. 44-48 und 103-105; Haider 1988, S. 23-25; Barber 1991, S. 330ff.; Aartun 1992, S. 33; Osing 1992, S. 273-275; Godart, Der Diskus ..., 1995, S. 118f.; Matthäus 1995, S. 183; Schoch 1995, S. 112 und 207; Otto 1997, S. 61. Weitere Literaturhinweise bei Panagiotopoulos

eine griechischsprachige Verwaltung, die sich eines aus Lin A abgewandelten Schriftsystems, Lin B, bediente. Der Sprachenwechsel schließt Griechisch für den Diskus aus, es sei denn, man datiert diesen stark herab.[154]

Wenn die Diskusschrift eine sonst unbekannte, kretische Sprache wiedergeben sollte, sinkt die Wahrscheinlichkeit einer Entzifferung erheblich. Nur in dem Falle, dass man diese Sprache einer Sprachfamilie wie der indogermanischen, semitischen usw. zuordnen könnte, gäbe es eine vage Chance für eine eigentliche Entzifferung. Sonst bleibt nur die (schwierige) Strukturanalyse, die aber letzten Endes zu keiner wörtlichen Übersetzung führen kann.

Nun ist die Aussicht, den Diskustext der minoischen Sprache zuweisen zu können, nicht so schlecht. Diese Sprache wird durch Lin A repräsentiert, aber vermutlich auch durch die kretischen Hieroglyphen, Protolinear, Inschriften auf der Bronzeaxt und dem Mallia-Stein (s.o. S. 252 mit Verweisen). Der Diskus nimmt zu diesen Schriften zwar keine völlig isolierte Stellung ein, aber sein Zeichenrepertoire bietet nur eine vergleichsweise geringe Menge an ähnlichen oder gar übereinstimmenden Zeichen.[155] Die Unsicherheiten sind so groß, dass ich auf eine eigene, anfechtbare vergleichende Aufstellung verzichten möchte. Natürlich hat man auch die statistische Häufigkeit und Verteilung der Zeichen sowie ihre Positionen im Wort ins Kalkül gezogen. Aber eine solche Statistik ist wiederum mit besonderen Schwierigkeiten verbunden. So muss Timm für das Diskuszeichen ☉ und das ihm gern zur Seite gestellte Lin A-Zeichen ☺ statistisch signifikante Unterschiede einräumen.[156] Für solche Divergenzen kann es mehrere Gründe geben: Nichtentsprechung beider Zeichen, abweichende Verwendung, Abhängigkeit von der jeweiligen Textsorte, usw. Im Fall von ☉ hat Timm nicht erkannt, dass es auf dem Diskus überwiegend als zusätzliches Personendeterminativ verwendet wird.[157] Seine Entzifferung des Diskus unter der Voraussetzung, „dass der Diskos in der Sprache von Linear A abgefasst wurde",[158] ist allein schon deshalb gescheitert.

Aber bei aller Unsicherheit, die Schrift des Diskus mit den übrigen kretischen Schriften in Beziehung zu bringen, sollte man bedenken, dass die Über-

---

(2011, S. 31 Anm. 5), der sich mit den „thebanischen Fremdvölkerdarstellungen" befasst. – Allerdings gibt es auch Widerspruch gegen die Deutung des Kleiderwechsels als Machtwechsels, so bei Rehak 1996 (ders. auch 1998), Panagiotopoulos 2001, S. 265 Anm. 6 und Duhoux 2003, S. 21-26, 200-208 und 269. Selbst wenn diese Stimmen Recht haben sollten, sind Rehaks (1996, S. 50f.) Erklärungsversuche, Änderungen des Status der Geschenkebringer oder Wechsel der Vorlagenbücher, alles andere als überzeugend. „Why should early ambassadors have been of low status, and later ones (carrying out the same task) suddenly of high status?" fragt Barber (2005, S. 109). Und ein Wechsel der ägyptischen Musterbücher, deren Existenz Hallmann (2006, S. 9) bestreitet, kann vernünftigerweise nicht dazu geben, eine bereits vorhandene, qualitätsvolle Wandmalerei an einigen Stellen korrigierend zu übermalen.

[154] Zur Datierung s.o. S. 3-11.
[155] Zusammenstellungen mehr oder weniger ähnlicher Zeichen bei: Schwartz, The Phaistos Disk ..., 1959, S. 108; Davis 1964, S. 108; Schürr 1973, S. 8; Nahm 1975; Duhoux 1983, S. 34 Anm. 2; Fischer 1988, S. 26f.; Woudhuizen in: Achterberg u.a. 2004, S. 131ff.; bes. ist auf Timm 2005, S. 125-137 hinzuweisen.
[156] Timm 2005, S. 130.
[157] Siehe o. S. 85ff.
[158] Timm ebd. S. 137.

einstimmung dieser Schriften wegen der Unvollständigkeit der überlieferten Systeme von Bronzeaxt, Mallia-Stein und auch Diskus[159] in Wirklichkeit vermutlich deutlich größer ist. Hinzu kommt die Verflechtung der Systeme untereinander, so dass sich zusätzliche, in d i r e k t e Beziehungen ergeben.

Dennoch bleibt die Frage, warum der Schöpfer des Schriftsystems, das bisher nur auf dem Diskus erhalten ist, verhältnismäßig selbständig verfuhr. Timm äußert die Vermutung, dass das „weitgehend eigenständige Schriftbild ... nicht zuletzt der verwendeten Technologie – der Nutzung von Stempeln – geschuldet sein könnte."[160] Aber warum lehnte sich diese piktographische Schriftform nicht enger an die kretischen Bilderschriften, vor allem an die kretischen Hieroglyphen an und wechselte sozusagen das Bildprogramm? Eine Antwort darauf muss vorerst spekulativ bleiben. Aber die Änderung der Bildauswahl – unter Voraussetzung der Sprachidentität – bedeutet keinesfalls eine besondere Erschwernis für den Leser. Denn man kann davon ausgehen, dass die Diskusschrift ebenso wie viele frühe Schriften nach dem sogenannten akrophonischen Prinzip geschaffen wurde. Das heißt, dass der phonetische Anfang desjenigen Wortes, das den Bildinhalt des Zeichens angibt, dessen Lautwert darstellt. Es findet demnach keine willkürliche Zuordnung eines Lautwertes zu einem bestimmten Bildzeichen statt.[161] Wir haben es hier also mit einem Sonderfall der Rebusschrift zu tun, die ebenfalls Bildinhalte phonetisiert. Der Diskus bietet möglicherweise ein interessantes Beispiel für das akrophonische Prinzip. Das ‚Schild'-Zeichen ☉ erscheint 13x als Determinativ (jeweils hinter dem Personendeterminativ 🐾)[162] und 4x als Silbenzeichen am Ende einer Zeichengruppe. Als Determinativ ist der Bildinhalt von ☉ für den damaligen Leser eindeutig identifizierbar gewesen, auch wenn wir heute das Dargestellte nicht mehr sicher bestimmen können. Im Gegensatz zum Determinativ muss das Silbenzeichen ☉ einen Lautwert besessen haben, der sich vermutlich vom Bildinhalt ableitet. Da ☉ am Wortende durch 🌿 ausgetauscht werden kann,[163] besitzen beide Zeichen wohl denselben Konsonanten, aber einen verschiedenen Vokal. Die damaligen Bezeichnungen der Bildinhalte von ☉ und 🌿 begannen also wahrscheinlich mit demselben Konsonanten. Eine akrophonisch aufgebaute Schrift ist in jedem Fall für denjenigen, der die inhaltliche Bedeutung der Bildzeichen kennt, leicht lesbar.

Die Frage, ob die Sprache des Diskus diejenige von Lin A ist, könnte durch eine Entzifferung endgültig beantwortet werden. Da aber für den Diskus keine einzige plausible Entzifferung vorliegt, muss sich der Vergleich von Diskus-

---

[159] Auch für das phonetische Inventar von Lin A versucht Duhoux (Une analyse .... 1978, S. 119) mit Hilfe von Mackays Formel (s.o. S. 115) die Gesamtzahl der verschiedenen Silben zu berechnen. Abhängig von schwankenden Ausgangszahlen (s.u. S. 286 Anm. 6) gelangt er zu 102,19 bzw. 109,83 versch. Z.: kein sonderlich bedeutsames Ergebnis, da der überlieferte Zeichenbestand von Lin A ohnehin einigermaßen vollständig ist.
[160] Timm 2005, S. 135.
[161] So einfach es ist, ein Schriftsystem mit Hilfe des akrophonischen Prinzips aufzubauen, so schwer ist es, mit diesem Prinzip die Lautung eines unbekannten Schriftzeichens zu ermitteln (s.o. S. 190f.).
[162] Siehe o. S. 85ff.
[163] Siehe o. S. 91 Anm. 45.

text und Lin A im Wesentlichen auf strukturelle Untersuchungen beschränken. Zu den wichtigsten Strukturen gehören: Wortlänge(n), Verdoppelung von Schriftzeichen und Affixe. Die statistischen Berechnungen hinsichtlich des Diskus leiden meist darunter, dass die Determinative 🐚 und ☉[164] als phonetische Zeichen missdeutet werden.

Wortlänge(n)

Zur Ermittlung der Wortlänge(n) von Lin A dürfen nur die vollständig erhaltenen phonetischen Zeichengruppen dienen. Duhoux[165] hat 1978 eine Auswertung von 789 solcher Gruppen[166] vorgenommen:

Wortlängen in Lin A (nach Duhoux)

Zeichenzahl	Wortzahl	Anteil in %	Zeichenzahl insgesamt
2	297	37,6	594
3	289	36,6	867
4	134	17	536
5	47	6	235
6	19	2,4	114
7	2	0,25	14
8	1	0,13	8
Summe:	789	100	2368

Tab. 12

Hieraus ergibt sich eine durchschnittliche Zeichenzahl von drei Zeichen pro Wort.[167] Für den Diskus (ohne Dorne) diene folgende Übersicht:

Wortlängen der Diskusschrift

Zeichenzahl (phonetisch)	Wortzahl	Anteil in %	Zeichenzahl insgesamt
2	11	18	22
3	24	39,3	72
4	15	25	60
5	11	18	55
Summe:	61	100	209

Tab. 13

---

[164] Siehe o. S. 85ff.
[165] Une analyse ..., 1978, S. 68.
[166] Duhoux hat 790, da er eine Kette von 19 Zeichen auf dem Ring von Mavro Spilio (dazu s.u. S. 292f.) aufnimmt, deren außergewöhnliche Länge, wie er selbst einräumt (S. 68 Anm. 1), wahrscheinlich auf fehlende Worttrennung zurückzuführen ist.
[167] Ebenso Packard 1974, S. 25 Anm. 26 („about three signs"). Timm (2005, S. 72f.) übernimmt seltsamerweise (?) die Zahl 3,2 von Jackson (1999, S. 27), der aber selbst seinen Wert auf 3 korrigiert (S. 27 Anm. 18). Sornig (2006, S. 151) beanstandet in seiner unkritischen Besprechung von Timm (2005) die Zahl 3,2 nicht.

Die phonetischen Zeichengruppen des Diskus weisen durchschnittlich 3,43 Zeichen auf. Die Ø-Werte von Lin A (3) und Diskus (3,43) stimmen zwar nicht überein, sprechen aber nicht gegen verschiedene Sprachen, weil es sich bei dem Ausgangsmaterial von Lin A zum größten Teil nicht um Texte, sondern um isolierte Wörter handelt, beim Diskus jedoch ein geschlossener Textzusammenhang vorliegt. Da der Diskustext trotz seiner 61 Wörter – verglichen mit den 789 von Lin A – relativ kurz ist, sind die in Lin A sehr selten vorkommenden 6- und 7-Silbler auf dem Diskus kaum zu erwarten. Aber aus dem Rahmen fällt der Prozentsatz der 2-Silbler (Lin A: 37,6%; Diskus: 18%). Dies ist allerdings wohl die Folge der inhaltlichen Zweiteilung des Diskustextes (Teil I: A1 bis ca. B34; Teil II: ca. B35 bis 61[168]). Betrachtet man nun beide Teile einzeln, ergibt sich folgende Wortlängenstatistik:

Diskus Teil I (in Klammern Teil II)

Zeichenzahl (phonetisch)	Wortzahl	Anteil in %	Zeichenzahl insges.
2	10 (1)	29,4 (3,7)	20 (2)
3	15 (9)	44,1 (33,3)	45 (27)
4	4 (11)	11,8 (40,7)	16 (44)
5	5 (6)	14,7 (22,2)	25 (30)
Summe:	34 (27)	100 (100)	106 (103)

Tab. 14

Teil I liefert jetzt für die 2-Silbler einen ‚befriedigenden' Wert (29,4%; Lin A: 37,6%), während Teil II nur ein einziges zweisilbiges Wort (B61) aufweist.[169] Den sehr hohen Prozentsatz der 4- und 5-silbigen Wörter in Teil II könnte man auf eine höhere Zahl anderer Wortarten, z.B. Verben, zurückführen.

Der Vergleich der Wortlängen zweier unentzifferter Schriften ist also eine heikle Angelegenheit, zumal wenn die Vergleichstexte verschiedene Textsorten darstellen. Aber auch unter günstigen Umständen[170] kann eine übereinstimmende Längenverteilung niemals die Identität zweier Sprachen beweisen. Dennoch sind Wortlängenuntersuchungen nicht ohne Wert. Wenn man etwa im Falle des Diskus die Determinative 🌿 und ☉ irrtümlich als phonetische Zeichen berücksichtigt, erhalten wir folgende Längenverteilung:

---

[168] Siehe o. S. 208ff.
[169] Die 2- und 3-silbigen Wörter des Diskus haben eine besonders enge Affinität zu den Personennamen von Teil I (s.o. S. 213).
[170] Solche Umstände liegen z.B. dann vor, wenn man weiß, ob eine Schrift bestimmte Regeln für Getrennt- oder Zusammenschreibung beachtet. So gibt es für eine gelegentlich ‚fehlende' Worttrennung in Lin B, das ja entziffert ist, ein nur teilweise stringentes Regelwerk (s. Bartoněk 2003, S. 128-130).

Diskus mit Determinativen 🗣 und ☉[171]

Zeichenzahl	Wortzahl	Anteil in %	Zeichenzahl insgesamt
2	6	9,8	12
3	16	26,2	48
4	22	36	88
5	12	19,7	60
6	2	3,3	12
7	3	4,9	21
Summe:	61	100	241

Tab. 15

Die durchschnittliche Länge der Diskuswörter von 3,95 Zeichen würde Lin A mit 3 Zeichen sehr wahrscheinlich ausschließen. Da hilft es auch nicht mehr, wenn Timm den Lin A-Wert auf 3,2 anhebt[172] oder die Determinative des Diskus – nur hypothetisch (!) – aus der Rechnung herausnimmt.[173] Auch der hohe Anteil von 5-, 6- und 7-Zeichenwörtern (zusammen 27,9%) verträgt sich nicht mit dem entsprechenden Wert von Lin A (8,65%). Die Interpretation von 🗣 und ☉ als Lautzeichen schlösse Lin A als Diskussprache aus. Nur die Anerkennung des nichtphonetischen Charakters der beiden Zeichen lässt eine Entzifferung mit Hilfe von Lin A zu, vorausgesetzt natürlich, dass dem Diskus überhaupt diese Sprache zugrunde liegt.

Silbenverdopplung

Bei Silbenschriften treten Verdopplungen von Schriftzeichen naturgemäß seltener auf als bei Buchstabenschriften. In der Sammlung von Lin A-Wörtern bei Raison/Pope[174] habe ich 28 verschiedene Wörter[175] mit Reduplikation gefunden (16x Anfangssilbe, 8x Binnensilbe, 4x Schlusssilbe, 1x ein Wort, das nur aus einer verdoppelten Silbe besteht [ta-ta]). Auch die Diskusschrift kennt Silbenverdopplung (A4: ⟨⟩; A17 = 29: ⟨⟩; B44: ⟨⟩). Der Diskustext ist mit seinen 61 Zeichengruppen für einen statistischen Vergleich hinsichtlich dieser Besonderheit nicht lang genug. Zur Feststellung einer Verwandtschaft beider Sprachen sind solche Verdopplungen natürlich ohne Gewicht. Aber unter der Voraussetzung von Sprachidentität können diese Phänomene für die Entzifferung eine Hilfe sein. So könnte man mit Schürr[176] für B44 ⟨⟩ die Lautwerte des Lin A-Wortes *a-sa-sa-ra-me* (oder der Variante *ja-sa-sa-ra-me*) einsetzen. Für A4 ⟨⟩ zieht Duhoux[177] die möglichen Entsprechungen *ki-ki-na*, *qa-qa-ru*, *sa-sa-me* und *ti-ti-ku* in Betracht.

---
[171] Siehe auch o. S. 88f.
[172] Siehe o. S. 257 Anm. 167.
[173] Timm 2005, S. 119.
[174] 1978, S. 131ff. Zu den verdoppelten Silbenzeichen s. auch Olivier 1986.
[175] Allerdings wurden Varianten berücksichtigt.
[176] 1973, S. 14ff.
[177] 1983, S. 61.

Allerdings hält Schürr die zwei Katzenköpfe in A4 nicht für strukturell, also nicht für eine „echte Reduplikation", da der erste Kopf Präfix sei.[178] Aber wie dem auch sei, solche Einsetzproben engen die ungeheuer große Zahl von Möglichkeiten, die am Beginn vieler Entzifferungen steht, erheblich ein.[179]

Affixe

Ein Vergleich der Affixverteilung (Verhältnis der Präfixe zu den Suffixen) in Lin A[180] und Diskustext gestaltet sich äußerst schwierig. Denn bei unentzifferten Schriften sind der eigentliche Charakter und die Funktion(en) von ‚Präfixen' und ‚Suffixen' nur schwer beurteilbar. So könnte man die beiden Lin A-Wörter *ku-ma-ro* und *sa-ma-ro* auf einen Wortkern *ma-ro* mit den alternierenden Präfixen *ku* und *sa* zurückführen. Aber vielleicht handelt es sich um grundverschiedene Wörter wie etwa im Deutschen die Wörter *Leid, Kleid, Eidam, beide, Seide, Weide* usw., die sich nicht aus dem Wortkern *Eid* (das ein eigenständiges Wort darstellt) durch Prä- oder/und Suffigierung gebildet haben, sondern völlig unterschiedliche Bedeutungen und keinerlei etymologische Verwandtschaft besitzen. Bei *ku-ma-ro* und *sa-ma-ro* könnte man allerdings auf *ku-re-96* und *sa-re-96*, evtl. auch auf *ku-ru-ma* und *we-ru-ma*, verweisen. Aber gleichlautende Phoneme am Anfang verschiedener Wörter müssen nichts miteinander zu tun haben, wie das ‚Präfix' *Kl* in *Kleid* (*Eid*), *klein* (*ein*), *Klammer* (*Ammer*) oder *Kloben* (*oben*). Sicherheit ist also nur selten zu erreichen. Außerdem ist die Zahl von Lin A-‚Präfixen' sehr hoch. Hiller führt für Lin A drei Fälle von prothetischem *a* auf (*a-pa-ra-ne*: *pa-ra-ne*; *a-ka-ru*: *ka-ru*; *a-sa-ra*₂: *sa-ra*₂).[181] Ob dieses *a* eine Zufallserscheinung ist (vgl. deutsch *Ameise*: *Meise*; *Ader*: *der*) oder eine der vielen Präfixfunktionen, beispielsweise eines Alpha privativum[182], besitzt, bleibt vorerst offen.

Ebenso steht es mit den Suffixen in Lin A. Kamm billigt den Silben *na, ja, ni* und *su* „deutlichen Suffixcharakter" zu.[183] Besonders häufig ist *na*.[184] Aber ob es überall dieselbe Funktion hat, ist ungewiss. So hat das deutsche ‚Suffix' *er* verschiedene Aufgaben, z.B. in den Wörtern: *Kleid*: *Kleider*; *Leid*: *leider*; *klein*: *kleiner*. Nicht abtrennbar ist *er* in *Eimer*.

Lin A verfügt auch über ‚Infixe', wie *pa-ra-ne*: *pa-ta-ne*.[185] Hierbei kann es sich natürlich um verschiedene Wörter handeln (vgl. *Nabel, Nadel, Nagel; Platane, Plane*).

---

[178] Schürr 1973, S. 12f.
[179] Siehe auch u. S. 287ff.
[180] Einen Überblick über Affixe in Lin A kann man sich bei Packard (1974, S 123-138; dazu S. 75-80) verschaffen.
[181] Hiller 1978/9, S. 232.
[182] Dazu s.o. S. 185.
[183] Kamm 1966, S. 550. Dort (S. 555f.) Sammlung von einsilbigen Suffixen. Siehe auch Packard 1974, S. 75-78; 124-127, 134-136.
[184] Siehe etwa: *do-di-na*: *do-di-ra*; *ka-ro-na*: *ka-ro-pa*; *ku-do-na*: *ku-do-ni*; *da-ku-na*: *da-ku-se-na*; *ki-ki-na* (dazu s.u. S. 289): *ki-ki-ra-ja*.
[185] Eine Sammlung solcher Silbenwechsel im Wortinneren bei Packard 1974, S. 132f. (s. auch S. 78).

Insgesamt deuten jedoch die verhältnismäßig vielen ‚Affixe' – verglichen mit der doch sehr begrenzten Zahl erhaltener Wörter – auf die Möglichkeit, ja Wahrscheinlichkeit, dass sich unter ihnen auch echte Affixe befinden. Aber ein Wermutstropfen bei all dem ist die defektive Schreibweise von Lin A, die es zulässt, dass unterschiedliche Wörter gleich geschrieben werden. „Welch reiche Vielfalt der Lesungen sich schon bei einem zweisilbigen Wort ergibt", zeigen uns die Verhältnisse in Lin B.[186]

Noch größere Probleme als bei Lin A bereitet die Affixsituation des Diskus. Die Ergebnisse der bisherigen Forschung sind weitgehend wertlos, da man im Allgemeinen Kopf 🗿 (19x am Wortanfang) und Schild ☉ (13x an zweiter Stelle n a c h 🗿) nicht als (stumme) Determinative erkannt hat. Beide Zeichen sind tatsächlich im wörtlichen Sinne präfigiert (in einigen Fällen sogar nachträglich den zugehörigen Zeichengruppen vorangestellt worden[187]), aber nicht im sprachwissenschaftlichen Sinne, da ein Präfix phonetischen Charakter haben muss. Durch den Wegfall von 🗿 und ☉ nimmt die durchschnittliche Wortlänge deutlich ab (mit 🗿 und ☉: 3,95 Zeichen; sonst nur 3,42 Z.), so dass die Möglichkeit des Auftretens von Präfixen eingeschränkt wird. Außerdem werden nun aus den Zeichen, die jeweils unmittelbar auf 🗿 bzw. ☉🗿 folgen, Anfangszeichen, also Kandidaten für Präfixe. Schließlich verändert sich auch das Verhältnis von Präfixen zu Suffixen deutlich. Duhoux nimmt ein Verhältnis von 15 Präfixen zu 8 Suffixen an.[188] Diese Relation, die der von Lin A ähnele, ändert sich nun zu Ungunsten der Präfixe.

Einige Diskuszeichen, die als Präfixanwärter gelten können, wurden schon oben (S. 184ff.) in anderem Zusammenhang behandelt. So besteht für ⌀, ⚹ und △ die Möglichkeit oder Wahrscheinlichkeit, dass sie an wenigstens einigen Stellen Präfix sind. Präfixverdacht gilt für:

⌀: in A3 = B51; A4; B60
⚹: in B53 (wegen des Vergleichs mit ähnlichem 60, wo ⚹ gegen das eventuelle Präfix ⌀ ausgetauscht ist), vielleicht auch in A6 ~ B33
△: in B41; 55; 56 (?); vielleicht auch in B39 (an zweiter Stelle nach dem ganz unsicheren Präfix ⊢ [s.u.])

Außer diesen Zeichen kommen als Präfix in Frage:

⋋: tritt insgesamt 5x auf, stets am Anfang einer phonetischen Zeichenkette. Es besitzt in B52 = 57 ▬☉🌂⋋ gute Aussichten als Präfix wegen B49 🐚☉🌂. Im Personenwort B32 ⌀🏛⋋☉🗿 dürfte ⋋ wohl kein Präfix sein, weil das vorangehende Wort B31 ✸🌂❗ mit A28 gleichlautend ist, das ebenfalls einem Personenwort (A29: 🏛🌂🐚☉🗿) vorausgeht. A29 hätte dann aber seltsamerweise ein anderes Präfix (⚘).[189]

---

[186] Heubeck 1966, S. 16f.
[187] Siehe o. S. 69.
[188] Duhoux 2000, S. 598.
[189] Zum strukturellen Zusammenhang des Textendes von Seite A mit dem Anfang von Seite B s.o. S. 211ff.

[…]: ist ein Unikat und findet sich am Beginn von B39 […]. Ein Vergleich mit dem Personennamen A1 […], der mit dem Determinativpaar […] eingeleitet wird, könnte bei […] an ein Doppelpräfix denken lassen, zumal […] gelegentlich präfigiert werden kann. Aber der Präfixcharakter von […] bleibt reine Spekulation.[190]

[…]: Vergleicht man B44 […] mit 36 […], könnte […] zusammen mit dem präfixverdächtigen […] ein Doppelpräfix bilden. In B36 wäre dann […] ebenfalls ein Präfix.

[…]: könnte in B37 […] ein Präfix sein (vgl. 56 […]). In 45 […] ist […] als Präfix nicht bestimmbar.

Für den Diskus gibt es also nur wenige Präfixkandidaten ([…], […], […], […], […]). Hinsichtlich möglicher Suffixe sind die Verhältnisse noch weit unklarer:

[…]: dieses sehr häufige Zeichen verteilt sich auf Anfang (4x), Mitte (6x) und Ende (8x) von Zeichengruppen. Die Endstellung wird ‚erleichtert' durch ähnliche bzw. wiederholte Wörter (A3 = B51 ~ 55 ≈ 61). Auch die Binnenposition erfährt eine Verstärkung durch Wiederholungen (B49 ~ 52 = 57). Als Suffix ist […] theoretisch denkbar in den Eigennamen B32 und 59. In 32 ([…]) kann es aber nur dann ein Suffix sein, wenn […] k e i n Präfix ist, da sonst das Wort nur aus einer einzigen Silbe ([…]) bestünde. Bei den aufeinander folgenden Wörtern B58 und 59 könnte […] ein Suffix sein.[191] So wird im Finnischen z.B. in dem Ausdruck *im großen Auto* die deutsche Präposition *in* als Suffix *-ssa* jeweils an Substantiv u n d Attribut angehängt: *isossa autossa*.[192]

[…]: kommt 4x am Ende von Personennamen (A1; 8 [?]; 14 = 20) und 2x von Nicht-Personen (B39 und 45) vor. Vergleicht man 1 […] mit 26 […], könnte es ein Suffix sein,[193] sofern 1 und 26 dieselbe Person sein sollten.

[…]: nur 1x an letzter Stelle in B56 […]. Da die beiden vorausgehenden Zeichen […] die Wörter A14 = 20 beschließen, könnte […] theoretisch ein Suffix sein. Eventuell darf man noch B37 […] heranziehen, wenn […] ein Suffix sein sollte (s.u. zu […]).

[…]: ist möglicherweise in A5 […] ein Suffix, da […] am Ende eines Wortes stehen kann (B42). In B38 […] und 47 […] bildet […] mit […] jeweils ein Zeichenpaar. Da […] in 38 eine ‚feste' Verbindung zu sein scheint (vgl. A1; 26; 30; B39),[194] könnte […] ein Doppelsuffix sein.[195]

---

[190] Ganz unwahrscheinlich aber ist eine Determinativfunktion von […] (s.o. S. 98).

[191] B58 würde dann auf […] enden (wie auch A1, 8 (?); 14 = 20; B39; 45), B59 auf […] (wie A18).

[192] Das Auftreten eines solchen Homöoteleuton beweist allerdings nicht zwangsläufig die Suffixfunktion des übereinstimmenden Endzeichens. So ist […] in den benachbarten Wörtern A9 […] und 10 […] vermutlich kein Suffix, da das Schluss-[…] gern mit […] abwechselt, wie z.B. in A25 […] (s.o. S. 91 Anm. 45). Die Silbenzeichen […] und […] besitzen wohl denselben Konsonanten, aber einen anderen Vokal.

[193] Siehe Duhoux 1983, S. 37. Aber vgl. im Deutschen z.B. die grundverschiedenen Wörter *Blei* und *Bleibe*.

[194] Siehe auch o. S. 127 Tab. 6.

[195] Siehe auch Ipsen 1929, S. 26.

▽: tritt als Unikat leider nur in B37 ▽>|↑ auf. Würde man ▽ als Suffix abtrennen, endete das Wort mit dem Zeichenpaar >|, das auch die Wörter A14 = 20 (und B56 ⊞>|◊, falls ⊞ ein Suffix wäre [s.o.]) beendet. Der erschlossene Wortstamm von B37 *>|↑ wäre dann mit 45 >∃↑ zu vergleichen: Wenn | und ∃ austauschbare Infixe sein sollten, fiele die bisherige Überlegung in sich zusammen. Theoretisch könnte zudem das anlautende ↑ jeweils ein Präfix sein (s.o.). Der unterstellte Suffixcharakter von ▽ beruht also auf zu vielen Unwägbarkeiten und wäre mit einiger Wahrscheinlichkeit auf weitere willkürliche Vermutungen angewiesen.

Die Suche nach Affixen hat zu unbefriedigenden Ergebnissen geführt. Der Diskustext weist wahrscheinlich Präfixe auf, über deren Zahl keine sichere Aussage möglich ist. Die Annahme von Suffixen ist zwar mit den Befunden vereinbar, aber der Grad ihrer Wahrscheinlichkeit lässt sich nicht einmal annäherungsweise abschätzen. Das Verhältnis von Präfixen zu Suffixen ist folglich weitgehend unbestimmbar. Aber all dies erlaubt immerhin die Feststellung, dass die Affixverhältnisse von Diskus und Lin A vielleicht nicht entscheidend divergieren. Andererseits können die hypothetischen Affixe des Diskus seine Verwandtschaft mit der Sprache von Lin A nicht wirksam stützen.

Nach diesen Ausführungen fragen wir nochmals: In welcher Sprache ist nun der Diskus geschrieben? Mit hinlänglicher Sicherheit können wir sie als eine kretische, zumindest lokal auf der Insel verbreitete Sprache bestimmen. Für eine Sprachenvielfalt auf Kreta in der ersten Hälfte des 2. Jahrt.s v. Chr. gibt es keine verlässlichen Indizien. Vielmehr deutet manches darauf hin, dass die pankretische Lin A-Sprache auch der Diskusschrift zugrunde liegt. Diese Annahme würde eine vollständige Entzifferung des Diskus enorm erschweren. Denn Lin A selbst ist noch nicht entziffert und bietet wegen der doch relativ geringen Zahl an Texten wenig Vergleichsmaterial.

Überdies herrscht völlige Uneinigkeit hinsichtlich der Sprachzugehörigkeit von Lin A. Vorgeschlagen wurden:[196]

akkadisch, baskisch, finnisch, georgisch, griechisch, hethitisch, hurritisch, indoeuropäisch, indo-iranisch, karisch, kleinasiatisch, luwisch, lykisch, philistisch, phönizisch, protohattisch, Sanskrit, semitisch

Keiner dieser Vorschläge fand allgemeine Zustimmung. Beispielsweise sprachen sich gegen Griechisch Schachermeyr[197] und Finkelberg[198] aus, gegen Semitisch Heubeck,[199] Schachermeyr[200] und Finkelberg[201]. Einzelne semiti-

---

[196] Siehe z.B. die Überblicke bei Hiller 1978/9, S. 221f.; Heubeck 1979, S. 22f.; Duhoux 1989, S. 91-93; Aartun 1992, S. 51f.; Bartoněk 2003, S. 26f.; s. auch Schachermeyr 1979, S. 258ff.; Finkelberg 2001.
[197] 1979, S. 259.
[198] 2001, S. 83; s. auch o. S. 253.
[199] 1979, S. 22.
[200] 1979, S. 258f.
[201] 2001, S. 83f.; kritisch auch Packard 1974, S. 26f.

sche Wörter in Lin A können Lehnwörter sein;[202] sie treten aber auch in Lin B auf, ohne dass man daraus den Schluss ziehen darf, Griechisch gehöre der semitischen Sprachfamilie an. Und die indoeuropäische These stieß u.a. bei Chadwick,[203] Pope/Raison[204] und Schachermeyr[205] auf Kritik.

Keine der zur Diskussion gestellten Sprachen konnte die Entzifferungsbemühungen in irgendeiner Form erleichtern, wie man ja eigentlich erwarten sollte. Vielmehr kam die Unsitte auf, Zuflucht in „billige(n) Kling-Klang-Etymologien" (Schachermeyr[206]) zu suchen. Viel gelehrte Arbeit wurde für solches Vorgehen verschwendet. Es stellt sich daher der Verdacht ein, dass die Sprache von Lin A möglicherweise „not attested elsewhere" (Packard[207]) ist. Duhoux spricht daher zu Recht von einer „langue isolée"[208]. Und Schachermeyr gibt ihr sogar einen Namen: ägäisch.[209] Er versteht unter dem Ägäischen die Sprache, der „wir die kretischen Ortsnamen und Kulturwörter verdanken".[210] Für die Entzifferung des Diskus auf der Basis von Lin A ist die Sprachzugehörigkeit von Lin A nur von nachrangiger Bedeutung.

---

[202] Eine Liste solcher Wörter bei Helck 1995, S. 103; s. auch Pope/Raison 1978, S. 42; Heubeck 1979, S. 22 Anm. 170; Schachermeyr 1979, S. 258f.
[203] 1975, S. 146.
[204] 1978, S. 43-45.
[205] 1979, S. 262-267.
[206] 1979, S. 259.
[207] 1974, S. 29.
[208] 1989, S. 93.
[209] 1979, S. 259.
[210] Ebd. S. 260.

PRINZIPIEN UND METHODEN DER ENTZIFFERUNG

An erster Stelle steht die Frage, ob der Diskus von Phaistos überhaupt entzifferbar ist. Häufig wird sie mit dem aus dem Zusammenhang gerissenen Statement von Alice Kober beantwortet: „An unknown language, written in an unknown script cannot be deciphered"[1]. Dies gilt aber nur eingeschränkt. Denn es „gibt universelle Merkmale der menschlichen Sprache schlechthin, die den Hintergrund für die Verschiedenheiten des Baus der verglichenen Sprachen bilden"[2]. Daher müssen Schriftsysteme wegen ihres kommunikativen Charakters bestimmte allgemeine Bedingungen erfüllen. Ein schönes Beispiel dafür liefern die kretischen Hieroglyphen und die Linearschriften A und B: ihre Zahlensysteme beruhen, wie man lange vor der Entzifferung von Lin B erkannte, auf dem Zehnersystem.[3] Die entschlüsselten Zahlen werfen nun ihrerseits Licht auf den jeweiligen Textzusammenhang. So können Bruchzahlen nicht als Angaben für P e r s o n e n verwendet werden, usw.

Der Feststellung von Kober wird überdies ein Entzifferungsbegriff zugrunde gelegt, der geflissentlich übersieht, dass eine zum Abschluss gelangte Entzifferung nur der letzte von mehreren Entzifferungsschritten ist. Auf den Diskus bezogen bedeutet dies, dass die Ermittlung der Schriftrichtung, der Reihenfolge der Seiten A und B, der Personendeterminative 🐚 und ☉ usw. zum Vorgang der Entzifferung gehört.

Unentzifferte Schriften befinden sich nicht – bildlich gesprochen – in einem luftleeren Raum,[4] sondern in einem, meist archäologischen, Kontext, der oft genug wichtige Hinweise zum Verständnis beisteuert. So legen die Fundumstände für die Bronze- und Silberaxt von Arkalochori eine Weiheinschrift nahe.[5] Kobers Diktum von der Unentzifferbarkeit einer unbekannten Sprache in einer unbekannten Schrift ist nicht defätistisch gemeint. Sie glaubt, dass es nach Entzifferung einer der sechs minoischen Schriften (wozu sie das damals noch unentzifferte Lin B zählt) vielleicht möglich sei, auch die anderen zu entziffern.[6] Nach ihrer Ansicht biete Lin B den besten Ausgangspunkt.[7] Durch ihren frühen Tod hat sie die Entzifferung von Lin B, zu der sie maßgeblich beigetragen hat, nicht mehr erlebt. Die für die Lin B-Zeichen gewonnenen Lautwerte konnten dann für diejenigen Zeichen von Lin A übernommen werden, die mit denen von Lin B übereinstimmen.[8] Dadurch ist Lin A phonetisch lesbar geworden; es bleibt aber leider bisher nicht recht verständlich. Vergleichbare Verhältnisse finden wir auch im Etruskischen,

---

[1] Kober 1948, S. 102.
[2] Homberger 2003, s.v. Sprachtypologie.
[3] Siehe z.B. Evans 1909, S. 256ff.
[4] Vgl. Kober S. 102f.: „The people of ancient Crete did not live in a vacuum".
[5] Siehe o. S. 215f.
[6] Kober ebd. S. 102: „We have six Minoan scripts. We can try to decipher one of them, and then, by its help, perhaps decipher the others."
[7] Ebd.
[8] Siehe o. S. 253 mit Anm. 147.

das wegen seiner isolierten Stellung nicht vollständig entzifferbar ist, aber durch den Gebrauch griechischer Buchstaben seinen Wortlaut preisgegeben hat. Wenn die Diskusschrift die Lin A-Sprache wiedergeben sollte, wäre eine lautliche ‚Entzifferung' möglich, eine inhaltliche aber nur höchst eingeschränkt.

Als zweites Argument gegen die Möglichkeit einer Entschlüsselung des Diskustextes führt man seine Kürze ins Feld, die keine „ausreichende(n) statistische(n) Ermittlungen" erlaube (Fauth[9]). Demgegenüber muss betont werden, dass statistische Untersuchungen prinzipiell nicht in jedem Fall unverzichtbar für eine Entschlüsselung sind. Zweifellos kann Statistik helfen, allerdings nur dann, wenn ihre Ergebnisse dem Gegenstand angemessen interpretiert werden. Der Begriff der Kürze ist ein ausschließlich relativer. Ein kurzer Text kann länger sein als ein anderer. Kürze kann nur definiert werden in Bezug auf eine Vergleichsgröße. Nehmen wir den Diskus als Modell: die Gesamtzahl der Bildzeichen (241) und die darin enthaltene Teilmenge von 45 verschiedenen Zeichen ermöglicht die Abschätzung der Zahl der verschiedenen phonetischen Zeichen, die das Schriftsystem überhaupt besitzt.[10] Hingegen reicht das nur einmalige Vorkommen von ⊢ am Anfang der Zeichengruppe B39 nicht aus, um die Frage zu klären, ob es Präfix ist oder nicht.[11] Die nur 2x erscheinende Punktleiste ⋮ kann dagegen mit Sicherheit als Textanfang bestimmt werden, da sie eine Betrachtung unter verschiedenen Gesichtswinkeln zulässt.[12] Der Diskustext ist lang genug, um 𝌀 bzw. ⊙𝌀 als Determinative für Eigennamen von Personen zu ermitteln.[13] Darüber hinaus lässt sich die Erkenntnis gewinnen, dass vermutlich sonst keine Determinative welcher Art auch immer vorhanden sind.[14] Über ‚Kürze' und ‚Länge' entscheidet also nicht ein abstraktes und willkürliches Maß, sondern die Möglichkeit und Qualität der Interpretation quantitativ-statistischer Beobachtungen.

Wenn dem Diskus eine bekannte Sprache zugrunde liegen sollte, wäre er relativ leicht zu entschlüsseln. Dies kann man an Vergleichsmodellen zeigen. Dem Diskustext mit seinen 209 phonetischen **Silben**zeichen würde ein **Buchstaben**text in den Sprachen Hebräisch, Griechisch, Lateinisch, Spanisch, Italienisch, Französisch, Englisch, Deutsch mit einem Umfang von durchschnittlich 90 Zeichen entsprechen.[15] Würden in einem solchen Text die Buchstaben jeweils durch ein bestimmtes Zeichen, also monoalphabetisch, verschlüsselt, könnte man ihn – ausgehend von einer Häufigkeitsanalyse der unterschiedlichen Zeichen[16] – relativ einfach deko-

---

[9] 1996, S. 169; s. auch Neumann, Rez. zu Davis, 1962, S. 577; ders. 1968, S. 32; Wirth 1972, S. 339; Gelb 1975, S. 97.
[10] Siehe o. S. 103ff.
[11] Siehe o. S. 262.
[12] Siehe o. S. 22ff.
[13] Siehe o. S. 85ff.
[14] Siehe o. S. 97ff.
[15] Siehe o. S. 108. Die Methode, wie man die Länge solcher Texte ermittelt, wurde o. S. 104 dargelegt.
[16] Dieses Verfahren findet sich zum ersten Mal bei dem arabischen Philosophen Al-Kindi (9. Jh.) beschrieben (Singh 2003, S. 33ff.).

dieren.[17] Sollte aber die Sprache des Diskus kein genaues, bekanntes Äquivalent besitzen, würde ihre Entzifferung natürlich erheblich erschwert.

Unter dem Gesichtspunkt der Textlänge gibt es also keine prinzipiellen Einwände gegen eine mögliche Dekodierung des Diskustextes. Die Geschichte der Entzifferungen hat der Forschung eine Fülle von hilfreichen Methoden an die Hand gegeben, die auch zusammenhängend dargestellt wurden.[18] Besonders wichtige Methoden sind die statistische (u.a. bei der Ermittlung des Schriftsystems und der Häufigkeitsverteilung der verschiedenen Zeichen), kombinatorisch/strukturanalytische und etymologische. Oft gibt das archäologische und kulturelle Umfeld einen Hinweis. So darf man den Text auf der Bronzeaxt von Arkalochori mit ihrem Charakter als Weihegabe in Beziehung setzen. Aber diese und andere Hilfsmittel gehen mit einer prinzipiellen Schwierigkeit einher: sie „lassen sich nicht in starre Regeln bringen" (Friedrich[19]). Eine flexible, dem jeweiligen Gegenstand angepasste und wohlüberlegte Anwendung bekannter Methoden ist allerdings schwer. Dafür geben die unzähligen fehlgeschlagenen Entzifferungsversuche, nicht nur beim Diskus, beredtes Zeugnis ab. Statt Flexibilität findet sich zumeist die einfacher zu handhabende Willkür, deren Ergebnisse in den Augen der Fachwelt nicht bestehen können. Sind misslungene Entzifferungen doch ausnahmslos Ausgeburten der Phantasie.[20]

Auch geben unentzifferten Texte weder von sich aus Hinweise auf die zu wählende(n) Methode(n), noch auf die Reihenfolge ihrer Anwendung. Eine nicht zu unterschätzende Hilfe kommt jedoch von Seiten der bisherigen Forschung, die uns nicht nur eine Fülle von fehlerhaften Gedankengängen warnend vor Augen führt, sondern auch hie und da wichtige (Teil-)Erfolge beschert hat. So hat sich das sogenannte akrophonische Prinzip als unbrauchbar erwiesen.[21] Das hinderte allerdings einige Forscher nicht daran, es weiterhin einzusetzen.[22]

Daher ist die mit Abstand wichtigste und allen anderen übergeordnete Methode eine umfassende Lektüre der bisherigen Sekundärliteratur, die nicht einer subjektiven Auswahl unterworfen werden darf, sondern deren Überlegungen und Behauptungen mit kritischem Verstand gewürdigt werden müssen. Dass dies eine ungeheure Aufgabe ist und keinen schnellen Entzifferungserfolg verheißt, liegt auf der Hand. Im folgenden Kapitel soll auf frühere Entzifferungsversuche und ihre methodischen Stärken und Schwächen eingegangen werden.

---

[17] Singh meint, dass Texte von weniger als 100 Buchstaben „sehr schwierig" zu entschlüsseln seien (ebd. S. 37). Dies bezieht sich aber auf eine Entschlüsselung, die nur auf der Häufigkeitsverteilung beruht. Jedoch sind auch wesentlich kürzere Texte dechiffrierbar.
[18] Siehe z.B. Aalto 1945; Friedrich, Entzifferung ..., 1966, S. 134-139; Barber 1974; Gelb 1975.
[19] Ebd. S. 137.
[20] Siehe das Kapitel über frühere Entzifferungsversuche (u. S. 268ff.).
[21] Siehe o. S. 190f. und auch 256.
[22] Z.B. Egert 1989, S. 4(ff.); Aartun 1992, S. 139 und 170-175.

FRÜHERE ENTZIFFERUNGSVERSUCHE

Es wäre im beschränkten Rahmen dieses Buches wenig sinnvoll, eine möglichst vollständige Übersicht über die bisherigen Entzifferungsversuche geben zu wollen.[1] Einige dieser Versuche sind bereits paradigmatisch zur Sprache gekommen.[2] Da von den einander widersprechenden Lösungsvorschlägen höchstens einer richtig sein kann, sind umfangreiche Widerlegungen nicht sehr sinnvoll. Im Folgenden beschränke ich mich im Allgemeinen auf das, was man die Quintessenz all dieser Versuche nennen und was künftige Entzifferungsbemühungen in erfolgversprechende Bahnen lenken könnte.

Einige der Gründe, die zum weitgehenden Scheitern aller bisherigen Bemühungen geführt haben, hat Ohlenroth treffend genannt:

> Strittig geblieben sind zum einen die zugrundeliegende Sprache sowie der Schrifttypus, d.h. die Aussagefunktion der Piktogramme. Diese beiden jeweils maßgeblichen Teilaspekte unterliegen strikten Vorentscheidungen, da anerkannte kulturhistorisch-chronologische Rahmenbedingungen gewisse Optionen von vornherein ausschließen. Zum anderen herrscht ein althergebrachter Dissens im Hinblick auf die Schreib- und Leserichtung. Es bedarf keiner näheren Erläuterung, daß mit einer Häufung derart fundamentaler Unsicherheiten die Wahrscheinlichkeit rapide wächst, mit Lösungsversuchen in die Irre zu gehen.[3]

Diesen und einigen anderen Problemen wie den ‚Dornen' und der Reihenfolge der beiden Diskusseiten wollte das vorliegende Buch energisch nachgehen. Die meisten Entzifferer verzichten auf eine ernsthafte Beschäftigung mit den Grundlagen und glauben deshalb, ohne ausgedehnte Lektüre früherer Arbeiten auskommen zu können. So benutzen Amateurforscher wie Martin[4] und Hagen[5] nur eine Handvoll Literatur. Aber auch viele Beiträge von anerkannten Gelehrten und Hochschullehrern verraten zu wenig Fleiß. Gründliche(re) Lektüre hätte die meisten Entzifferungsversuche und andere Forschungsansätze bereits im Keim erstickt. Natürlich gibt es einige wenige, speziell dem Diskus gewidmete Arbeiten (Duhoux, Le disque ..., 1977; Aartun 1992; Ohlenroth 1996; Timm 2005 u.a.), die rühmliche Ausnahmen bilden.

Eines der größten Hindernisse auf dem Weg zur Entzifferung stellen vorgefasste Meinungen dar, die sich durch nichts erschüttern lassen. Da jede fehlgeschlagene Dekodierung mit dem Diskustext inkommensurabel ist – anders als Kleider, die trotz verschiedenen Schnittes und abweichender Größe ein und demselben Träger wenigstens einigermaßen passen können –, kommt sie ohne extreme Gewaltmaßnahmen nicht aus. Die meisten dieser verzweifelten

---

[1] Für einen notdürftigen Überblick verweise ich auf mein Literaturverzeichnis sowie auf Neumann 1968, S. 33ff.; Ohlenroth 1996, S. 14ff., Balistier 2003, S. 101ff. und Timm 2005, S. 16ff. und 108ff. Siehe auch die Sammelrezension bei Fauth 1996.
[2] Evans 1909: s.o. S. 142ff. u. 192ff.; Delekat 1979: S. 122; Aartun 1992: S. VIIf., 42, 191, 219; Ohlenroth 1996: S. VIIff., 120f., 137(ff.), 218f.; Martin 2000: S. X; Hausmann 2002: S. 122; Achterberg u.a. 2004: S. 1f., 5ff., 130ff.
[3] Ohlenroth 1996, S. 14. – Siehe auch o. S. IX!
[4] 2000.
[5] 2001.

Aushilfen lassen sich unter dem Begriff der „adhoc-Regel" (Hiller[6]) subsumieren, die stets dann einspringen muss, wenn der bisherige Lösungsansatz auf ein mit den bisherigen Mitteln nicht mehr zu umgehendes Hindernis stößt. Meistens handelt es sich dann nicht eigentlich um adhoc-Regeln, sondern um „adhoc-Erfindungen" (Hiller[7]). Eine andere, aber wertende Bezeichnung ist die der Willkür. Zwar geißelt man diese Willkür immer wieder,[8] ohne jedoch auf sie verzichten zu wollen.

Woher stammt diese Blindheit gegenüber eigenem Versagen? Vieles deutet darauf hin, dass sie von unzureichender Selbsteinschätzung und -kontrolle herrührt,[9] die sich nicht nur bei den meisten Dilettanten, sondern auch zahlreichen Gelehrten findet. Es ist die conditio humana, der sich niemand entziehen kann. Gerade in den Geisteswissenschaften (besonders Philologien) fallen verletzte Regeln der Logik, fehlende Wahrscheinlichkeitserwägungen und unterbliebene Plausibilitätsprüfungen häufig nicht so sehr auf. Besteht aber das Ergebnis solchen Vorgehens nicht in einer Interpretation, über deren ‚Richtigkeit' man trefflich streiten kann, sondern in einer Entzifferung, lassen sich harte und eindeutige Beurteilungskriterien finden. Wenn sich Wissenschaftler durch eine prätendierte Entzifferung des Diskus ihren Ruf ruiniert haben, hatten sie in Wirklichkeit wohl nie den unbestechlichen Blick des Forschers besessen, der sich natürlich auch einmal irren darf.

Was sind nun die Kriterien für missglückte Entzifferungen? Es gibt im Wesentlichen drei Klassen von Kriterien. Die erste betrifft die Grundannahmen, die jeder Entzifferung vorausgehen müssen. Entscheidet man sich hinsichtlich Leserichtung, Schriftsystems, zugrunde liegender Sprache u.ä. in nur e i n e m Punkte falsch, schlägt notwendigerweise die Entzifferung vollständig fehl.[10] Allerdings rechtfertigen manche Forscher ihre (unwahrscheinlichen bzw. falschen) Voraussetzungen mit dem Hinweis auf ihre gelungene Entzifferung. Obwohl beispielsweise Ohlenroth die verkehrte Leserichtung, ein Buchstabensystem und Griechisch als Diskussprache gewählt hat, glaubt er, dass „sich das Verfahren von seinem Ergebnis her, insbesondere durch die Qualität der aus einem solchen Ansatz resultierenden Texte" bewähren müsse.[11] Er hat insofern Recht, als unwahrscheinliche Grundannahmen („beherzter Abschied von bisher strikt verbindlichen Prämissen" [Ohlenroth[12]]) im Falle einer geglückten Entschlüsselung nicht mehr als Gegenargumente dienen dürfen. Fatal ist jedoch, dass im Allgemeinen nur die Entzifferer selbst von der Qualität ihrer Ergebnisse überzeugt sind.

---

[6] In: Neuss 2001, S. 149.
[7] Ebd.
[8] Als Beispiel für viele sei Chadwick, Linear B ..., 1989, S. 61 genannt.
[9] Siehe auch von Randow (o. S. Xf.).
[10] „Nur eine falsche Vorannahme, ein Fehler in der Anlage dieser verschiedenen Parameter, reicht, um das falsche Ergebnis zu programmieren. Die Entzifferungsresultate sprechen bisher dafür, daß mindestens ein solcher Fehler immer gemacht wurde" (Ohlenroth 1996, S. 24).
[11] Ohlenroth S. 27.
[12] S. 25.

Die zweite Kriteriengruppe setzt sich aus den zur Entzifferung benutzten Methoden zusammen. Die verbreitetsten fehlerhaften Methoden sind:

– Kling-Klang-Etymologien,[13] deren Willkür häufig durch extreme Gelehrsamkeit überdeckt wird.
– Denken in Ähnlichkeiten, oft getarnt als Intuition. „Nichts ist verführerischer und täuschender als Ähnlichkeit" (von Randow[14]).
– akrophonisches Prinzip
– Verzicht auf Wahrscheinlichkeitsberechnungen[15]
– adhoc-Erfindungen neuer Wörter und neuer Regeln

Interessanterweise sind diese ‚Methoden' mit Ausnahme des akrophonischen Prinzips durch ein gemeinsames Merkmal, die unzulässige Aufweichung fester Maßstäbe, gekennzeichnet. Ein solches Verfahren läuft wissenschaftlicher Denkweise zuwider, findet aber seine scheinbare Rechtfertigung in der Qualität der Resultate. Auffälligerweise teilen die meisten Entzifferer die einzelnen Schritte auf ihrem Weg zur Lösung nicht mit, jedenfalls nicht detailliert. Ausnahmen sind z.B. Kaulins und Ohlenroth, die wenigstens ansatzweise ihre ersten Schritte beschreiben.[16] Eine genaue und detaillierte Darstellung hätte in vielen Fällen ein leichtfertiges und willkürliches Vorgehen offenbart.

An dieser Stelle, wo die entscheidenden Probleme der Entzifferungsbemühungen ins Blickfeld geraten, sollen einige der fundamentalen psychologischen Momente zur Sprache kommen, die einem Großteil der Forscher zum Verhängnis geworden sind. In einer kürzlich erschienenen Publikation hat Albert Martin einen umfangreichen Überblick über Vorgänge gegeben, „die dafür verantwortlich sind, dass Menschen nur in einem sehr eingeschränkten Ausmaß rational handeln."[17] Einige der beschriebenen Gründe für mangelnde Rationalität können, auch wenn ich sie aus einem anders gearteten Zusammenhang herausreiße, mit der Diskusforschung in Beziehung gebracht werden:

„Logik und Wahrscheinlichkeit"[18] sind eng miteinander verknüpft. Denn „Menschen haben mit der Abschätzung von Wahrscheinlichkeiten große Probleme. Sie folgen intuitiv plausiblen, aber fehlerhaften Regeln, die konsequenterweise zu falschen Schlussfolgerungen führen."[19] Kaum ein Autor geht auf die Wahrscheinlichkeit bzw. Unwahrscheinlichkeit seiner Entzifferungsmethoden und -schritte wirklich ein.

In Anlehnung an Kahnemann und Frederick unterscheidet Martin zwei Systeme von „Denk- und Urteilsprozesse(n)".[20] Die uns interessierenden Teile aus seiner tabellarischen Übersicht seien hier wiedergegeben:

---

[13] Siehe o. S. 264.
[14] 2003, S. 60 (s. auch o. S. X).
[15] Siehe o. S. IXf.
[16] Kaulins 1980, S. 40ff. und 100ff.; Ohlenroth 1996, S. 27-30.
[17] Martin 2012, S. 11. Zum Folgenden s. auch o. S. Xf.
[18] So der Titel von Kap. 2 in Martins Buch.
[19] S. 17.
[20] S. 24.

| Intuition | Argumentation |
System 1	System 2
Schnell	Langsam
Parallel	Seriell
Automatisch	Kontrolliert
Mühelos	Mühsam
Assoziativ	Regelbestimmt
Langsam lernend	Flexibel

Tab. 16

Martin vergleicht beide Systeme und kommentiert: „Im System 2 herrscht ein mehr oder weniger geordnetes Denken, das die verschiedenen Seiten und Dimensionen eines Problems umgreift und nach einer situationsgerechten und befriedigenden Lösung sucht. Entsprechend aufwändig sind die Denkprozesse, sie brauchen ihre Zeit und sind mitunter auch anstrengend, dafür sind sie flexibel und der kritischen Reflexion zugänglich. Die Prozesse im System 1 verlaufen dagegen schnell, reibungslos und quasi-automatisch, man kann sie allerdings kaum kontrollieren und sie sind dem Lernen nur schwer zugänglich. Das System 2 zeichnet sich durch tendenziell diskursives, das System 1 durch intuitives Denken aus."[21]

Die Entzifferer des Diskus bewegen sich fast ausnahmslos im System 1, dem Bereich der Intuition mit all ihren Facetten. Hingegen finden sich einige der Bestimmungsstücke von 2 nur scheinbar in einschlägigen Arbeiten. Teilweise wird große *Mühe* auf Rechtfertigung von Willkür, auf geistes- und kulturgeschichtliche Ausdeutung des hergestellten Textes verwandt. *Flexibilität* zeigen die Autoren durch willkürliche Annahmen und „Ad-hoc-Überlegungen"[22], mit deren Hilfe Widersprüche, darunter auch Regelverstöße, legitimiert werden sollen.

Die Gründe für die Beliebtheit von System 1 sind vielfältig. „Intuitive Gedanken sind dadurch bestimmt, dass sie einem – wie Wahrnehmungsinhalte – spontan in den Sinn kommen".[23] Auf dem Gebiet der Wahrnehmung ist es, laut von Randow, vor allem die Ähnlichkeit, die uns verführt und täuscht.[24] „Wir erkennen Muster und Zusammenhänge «mit einem Blick»".[25] Vielmehr ist zu empfehlen, „komplizierte und komplexe Probleme nicht in einem Zug lösen" zu wollen und „sich nicht unter Zeitdruck (zu) setzen".[26] „Allerdings übt das System 2 seine Kontrollfunktion oft eher ‚lax' aus, sodass es nicht selten vorkommt, dass die im System 1 lokalisierten Denkvereinfachungsregeln die Urteils- und Entscheidungsfindung bestimmen."[27]

Warum aber bedienen sich die Entzifferer fast ausnahmslos des intuitiven Systems 1? Sind doch unter ihnen viele Wissenschaftler, die gelernt haben, Alternativen abzuwägen, rational zu argumentieren und diskursiv zu denken. Bei der Antwort auf diese Frage ist von der Tatsache auszugehen, dass sämtliche Entzifferungen fehlgeschlagen sind. Die Menschen waren der Aufgabe nicht gewachsen oder – was auf dasselbe hinausläuft – durch sie überfordert. Überforderung aber löst grundsätzlich einen Rückfall in alte Verhaltensmuster aus. Man greift wieder zur einfachen, mühelosen und sich aufdrängenden Intuition. Ein intuitiv-assoziatives Vorgehen mag bei sehr einfachen Zusammenhängen noch zum Ziel führen, bei der hochkomplexen Diskusproblematik ist es nicht anwendbar. Die Intuition kann nun nicht mehr alle Details überblicken und muss daher ihren Blickwinkel stark einengen. Diese Einengung schreitet nicht selten bis zum Grenzwert fort, nämlich bis zur apodiktischen Äußerung. Aartun beispielsweise begründet in seinem

---

[21] S. 24f.
[22] S. 28.
[23] S. 25. Vgl. Äußerungen von Ohlenroth (1996, S. 28): „Ins Auge springt" oder „geradezu aufdrängen" oder „spontan".
[24] Siehe o. S. X. So stehe, meint Ohlenroth (S. 28), das Diskuszeichen ☺ „in sprechender Formverwandtschaft für griech. o". Ebenso sieht Adam Martin (2000, S. 6) unter den Diskuszeichen „die Vorformen (Urbilder) einiger griechischer Buchstaben".
[25] von Randow 2003, S. 169. Ohlenroth (S. 30) ist „verblüfft", dass einige Zeichengruppen des Diskus „nicht auf Anhieb ›gelesen‹ worden sind."
[26] Martin 2012, S. 29.
[27] Ebd. S. 25.

umfangreichen Buch die (falsche) Rechtsläufigkeit der Diskusschrift nur mit einem Ausrufungszeichen: „rechtsläufig!"[28].

Dem intuitiven Vorgehen ist das diskursive entgegengesetzt. Während die Intuition die Totalität eines Sachverhaltes unmittelbar und beinahe simultan (parallel), mit e i n e m Blick, auffassen will, geht das diskursive Denken seriell vor, d.h.: es durchstreift die Einzelheiten eines Ganzen in einer zeitlichen Reihung. Außerdem läuft es, gemäß einer der Bedeutungen von *discurrere*, hin- und her. Es muss immer dann in Aktion treten, wenn der zu untersuchende Gegenstand unübersichtlich ist. Diskursives Denken ist freilich zeitraubend, da oft zahllose Irrwege zu gehen sind, bis man schließlich, wenn überhaupt, den Ariadnefaden findet, an dem sich das weitere Vorgehen orientieren kann. Wenn Aartun das Problem der Leserichtung nicht mit einem Ausrufungszeichen gelöst, sondern diskursiv darüber nachgedacht hätte, hätte er sich etwa folgende Fragen vorlegen können: Wenn der Diskus von innen nach außen, also rechtsläufig, zu lesen sein sollte, warum ist dann das Ende des Textes einer Seite mit der Punktleiste ⋮, nicht aber der Anfang gekennzeichnet? Warum befinden sich beide Punktleisten an derselben Stelle? Dies war für den Schreiber nur zu verwirklichen, wenn er von außen nach innen, also linksläufig, gestempelt hat. Die Frage, ob die Leserichtung der Schreibrichtung entgegengesetzt sein kann, erfordert eine äußerst detaillierte Untersuchung der Beschriftung des Diskus überhaupt. Mit ins Spiel kommen dann auch die Korrekturen und die erschließbaren Vorlagen der Scheibe. Die Reihe der Überlegungen und Fragen ließe sich noch weiter fortsetzen. Diskursives Denken ist nicht nur mühsam, sondern auch schwer; und Erfolge stehen oft in keinem vernünftigen Verhältnis zum Aufwand.

In vielen Fällen muss wohl die Wahl der intuitiven Methode als Kapitulation vor den Strapazen der diskursiven gelten. Aber der Weg der Intuition ist nur anfänglich einfacher und leichter; denn sehr bald treten zahlreiche Hindernisse entgegen. Diese können nicht ausbleiben, da man ja a priori einen Irrweg oder eine Sackgasse gewählt hat. Und so erfordert das Beiseiteräumen der Stolpersteine oft große Energie. Und eben diese zeit- und arbeitsaufwendigen Investitionen in eine verlorene Sache hindern die Entzifferer, sich ihren Fehlschlag einzugestehen und ihr Projekt aufzugeben. Es handelt sich hier – ökonomisch gesprochen – um „versunkene" oder „irreversible Kosten"[29]. „Je mehr Zeit und Kraft man in eine Sache investiert, ..., umso schwerer fällt es einem, von ihr zu lassen."[30] Dennoch gelangt mancher Entzifferer des Diskus an einen Punkt, wo er wegen der kulminierenden Probleme ein Aufgeben in Erwägung zieht. Ohlenroth berichtet sogar von „einem vorzeitigen Resignieren", vor dem ihn jedoch jemand „bewahrt" habe.[31] Aber nicht zu bestreiten ist, „dass es schwer fällt, Misserfolge anzuerkennen",[32] besonders dann, wenn man nicht andere dafür verantwortlich machen kann.[33] Dagegen bereitet es Außenstehenden keine Schwierigkeiten, „fremdes Sunk-Cost-Verhalten zu erkennen"[34]. Aber Ratschlägen Dritter möchte man als autonomer Wissenschaftler nicht gern folgen, obwohl die rechtzeitige Resignation vor weiterem Zeit- und Arbeitsverlust und vor der Gefahr, die wissenschaftliche Reputation aufs Spiel zu setzen, bewahren würde. „Man betreibt das Projekt also weiter, obwohl es besser wäre, sein Geld und seine Kraft anderen Projekten zuzuwenden."[35]

Mit der Zunahme der investierten Arbeit steigt auch die Gefahr der Selbsttäuschung,[36] einer komplexen psychologischen Erscheinung. (Andererseits lässt sich „Selbsttäuschung ... paradoxerweise oft daran erkennen, dass es sich jemand einfach macht."[37] So war für Ohlenroth der „Entzifferungsweg" „überraschend einfach".[38]). „Selbsttäuschung kommt dann ins Spiel," wenn man „sich bei der Analyse und Abwägung der Informationen und Argumente ... von seinen Wünschen

---

[28] Aartun 1992, S. 135. Die in Anm. 845 kommentarlos genannten Vertreter der beiden Leserichtungen sollen dem Leser wissenschaftliche Beschäftigung mit diesem Kernproblem vorspiegeln.
[29] Martin 2012, S. 31.
[30] Sutton bei Martin 2012, S. 41.
[31] Ohlenroth 1996, S. XI.
[32] Martin 2012, S. 39.
[33] Siehe ebd. S. 42.
[34] S. 45.
[35] S. 39.
[36] Siehe S. 130.
[37] S. 118.
[38] Ohlenroth S. 30.

und Hoffnungen leiten lässt."[39] Bei Ohlenroth lesen wir: „beherzter Abschied von bisher strikt verbindlichen Prämissen".[40] Die Wortwahl *beherzt* ist in meinen Augen nur ein Euphemismus für *irrational*. Aber diese Irrationalität ist ein dienender Teil der „Bestätigungstendenz", der „Neigung, Informationen, die unsere Auffassung bestätigen, zu bevorzugen und Informationen, die ihr widersprechen, zu vermeiden"[41]. Entgegenstehende Informationen werden „abgeblockt oder abgewertet".[42] Aartuns Ausrufungszeichen (s.o.) ist ein unüberbietbarer Beleg dafür. Mit der „Bestätigungstendenz" sowie mit der aus ihr resultierenden „Meinungspersistenz" ist die „Lernverweigerung" verbunden.[43] „Wer nicht bereit ist, seine Meinungen zu ändern, kann nichts lernen".[44] Dem langsamen Lernen sind wir schon als Bestandteil des intuitiven Systems 1 begegnet (o. S. 271, Fig. 16). Überhaupt hängen sämtliche Mechanismen für Fehlentscheidungen mehr oder weniger eng miteinander zusammen.

Aber woran erkennt man, dass die bisherigen Bemühungen Fehlinvestitionen, also tatsächlich „versunkene Kosten" waren? Sogar selbstkritische Geister können hier versagen, zumal es nach Martins Ansicht „kein endgültiges Wissen" hinsichtlich der Frage gebe, ob sich der bisherige Aufwand „nicht doch noch lohnen könnte" und vorzeitige Resignation eventuell ein Fehler wäre.[45] Wie kann man der Selbsttäuschung entgehen, gegen die es oft kein Heilmittel gibt? Und wie will man sich dem Mechanismus der Bestätigungstendenz entziehen, die „dem Bewusstsein der handelnden Person normalerweise verborgen bleibt"[46]? Im folgenden Abschnitt werden wir jedoch Kriterien kennenlernen, die von uneingeschränkter Zuverlässigkeit sind.

Die dritte Kriteriengruppe befasst sich im weitesten Sinne mit der Qualität des Entzifferungsergebnisses. Prinzipiell wäre hohe Qualität des Klartextes zwar ein Indiz, aber kein Beweis für eine erfolgreiche Entschlüsselung. Denn es wäre denkbar, dass jemand einen Text ziemlich frei und ohne wirkliche Rücksicht auf die Vorlage erfindet. Aber je stärker sich die bisherigen Entzifferungsversuche am Diskustext orientieren, umso mehr leidet die Qualität der Resultate. Nun zeigen in der Tat die unzähligen Lösungen, von denen höchstens nur eine richtig sein kann, erhebliche Qualitätsunterschiede. Sie hängen natürlich auch vom Wissensumfang und der Intelligenz der Erfinder ab. Denn erfunden sind diese Texte in jedem Fall. Ihre Urheber besitzen kein kritisches Urteil gegenüber dem, was sie selbst hervorgebracht haben.[47] Aber wiederum bildet Ohlenroth eine bemerkenswerte Ausnahme, dessen Entzifferung nicht überzeugen kann[48] und dessen Buch sein Rezensent Hübner allerdings zu Unrecht für „keinen wissenschaftlichen Beitrag" hält.[49] Ohlenroth (O.) hat nämlich beobachtet, dass in dem von ihm hergestellten griechischen Text sechs Buchstaben, von denen einige in griechischen Originaltexten recht häufig sind, nicht vertreten sind.[50] Sein Text, der ohne δ, μ, τ, und χ auskommt, konnte also nicht von einem Griechen oder griechisch

---

[39] Martin 2012, S. 125.
[40] Ohlenroth S. 25.
[41] Martin S. 47.
[42] S. 47.
[43] S. 48.
[44] S. 51.
[45] S. 45.
[46] S. 49.
[47] Wie viele Diskusforscher ihre Entzifferungen aufgrund selbstkritischer Überlegungen der Öffentlichkeit nicht zugänglich gemacht haben, kann man nicht abschätzen.
[48] Eine Probe seines Textes o. S. VIII.
[49] Hübner 1999, S. 487.
[50] Siehe o. S. 120f.

sprechenden Schreiber verfasst worden sein. O. hat, ohne es zu ahnen, das härteste und jedem subjektiven Ermessen entzogene Kriterium für die Beurteilung von Entzifferungsergebnissen gefunden: die mangelnde Balance. Sie besteht einerseits aus einem Zuviel und andererseits aus einem Zuwenig. Am Beispiel von O.s Entzifferung lässt sich dies gut zeigen:

Den „Einstieg" bot für O. das auf Seite A des Diskus häufige Zeichenpaar ☉𓂀. O. sieht bei rechtsläufiger Lesung in ihm, das in Wirklichkeit ein (stummes) Doppeldeterminativ ist, dem er aber phonetischen Charakter zuschreibt, eine typisch griechische Nominativendung auf -ος.[51] Da in A29 der Endung -ος das wiederholte vorausgehe, scheine „mit hoher Wahrscheinlichkeit eine Doppelkonsonanz zu vertreten." Von den „Möglichkeiten, eine solche schematische Vorgabe zu konkretisieren", wählt O. „spontan" das Adjektiv φαεννός. Durch diese Entschlüsselung von A29 gewinnt er fünf griechische Buchstaben, die außer φ häufig sind. O. setzt nun diese Lautwerte probeweise in andere Diskuswörter ein. Das Wort A14 = 20 ende „auf -νς, was die Zahl der denkbaren Realisierungen entscheidend einengte." Er wählt daher den Ortsnamen Τίρυνς und erhält so weitere Lautwerte.[52] Die von O. bemerkte Einengung der Möglichkeiten stellt sich bei jedem Entzifferungsvorgang sehr bald ein. Sie ist ausgesprochen erwünscht und hilfreich, tritt aber auch bei im Ansatz verfehlten Entzifferungen auf, und zwar immer unmittelbar vor deren eigentlichem Scheitern. Denn wenn sich beispielsweise O. bei der Gleichsetzung von ⁞ mit dem extrem häufigen α irren sollte, wird ⁞ in den anderen ‚griechischen' Wörtern des Diskus an falscher Stelle stehen oder fehlen. Die falsche Position lässt sich noch am ehesten beheben, aber das Fehlen eines notwendigen α wirkt sich katastrophal aus. Hier hilft dann nur noch die adhoc-Erfindung weiterer a-Laute, die sich hinter anderen Diskuszeichen verbergen sollen. So gewinnt O. für α sechs Mehrfachnotierungen, für ι 6, ν 3, ρ 3, σ 5, um nur die auffälligsten zu nennen. Diese unvermeidlichen Mehrfachnotierungen in O.s Ansatz sind der Grund für das oben genannte Zuviel. Zugleich führen sie zum völligen Fehlen anderer Laute, für die keine Diskuszeichen mehr zur Verfügung stehen. Dieses Fehlen ist das Zuwenig. *Zuviel* und *Zuwenig* sind die Kennzeichen mangelnder Balance.

Dieses die Richtigkeit der gefundenen Lösung ausschließende Kriterium findet sich natürlich nicht nur bei O. Auch Martin, der wie O. die Diskuszeichen mit Lautwerten des griechischen Alphabets ausstattet, bemerkt das Fehlen von β, γ, ζ, θ und ξ.[53] Da diese Buchstaben aber in griechischen Texten nicht besonders häufig sind, fällt dieser Umstand wegen der Kürze des Textes kaum ins Gewicht. Weit schlimmer ist, dass α, δ, τ und ω unterrepräsentiert sind, λ sogar stark, während ο und σ überrepräsentiert sind, κ und π viel zu oft auftreten. Selbst bei noch so unsinnigen Texten erwartet man die übliche Häufigkeitsverteilung der zugrunde liegenden Sprache. Auch Martin kommt

---

[51] S. 28. Siehe auch o. S. X.
[52] S. 28f. O. ersetzt dann allerdings Τ durch Σ (Σίρυνς).
[53] Martin 2000, S. 9.

nicht ohne zahlreiche Mehrfachnotierungen aus.[54] Diese würden noch erheblich zunehmen, wenn er auch die Seite B des Diskus entziffert hätte. Die Lautwerte von Seite A geben auf Seite B keinen Sinn, so dass Martin diese Seite für minoisch, den Diskus also für eine Bilingue hält.[55] Stawell benötigt erheblich weniger Mehrfachnotierungen, da sie die Diskuszeichen im Allgemeinen nicht als griechische Einzelbuchstaben, sondern überwiegend als Silbenzeichen betrachtet.[56] Stellt man aber den Lautbestand von Stawells Text auf den Prüfstand der Häufigkeitsanalyse, springt die fehlende Ausbalancierung sofort ins Auge: der Laut α ist extrem überrepräsentiert (jeder vierte Laut ist ein α); auch γ und κ sind zu häufig, ε und η zu selten vertreten.

Die schweren Verstöße gegen die normale Häufigkeitsverteilung der Schriftzeichen betreffen natürlich nicht nur Entzifferungen auf Basis der griechischen Sprache, sondern jede missglückte Entzifferung, welche Sprache auch immer man wählt – selbst wenn es die richtige sein sollte. Für den ‚luwischen Brief an Nestor' habe ich dies o. S. 130-133 ausführlich gezeigt. Die mangelnde Balance ist ja, wie gesagt, ein notwendiges Resultat bzw. Artefakt einer falschen Entzifferung. Aber es treten noch weitere Artefakte auf. Denn jedes Wort einer Pseudoentzifferung ist in Wirklichkeit eine Erfindung des Forschers, also im strengen Sinne des Wortes ein Artefakt. Aber dies kann der Schöpfer solch „künstlicher Gebilde" nur schwer selbst erkennen. Ebenso wenig kommen den Entzifferern der inhaltliche Unsinn, die verkehrten Sprachformen und die zahlreichen Inkonsistenzen zum Bewusstsein. So ist z.B. Martins griechischer Text derartig monströs, dass ihn ein Gräzist nicht übersetzen, ja nicht einmal den groben Inhalt erahnen könnte. Die erste Hälfte von Seite A (von innen nach außen gelesen) lautet in Martins ‚Übersetzung':

> Der Schmerz wohl, der Schmerz stürmt herbei wie ein Reiter und nimmt dem Leben seinen Sinn, jedenfalls wenn er nicht um sich herum Menschen sieht, und zwar wahrhaft freundliche Menschen, wenn der Reiter nicht Menschen sieht, und zwar freundliche.[57]

Martin hebt die „Wucht der archaischen Sprache" hervor; „doch der Inhalt erinnert sehr an eine moderne Therapieform, bei der das Hinausschreien des Schmerzes eine wichtige Rolle spielt."[58] „Die resultierende Aussage" sei „überzeugend".[59] Nun kann man Martin und andere Autoren nicht von ihrer Ansicht abbringen, indem man pauschal die wenig überzeugende Qualität ihrer Erfindungen tadelt. Aber es lassen sich strukturelle Eigentümlichkeiten identifizieren, die in den meisten Entzifferungen erscheinen müssen.

Bereitet schon die Identifizierung einer jeden Zeichengruppe des Diskus mit einem Wort einer unterstellten Sprache ungeahnte Schwierigkeiten – die willkürlichen Hilfsmaßnahmen legen beredtes Zeugnis davon ab –, so nehmen

---

[54] Siehe Martins Zeichenaufstellung S. 10-12.
[55] S. 6.
[56] Stawell 1911, S. 25-27.
[57] Martin 2000, S. 7.
[58] Ebd. S. 7.
[59] Ebd. S. 4.

die Schwierigkeiten noch gewaltig zu, wenn die ‚gefundenen' Wörter auch einen sinnvollen Zusammenhang ergeben sollen. Man kann diese Komplikationen etwas vermindern, indem man die zwei Seiten des Diskus als separate Einheiten auffasst (z.B. Ohlenroth 1996) oder gar eine Bilingue postuliert (Martin 2000). Viel ist aber damit nicht gewonnen. Es empfiehlt sich daher, möglichst kurze Sätze zu bauen. Aber auch solche Sätze müssen sich in einen satzübergreifenden Zusammenhang integrieren lassen. Bei einer verfehlten Entzifferung ist dies von vornherein unmöglich. Erst recht nicht weisen die hergestellten Texte inhaltliches Fortschreiten auf; vielmehr sind sie meistens pseudozyklisch aufgebaut und durch manchmal äußerst zahlreiche Wiederholungen gekennzeichnet.[60] Der Textverlauf ist grundsätzlich gestört, also nicht ausbalanciert.

Wiederholungen treten in vielen Entzifferungen des Diskus auf und stellen daher ein strukturelles Merkmal dar. Sie haben verschiedene Ursachen. Deutet man die Diskusschrift logo-/ideographisch, setzt also pro Zeichen einen Begriff ein, stehen wegen der eingeschränkten Zahl von 45 verschiedenen Piktogrammen, wozu noch der Dorn kommt, nur 46 verschiedene Wörter für den insgesamt 257 Wörter umfassenden Diskustext zur Verfügung. Das heißt, dass jedes Wort durchschnittlich 5,6x vorkäme. Allein deshalb sind kaum erträgliche Wiederholungen vorprogrammiert. Angesichts der Tatsache, dass bereits der originale Diskustext eine Reihe wiederholter oder ähnlicher Zeichengruppen besitzt, müssen, da eine Zeichengruppe bei Annahme von Logogrammen einen ganzen Satz oder zumindest eine syntaktisch/inhaltliche Einheit bildet, zwölf mehrteilige Wiederholungen auftreten. Solche Textstrukturen gibt es in Wirklichkeit wohl nur sehr selten; selbst Litaneien sind besser strukturiert. Mit dem logographischen Verfahren können natürlich auch keine zufriedenstellenden Inhalte erzeugt werden. Als Beispiele verweise ich auf die oben (S. 122) angeführten Textproben aus Delekat und Hausmann. Der Grad des Misslingens ist abhängig von der Geschicklichkeit und Unbedenklichkeit des Texterfinders. Auch Haarmann, der sich alle nur denkbaren Freiheiten herausnimmt, produziert eine Menge von Inkonsistenzen.[61] Er ist ein großer Kompilator auf dem Gebiet von Sprachen und Schriften, achtet aber nicht auf Widerspruchslosigkeit seiner Gedanken untereinander.

Sieht man in den Diskuszeichen – zu Recht – einzelne Silben, müsste eigentlich die Gefahr solcher Wiederholungen gebannt sein. Aber durch eine (scheinbare) strukturelle Besonderheit des Diskus, dass nämlich das Zeichenpaar ☉🌿 13x und 🌿 insgesamt sogar 19x am Anfang einer Zeichengruppe stehen, werden extreme Wiederholungen oder Parallelismen nahegelegt. So fasst Stawell bei linksläufiger Leserichtung ☉🌿 als ἄνασσα („Lady") und folglich den Text als Hymnus auf.[62] Die erkennbaren ‚hymnischen' Strukturen

---

[60] Besonders eindrückliche Beispiele sind Haarmann (1990, S. 239-243); Aartun (1992, S. 195-199); Achterberg u.a. (2004, S. 94f.).
[61] Haarmann 1990, S. 239-243.
[62] Stawell 1911.

dehnt sie aber auf den ganzen Text aus. Auch 20 Jahre später, in einer modifizierten Entzifferung, bleiben diese Strukturen vollständig erhalten, obwohl Stawell nun 🐟 als ἄνα („Arise") interpretiert.[63] Die angeblich litaneiartige Form des Diskustextes kommt den Entzifferern insofern stark entgegen, als damit die Wiederholungen erklärt und die relativ einfache Schöpfung kleiner und kleinster syntaktischer Einheiten ermöglicht werden. Auch andere dem Diskus unterstellte Textsorten wie Brief,[64] Rezept,[65] Botschaft[66] nehmen regelmäßig unter den Händen der Entzifferer den Charakter einer Litanei an. Die seltenen Entzifferungen auf Buchstabenbasis zeigen eine solche Tendenz natürlich nicht. Stattdessen erreichen in diesen Fällen die Wörter nicht die notwendigen Längen, wie man an den Texten von Ohlenroth[67] und Martin[68] sehen kann. Falsche Wortlängen ebenso wie mangelnde Balance in der Buchstabenverteilung sind zuverlässige Kriterien für die Beurteilung von Lösungsvorschlägen. Aber auch die Entzifferungsergebnisse auf der Grundlage von Silben weisen oft eine stark gestörte Verteilung der Laute auf. Dies ist eine zwar nicht notwendige, aber regelmäßig zu beobachtende Folge davon, dass die auf dem Diskus häufigen Determinative 🐟 (19x) und ✱ (13x) als Silbenzeichen missdeutet werden.[69] Die Phonetisierung dieser in Wirklichkeit stummen Deutezeichen führt bei allen Varianten der Diskusentzifferung, seien sie logographisch, silbisch, alphabetisch oder auch gemischt, zu schweren Störungen (Litanei und/oder falscher Häufigkeitsverteilung der Laute). Da diese Ungleichgewichte objektiv überprüfbar sind und nicht der subjektiven Einschätzung der Entzifferer unterworfen sind, ist allen Forschern ein bequemes Mittel für die Überprüfung der eigenen Resultate gegeben.

Nun mag ein naiver Betrachter einwenden, dass die ausschließliche und häufige Anfangsposition (bei Rechtsläufigkeit: Schlussposition) von 🐟 und 🐟+✱ ein erhebliches Ungleichgewicht des Originaltextes anzeige, das bei der Entzifferung in welcher Weise auch immer nachgestaltet werden müsse. Was aber wie eine unschöne Wiederholung aussieht, ist in Wirklichkeit keine echte Wiederholung. Denn fasst man 🐟 bzw. 🐟+✱ als Determinative für Personennamen auf, muss der Begriff *Wiederholung* durch *Aufzählung* ersetzt werden. Der oben (S. 173) besprochene Textabschnitt aus Platons Phaidon (59 b5-c2) enthält 17 Eigennamen, die in modernen Textausgaben mit determinativistischer Großschreibung des jeweils ersten Buchstabens gedruckt werden. Auch Übertragungen in andere Sprachen bewahren im Allgemeinen diese Großschreibung. Der Platontext enthält keinen Hymnus oder irgendeine Litanei,

---

[63] Stawell 1931, S. 70ff.
[64] Achterberg u.a. 2004.
[65] Aartun 1992, S. 286: „ein für die Ausübung der Sexualriten im Palast von Phaistos vorgeschriebenes Rezept".
[66] Hausmann 2002, S. 215.
[67] 1996.
[68] 2000.
[69] So bei den Entzifferungen von Achterberg u.a. 2004 (s.o. S. 131) und Stawell 1911, die 🐟 mit αν und ✱ mit ας gleichsetzt.

sondern nur eine Aufzählung derjenigen Personen, die bei Sokrates' Tod anwesend waren. Ebenso wenig darf man Zeugenlisten altorientalischer Verträge[70] als Hymnen oder litaneiartige Gebete usw. interpretieren. Auf dem Diskus jedoch ist wegen der Wiederholung einiger Namen eine solche Liste ausgeschlossen. Auch eine Genealogie kommt strukturbedingt nicht in Frage.[71]

Welchen Gewinn bringen nun die bisherigen Entzifferungsversuche für die weitere Forschung? Die Geschichte der einander aufhebenden Entzifferungen ist naturgemäß eine Geschichte des Misslingens. Diese tautologische Aussage müssen selbst die Entzifferer anerkennen.[72] Eine wirkliche Entzifferung, sofern überhaupt möglich, ist viel schwerer als man anzunehmen pflegte. Auch der Zufall war bisher keinem Versuch hold. Schon im Vorfeld der Entzifferung ist großer Fleiß vonnöten sowie die Bereitschaft, beizeiten den Versuch abzubrechen. Denn je weiter man das Eingeständnis des Scheiterns hinausschiebt, umso leichter erliegt man der Versuchung, seine bisherigen Ergebnisse als vielversprechend einzuschätzen. Der Diskus hat vor allem denjenigen, die eine Entschlüsselung gewagt und publiziert haben, nur Unglück gebracht. Wer aber bis zur Entzifferung durchgehalten hat, kann das Resultat mit Hilfe einiger weniger Kriterien überprüfen:

– Die Häufigkeitsverteilung der Laute muss derjenigen der zugrunde liegenden Sprache einigermaßen entsprechen.
– Mehrfachnotierungen dürfen nur in sehr begrenztem Umfang auftreten.
– Ein litaneiförmiger Charakter des Textes zeigt notwendig einen verfehlten Ansatz.
– Der Text muss inhaltlich vorwärts schreiten.

Alle vier Kriterien hängen mit einer Erkenntnis zusammen, die sich aus bisherigen Lösungsvorschlägen gewinnen lässt: Die Annahme, das Kopfzeichen 🗿 und der häufig mit ihm verbundene Schild ⊙ seien phonetisch, führte regelmäßig zu starken Störungen auf sprachlicher, inhaltlicher und formaler Ebene. Die beiden Zeichen müssen Determinative für Personennamen sein und dürfen keinen eigenen Lautwert besitzen. Dieses Ergebnis überrascht nicht, wurde es doch schon auf anderen Wegen erzielt.[73]

Zum Abschluss dieses Kapitels wollen wir einen Blick auf die Inhalte werfen, die man für den Diskustext erwogen hat.[74] Großer Beliebtheit erfreut sich die Vorstellung eines religiösen Textes. Es sei ein „'Te Deum'" an die Magna Mater, meint Evans.[75] Dem hymnischen Charakter entsprechend

---

[70] Dazu s.o. S. 91.
[71] Siehe o. S. 173.
[72] Siehe Ohlenroth (o. S. 269 Anm. 10).
[73] Siehe o. S. 85ff.
[74] Kurze Übersicht über ältere Vorschläge bei Read 1921, S. 37f. und Baffioni 1957, S. 244. Umfangreicher und auf neuerem Stand ist Timm 2005, S. 16-19. Meine im Folgenden angeführten Belege sind unvollständig und teilweise willkürlich ausgewählt.
[75] 1921, S. 665f.

glaubt man Gedichtformen zu erkennen, die sich reimten[76] oder rhythmisch gestaltet seien.[77] Dies alles ist reine Spekulation und häufig Fehldeutungen von Diskuszeichen geschuldet. Zugleich aber erleichtert die Annahme eines litaneiartigen Textes eine ‚Entzifferung' erheblich.[78]

Nicht minder beliebt ist die Deutung des Diskus als eines (astronomischen) Kalenders.[79] Ein Beispiel möge genügen. Griffith multipliziert die Zahl der Piktogramme auf Seite A und B jeweils mit 3:

$$A: 123 \text{ Zeichen} \cdot 3 = 369$$
$$B: 119 \text{ Zeichen} \cdot 3 = 357$$

Dann addiert er beide Produkte (369 + 357 = 726) und fügt nochmals das Ergebnis von A hinzu (726 + 369 = 1095). Dann dividiert er, um einen Durchschnittswert zu erreichen, 1095 durch 3 und erhält die genaue Zahl der Tage eines Jahres: 365.[80] Der Diskus ein veritabler Kalender! Mit Zahlenspielereien dieser und ähnlicher Art kann man – per definitionem – jedes gewünschte Resultat produzieren.

Was den Diskus für ein astronomisches Kalenderwerk prädestiniert, ist einzig und allein seine äußere Gestalt: eine runde Scheibe. „It is round, like the sky, and must be rotated to be read, thus representing the circling year", bekennt Gordon.[81] Wieder einmal führt das auf Ähnlichkeit gründende Denken in die Irre.[82] Aber wenigstens sollte man auch die Unterschiede berücksichtigen. Von einer astronomisch/astrologischen Scheibe erwartet man eine nahezu perfekte Kreisform. Der Diskus ist aber, obwohl zu seiner Zeit die Töpferscheibe auf Kreta in Gebrauch war, unbeholfen mit der Hand modelliert worden.[83] Die Diskuspiktogramme stellen keine Sterne oder Sternbilder dar,[84] wie sie etwa auf der ungefähr gleichzeitigen Himmelsscheibe von Nebra zu finden sind. Gegen eine astronomische Funktion sprechen auch die mit ungeübter Hand geritzten Spiralen, die in Wirklichkeit eine hybride Bildung aus Kreis u n d Spirale sind, nur zu dem Zweck geschaffen, eine runde Scheibe flächendeckend mit Schriftzeichen füllen zu können.[85] Kalender- und

---

[76] Bossert (1938, S. 7): „zweistrophiges Gedicht von je zehn Versen"; er erkennt „eindeutig" „seine gereimte Form" (ders., Die Erfindung ..., 1937, S. 18); Bowden 1993; auch Timm (2005, S. 178) will „die kunstvolle Verbindung zu Reimen bzw. Alliterationen" beobachten.

[77] Stawell (1911, S. 33): „The hymn appears to be in a regular dochmiac metre". – Zur gebundenen Rede in altorientalischen Texten siehe von Soden 1985, S. 194-196.

[78] Siehe o. S. 276.

[79] Griffith 1911; Launey 1915; Gordon 1931; Pomerance 1976; Gorissen, Le disque de Phaistos, calendrier ..., 1983; R. Haas in: Blohm/Beer/Suzuki 1986, S. 63; Kocher 1987; Barthel 1988; Wenzel 1997; Hagen 2001; Mocioi 2001; Schomburg 2005.

[80] Griffith 1911, S. 387.

[81] 1931, S. 45.

[82] Siehe o. S. X und 271.

[83] Siehe o. S. 12.

[84] Pomerance (1976) sieht in ✹ eine Darstellung der Plejaden, auch Siebengestirn genannt. Seltsam nur ist, dass dieses Zeichen bei der Beschriftung des Diskus mindesten viermal zunächst vergessen wurde (s.o. S. 79 mit weiteren Verweisen). Außerdem schließt sein nachweislich determinativischer Charakter und seine Verbindung mit dem Personendeterminativ 𓀀 eine astronomische Deutung strikt aus.

[85] Siehe o. S. 21.

astronomische Werke zeichnen sich im Allgemeinen durch (radial)symmetrischen Aufbau aus. Auch sollte sich ein Kalender auf eine einzige 360°-Skala beschränken.[86] All diese Eigenschaften besitzt der Diskus nicht. Nur ein hohes Maß an Voreingenommenheit vermag ihn in Verbindung mit Astronomie zu bringen. Wie eine astronomisch/astrologische Scheibe aussehen könnte, mag exemplarisch ein kleiner chinesischer Kalender[87] zeigen:

Vorderseite   Rückseite

Auf der Vorderseite trägt der mittlere Ring die Namen der zwölf chinesischen Tierkreiszeichen. Die drei Elemente der aus e i n e m Stück gefertigten Scheibe sind gegeneinander frei beweglich und daher zweckgerichtet verwendbar. Eventuell diente die Scheibe astrologischen Berechnungen. Auf der Rückseite befindet sich ein Gedicht über die Zeit, dessen Schriftzeichen untereinander stehen, also nicht auf das Zentrum bezogen sind. Hingegen sind die Zeichen auf den beiden äußeren Ringen der Vorderseite nebeneinander angeordnet und erlauben daher eine radiale Verwendung. Nur die vier Zeichen des zentralen Segments zeigen eine gemeinsame Ausrichtung. Sie sind nicht eigentlicher Teil der astrologischen Mechanik, sondern enthalten einen Sinnspruch („Einfach gut die Zeit zu beobachten").[88]

Diejenigen Autoren, die auf dem Diskus eine Namensliste erkennen wollen, kommen der Wirklichkeit schon ziemlich nahe. Bruston sieht, wohl auf Grund des 🐚-Zeichens, im Abschnitt A1-B32 eine Aufzählung von zehn (verschiedenen) führenden Personen auf Kreta, denen dann noch einige weitere von minderer Bedeutung (B34; 42; 48; 59) hinzugefügt würden.[89] Aber eine Zeugenliste, wie Macalister meint,[90] ist ausgeschlossen.[91]

Die Hypothese einer Personenliste kann noch weiter eingeengt werden durch die zusätzliche, in meinen Augen vermutlich zutreffende Annahme,

---

[86] Gordon (1931, S. 45) ordnet den zwei Diskusseiten je eine Jahreshälfte zu.
[87] Elfenbein, Ende 19. Jh. oder früher; Ø 5,3 cm. In Privatbesitz (Fotos: A. Glaser).
[88] Für freundliche Hilfe danke ich J. Knust, U. Justus und L.Y. Fang.
[89] Bruston 1910, S. 273.
[90] 1912/13, S. 345; ders. 1914, S. 84f.
[91] Siehe o. S. 91.

dass es sich um einen Vertrag handele.⁹² Die Personen des Vertrages würden durch 🌀 und ☉ charakterisiert oder determiniert. Timm hat Recht, wenn er beiden Zeichen „für die Lesung des Diskostextes entscheidend(e)" Bedeutung beimisst. Leider verkennt er die Determinativfunktion von ☉ und hält die Ansicht, 🌀 sei ein Personendeterminativ, nur für „eine ernst zu nehmende Hypothese".⁹³ Wichtig aber ist sein Hinweis auf die „Tatsache, dass für einen Vertrag unvergängliches Schreibmaterial in Form einer gebrannten Tontafel verwendet wurde". Dadurch und auf Grund der Verwendung von Stempeln wären „nachträgliche Änderungen" verhindert und „Fälschungssicherheit" erzielt worden.⁹⁴ Auch dies legt eine besondere Bedeutung des Diskustextes nahe.

Weitere Inhaltsvorschläge für den Diskus sind: Brief,⁹⁵ Reisepass,⁹⁶ „Musical Composition"⁹⁷. Auf die Nennung noch abstruserer Ideen verzichte ich. Aufmerksamkeit aber verdient aus methodischen Gründen eine ungewöhnliche These von Henke, der eine „Hierarchie der Zeichen auf dem Diskus von Phaistos" entdeckt haben will.⁹⁸ Die Zeichen seien „nicht zufällig angeordnet", sondern ihre Reihenfolge sei für jede Zeichengruppe „präzise vorgeschrieben".⁹⁹ Hierbei spiele die Leserichtung keine Rolle¹⁰⁰ – ein methodisch zunächst bedeutsamer Umstand. Ganz offensichtlich aber stehen nicht wenige Zeichen an unterschiedlichen Stellen der Gruppen. Henke identifiziert acht dieser Zeichen (𓀀, ○, ☉, |, ✻, ⌣, ⵣ, ⴲ) und stattet sie infolgedessen mit „doppelter Bedeutung" aus.¹⁰¹ „Der Diskus besteht daher nicht aus 45, sondern aus 53 verschiedenen Zeichen."¹⁰² In Wirklichkeit werden die genannten acht Zeichen deshalb doppelt indiziert, weil sie nicht ins hierarchische Zahlensystem passen. Ein Beispiel: Während 🌀 bei Rechtsläufigkeit jeweils am Anfang einer Zeichengruppe steht und somit die Zahl 1 erhält, wird dem Zeichen ☉, das 13x unmittelbar auf 🌀 folgt, die Zahl 2 zugeordnet, obwohl ☉ zusätzlich 4x am Ende einer Gruppe erscheint. Daher erhält ☉ als Endzeichen eine weitere Zahl, nämlich 53. Das Zeichen 🌀 war es auch, das Henke gemäß eigener Angabe auf die „Idee der Hierarchie der Zeichen" brachte.¹⁰³ Er überließ sich der Intuition („fällt ins Auge"; „nicht zu übersehen ist") und pfropfte

---

⁹² A. J.-Reinach 1910, S. 19; Macalister 1912/13, S. 345; ders. 1914, S. 85; in Erwägung ziehen einen Vertrag Pernier 1908/9, S. 296 und Timm 2005, S. 185-188, der den Diskus von Phaistos zu anderen aus der griechischen Antike stammenden Scheiben mit Verträgen in Beziehung bringt.
⁹³ Timm S. 188.
⁹⁴ S. 187. Siehe auch o. S. 251.
⁹⁵ Pernier 1908/9, S. 296; Best/Woudhuizen 1989, S. 67 und 70; Achterberg u.a. 2004.
⁹⁶ Forbes 1930, S. 51.
⁹⁷ Read 1921, S. 44. So weit hergeholt Reads These auch ist, so bedeutend ist die Einleitung seines Aufsatzes.
⁹⁸ Henke 2004, der seine These 2008 und 2009 modifizierte.
⁹⁹ Ebd. S. 206.
¹⁰⁰ S. 203 und 208.
¹⁰¹ S. 205.
¹⁰² S. 205. Außerdem sieht sich Henke gezwungen, wiederholte Zeichen innerhalb e i n e r Zeichengruppe (z.B. in A4: 𓀀𓂀𓂀) mit derselben Ordnungszahl zu belegen.
¹⁰³ S. 209.

darauf seine mathematische Spielerei. Der Schluss, den er aus seinem Ergebnis zieht, dass es sich beim Diskus wahrscheinlich nicht um einen „fließenden Text", auch nicht um „Buchstaben, Lautzeichen oder Silben handelt", sondern um „Zahlen oder Namen",[104] ist ein klassischer Zirkel.

Henkes Entschlüsselungsversuch kommen einige Umstände zu Hilfe. Die phonetischen Elemente einer Sprache/Schrift sind nicht gleichmäßig verteilt. Einige sind häufig, andere selten. Manche stehen bevorzugt am Anfang und nicht am Ende eines Wortes; bei anderen ist es umgekehrt, usw. So können im Deutschen Wörter mit *wr* beginnen (*wringen, Wrack*), aber nicht enden. Die Gründe für solche Ungleichgewichte sind vielfältig. Stumme Determinative (wie 🜚 und ☻) finden sich grundsätzlich nur an den Rändern eines Wortes. Daher scheinen Sprach- bzw. Schriftelemente eine wenn auch stark eingeschränkte hierarchische Ordnung zu besitzen. Aber je länger der Text, umso mehr Ausnahmen muss man zulassen. Unglücklicherweise ist der Diskustext von relativ geringer Länge, die durch zahlreiche Wiederholungen und einander stark ähnelnde Wörter noch weiter reduziert wird. Von den 241 piktographischen Zeichen des Diskus müssen daher ca. 84 phonetische abgezogen werden, ebenso auch die 32 nichtphonetischen Determinative. Übrig bleibt ein ‚Text' von etwa 157 Zeichen, unter denen sich 44 verschiedene befinden, die durchschnittlich 3,6x vorkommen. Je häufiger ein Zeichen ist, desto eher kann es sich gegen Henkes Mathematisierung sträuben. Daher finden sich unter den Zeichen mit der von Henke behaupteten „doppelten Bedeutung" nur überdurchschnittlich häufige Zeichen.

Würden nur einige neue Wörter der Diskusschrift gefunden, bräche das hierarchische System von Henke wie auch die übrigen bisherigen Entzifferungsversuche vollständig zusammen.[105]

Alle, die sich um eine Entschlüsselung des Textes bemüht haben, haben meistens auf intuitivem Wege Einzelstrukturen gefunden, die sie falsch gedeutet und gegen jede Wahrscheinlichkeit verallgemeinert haben. Wenn auch Sprachen durchaus Strukturen aufweisen, denen Regeln zugrunde liegen, so gelten diese Regeln stets nur eingeschränkt und sind miteinander in der oft kompliziertesten Weise verwoben. Dem Ausmaß und der Qualität der Fehldeutung ‚offensichtlicher' Strukturen des Diskus entspricht die Qualität der Resultate. Die „Denkvereinfachungsregeln" des intuitiven Systems (s.o. S. 271), derer sich die überforderten Entzifferer zu bedienen pflegen, führen notwendig zu den beklagenswerten Ergebnissen der Vergangenheit.

---

[104] S. 212.

[105] Offensichtlich fand Henke selbst Ungenügen an seiner Theorie und versuchte sie 2008 zu verbessern: „The symbols on the Phaistos disc are, with the exception of the left symbol of each field, arranged in alphabetical order." Die Herausnahme des (bei falscher rechtsläufiger Schreibrichtung) jeweils ersten Zeichens aus der Zeichenhierarchie erleichtert natürlich die mathematische Reihung. Außerdem wird die Willkür der Entzifferungsmethode in das Schriftsystem selbst verlegt. Wenn die Diskusschrift das Wort *Berlin* ausdrücken wollte, so Henke, würde sie *(B)eilnr* schreiben. Der Leser wäre also gezwungen, die gestörte Buchstabenfolge wie bei einem Anagramm neu zu sortieren. Er hätte natürlich auch auf die Lösungen *(B)ril[l]en* oder *(b)lei[e]rn* kommen können. Statt seinen Lösungsvorschlag zu optimieren, hat Henke ihn ad absurdum geführt – kein ungewöhnlicher Vorgang.

EINIGE HINWEISE ZUR ENTZIFFERUNG

Die Überschrift dieses Kapitels mag manchen Leser dazu bewegen, es als erstes zu lesen. Denn zu Anfang gebe ich ein Resümee der bisher gewonnenen Erkenntnis fremder und eigener Forschung. Aber der Wert dieser Erkenntnisse, die die Grundlage für eine Entzifferung darstellen sollen, hängt natürlich von der Qualität ihrer Begründungen ab. Daher ist es empfehlenswert, dieses Buch von Anfang an zu lesen, sich selbst ein Urteil zu bilden und einen eventuell geplanten Entzifferungsversuch entsprechend zu gestalten.

Zunächst seien einige negative Ergebnisse aufgelistet:

– Der Diskustext wurde von seinem Schreiber sehr sorgfältig korrigiert und bietet daher dem Entzifferer so gut wie keinen Spielraum für die Annahme von Schreibversehen (s.o. S. 77).
– Die Zerstörung des letzten Zeichens in A8 ( ) ist eher Resultat einer Korrektur als eines Überlieferungsschadens (S. 72-75). Es darf jedenfalls nicht als Joker für ein Entzifferungspuzzle verwendet werden.
– Gelegentliche Drehungen einiger Zeichen, z.B. , zeigen keine Bedeutungsunterschiede an (S. 49-56).
– Ebenso besitzen die unterschiedlichen Ausrichtungen des sogenannten Dorns keine divergierenden Funktionen (S. 137-141).
– Der Dorn ist keine Interpunktion (S. 142-148), kein Zeichen für Vokallosigkeit (S. 148-151), kein silbenschließender Konsonant (S. 151f.), noch ein Determinativ (S. 152-155).
– Die piktographischen Zeichen des Diskus weisen keine Ligaturen auf (S. 134f.) und gehören weder einer Ganzwort- (S. 121f.) noch einer Buchstabenschrift (S. 119-121) oder einer Mischform (S. 123-134) an.
– Das Hauszeichen verrät keinen lykischen oder kleinasiatischen Ursprung des Diskus (S. 192-196).
– ist sehr wahrscheinlich kein Philisterkopf (S. 202-205).
– Außer und gibt es keine weiteren Determinative (S. 97-100).
– Die Sprache des Diskus ist nicht Griechisch (S. 253-255).
– Der Diskus enthält weder eine Zeugenliste (S. 208) noch eine Genealogie (S. 173).
– Hauptfehler der Entschlüsselungsversuche sind intuitive Vorgehensweise (S. X und 271f.) und die Anwendung des sogenannten akrophonischen Prinzips (S. 190f.).

Auf der Positivliste finden sich:

– Der Diskus ist kretischer Herkunft (bes. S. 196-198 und 205-207).
– Er ist vermutlich zwischen 1900 und 1600 v. Chr. entstanden (S. 3-11).
– Linksläufige Leserichtung, also von außen nach innen (S. 81-84).
– Die Seiten A und B bieten nicht zwei voneinander unabhängige Texte, sondern einen geschlossenen Zusammenhang (S. 80 und 208).

- Seite B ist vermutlich die Fortsetzung von A (S. 208-215).
- Die beiden Punktleisten ⁞ bezeichnen den Textanfang auf Seite A und den Beginn der Fortsetzung auf B (S. 22f.). Dies folgt auch aus der Leserichtung und der Reihenfolge von A und B.
- Der Diskus enthält 44 verschiedene phonetische Bildzeichen. Wäre mehr Text überliefert, so dass jedes Zeichen des Schriftsystems mindestens 1x aufträte, ergäbe sich ein Gesamtsyllabar von ca. 56 Zeichen (S. 101-118).
- Der Diskustext verfügt über 16 Dorne (S. 42-44). Der Dorn ist vermutlich ein Ideogramm für *und* (S. 170-188).
- Das Schriftsystem des Diskus ist eine Silbenschrift (S. 123-136) vom Typ ‚Konsonant+Vokal', besitzt also offene Silben (S. 135f.).
- ⊙ als phonetisches Zeichen (4x am Wortende) und ⚘ haben vermutlich denselben Konsonanten, nicht aber den Vokal gemeinsam (S. 91 Anm. 45 und S. 256).
- ⚘ und das mit ihm verbundene ⊙ sind Determinative zur Bezeichnung männlicher Eigennamen (S. 85-100).
- Die Sprache des Diskus ist innerkretisch, vielleicht diejenige von Lin A (S. 256-263).
- Einige Diskuswörter weisen wahrscheinlich Präfixe und möglicherweise auch Suffixe auf (S. 260-263; s. auch S. 186f.).
- Der Diskus stellt wohl einen Vertrag dar (S. 280f.).

Die genannten Punkte sind zwar für eine erfolgreiche Entzifferung notwendige, aber nicht hinreichende Voraussetzungen. Besonders hilfreich ist eine Strukturanalyse, die der eigentlichen Entzifferung vorausgehen und sie auch begleiten muss. Solche Analysen sind sehr aufwendig und gelegentlich außerordentlich schwierig. Es ist daher kein Wunder, dass sie in der bisherigen Diskusforschung nicht, oder nur eingeschränkt und/oder stark fehlerhaft zum Einsatz kamen. Umfangreichere Beispiele für Strukturanalysen in diesem Buch finden sich bei der Erörterung der Stempelfrage (S. 50-56), der Determinative ⚘ und ⊙ (S. 86-97), des Schriftsystems (S. 123-130), des Dorns (S. 137-188), der Reihenfolge der Seiten (S. 211-215) und der Affixe (S. 260-263). Die Aufhellung der Struktur ist das einzig verbleibende Mittel für eine rudimentäre Entzifferung, wenn die zugrunde liegende Sprache unbekannt und isoliert, also ohne verwandte Sprachen ist, wie etwa das Etruskische und Baskische. Sollte der Diskus zu solchen Sprachen gehören, müsste sich eine Strukturanalyse mit den wichtigsten Phänomenen des Textes beschäftigen: mit den Determinativen ⚘ und ⊙ und den Dornen. Die Tatsache, dass der Diskus in seinem ersten Teil (A1 bis ca. B34) eine Aufzählung teilweise wiederholter Personen enthält, dürfte die Phantasie beflügeln. Wer beispielsweise 🚶 (A15) wegen der flankierenden Namen 14 und 16 als *Vater* auffasst und als *Person X* (14), *Vater* (15) *der Person Y* (16) versteht, muss sich fragen, warum Person X der einzige Vater im Text sein soll und wieso der Vater, der offenbar nicht waffenfähig ist (wegen des fehlenden ☉[1]), einen waffenfähigen Sohn hat.[2] Wichtig für die Textstruktur ist auch der Umstand, dass die Personen von A1-B34 von signifikant kurzen Wörtern umgeben sind.[3]

Eine weitere Aufgabe der Strukturanalyse ist die Suche nach Satzanfängen und -schlüssen. Mit ziemlicher Sicherheit liegt Satz- und Textanfang bei A1 vor, nicht aber bei B32, weil das vorhergehende A31 vermutlich keinen Satz abschließen kann.[4] Satz- bzw. Textende ist wohl nach B61. Die auffällige Wiederholung A14-16 = 20-22 kann nicht in einem einzigen Satz oder einem syntaktisch geschlossenen Satzsegment gestanden haben. Die Zeichengruppensequenz 14-22 ist also kein Satz. Ebenso wenig bildet die etwas kürzere Sequenz 16-22 wegen der dreimaligen Nennung des Namens 〔⚘☉𓆰〕 (16 = 19 = 22) eine syntaktische und inhaltliche Einheit. Durch Einbeziehung weiterer Beobachtungen lassen sich die Satzgrenzen eventuell noch genauer bestimmen. Eine große Hilfe hierbei wäre der Dorn, wenn er, wie ich vermute, ein Ideogramm für *und* wäre.

Eine andere Frage ist, ob der Diskus auch Namen von Frauen enthält. Sie träten aber – anders als ihre männlichen Pendants – ohne Determinative auf: eine unschöne Inkonsequenz des Schriftsystems. Zudem scheint auf Seite A wegen der vielen (14!) Männernamen der Platz für Frauen zu fehlen. Man würde dann auch zusätzliche Dorne erwarten.

Von ganz besonderer Bedeutung ist, dass der Entzifferer mit den Strukturen frühhistorischer, nicht nur altorientalischer Texte vertraut ist.

Abschließend soll noch auf die methodischen Schwierigkeiten eingegangen werden, die sich bei einem Entzifferungsversuch auf der Basis von Lin A ergeben. Von allen Sprachen, die man dem Diskus unterstellt hat, kommt die Sprache von Lin A am ehesten in Frage. Sie ist, wenn auch großenteils phonetisch lesbar, nicht recht verständlich. Die überlieferte Menge an verwertbaren Textzeugen ist relativ gering. Die Texte sind zugänglich in der 5-bändigen Ausgabe von Godart/Olivier (1976-1985), die man unter der Abkürzung GORILA zu zitieren pflegt. Die Bände I-III enthalten trockene Verwaltungstexte, besonders Listen, die für die Sprache so gut wie nichts hergeben außer einer Fülle von Namen für Personen und Bezeichnungen für irgendwelche Produkte oder Handelswaren. In IV befinden sich andere Texte (einige Nachträge auch in V), vor allem religiösen Inhaltes, die vielleicht ein tieferes Eindringen in das Sprachsystem ermöglichen.

Während die Diskusschrift ungefähr 56 verschiedene Silbenzeichen besitzt,[5] verfügt Lin A über deutlich mehr, etwa 80-90.[6] Um das Lin A-Syllabar

---

[1] Siehe o. S. 90ff.
[2] Eher noch könnte man bei A15 an *Sohn* oder *Bruder* denken.
[3] Siehe o. S. 213. Zur Struktur von Personenlisten s. auch S. 97.
[4] Siehe o. S. 147.
[5] Siehe o. S. 101-118.

auf den Umfang des Diskus-Syllabars zu bringen, müssen zunächst die ganz seltenen Zeichen[7] ausgeschieden und die verbliebenen nach Häufigkeit sortiert werden[8]. Eventuell können im Diskus-Syllabar sehr ähnlich lautende Lin A-Silbenzeichen durch ein Zeichen wiedergegeben werden, da die Herstellung von sehr vielen Stempeln aufwendig und vor allem die Handhabung eines umfangreichen Stempelsatzes zu mühsam ist.[9] Die prozentuale Verteilung der Diskuszeichen hängt in erheblichem Maße von der Unterscheidung phonetischer und nichtphonetischer Zeichen ab. Nach meiner Auffassung haben nur 🌀 und ⊙, sofern ⊙ direkt mit 🌀 verknüpft ist, als Deutezeichen keinen Lautwert. Es ergibt sich dann folgendes Bild:

Prozentuale Gewichtung der phonetischen Diskuszeichen

	8,61		2,87		1,91		0,96		0,48
	7,18		2,87		1,91		0,96		0,48
	5,74		2,87		1,91		0,96		0,48
	5,26		2,87		1,91		0,96		0,48
	5,26		2,87		1,91		0,96		0,48
	5,26		2,39		1,91		0,96		0,48
	5,26		2,39		1,43		0,96		0,48
	3,35		2,39		1,43		0,96		0,48
	2,87		1,91		1,43		0,48		

Tab. 17

Die Prozentzahlen müssten geringfügig nach unten korrigiert werden, wenn man die noch fehlenden extrapolierten zwölf (?) Zeichen in der Gesamtrechnung berücksichtigen wollte. Aber diese zu vernachlässigenden Fehler werden vollständig überlagert durch die erhebliche Ungenauigkeit, an der die Statistik der Zeichenhäufigkeit wegen der mangelnden Textlänge leidet.

Mit Hilfe der Prozentsätze von Diskus- und Lin A-Zeichen können natürlich – von wenigen Ausnahmen vielleicht abgesehen – gleichlautende Zeichen nicht identifiziert werden. Allein im Diskus-Syllabar unterscheiden sich viele Zeichen nicht in prozentualer Hinsicht. Ähnliches gilt für das Lin A-Syllabar, wenn auch nicht in demselben Maße. Wertlos aber wird damit die Statistik

---

[6] Den genauen Umfang des Lin A-Syllabars zu bestimmen, ist sehr schwierig. „The exact number is hard to define because there are considerable variations in the writing of different scribes, sites, and periods, and we do not yet dispose of sufficient material to distinguish in all cases separate signs from mere variants, or syllabic signs from ideograms" (Chadwick 1975, S. 146).
[7] Nach Timm (2005, S. 213) machen die 39 seltensten Lin A-Zeichen zusammen nur 4,3% des Gesamtbestandes aus.
[8] Eine Rangliste für die 54 häufigsten Zeichen bei Timm (2005, S. 211-213). Siehe auch Packard (1974, S. 197-199).
[9] Außerdem ist zu bedenken: Unter den phonetisch noch ungedeuteten Zeichen von Lin A mögen auch besondere, komplexe Silbenzeichen sein, wie wir sie von Lin B her kennen (z.B. für *pte*, *dwe*, *two*). Der relativ geringe Zeichenbestand der Diskusschrift legt nahe, dass in ihr solche Kombinationen nicht vorkommen, sondern getrennt geschrieben werden.

der Zeichenfrequenz keineswegs. Zeichen mit demselben Prozentsatz können sich sehr wohl durch ihre Stellung im Wort unterscheiden. Nur ein Beispiel: Während 🏃, 𓏭, ✋ und 🌿 prozentual übereinstimmen (5,26%), weichen die Positionen im Wort ab:

	Wort-anfang	mitte	ende
🏃	1	3	7
𓏭	1	9	1
✋	8	3	/
🌿	/	4	7

Tab. 18

Wenn sich bei fortschreitender Entzifferung herausstellen sollte, dass etwa die Lin A-Entsprechung zu ✋ eine Tendenz zur Stellung am Wortende verraten[10] oder häufig am Anfang von Eigennamen stehen sollte,[11] ist der eingeschlagene Weg im höchsten Maße fragwürdig. Kann man die Zeichenhäufigkeit mit anderen Merkmalen verknüpfen, gewinnt man ein sehr wirksames Kontrollinstrument. So ist die Gleichsetzung des Diskuszeichens ⊛, sofern man wie Timm nicht zwischen phonetischem und determinativem ⊛ unterscheidet, mit dem Lin A-Zeichen ⊙ unmöglich.[12]

Eine höhere Ebene der Frequenzanalyse wird erreicht, wenn man die Häufigkeit von Kombinationen zweier oder mehr Zeichen berücksichtigt.

Mit einem rudimentären Entzifferungsversuch möchte ich Methoden und Schwierigkeiten aufzeigen. Wenn ein Diskuswort mit einem Lin A-Wort zur Deckung gebracht werden soll, ist zunächst die Zahl der Möglichkeiten entmutigend groß, es sei denn, man engt diese Überfülle durch Vorüberlegungen stark ein. Dies gelingt, wenn man wie Schürr sein Augenmerk auf Wörter mit Silbenverdopplung richtet.[13] So lässt sich probeweise mit Schürr für 🌿⊙🪒🪒⊛ (B44) das Lin A-Wort *a-sa-sa-ra-me* oder seine Variante *ja-sa-sa-ra-me*[14] einsetzen. Dies Wort taucht häufig in Weihinschriften, in der sogenannten libation formula, auf.[15] Sollte es ein Eigenname sein, wie einige glauben, wäre

---

[10] Auch die Binnenposition von ✋ könnte seinem Präfixcharakter geschuldet sein (s.o. S. 185f.) und nur formaler Natur sein.
[11] ✋ kommt in Eigennamen des Diskus nicht vor (s.o. S. 184f.).
[12] Siehe o. S. 255.
[13] Siehe o. S. 259f.
[14] Chadwick, Linear B ..., 1989, S. 46: „The same word seems in certain cases to be spelled either with initial *a-* or initial *ja-*". Siehe auch Finkelberg 1990/1, S. 44.
[15] Texte in Godart/Olivier 1976-1985 IV (Nachträge in V). Zur Abschreckung von Entzifferern, die den schnellen Erfolg suchen, sei hier nur die Literatur genannt, auf die ich gestoßen bin: Pope 1964, S. 6 und 15; Kamm 1966, S. 548f.; Grumach, The Minoan ..., 1968, S. 7-26; Davaras 1972, S. 101-112; Schürr 1973, S. 12ff.; Meriggi, Kleine Beiträge ..., 1974, S. 86ff.; Hiller 1978/9, S. 233; ders. 2000, S. 122f.; Schachermeyr 1979, S. 255f. und 263; Billigmeier 1981, S. 757; Duhoux 1983, S. 61f.; ders. 1989, S. 67f., 81ff. und 119; ders. 1998, S. 20ff.; Karetsou/Godart/Olivier 1985; Best/Woudhuizen 1989, S. 18-24 und 32-34; Chadwick, Linear B ..., 1989, S. 47f.; Finkelberg 1990/1, bes. S. 53ff. und 66ff.; dies. 2001, S. 88ff.; Owens 1997,

es aus zwei Gründen ungeeignet: Der Diskus scheint bei Personennamen grundsätzlich Determinative zu verwenden; und ◌ tritt als mutmaßliches Präfix nicht vor Personen auf.

Andererseits stimmen die prozentuale Häufigkeit von ◌ und linearem *a* (◌: 5,26%; *a*: 4,6%[16]) und ihre Verteilung im Wort (fast nur Anfangsstellung) ausgezeichnet überein. Dasselbe gilt für die Gleichung ◌ = *sa* (◌: 2,87%; *sa*: 2,6%) und die Positionen im Wort. Die Werte für ◌ = *ra* differieren deutlicher (◌: 0,96%; *ra*: 2,8%[17]). Hinsichtlich der Stellungen im Wort sind beide Zeichen kompatibel – eine Aussage ohne eigentlichen Wert, da ◌ nur 2x (B36 und 44) vorkommt. Problematisch liegen die Verhältnisse bei ◌ = *me*, da die Prozentsätze (◌: 5,26%; *me*: 0,6%) und die Positionen im Wort (◌: nie am Anfang; *me*: überall) auseinanderklaffen. Nun ist neben *a/ja-sa-sa-ra-me* auch *ja-sa-sa-ra-ma-na* überliefert, so dass man B44 ◌◌◌◌◌ als *a/ja-sa-sa-ra-ma* lesen könnte. *ma* ist sehr viel häufiger (3,1%) als *me*. Wenn man die Frage des Vokals (*a* oder *e*) offenlassen will und eine entsprechende Notierung (*mV*) wählt, könnte man B44 mit *a/ja-sa-sa-ra-mV* wiedergeben. Insgesamt ist dies – technisch gesehen – ein guter Einstieg in die Entzifferung auf Basis der Lin A-Sprache.[18]

Diese Lesung erlaubt sogar eine Teilkontrolle. Der Katzenkopf ◌ ist wegen seiner häufigen Anfangsstellung sehr wahrscheinlich ein reiner Vokal.[19] Bezogen nur auf die Frequenz von ◌ (5,26%) kämen lineares *a* (4,6%) oder *i* (3,9%) gleicherweise in Frage. Allerdings ist *a* Favorit, da *i* im Gegensatz zu *a* relativ häufig auch im Wortinnern auftritt. Nur wenige andere Zeichen des Diskus lassen den Gedanken an einen Vokal zu.[20] Für ◌ = *a* spricht entschieden, dass lineares *a*, erst recht, wenn man *ja* hinzunimmt, überdurchschnittlich häufig als Präfix bzw. Variante am Anfang von Wörtern auftritt,[21] von denen einige mit *a* oder ohne *a* vorkommen.[22] Einige Beispiele: *a-pa-ra-ne*: *pa-ra-ne*; *a-si-ki-ra*: *si-ki-ra*; *a-ta-na-te*: *ta-na-te*.[23] (Dieses sogenannte prothetische *a* erinnert äußerlich an das Alpha privativum im Griechischen.[24]) Eben diese Verhältnisse, sofern der Zufall uns nicht einen üblen Streich spielt,

---

S. 107ff., 162ff. und 255ff.; ders. 2000, S. 249; Woudhuizen 2006, S. 46-49 und 97; ders. 2009, S. 124-138 und 159-165. Hinweise auf weitere Literatur bei Heubeck 1979, S. 22 Anm. 164.

[16] Die Zahlen für Lin A sind Timm (2005, S. 211-213) entnommen.

[17] *ra* liegt in zwei Varianten vor: *ra* und *ra₂*; *ra₂* hat die Prozentzahl 0,6.

[18] Timm entziffert in seinem „experimentellen Lesevorschlag" B44, wobei er ◌ ungedeutet lässt, als *pa-wa-wa-◌-te* (S. 176). Die Übereinstimmungen in Häufigkeit und Wortposition der einzelnen Zeichen ist deutlich schlechter, aber noch erträglich. Das Wort ist in Lin A nicht überliefert; nicht einmal die Silbenfolgen *pa-wa*, *wa-wa* oder *wa-?-te* lassen sich belegen.

[19] Siehe o. S. 187 Anm. 145. Schwartz (The Phaistos Disk 1959, S. 110f.) identifiziert ◌ mit *e*, was aber wegen seiner Seltenheit (0,7%) gegenüber ◌ (5,26%) nicht empfehlenswert ist.

[20] Es sind dies: ◌ (insges. 4x, nur am Wortanfang); ◌, ◌ und ◌ (insges. je 2x, nur am Wortanfang); ◌ und ◌ (5x, nur am Anfang); ◌ (15x, davon 10x am Anfang).

[21] Belege sind leicht der Aufstellung von Packard 1974, S. 128-131 zu entnehmen.

[22] Godart 1976, S. 43f.; Hiller 1978/9, S. 232; Duhoux 1983, S. 62; Karetsou/Godart/Olivier 1985, S. 131 Anm. 62; Finkelberg 1990/1, S. 66; Monti 2001, S. 100.

[23] Monti ebd.

[24] Siehe o. S. 185.

finden sich anscheinend auch auf dem Diskus wieder. Das Kernwort B61 ⟨glyph⟩ wird durch prothetisches ⟨glyph⟩ in A3 ⟨glyph⟩ und B51 ⟨glyph⟩ erweitert. Statt ⟨glyph⟩ steht auch das präfixverdächtige ⟨glyph⟩ in B55 ⟨glyph⟩. Die Gleichsetzung von B44 mit *a/ja-sa-sa-ra-mV* dürfte wohl, um mit Duhoux zu sprechen,[25] „un cas moins défavorable" sein. Zumindest die Identifizierung von ⟨glyph⟩ mit *a* besitzt, falls der Diskus der Lin A-Sprache zugehörig sein sollte, einige Wahrscheinlichkeit.

Der Zufall hat es gefügt, dass ⟨glyph⟩ in A4 ⟨glyph⟩ doppelt auftritt. Man könnte also *a-a-?* oder *ja-ja-?* oder *a-ja-?* lesen. Die Silbenfolge *a-ja*[26], auch *ja-ja*, ist in Lin A belegt. Stattdessen zieht man für A4 überlieferte Lin A-Wörter wie *ki-ki-na*, *sa-sa-me*, *ti-ti-ku* oder *qa-qa-ru* in Betracht.[27] Aber die Silben dieser Wörter passen hinsichtlich der Häufigkeit und ihrer Stellung im Wort nicht gut zu A4.[28] Am ehesten noch wäre *sa-sa-me* geeignet, wüssten wir nicht, dass dies ein Lehnwort aus dem Semitischen ist und die Samen des Sesams bezeichnet. Die Lin B-Entsprechung ist *sa-sa-ma* (Plural). Schon aus inhaltlichen Gründen hat die Sesampflanze im Anfangsteil des Diskus (Personenliste) keinen angemessenen Ort. Ähnliches gilt auch für *ki-ki-na*, das Neumann durch eine glänzende Strukturanalyse und gründliche Suche mit einem vorgriechischen „Reliktwort", κεικύνη, der Bezeichnung für die Sykomorenfeige, identifizieren konnte.[29] Eigentlich müsste jedes für den Diskus vorgeschlagene Lin A-Wort eine ähnlich tiefschürfende Behandlung erfahren und seine Zugehörigkeit zu einer bestimmten Inhaltsklasse (Personen[30], landwirtschaftliche Produkte u.ä.) möglichst geklärt werden. An dieser Stelle sei betont, dass für eine Entzifferung des Diskus auf Basis von Lin A sehr gute Griechischkenntnisse unverzichtbar sind. Überhaupt erschließt sich der Zugang zur minoischen Kultur nicht zuletzt über die Sprache der Griechen, die ihre geographischen und kulturellen Nachfolger waren.

Wenn ⟨glyph⟩ = *a* und/oder *ja* sein sollte, ergäben sich für B52 (= 57) ⟨glyph⟩ eventuell weiterführende Überlegungen. Lineares *a* scheint an zweiter Stelle im Wort möglicherweise nicht vorzukommen, wohl aber *ja*. Da ⟨glyph⟩ nur am Anfang phonetischer Zeichengruppen steht – der Diskustext ist für die Aufstellung einer festen Regel zu kurz –, könnte es Präfix sein (vgl. B49 ⟨glyph⟩, wo ⟨glyph⟩ ‚fehlt'). Als Präfix mit der unterstellten Funktion einer Präposition könnte es auch ein vollständiges Wort sein, das allerdings mit dem zugehörigen

---

[25] 1983, S. 62.
[26] *a-ja* sind die beiden vorletzten Zeichen auf der Inschrift des Ringes von Mavro Spilio (s.u. S. 292f.).
[27] Siehe z.B. Duhoux 1983, S. 61 und Timm 2005, S. 73.
[28] I Zeichenhäufigkeit. ⟨glyph⟩: 5,26%, aber *qa*: 1,3%; ⟨glyph⟩: 1,43%, aber *na*: 4,1%, *ku*: 3%, *ru*: 2,7%. – II Stellung. ⟨glyph⟩: ausgeprägte Anfangsposition, nicht aber bei *di*, *ki*, *ti* und *sa*. ⟨glyph⟩: tritt insgesamt nur 3x auf (nie am Wortanfang) und ist daher statistisch nicht beurteilbar.
[29] Neumann 1960; zustimmend Schachermeyr 1979, S. 260.
[30] Personennamen lassen sich manchmal an den beigefügten Zahlzeichen erkennen (s. auch Neumann 1960, S. 184 und 186). Außerdem sind nach Chadwicks Ansicht (1963, S. 8) die meisten Wörter, die Lin A und B gemeinsam haben, Personennamen. Siehe auch Pope/Raison 1978, S. 21f. und Schachermeyr 1979, S. 254 und 261 (Lin A lasse „die Eigennamen mit besonderer Vorliebe auf -u, -e oder -i ausgehen"). Eine Liste von Lin A-Personennamen bei Landau 1958, S. 268-271 (basierend auf Material von Furumark, dessen Buch [1956] mir nicht zugänglich war).

Wort eine schriftliche Einheit bildet. Außerdem ist es denkbar, dass ⟨glyph⟩ in B60 ⟨glyphs⟩ eine Vorsilbe ist, die mit ⟨glyph⟩ austauschbar zu sein scheint (vgl. B53 ⟨glyphs⟩). Da ⟨glyph⟩ ein sehr häufiges Zeichen ist (7,18%), lässt sich sein Lautwert vielleicht identifizieren.

Auch das letzte Silbenzeichen von B44 ⟨glyphs⟩ (a/ja-sa-sa-ra-mV) eröffnet Kontrollmöglichkeiten. ⟨glyph⟩ scheint mit endständigem ⟨glyph⟩ zu alternieren und denselben Konsonanten zu enthalten. Wenn wir ⟨glyph⟩ als *ma* nehmen, könnte ⟨glyph⟩ (1,91%) = *me* (0,6%) sein. Lineares *me* steht wie das phonetische ⟨glyph⟩ vorwiegend am Ende. B36 ⟨glyphs⟩ wäre dann als ⟨glyph⟩-sa-ra-me zu lesen. Die Silbenfolge *sa-ra-me* ist in dem uns bekannten Wort *a/ja-sa-sa-ra-me* mehrmals überliefert. A2 ⟨glyphs⟩ könnte *sa-⟨glyph⟩-me* lauten und B41 ⟨glyphs⟩ wäre als ⟨glyph⟩-sa-⟨glyph⟩-ma zu lesen. Hier ergeben sich, zumindest theoretisch, Überprüfungsmöglichkeiten. Leider dürften von den überlieferten Lin A-Wörtern nur wenige auf dem Diskus erscheinen.[31] Dies soll nun nicht völlig entmutigen, weil auch verwandte Wörter und sogar nur Teile von Wörtern mit festen Silbenfolgen zur Entzifferung herangezogen werden können. Freilich ist hier die Gefahr, sich den wildesten Spekulationen hinzugeben und neue Wörter zu kreieren, besonders groß. Auch die ca. 14-15 verschiedenen männlichen Personennamen können als Ansatzpunkt für die Entzifferung dienen. Namenslänge und phonetischer Bestand müssen nicht vollständig übereinstimmen, da gerade Namen oft stark variieren. Vgl. im Deutschen die Namensformen: *Heinrich, Hinrich, Hinrik, Henrik, Hendrik, Hentrich, Hinz, Hinze, Heinz, Heiner, Hein, Henner* usw. Da Namen im Allgemeinen – sprach- und kulturübergreifend – ‚sprechend' sind, sich also oft üblicher Wörter einer Sprache bedienen, darf man von der Entzifferung der Diskusnamen einigen Aufschluss für das Lin A-Vokabular erwarten. In zumindest einem Fall lässt sich der sprechende Charakter eines Diskusnamens nachweisen. Der phonetische Zeichenbestand des mit Doppeldeterminativ ausgestatteten Namens A26 ⟨glyphs⟩ erscheint auch als selbständige Zeichengruppe von A30 ⟨glyphs⟩. Die zunächst vielleicht naheliegende Annahme, der Schreiber habe sich bei 30, das ja nur wenige Wörter nach 26 erscheint, die Determinative ⟨glyph⟩ und ⟨glyph⟩ erspart, kann nicht überzeugen. Denn der Schreiber pflegte diese stummen Zeichen, wenn er sie vergessen hatte, sogar bei größtem Platzmangel nachzutragen. Dies geschah auch dann, wenn ein Name wiederholt wurde, so beim Namen 29, der eine Wiederholung von 17 darstellt.[32] Auch der dreimal dicht hintereinander wiederholte Name ⟨glyphs⟩ (16 = 19 = 22) erscheint stets mit dem Doppeldeterminativ. Wenn man dennoch an 30 als einem Eigennamen festhalten wollte, würde die Struktur der Zeichengruppenfolge A26-B33 empfindlich

---

[31] Duhoux (1983, S. 59) gelangt zu der Auffassung, dass Diskus und Linear A wohl nicht mehr als ein oder zwei gemeinsame Wörter hätten. Siehe auch Timm 2005, S. 123.

[32] Siehe o. S. 63-65.

gestört.[33] Außerdem würde man zwischen den beiden Eigennamen 29 und 30 einen Dorn, der nach meiner Auffassung *und* bedeutet, vermissen.[34]

Der Zeichenverbindung 𒀀𒁹 kommt also bei der Entzifferung eine große Bedeutung zu, zumal diese Kombination insgesamt 5x auf dem Diskus auftritt (s.o. S. 87). Von besonderem Interesse ist der Name A1 ≻𒀀𒁹☉𒁹, der vielleicht mit 26 identisch ist; ≻ wäre dann eine Art Suffix.[35]

Je weiter man nun in der Entzifferung fortschreitet, desto vielfältiger und komplizierter werden die Möglichkeiten, die immer wieder mit den verschiedensten Kontrollinstrumenten überprüft bzw. ausgeschieden werden müssen. Aber all diese Überlegungen beruhen auf der höchst unsicheren Gleichsetzung von B44 mit *a/ja-sa-sa-ra-mV*. Es empfiehlt sich dringend, zusätzlich andere Einstiegsoptionen zu wählen. Im Fall, dass einem das Glück hold ist, lassen sich die verschiedenen Entzifferungsstränge miteinander verknüpfen. Man kann davon ausgehen, dass etwa nach dem vierten ü b e r z e u g e n d – also ohne Anwendung von künstlichem Zwang – identifizierten Wort (Wortwiederholungen zählen dabei nicht) der eingeschlagene Weg in die richtige Richtung führt.

---

[33] Siehe auch o. S. 147 und 212f.
[34] Sonst befindet sich zwischen zwei direkt nebeneinander stehenden Eigennamen ein Dorn (A16/17; 19/20; 22/23).
[35] Siehe o. S. 262.

IST DER DISKUS EINE SINGULARITÄT?

Versteht man Singularität im üblichen Sinne als Einzigartigkeit, kann sie dem Diskus nicht völlig abgesprochen werden. Die Kreisform des Schriftträgers, die Anordnung der Schriftzeichen in Spiralen, die zusammen mit den radial verlaufenden Worttrennern ein Liniennetz bilden, mit lückenloser Füllung beider Seiten, die Schönheit und auch Fremdartigkeit der gestempelten Hieroglyphen sowie der sehr gute Erhaltungszustand haben die bewundernden Blicke der Menschen auf sich gezogen. Wer den Diskus zum ersten Mal sieht, ist, wie sich von selbst versteht, (noch) kein Kretologe und hält ihn aus Unkenntnis für etwas, dem nichts Vergleichbares zur Seite gestellt werden könne. Die so zustande gekommene Singularität bedeutet für den Interpreten eine besonders große Herausforderung, kann er doch keine geläufigen Maßstäbe anlegen. Dies hat nicht selten zur Folge, dass er orientierungslos seinen eigenen Assoziationen ausgeliefert ist.

Spiralschriften sind im Altertum nichts Außergewöhnliches. Ihre Entstehung geht letzten Endes darauf zurück, dass eine Zeichenfolge, wenn sie an den Rand des Schriftträgers gelangt ist, „etwas abbiegt und an der erreichten Grenzlinie weitermarschiert". „Die Bewegung wird also im selben Richtungssinne fortgesetzt, das Kontinuum des Zuges unter allen Umständen gewahrt".[1] Noch allgemeiner formuliert: Schrift pflegt sich im Allgemeinen grundsätzlich nach dem Schriftträger auszurichten. Dies zeigt sich auch bei den frühen kretischen Hieroglyphen. Im Bogen geführte Schrift finden wir beispielsweise auf den sogenannten Nodules (003 γ^2, 004) und auf Medaillons (032, 038, 039, 042 [alle beinahe kreisförmig], 076). Ein runder Tonteller zeigt in seinem Innern drei im Halbkreis angeordnete Hieroglyphen (318). Auf einem Matrizen- bzw. Siegelabdruck sehen wir drei Zeichen, die einen exakten Kreis bilden (129).[3]

Der vom Schriftträger beeinflusste Schriftduktus lässt sich ebenso an den Dokumenten in Lin A ablesen.[4] Zwei Tassen mit Tinteninschriften (KN Zc 6 und 7[5]) weisen eher ein Beschriftung in konzentrischen Kreisen als in Spiralschrift auf.[6] Eindeutig spiralförmig ist die Inschrift auf dem goldenen Fingerring von Mavro Spilio (KN Zf 13[7]). Während konzentrische Schriftbänder dem Leser erhebliche Schwierigkeiten bereiten können,[8] verraten

---

[1] Zinn 1950/1, Sp. 11.
[2] Die Zählung gemäß der Ausgabe von Olivier/Godart/Poursat 1996.
[3] Siehe auch das Siegel 243.
[4] Gekrümmte bzw. teilkreisförmige Schriftführung auf den ‚Rondelles' HT Wc 3010-3012, 3015, KN Wc 26, PH Wc 37 (Zählung nach Godart/Olivier 1976-1985, Bd. II); auf einem Deckelfragment AP Za <3>; auf Libationsgefäßen PK Za 8, Za 14 und 15; auf dem Rand einer runden Lampe KE Zb 4; auf einer Henkelvase KN Zb <27> und einer Nadel KN Zf 31 (ebd. Bd. IV). Weitere Beispiele sind IO Za 9, SY Za 1-3 (Bd. V).
[5] In Olivier/Godart 1976-1985, Bd. IV, S. 118-125. Farbige Abb. von KN Zc 6 in Sakellarakis 1995, S. 41.
[6] Kober 1948, S. 87 Anm. 21.
[7] Abb.en bei Godart/Olivier, Bd. IV, S. 152f. und 162; Bossert, Altkreta 1937, Abb. 521; Brice 1961, Pl. XXX; Duhoux 1989, S. 112; Godart, Der Diskus ..., 1995, S. 89 (in Farbe). – Der 1926 gefundene Ring ist zweifellos echt. Kurze Orientierung über die Fundumstände bei Godart ebd.
[8] Siehe o. S. 20f.

Spiralschriften dem Schriftkundigen, für den die Leserichtung kein Problem darstellt, sofort den Textanfang. Die Lesbarkeit der Inschrift des Goldringes wird noch erleichtert durch eine Spirallinie (ähnlich derjenigen von Fig. 4, oben S. 20). Wie unglücklich sich, vor allem bei größerer Textmasse, das Fehlen einer Spirale auswirkt, zeigt die etruskische Bleischeibe von Magliano, die nur auf ihrer Vorderseite über eine Spirale verfügt.[9]

Obwohl die Spirale des Goldringes denselben Drehsinn wie die des Diskus hat, sind die Schriftrichtungen entgegengesetzt, da die Schriftzeichen des Ringes mit ihren Oberkanten nach außen zeigen und daher rechtsläufig zu lesen sind.[10]

Die Spirale als dekoratives Element war in Kreta äußerst beliebt und verbreitet.[11] Kretische Künstler verraten große Übung und Könnerschaft bei der fast perfekten Gestaltung von einfachen und S-Spiralen. Auch die Ausführung der Spirale auf dem Goldring zeigt die Hand eines Meisters. Demgegenüber scheinen die Spiralen des Diskus von ungeübter Hand zu stammen.[12] Dem Schreiber lag wohl offensichtlich weniger an einer künstlerischen Gestaltung als an der Herstellung eines Liniensystems, das eine flächendeckende Beschriftung der Scheibe erlaubte. In Übereinstimmung damit ist auch die hybride Verbindung aus äußerem Kreis und innerer Spirale zu sehen.[13] Ebenso verrät die wenig professionelle Formung der Scheibe das Werk eines Laien.[14]

Anders als dem Diskus fehlt dem Ring die sonst bei Lin A übliche Worttrennung. Dies wirkt sich aber kaum nachteilig aus, da der Ring nur 19 Zeichen aufweist und wegen seiner Kleinheit[15] dem Lesekundigen einen unmittelbaren Überblick erlaubt. Außerdem mögen der Platzmangel und die dekorative Gestaltung des Kunstwerks (gleichmäßige Abstände zwischen den Schriftzeichen) eine Rolle gespielt haben.

Die Spiralen des Ringes und des Diskus haben in gewisser Hinsicht Vorläufer in den kretischen Hieroglyphen, wenn nämlich zwei Zeilen durch eine Linie voneinander getrennt werden sollen.[16] Wir finden sogar eine Trennlinie, die an ihrem rechten Ende nach unten abknickt,[17] und eine leicht gebogene auf einem nahezu runden Medaillon.[18] Waagerechte Trennlinien gibt es auch auf einigen Lin A-Tafeln, die im Allgemeinen mehr für inhaltliche Abgrenzung zu sorgen scheinen,[19] in einigen Fällen aber wohl der konsequenten Zeilentrennung dienen.[20]

---

[9] Umzeichnung der beiden Seiten bei Doblhofer 1964, S. 285.
[10] Siehe auch Timm 2005, S. 42.
[11] Siehe auch Schachermeyr 1979, S. 56-58 und Fitton 2004, S. 55f.
[12] Siehe o. S. 21.
[13] Ebd.
[14] Siehe o. S. 12.
[15] Die beschriftete Scheibe des Ringes hat eine leicht ovale Form mit einem Durchmesser zwischen 0,85 und 1cm (s. Duhoux 1989, S. 112).
[16] Belege (Zählung nach Olivier/Godart/Poursat 1996): 043, 063 und 122.
[17] 122 (Täfelchen aus Phaistos).
[18] 043.
[19] Belege (Zählung nach Godart/Olivier 1976-1985, Bd. I): HT 22, 45 b, 49, 86 a, 101, 108, 117 a, 130.
[20] PK 1, PH 8 a und eventuell auch TY 3.

Ebenso sind die langgezogenen Worttrenner des Diskus, die zusammen mit der Spirale ein Liniennetz bilden, nicht ohne Beispiele in den kretischen Hieroglyphen.[21] Ein ‚Barren' aus Knossos zeigt sogar die Kombination von Wort- und Zeilentrenner.[22] Nun stand es dem Hersteller des Diskus nicht frei, sich für oder gegen Zeichengruppentrenner zu entscheiden. Es konnte nachgewiesen werden,[23] dass der Schreiber zunächst das Spiralnetz nach einer Vorlage beinahe vollständig in den Ton geritzt hat, bevor er die Schriftzeichen in die dadurch geschaffenen Felder einstempelte. Nur so war es ihm möglich, beide Seiten der Scheibe gleichmäßig und flächendeckend – also ohne Zulassung einer Lücke – mit Schriftzeichen zu füllen. Die Verwendung von Worttrennern der vorliegenden Art war demnach dringend geboten.

Der Umgang mit Stempeln war den Kretern vertraut. Zeugnis davon legen die zahlreichen Siegel(abdrücke) mit Schriftzeichen ab.[24] Auch einzelne Piktogramme des Diskus (☉, 🝐, ❋) finden sich als Stempelabdrücke auf Ton anderswo wieder.[25] Das Stempeln eines kompletten Textes wie beim Diskus bedeutet keinen qualitativen, sondern quantitativen Unterschied. Außerdem wäre die Annahme abwegig, der umfangreiche Stempelsatz sei nur für den Diskus geschaffen und danach nicht mehr verwendet worden. Zweifellos aber hat man zur Zeit des Diskus, wenn es galt, längere Texte zu schreiben, üblicherweise nicht Ton, sondern vergängliche Materialien beschrieben bzw. gestempelt.[26] Die Bestempelung des Diskus war schriftgeschichtlich kein innovativer Akt, der den künstlerischen Erfindungsgeist herausgefordert hätte. Vielmehr wurden bereits bekannte Techniken und Elemente in einem allerdings besonderen Fall verwendet.

Die überwiegende Mehrheit der 45 verschiedenen Diskuszeichen[27] findet keine strengen Parallelen in anderen kretischen Schriften. Dies ist aber kein Beweis für die Einzigartigkeit dieser Zeichen, sondern nur ein Beleg für unsere mangelhaften Kenntnisse damaliger Schriftsysteme und anderen archäologischen Materials. Denn das Zeichen 🝐 war bei Auffindung des Diskus 1908 weltweit einmalig, bis 1955 im alten Palast von Phaistos das Gegenstück 🝐 entdeckt wurde.[28] Also muss jeder, der in den Diskuszeichen singuläre Erscheinungen sehen will, den (unmöglichen) Nachweis führen, dass künftig keine weiteren Parallelen gefunden werden können.

Freilich darf man den Gedanken nicht beiseite schieben, dass der bzw. die Künstler sich bei der Herstellung des Stempelsatzes von persönlichen

---

[21] Besonders schöne Beispiele sind 063 und 112.
[22] 063. Siehe auch Grumach 1969, S. 251.
[23] Oben S. 20ff.
[24] Sammlung bei Olivier/Godart 1996, S. 186ff.
[25] ☉: s. Duhoux, Le disque ..., 1977, S. 15 und Fig. 23-25; Robinson 2002, S. 308f. (s. auch Ohlenroth 1996, S. 12); 🝐: s.o. S. 196-198; ❋: o. S. 198. Zu weiteren Beispielen für gestempelte Ornamente s. Grumach 1969, S. 251.
[26] Siehe o. S. 243-252.
[27] Übersicht o. S. 189.
[28] Siehe o. S. 196-198.

Vorstellungen und Vorlieben leiten ließen. Individuelle und singuläre Gestaltung dürfen aber nicht miteinander verwechselt werden. Beispielsweise mag die ‚fehlende' Wespentaille von [29] dem Geschmack des Stempelschneiders zu verdanken sein.

Überhaupt wäre es ein kühnes und darüber hinaus sinnloses Unterfangen gewesen, eine völlig einmalige und atypische Schrift zu entwerfen. Denn Schrift dient der Kommunikation und sollte daher Schreibern wie Lesern genügend vertraut sein.

Die Einzigartigkeit des Diskus manifestiert sich offensichtlich nicht in den einzelnen Elementen (Spirale, Worttrenner, Stempeldruck, lückenloser Beschriftung[30], Schriftzeichen, Ton als Schriftträger), sondern noch am ehesten in ihrer Kombination. Aber diese vielleicht einmalige Zusammenstellung verrät nicht künstlerisches Genie, sondern wohlüberlegten Umgang mit damals vorhandenen Mitteln und Möglichkeiten. Der Diskus vermag heute einen außerordentlichen Eindruck zu erwecken, da uns die kulturgeschichtlichen Verhältnisse seiner Entstehungszeit aus vielerlei Gründen ziemlich fremd geworden sind.

---

[29] Siehe o. S. 200.
[30] Vgl. die Schriftaufteilung auf der Bronzeaxt von Arkalochori (s.o. S. 217f.).

IST DER DISKUS EINE FÄLSCHUNG?

Die Frage der Echtheit sollte eigentlich am Anfang der Beschäftigung mit dem Diskus stehen. Während sich Unechtheit „mit e i n e m Argument beweisen" lässt, kann Echtheit „nur solange gelten, bis ein solches Argument gefunden ist. Echtheit zu beweisen ist viel schwieriger" (Büchner[1]). Da bisher kein einziges stichhaltiges Argument gegen die Authentizität des Diskus vorgebracht worden ist,[2] müsste man zunächst den dornigen Weg des Echtheitsbeweises gehen, sofern er überhaupt möglich ist. Dies kann aber nur gelingen, wenn man zuvor tiefer in die Diskusproblematik eingedrungen ist. Daher bildet dieses Kapitel den Abschluss des Buches.

Alle Gegenstände, denen eine, in welcher Hinsicht auch immer, besondere Bedeutung zukommt, geraten ins Visier der Zweifler – nicht ganz zu Unrecht. Denn je bedeutender ein Gegenstand ist, umso schlimmer wirkt sich ein Irrtum über seinen wahren Charakter aus.

Eine naturwissenschaftliche Datierung mit der Thermolumineszenz- oder archäomagnetischen Methode ist aus mehreren Gründen beim Diskus nicht möglich.[3] Daher darf nicht aus dem Unterbleiben solch zweckloser Bemühungen der (ohnehin unzulässige) Schluss auf eine Fälschung gezogen werden.[4] Auch das „Kennzeichen: gut erhalten"[5] ist kein wirklich hinreichendes Indiz für Unechtheit. Die Tatsache, dass minoische Kunst bereits zur Zeit der Auffindung des Diskus (1908) gefälscht wurde und sogar ein Mitarbeiter von Evans, Georgios Antoniou, als Fälscher im großen Stil bekannt wurde,[6] erlaubt noch nicht einen pauschalen Zweifel. Wie Neumann einmal bemerkte, scheinen Archäologen gelegentlich zur Skepsis zu neigen.[7] Wir bewegen uns hier offensichtlich im Bereich äußerer Kriterien, die in vielen Fällen hilfreich sind, aber beim Diskus weitgehend versagen. Oder sollen wir aus dem Umstand, dass die Scheibe nicht im Handel, sondern bei einer Grabung auftauchte, auf Echtheit schließen?

So schwierig es ist, eine allgemeingültige Definition für *Fälschung* zu finden, so wenig besteht ein Zweifel daran, dass eine Fälschung stets mit Täuschungs- oder Betrugsabsicht verbunden ist. Beim Aufspüren von Fälschungen spielt also die Frage „cui bono?" eine wichtige Rolle. Außer dem Hauptmotiv der Gewinnsucht führt der Historiker Bernheim für das Gebiet der Geschichte weitere Motive auf:

---

[1] 1982, S. 33.
[2] Die Arbeit von Juvelius (1913) war mir nicht zugänglich. Nach den kritischen Bemerkungen von Duhoux (Le disque ...,1977, S. 15) handelt es sich um ein unseriöses Machwerk, das Unkenntnis (Juvelius kennt die Rückseite des Diskus nicht) mit gewagten Behauptungen (So erinnere ⌘ an Papageienkäfige auf dem Markusplatz in Venedig) verbindet.
[3] Siehe o. S. 9-11.
[4] Siehe auch die folgenden Ausführungen zu Eisenberg.
[5] Goll 1962, S. 47. Der Diskus sei „conservato in ottimo stato", wie Pernier, sein Entdecker, sagt (1935, S. 419).
[6] Buchholz 1970, S. 115.
[7] Neumann (Rez. zu Davis) 1962, S. 575.

Ruhmsucht, falscher Patriotismus, Parteiinteresse, sogar Brotneid, Bosheit und Rachsucht, auch in der Form, daß man einem Feinde, um ihm zu schaden, Schriften mißliebigen Inhalts unterschiebt, Gelehrteneitelkeit und unredlicher Gelehrteneifer, um sich durch scheinbare Entdeckung neuer Werke hervorzutun, oder um eigene Hypothesen und Ansichten durch scheinbar unzweifelhafte Quellenbeweise zu unterstützen ..., oder gar übermütiger Scherz.[8]

Für den Diskus als archäologisch/kunsthistorisches Produkt und als literarisch/historische Quelle kommen prinzipiell alle genannten Motive in Frage. Tatsächlich aber lassen sie sich mit mehr oder weniger großer Wahrscheinlichkeit ausschließen. Gewinnsucht entfällt, da der Diskus nicht im Kunsthandel aufgetaucht[9] oder von anderer zweifelhafter Provenienz ist. Die hohen Kosten für die Anfertigung der 45 Hieroglyphenstempel, die ja vermutlich bei Annahme einer Fälschung nur einmal verwendet wurden, lassen auch einen Schabernack als abwegig erscheinen. Übrig bleiben nur Motive, die in der Persönlichkeitsstruktur eines Wissenschaftlers zu suchen sind, wie Ruhmsucht oder Gelehrtenneid. Da der Entdeckerruhm dem damaligen Ausgräber von Phaistos, Luigi Pernier, zuteil wurde,[10] geriete theoretisch zuerst Pernier in Verdacht. Wollte er den Erfolgen des gleichzeitig in Knossos grabenden Kollegen Arthur Evans etwas Besonderes entgegensetzen?

Tatsächlich hat Eisenberg (E.) es gewagt, Pernier vorzuwerfen, er sei neidisch auf die Erfolge seiner Rivalen Halbherr und Evans gewesen und habe deshalb den Diskus hergestellt.[11] Beweise oder wenigstens Indizien für Perniers schäbigen Charakter kann E. allerdings nicht vorbringen. Entschieden wendet sich La Rosa gegen diese Verleumdung auf Grund seiner Personenkenntnisse sowie der höchst privaten Tagebücher Perniers.[12] In einem ergänzenden Artikel hat E. dann, nicht gerade zum Vorteil seiner Neidhypothese, „einen anderen möglichen Grund" für die Fälschung vorgebracht: Pernier habe durch sie die Fördergelder seiner Sponsoren für weitere Grabungen sicherstellen wollen.[13] Als möglichen „Komplizen" Perniers verdächtigt er Emile Gilliéron.[14] Auch dafür bleibt er Beweise schuldig. Hier sei eine repräsentative Auswahl seiner Argumente angeführt:

- Der absichtliche Brand des Diskus im Töpferofen im Gegensatz zu den minoischen Schrifttafeln.[15] E. verkennt den Unterschied zwischen den nachlässig hergestellten Schrifttafeln für den vorübergehenden Gebrauch und der äußerst sorgfältig ausgeführten Stempelschrift des Diskus. Ein Hinweis auf zwei vorsätzlich gebrannte Tassen mit Tinteninschriften (s.o. S. 292) fehlt.
- Die Einzigartigkeit des Stempelsatzes. Bewegliche Lettern habe es erst mit Gutenberg gegeben.[16] Vermutlich kennt E. bewegliche Lettern v o r Gutenberg nicht und missachtet die Vorläufer im minoischen Kreta (s.o. S. 294).
- Die zwei Punktleisten ⁞ und die Dorne seien nur hinzugefügt worden, um die Gelehrten in die Irre zu führen – ein üblicher Trick unter Fälschern.[17] Dies ist eine bloße Behauptung, zumal E. bezweifelt, dass der Diskus „any kind of text" zeige. Die Inschrift sei „an untranslatable pictographic text".[18] E. sieht offenbar einen Zusammenhang zwischen den unzähligen Fehlschlägen

---

[8] Bernheim 1970, S. 331f.
[9] Wie etwa ein bilinguales Goldblech, das einen Text in Diskusschrift und in einer unbekannten, pseudoarmenischen Schrift enthält (s. Buchholz 1970, S. 120f.).
[10] Pernier spricht selbst von „Un trovamento di eccezionale importanza" (1908/9, S. 261).
[11] Eisenberg 2008, Heft 4, S. 10.
[12] La Rosa 2009.
[13] Eisenberg 2008, Heft 5, S. 15.
[14] Ebd.
[15] Heft 4, S. 11.
[16] Ebd.
[17] S. 14.
[18] S. 10.

der Entzifferungsversuche und dem Nicht-Text-Charakter des Diskus.[19] Er räumt jedoch ein, dass der Diskustext, sofern er echt sein sollte, wegen seiner Kürze sehr schwierig zu entziffern sei. E. achtet nicht auf die Widerspruchslosigkeit seiner Gedanken untereinander.

– Die Reihenfolge der Schriftzeichen sei „not carefully planned" und „invented as they were being stamped on the disk".[20] Diese Feststellung widerspricht nicht nur dem offensichtlichen Befund, sondern auch der gesamten Diskusforschung. Allein die Tatsache, dass der Diskus auf eine bzw. mehrere sorgfältige Vorlagen zurückgeht (s.o. S. 79-81), bringt E.s Behauptung zu Fall.

– Viele der Schriftzeichen seien „unusually naturalistic", was in diesem Ausmaß zur damaligen Zeit nicht vorkomme.[21] Selbst wenn dem so wäre, müsste man sich über Pernier, den angeblichen Fälscher, wundern, der selbst „un'arte naturalistica" der Zeichen hervorhebt.[22] Die Gestaltung der Diskuszeichen entspringt also nicht einem Kunstfehler, sondern einer Absicht. Pernier wäre demnach nicht nur ein Betrüger, sondern auch einfältig.

– Die hohe Zahl der Korrekturen: dazu s.u. S. 301f.

– Pernier habe sich bei seiner Fälschung inspirieren lassen von anderen, teilweise noch unentzifferten Schriften.[23] Leider sucht man bei E. vergeblich nach nur einem einzigen stichhaltigen Beispiel. Bei seiner Besprechung aller 45 piktographischen Diskuszeichen[24] bringt er eine Fülle unterschiedlicher Dokumente, die Pernier eine Vorlage hätten liefern können („possible source"; „probably"; „might be"). Er will nun die Übernahme durch Pernier erkennen an einem bedeutenden („important") Kriterium: der „Miniaturisierung (oder Vergrößerung) eines Elementes".[25] Dies sei der Fall bei 🝌, 🝍, 🝎, 🝏, 🝐 und 🝑. Aber auch Verdrehungen[26] entlarvten den Fälscher, so bei 🝒 (🝓)[27] und 🝔 (🝕, 🝖)[28]. Ähnlich stelle △ eine seltene ägyptische Hieroglyphe auf den Kopf.[29] Die Rosette ❋ sei „a popular symbol" für den Fälscher:[30] Sapienti sat.

Die Fülle der Argumente gleicht nicht etwa Schwächen im Einzelnen aus, sondern verrät die grundsätzlichen methodischen Fehler des Autors. Ob Pernier tatsächlich bestimmte kretische und außerkretische Anregungen für seine unterstellte Fälschung benutzt hat, hätte in mindestens e i n e m Fall b e w i e s e n werden müssen. Bloße Behauptungen hingegen, selbst wenn sie zutreffen sollten, sind völlig wertlos. Auch die Hinweise auf einzigartige Züge des Diskus („uniqueness"[31]) nützen zunächst nichts.[32] E.s Vorgehen erinnert an die Entlarvungswut vergangener Zeiten, als man alles, was sich nicht belegen ließ, zur Fälschung degradierte. Freilich ist es häufig eine große intellektuelle Herausforderung, Eigentümlichkeiten aus sich heraus zu verstehen und als individuelle Schöpfung zu begreifen.

Gegen eine Fälschung sprechende Tatsachen oder auch nur ernsthafte Zweifel werden von E. in ihrer Bedeutung heruntergespielt oder ganz übergangen.

Schließlich greift man gern in Fällen, wo der Fälschungsvorwurf nicht untermauert werden kann – vor allem, wenn das in Frage gestellte Objekt in Wahrheit echt ist –, zum Mittel der Umkehr der Beweislast.[33] Der Eigentümer des verdächtigten Gegenstandes soll doch ‚nur' diese oder jene Überprüfung zulassen, um jeglichen Zweifel aus der Welt zu schaffen. Art und Umstände der Untersuchung bestimmen die Zweifler gern selbst und knüpfen sie häufig an unerfüllbare Bedingungen. So hat E. das Museum von Heraklion mehrmals gebeten, den Diskus für einen Thermolumineszenztest

---

[19] S. 9f.
[20] S. 12.
[21] S. 13.
[22] Siehe o. S. 190.
[23] Heft 4, S. 11.
[24] Ebd. S. 16-20.
[25] Heft 5, S. 15.
[26] Heft 4, S. 18f.
[27] Siehe o. S. 63-65.
[28] Siehe o. S. 51-56.
[29] Heft 5, S. 15: „This is a typical ploy used by the forger, a mirror-image or reversal of a known element, to confuse the epigrapher".
[30] Heft 4, S. 19.
[31] Ebd. S. 11.
[32] Ebenso hält McEvedy (2002, S. 42 Anm. 1) den Diskus wegen seiner Einzigartigkeit für falsch („hoax").
[33] Demgegenüber gilt: „die Beweislast liegt hier bei den Zweiflern" (Neumann, Rez. zu Davis 1962, S. 575).

zur Verfügung zu stellen.[34] Er erhoffte sich eine Antwort auf die Frage, ob der Diskus im 20. Jh. oder vor zwei- oder mehr als dreitausend Jahren geschaffen worden sei.[35] Der Diskus bietet jedoch keine günstigen Voraussetzungen für eine TL-Analyse, die auch nur seine letzte Erhitzung ziemlich grob datieren könnte.[36] Außerdem lässt eine solche Untersuchung ihren Gegenstand nicht unversehrt. Offensichtlich hat E. unzureichende Vorstellungen vom TL-Verfahren.

Das Museum von Heraklion hat E.s Bitte mit dem Hinweis auf die Einzigartigkeit des Diskus („uniqueness") abschlägig beschieden[37] – zu Recht. Denn wenn Museen und andere Einrichtungen solch substanzlosen Verdächtigungen nachgehen und entsprechende Forderungen erfüllen wollten, würde sich über sie eine Flutwelle von ähnlichen Anfragen und Zumutungen ergießen. Nun sollte man E. zugute halten, dass er von der Stichhaltigkeit seiner Argumente überzeugt ist und demnach die Weigerung des Museums als indirektes Eingeständnis der Unechtheit wertet. Der Maya-Forscher Michael Coe stimmt E. zu und versteigt sich zu folgender Äußerung: „a TL test would put the final nail in this particular coffin, and the stubborn resistance of the authorities to allow it suggests that they think it a fake too."[38] Der unschöne Vergleich kann aber die Schwäche dieser psychologischen Überlegung nicht verdecken. Denn selbst wenn das Museum im Stillen die Befürchtung hegen sollte, die Scheibe sei möglicherweise unecht, und eine naturwissenschaftliche Untersuchung eines seiner bedeutendsten Exponate vermeiden wollte, so heißt dies für die Frage der Echtheit nur wenig, da sich das Museumspersonal in seiner Einschätzung sehr wohl irren kann. Mir ist überdies keine wissenschaftliche Arbeit des Museums zum Diskus oder gar zu dessen Echtheit/Unechtheit bekannt.[39] Im Allgemeinen achten Museen bei der Beschaffung ihrer Exponate auf erstklassige Provenienz. So wurde dem Heraklion-Museum eine beschriftete Goldaxt von zweifelhafter Herkunft angeboten. Offensichtlich konnte sich deshalb Marinatos, der damalige Leiter des Museums, nicht zum Kauf entschließen.[40]

Die einwandfreie Provenienz des Diskus ist allerdings kein Beweis für seine Echtheit. Diese Frage wird weitestgehend von der Qualität der Argumente entschieden. Da im Fall der Echtheit durchschlagende Argumente gegen sie nur schwer gefunden bzw. erfunden werden können, greift man zu willkürlichen Behauptungen, die zwar ohne Gewicht, aber häufig schwer zu widerlegen sind. Als letztes Mittel dient dann eine Kette von Unterstellungen. In Bezug auf den Diskus sieht diese so aus: Pernier sei ein nicht sonderlich erfolgreicher Ausgräber gewesen. Daher hätten ihn seine Geltungssucht und sein Neid zur Herstellung des Diskus getrieben. Das Museum sei auf die Fälschung hereingefallen und habe im Laufe der Zeit den Betrug zwar durchschaut, aber eine wissenschaftliche Untersuchung verweigert, um der öffentlichen Schande zu entgehen.

Diese Unterstellungen, von denen jeweils eine aus der anderen ‚folgt', stoßen jedoch gelegentlich auf Hindernisse, die die Echtheit des Diskus zumindest nahelegen. E. streut daher Zweifel an der Authentizität des Goldrings von Mavro Spilio mit seiner Spiralschrift[41] und an der beschrifteten Bronzeaxt von Arkalochori[42]; den Fund des Siegelabdrucks, der dem Diskuszeichen

---

[34] Heft 4, S. 15. Eine unter Federführung von Eisenberg tagende Diskus-Konferenz in London (31.10. – 1.11. 2008) verabschiedete eine entsprechende Petition an die griechische Regierung (s. E. 2009, S. 33).
[35] Heft 4, S. 15.
[36] Siehe o. S. 10.
[37] Siehe E., Heft 4, S. 15.
[38] Zitat bei E., Heft 5, S. 16.
[39] Abgesehen vielleicht von einer brieflichen Mitteilung von Efi Sakellarakis an Grumach (zitiert bei Grumach, Zur Herkunft ..., 1968, S. 290 Anm. 1). Siehe o. S. 201.
[40] Siehe o. S. 215 Anm. 2.
[41] Heft 4, S. 14.
[42] Ebd.; E. weist darauf hin, dass man 1934 in Arkalochori seltsamerweise keine beschrifteten Äxte gefunden habe. Dies impliziert die Vermutung, dass die Bronzeaxt möglicherweise erst nachträglich beschrieben oder gar als komplettes Falsifikat in den umfangreichen Fundkomplex (s.o. S. 215) hineingeschmuggelt wurde. E. scheint nicht zu wissen, dass die Schrift der Bronzeaxt erst nach der Reinigung sichtbar wurde (s. Marinatos 1962, S. 88). Wenn man berücksichtigt, dass es Zeit kostete, Hunderte von Bronzefunden sorgfältig zu säubern, und dass die Inschrift auf der Axt selbst nach der Behandlung kaum erkennbar ist (s.o. S. 216 Anm. 4), verdient die Notiz von Marinatos volles Vertrauen – ganz abgesehen von seiner wissenschaftlichen Integrität. Für den Fälschungsverdacht von E. hatte bereits Godart ‚Vorarbeit' geleistet, indem er die Axt zwar nicht als Fälschung ausgab, aber die eingeritzten Zeichen ohne tragfähige Begründung als „Pseudo-Inschrift" bezeichnete, „das Werk eines Analphabeten" (Der Diskus ..., 1995, S. 149; ebenso Whittaker 2005, S. 32f.).

entspricht, entschärft er mit einer neuen bemerkenswerten Methode.[43] So bildet sich, da eine haltlose Unterstellung die andere nach sich zieht, ein Netz, in dem sich unter anderen auch Marinatos, ein bedeutender Archäologe, verfängt,[44] sei er nun ein möglicher Fälscher oder nur gutgläubig. Vor unseren Augen entsteht das Bild einer – von E. konstruierten – Verschwörung.

Wenn Pernier der Fälscher gewesen wäre, hätte er z.B. wissen müssen, dass der von ihm hergestellte Diskustext von außen nach innen zu lesen ist. In Wirklichkeit aber zog er sofort nach Auffindung der Scheibe die umgekehrte Leserichtung mit Berufung auf Lin B. vor.[45] Evans, der Perniers Ansicht zunächst teilte, revidierte später (1921) unter dem Eindruck von Della Setas Arbeit (1909) seine Meinung und bekehrte sich zur Linksläufigkeit der Schrift.[46] Auch Pernier blieb nicht bei seiner Auffassung, aber kaschierte seinen Meinungswandel.[47] Hätte Pernier absichtlich eine falsche Meinung vertreten, um von sich als Fälscher abzulenken, hätte er damit leichtfertig den Vorteil verspielt, den ihm die Autorschaft des Textes eigentlich hätte bringen sollen.[48]

Außer Pernier käme Evans als Auftraggeber einer Fälschung in Frage. Aber das hohe Ansehen, das er genoss, verträgt sich nicht mit kleinlicher und schäbiger Missgunst gegenüber einem Kollegen, der in seinem Schatten stand. Vielmehr spricht Evans mit großer Hochachtung von Perniers Abhandlung über den Diskus („excellent publication"[49]) und dessen Freundlichkeit und Höflichkeit („kindness"; „courteously"[50]), ihm vorab „excellent photographs" des Diskus zur Verfügung zu stellen[51]. Vor allem aber hätte Evans, im Gegensatz natürlich zu Pernier, die Fälschung irgendwann im Laufe der Jahre (Evans lebte bis 1941) zum Schaden des Konkurrenten auffliegen lassen müssen.

Evans aber hatte in der Beurteilung des Diskus keine sehr glückliche Hand.[52] Wenn auch sein wissenschaftlicher Rang seine Thesen vielen als glaubhaft erscheinen ließ, tat er sich keinen Gefallen damit, dass er nach seinem (lobenswerten) Meinungswechsel in puncto Leserichtung sich nicht größte Zurückhaltung auferlegte, sondern sogar seine alte These, die Dorne würden als Interpunktion fungieren, beibehielt.[53] Evans konnte, wie Pernier und viele andere, mit dem Diskus nichts Rechtes anfangen, zumal er in erster Linie Archäologe und nicht Philologe war. Pernier und Evans sahen offensichtlich im Diskus ein Original und keine Fälschung. Eisenberg ist also mit dem Fälscher auch das Motiv abhanden gekommen. Eine noch so weit hergeholte Fälschungstheorie kann dem geschichtlichen Befund nicht standhalten.

---

[43] Siehe u. S. 301 Anm. 57.
[44] Siehe o. S. 299 Anm. 42.
[45] Pernier 1908, S. 646; 1908/9, S. 273(f.).
[46] Evans 1921, S. 649-651.
[47] Pernier 1935, S. 422.
[48] Ohlenroth (1996, S. 300) bemerkt ganz richtig: „Der >Fälscher< selbst sah davon ab, die Entzifferung in die Wege zu leiten".
[49] Evans 1909, S. 273.
[50] Ebd. S. 22 und 273.
[51] Ebd. S. 22f.
[52] Siehe o. S. 142f.
[53] Ausführliche Darstellung o. S. 142ff.

Aber selbst wenn man die Frage nach der Identität des angeblichen Fälschers offen lässt, muss man sich über Kenntnisse wundern, die sein Hersteller zur Zeit der Auffindung (1908) noch gar nicht haben konnte. Durch die Entdeckung des Goldringes von Mavro Spilio (1926)[54], der beschrifteten Bronzeaxt von Arkalochori (1934/5)[55], des Altarsteins von Mallia (1937)[56], dreier gestempelter Diskuszeichen, darunter das rätselhafte ⊞ (1955)[57], auf andersartigen Objekten und weiterer nicht so bedeutender Dinge wurde der Diskus immer ‚kretischer' und ‚minoischer'. Seine Einzigartigkeit wurde zunehmend stärker relativiert (siehe das vorherige Kapitel).

Während diese Echtheitskriterien mehr äußerer Art sind, gibt es auch Merkmale, die nur im Diskus selbst liegen und keines Vergleichs mit anderen Gegenständen bedürfen. Als ein wichtiges inneres Kriterium gelten die Korrekturen auf dem Diskus. Grumach zweifelt daran, dass ein Fälscher „auch gleich ein paar raffinierte Korrekturen hineingeschwärzt" habe.[58] Aber der sonst so kritische und schwer zu überzeugende Gelehrte hätte umgekehrt wegen der Korrekturen zum Verdacht einer raffinierten Fälschung gelangen müssen. Nicht das bloße Vorhandensein von Verbesserungen, sondern deren Eigenart hilft in der Echtheitsfrage weiter. Grumach kennt nur wenige Korrekturen und irrt sich wie die meisten Autoren hinsichtlich ihres wahren Charakters. Die Korrektur in B35 diente nur der Verbesserung des Schriftbildes[59] und verrät nichts über die Authentizität der Scheibe. Hingegen sind die meisten anderen

---

[54] Siehe o. S. 292f.
[55] Siehe o. S. 215ff.
[56] Siehe o. S. 227f.
[57] Siehe o. S. 196-198 und 294. Eisenberg (2008, Heft 4, S. 17 und 18) fragt, ob der Siegelabdruck ⊞ von Pernier gefunden worden sei („excavated by Pernier?"). Dieser Frage liegt die Unterstellung zugrunde, dass Pernier sich von dem Abdruck zur Schaffung des nur geringfügig veränderten Diskuszeichens eventuell habe inspirieren lassen. Aber Pernier war zum Zeitpunkt der Entdeckung (1955) bereits tot (1937). E. kennt das Todesdatum (ebd. S. 10), hätte aber auch über das Fundjahr informiert sein müssen. Denn er hat die Arbeiten von Godart (Der Diskus ..., 1995), Balistier (2003) [bzw. die englische Ausgabe (2000)] und von Timm (2005) gelesen. In allen drei Publikationen wird auf den (wichtigen) Artikel von Pini (Zum Diskos ..., 1970) hingewiesen, nur bei Godart fehlen die bibliographischen Angaben. Auch die Abb. von ⊞ hat E. dem Buch von Godart entnommen. Der Siegelabdruck ist vor allem im Hinblick auf den Diskus von Interesse und spielt gerade deshalb in der Forschung eine Rolle. Beispielsweise heißt es bei Timm: ⊞ könne „als Beleg für den kretischen Ursprung des Zeichens [⊞] und für die Echtheit des Diskos herangezogen werden" (2005, S. 89). E. wusste um die Bedeutung von ⊞, auch ohne Kenntnis von Pinis Artikel. Angesichts dessen, dass E. die Fundzeiten anderer, die Echtheit des Diskus tangierender Objekte (Goldring von Mavro Spilio, Bronzeaxt von Arkalochori, Altarstein von Mallia, Diskus von Vladikavkaz) nennt (Heft 4, S. 14), erhebt sich die Frage, warum sein Forschungseifer gerade beim Siegelabdruck ⊞ erlahmte, dem Zeichen, das seine Fälschungshypothese ins Wanken brachte. (Pernier konnte ja bei der Gestaltung des rätselhaften Diskuszeichens ⊞ das erst nach seinem Tode gefundene ⊞ nicht vorausahnen.) Es war weder möglich, den Siegelabdruck ⊞ bei der Behandlung von ⊞ unerwähnt zu lassen, noch ⊞ als Fälschung zu verdächtigen. Stattdessen stellt E. sogar zweimal die Frage, ob ⊞ „von Pernier ausgegraben" worden sei – eine zwar längst beantwortete Frage, die aber geeignet ist, die meisten weniger gut informierten Diskusforscher in die Irre zu führen. Der Vorwurf der Unlauterkeit, den E. leichtfertig gegen Pernier erhoben hat, fällt auf den Urheber selbst zurück. Dies und anderes haben mich dazu bewogen, auf E.s Publikationen in meinem Buch – mit Ausnahme dieses Kapitels – nicht weiter einzugehen.
[58] Grumach 1962, S. 18. Ihm schließen sich an: Duhoux, Le disque ..., 1977, S. 15; Ohlenroth 1996, S. 299; Robinson 2002, S. 303; Timm 2005, S. 12.
[59] Siehe o. S. 60f.

Korrekturen aufschlussreich. Denn sie rühren von der ursprünglichen Auslassung von 🐚 und ⊕ her. Diese als Determinative bestimmbaren Zeichen sind stumm und bereiteten daher dem Schreiber besondere Schwierigkeiten. Er war offensichtlich bei ihrer Verwendung ungeübt – ganz im Gegensatz zur sicheren und fehlerlosen Orthographie der übrigen Zeichen. Ein Fälscher hätte bei der Erfindung einer neuen Schrift auf Vielfalt der Fehlerarten und Korrekturen geachtet. Überdies sind viele Korrekturen nur schwer erkennbar (wie die Forschungsgeschichte beweist), da der Schreiber sie, sofern es ihm möglich war, zu kaschieren suchte. Ein Fälscher jedoch hätte auf die Erkennbarkeit der von vornherein geplanten Korrekturen größten Wert gelegt.

Schreiber und Fälscher unterscheiden sich auch sonst prinzipiell voneinander. Ziel des Schreibers ist das sorgfältige Erledigen einer Auftragsarbeit, während das Anliegen des Fälschers zunächst in der Herstellung eines nicht oder nur sehr schwer entzifferbaren Textes besteht. Das bedeutet bereits in der Planungsphase ein unterschiedliches Vorgehen. Nun lassen sich die Vorstufen des Diskus ungewöhnlich präzise rekonstruieren. Man kann konkrete Fehler bereits in der Vorlage nachweisen.[60] Ein Fälscher hätte sich eine derartig detaillierte und sorgfältige Vorlage sparen können, weil er mit der lückenlosen Beschriftung beider Diskusseiten, dem größten Problem überhaupt, keinerlei Schwierigkeiten gehabt hätte. Der genaue Durchmesser der Scheibe wäre ihm ziemlich gleichgültig gewesen, da er ja seinen ‚Text' nach vollständiger Beschriftung der zweiten Seite einfach hätte abbrechen lassen können. Ihm wäre es ausschließlich auf das Erscheinungsbild und nicht auf Vollständigkeit angekommen.

Durch Anbringung der 16 Dorne hätte der Fälscher die Attraktivität seines Kunstwerkes nicht gerade gesteigert. Solche Striche sind auf anderen kretischen Dokumenten nicht überliefert. (Der Dorn auf der 1934/5 entdeckten Bronzeaxt von Arkalochori kann nicht als Parallele und äußeres Indiz für die Echtheit des Diskus dienen,[61] da seine Existenz vermutlich nur einer Missdeutung verdankt wurde.[62]) Die Dorne sind nicht zufällig auf der Scheibe verteilt, sondern folgen einem wenn auch schwer erkennbaren System. Die jeweilige Ausrichtung des Dorns verrät nicht den Fälscher, der bei Platzmangel den Dorn einfach weggelassen hätte, sondern den gewissenhaften Schreiber.

Warum hat der mit dem modernen Stempelwesen wohl vertraute Fälscher auf eine Oben- bzw. Unten-Kennung der Stempel verzichtet und infolgedessen mehrmals Zeichen verdreht gestempelt?[63]

Es liegt im Wesen einer Fälschung, dass sie sich in ein bereits bestehendes System/Umfeld einfügen muss, weil sonst die Gefahr einer (schnellen) Entdeckung besteht. Der Fälscher hätte sich also schon bekannter minoischer

---

[60] Siehe o. S. 79f.
[61] Gegen Duhoux, Le disque ..., 1977, S. 15f.
[62] Siehe o. S. 225f.
[63] Zu den Stempelverdrehungen s.o. S. 49-56.

Motive und Eigentümlichkeiten bedienen müssen. Warum stattete er das Frauenzeichen 🕴 nicht mit der typischen Wespentaille aus und verzichtete auf die sonst allgegenwärtige Doppelaxt usw.? Wenn dieser auffällige Mangel an spezifisch Minoischem beabsichtigt wäre, gäbe er nur Sinn, wenn der Diskus ein ausländisches Erzeugnis hätte vortäuschen sollen. Aber was veranlasste den Fälscher, ein solches Produkt ausgerechnet im kretischen Boden zu verstecken? Andererseits lag dem Fälscher die Absicht fern, dem Diskus einen unminoischen Anstrich zu geben. Es gelang ihm sogar, zu seiner Zeit noch unbekannte minoische Motive (Spiralschrift, 🗝 u.a.) vorwegzunehmen.

Bei Annahme einer Fälschung kommt man nicht umhin, dem Fälscher eine widersprüchliche Natur zuzuschreiben. Er war zwar mit der kretischen Kultur besser vertraut als alle zeitgenössischen Archäologen, verspielte aber leichtfertig diesen Vorteil. Während er auf die Schönheit der Stempelzeichen großen Wert legte, vernachlässigte er die sorgfältige Gestaltung der Spirale. Auch verzichtete er aus unerfindlichen Gründen auf die Benutzung einer Töpferscheibe. Hätte ihm von vornherein der Stempelsatz zur Verfügung gestanden, wäre dies alles verständlich. Aber woher sollte er ihn haben, wenn er ihn nicht selbst hergestellt hätte. Noch unsinniger ist es, dass er zum Zweck einer lückenlosen Bestempelung der beiden Diskusseiten einen Aufwand betrieb, der der Fälschung als Fälschung gar nicht zugute kam. Nur wenn er einen vorgegebenen und nicht frei wählbaren Text ungekürzt hätte stempeln müssen, wären die aufwendige Ermittlung des Scheibendurchmessers sowie die Vorlage mit vollständigem Liniennetz notwendig gewesen. Ebenso seltsam ist, dass er zwar auffällige Korrekturen vornahm, sie aber in vielen Fällen fast unsichtbar machte. Der Fälscher ließ sich nicht von Gesichtspunkten eines Fälschers leiten, sondern erweckte den Eindruck, dass es ihm nicht auf eine überzeugende Fälschung ankam, sondern auf eine gewissenhafte Erledigung einer aufgegebenen Schreibarbeit. Ein solcher Fälscher, der großes Talent mit überflüssiger und unfruchtbarer Sorgfalt verbindet, ist schlechthin nicht denkbar.

ANHANG A: PELASGER AUF KRETA?

Die antiken Zeugnisse für die Pelasger insgesamt liegen in der umfangreichen, chronologisch geordneten Sammlung von Lochner-Hüttenbach (L.-H.) in deutscher Übersetzung vor.[1] Die Fülle der Quellen gestattet leider keine umfassende Quellenkritik. Daher bleiben auch die verdienstvollen Bemühungen von L.-H. um kritische Sichtung im zweiten Teil seines Buches[2] in vielen Punkten stecken oder führen gelegentlich in die Irre. Wenn man das Quellenmaterial auf den Aspekt ‚Pelasger auf Kreta' stark einengt und unter Einbeziehung einiger Überlegungen von L.-H. und seines Rezensenten Neumann[3] erneut untersucht, ergeben sich weitergehende Erkenntnisse.

Zunächst erstaunt, in welchem Ausmaß die antiken Autoren von den frühesten Quellen zu den Pelasgern (bes. Ilias 2,681.840.843; 10,429 [nachiliadisch[4]]; 16,233; 17,288; Odyssee 19,177) beeinflusst sind. Von der Odysseestelle, die der früheste Beleg für Pelasger auf Kreta ist, hängen ab: Andron von Halikarnass (4. Jh. v. Chr.), Ephoros (4. Jh. v. Chr.), Scholien zu Dionysius Thrax (später als 2. Jh. v. Chr.), Diodorus Siculus (1. Jh. v. Chr.), Strabo (64/63 v. Chr. – 19 [?] n. Chr.), Dionysios Periegetes (Anfang 2. Jh. n. Chr.), Etymologicum magnum (12. Jh. n. Chr.), Eustathius (12. Jh. n. Chr.). Ohne Bezug auf die Odyssee sind: Dionys von Halikarnass (2. Hälfte des 1. Jh.s v. Chr.), Konon (um Chr. Geb.), Plutarch (ca. 46-120 n. Chr.). Die jeweiligen Zitate sind leicht bei L.-H. zu finden. Alle Quellen jedoch, mit der unsicheren Ausnahme des Etymologicum magnum, berichten von der Auswanderung von Pelasgern nach Kreta. Dies kann dem Streben verdankt sein, ihre durch die Odyssee bezeugte Existenz auf Kreta zu erklären. Solche Spekulationen sind antiken Autoren wegen ihrer „freigebigen Kombinationen" (Neumann[5]) nicht fremd, können doch die kretischen Pelasger angesichts der Erst- und Urbewohner, der odysseischen Eteokreter, streng genommen nur Zugewanderte sein. Als Herkunftsländer werden Thessalien und Peloponnes genannt. Wohl nur eine Angabe könnte stimmen. Möglicherweise liegt eine Verwechslung des „pelasgischen Argos" in Thessalien (Il. 2,681) mit dem bedeutenderen und bekannteren Argos auf der Peloponnes vor. L.-H. räumt ein, dass die Pelasger auf peloponnesischem Boden „sekundär" sein könnten, tut dies aber als „bloß(e) Hypothese" ab, offensichtlich wohl deshalb, weil er sonst den diesbezüglichen Nachrichten „nicht den geringsten Quellenwert" beimessen dürfte[6]. Ohne Zweifel aber hat Neumann recht, wenn er schreibt: „Von der Fülle der Ortsangaben, wo einst Pelasger gesessen haben sollen, unterscheidet sich die ost-thessalische Pelasgiotis grundsätzlich. Sie hat

---

[1] Lochner-Hüttenbach 1960, S. 1-93.
[2] Ebd. S. 93-181.
[3] Neumann 1962.
[4] Siehe o. S. 235.
[5] S. 372.
[6] L.-H. S. 101.

den Namen ‚Pelasger' nicht nur literarisch zugeteilt bekommen, sondern hier haftet er in ununterbrochener lebendiger Tradition am Boden."[7]

Von einigen Autoren erfahren wir Näheres zu den Umständen der Emigration. Nach Andron soll ein gewisser Tektaphos, Sohn des Doros, Enkel des Hellen, mit Doriern, Achaiern und Pelasgern nach Kreta ausgewandert sein. Bei Diod. Sic. (4,60,2) finden wir statt Tektaphos eine gespaltene Überlieferung: Tektamos/Teutamos, der ebenfalls dieselbe Genealogie aufweist. (Diodor lässt an anderer Stelle [5,80,1] den Tektamos Führer nur der Dorier sein.) Eustathius schließlich berichtet von einem Kerkaphos. Diese Namensvarianten führt L.-H.[8] mit Recht auf Teutamides zurück, den wir aus der Ilias kennen (2,843). Dort ist der Pelasger Lethos ein Teutamides, also Sohn eines Teutamos, und Vater von Hippothoos und Pylaios, den Anführern der pelasgischen Hilfsvölker aus Larisa. Man sieht deutlich, wie die Iliasstelle als Quelle im Laufe der Zeit mit anderen ‚Nachrichten' in Verbindung gebracht wurde. L.-H. vertritt die Ansicht, dass „der Bericht Androns ein Konglomerat verschiedener Meldungen ist."[9] Eine andere Sage findet sich bei Konon, derzufolge der Herakilde Althaimenes aus der Peloponnes mit Doriern und einigen Pelasgern auswanderte und einen Teil seiner Leute auf Kreta als Siedler zurückließ. Zum Abschluss die von Plutarch erzählte Variante: Die peloponnesischen Pelasger wählten sich für die Auswanderung als Führer die Lakedaimonier Pollis, Delphos und Krataidas; der größte Teil segelte mit Pollis nach Kreta, wo dieser nach vielen Kämpfen Lyktos gründete und andere Städte unterwarf. Lyktos wäre also eigentlich eine dorische Gründung. Homer erwähnt die Stadt im Abschnitt über das kretische Schiffskontingent (Il. 2,647; s. auch 17,611 und Hesiod Th. 477). Lyktos ist jedoch möglicherweise älter; schon in den Lin B-Texten wird der Ort vielleicht genannt (*ru-ki-to*).[10] Wenn freilich Polybios, ein bedeutender Historiker des 2. Jh.s v. Chr., Lyktos als eine lakedaimonische Kolonie bezeichnet (ebenso Aristoteles Politik 1271 b28), zugleich aber zur ältesten Stadt Kretas erklärt, liegt ein historischer Widerspruch vor. Denn bereits lange vor der Einwanderung der Dorier gab es auf Kreta Städte, wie z.B. Phaistos.

Das Quellenmaterial hinsichtlich der Existenz von Pelasgern auf Kreta weist folgende Charakteristika auf: verschiedene Herkunftsländer der Pelasger; verschiedene Führungspersönlichkeiten, von denen einige Namen durch Fehler beim Abschreiben immer weiter entstellt wurden; die divergierenden Zeugnisse stützen sich – quellenkritisch gesehen – nicht gegenseitig; weitgehende Abhängigkeit der Nachrichten von der einen Odysseestelle (19,177). Noch wichtiger ist die Beobachtung, dass wir über die pelasgischen Kreter außer ihrer Einwanderung so gut wie nichts erfahren: weder von ihren Taten

---

[7] Neumann S. 374.
[8] S. 119 und 151f.
[9] S. 119.
[10] Gegen eine Identifizierung von *ru-ki-to* mit Lyktos wendet sich McArthur 1993. – Edel (1966, S. 40 und 54; Edel/Görg 2005, S. 188, 191, 213) will in einer Ortsnamenliste aus dem Totentempel von Amenophis dem 3. (ca. 1388-1350) *rkt* als Lyktos identifizieren (s. außerdem Lehmann 1970, S. 353; Haider 1988, S. 6).

auf Kreta, noch ihrem Schicksal, noch von einzelnen Persönlichkeiten oder besonderen Vorkommnissen. Es scheint keine polemisch geführte Debatte unter den griechischen Historikern zu geben. Nicht einmal Sagen oder Mythen ranken sich um die kretischen Pelasger. Auch eine Lokaltradition fehlt. Hätten auf der Insel jemals Pelasger existiert, hätten sie zu Kristallisationskeimen für irgendwelche Nachrichten werden müssen. Das Schweigen der Quellen ist allzu beredt. Es ist daher nur schwer verständlich, dass L.-H. die Existenz von Pelasgern auf Kreta für „einigermaßen gesichert" hält[11].

Wenn auch die Odysseenotiz zu den kretischen Pelasgern (19,177) die älteste erhaltene Quelle und wahrscheinlich der Ausgangspunkt aller späteren Nachrichten und phantasiegestützten Erklärungsversuche für die Anwesenheit dieses Volkes auf der Insel ist, so muss sie doch denselben quellenkritischen Untersuchungen und Methoden unterzogen werden wie andere Quellen auch. Zusätzlich sollte bedacht werden, dass der Odysseedichter kein Historiker ist, sondern seine ‚Informationen' nach poetischen und persönlichen Gesichtspunkten auswählt bzw. erfindet.[12] Die frühere ‚Methode', bestimmte Stellen der Odyssee als jung oder alt zu bezeichnen oder sie gar als spätere Interpolationen auszuscheiden, ist heute obsolet.[13] Dagegen verdient Belochs Behauptung Interesse, dass die Pelasger „überall da lokalisiert" worden seien, „wo es im Umkreis des Aegaeischen Meeres einen Ort namens Larisa gab." „Auch auf Kreta gab es ein Larisa, das später der Gemeinde Hierapytna einverleibt wurde (Strab. IX 440) ..."[14] L.-H. räumt an späterer Stelle ein, dass wegen „Homers Autorität" [Der Iliasdichter erwähnt 2,840f. ein pelasgisches Larisa] „Orte dieses Namens ... immer wieder mit Pelasgern verbunden wurden."[15] Der Name *Laris(s)a* sei vorgriechisch und finde sich „auch in Gegenden, wo es keine Pelasger gab."[16] In der Antike trugen ca. 15 Städte diesen Namen.

---

[11] L.-H. 1960 S. 133.
[12] Siehe dazu auch Chadwick (1979) in seinem Kapitel „Homer, der Pseudohistoriker" (S. 240-249).
[13] Ein Beispiel ist o. S. 233 Anm. 12 angeführt.
[14] Beloch 1926, S. 46; s. auch Pallottino 1965, S. 53f.
[15] L.-H. S. 157; s. auch S. 178.
[16] L.-H. S. 178.

ANHANG B: DER DISKUS VON VLADIKAVKAZ

Durch einen Fund im Jahr 1992 hat der Diskus von Phaistos (DPh) einen Zwillingsbruder, den Diskus von Vladikavkaz (DVl), erhalten, den das Autorenkollektiv Achterberg, Best, Enzler, Rietveld, Woudhuizen[1] für echt hält.[2] Das Gewicht dieser übereinstimmenden Meinungen ist natürlich erheblich, wird aber erkauft durch das Risiko gemeinsamen Scheiterns. Die beiden Koautoren von Appendix III, Achterberg und Best, sowie Woudhuizen, sehen in dem DVl eine provisorische Skizze[3] für den DPh. Diese Annahme scheitert bereits an wenigen fundamentalen Gegebenheiten. Der nur fragmentarisch erhaltene DVl ist wesentlich kleiner (Durchmesser ca. 10cm[4]) mit einer rekonstruierbaren Gesamtfläche von etwas mehr als einem Drittel des DPh und konnte daher nicht mit den Stempeln des DPh beschriftet werden. Vielmehr sind die Schriftzeichen von Hand in den Ton geritzt. Aber gerade die festgelegte und unveränderliche Größe der Stempel erforderte eine mit eben diesen Stempeln hergestellte Vorlage.[5] Die Konstituierung des bloßen Textes wäre besser auf einem rechteckigen Schriftträger in geraden Zeilen erfolgt statt in einer nur mühsam lesbaren Spirale.

Gegen eine Vorlage spricht auch, dass die Rückseite des DVl nicht beschriftet ist.[6] Sollte der DPh, wie manche glauben,[7] auf jeder Seite einen eigenständigen Text aufweisen, wäre der DVl als ‚halbe' Vorlage schon deshalb ungeeignet, weil die Länge der Texte b e i d e r Seiten über den erforderlichen Durchmesser der Scheibe entscheidet. Während der Hersteller des DPh den gewünschten Durchmesser durch Pressung des Randes in Richtung des Zentrums erzielte und daher als unbeabsichtigte Nebenfolge einen rings umlaufenden Wulst an der Peripherie erzeugte,[8] vermindert sich die Dicke des DVl zum Rande hin deutlich (Mitte: 1,1cm; Rand: nicht mehr als 0,5cm[9]). Wie auch immer man diese Unterschiede interpretiert: Schon die Herstellung der noch unbeschrifteten Diskoi zeigt ein gegensätzliches Verfahren.

Allein die beiden genannten Gründe, zu denen noch mehr kommen werden, schließen einen Vorlagencharakter des DVl weitestgehend aus. Es bleiben nur noch die Möglichkeiten eines unabhängigen Parallelproduktes, einer Fälschung

---

[1] Achterberg u.a. 2004.
[2] Achterberg (S. 16 Anm. 14) allerdings hält ihn für eine Kopie des DPh mit unzutreffendem Hinweis auf Appendix III (verfasst von ihm selbst [!] und Best) des Buches. Von der Echtheit ist er freilich überzeugt (S. 22). – Rietveld äußert sich meines Wissens nicht direkt zum Neufund, interpretiert aber eine Beschädigung auf dem DPh (✓ in A3:) als Personendeterminativ. Sie transkribiert A3 mit u´na-sa₂+ti, aber B51 , wo ✓ fehlt, mit u na-sa₂+ti (S. 85 und 92). Diese Interpretation „basiert" auf der entsprechenden Stelle des DVl (s. Woudhuizen S. 10; Achterberg S. 22; Enzler S. 62; Achterberg und Best S. 139).
[3] „preliminary sketch" (S. 140); „provisional draft" (S. 113).
[4] Kouznetsov 2001 (Langfassung), S. 11; Achterberg u.a. 2004, S. 137.
[5] Siehe auch o. S. 79.
[6] Kouznetsov ebd. S. 12.
[7] Belege o. S. 17 Anm. 35.
[8] Zum Wulst s.o. S. 14f.
[9] Kouznetsov ebd. S. 11.

oder einer Kopie. Ein eigenständiges Erzeugnis scheitert bereits an Wahrscheinlichkeitserwägungen, zumal, wie wir sehen werden, sein Schöpfer gar nicht schreiben konnte. Die Möglichkeit einer Fälschung lehnen Achterberg und Best mit Recht ab – selbst dem flüchtigsten Blick fällt die stümperhafte Arbeit auf –, wollen aber einen „joke" nicht mit letzter Sicherheit ausschließen.[10] Beide Autoren sprechen sich auch gegen eine Kopie aus: „for a copy there are too many differences".[11] Diese Ansicht steht in Widerspruch zu einer Äußerung von Achterberg an anderer Stelle: Der DV1 sei „a copy of the Disc of Phaistos with only a few differences".[12]

Seit gewerblich hergestellte Kopien des DPh in großen Stückzahlen auf den Markt gekommen sind, wächst die Befürchtung, es könnten beschädigte Exemplare auf Müllhalden geraten und sich dort im Laufe der Zeit mit einer Alterspatina überziehen. Aber Kopien lassen sich relativ leicht als solche erkennen. Sie entsprechen nicht exakt dem Original und wollen oft genug auch gar nicht vollkommen getreue Nachbildungen sein. Ich besitze drei Kopien von unterschiedlicher Qualität. Sie weichen ab im Hinblick auf Material, Abmessungen, Farbe, Verhältnis von Vorder- zu Rückseite (Verdrehung!) und Verwendung von Stempeln. Außerdem wollen Kopien die Vorlage gern verbessern. So werden Fehlstellen und Beschädigungen ergänzt bzw. behoben, allzu auffallende Korrekturen abgemildert, die farbliche Attraktivität gesteigert, das Liniennetz samt Ritzfurchen der Schriftzeichen mit einer hellen Farbe hervorgehoben und die ‚unschönen' Dorne teilweise oder ganz fortgelassen. Probleme bereiten auch die Aufstellungshilfen. Entweder finden separate Ständer Verwendung, aus denen man die Scheibe herausnehmen kann, um auch die Rückseite zu betrachten, oder sie wird senkrecht auf einem Sockel fest montiert.[13] Das letztere Verfahren bedeutet in jedem Fall eine Beeinträchtigung der Qualität. Sogar das Original im Museum von Heraklion hat durch die Art der Präsentation eine leichte, wenn auch unbeabsichtigte Verfälschung erlitten. Es ist in einer halbmondförmigen Halterung aufgestellt,[14] die einer Lunula ähnelt, mit deren Hilfe die Hostie in einer Monstranz ausgesetzt wird. Dies dürfte wohl bei manchem Museumsbesucher den Eindruck erwecken, es handele sich um einen kultischen Gegenstand.

Die Qualität einer Kopie hängt vor allem von der Kunstfertigkeit des Kopisten und auch von der Zugänglichkeit des Originals ab. So sind oft sehr sorgfältig ausgeführte Kopien von Gemälden alter Meister seitenverkehrt und weisen gern differierende Farben auf. Grund dafür ist, dass dem Kopisten nicht das Original, sondern nur ein farbloser Stich zur Verfügung stand. Aus

---

[10] Achterberg u.a. S. 139f.
[11] Ebd. S. 140.
[12] Ebd. S. 16 Anm. 14.
[13] Mir ist zudem eine Kopie bekannt, die im umlaufenden ca. 2cm breiten Rand eine kegelförmige Vertiefung besitzt, in die der Dorn einer Halterung eingeführt werden kann – eine ebenso geschickte wie unglückliche Konstruktion. Denn unvorsichtige Handhabung hat im Bereich des Loches Tonstückchen abplatzen lassen.
[14] Abb.en des Diskus samt Gestell sind nicht so häufig. Aber siehe z.B. Faure 1976, S. 54f.; Schumann 1988, S. 27; Kouznetsov 2001 (Kurzfassung), S. 27; Diamond 2007, S. 288; Cappel 2008, S. 66.

all dem erkennen wir, dass – im Gegensatz zur Ansicht von Achterberg und Best – das Ausmaß der Abweichungen keinerlei Einfluss auf den Charakter einer Kopie als Kopie hat. Da der DVl nicht Teil einer Serienproduktion ist, sondern individuell angefertigt wurde, darf man mit größeren Unterschieden rechnen.

Die mir vorliegenden wenig befriedigenden Abbildungen des DVl[15] erlauben doch ausreichende Beobachtungen.

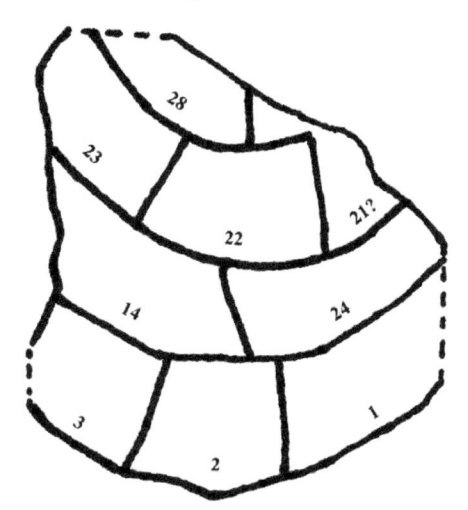

Fig. 64 – Liniennetz des Diskus von Vladikavkaz

Die Nummerierung der Felder entspricht derjenigen des DPh (Seite A). Offensichtlich stimmt die Gesamtanlage beider Scheiben überein mit Ausnahme des Feldes 24.[16] Die Schriftzeichen auf dem DVl weichen in ihrer Gestaltung nicht unerheblich von den Zeichen des DPh ab. Auch wiederholte Zeichen variieren untereinander. So erscheint das DPh-Zeichen ⊙, wie Achterberg und Best bemerken,[17] in 1 mit acht (?) Punkten, in 2 mit sechs, in 22 mit sechs (ohne den zentralen P.) und in 23 mit nur zwei. Die ungelenke Hand des Schreibers nährt den Verdacht, dass er in Wirklichkeit gar nicht schreiben konnte. Sicherheit gewinnen wir durch das Falkenzeichen in 22. Auf dem DPh ist der Falke durch versehentliches Drehen des Stempels mit den Füßen (samt Beute) nach oben gestempelt: .[18] Dem Schreiber des DVl konnte ein solch typischer Stempelungsfehler natürlich nicht unterlaufen, da er ja gar keine Stempel besaß bzw. benutzte. Vielmehr beruht

---

[15] An drei Seiten leicht beschnittene Abb. in Kouznetsov 2001 (Kurzfass.), S. 26 (übernommen von Achterberg u.a. 2004, S. 137 als Fig. 41). Die Abb. in Kouznetsov (Langfass. S. 13) ist zwar vollständig, aber ebenfalls von unzureichender Qualität.
[16] Außerdem ist von Feld 21 nur noch das letzte Zeichen, der vom DPh her bekannte laufende Mann , erhalten, aber ohne Dorn (DPh:). Daher halten Achterberg und Best (S. 138f.) die Identifizierung mit Feld 21 nicht für sicher – wohl zu Unrecht. Denn der Schreiber des DVl, der zwar den Dorn kennt (Feld 3 und 22), lässt ihn auch in 1 bei ⟩ fort.
[17] 2004, S. 138.
[18] Zu den verdrehten Stempelabdrücken s.o. S. 51-53.

die 180°-Drehung des Vogels auf bewusster Entscheidung. Insofern haben Achterberg und Best nicht Recht, wenn sie bemerken, dass auf dem DVl „derselbe Fehler" gemacht worden sei.[19] Wäre der DVl die Vorlage, hätte der Schreiber des DPh diesen Fehler vermutlich absichtlich übernommen! Ist aber umgekehrt der DPh die Vorlage, hat der DVl-Schreiber die Fehlstellung einfach nur kopiert. Hätte er die Diskusschrift lesen können, hätte er den Fehler korrigiert. Er hing nämlich keineswegs sklavisch an seiner Vorlage, sondern erlaubte sich einige, teilweise sogar weitgehende Freiheiten.

Den ziemlich unbekümmerten Umgang mit der Vorlage (DPh) erkennt man besonders schön an der Behandlung des Schildzeichens. Nicht nur die Zahl der Punkte variiert, wie oben dargelegt, sondern auch die Stellung des Zeichens selbst. In Feld 1 erscheint in Übereinstimmung mit dem DPh der Schild links neben dem Irokesenkopf (DPh: ⊙ 🛡). In 22 und 23 (DVl) aber hat der Schreiber, im Gegensatz zum DPh, aus Platzmangel den Schild oberhalb des Kopfes angebracht. Offensichtlich glaubte er sich zu dieser Maßnahme berechtigt, da er auf dem DPh in A29 (direkt über 23):

eine solche, allerdings nur scheinbare, Anordnung sehen konnte. Dreht man aber die Scheibe etwas nach links, um die Zeichengruppe 29 bequemer lesen zu können, erkennt man, dass 🛡 und ⊙ nicht übereinander, sondern, wie die

---

[19] S. 140.

Drehung des Kopfes zeigt, nebeneinander gestempelt sind.[20] Auch in Feld 2 stellt der DVl-Schreiber aus Raumnot ⊙ über 𝕀.

Die aufschlussreichste Verwendung von ⊙ finden wir in Feld 14. Während auf dem DPh in A14 kein Schild erscheint:

finden wir ihn zusätzlich auf dem DVl:

wo die Schriftzeichen, wie die Raumökonomie zeigt, von links nach rechts geschrieben wurden, also entgegengesetzt zur Stempel- und Leserichtung auf dem DPh. Hätte der Schreiber im rechten Teil des Feldes begonnen, hätte er den Schild viel größer geritzt und nicht so viel freien Raum um ihn gelassen. Außerdem hätte er die übliche Reihenfolge der Determinative 𝕌 und ⊙ beachtet (⊙𝕌; nicht: 𝕌⊙). Vermutlich kam ihm die Idee, den leeren Raum durch den Schild zu füllen, erst im allerletzten Moment. Vielleicht verrät die Kleinheit des Zeichens das schlechte Gewissen des Schreibers, der seine Kopie an dieser Stelle verfälschte.

Achterberg und Best halten es nicht für undenkbar, dass der Schild am Anfang von Feld 14 mit dem rechts anschließenden 'irregulären' Feld 24 in Beziehung steht.[21] Sie vermuten daher konsequenterweise eine Textänderung auf dem DPh. Aber der Zusatz des Determinativs ⊙ auf dem DVl stellt keine

---

[20] Der Schreiber des DPh vermeidet grundsätzlich das Übereinanderstellen von Zeichen. Besonders deutlich wird dies in Feld A4, wo im Verlauf einer größeren Korrektur Platzmangel auftrat. Er arrangierte die drei Zeichen von 4 in einem platzsparenden Dreieck:

obwohl er die beiden Katzenköpfe wegen ihrer Kleinheit leicht übereinander hätte stempeln können:

Dabei wäre es nicht einmal zu Zweifeln bezüglich der Leserichtung gekommen, weil ja beide Zeichen identisch sind. – Zu der Korrektur von Feld 4 siehe o. S. 61-63.

[21] S. 138.

erhebliche Textvariante dar. Achterberg und Best jedoch geben dem Zeichen den Lautwert *tu* und geraten so in größte Verlegenheit.

Der Schreiber des DVl stand also dem DPh, seiner Vorlage, ohne rechtes Verständnis gegenüber. Er kannte weder die Leserichtung noch die Bedeutung der Zeichen. Vermutlich regten ihn die Schönheit und Seltsamkeit der Scheibe dazu an, von ihr eine Kopie anzufertigen. Dabei kam es ihm auf den Gesamteindruck und nicht auf schrift- und sprachtechnische Feinheiten an. Den groben Fehler, Feld 24 an falscher Stelle zu bringen, empfand er gewiss nicht als tragisch. Verwechslungen der Felder und Fehlorientierung liegen wegen der zahlreichen Wortwiederholungen und der spiraligen Anordnung des Textes äußerst nahe.[22] Wenn er den Fehler zu spät bemerkt haben sollte, wäre eine Korrektur nur noch schwer möglich gewesen.

Den Gipfelpunkt der Fehleinschätzung des DVl erreicht das Autorenkollektiv im Hinblick auf Feld 3. Der Schreiber entdeckte nämlich auf dem DPh in A3 einen Strich ∕ am unteren Ende von 𝑙: 𝑙 . Diese offensichtliche Fehlstelle bzw. Beschädigung (auch Achterberg und Best erwägen zunächst einen „scratch from damage"[23]) missverstand er und übertrug ihn auf seine Kopie, allerdings unten rechts neben 𝑙. In diesem Irrtum sehen nun Achterberg und Best ein Indiz dafür, dass der Kratzer auf dem DPh ein Schriftzeichen sei. Da aber die Zeichengruppe A3 in B51 wiederholt wird, allerdings ohne ∕, und die ähnlichen Zeichengruppen B55 und 61 ebenfalls ohne ∕ auskommen, hätte eine phonetisch und damit sprachlich relevante Bedeutung von ∕ die Entzifferung des „luwischen Briefes an Nestor" gefährdet. Stattdessen sehen die Autoren in ∕ ein Personendeterminativ, womit sie sich erst recht in Schwierigkeiten bringen (s.o. S. 132-134).

So offensichtlich der DVl eine unbeholfene Kopie darstellt, so wenig erweckt seine Provenienz Vertrauen. Fundort ist der Keller eines Hauses in Vladikavkaz (in der Kaukasusrepublik Nordossetien), das vermutlich gegen Ende des 19. Jh.s erbaut worden ist. Dort entdeckte man 1992 bei Reinigungsarbeiten das Fragment und brachte es ins Museum der Republik Nordossetien, von wo es dann an den Archäologen E.S. Tcherdjiev weitergegeben wurde.[24] Die Bruchkanten würden eine „patine claire" zeigen und den Eindruck von Altertum erwecken, wie Kouznetsov berichtet.[25] Allerdings ist sein dreiseitiger Aufsatz oder seine Quelle[26] wohl nicht sonderlich seriös. So soll der DPh von Evans gefunden worden sein.[27] Obwohl Kouznetsov das Fundjahr des

---

[22] Siehe das Beispiel von Olivier (o. S. XI Anm. 28).
[23] Achterberg u.a. 2004, S. 22 und 139.
[24] Kouznetsov (Langfass.) S. 11. – Die Tatsache, dass sich das Museum von diesem überaus ‚kostbaren' Stück getrennt hat, kommt einem fast vernichtenden Urteil über die Originalität des Fragmentes gleich.
[25] Ebd. S. 11.
[26] Kouznetsov beruft sich auf einen 1997 erschienenen Artikel von Ephi Polighianaki (identisch mit Efi Poligiannaki; griech.: Εφη Πολυγιαννάκη), dessen bibliographische Daten ich zwar eruieren, den ich aber nicht einsehen konnte. Ebenso war mir Poligiannakis Buch von 1996 (Der Titel „Der Diskus von Phaistos spricht griechisch" verheißt nichts Gutes) unzugänglich.
[27] Kouznetsov (Langfass.) S. 12.

DPh (1908) kennt, fragt er sich, ob der DVl eine Fälschung aus dem 19. Jh. (!) sei.[28]

Wie kam der DVl in den Kaukasus? Wenn er gemäß Achterberg und Best eine Vorlage für den DPh wäre, hätte man sie nach Fertigstellung des DPh gemäß kretischer Gepflogenheit sogleich fortgeworfen oder den Ton erneut verwendet.[29] Keinesfalls hätte man die wertlos gewordene Skizze im Töpferofen gebrannt. Sie hätte die Zeiten nur überdauern können, wenn sie, was möglich ist, zufällig in eine Feuersbrunst geraten wäre. Später hätte sie dann, entweder unbeschädigt oder schon fragmentiert, den Weg aus dem Brandschutt in den Nordkaukasus finden müssen – ein Vorgang, der jede Wahrscheinlichkeit vermissen lässt.

Es bleibt nur noch die Möglichkeit, dass der DVl seinerseits eine Kopie des DPh darstellt. Die Kopie kann aber nicht aus der Frühzeit stammen, da der Kopist mit dem Schriftsystem nicht vertraut war und unsinnige Fehler beging. Stammt sie aber aus dem 20. Jh., entfallen alle Schwierigkeiten. Einem Kopisten standen und stehen in jedem Teil der Welt Abbildungen des DPh zur Verfügung. Der Kopist kannte den wahren Durchmesser der Originalscheibe nicht, da er vermutlich auf eine verkleinerte Abb. ohne Maßstabsangabe angewiesen war. Sonst hätte er sich wohl nicht seine Arbeit durch die Kleinheit des gewählten Formats so sehr erschwert. Vielleicht war ihm auch die Rückseite unbekannt, da man von dem DPh häufig nur eine Seite abbildet. Dass man die wegen ihrer Dünnheit leicht zerbrechliche und dann auch wirklich zerbrochene Kopie in den Müll geworfen hat, ist begreiflich.

Abschließend sei die Hoffnung ausgesprochen, dass die heute umlaufenden unzähligen Kopien des DPh nach Alterung und eventueller Zerstörung nicht eines Tages zur trüben Quelle von Spekulationen und durch wissenschaftliche Publikationen nobilitiert werden. (Denn ohne den „Segen" eines Experten, „gäbe es überhaupt keine authentischen Werke", bemerkt treffend der Kunstfälscher Hebborn.[30]) Ihre Entlarvung aber bereitet einem wahren Kenner der Materie keine besonderen Schwierigkeiten.

---

[28] S. 12.
[29] Siehe o. S. 12f.
[30] 2003, S. 177.

LITERATURVERZEICHNIS

In das chronologisch angelegte Verzeichnis wurden überwiegend Arbeiten aufgenommen, die sich ganz oder teilweise mit dem Diskus von Phaistos befassen. Die übrige Literatur fand nur Aufnahme (gekennzeichnet durch +), wenn sie im Buch zitiert wurde. Auch Rezensionen werden im Allgemeinen nicht genannt. Mir nicht zugängliche Literatur ist mit einem Stern (*) versehen.

Ergänzend sei hingewiesen auf die Bibliographien von E. Grumach 1963 und 1967, L. Deroy 1948 und 1951, M. Anstock-Darga 1951, P. Haider 1988 und auf das umfangreiche Literaturverzeichnis von T. Timm 2005.

1876 – 1907

+M. Schmidt, Sammlung kyprischer Inschriften in epichorischer Schrift, Jena 1876
+A. Evans, Primitive pictographs and a Prae-Phoenician script, from Crete and the Peloponnese, The Journal of Hellenic Studies 14, 1894, S. 270-372
+W.M. Lindsay, Die lateinische Sprache, Leipzig 1897
+R. Meringer, Wörter und Sachen. IV, Indogerm. Forschungen 19, 1906, S. 401-457
+L. Messerschmidt, Zur Technik des Tontafel-Schreibens, Orientalistische Litteratur-Zeitung 1906, S. 372-380

1908 – 1910

L. Pernier, Il disco di Phaestos con caratteri pittografici, Ausonia 3, 1908, Roma 1909, S. 255-302, Pl. IX-XIII
–, Un singolare monumento della scrittura pittografica Cretese, Rendiconti della Reale Accad. dei Lincei, Class. di Scienze Mor., Stor. e Filol., Roma, Ser. V 17, 1908, S. 642-651
*S. Reinach, (Séance du 21.8.1908), Acad. des Inscr. et Bell. Lettr. Compt. rend. 1908, S. 478f.
L. Pernier/L.A. Milani, Sul nuovissimo disco di Festos a caratteri geroglifici, Atti de II Congr. della Società Ital. per il progresso delle scienze (Firenze 1908), Roma 1909, S. 477-479
A. Della Seta, Il disco di Phaistos, Rendiconti della Reale Accad. dei Lincei, Ser. V 18, 1909, S. 297-367
A. Evans, Scripta Minoa. The written documents of Minoan Crete, Vol. I, Oxford 1909
G. Karo, Archäologische Funde im Jahre 1908 (Kreta), Archäolog. Anzeiger 1909, S. 94f.
E. Meyer, Der Diskus von Phaestos und die Philister auf Kreta, Sitzungsber. der Preuß. Akad. der Wissenschaften zu Berlin, phil.-hist. Classe 33, 1909, S. 1022-1029
Ch. Bruston (Referat vom 15.6.1910), Bull. de la Soc. Nationale des Antiquaires de France, 1910, S. 273f.
+E. Mach, Die Leitgedanken meiner naturwissenschaftlichen Erkenntnislehre und ihre Aufnahme durch die Zeitgenossen, Physikalische Zeitschr. 11, 1910, S. 599-606
L. Pernier/A. Minto, Scavi della missione archeol. ital. a Creta nel 1909, Bollettino d'Arte del Minist. della p. Istruz. 4, Roma 1910, S. 164-173
A. J.-Reinach, Le disque de Phaistos et les peuples de la mer, Revue Archéol., Ser. IV 15, Paris 1910, S. 1-65

1911 – 1915

A. Bekštrem, Zagadočnyj disk [Der rätselhafte Diskus], Journal Ministerstva Narodnavo Prosvechenia N. S. 36, 1911, S. 549-603
A. Cuny, De l'emploi des « virgules » sur le disque de Phaistos, Revue des Études Anciennes 13, Bordeaux 1911, S. 296-312

V. Gardthausen, Bewegliche Typen und Plattendruck. Zur Vorgeschichte der Buchdruckerkunst, Deutsches Jahrb. für Stenographie, Schriftkunde und Anagrammatik I, 1911, S. 1-14
J. Griffith, Mediterranean civilisation and the Phaestos riddle, Nature 86, May 18, 1911, S. 385-387
H.R. Hall, A note on the Phaistos Disk, Journal of Hellenic Studies 31, London 1911, S. 119-123
G. Hempl, The Solving of an Ancient Riddle, Harper's monthly Magazine, January 1911, S. 187-198
F.M. Stawell, An interpretation of the Phaistos Disk, The Burlington Magazine 19, April 1911, S. 23-38
A. Cuny (Rez. zu G. Hempl 1911), Revue des Études Anciennes 14, 1912, S. 95f.
A. Gleye, Kretische Studien I., Die westfinnische Inschrift auf dem Diskus von Phaestos, Tomsk 1912
R.A.S. Macalister, An attempt to determine the contents of the inscription on the Phaestos disc, Proceed. of the Royal Irish Academy 30, sect. C, 1912-1913, S. 342-351
*V.H. Juvelius, Faistoksen Diskos-kiekko [Die Phaistos-Diskusscheibe], Suomalainen, Suomalaisen Sanomalehtimies liiton Album 4, Helsinki 1913, S. 158-170 [Juvelius zweifelt an der Echtheit; siehe Duhoux, Le disque ..., 1977, S. 15]
H. Schneider, Der kretische Ursprung des "phönikischen" Alphabets, Leipzig 1913
R. Dussaud, Les civilisations préhelléniques dans le bassin de la mer égée, Paris [2]1914
+W. Larsfeld, Griechische Epigraphik, Handbuch der klass. Altertumswissenschaft I 5, München [3]1914
R.A.S. Macalister, The Philistines. Their History and Civilization, London 1914
*G.L. Martelli, Il disco di Phaestos, Perugia 1914
+H.R. Hall, Ægean Archæology, London 1915
R. de Launey, Les fallacieux détours du labyrinthe IV, Revue archéol. 2, 1915, S. 348-363

1916 – 1920

A. Rowe, The Phaestos Disk: Its Cypriote Origin, Transactions of the Royal Society of South Australia 43, 1919, S. 142-155, Pl. XVI-XXII
J. Sundwall, Der Ursprung der kretischen Schrift, Acta Academiae Aboensis, Humaniora I : 2, 1920

1921 – 1925

A. Evans, The Palace of Minos. A comparative account of the successive stages of the early cretan civilization as illustrated by the discoveries at Knossos, Vol. I, The neolithic and early and middle minoan ages, London 1921
R.A.S. Macalister, The Phaestos disc, Palestine Exploration Fund, Quaterly Statement 53, 1921, S. 141-145
F.W. Read, A new interpretation of the Phaestos Disk: the oldest music in the world?, ebd. 53, 1921, S. 29-54
G. Karo, Artikel ‚Kreta', RE XI, 22. Halbbd., 1922, Sp. 1743-1801
G. Glotz, La Civilisation Égéenne, Paris 1923, [2]1952
A. Köster, Das antike Seewesen, Berlin 1923
A. Cuny, Le disque de Phaestos. Essai d'interprétation (Questions gréco-orientales 15), Revue des Études Anciennes 26, 1924, S. 5-29
A.J.B. Wace, Early Aegean Civilization, The Cambridge Anc. Hist., Vol 1, [2]1924, S. 594
G. Glotz, The Aegean civilization, London 1925 (Reprint 1996)

1926 – 1930

+K.J. Beloch, Griechische Geschichte, I/2, Berlin/Leipzig 1926
H. Blaufuß, Kephtharitische Inschriften, ein Versuch zu ihrer Deutung, Nürnberg 1926
+H. Greßmann, Altorientalische Texte zum Alten Testament, Berlin/Leipzig 1926

H.R. Hall, Keftiu, in: Essays in Aegean archaeology, presented to Sir A. Evans in honour of his 75th birthday, ed. by S. Casson, Oxford 1927, S. 31-41

J. Sundwall, Artikel ‚Phaistos-Diskus', Eberts Reallexikon der Vorgeschichte 10, 1927/28, S. 124-125, Tafel 34 A

H. Blaufuß, Kaphtor. Die Inschriften von Kreta, Mykenae und Troja, gelesen und erklärt, Nürnberg 1928

G. Ipsen, Der Diskus von Phaistos. Ein Versuch zur Entzifferung, Indogerm. Forschungen 47, 1929, S. 1-41

F. Chapouthier, Les Écritures minoennes au palais de Mallia, etc., Tome II, Études Crétoises, No. 2, Paris 1930

W.T.M. Forbes, The Phaistos Disc, Indogerm. Forschungen 48, 1930, S. 51f.

1931 – 1935

F.G. Gordon, Through Basque to Minoan, Transliterations and translations of the minoan tablets, Oxford 1931

F.M. Stawell, A Clue to the Cretan Scripts, London 1931

+J. Friedrich, Kleinasiatische Sprachdenkmäler, Berlin 1932

+A. Erman, Neuägyptische Grammatik, Leipzig 1933

P. Jacobsthal, Diskoi, Winckelmannsprogramm der archäol. Ges. zu Berlin 93, Berlin und Leipzig 1933

Sp. Marinatos, Ausgrabungen und Funde auf Kreta 1934-1935, Archäol. Anzeiger 50, 1935, Sp. 244-259

H.G.G. Payne, Archaeology in Greece, 1934-1935, Journal of Hell. Stud. 55, 1935, S. 147-171

L. Pernier, Il palazzo minoico di Festòs. Scavi e studi della missione archeol. ital. a Creta dal 1900 al 1934, Vol I: Gli strati più antichi e il primo palazzo, Roma 1935

1936 – 1940

A. Guth, Zum Diskus von Phaistos, Archiv für Religionswiss. 33, 1936, S. 282-293

+H.Th. Bossert, Altkreta, Berlin 1937

–, Tabı sanatının Keşfi, (2. türk. Geschichtskongress), Istanbul 1937, S. 421-438

–, Die Erfindung der Buchdruckerkunst, 2. türk. Geschichtskongr. in Istanbul, 1937 (= deutsche Fassung des türk. Vortrags)

A. Cuny, Hiéroglyphes crétois [sic], Revue des Études Anciennes 39, 1937, S. 178f.

H.Th. Bossert, Gedicht und Reim im vorgriechischen Mittelmeergebiet, Geistige Arbeit 5, 1938, S. 7-10

F. Chapouthier, Inscription hiéroglyphique minoenne gravée sur un bloc de calcaire, Bulletin de Corresp. Hellénique 62, 1938, S. 104-109, Pl. XIX

E. Kirsten, ‚Phaistos 3)', RE, 38. Halbbd. 1938, Sp. 1596-1608

+Sp. Marinatos, The Volcanic Destruction of Minoan Crete, Antiquity 13, 1939, S. 425-439

J.D. Pendlebury, The Archaeology of Crete. An Introduction, London 1939

R. Herbig, Philister und Dorier, Jahrbuch des deutschen archäol. Instituts 55, 1940, S. 58-89

M.G.F. Ventris, Introducing the Minoan Language, American Journal of Archaeology 44, 1940, S. 494-520

1941 – 1945

*C. Täuber, Vollständige Entzifferung der altkretischen < und 'Osterinsel'- > Hieroglyphen, Zürich 1943 (Resümee bei van Hoorn 1944, S. 69f.)

G. van Hoorn, Een antieke puzzle, Hermeneus 16, 1943, S. 49-53

–, Een antieke puzzle, ebd. 17, 1944, S. 65-70

P. Aalto, Notes on methods of decipherment of unknown writings and languages, Studia Orientalia (ed. societas orientalis Fennica) XI 4, 1945, S. 3-26

1946 – 1950

+P. Kretschmer, Die Inschriften von Prasos und die eteokretische Sprache, Anzeiger der Akademie der Wissenschaften in Wien, Philos.-Hist. Klasse, 1946, S. 81-103
*N. Platon, Τὸ πρόβλημα τῆς Μινωϊκῆς γραφῆς, in: Κρητικὰ Γράμματα 1, 1946, S. 44-48
L. Deroy, Bibliographie critique des recherches relatives à l'écriture crétoise, Revue Hittite et Asianique 8, 1948, S. 1-39
B. Gaya Nuño (Rez. zu Ktistopoulos 1948), Emerita, Boletin de Linguistica y Filologia Clásica XV (1947), Madrid 1948, S. 309-311
A.E. Kober, The Minoan Scripts: fact and theory, American Journ. of Arch. 52, 1948, S. 82-103
*K.D. Ktistopoulos, Ὁ Δίσκος τοῦ [sic!] Φαιστοῦ, ὑπεβλήθη εἰς τὴν Ἀκαδημίαν τῇ 27 Μαΐου 1948, Athen 1948 (mit engl. Resümee; s. auch Gaya Nuño 1948 und Deroy 1951, S. 45)
E. Schertel, Der Diskos von Phaistos. Wege zu seiner Entzifferung, Würzburger Jahrbücher für die Altertumswiss. III, 1948, S. 334-365
M. Ventris, The languages of the Minoan and Mycenaean civilizations, (mit Beiträgen von Bossert, Carratelli, Grumach, Schachermeyr), London 1950
+E. Zinn, Schlangenschrift, Archäologischer Anzeiger (Beiblatt zum Jahrbuch des Deutschen Archäologischen Instituts) 65/66, 1950/51, Sp.1-36

1951 – 1955

M. Anstock-Darga, Bibliographie zur kretisch-minoischen Schrift und Sprache, Orientalia, N.S. 20, 1951, S. 171-181
L. Deroy, Bibliographie critique des recherches relatives à l'écriture crétoise, Revue Hittite et Asianique 11, 1951, S. 35-60
+P. Kretschmer, Die ältesten Sprachschichten auf Kreta, Glotta 31, 1951, S. 1-20
–, Die antike Punktierung und der Diskus von Phaistos. Eine schriftgeschichtliche Untersuchung, Minos 1, 1951, S. 7-25
Sp. Marinatos, Some general notes on the Minoan written documents, ebd. S. 39-42
+J.L. Myres, Scripta Minoa, Vol. II, Oxford 1952
B. Gaya Nuño, Estudios sobre Escritura y Lengua Cretenses, Lexicon Creticum I/b, Madrid 1953
+N. Boufides, Κρητομυκηναϊκαὶ ἐπιγραφαὶ ἐξ Ἀρκαλοχωρίου, in: Ἀρχαιολογικὴ Ἐφημερίς (Gedenkschrift G.P. Oikonomos, Teil 2) Athen 1953/4, S. 61-74
*G. Arnes, Preliminary literal translation of a hymn to goddess 'Rhea', Los Angeles 1954
+H. Biesantz, Kretisch-Mykenische Siegelbilder, Marburg 1954
St. Dow, Minoan Writing, American Journal of Archaeology 58, 1954, S. 77-129, Pl. 15-17

1956 – 1960

*+A. Furumark, Linear A und die altkretische Sprache, Berlin 1956
+A. Portmann, Biologie und Geist, Zürich 1956
G.A. Wainwright, Caphtor – Cappadocia, Vetus Testamentum 6, 1956, S. 199-210
G. Baffioni, Testi minoici e micenei negli scavi archeologici del secolo XX, Giornale Ital. di Filologia 10, 1957, S. 230-255
+G. Neumann, Zur Sprache der kretischen Linearschrift A, Glotta 36, 1957, S. 156-158
+O. Landau, Mykenisch-griechische Personennamen, Göteborg 1958
M.B. Tardy, Picture-writing and its language in the ancient world, (Privatdruck) 1958
J. Chadwick, Linear B. Die Entzifferung der Mykenischen Schrift, Göttingen 1959 (engl. Original: The Decipherment of Linear B, Cambridge 1958)
+Sp. Marinatos, Kreta, Thera und das mykenische Hellas, München 1959
B. Schwartz, Notes and Afterthoughts on the Phaistos Disk Solution, Journal of Near Eastern Studies 18, 1959, S. 227f.
–, The Phaistos Disk I-II, ebd. S. 105-112 und 222-226

+E.T. Vermeule, A Gold Minoan Double Axe, Bulletin of the Museum of Fine Arts in Boston 57, 1959, S. 4-16
+W.J. Young, Technical Examination of a Minoan Gold Double Axe, ebd. S. 17-20
+E. Laroche, Les Hiéroglyphes Hittites, Première partie: *l'écriture*, Paris 1960
+Fr. Lochner-Hüttenbach, Die Pelasger, Wien 1960
+P. Maas, Textkritik, Leipzig 1960
+G. Neumann, Minoisch *kikina*, „die Sykomorenfeige", Glotta 38, 1960, S. 181-186
+M. Pope, The *Cretulae* and the Linear A accounting system, The annual of the British School at Athens 55, 1960, S. 200-210
+F. Schachermeyr, Das Keftiu-Problem und die Frage des ersten Auftretens einer griechischen Herrenschicht im minoischen Kreta, Jahreshefte des Österreichischen Archäologischen Instituts 45, 1960, S. 44-68

1961 – 1965

+W.C. Brice, Inscriptions in the Minoan Linear Script of Class A, Oxford 1961
S. Davis, The Phaistos Disk and the Eteocretan Inscriptions from Psychro and Praisos, Johannesburg 1961
H.D Ephron, Hygieia Tharso and Iaon: The Phaistos Disk, Harvard Studies in Class. Philol. 66, 1962, S. 1-91
+J.Goll, Kunstfälscher, Leipzig 1962
E. Grumach, Die Korrekturen des Diskus von Phaistos, Kadmos 1, 1962, S. 14-26
R.W. Hutchinson, Prehistoric Crete, Harmondsworth 1962
+Sp. Marinatos, Zur Frage der Grotte von Arkalochori, Kadmos 1, 1962, S. 87-95
G. Neumann (Rez. zu Davis 1961), Gnomon 34, 1962, S. 574-578
+– (Rez. zu Lochner-Hüttenbach 1960), ebd. S. 370-374
+W. Schubart, Das Buch bei den Griechen und Römern, Heidelberg 1962
Kr. Jeppesen, En Gammelkretisk Gåde. Nogle bemærkninger om Faistosskivens arkæologiske placering, Kuml. Årbog for Jysk Arkæologisk Selskab (Århus), 1962/3, S. 157-190 (Engl. Fassung: Some Remarks on the Archeological Placing of the Phaistos Disc, S. 180-190)
J. Chadwick, Prehistoric Crete: a warning, Greece and Rome, 2. Ser. 10, 1963, S. 3-10
E. Grumach, Bibliographie der kretisch-mykenischen Epigraphik, München/Berlin 1963
S. Davis, Cretan Hieroglyphs: the end of a quest?, Greece and Rome, 2. Ser. 11, 1964, S. 106-127
+Der Kleine Pauly. Lexikon der Antike, hrsg. von K. Ziegler u.a., Stuttgart bzw. München 1964-1975
+E. Doblhofer, Zeichen und Wunder. Die Entzifferung verschollener Schriften und Sprachen, München 1964
*C.H. Gordon, The Phaistos Disc, Abstract for the Mediterranean Studies Colloquium of 5 March 1964, Waltham, Mass. U.S.A.
+W. Kimmig, Seevölkerbewegung und Urnenfelderkultur, Studien aus Alteuropa I, Köln-Graz 1964, S. 220-283 und Taf. 12-21
M.J. Mellink, Lycian Wooden Huts and Sign 24 on the Phaistos Disk, Kadmos 3, 1964, S. 1-7
+M. Pope, Aegean Writing and Linear A, Studies in Mediterranean Archaeology VIII, Lund 1964
E. Grumach, Der Ägäische Schriftkreis, Studium Generale 18, 1965, S. 742-756
+R. Kamm, Eine statistische Grundanalyse der minoischen Linear-A-Schrift, Orbis 14, 1965, S. 237-249
A.L. Mackay, On the Type-fount of the Phaistos Disc, Statistical Methods in Linguistics 4, 1965, S. 15-25
+S.A. Naber, Photii patriarchae lexicon, Nachdruck Amsterdam 1965
*R.H. Oliver, Mystery of the Phaistos Disk, Borderline 1, Heft 5, 1965, S. 75-80
+M. Pallottino, Die Etrusker, Frankfurt a.M. 1965

1966 – 1968

+E. Edel, Die Ortsnamenlisten aus dem Totentempel Amenophis' III., Bonner Biblische Beiträge, Bonn 1966
J. Friedrich, Entzifferung verschollener Schriften und Sprachen, Berlin/Heidelberg/New York 1966
–, Geschichte der Schrift, Heidelberg 1966
+A. Heubeck, Aus der Welt der frühgriechischen Lineartafeln, Göttingen 1966
+R. Kamm, Beweise für phonetisch-silbischen Charakter der kretisch-mykenischen Linearschriften, Orbis 15, 1966, S. 541-559
+W. Schadewaldt, Iliasstudien, Darmstadt 1966
H. Scheck, Der Diskus von Phaistos, München 1966
+J.H. Betts, New Light on Minoan Bureaucracy, Kadmos 6, 1967, S. 15-40
C. Davaras, Zur Herkunft des Diskos von Phaistos, ebd. S. 101-105
S. Davis, Remarks on the Phaistos Disk, Studi Micenei ed Egeo-Anatolici II, 1967, S. 114-117
–, The Decipherment of the Minoan Linear A und Pictographic Scripts, Johannesburg 1967
C.H. Gordon, Evidence for the Minoan Language, Ventnor, New Jersey 1967
E. Grumach, Bibliographie der kretisch-mykenischen Epigraphik, Suppl. I (1962-1965), München 1967
+A. Lesky, Homeros, Stuttgart 1967, Sp. 105f.
+Rh. Carpenter, Noch einmal das griechische Alphabet, in: Das Alphabet, hrsg. von G. Pfohl, Darmstadt 1968, S. 84-105
+P. Faure, Toponymes créto-mycéniens dans une liste d'Aménophis III (environ 1380 avant J. C.), Kadmos 7, 1968, S. 138-149
+E. Grumach, The Minoan libation formula – again, Kadmos 7, 1968, S. 7-26
–, Zur Herkunft des Diskus von Phaistos, Πεπραγμένα τοῦ Β'Διεθνοῦς Κρητολογικοῦ Συνεδρίου I, Athen 1968, S. 281-296
G. Neumann, Zum Forschungsstand beim „Diskos von Phaistos", Kadmos 7, 1968, S. 27-44
G. Pavano, Il disco di Festo, Rivista di Studi Classici 16, 1968, S. 5-55

1969 – 1971

+H. Brunner, Schreibmaterial, in: Hausmann 1969 (s. daselbst) S. 303-315
*S. Sankarananda, Decipherment of Inscriptions on the Phaistos Disc of Crete, Calcutta 1968
W. Ekschmitt, Die Kontroverse um Linear B, München 1969
+K. Galling, Die Kopfzier der Philister in den Darstellungen von Medinet Habu, Ugaritica 6, 1969, S. 247-265
E. Grumach, Die kretischen und kyprischen Schriftsysteme, in: Hausmann 1969, S. 234-288
U. Hausmann, Allgemeine Grundlagen der Archäologie (Handbuch der Archäologie). Begriffe und Methode/Geschichte/Problem der Form/Schriftzeugnisse, München 1969
+H. Jensen, Die Schrift in Vergangenheit und Gegenwart, Berlin 1969
W. Nahm, Zur Struktur der Sprache des Diskos von Phaistos, Kadmos 8, 1969, S. 110-119
+F. Schachermeyr, Hörnerhelme und Federkronen als Kopfbedeckungen bei den 'Seevölkern' der ägyptischen Reliefs, Ugaritica 6, 1969, S. 451-459
+E. Bernheim, Lehrbuch der Historischen Methode und der Geschichtsphilosophie, 5. und 6. Aufl. 1914, repr. New York 1970
+H.-G. Buchholz, Ägäische Kunst gefälscht, Acta Praehistorica et Archaeologica 1, 1970, S. 113-135
+G.A. Lehmann, Bemerkungen zu kretischen Ortsnamen in den Linear B-Texten von Knossos, Ugarit-Forschungen. Internat. Jahrbuch für die Altertumskunde Syrien-Palästinas II, 1970, S. 351-354
+I. Pini, in: Corpus der minoischen und mykenischen Siegel, hrsg. von Fr. Matz und I. Pini, Bd. II, Teil 5, Die Siegelabdrücke von Phästos, Berlin 1970
–, Zum Diskos von Phaistos, Kadmos 9, 1970, S. 92f.
+O. Szemerényi, Einführung in die Vergleichende Sprachwissenschaft, Darmstadt 1970

H.J. Haecker/E. Scheller, Ein neues Argument für rechtsläufige Leserichtung des Diskos von Phaistos, Kadmos 10, 1971, S. 20-27
L. Pomerance, The Phaistos Disc – An Astrological Magic Chart?, American Journal of Archaeology 75, 1971, S. 211
+J. Raison/M. Pope, Index du linéaire A, Rom 1971

1972 – 1974

+C. Davaras, Two new Linear A inscriptions on libation vessels from Petsophas, Kadmos 11, 1972, S. 101-112
L. Pomerance, Astronomical Observations Tending to Confirm the Astrological Function of the Phaistos Disc, American Journal of Archaeology 76, 1972, S. 216
+B. Rutkowski, Cult Places in the Aegean World, Breslau u.a. 1972
J.C.F. Wirth, Las últimas novedades sobre el disco de Faistos, Actas del primer simposio nacional de estudios clásicos, may 1970, Mendoza 1972, S. 339-344
+J. Chadwick, Documents in Mycenaean Greek, Cambridge ²1973
St. Dow, The Phaestus Disk, The Cambridge Ancient History II, 1, 1973, S. 595-598 und S. 802f.
P. Faure, Les divinités de Phaistos, Antichità Cretesi. Studi in onore di Doro Levi, I, Cronache di Archeologia 12, Catania 1973, S. 186-196
+Hj. Frisk, Griechisches etymologisches Wörterbuch, Heidelberg 1973-1991
G.H. Knutzen, Der Diskos von Phaistos: ein mittelhelladischer Kulttext, Flensburg 1973
J.-P. Olivier, Encore les corrections du disque de Phaistos, Antichità Cretesi, Studi in onore di Doro Levi, I, Cronache di Archeologia 12, Catania 1973, S. 182-185, Pl. XXIX-XXXIII
D. Schürr, Der Diskos von Phaistos und Linear A, Kadmos 12, 1973, S. 6-19
P. Ballotta, Le Déchiffrement du Disque de Phaestos, Bologna 1974
+E.J.W. Barber, Archaeological Decipherment, A Handbook, Princeton 1974
P. Meriggi, Il cilindro ciprominoico d'Encomi e il disco di Festo, Anatolian Studies presented to H.G. Güterbock, Istanbul 1974, S. 215-227, Pl. XXII-XXIV
+–, Kleine Beiträge zum Minoischen, 2. Minoische Widmungsformeln, Kadmos 13, 1974, S. 86-94
+D.W. Packard, Minoan Linear A, Berkeley/Los Angeles/London 1974

1975 – 1977

P. Ballotta, Sémantique des idéogrammes, Bologna 1975
+Th. Berres, Das zeitliche Verhältnis von Theogonie und Odyssee, Hermes 103, 1975, S. 129-143
+–, Die Segnungen der Gerechtigkeit. Eine chronologische Studie zu Odyssee und Hesiods Erga, ebd. S. 257-275
+J. Chadwick, Introduction to the Problems of "Minoan Linear A", Journal of the Royal Asiatic Society, 1975, Heft 2, S. 143-147
J. Faucounau, Le déchiffrement du Disque de Phaistos est-il possible par des méthodes statistiques?, Revue des Études Anciennes 77, 1975, S. 9-19
–, Le sens de l'écriture du disque de Phaistos, Kadmos 14, 1975, S. 94-96
I.J. Gelb, Methods of Decipherment, Journal of the Royal Asiatic Society, 1975, S. 95-104
V. Georgiev, La situation ethnique en Crète ancienne et le déchiffrement du texte sur le Disque de Phaistos, ΠΡΑΚΤΙΚΑ ΤΗΣ ΑΚΑΔΗΜΙΑΣ ΑΘΗΝΩΝ, 1975, Heft 50, S. 412-428
R.J. van Meerten, On the Printing Direction of the Phaistos Disc, Statistical Methods in Linguistics, 1975, S. 5-24
W. Nahm, Vergleich von Zeichen des Diskos von Phaistos mit Linear A, Kadmos 14, 1975, S. 97-101
O. und M. Neuss, Der Diskos von Phaistos. Kryptogramm eines Kalenders – Interpretation eines Kulttextes aus Kreta, Kurz und Gut 9, 1975, Heft 1, S. 1-14
J.-P. Olivier, Le Disque de Phaistos. Édition photographique, Bulletin de Correspondance Hellénique 99, 1975, S. 5-34

+M. Andronicos u.a., Die Museen Griechenlands, Köln 1976
A. Bradshaw, The imprinting of the Phaistos Disc, Kadmos 15, 1976, S. 1-17
–, The missing sign on the Phaistos Disc, ebd. S. 177
P. Faure, Observations sur le disque de Phaistos, Κρητολογία 2, 1976, S. 47-64
B. Fell, The Phaistos Disk ca 1600 B.C., The Epigraphic Society – Occasional Publications 4, Nr. 79, 1976, S. 80-96
V. Georgiev, Le déchiffrement du texte sur le disque de Phaistos, Linguistique Balkanique 19, 2, 1976, S. 5-47
+L. Godart, La scrittura Lineare A, La Parola del Passato 31, Napoli 1976, S. 30-47
+L. Godart/J.-P. Olivier, Recueil des inscriptions en linéaire A, I-V, Paris 1976-1985
+St. Hiller/O. Panagl, Die frühgriechischen Texte aus mykenischer Zeit, Darmstadt 1976
+D. Levi, Festòs e la civiltà minoica, Rom 1976
L. Pomerance, The Phaistos Disc. An Interpretation of Astronomical Symbols, Göteborg 1976
D. Schürr, Linear A KI.KI.RA.JA, Kadmos 15, 1976, S. 31-39
–, Vogel und Fisch auf dem Votivtäfelchen von Psychro, ebd. S. 89-93
A. Bradshaw, The overcuts on the Phaistos disc, Kadmos 16, 1977, S. 99-110
Y. Duhoux, La fonction du 'trait' oblique sur le disque de Phaestos, ebd. 1977, S. 95f.
–, Le disque de Phaestos, Archéologie. Épigraphie. Édition critique. Index, Louvain 1977
J. Faucounau, L'Écriture du disque de Phaistos est-elle minoenne?, Κρητολογία 4, 1977, S. 26-38
V. Georgiev, A Decipherment of the Phaestus Disk [in Russ.], Vestnik Drevnei Istorii. Revue d'Histoire ancienne 139, 1977, S. 52-60 [leicht gekürzte franz. Fassung: Georgiev 1979]
*B.V. Gwynn/N. Kolyvanos, The Phaestos Disc, London 1977 [siehe St. Hiller 1978, Sp. 52f.]
+M. Leumann, Lateinische Laut- und Formenlehre, München 1977
R.J. van Meerten, Decipherment of the Phaistos disc with help of a probability method, Statistical Methods in Linguistics 1977, S. 59-104
–, On a word distribution formula and its application to the Phaistos disc, ebd. S. 37-58
–, On the start of printing of the Phaistos disc, ebd. S. 29-36
A.A. Molčanov, Einige Resultate gewonnen durch die kombinatorische Methode für die Analyse des Textes des Diskus von Phaistos [in Russ.], Vestnik Moskovskogo Universiteta 2, 1977, S. 67-83
T. Zielínski, Dysk przemówił (The Phaistos Disc has spoken), Przekrój, Krakow 1977, Heft 1705 (11. Dez.), S. 11

1978 – 1980

+B. Collinder, Sprache und Sprachen. Einführung in die Sprachwissenschaft, Hamburg 1978
+Y. Duhoux (Hrsg.), Études Minoennes I. Le linéaire A, Louvain 1978
+–, Une analyse linguistique du linéaire A, in: Duhoux, Études M. ... 1978, S. 65-129
J. Faucounau, La civilisation de Syros et l'origine du disque de Phaistos, Κρητολογία 7, 1978, S. 101-113
H. Ferguson, An experiment in making an inscribed clay disc like that of Phaistos, Kadmos 17, 1978, S. 170-172
St. Hiller, Altägäische Schriftsysteme (außer Linear B), Anzeiger für die Altertumswiss. 31, 1978, Sp. 1-60
J. Jarry, Réflexions sur le disque de Phaistos, Bull. de l'Association Guill. Budé, 1978, S. 146-152
+M. Pope/J. Raison, Linear A: changing perspectives, in: Duhoux, Études M. ..., 1978, S. 5-64
+J. Raison/M. Pope, Le vocabulaire du linéaire A en translittération, in: Duhoux, Études M. ..., 1978, S. 131-190
+St. Hiller, Forschungsbericht: Linear A und die semitischen Sprachen, Archiv für Orientforschung 26, 1978/9, S. 221-235
+Ch. Bermant/M. Weitzmann, Ebla, Neu entdeckte Zivilisation im Alten Orient, Frankfurt a.M. 1979
H. Bunner, Die Sprache des Diskus von Phaistos, o.O., 1979

+J. Chadwick, Die mykenische Welt, Stuttgart 1979
L. Delekat, Der Diskos von Phaistos. Entwurf einer Textlesung und -deutung, Ugarit-Forschungen, Internationales Jahrbuch für die Altertumskunde Syrien-Palestinas 11, 1979, S. 165-178
Y. Duhoux (Rez. zu Pomerance 1976), Revue belge de philologie et d'histoire 57, 1979, S. 157f.
–, La langue du disque de Phaistos. Essai de typologie, in: E. Risch/H. Muehlestein (Edd.), Colloquium Mycenaeum. Actes du VIe colloque international sur les textes mycéniens et égéens tenue à Chaumont sur Neuchâtel du 7 au 13 sept. 1975, Genève 1979, S. 373-386
J. Faucounau, Comment fut imprimé le Disque de Phaistos?, Κρητολογία 8, 1979, S. 105-120
V. Georgiev, Le disque de Phaestos. Un essai de déchiffrement (Information préliminaire), in: E. Risch/H. Muehlestein [siehe Duhoux, La langue ..., 1979] 1979, S. 387-395
A. Heubeck, Schrift, Archaeologia Homerica 3, Kap. X, Göttingen 1979
J.T. Hooker, The Origin of the Linear B Script (= Suplementos a Minos 8), Salamanca 1979
W. Nahm, Zum Diskos von Phaistos II, Kadmos 18, 1979, S. 1-25
F. Schachermeyr, Die minoische Kultur des alten Kreta, Stuttgart u.a. ²1979
*D. Vargha, An attempt at homophonyfree deciphering of the Phaistos disc, Budapest 1979
+J. Zahle, Lykische Felsgräber mit Reliefs aus dem 4. Jahrhundert v. Chr., Jahrbuch des Deutschen Archäologischen Instituts 94, 1979, S. 245-346
*Y. Duhoux, L'écriture et le texte du disque de Phaestós, Πεπραγμένα τοῦ Δ' διεθνοῦς Κρητολογικοῦ Συνεδρίου (Ἡράκλειο, 29 Αὐγ. – 3 Σεπτ. 1976) Α': Προϊστορικοὶ καὶ ἀρχαικοὶ χρόνοι, Athen 1980, S. 112-136 [siehe Duhoux 2000, S. 599]
A. Kaulins, The Phaistos Disc: Hieroglyphic Greek with Euclidean Dimensions – the „lost proof" of parallel lines –, Darmstadt 1980
*A.A. Molčanov, Tainstvennye pis'mena pervych evropejcsev [Die geheimnisvolle Schrift der ersten Europäer], Moskva 1980
P.J. Muenzer, Die spiralförmig beschriebenen Scheiben der Antike. Diskoi aus dem klassischen Griechenland und Italien, Ur- und Frühzeit, 1980, Heft 2, S. 4-12
+H. Pichler/W. Schiering, Der spätbronzezeitliche Ausbruch des Thera-Vulkans und seine Auswirkungen auf Kreta, Archäologischer Anzeiger 1980, S. 1-37
+J.-C. Poursat, Reliefs d'applique moulés, in: B. Detournay u.a., École française d'Athènes. Études crétoises, Bd. XXVI, Paris 1980, Fouilles exécutées à Mallia

1981 – 1983

+Th. Berres, Ist der Streit um die Priorität von Theogonie und Odyssee bereits entschieden?, Braunschweig 1981 (Privatdruck)
+J.-Chr. Billigmeier, Santas and Kupapa on Crete, in: Bono Homini Donum (wie unten bei B. Schwartz 1981) 1981, S. 751-760
J. Faucounau, Les signes du Disque de Phaistos et leur identification, Κρητολογία 12/13, 1981, S. 185-211
–, Le sens de l'écriture du Disque de Phaistos. Vers la fin d'une controverse? ..., ebd. S. 245-250
R. Hoschek, Zur Schriftrichtung beim Diskos von Phaistos, Kadmos 20, 1981, S. 85-92
*N.N. Jerofejewa, A propos de la structure du texte du disque de Phaistos (in Russ.), in: V.V. Ivanov u.a. (Edd.), Structure du texte – 81. Thèses du colloque, Moskva 1981, S. 168f. [dazu L'Année Philologique 1981: „Le disque serait en une langue sémitique"]
P.J. Muenzer, Spiralförmige Inschriften auf Scheiben und Schalen von König Minos bis Knud dem Großen, Hornburg 1981
H. Pars, Göttlich aber war Kreta, München 1981
B. Schwartz, The Phaistos Disk, again?, in: Bono Homini Donum, Essays in Historical Linguistics in Memory of J.A. Kerns, ed. by Y.L. Arbeitman, Part II, Amsterdam 1981, S. 783-799
*V.M. Sergejew, L'analyse structurale du texte du disque de Phaistos et l'identification de sa langue (in Russ.), in V.V. Ivanov (wie oben bei Jerofejewa 1981) 1981, S. 165-167

J.G.P. Best, Zur Herkunft des Diskos von Phaistos, Talanta, Supplementum Epigraphicum Mediterraneum 13, 1982, S. 49-56
+K. Büchner, Sallust, Heidelberg 1982
+Y. Duhoux, L'Étéocrétois. Les Textes – La Langue, Amsterdam 1982
+W. Gebauer, Kunsthandwerkliche Keramik, Leipzig 1982
+H. Haag (Hrsg.), Bibel-Lexikon, Zürich u.a. 1982
S. Amundsen, Le Disque de Phaistos. essai de déchiffrement, Brüssel 1983, ²1985
Y. Duhoux, Les langues du Linéaire A e du Disque de Phaestos, Minos 18, 1983, S. 33-68
P. Gorissen, Le disque de Phaistos, calendrier divinatoire?, Campus Kortrijk, Heft 26, Leuven 1983, S. 18-45
*–, Le disque de Phaistos, Voorafgegaan door en biografische en bibliografische nota, Leuven 1983
O. Hantl, Der Urglaube Alteuropas. Die Edda als Schlüssel zur Steinzeit, Tübingen u.a. 1983
+O. Masson, Les inscriptions chypriotes syllabiques, Études Chypriotes I, Paris 1983
I. Müller, Ein paar grundsätzliche Bemerkungen zum Diskos von Phaistos, Kadmos 22, 1983, S. 167-169
+I. Pini, Neue Beobachtungen zu den tönernen Siegelabdrücken von Zakros, Archäologischer Anzeiger 1983, Heft 4, S. 559-572
+G.A. Wagner u.a., Thermoluminescence Dating. Handbooks for Archaeologists, European Science Foundation 1, 1983
+J. Weingarten, The use of the Zakro sealings, Kadmos 22, 1983, S. 8-13

1984 – 1986

L. Craik, Phaistos Disc, London 1984
+Duden. Grammatik der deutschen Gegenwartssprache, hrsg. von G. Drosdowski u.a., Mannheim 1984
*F.B. Lorch, The Hyksos: kings of Crete and Egypt according to the Phaistos disc and the Papyrus Regius of Turin, Johannesburg 1984
G. Matev/A. Matev, Die Entzifferung der Inschrift auf dem Diskos von Phaistos, Dritter Internat. Thrakologischer Kongress 1980, Sofia 1984, S. 259-263
+R. Violet, Kleine Geschichte der japanischen Kunst, Köln 1984
+A. Karetsu/L. Godart/J.-P. Olivier, Inscriptions en linéaire A du sanctuaire de sommet minoen du mont Jouktas, Kadmos 24, 1985, S. 89-147
V.J. Kean, Der Diskos von Phaistos, Athen 1985
+G.A. Lehmann, Die mykenisch-frühgriechische Welt und der östliche Mittelmeerraum in der Zeit der „Seevölker"-Invasionen um 1200 v. Chr., Opladen 1985
+E. Simon, Die Götter der Griechen, Darmstadt 1985
+W. von Soden, Einführung in die Altorientalistik, Darmstadt 1985
+A. Bartoněk, Die eteokretischen Inschriften von Kreta im Vergleich mit den griechisch-kretischen, in: Festschrift E. Risch, Berlin/New York 1986, S. 701-707
H. Blohm/St. Beer/D. Suzuki, Pebbles to computers. The thread, Toronto 1986
M. Corsini, Geroglifico del Disco di Festo, Lineare A, Geroglifico B, Proto-Elamico: Tre decifrazioni, Rom 1986
S. Davis, The Phaistos Disk: A Hittite Spell?, Jusur 2, 1986, S. 103-121
H.-J. Haecker, Neue Überlegungen zu Schriftrichtung und Textstruktur des Diskos von Phaistos, Kadmos 25, 1986, S. 89-96
+Sp. Marinatos, Kreta, Thera und das mykenische Hellas, München 1986
+J.-P. Olivier, Le redoublement en linéaire A, in: Festschrift E. Risch, Berlin/New York 1986, S. 693-700.
O. Neuss, Zur Deutung des Diskos von Phaistós, Talanta 18/19, 1986/7 [1988], S. 107-123
G. Scozzari, Le Disque de Phaïstos (Crète – 1600): quelques concordances remarquables pour une première interprétation, Cagnes 1986
D.W. Smit, Backgrounds to Hittite History. Some historical remarks on the proposed Luwian translations of the Phaistos Disk, Talanta 18/19, 1986/7 [1988], S. 49-62

1987 – 1989

+H.-G. Buchholz, Ägäische Bronzezeit, Darmstadt 1987

+Kl. Gallas, Kreta. Von den Anfängen Europas bis zur kreto-venezianischen Kunst, Köln 1987

E. Gogolin, Wege zur Entzifferung des Diskus von Phaistos, München 1987

+O. Höckmann, Zur Problematik der Anwendung naturwissenschaftlicher Datierungsmethoden in der Archäologie, in: H.-G. Buchholz 1987, S. 29-52

K.E. Kocher, Der Diskos von Phaistos. Kalenderwerke der Vorgeschichte. Analysen mit Analogien, Dannstadt/Schauernheim 1987 (und div. Nachträge)

+Sh. Wachsmann, Aegeans in the Theban Tombs, Orientalia Lovaniensia Analecta 20, Leuven 1987

Th. Axiotes, Η Αποκρυπτογράφηση ΤΟΥ ΔΙΣΚΟΥ ΤΗΣ ΦΑΙΣΤΟΥ ΓΕΝΕΣΗ. Το Ελληνικό σπέρμα κατέβηκε άπ' το Σείριο, Athen o.J. [ca. 1988]

Th.S. Barthel, Forschungsperspektiven für den Diskos von Phaistos, Münchner Beiträge zur Völkerkunde 1 (= Festschrift für L. Vajda), München 1988, S. 9-24

J. Best, Free-standing, prefixed and suffixed Doublets and Triplets as Code-Breakers of the Phaistos Disc, in: Best/Woudhuizen 1988 (s. daselbst), S. 30-53

J. Best/F. Woudhuizen, Ancient Scripts from Crete and Cyprus (= N.M.W. de Vries [Ed.], Publications of the Henri Frankfort Foundation 9), Leiden u.a. 1988

+E. Coseriu, Einführung in die Allgemeine Sprachwissenschaft, Tübingen 1988

E. Dogas, Die Entzifferung der Schrift des Diskos von Phaistos und die neue Lesart der Linear-B-Schrift mit dem Dogas-Alphabet der Linear-B, Bremen 1988

+D. Evely, The Potters' Wheel in Minoan Crete, The Annual of the British School at Athens 83, 1988, S. 83-126 und Pl. 11-20

St.R. Fischer, Evidence for Hellenic Dialect in the Phaistos Disc, Bern u.a. 1988

P.W. Haider, Griechenland – Nordafrika. Ihre Beziehungen zwischen 1500 und 600 v. Chr., Darmstadt 1988

W. Schultz, Der Diskos von Phaistos und seine Geheimschrift, Schärding [Österreich] 1988

+J. Schumann, Kreta, Dortmund 1988

+U. von Wilamowitz-Moellendorff, Die Heimkehr des Odysseus, Berlin 1927, Nachdruck Hildesheim 1988

F. Woudhuizen, Recovering the Language and the Contents of the Phaistos Disc, in: Best/Woudhuizen 1988 (s.o.), S. 54-97

O. Neuss, Addenda zu Struktur und Interpretation des Diskos von Phaistós, Talanta 20/21, 1988/9, S. 75-86

J. Best/F. Woudhuizen, Lost Languages from the Mediterranean, Publications of the H. Frankfort Foundation 10, Leiden/New York/København/Köln 1989

J. Chadwick, Linear B and related scripts, London ²1989 und weitere Neuauflagen

– (Rez. zu Best/Woudhuizen 1988), Antiquity 63, 1989, S. 181

+Y. Duhoux, Le Linéaire A: Problèmes de Déchiffrement, Bibliothèque des Cahiers de l'Institut de linguistique de Louvain 49, 1989, S. 59-119

E. Egert, Entschlüsselung und Übersetzung des »Diskos von Phaistos«, der Doppelaxt von Arkalochori und eines frühen Linear A-Textes aus Phaistos, Duisburg 1989

+W. Morgenroth, Lehrbuch des Sanskrit, Leipzig 1989

O. Neuss, Zur Einbeziehung des Diskos von Phaistós in die Sprachen des aegaeischen Formenkreises, Mannus 55, 1989, S. 185-204

D. Otto, Das *Rätsel* des Diskos von Phaistos, Das schwerste Kreuzworträtsel der Welt, Berlin 1989

E. Petrakes/P. Karamenas, Ο ΔΙΣΚΟΣ ΤΗΣ ΦΑΙΣΤΟΥ. Η ΛΥΣΗ ΣΤΟ ΜΥΣΤΗΡΙΟ ΧΙΛΙΑΔΩΝ ΕΤΩΝ, Athen [1989 oder früher]

1990 – 1992

E. Doblhofer, Zeichen und Wunder, Geschichte und Entzifferung verschollener Schriften und Sprachen, Wien 1990

+C. Faulmann, Das Buch der Schrift, Wien 1880, Reprint Frankfurt a.M. 1990

H. Haarmann, Language in its cultural embedding. Explorations in the Relativity of Signs and Sign Systems, Berlin/New York 1990
+H. Hammitzsch (Hrsg.), Japan-Handbuch, Stuttgart 1990
+U. Hölscher, Die Odyssee, München 1990
M.F. Homet, Die Söhne der Sonne. Auf den Spuren vorzeitlicher Kultur in [sic!] Amazonas, Frankfurt a.m./Berlin 1990
R. Hoschek, Eine kritische Studie zum Diskos des Königs Rhadamanthys von Phaistos – keine sogenannte "Entzifferung" –, Stuttgart 1990
M. Pope, Das Rätsel der alten Schriften. Hieroglyphen, Keilschrift, Linear B, Herrsching 1990
+W. Röllig, Das phönizische Alphabet und die frühen europäischen Schriften, in: Die Phönizier im Zeitalter Homers, hrsg. von U. Gehrig und H.G. Niemeyer, Mainz 1990, S. 87-95
D. Rumpel, On the internal structure of the diskos of Phaistos text (= Quantitative Linguistics 45), Glottometrika 12, 1990, S. 131-149
M. Trauth, The Phaistos Disc and the Devil's Advocate. On the Apories of an Ancient Topic of Research, ebd. 1990, S. 151-173
+G. Tromnau u.a. [Hrsg.], Kreta. Das Erwachen Europas, Begleitband zur Ausstellung im Niederrhein. Museum der Stadt Duisburg, 1990
+M. Finkelberg, Minoan Inscriptions on Libation Vessels, Minos 25/26, 1990/1, S. 43-85
+P.M. Warren, The Minoan Civilisation of Crete and the Volcano of Thera, Journal of the Ancient Chronology Forum 4, 1990/1, S. 29-39
+E.J.W. Barber, Prehistoric Textiles. The Development of Cloth in the Neolithic and Bronze Ages with Special Reference to the Aegean, Princeton 1991
H. Haarmann, Universalgeschichte der Schrift, Frankfurt a.M./New York 1991
H.-J. Haecker, Zur Frage der ‚Internen Analyse' der Schrift auf dem Diskos von Phaistos, Kadmos 30, 1991, S. 29-33
+G.A. Lehmann, Die ‚politisch-historischen' Beziehungen der Ägäis-Welt des 15.-13. Jh.s v. Chr. zu Ägypten und Vorderasien: einige Hinweise, in: J. Latacz (Hrsg.), Zweihundert Jahre Homer-Forschung, Stuttgart und Leipzig 1991, S. 105-126
*T. Powell, The Minoan Phaistos hieroglyphic clay disc, Marshall (Ark.) 1991
+J. Weingarten, Late Bronze Age Trade within Crete: the evidence of seals and sealings, in: N.H. Gale, Bronze Age Trade in the Mediterranean, Jonsered 1991, S. 303-324
K. Aartun, Die Minoische Schrift. Sprache und Texte. Band I: Der Diskos von Phaistos. Die beschriftete Bronzeaxt. Die Inschrift der Tarragona-Tafel, Wiesbaden 1992
E. Bowden, Cybele, the Axe-Goddess. Alliterative Verse, Linear B Relationships and Cult Ritual of the Phaistos Disc, Amsterdam 1992
*M. Kuczyński, Dysk z Atalantydy, Aries, Warszawa 1992
+G. Neumann, System und Ausbau der hethitischen Hieroglyphenschrift, Nachrichten der Akad. der Wiss. in Göttingen, Philol.-Hist. Klasse 1992, S. 23-48
O. Neuss, Zur Eruierung mehrerer kretischer Städtenamen auf dem Diskos von Phaistos, Europa Indo-Europea, Atti der VI Congresso Internaz. di Tracologia/del VII Simposio Internaz. di Studi Traci, Palma de Mallorca, 24-28 Mars, 1992, S. 347-355
+W.-D. Niemeier, Erläuterungen zur absoluten Chronologie und zu den Kulturphasen in Zentralkreta, in: J. Schäfer (Hrsg.), Amnisos (Textband), Berlin 1992, S. XXII-XXIX
+J. Osing, Zu zwei geographischen Begriffen der Mittelmeerwelt, in: I. Gamer-Wallert und W. Helck (Hrsg.), Gegengabe. Festschrift für E. Brunner-Traut, Tübingen 1992, S. 273-282
+H.J. Störig, Abenteuer Sprache. Ein Streifzug durch die Sprachen der Erde, München 1992
F. Woudhuizen, The Language of the Sea Peoples, Amsterdam 1992
O. Neuss, Signifikante Hinweise für die Dekodierung des Diskos von Phaistós – die "Dornen" in ihrer Funktion als Kartuschen der entsprechenden Wortgefüge, Talanta 24/25, 1992/3, S. 143-160

1993 – 1995

E. Bowden, Greek Alliterative Metrics and the Writing System of the Phaistos Disk, The Mankind Quaterly 33, 1993, S. 321-385
E. Doblhofer, Die Entzifferung alter Schriften und Sprachen, Stuttgart 1993

+J.K. McArthur, Place-Names in the Knossos Tablets, Identification and Location, Suplementos a Minos 9, 1993
G. Rachet, Civilisations et archéologie de la Grèce préhellénique, [Paris] 1993
+Y. Duhoux, LA > B *da-ma-te* = Déméter? Sur la langue du linéaire A, Minos 29/30, 1993/94, S. 289-294
E. Bowden, Etrusco-Luwian Milieu of the Phaistos Disk's Greek Text, The Mankind Quarterly 34, 1994, S. 337-346
*J. Faucounau, Le message du disque de Phaistos, Actualité de l'Histoire mystérieuse 6, 1994, S. 107-123
+J. Raison/M. Pope, Corpus transnuméré du linéaire A, 2. Ed., Louvain-La-Neuve 1994
D. Rumpel, Some Quantitative Evaluations of the Disk of Phaistos Text, Journal of Quantitative Linguistics 1, 1994, S. 156-167
+I. Sakellarakis/J.-P. Olivier, Un vase en pierre avec inscription en linéaire A du sanctuaire de sommet Minoen de Cythère, Bulletin de Correspondance hellénique 118, 1994, S. 345-351
E. Bowden, Etruscans (Tursha) at Troy and on the Phaistos Disk, The Mankind Quarterly 36, 1995, S. 57-72
+Tr. und M. Dothan, Die Philister, München 1995
L. Godart, Der Diskus von Phaistos. Das Rätsel einer Schrift der Ägäis. Fotografien: J. Lange, Editions Itanos 1995 (1993-1995 erschien das Buch auch in Engl., Franz. und Ital.)
+–, Una iscrizione in lineare B del XVII secolo a.C. ad Olimpia, Rendiconti dell'Accademia Nazionale dei Lincei, Classe di Scienze morali, storiche e filologiche, s. 9, v. 6, 1995, S. 445-447
+W. Helck, Die Beziehungen Ägyptens und Vorderasiens zur Ägäis bis ins 7. Jahrhundert v. Chr., Darmstadt 1995
+St.W. Manning, The Absolute Chronology of the Aegean Early Bronze Age. Achaeology, Radiocarbon and History, Monographs in Mediterranean Archaeology 1, Sheffield 1995
+H. Matthäus, Representations of Keftiu in Egyptian Tombs and the absolute Chronology of the Aegean Late Bronze Age, Bulletin of the Institute of Classical Studies of the University of London 40, 1995, S. 177-194
C.F. Russo, Il messaggero del disco di Festo *con i pigmalioni dalla faccia bruciata*, Belfagor 50, 1995, S. 613-618
J.A. Sakellarakis, Heraklion. Das archäologische Museum. Ein Bildführer, Athen 1995
+M. Schoch, Die minoische Chronologie: Möglichkeiten und Grenzen konventioneller und naturwissenschaftlicher Methoden, Olching 1995
+A. Vassilakis, Knossos. Mythologie – Geschichte. Führer durch die Ausgrabungsstätte, Athen o.J. (ca. 1995)
+P. Warren, Minoan Crete and Pharaonic Egypt, in: W.V. Davies/L. Schofield (Hrsg.), Egypt, the Aegean and the Levant. *Interconnections in the Second Millennium BC*, London 1995, S. 1-18

1996 – 1998

D. Beckmann/G. Beckmann, Vom Ursprung der Familie, Gießen 1996
+Der Neue Pauly. Enzyklopädie der Antike, hrsg. von H. Cancik und H. Schneider u.a., Stuttgart/Weimar 1996ff.
W. Fauth, ‚Minoisch' = Protogriechisch? Zu einigen Entzifferungsversuchen des Diskos von Phaistos, Indogerm. Forschungen 101, 1996, S. 168-190
E. Gogolin (Rez. zu Aartun 1992), Gnomon 68, 1996, S. 366-368
V.J. Kean, *Der DISKUS von PHAESTOS*, Anixi 1996
D. Ohlenroth, Das Abaton des Lykäischen Zeus und der Hain der Elaia. Zum Diskos von Phaistos und zur frühen griechischen Schriftkultur, Tübingen 1996
+J.-P. Olivier/L. Godart/J.-C. Poursat, Corpus hieroglyphicarum inscriptionum Cretae, Études Crétoises 31, Athen/Rom 1996
+G.A. Owens, New Evidence for Minoan 'Demeter', Kadmos 35, 1996, S. 172-175
*E. Poligiannaki, Ο δίσκος της Φαιστού μιλάει ελληνικά, Athen 1996

+P. Rehak, Aegean Breechcloths, Kilts, and the Keftiu Paintings, American Journal of Archaeology 100, 1996, S. 35-51
*L. Magini, Qualche considerazione sul Disco di Festo, Atti del Sodalizio Glottologico Milanese 37/38, 1996/7, S. 203-208
+J. von Beckerath, Chronologie des pharaonischen Ägypten, Mainz 1997
J. Faucounau, Le disque de Phaistos bouleverse l'histoire de l'Antiquité, Historia: revue mensuelle, Paris 1997, Heft 603, S. 76-82
St.R. Fischer, Glyph-Breaker, New York 1997
+Großes Handwörterbuch Ägyptisch – Deutsch, hrsg. von R. Hannig, Mainz 1997
A.G. Kuschnereit, Der Diskos von Phaistos ist ein Unikat, Kadmos 36, 1997, S. 175
–, Zum Diskus von Phaistos: Beweis, daß Seite „B" zuerst gestempelt wurde, ebd. S. 176
+Br. Otto, König Minos und sein Volk, Düsseldorf/Zürich 1997
G.A. Owens, Kritika Daidalika. Evidence for the Minoan language. Selected essays in memory of J. Hooker on the archaeology, epigraphy and philology of Minoan and Mycenaean Crete, Amsterdam 1997, Part I: Evidence for the Minoan Language. Linear A and the Phaistos disk, S. 1-140
G. Rubio, (Rez. zu E. Bowden 1992), Language – Journal of the Linguistic Society of America 73, 1997, S. 889
K. Sornig, Wohlgemuthe Bemerkungen zum Umgang mit einem nach wie vor unlesbaren Text, Grazer linguistische Studien 48, 1997, S. 69-102
H. Wenzel, Die Entzifferung des Diskos von Phaistos, Torso-Litteratur, München 1997, Heft 7, S. 73-86
L.-J. Calvet, Histoire de l'écriture, Paris 1998
Y. Duhoux, Pre-Hellenic Language(s) of Crete, The Journal of Indo-European Studies 26, 1998, S. 1-39
J. Faucounau, L'énigme du disque de Phaistos: où en est-on aujourd'hui?, L'Antiquité classique 67, 1998, S. 259-271
+M. Finkelberg, Bronze Age Writing: Contacts between East and West, in: E.H. Cline/ D. Harris-Cline (Hrsg.), The Aegean and the Orient in the Second Millennium. Proceedings of the 50th Anniversary Symposium, Cincinnaty, 18-20 April 1997, Aegaeum 18, Liège (Austin/Texas) 1998, S. 265-272 und Taf. XXVIII
+Chr. Gutknecht, Lauter böhmische Dörfer. Wie die Wörter zu ihrer Bedeutung kamen, München 1998
+H. Lohmann, Die Santorin-Katastrophe – ein archäologischer Mythos?, in: E. Olshausen/ H. Sonnabend, Stuttgarter Kolloquium zur historischen Geographie des Altertums 6, 1996: „Naturkatastrophen in der antiken Welt", Stuttgart 1998, S. 337-363 und 483-485
O. Neuss, Minoisch = Protogriechisch. Bilinguoide Konkordanzen zum Diskos von Phaistos, Indogerm. Forschungen 103, 1998, S. 135-166
+B. Ockinga, Mittelägyptische Grundgrammatik, Mainz 1998
+A.J. Pfiffig, Die etruskische Sprache, Wiesbaden 1998
+P. Rehak, Aegean Natives in the Theban Tomb Paintings: The Keftiu Revisited, in: E.H. Cline/D. Harris-Cline [siehe Finkelberg 1998] 1998, S. 39-51 und Tafeln IIIf.
S.V. Rjabchikov, Drernie teksty slavjan i adygov, Krasnodar 1998
+J. Schäfer, Die Archäologie der altägäischen Hochkulturen. Einführung in die Bedeutung des Fachgebietes und in die methodische Forschung, Heidelberg 1998
B.Z. Szałek, Die Inschrift des Diskus von Phaistos. Entzifferung und Interpretation mit Hilfe des Früh-Griechischen, Waldeck [1998]
+H.-J. Thissen, Vom Bild zum Buchstaben – vom Buchstaben zum Bild. Von der Arbeit an Horapollons Hieroglyphika, Stuttgart 1998
+Sh. Wachsmann, Seagoing Ships and Seamanship in the Bronze Age Levant, London 1998
+E. Zangger, Naturkatastrophen in der ägäischen Bronzezeit, in: E. Olshausen (s.o. H. Lohmann 1998) S. 211-241.
*L. Magini, Nuove considerazioni sul Disco di Festo, Atti del Sodalizio Glottologico Milanese 39/40, 1998/9, S. 105-113

1999 – 2001

J. Börker-Klähn, Schrift-Bilder, Ugarit-Forschungen: internat. Jahrbuch für die Altertumskunde Syrien-Palestinas 31, 1999, S. 51-73

A. Butler, The Bronze Age Computer Disc, London 1999

J. Faucounau, Le déchiffrement du disque de Phaistos. Preuves et conséquences, Paris 1999

R. Hübner (Rez. zu Ohlenroth 1996), Gnomon 71, 1999, S. 481-487

M.P. Jackson, A Statistical Study of the Phaistos Disc, Kadmos 38, 1999, S. 19-30

G. Kalogerakes, Ιερές Ελληνικές Γραφές. Δίσκος Φαιστού. Κώδικας Αποκρυπτογράφησης Ζωής, Thessaloniki 1999

P.J. Muenzer, Die bildhaften Schriftzeichen des Diskos von Phaistos. Parallelen im archäologischen Fundgut; botanisch-zoologische Bedeutung; Beziehungen zu Ilias und Odyssee, München 1999

+J. Pini (u.a.), Corpus der minoischen und mykenischen Siegel, Berlin 1999, Bd. II, Teil 6

+Th. Berres, Versuch einer Wesensbestimmung des archaischen Gedankenganges, Hermes 128, 2000, S. 129-151

Y. Duhoux, How Not to Decipher the Phaistos Disc: A Review, American Journal of Archaeology 104, 2000, S. 597-600

+G. Hiesel/H. Matthäus, Die minoischen Paläste. Ausstattung und Inventar, in: H. Siebenmorgen (Hrsg.), Im Labyrinth des Minos. Kreta – die erste europäische Hochkultur [Ausstellung des Badischen Landesmuseums 27.1.-29.4.2001, Karlsruhe], München 2000, S. 73-86

St. Hiller, Die kretischen Schriftsysteme und die palatiale Administration, in: ebd. S. 121-142

M.P. Jackson, Structural Parallelism on the Phaistos Disc: a Statistical Analysis, Kadmos 39, 2000, S. 57-71

J. Kraus, Der Diskos von Phaistos. Eine kritische Betrachtung neuer Interpretationen, Göttinger Beiträge zur Sprachwissenschaft, 2000, Heft 3, S. 31-55

A. Martin, Der Diskos von Phaistos. Ein zweisprachiges Dokument geschrieben in einer frühgriechischen Alphabetschrift, Donauwörth 2000

O. Neuss, Minoisch = Protogriechisch. Addenda zum Diskos von Phaistos und zu PY.Tn.316, Indogerm. Forschungen 105, 2000, S. 143-160

G.A. Owens, Pre-Hellenic Language(s) of Crete: Debate and Discussion, The Journal of Indo-European Studies 28, 2000, S. 237-253

B.Z. Szałek, Heuristics and cryptology in the decipherment of the Cretan hieroglyphic inscriptions (a research report), Szczecin 2000

+W. Burkert, Der Odyssee-Dichter und Kreta, in: Kreta & Zypern: Religion und Schrift. Von der Frühgeschichte bis zum Ende der archaischen Zeit, [Tagung 26.-28.2.1999 in Ohlstadt], Altenburg 2001, S. 87-104

+M. Finkelberg, The Language of Linear A. Greek, Semitic, or Anatolian?, in: R. Drews, Greater Anatolia and Indo-Hittite Language Family. Papers presented at a Colloquium hosted by the University of Richmond, March 18-19, 2000, Journal of Indo-European Studies. Monograph Series 38, 2001, S. 81-105

O. Hagen, The Phaistos disc alias the Minoan calendar, [Bloomington] 2001

V.A. Kouznetsov, Une énigme archéologique du Caucase septentrional [Langfassung], D'Ossétie et d'alentour: Bulletin de l'Association Ossète en France 9, 2001, S. 11-13

–, Une énigme archéologique du Caucase septentrional [Kurzfassung], L'Archéologue 52, 2001, S. 26f.

I. Mocioi, Discul de la Phaistos. Descifrarea unei scrieri. Le disque de Phaistos. Le déchiffrement d'une écriture, Târgu – Jiu 2001 [rumän./franz.]

O. Monti, Le Linéaire A et le Disque de Phaistos, Kadmos 40, 2001, S. 97-106

O. Neuss, Neue Aspekte zum Diskos von Phaistós, in: Kreta & Zypern (s. Burkert 2001), S. 145-150

+D. Panagiotopoulos, Keftiu in Context: Theban Tomb-Paintings as a Historical Source, Oxford Journal of Archaeology 20, 2001, S. 263-283

+Spektrum der Wissenschaft, Die Evolution der Sprachen, Heidelberg 2001

2002 – 2004

*H.P. Aleff, The Board Game on the Phaistos Disk: Its siblings Senet and Snake Game, and its surviving sequel the Royal Game of the Goose, Vineland (USA) 2002
A. Hausmann, Der Diskus von Phaistos. Ein Dokument aus Atlantis, Aachen 2002
+St.W. Manning u.a., New evidence for an early date for the Aegean Late Bronze Age and Thera eruption, Antiquity: a quarterly review of world archaeology 76, 2002, S. 733-744
+C. McEvedy, The new Penguin atlas of ancient history, London 2002
O. Neuss, Minoisch = Protogriechisch. Reflexionen zu den Epitheta Deorum und den Ideogrammen des Diskos von Phaistós, Indogerm. Forschungen 107, 2002, S. 181-189
–, Poseidon und das mykenische Pantheon auf dem Diskos von Phaistós – protogriechisches Ursyllabar für Linear A und Linear B, Almogaren 32/33, 2002, S. 7-26
A. Robinson, Lost languages: the enigma of the world's undeciphered scripts, New York u.a. 2002
Th. Balistier, Der Diskos von Phaistos. Zur Geschichte eines Rätsels & den Versuchen seiner Auflösung, Mähringen 1998, ²2003
+A. Bartoněk, Handbuch des mykenischen Griechisch, Heidelberg 2003
+M.C. Betrò, Heilige Zeichen, Wiesbaden 2003
+Y. Duhoux, Des Minoens en Égypte? «Keftiu» et «les îles au milieu du Grand Vert», Louvain-la-Neuve 2003
*P. Faure, Tourne disque, l'énigme du disque de Phaistos, Notre Histoire 213, 2003, S. 56-58
+E. Hebborn, Kunstfälschers Handbuch [Titel im Buch: Der Kunstfälscher], Köln 2003
+D. Homberger, Sachwörterbuch zur Sprachwissenschaft, Stuttgart 2003
+B. Hrouda (Hrsg.), Der alte Orient, München 2003
J. Marangozis, A short grammar of Hieroglyphic Luwian, Lincom Studies in Indo-European Linguistics, München 2003
+Gl.E. Markoe, Die Phönizier, Darmstadt 2003
+G. von Randow, Das Ziegenproblem. Denken in Wahrscheinlichkeiten, Hamburg 2003
+Schätze der Himmelssöhne [Ausstellungskatalog der Kunst- und Ausstellungshalle der Bundesrepublik Deutschland], Ostfildern-Ruit 2003
+S. Singh, Geheime Botschaften, Die Kunst der Verschlüsselung von der Antike bis in die Zeiten des Internet, München 2003
W. Achterberg/J. Best/K. Enzler/L. Rietveld/F. Woudhuizen, The Phaistos Disc: A Luwian Letter to Nestor, Publications of the H. Frankfort Foundation 13, Amsterdam 2004
+J.L. Fitton, Die Minoer, Stuttgart 2004
Chr. Henke, Die Entdeckung der Hierarchie der Zeichen auf dem Diskus von Phaistos, Göttinger Forum für Altertumswissenschaft 7, 2004, S. 203-212 und Taf. 2f.
+A. Robinson, Die Geschichte der Schrift, Düsseldorf 2004
T. Timm, Der Diskos von Phaistos – Anmerkungen zur Deutung und Textstruktur, Indogerm. Forschungen 109, 2004, S. 204-231
F.C. Woudhuizen, Luwian Hieroglyphic Monumental Rock and Stone Inscriptions from the Hittite Empire Period, Innsbruck: Innsbrucker Beiträge zur Kulturwissenschaft 2004

2005 – 2014

Fr. Aura Jorro, Escrituras y documentos en el Egeo del segundo milenio a. C., in: Escrituras y lenguas del Mediterráneo en la Antigüedad, hrsg. von Gr. Carrasco Serrano, J.C. Oliva Mompeán, Cuenca: Universidad de Castilla-La Mancha 2005, S. 241-288
+E.J.W. Barber (Rez. zu Duhoux 2003), American Journal of Archaeology 109, 2005, S. 295-297
+E. Edel/M. Görg, Die Ortsnamenlisten im nördlichen Säulenhof des Totentempels Amenophis' III. Ägypten und Altes Testament, Studien zu Geschichte, Kultur und Religion Ägyptens und des Alten Testaments 50, Wiesbaden 2005
+M.A. Geyh, Handbuch der physikalischen und chemischen Altersbestimmung, Darmstadt 2005

E. Richter-Ushanas, Der Diskus von Phaistos und die Heilige Hochzeit von Theseus und Ariadne, Bremen 2005

B. Schomburg, in: H. Lenz, Universalgeschichte der Zeit, Wiesbaden 2005, S. 223

T. Timm, Der Diskos von Phaistos. Fremdeinfluss oder kretisches Erbe?, Norderstedt 2005

H. Whittaker, Social and Symbolic Aspects of Minoan Writing, European Journal of Archaeology 8, 2005, S. 29-41

D. Beckmann, Die Venus von Kreta: die Deutung des Diskos von Phaistos, Marburg 2006

+S. Hallmann, Die Tributszenen des Neuen Reiches, Ägypten und Altes Testament 66, Wiesbaden 2006

+St.W. Manning, Chr. Bronk Ramsey, W. Kutschera, Th. Higham, B. Kromer, P. Steier, E.M. Wild, Chronology for the Aegean Late Bronze Age 1700-1400 B.C., Science 312, 2006, S. 565-569

K. Sornig, Review article: The ultimate assessment [Rez. zu Timm 2005], Grazer Linguistische Studien 65, 2006, S. 151-155

F.C. Woudhuizen, The earliest Cretan scripts, Innsbruck 2006

J. Diamond, Arm und Reich. Die Schicksale menschlicher Gesellschaften, Frankfurt a.M. 2007

E.G. Madau, IL DISCO DI PHÁISTOS. Ο ΔΊΣΚΟΣ ΤΟΥ [sic!] ΦΑΊΣΤΟΥ [sic!], Zonza Distribuzioni 2007

H.W. Bornefeld, Der kretische Diskos wird lesbar, Flintbek 2008

S. Cappel, Ein Brief vom König – oder ein Spielbrett?, Antike Welt: Zeitschrift für Archäologie und Kulturgeschichte 2008, Heft 4, S. 66-68

J.M. Eisenberg, The Phaistos Disk: A One Hundred-Year-Old Hoax?, Minerva 19, 2008, Heft 4, S. 9-24

–, The Phaistos Disk: A 100-Year-Old Hoax?, Addenda, Corrigenda, and Comments, Minerva 19, 2008, Heft 5, S. 15f.

+M. Guggisberg, Die realen Schauplätze der Odyssee: Ithaka, Pylos, Sparta, in: J. Latacz u.a. 2008, S. 90-98

Chr. Henke, The Mathematics of the Phaistos Disc, Forum Archaeologiae 48, IX, 2008

+J. Latacz u.a., Homer. Der Mythos von Troja in Dichtung und Kunst, München 2008

+Codex Hammurabi. Die Gesetzesstele Hammurabis, übers. von W. Eilers, Wiesbaden 2009

J.M. Eisenberg, Report on the International Phaistos Disk Conference, Minerva 20, 2009, Heft 1, S. 31-33

L. Godart, I misteri del disco di Festo, Annuario della Scuola Archeologica di Atene e delle Missioni Italiane in Oriente. Scuola Arch. Ital. di Atene, Atene; Roma LXXXVII, Serie III, 9, Tomo I, 2009, S. 191-207

Chr. Henke, Der Diskus von Phaistos: eine Personenliste, Indogerm. Forschungen 114, 2009, S. 118-131

+Chr. Luczanits, Gandhara – Das buddhistische Erbe Pakistans. Legenden, Klöster und Paradiese [Ausstellungskatalog], Mainz 2009 [?]

V. La Rosa, Il disco di Festòs: un centenario autentico!, Creta Antica 10, Heft 1, 2009, S. 13-17

F.C. Woudhuizen, The Earliest Cretan Scripts 2, Innsbruck 2009

H.W. Bornefeld, Einstieg in den Phaistos-Diskos, Flintbek 2011

+D. Panagiotopoulos, 'Bunte Barbaren'. Zu den thebanischen Fremdvölkerdarstellungen und ihren historischen Voraussetzungen, in: Der Orient und die Anfänge Europas, hrsg. von H. Matthäus/N. Oettinger/St. Schröder, Wiesbaden 2011, S. 31-47 und Tafeln 6-9

+A. Martin, Fehlentscheidungen. Warum wir tun, was wir später bereuen, Darmstadt 2012

+W.L. Friedrich, The Minoan Eruption of Santorini around 1613 B.C. and its consequences, Tagungen des Landesmuseums für Vorgeschichte Halle 9, 2013, S. 37-48

E. Richter-Ushanas, Der Diskus von Phaistos und die Heilige Hochzeit von Theseus und Ariadne, 2. verbesserte und erweiterte Auflage, Nordhausen 2013

A. ten Cate, A statistical analysis of the rotated signs of the Phaistos disc, Pioneer Journal of Theoretical and Applied Statistics 6, Nr. 2, 2013, S. 81-88

+St.W. Manning, F. Höflmayer, N. Moeller, M.W. Dee, Chr. Bronk Ramsey, D. Fleitmann, Th. Higham, W. Kutschera, E.M. Wild, Dating the Thera (Santorini) eruption: archaeological and scientific evidence supporting a high chronology, Antiquity 88, 2014, S. 1164-1179

REGISTER

Aufgenommen wurden nur Stichwörter, die für das Verständnis und die Entzifferung des Diskus von Bedeutung sind; die Stellenangaben wurden auf die entscheidenden Textpassagen beschränkt.

Abbildung (fehlerhafte und unzureichende) des Diskus XI Anm. 28; 47
Abtönungspartikel → Modalpartikel
Achaier (Achäer) 231; 233; 235; 239f.
Adjektiv 165f.; 174
Adverb 168
Affix → Infix, Präfix, Suffix
Ägäisch 264
Ägyptische Hieroglyphen 220 Anm. 25; 249f.
Ähnlichkeit („Denken in Ähnlichkeiten") X; 5; 192; 203; 205; 270f.; 279
Akrophonisches Prinzip 190f.; 200; 220f.; 256; 267; 270
Alpha privativum 185; 260; s. auch Prothetisches *a*
Altarstein von Mallia → Mallia
Archäomagnetische Datierung 10f.
Artikel 166f.
a-sa-sa-ra-me (oder *ja-sa-sa-ra-me*) 253 Anm. 147; 259; 287-291
Augment 185
Axt → Axt von Arkalochori, Goldaxt, Silberaxt
Axt von Arkalochori 205-207; 215-230; 243f.; 247; 249-253; 265; 299; 301

Brand des Diskus 17-19; 75; 251; 297
Bronzeaxt von Arkalochori → Axt von Arkalochori
Buchstabenschrift → Schriftsystem
Bustrophedon 83; 224

Chronologie 3; 9

Datierung des Diskus 3-11
Determinativ (stummes Deutezeichen) 57; 69-71; 78-82; 84-101; 115; 119; 123-127; 129-134; 152-155; 157; 183-185; 219; 221-223 und 226f. (Axt von Arkalochori); 307 Anm. 2 und 312 (Diskus von Vladikavkaz)
Devanagari-Schrift 123; 148-150
Diskursives Denken 272
Diskus (als Teil einer Serie) 13; 26f.; 79
Diskus von Vladikavkaz 79; 307-313
Dorier 231; 233; 240; 253
Dorn 137-188; 225f. und 302 (Axt von Arkalochori); 302; 309 Anm. 16
Funktion 44; 126; 131; 141-155; 157; 160; 162-188
Morphologie 137-141; 149
Zahl der Dorne 42-45
s. auch Matrize

Echtheit → Fälschung
Eigenname → Personenname
Einzigartigkeit des Diskus → Singularität des Diskus
Enklitikon 163f; 172; 180f.; 183
Entzifferung(sversuche) VII-XI; 1f.; 78; 120-122; 130-134; 208; 259f.; 264-291; 297f.
Eteokreter (Urkreter) 231; 233f.; 239-242; 304
Eteokretisch 241f.
Etymologie 264; 270

Fälschung 198; 200; 215 Anm. 2; 296-303; 307f.; 313
Falsifizierbarkeit von Entzifferungsversuchen VIII; 120f.; 130f.; 133f.; 273-278
Feld (Zeichengruppe des Diskus)
A1   76f.; 98; 174 Anm. 112; 183; 262; 291
A3   132-134; 179; 307 Anm. 2; 312
A3-5 55; 61-63
A4   259f.; 311 Anm. 20

A8   71-75; 177; 182
A9   177f.
A10 66f.
A12 76f.
A16 68f.; 174 Anm. 112; 178
A17 75f.
A25 177f.
A26 290f.
A29 63-65; 310f.
A30 290
B32 68
B35 34f.; 60f.
B39 43f.; 98; 129; 157f.; 174 Anm. 112; 262
B44 58-60; 287; 290f.
B59 65f.
B61 41-43; 143; 174; 179; 183; 289
Fundumstände 1-3; 5-8

Ganzwortschrift → Schriftsystem
Gedicht 145 Anm. 44; 279; s. auch Metrik
Genealogie 173
Gleichmäßige und lückenlose Beschriftung 13-15; 21f.; 27; 36f.; 79-81; 217f.; 302f.
Goldaxt 215f.; 229; 251 Anm. 133; 299
Goldring von Mavro Spilio 251f.; 257 Anm. 166; 289 Anm. 26; 292f.; 299; 301
Goldring von Mochlos 5
Gortys 234; 236; 241
Griechisch 253-255; 263f.; 273-275

Hagia Triada 1 Anm. 8; 6-8
Hethitisch → Luwisch
Hieroglyphen-Hethitisch → Luwisch
Homer
   Ilias
      2. Buch (Schiffs- und Trojanerkatalog) 236-239; 304-306
      10. Buch (Dolonie) 235
   Odyssee
      19. Buch (Vers 172-183) 231-241; 304-306
Hymnus 142f. 145; 276-279; s. auch Metrik
Hypothetischer Zeichenbestand eines Schriftsystems

Altarstein von Mallia 227 Anm. 60
Axt von Arkalochori 226
Diskus 101-118

i-da-ma-te 216; 229f.
Ideogramm 85-88; 90f.; 102; 115; 121-132; 134; 146; 162-165; 185
Indoeuropäisch (Indogermanisch) 264
Infix 260; 263
Inhalt des Diskus 38; 46; 91-93; 96f.; 142f.; 145; 214; 276-282
Interjektion 169
Interpunktion 70; 82f.; 126; 142-148
Intuition X; 271-273; 281f.

Kalender 279f.
Keilschrift 247
ki-ki-na (Sykomorenfeige) 289
Konjunktion 169f.
Kopie des Diskus 307-313
Korrektur 57-78; 301-303
Kreta 231-241
Kretische Hieroglyphen 224; 227-229; 243-245; 247-256; 265; 292-294
Kydonen 231; 233f.; 236; 240-242
Kyprische Silbenschrift 116f.; 123; 125 Anm. 42; 135f.; 148f.

Laris(s)a 305f.
Leder → Pergament
Leserichtung 38; 41f.; 46; 50; 58; 65; 77f.; 81-84; 142-144; 219; 223-225; 272; 300
Libationsformel 252; 287
Ligatur 134f.; 150
Linear A 228-230; 243-245; 248-261; 263-266; 285-293; s. auch Protolinear
Linear A-Tafel Ph 1 6-8
Linear B 244f.; 253-255; 258 Anm. 170; 265
Liniennetz des Diskus 34-37; 45f.; 79
Logogramm 85; 121-123; 127; s. auch Ideogramm, Schriftsystem
Luwisch (Hieroglyphen-Hethitisch) 130-135; 148; 152; 190; 220 Anm. 25; 250; 253
Lykisches Haus 192-196

Lyktos 305

Magna Mater 142f.
Mallia (Altarstein von Mallia) 227f.; 243f.; 249f.; 252f.; 301
Maße des Diskus 12
Matrize 45f.; 80
Mavro Spilio → Goldring von Mavro Spilio
Medinet Habu → Philister
Metrik 142f.; 145; s. auch Gedicht, Hymnus, Refrain, Reim
Mochlos → Goldring von Mochlos
Modalpartikel 169

Nomen 165-167
Numerale 167

Palmblatt 246f.; 250
Papyrus 49; 244-247; 250-252
Partikel 169-179
Pelasger 204f.; 231; 233; 235f.; 239-242; 304-306
Pergament 49; 245-247; 250f.
Pernier 297-301
Personenname 2; 6-8; 70f.; 90-100; 124-126; 132-134; 146 Anm. 50; 152; 154 Anm. 82; 160; 165; 168 Anm. 97; 171; 173-175; 177-186; 188; 211-214; 219; 221-223 und 230 (Axt von Arkalochori); 277f.; 280f.; 284f.; 287-291
Phaistos (Lage und Name) 1; 234; 236
Philister 202-205; 207; 220; 235
Phonetisches Komplement 128f.
Phönizische Buchstabenschrift 246 Anm. 93
Piktogramm 85; s. auch Ideogramm
Postposition 169
Präfix 51; 87f.; 97f.; 174 Anm. 112; 180f.; 184-187; 260-263; 288-290
Präposition 169
Proklitikon 163f.; 172
Pronomen 166f.
Prothetisches *a* 260; 288-290; s. auch Alpha privativum
Protolinear 248; 250; 252; 255
Punktierte Linie des Diskus → Punktleiste des Diskus
Punktleiste des Diskus 22-27; 30f.; 82f.; 223; 297

Rationalität 270-273
Rechmere 254f.
Refrain 142; s. auch Metrik
Reihenfolge der Seiten A und B 16f.; 26f.; 142; 147; 208-215
Reim 145; 279; s. auch Metrik
Rohling des Diskus 14-17

sa-sa-me (Sesam) 289
Satzlänge 142; 146
Schriftform 243; 247-249; 252f.
Schriftrichtung 38; 42; 62; 76; 78
Schriftsystem 119-136
    Buchstabenschrift 119-121; 130
    Ganzwortschrift 121f.; 127; 276
    Silbenschrift 123; 130-136; 148; 227
Schriftträger 243-248; 250-252; 281; 292-295; s. auch Vergänglicher Schriftträger
Schriftzeichen des Diskus (generell)
    Blickrichtung 81f.
    Inhaltliche Deutung 122
    Naturalistische Gestaltung 190; 298
    Positionierung 49-56; 62f.; 68; 73 Anm. 209; 82; 298; 302; 309-311; s. auch 🐟, ☉, 🛶, 🌙, 🐂, 🐕, 🐟, ❀
    Überschneidung 32-35; 39-42; 44f.; 62-66; 76; 83
    s. auch Dorn, Punktleiste, Worttrenner (WT)
Schriftzeichen des Diskus (in Auswahl)
   🏃 183f.
   👤 65f.; 69-71; 77-81; 85-100; 102; 115; 119; 124-129; 131; 201-204; 206f.; 211; 218-220; 258f.; 261; 276-278; 280f.; 302
   👁👤 61-67; 69-71; 76-82; 85-100; 102; 115; 119; 124; 126; 132; 180; 201f.; 211-213; 274; 276-278; 290; 310f.
   👲 202
   👳 220
   👶 99; 184; 198-201; 220; 295
   △ 183f.; 186; 261f.
   👑 181

Register

𓏺 131; 190f.
⊕ 55f.; 66-72; 76-79; 85-100; 102; 115; 124f.; 127; 129; 131f.; 151; 158; 174 Anm. 112; 181; 201-204; 212; 255f.; 258f.; 261; 279 Anm. 84; 281; 287; 290; 302; 309-312
⌇ 184
⚘ 98; 262
⛿ 262f.
▷ 182; 262; 291
☍ 5
⚙ 180; 196-198; 299-301
⚐ 98; 175f.; 183-186; 261f.; 289
⚛ 46f.; 128; 191-196; 262
⚓ 5; 24; 36f.; 40; 51; 181; 198
⚑ 180f.
⚔ 63; 75f.; 128; 176; 180; 186f.; 261; 290
⚖ 53f.; 56
☝ 51-55; 59f.; 88; 128; 184-186; 261; 287-290
⚡ 51-54; 135; 138f.; 220; 309f.
⚘ 181; 184; 262
⚛ 151; 158; 174 Anm. 112; 181-183; 212; 256; 290
❀ 55; 181; 198; 212 Anm. 24
⚘ 262
▽ 263
  s. auch Dorn, Punktleiste
Seevölker 197; 203f.
Selbsttäuschung 272f.
Semitisch 263f.
Silbenschrift → Schriftsystem
Silberaxt 215f.; 229; 249(f.); 251-253; 265
Singularität des Diskus 13f.; 38; 251f.; 292-295; 298f.
Spirale (generell) 21 Anm. 6; 83; 292f.
Spirale des Diskus 20-26; 35; 138-141; 145 Anm. 44; 210; 292f.
Sprache(n) des Diskus IX; 231-264
Statistik (generell) 266
Stempel 45-56; 74; 121; 130; 135; 194f.; 245; 281; 286; 294f.; 297f.; 302f.; 307; 309
Stempelungsrichtung 38; 42; 54; 59; 62; 64f.; 67; 72; 77f.; 83f.; s. auch

Schriftrichtung
Stenographie 162
Strukturanalyse 57; 158-160; 163-168; 173-187; 211-214; 284f.
Substantiv 165
Suffix 87; 174 Anm. 112; 180-184; 260-263; 291
Sunk-Cost-Verhalten 272f.

Text des Diskus 161
Thebanische Fremdvölkerdarstellungen → Rechmere
Thera (Ausbruch des Vulkans) 9
Thermolumineszenz-Datierung 9f.; 296; 298f.
Tinte 48; 246-248; 250-252
Ton des Diskus 14
Tontafel 12f.
Töpferofen 17
Töpferscheibe 12f.; 14; 303

Unechtheit → Fälschung

Verb VII; 167f.; 258
Verdopplung von Schriftzeichen 259f.; 262; 287
Vergänglicher Schriftträger 14
Vertrag 281
Virama 148-152; 181f.
Vokal 87f.; 148-151; 187 Anm. 145; 288f.
Vokallosigkeit → Virama
Vorlage 13; 15; 17; 19; 27; 34-38; 54; 56; 61f.; 65-67; 69; 71; 74; 77; 79-81; 302f.; 307; 310; 312f.

Wahrscheinlichkeit („Denken in Wahrscheinlichkeiten") VIII-XI; 269f.; 282
Willkür VIII; 120; 134; 144; 267; 269-271; 282 Anm. 105
Wortlänge 88f.; 100; 174; 180 Anm. 122; 213f.; 222 und 230 (Axt von Arkalochori); 257-259 (Diskus und Lin A); 277
Worttrenner (WT) 28-31; 36; 70; 125f.; 129; 223f. (Axt von Arkalochori); 294
WT A3/4   61
WT A4/5   61
WT A13/14 29-31; 143

WT B53/54 33
WT B58/59 33; 65f. (ursprünglicher WT)
Wulst der Diskusscheibe 14f.; 34; 209; 307

Zählung der Diskuswörter/-zeichen XIV
Zahlwort → Numerale
Zeichenbestand des Diskus

Prozentuale Gewichtung 286
Übersicht 189
s. auch Hypothetischer Zeichenbestand eines Schriftsystems
Zeichengruppentrenner → Worttrenner (WT)
Zeichensetzung → Interpunktion
Zerstörtes Zeichen im Feld A8 18f.; 43; 72-75; 177; 182
Zeugenliste 91; 208; 278